HERAUSGEBER / *EDITORS*
ANNA POPELKA, GEORG PODUSCHKA, MAIK NOVOTNY

SPEAKING ARCHITECTURE
PPAG PHENOMENOLOGY

AMBRA |V

Herausgeber | Editors

Anna Popelka, Georg Poduschka
PPAG architects
Damböckgasse 4, A-1060 Wien/Vienna
www.ppag.at

Maik Novotny, A-Wien/Vienna

Mit Beiträgen von | With contributions by
Peter Allison
Christian Kühn

© 2014 AMBRA | V
AMBRA | V is part of Medecco Holding GmbH, Vienna
Printed in Austria

Layout, Coverdesign: Georg Lippitsch, www.behance.net/lippitsch, A-Wien/Vienna
Übersetzung | Translation: Maria Nievoll, Marina Brandtner, Susannah Chadwick, A-Graz
Lektorat | Proofreading: Michael Walch, A-Wien/Vienna
Druck | Printing: Holzhausen Druck GmbH, A-Wolkersdorf

Gedruckt auf säurefreiem, chlorfrei gebleichtem Papier – TCF
Printed on acid-free and chlorine-free bleached paper

Mit 735 (großteils farbigen) Abbildungen
With 735 (mainly colored) illustrations

Bibliografische Informationen der Deutschen Nationalbibliothek
Die Deutsche Nationalbibliothek verzeichnet diese Publikation in der Deutschen Nationalbibliografie; detail-
lierte bibliografische Daten sind im Internet über http://dnb.d-nb.de abrufbar.

ISBN 978-3-99043-637-0 AMBRA | V

Für Andrea, Stefan und Hans-Bert

gewidmet
Bruno Poduschka und Sofie Grün

INHALT / *CONTENTS*

SPEAKING ARCHITECTURE

Wir sprechen am liebsten Architektur, eine Sprache, die schon bei der einfachsten Hütte eine Menge Informationen zu einem Ganzen verbindet. Davon möglichst ein Maximum zu verarbeiten, ist einer unserer Ansprüche. Die gesprochene Sprache gehört den Kritikern, um den Leuten zu übersetzen, was sie nicht sehen, und Verknüpfungen auf Metaebene herzustellen.

Was hier nun endlich vorliegt, ist nicht weniger als unser Lebenswerk bisher, als Konzentrat. Bei der Auswahl der Projekte waren wir unserer Definition von Architektur entsprechend unsentimental: Wir haben von über 170 nur knapp über 20 ausgewählt, fast alles Projekte, die es in die Realität geschafft haben oder auf dem Weg dahin sind.

Unsere Vorstellung vom Beruf war und ist eine sehr einfache: Arbeit = Leben, mach es so gut wie du kannst, unter Höchsteinsatz deiner Kräfte, ohne Kompromisse, alles andere gibt sich. Wir haben immer sehr autonom gearbeitet, das eine hat das nächste bedingt, so stehen die einzelnen Projekte in einem starken Zusammenhang zueinander, auch wenn das aufs erste nicht so aussehen mag. Das liegt vielleicht daran, dass für uns schon immer das Projekt im Mittelpunkt stand, nicht wir Architekten mit unseren Wünschen. „Nehmt euch mal nicht so wichtig" hat auch Jonathan Meese gemeint, um im gleichen Atemzug für die Diktatur der Kunst einzutreten, wir können dem für die Architektur folgen, wir sehen uns als Helfer des Gedankens, der auf die Welt kommen möchte. Das Haus will werden, nicht wir wollen, dass es auf bestimmte Weise wird. Das alles zu zeigen ist eine Aufgabe des Buchs.

Zur Navigation:
Das Buch gliedert sich in drei Teile, die auf mehr als nur eine Weise erkundet werden können: Ein durch kurze Texte ergänzter Bildteil soll als ebensolcher – als Bilderbuch – dienen. Spiegelbildlich dazu finden sich Pläne für jedes Projekt im hinteren Teil des Buchs. Das Lexikon in der Mitte sammelt eine Fülle von Texten zu Themen, die uns im Fokus, im Rahmen oder am Rand unserer Arbeit beschäftigt haben. Eine durch all diese drei Teile gelegte Fährte von Querverweisen hilft, das Auffinden inhaltlicher Bezüge zu erleichtern.

Dank an Georg Lippitsch für seinen Input, sein Interesse und die geduldige Begleitung.

We love to speak Architecture. It is a language that links up all kinds of information to form a whole, even in relation to the most humble of dwellings. One of our ambitions is to implement a maximum of that language wherever possible. Spoken language is a means critics indulge in to translate to people what they cannot see and to create connections on the meta-level.

This final presentation reflects no less than the essence of our lifetime's work up to now. Having selected the projects in line with our definition of architecture, we decided to feature just over 20 from more than 170 projects in all. They are projects that have nearly all been realised or are on their way to finalisation.

Our professional attitude has always been very simple: Work = Life. That means doing everything as best you can, with all your might and without compromise, so that all will turn out well in the end. We have always worked independently, with one thing requiring another, thus establishing strong ties between the individual projects, even if this does not seem so at first sight. One reason for this could be that we have always fully focused on each single project rather than on our personal wishes as architects. "Don't take yourselves too seriously", Jonathan Meese once said, postulating the dictatorship of art in the same breath. We fully advocate that as architects, seeing ourselves as promoters of a concept that is waiting to be born into this world. A building needs to materialise without us wanting to shape it in a certain way. One of this book's objectives is to show precisely what we mean.

How to read this book:
This book comprises three sections that can be explored in many different ways. For instance, the part with the illustrations and additional short texts is meant to be read as a picture book. Likewise, there are plans for each project at the end of the book. The glossary in the middle provides a host of texts relating to topics that preoccupied us centrally, generally or marginally during our work. Finally, cross-references in all three sections will help you to find related texts and illustrations.

Many thanks to Georg Lippitsch for his input, interest and patient assistance.

VORWORT / *FOREWORD*

**MENSCHENFREUNDLICHE MATHEMATIKER,
ODER: MEHR IST MÖGLICH!**

Wie nähert man sich dem Werk eines Architekten? Man kann in materialgetreuer Nahaufnahme an seinen Handläufen und Türklinken entlang beschreiben, man kann es anekdotisch einkreisen oder mit lexikalischer Akribie in die Baugeschichte einsortieren. All dies ließe sich auch als Startpunkt für eine Annäherung an PPAG verwenden, doch man liefe Gefahr, sich mit dem Tunnelblick durch ein Werk zu bohren, das so reich an Konsequenz wie an freudigen Überraschungen ist. Besser, man greift qua Mimikry zu einem Werkzeug, das die Architekten selbst gern verwenden: dem Ausschlussverfahren. Das heißt, zuerst zu benennen, was PPAG nicht sind und nicht tun. So wie Michelangelo von seinem Marmorblock alles entfernte, was „nicht David ist", sollten wir auch hier durch die schrittweise Reduktion auf den Wesenskern des Schaffens stoßen.

Reduzieren wir also die Masse auf den Kern. PPAG sind nicht sentimental, hängen keiner goldenen Ära nach, die es einzubalsamieren oder zu konservieren gilt. Sie reproduzieren keinen jederzeit als verwertbare Eigenmarke erkennbaren und sich binnen Sekunden einprägenden fotogenen Stil. Sie fangen beim Entwerfen nicht mit der Fassade an, selten beim Material. Sie sind keine Minimalisten. Sie sind in für Wiener Architekten seltener Konsequenz nicht an Posen, an Society oder der Nestwärme einer Szene interessiert. Sie sind explizit keine Dienstleister und ebenso explizit keine Künstlerarchitekten.

So viel zur Subtraktion. Was bleibt nun also übrig, wenn man all das weglässt? Die Antwort ist: alles. Und die Antwort ist: Architektur. Willkürliches Beweisstück: ihr Wiener Bildungscampus, der vor innerer Bewegungsfreiheit geradezu birst, dabei das ganze Schulsystem revolutioniert und ganz ohne Fassade auskommt. Denn PPAG nehmen Architektur in stolzer und überzeugter Absolutheit ernst. Sie streben in dem, was sie tun, immer das Maximum an. Sie lieben die Herausforderung, sie streiten und kämpfen, sie geben sich nicht leicht zufrieden. Ihr Credo ist: Mehr ist immer möglich. More is More.

PPAG suchen dieses Mehr nicht im Sahnehäubchen-Sinne eines luxuriösen Bonus, sondern als Essenz. Nicht für wenige, sondern für alle. Es handelt sich nicht um das gewinnmaximierende Mehr an Fläche, das der Developer bis zum letzten Tropfen aus seinen Excel-Tabellen auswringt. Es geht bei PPAG immer um ein Mehr an Raum. PPAG denken nicht einfach in addierten Grundrissen, sie denken mehrfach, dreidimensional. Jede Nische, jeder Durchblick, jeder

**HUMANITARIAN MATHEMATICIANS,
OR: WE CAN DO MORE!**

How would you approach an architect's work? Well, you could describe his or her handrails or door handles in detail, scrutinising the material in a close-up view; you could encircle it like an anecdote, or even file it into the History of Architecture with encyclopaedic accuracy. No doubt, this could be an appropriate starting point for approaching PPAG, although you might run the risk of venturing through their work wearing blinkers, which would prevent you from seeing its wealth of consequence and many lovely surprises. It would be better to resort to a tool, by way of mimicry, that architects themselves prefer to use: the process of elimination. That means first defining what PPAG are not and what they do not do. Just as Michelangelo once removed everything that was "not David" from his block of marble, here we should also discover the original core of creative work in a gradual process of reduction.

Let us reduce the mass to its core, then. PPAG are neither sentimental, nor do they cling to a golden era that needs to be embalmed or conserved. They do not reproduce a photogenic style that people immediately recognise as a unique brand and memorise in a matter of seconds. When they design a building, they do not begin with the façade, and rarely with the material. They are no minimalists. For Viennese architects they are surprisingly consistent in neither being interested in poses, nor the so-called society, nor the nest warmth of a certain scene. They are definitely neither service providers, nor arty architects.

That is that as far as subtraction is concerned. What remains after stripping all that off? The answer is: everything. And again, the answer is: architecture. Randomly chosen proof of that is their Viennese campus that is nearly bursting with inherent mobility, at the same time revolutionising the entire educational system and doing without any façade whatsoever. For PPAG take architecture seriously in a proud and convincing way. In all they do, they strive for perfection. They love the challenge, and they quarrel and fight, being rarely satisfied with less than the very best. Their conviction is: we can always do more. More is more.

PPAG do not look for this "more" in terms of a luxurious bonus, but as an essence. Not for the few, but for all. It is not about maximising profits with the developer having to squeeze the last bit of surface area out of his excel charts. For PPAG, it is always about more space. PPAG do not simply think in terms of added floor plans, they think multiplex, and three-dimensionally. Every niche and per-

vermeintliche Restraum, der sich im Gefüge der Massen auftut, wird gedreht, gewendet und interpretiert, bis er sein bislang unentdecktes Potenzial entbirgt.

Denn PPAG sind mit nie endender Begeisterungsfähigkeit Entdecker und freuen sich immer wieder aufs Neue, wenn ihr beharrliches Bohren bislang Unvermutetes und Unbekanntes zutage fördert. Um das Dreidimensionale auf sein immanentes mögliches Mehr hin auszuloten, benutzen PPAG ohne Berührungsängste ganz selbstverständlich die Logik, die Wissenschaft und das Spiel. Algorithmen, Mathematik und Aleatorik werden neugierig und scharfsinnig an die Grenzen getrieben, dabei wird jedes Element ihres eigenen Lebensumfelds im Sinne des Method Acting zum Werkzeug, ob Puppen, Kochrezepte oder die eigene Wohnung als Testlabor, alles kann für die Architektur verwendet werden.

Nicht nur im geometrischen Raum wird das mögliche Mehr gesucht, sondern auch durch Versuchsanordnungen quasichemischer Reaktionen: Was passiert, wenn ich sozialen Wohnbau mit Kunst mische? Wohnbau mit Sport? Ein Parkhaus mit Barock? Maximalen Lichteinfall mit maximaler Masse? Sakrosankte Wiener Bausubstanz mit kluger Gegenwart? Ein setzkastenartiges Nebeneinander spielt es dabei nicht, das wäre zu wenig. Die Chance muss genutzt werden, herauszufinden, welche raumchemische Reaktion sich aus der Fusion ergibt. Dass bei diesen kontrollierten und doch sich selbst überraschenden Experimenten keine kalte Laborarchitektur herauskommt, zeigt in inzwischen global anerkannter „Enzi"-Evidenz die Hofmöblierung im Wiener Museumsquartier, die über die Jahre zu einem eigenen Markenzeichen geworden ist. Ein kleiner Baustein, der alles kann, ein Minimum fürs Maximum. Scharfsinn kann so soft, Geometrie kann so gemütlich sein!

Die Wohnbauten von PPAG sind Paradebeispiele dieser menschenfreundlichen Mathematik. Das Wohnen ist dabei nie zimmer- und balkonaddierende Pflichterfüllung nach Norm. PPAG wissen, dass Wohnen Performance ist, dass wir zu jedem Zeitpunkt Darsteller unseres Lebens im Raum sind. Jeder Kubikmeter, der über dem bislang Gewohnten liegt, kann vom Bewohner in Besitz genommen und erfüllt werden, er kann völlig neue Rollen in den eigene Räumen spielen. Die Wohnräume von PPAG mit ihren Kanzeln, Kathedralen, Brücken, Bühnen, Schaufenstern und Parcours fordern ihn (sie, es, Hund, Katze) zum Agieren heraus. Das Mehr im Raum erzeugt, wie ein Funken ein Feuer, ein Mehr im Bewusstsein.
Die von Architekten oft – und zurecht – beklagten starren Regeln, Normen und Gesetze werden von PPAG nicht

spective, and every supposedly residual space that crops up within the structural fabric of the masses is turned this way and that and interpreted until it finally reveals its long hidden potential.

For PPAG are great explorers with boundless enthusiasm, always thrilled when their perseverance leads to the discovery of the surprising and new. In order to fathom the immanent potential of the three-dimensional, PPAG use logics, science and the game as a matter of course and without any inhibitions. With a great deal of curiosity and ingenuity, they push algorithms, mathematics and aleatoricism to the extreme, applying many elements from their own living environment as tools in the sense of Method Acting, be it dolls, cooking recipes or even their own dwelling as an experimental laboratory – everything can be used for architecture.

However, they not only search for more possibilities in geometrical space, but also by means of quasi-chemical reactions in test arrangements. What would happen, for instance, if I mixed social housing with art? Housing with sports? A car park with baroque architecture? Maximum light incidence with maximum mass? Sacrosanct Viennese building fabric with smart modern alternatives? Putting one building neatly next to another, however, would not do. One has to grasp the opportunity to find out which spatial chemical reactions result from this fusion. Having become a brand for PPAG over the years, our meanwhile internationally acclaimed "ENZI" courtyard furniture, designed for the Vienna Museum Quarter, proves that it is no cold laboratory architecture that emerges from these controlled, yet self-surprising experiments. A small module that can do everything – a minimum for a maximum. Ingenuity can be so soft, and geometry so comfortable!

Residential buildings designed by PPAG are stunning examples of what we mean by humanitarian mathematics. Living can never just amount to solely complying with room and balcony-adding standards. PPAG know that living is performance and that we are permanently acting our lives within space. The resident can take possession of and fill out every cubic metre that exceeds the merely conventional, enabling him to play completely new roles within his own space. Spaces for living designed by PPAG with their pulpits, cathedrals, bridges, stages, shop-windows and routes challenge him (her, it, dog, cat, or whatever) to act. Just as a spark ignites a fire, this more in space creates more in the mind.
PPAG do not merely accept rules, standards and laws that architects have frequently and justly criticised as being too

einfach akzeptiert, sondern mit subversiver List und Lust analysiert, bis sie zu flimmern beginnen, oder – wie die Normklassenzimmer im Entwurf zur Schule Carlbergergasse – schlicht um 90 Grad gedreht, die Stoßrichtung der Restriktionen wird so in einer Art dreidimensionalem Judo lautlos in ihr Gegenteil umgelenkt.

Denn das mögliche Mehr schlummert in den Paragraphen genauso wie in Geometrie, Mathematik oder sozialer Chemie, in den gesetzten Grenzen genauso wie im Zufall des Moments oder im Zeichenstift des Architekten. Die neuen Typologien, die so entstehen, können ganze Kataloge füllen. Jetzt füllen sie ein Buch. Und natürlich ist auch das Buch mehr als nur eine Addition illustrierter Seiten. Es ist ein Raum voller Räume, die über Bedeutungsbrücken und Zeittunnels miteinander verbunden sind, eine Architektur voller Architekturen des Gebauten, Gedachten und selbstbewusst Fordernden. Springen wir hinein ins Mehr!

Maik Novotny

Maik Novotny lebt in Wien und schreibt über Architektur für Zeitungen (Der Standard, Falter) und Fachmedien.

rigid, but rather analyse them with subversive cunning and lust until they begin to scintillate – or as with the standard classroom for the Carlbergergasse School design, they simply rotate it by 90°. In that way, PPAG silently divert the line of impact caused by restrictions into the opposite direction, like in a kind of three-dimensional judo.

For more potential not only lies in geometry, mathematics or social chemistry, it can also be found in legal clauses, in defined limits as well as in sudden coincidence, or in the architect's pencil. These newly emerging typologies could fill a multitude of catalogues. Now they fill a book. And this book is naturally much more than just an accumulation of illustrated pages. It is a space filled with spaces that link together via bridges of meaning and tunnels of time; it is architecture full of built architecture, thought and self-assured challenge. Let's dive into this vast concept of more!

Maik Novotny

Maik Novotny lives in Vienna and writes on architecture for newspapers (Der Standard, Falter) and specialist media.

PPAG architects

BILDTEIL / *PICTURES*

PA1, ZURNDORF ↗398

Wohnhaus / *Residential building* 2005

Das Haus mit der Elefantenhaut

Das extrem geringe Budget und eine spezielle Bauherrin waren der Motor für ein auf mehreren Ebenen radikales Low-Cost-Forschungsprojekt. Die Räume des 100 m² großen Hauses liegen auf unterschiedlichen Niveaus, von denen aus der Obstgarten aus unterschiedlichen Perspektiven erlebt werden kann. Raumhöhen von 2,20 m – 4,35 m vermitteln das Gefühl von Abwechslung und Großzügigkeit. Über allem liegt das Origami-Dach. Seine nach innen offene Holzkonstruktion wirkt wie die Unterseite eines Blattes, das dem Käfer sein Zuhause gibt. Die auf eine nach innen offene Holzkonstruktion in Schichten aufgebrachte Polyurethan-Spritzdämmung und Polyurethan-Beschichtung stellt einen Wand- und Dachaufbau dar, wie es ihn im Hausbau bisher so noch nicht gegeben hat. ↗ Klimawindkanal S. 78, ↗ MQ Hofmöblierung S. 94

Mit Wandstärken von 9 – 15 cm werden die gesetzlichen Anforderungen erfüllt und Ausgaben für Dachrinnen und Traufbleche gespart, denn das Wasser rinnt nach allen Seiten direkt ab. Raffinierte Details sorgen dafür, dass low cost nicht arm aussieht. Der Mix aus speziell angefertigten Teilen und Elementen aus dem Heimwerkerbedarf ergibt eine ganz eigene atmosphärische Mischung aus neu und gewohnt, die dieses kleine Haus ins burgenländische Umfeld einpflanzt.

↗ PA2 S. 58

The Elephant Skin House

The driving force behind this radically low-cost multi-level research project happened to be an extremely low budget and a special client. The rooms of this 100 m² sized apartment house are located on different levels from which the orchard can be experienced from various perspectives. Ceiling heights of 2.20 m to 4.35 m convey a feeling of diversity and spaciousness. The whole building is topped with an Origami roof. Its wooden construction, which is open underneath, resembles the underside of a leaf offering refuge to a beetle. On the inside of the open construction, layers of polyurethane spray-on insulation and polyurethane coating form a type of wall and roof construction that housing construction has never seen in this form before. ↗ Klimawindkanal P. 78 ↗ MQ Hofmöblierung P. 94

Wall thicknesses of 9 to 15 cm not only comply with legal requirements, they also save expenses for roof guttering and eave flashing, for rainwater runs directly off all sides. Sophisticated details, however, ensure that low cost does not look low-grade. Additionally, the mix of specially crafted parts and elements from the DIY market yields a unique atmospheric mixture of the novel and the accustomed, embedding this small house in its Burgenland surroundings.

↗ PA2 P. 58

Bauen ist ein bisschen wie Kochen und Würzen: Die einfachen Türen und Fenster aus dem Baumarkt finden in einer aufwendigen rahmenlosen Übereckverglasung ihren Ausgleich
/ Building is a bit like cooking and seasoning: simple doors and windows from the DIY market are reconciled with elaborate frameless diagonal glazing

Kinder legen dem Haus gerne die Hand auf / *Children love to lay their hands on the house*

01
Eigenwillige Hülle aus eigenwilligem Material
/ *Extraordinary skin made of extraordinary material*

02
2-komponentiger Werkstoff in 1cm-Schichten aufgebracht
/ *Dual-component construction material attached in 1cm layers*

03
Das Haus wird über eine steile Rampe, auf der man den Pferdemist hinter sich lässt, betreten
/ *The house is accessible via a steep ramp, so you can leave the horse droppings behind*

01

02

03

uneingerichtet < > eingerichtet – Ikea oder Louis XIV, geht alles
/ unfurnished < > furnished – Ikea or Louis XIV, anything is possible

Die innen sichtbare Konstruktion wird zum Befestigen
von Regalen verwendet
/ *This construction, which is visible on the inside,
is used to fasten shelves*

Zwei versetzt zueinander verschraubte Sperrholzplatten erzeugen die gefalzten rahmenlosen
Türblätter die in die 4 cm dicke, ebenfalls aus 2 zusammengeschraubten Sperrholzplatten
bestehende Wand schlagen
/ Two plywood boards obliquely screwed together form grooved frameless door leaves that
fit into 0the 4 cm thick wall, which is also made of 2 plywood boards screwed together

ERZHERZOG-KARL-STRASSE, WIEN

Wohnbau / *Housing*   2010 – on hold

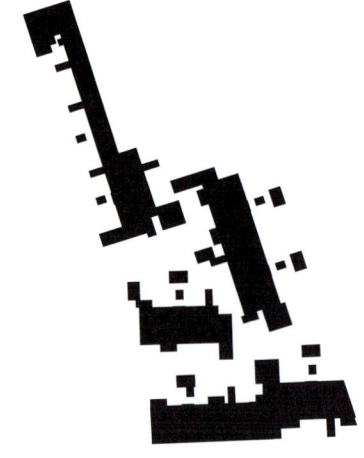

Nachverdichtung

Die Siedlung wurde 1955–57 errichtet. Eine typische frühe Nachkriegssiedlung. 75% der Wohnungen der Siedlung sind Zweizimmerwohnungen mit unter 60 m². Damals noch ohne Bad. Bautechnisch bestehen die üblichen Mängel betreffend Wärmeschutz und Barrierefreiheit. Aber es stimmt gar nichts mehr. Zu anders sind die Zeiten. Obwohl die Wohnungen günstig sind, wechseln die Mieter, sobald sie können. Die starke Fluktuation macht einerseits viel Aufwand, andererseits verhindert sie das Entstehen eines nachbarschaftlichen Gefüges. Wir haben mit dem gemeinnützigen Bauträger und der fördergebenden Stelle gemeinsam eine Vision entwickelt, die sich an den Kriterien orientiert, an denen wir heute ganz selbstverständlich jede neue Architektur messen: Ökonomie (mieterverträgliche Sanierung am bewohnten Haus), Ökologie (Dämmniveau, sommerliche Warmwasserstützung, kontrollierte Lüftung), soziale Nachhaltigkeit (Kontinuität des Gemeinschaftslebens, Nachbarschaft, Identifikation) und die Architektur selber (Alleinstellung, Bewohnerstolz)

Schmale Baukörper ergänzen, als Stapel von Zimmern und Balkonen in die Höfe gestellt, einerseits den Raum- und Freiraumbedarf der bestehenden Wohnungen und bieten mit PLUS-Häusern und -Apartments und Dachgeschosswohnungen zusätzlich neuen Bewohnern Platz. Die soziale Erfrischung durch den Zustrom an Familien ist kalkuliert. Im Hof wird das Niveau bis auf Ebene des Erdgeschosses erhöht. Das verbessert die seismische Qualität des Bestandes, sichert den barrierefreien Zugang zu den Häusern und alle erdgeschossigen Wohnungen werden zu Gartenwohnungen Ganz oben eine durchgehende gemeinschaftliche Dachterrasse mit Grillplatz und Gemeinschaftsraum.
Projekt gestoppt

Redensification

The housing estate, a typical early post-war estate, was built from 1955 to 1957. 75% of the flats are two room flats with less than 60 m² space, and without bathrooms in those days. From a technical point of view, the estate also shows normal deficiencies such as lack of heat insulation and barrier-free access. But that no longer makes sense, because times have changed. Although the flats are cheap, tenants move out as soon as possible. While high fluctuation rates are time and cost consuming, social structures are prevented from developing in the neighbourhood, too. Together with a public utility project developer and the relevant supporting authorities, we have developed a vision that is oriented towards state of the art architectural criteria, i.e. economy (tenant-friendly renovation of the house – without anyone having to move out), ecology (level of insulation, supported warm water supply in summer, controlled ventilation), social sustainability (continuity of community life, neighbourhood, identification) and the architecture itself (uniqueness, residents' pride)

As a stack of rooms with balconies placed in courtyards, narrow buildings enhance available space, thus fulfilling the existing flats' need for more private and open space, as well as additionally offering space for new residents in PLUS houses, apartments and loft apartments. Calculated social rejuvenation through the influx of families. Raising the courtyard to ground floor level not only improves the seismic quality of the existing buildings, but also ensures barrier-free access to all houses. Ground floor apartments become garden dwellings. At the top, there is an open-plan community roof terrace with barbecue area and common room for all residents. Project cancelled.

Bewusst möbelig leichtfüßiger Eindruck von übereinander gestapelten Gartenlauben
/ *Stacked gazebos create an intended airy impression*

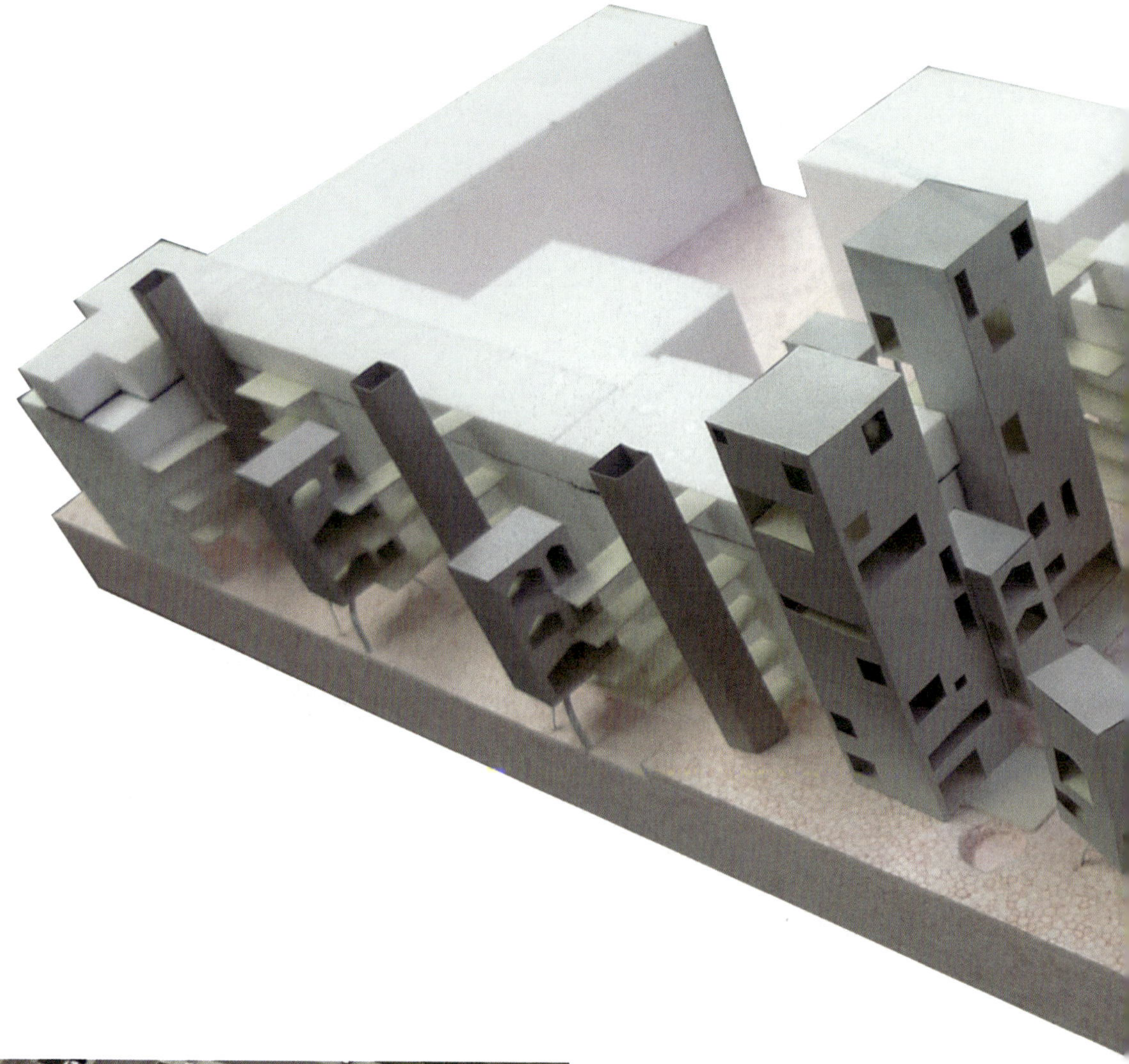

Luftbild Bestand
/ Aerial image of existing buildings

Die in die Höfe gestellten Geschlechtertürme beinhalten neben neuen Wohnungen auch zusätzlich zumietbaren Raum für die bestehenden Wohnungen.
/ *Tower houses placed in the courtyards provide new apartments as well as additionally rentable space for existing apartments.*

EUROPAN 06, WIEN

↗ 406

Wohnbau / *Housing*

2001 – 2013

stadt_land_schafft (Titel Europanwettbewerb 2001)

Im Wettbewerb ging es um eine Grundlage für die Neuwidmung eines Grundstücks in Simmering. Wir hatten uns schon zuvor mit dieser abstrakten Vorstufe vor der Architekturplanung und ihrer möglichen Verbesserung in der Praxis auseinandergesetzt (Projekt Augarten, 1999 ↗ Visualisierung S. 360) und eine im Grunde einfache, allgemein anwendbare Methode entwickelt, die vorhandene Bedingungen auf dem jeweiligen Grundstück, wie z. B. Sonnenlicht, lokale Windrichtungen oder Sichtbezüge, räumlich sichtbar macht und damit einen flexibel interpretierbaren Möglichkeitsraum für zukünftige Bebauungen schafft. Das sich im Wettbewerb ergebende bergartige Volumen war gut geeignet für die Unterbringung der vorgegebenen Mischnutzung, gleichsam die Überlagerung von Alt Erlaa und Shopping City Süd an einem Punkt. Mit der Strukturwidmung der Wiener Bauordnung war es möglich, die ermittelte Kubatur mit gesetzten Ausnutzungslimits fast 1:1 in die Widmung zu übernehmen. Im Unterschied zur Blockrandbebauung konzentriert sich die Baumasse in der Mitte des Grundstücks, was allen Wohnungen, auch den unteren, gute Aussicht bringt und kommunizierende Räume mit den Nachbarbebauungen aufspannt. So wird freiwillig von der Baulinie abgerückt, was dem Straßenraum gut tut, zusammen mit dem Gehsteig ergibt sich ein Platz als Auffangbecken für alle Zugänge.

Gleich zu Beginn der Projektentwicklung gab es Druck in Richtung mehr Wohnnutzung, zugegebenermaßen eine Herausforderung für die Typologie, die den Berg erschlanken ließ. Realisiert werden jetzt gerade ein Kindergarten, ein Heim für kurzzeitiges Wohnen, Ateliers für Wohnen und Arbeiten und 200 Wohnungen.

Wichtiger Identifikationsfaktor für die Bewohner sind sicher die großzügigen, natürlich belichteten, teils vielgeschossigen Erschließungsflächen mit großen Atrien, die als innere Straßenräume das Haus durchdringen, in die alle Wohnungen mit ihren inneren Fassaden und Küchenfenstern schauen und die jeder Bewohner beim Aus-dem-Haus-Gehen und Heimkommen durchquert. Hier befinden sich alle gemeinsam genutzten Räume: Wohnnebenräume (Kinderwagen- und Fahrradabstellräume, Einlagerungsräume und Waschküche), Mehrzweck- / Bewegungsraum, Kinder- und Jugendspielraum, Kino, Wintergarten, Gemeinschaftsküche mit angeschlossenem Sitzbereich, Bibliothek/Lernzimmer sowie räumliche Nischen und Platzsituationen mit Potential und wie die gemeinsame Dachterrasse offen für die Aneignung durch die Bewohner.

Die allseitig orientierten Wohnungen sind bei diesem Typus tendenziell monoorientiert, was durch Variantenvielfalt kompensiert wurde. Das Gebäude demonstriert nach außen durch die umlaufenden silbernen Balkonbänder Homogenität, ein zusammenhaltender Gürtel für die dahinterliegende Verschiedenheit.

Die komplexe Frage von Energieverbrauch und Nachhaltigkeit stellt sich aktuell bei jedem Projekt. Der kompakte, tiefe Baukörper mit seiner geringen Außenfläche und das durch die Form bestimmte Angebot großer privater Freiräume, die das obligate Einfamilienhaus obsolet machen, sind Ansätze für neue nachhaltige Modelle in der Stadt.

Die innovative Methode generiert innovative Architektur.
Gleichzeitig steht der Typus des Wohnhügels in Wien auch in einer historischen Kontinuität: Die bewährten und viel beachteten Terrassenhäuser des Architekten Harry Glück seien beispielhaft genannt.

stadt_land_schafft (Title Europan Competition 2001)

This competition aimed to create a basis for the re-designation of a site in Simmering. We had already dealt with this abstract preliminary step prior to architectural planning and its possible improvement in practice once before (Project Augarten, 1999 ↗ Visualisierung P. 360), and had basically developed a generally feasible method to spatially visualise existing conditions such as sunlight, local wind directions or visual orientation at the relevant site, thus enabling flexible interpretation of possible space for future buildings. The hill-like volume – an outcome of the competition – was well suited for accommodating predetermined mixed use, quasi overlapping Alt Erlaa and Shopping City Süd at one point. With the classification specified by the Viennese Building Regulations, it was possible to almost fully incorporate the calculated volume within the limits of land use plan. As opposed to perimeter block development, building volume here is concentrated at the centre of the site, which benefits all apartments, including those below, delivering good views and opening up spaces of communication with neighbouring buildings. This voluntary retreat behind the building line thus enhances street space, which – together with the pavement – provides a reservoir area for all accesses.

Right from the start of project development there was pressure for more residential use, which was obviously a challenge for the typology, narrowing the hill as a result. A kindergarten, a home for temporary living purposes, residential and professional studios and 200 apartments are currently being realised.

Spacious, naturally-lighted, partially multi-floor access spaces with large atriums are amongst the main important identification factors for residents. Permeating the whole building as internal street spaces, they are overlooked by the inner façades and kitchen windows of all apartments, and are also used by all residents when leaving or coming home. All shared rooms are located here: utility rooms (storage space for prams, pushchairs and bicycles, personal belongings and a laundry room), multi-use/exercise room, children and youth activity room, cinema, conservatory, community kitchen with adjoining lounge, library/study as well as various recesses and potential spaces – all free for residents to use – including the shared roof terrace.

Since dwellings of this type with views to all sides tend to be single-aspect, they were compensated by creating variety. The building exhibits homogeneity on the outside with its circumferential silvery balcony line, which is a belt that encloses diversity on the inside.

Complex issues concerning energy consumption and sustainability will always play a key role in any project. This compact deep building with its small exterior surface area and large supply of private spaces resulting from its form, offers ideas for new and sustainable models in the city, thereby rendering the obligatory single-family house obsolete.

Innovative methods generate innovative architecture.
At the same time, it is worth mentioning that this hill house type of housing has a certain tradition in Vienna, for instance, architect Harry Glück's successful and highly acclaimed terrace houses.

Vision 2020: implizite Lösung des angeborenen österreichischen Wunsches nach dem Haus im Grünen durch das Angebot großer privater Freiräume
/ *Vision 2020: the typical Austrian's desire for a house in rural settings is implicitly solved by offering larger private open spaces*

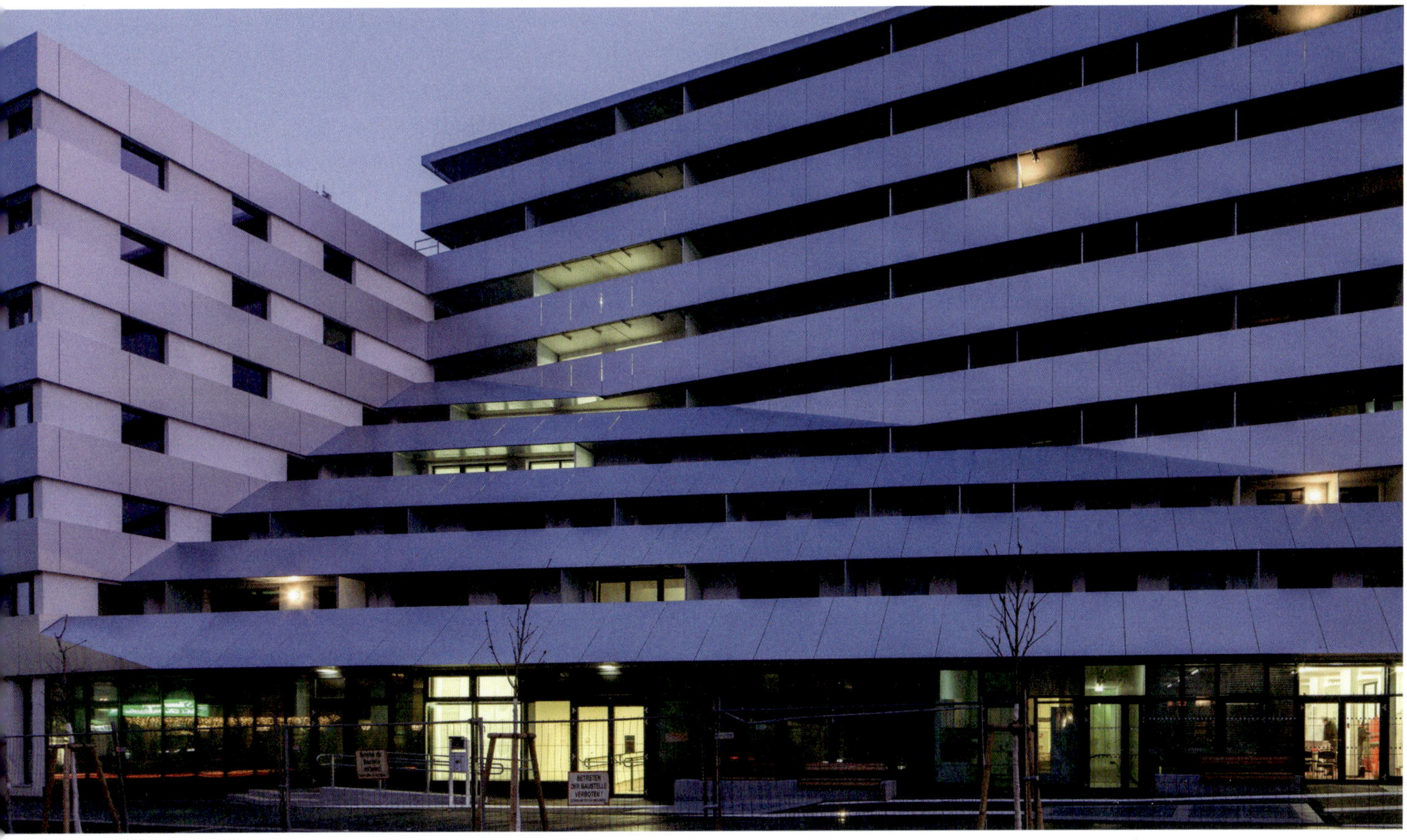

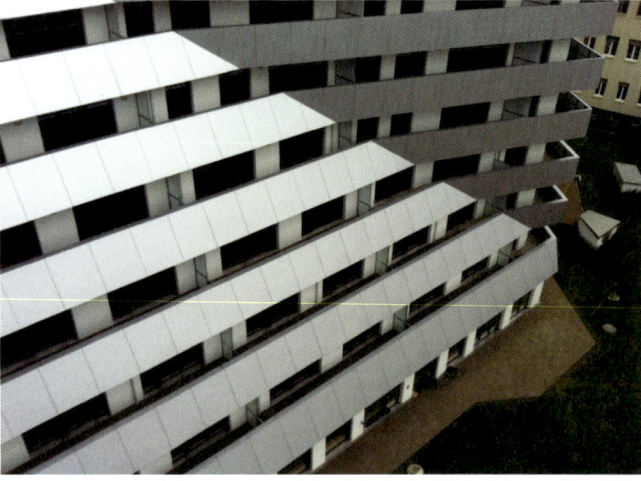

PPAG-team 2013

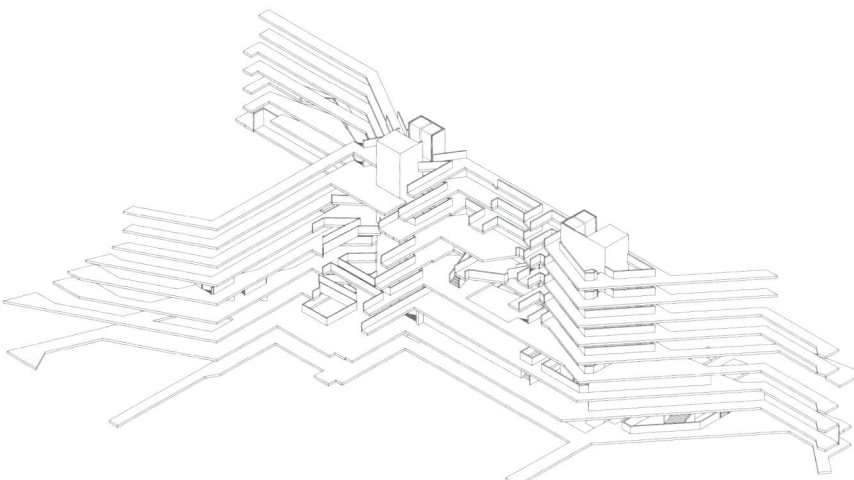

Im Bauch des Hügels befindet sich die innere Stadt: von großen Lufträumen durchzogene Atrien, an denen die Gemeinschaftsräume (Waschküche, Wintergarten, Gemeinschaftsküche, Tischtennisraum, Bibliothek etc.) liegen.
/ The city centre lies in the belly of the hill: atriums with large voids provide space for shared utility rooms (laundry room, conservatory, shared kitchen, table tennis room, library, etc.).

Blick aus der Wohnung ins Atrium
/ View of the atrium from the flat.

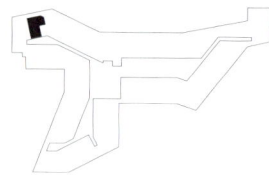

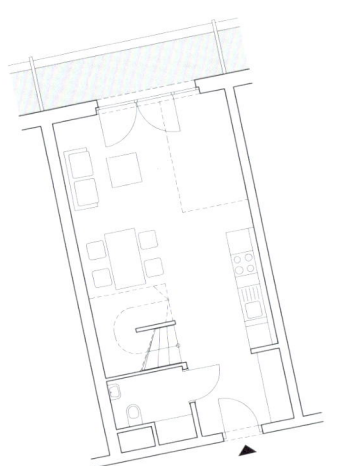

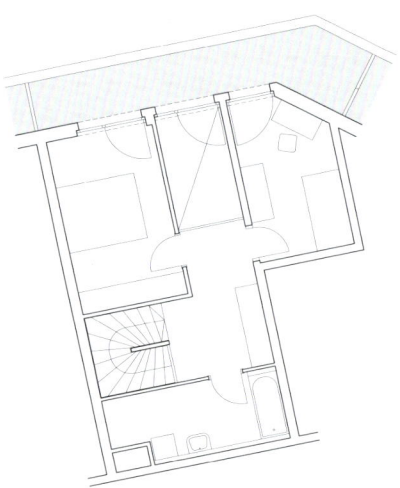

0 1   5

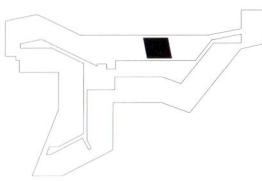

Voidtyp mit Licht von oben
/ Void type with light from above

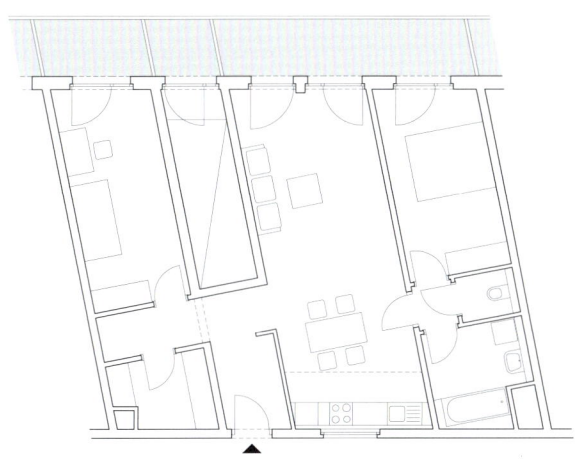

Die allseitig orientierten Wohnungen sind bei diesem Typus tendenziell monoorientiert, was durch Variantenvielfalt kompensiert wurde: Es gibt Maisonetten mit Lufträumen unterschiedlichen Zuschnitts mit dem Zweck, Licht tiefer in die Wohnung zu bringen. Lieblingstyp ist eine Maisonette, die mit dem durch die zurücktreppenden Terrassen erzeugten Sprung umgeht, indem sie dort schon ein Zimmer unterbringt. Oft erhöht eine 2. Eingangstür die Menge der Nutzungsmöglichkeiten. Es gibt Geschosswohnungen mit Void, d.h. Luftraum nach oben, mit demselben Zweck. Der Void bekommt fallweise eine Stiege und wird so zur Maisonette, macht vielfältige Wohnungskombinationen in diesem Bereich möglich. Dazu Wohnungen spezielleren Zuschnitts. Alle Wohnungen bieten großzügigen privaten Freiraum in Form von Loggia, Terrasse oder Balkon, auch diesbezüglich gibt es Spezialitäten: Arbeiten- und Wohneneinheiten im Erdgeschoss / 1.OG. mit vorgelagertem Arbeitsbereich im Freien und 2 Wohnungen Typ „Kleingartenhaus" für die Locavores unter den Anwärtern mit, entgegen der üblichen 10%-Regel, einem besonders großem angelagerten Freiraum.
/
Since dwellings like these with views to all sides tend to be single-aspect, they were compensated by creating variety. There are maisonettes with voids of varying dimensions that allow light to penetrate deeper into the living area. Most favoured is a maisonette hosting a room beneath the receding terrace deck. A second entrance door increases the number of possible uses. There are apartments with a void, i.e. an air space above, with the same purpose. In some cases, the void contains a staircase, thus becoming a maisonette, which offers a host of different living combinations in that area. There are apartments with extra special layouts, too. All apartments provide spacious private space in the form of loggias, terraces or balconies – which also include other specialities: working and living units on the ground and first floor with outdoor working areas in front, and 2 apartments of the "Kleingartenhaus" (allotment hut) type for the locavores amongst future residents, which is an especially large open space annex, as opposed to the conventional 10% rule.

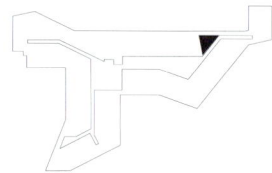

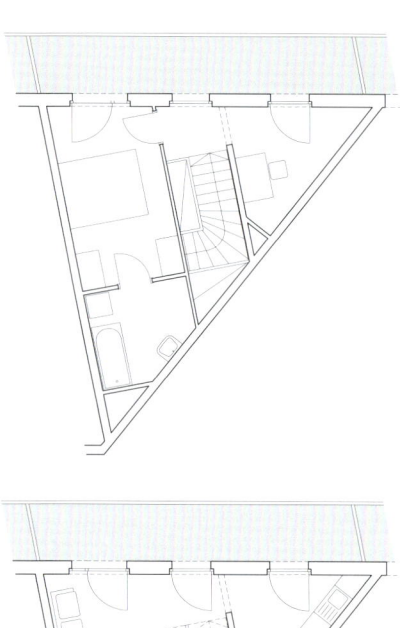

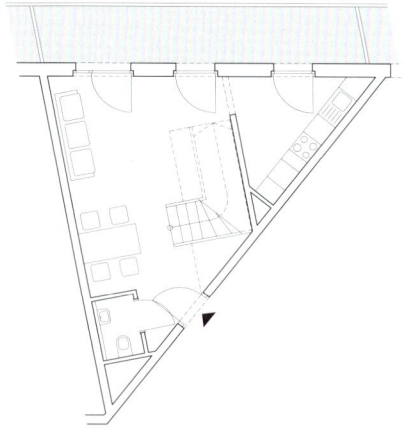

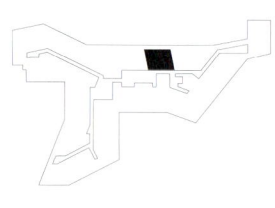

0   1   5

Abwandlung des Voidtyps als Maisonette
/ *Variation of void type as maisonette*

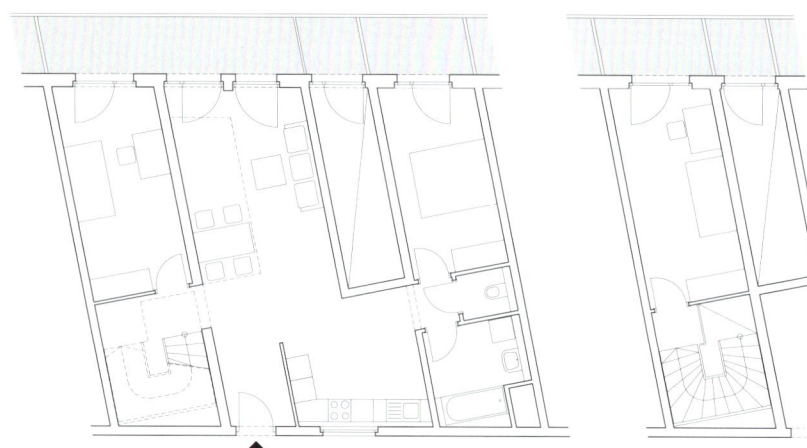

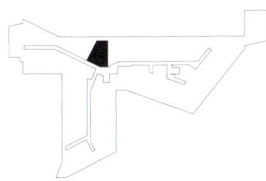

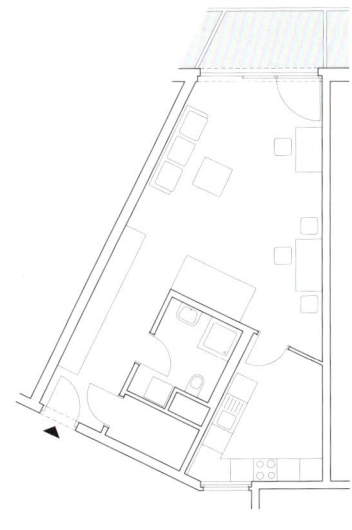

Das Heim für kurzzeitiges Wohnen ist turmartig organisiert und in jedem Geschoss präsent, was eine bessere Einbettung in das Haus verspricht. Es gibt zahlreiche dem Heim zugeordnete Gemeinschaftsflächen. Generell werden die Allgemeinflächen von Erdgeschoss bis zur obersten Dachterrasse auch wirklich von allen genutzt werden können.
/
The home for temporary living is organised like a tower and is present on each floor, which means that residents are better embedded in the house. There are lots of shared spaces assigned to the home. From the bottom floor to the roof terrace on the top, these shared spaces will be able to be used by everyone.

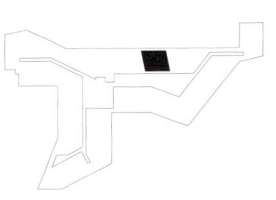

Voidtyp mit Stiege im Luftraum
/ *Void type with stairs in air-space.*

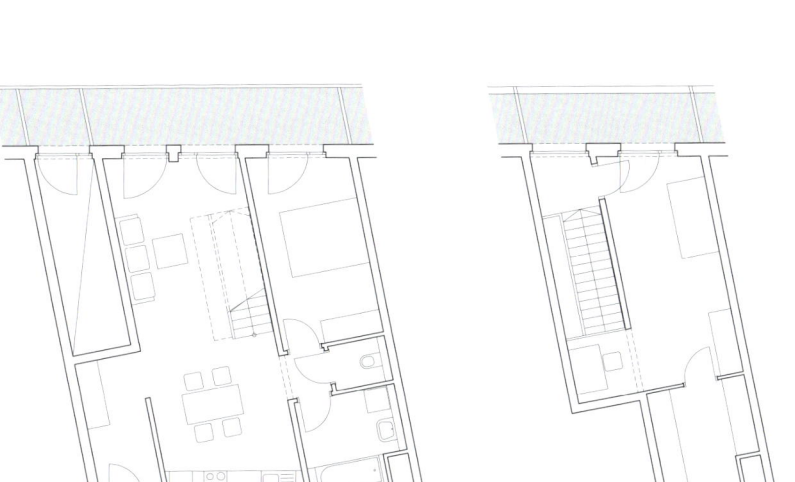

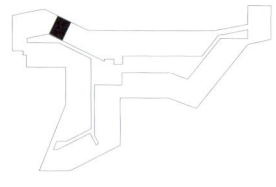

0   1   5

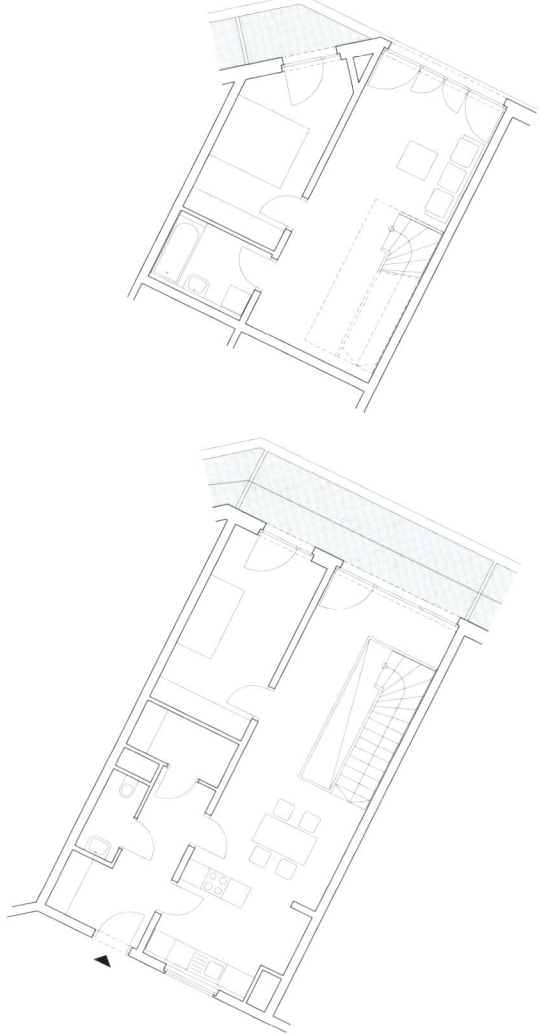

Tiefste Wohnung im Haus
/ *Deepest flat in the house.*

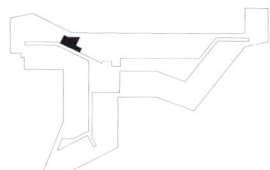

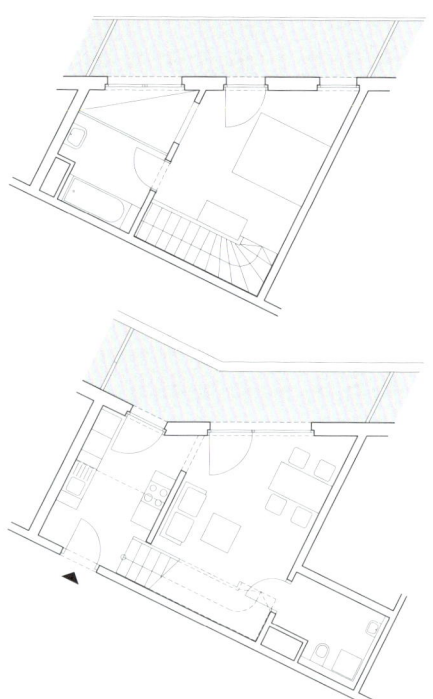

53 m²

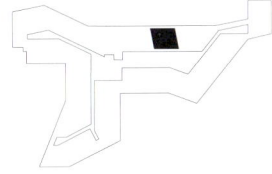

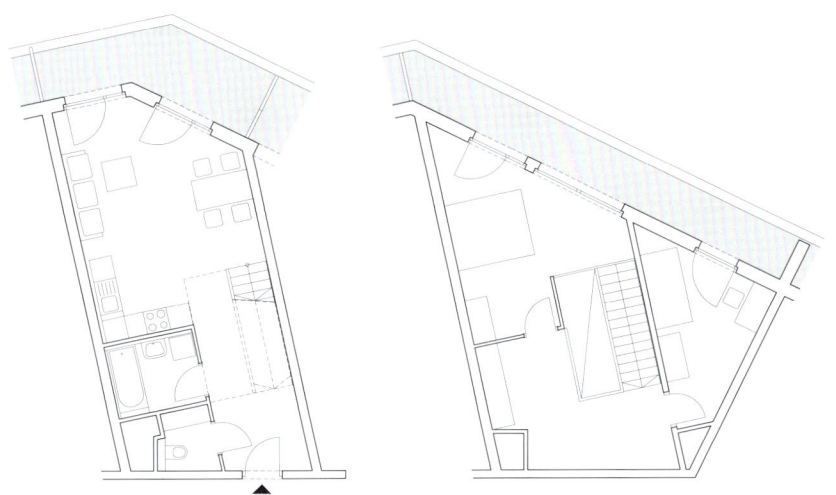

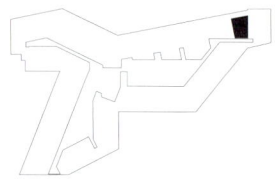

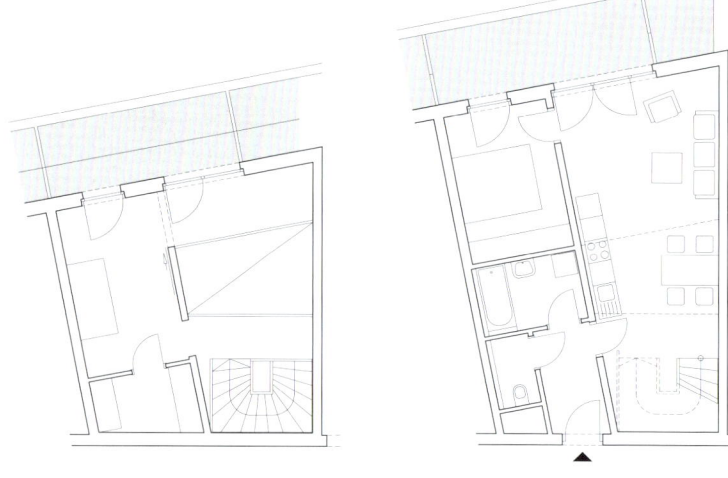

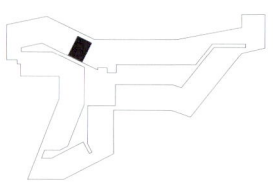

Terrassentyp mit gefangener Küche
/ *Terrace type with captive kitchen*

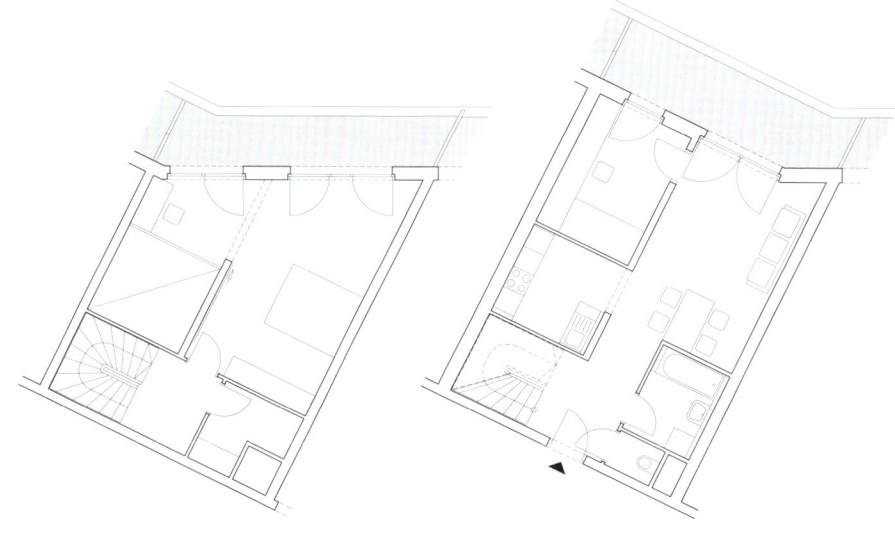

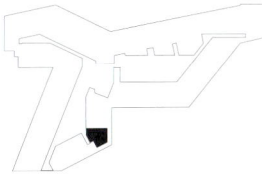

Wohnen und Arbeiten / *Living and working*

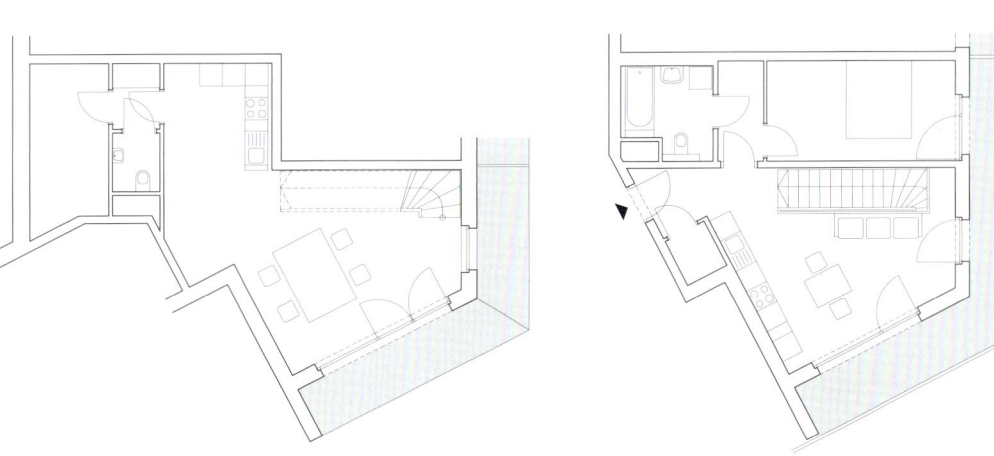

BILDUNGSCAMPUS HAUPTBAHNHOF, WIEN ↗ 424

Kindergarten und Schule / *Kindergarten and School*   2010 – 2014

Der 3. Pädagoge

Der Bildungscampus Hauptbahnhof, bestehend aus Kindergarten, Volksschule und Hauptschule/neuer Mittelschule, basiert auf einem innovativen Bildungskonzept der Stadt Wien. Es war das erklärte Programm des Wettbewerbs, die geeignete Lernumgebung für den heutigen Schulalltag räumlich zu definieren. Die organisatorische Grundeinheit bilden sogenannte Cluster, Einheiten aus jeweils vier Klassen, Projektraum und Teamraum für die Lehrer. Ein gemeinsamer Bereich vor den Klassen, der sogenannte Marktplatz, wird übergreifend benutzt. Die einzelnen Bildungseinrichtungen bestehen aus je vier dieser Cluster.

Die exakte räumliche Übersetzung dieses organisatorischen Prinzips führte zu einer baumartigen Verzweigung der einzelnen Bildungseinrichtungen über das Grundstück. Ihren Ursprung hat die Verzweigung in einer synergetisch genutzten Mitte mit Funktionen wie Speisesaal, Gymnastiksaal, Dreifachsporthalle, Mehrzwecksaal und Spezialunterrichtsräumen. Abgesehen von dieser Mitte ist die Schule durchgehend zweigeschossig angelegt. In den übereinander liegenden Clustern sind die Klassen immer um ein Feld versetzt und erzeugen auf diese Weise im EG und OG teils überdeckte Freiklassen. Innen- und Außenraum verzahnen sich miteinander, alles wird zur pädagogischen Fläche.
Die so ermöglichten vielfältigen Orte der Begegnung fördern das altersübergreifende Lernen der Kinder voneinander. Die einzelnen Teile der Schule ähneln sich, sind aber nie gleich strukturiert und angeordnet, keine Klasse gleicht der andern, die Schüler lernen, sich wie in einer Stadt zu orientieren. Spezielle Codes, ähnlich denen der schottischen Clans, markieren die einzelne Gruppe innerhalb der Gesamtheit. Die Abgrenzung der Klassen zueinander wird zugunsten subtiler und veränderbarer Übergänge aufgelöst, die Grenzen werden verhandelt, Selbstständigkeit durch Wahlmöglichkeit erlernt. Die Klassen haben alle direkt zugeordnete Kleinräume für ruhiges und aktives Lernen und Spielen.

Von den stadträumlichen Überlegungen bis hin zu den speziell angefertigten Tischen, die in Abkehr von den Zweier-Tischen ein Lernen in Gruppen ermöglichen, wird alles als Ansatzmöglichkeit begriffen.

Morphologisch erinnert das Ergebnis nicht von ungefähr an Modelle aus der zweiten Hälfte des 20. Jahrhunderts, deren Hintergrund schon damals eine freie, auf der Individualität des Einzelnen aufbauende Pädagogik war. Heute ist diese Pädagogik state of the art, sie muss sich nur oft in dafür ungeeignete Räume zwängen.

↗ Schule S. 334
↗ Method Acting S. 315

The 3rd Teacher

The Main Railway Station Campus of Education is a communal educational facility for children aged from 0 -14 comprising a kindergarten, primary school and secondary school. Transitional boundaries between facilities are experienced as flowing, thus creating promising pedagogical and spatial synergetic effects. The campus is run on a full-time basis all the year round. The campus is based on an innovative educational concept of the City of Vienna. Specified for the first time on the basis of a quality catalogue rather than a spatial programme, it had been the declared programme of the competition to spatially define the ideal learning environment for modern everyday school life. These educational facilities are organised in so-called clusters, which are units each consisting of four classrooms, a project room and a team room for teachers. A shared area in front of the classrooms, the so-called market place, is used interactively. Based on the simple concept of avoiding exterior axial alignment, this market place can be fully furnished and used for teaching purposes.

Each of these individual educational facilities consists of four clusters. An exact spatial translation of this organising princi-ple led to a tree-like branching of individual educational facilities throughout the site, the branch originating in a synergetic hub comprising functions such as a dining room, gymnasium, triple sports centre, multi-purpose hall and special teaching rooms. Apart from this centre, the school is organised on a two-storey basis throughout. In the stacked clusters, the edu-cational areas are staggered by one space, thus creating a roofed open classroom underneath the one above, and an open classroom as a terrace above the one below. Inside and outside spaces interlock, thus creating an overall pedagogical area.

Resultant diverse meeting places enable children of all ages to learn from each other. Although individual parts of the school resemble one another, they are in no way equally structured or assembled, and no classroom looks alike. Students learn how to find their way around just as in an urban area. Special codes, similar to those of Scottish clans, mark individual groups within the school community. Boundaries between classrooms are blurred in favour of more subtle and variable transitions; boundaries are therefore negotiated and independence is learned based on choice. All classes have directly ad-joining smaller rooms (nests) for quiet or active learning and playing. Everything is grasped as a possible approach, whether it be urbanistic considerations or especially crafted desks designed to allow students to learn in groups, rather than just in pairs.

Morphologically, it is no coincidence that these results are reminiscent of models from the second half of the 20th century, which had been established against a backdrop of free pedagogy that would bring out the best in every single child. Today, this educational approach has become state of the art, unfortunately often squeezed into completely inadequate rooms.

↗ Schule P. 334
↗ Method Acting P. 315

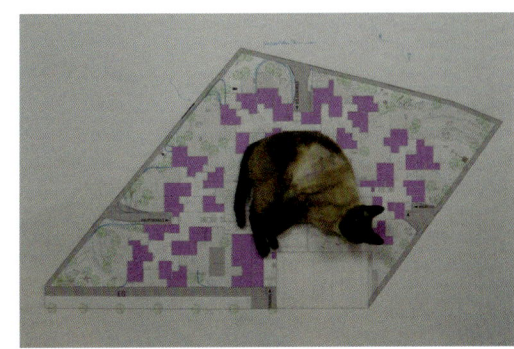

Katze / *cat*   † 4.12.2012

Lernziele: Konzentration, Beobachtungsgabe, präzise Sprache,
distanziertes Verhältnis zur Macht
*/ Learning targets: concentration, observing ability, precise language,
reserved attitude towards authority*

Alles ist Lern- und Lebensraum
/ *All space is learning and living space*

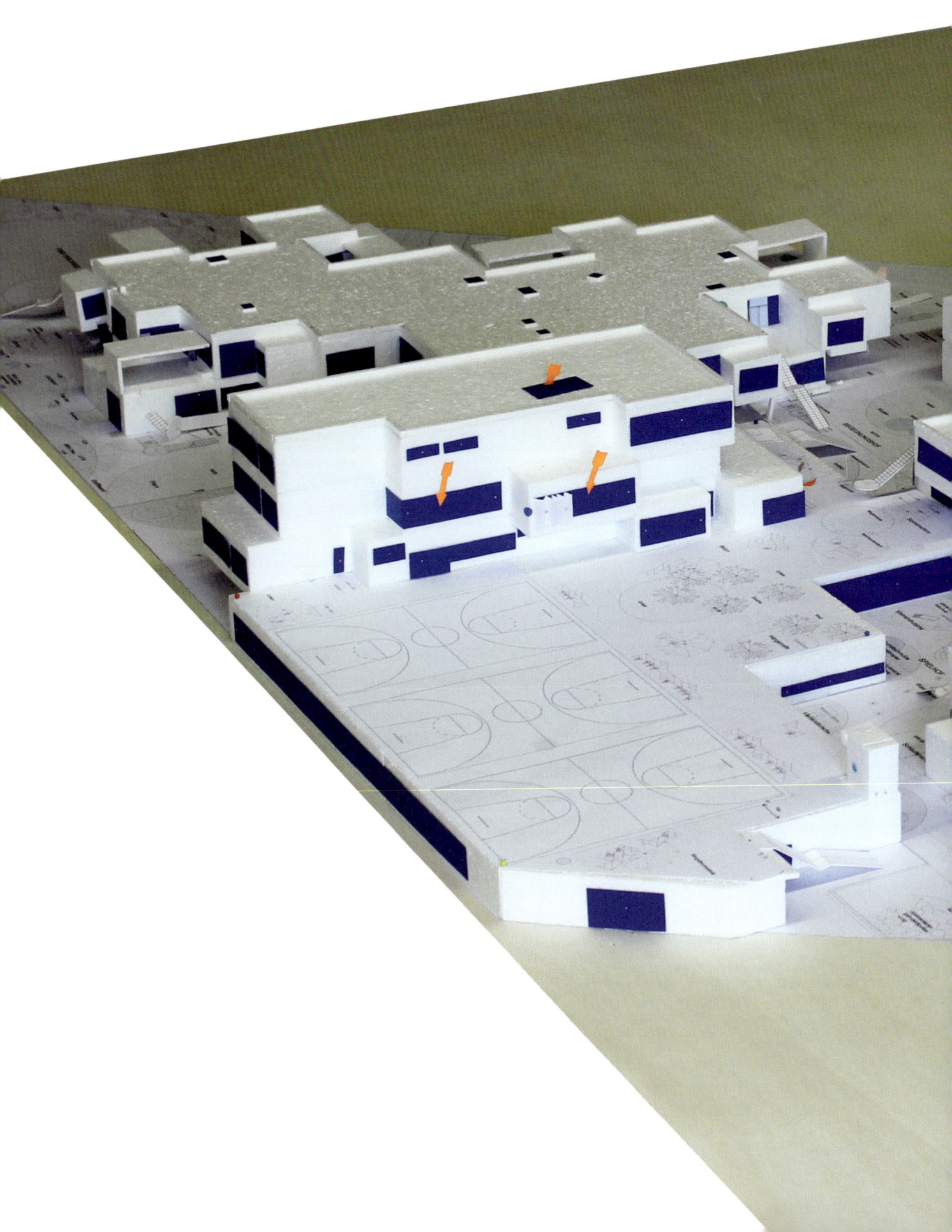

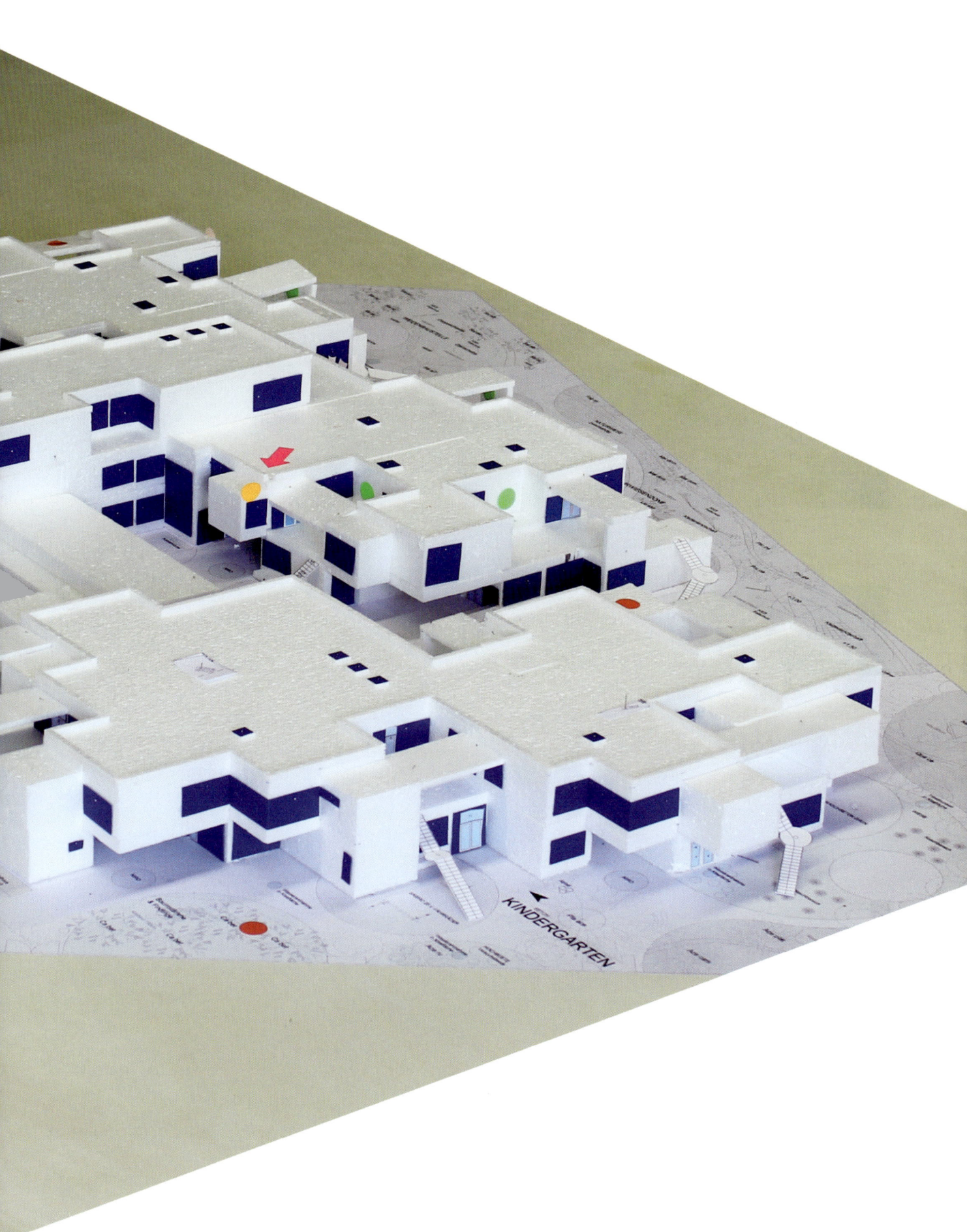

KINDERGARTEN

PA2, ZURNDORF

↗ 446

Wohnhaus / *Residential building*   2006

Das Kastenhaus

Offene Regale, die gleichzeitig die Außenwände bilden und die Decken tragen, bilden das Prinzip für eine Familie ohne Ballast. Ineinander verschachtelte kubische Räume auf 2 Ebenen wurden erst nach dem Einzug durch die Füllung der Regale mit Inhalt codiert. Die Küche wird durch die Teller zur Küche, das Wohnzimmer durch die Bücher zum Wohnzimmer, das Kinderzimmer durch das Spielzeug zum Kinderzimmer. Konstruktiv komplett aus industriell gefertigtem Massivholz, war der Rohbau in 3 Tagen errichtet. Die Rüstung aus Aluminium schillert je nach Wetter in allen Regenbogenfarben oder verschmilzt matt mit dem Himmel. Die durch die Regale tiefen Fensterleibungen inszenieren den Ausblick in jede Richtung. Ihr jeweiliger Zuschnitt folgt einer Logik des Sonneneinfalls. Das Haus ist das Haus der Schwester des Hauses von PA1, gleich neben diesem im gleichen Obstgarten gelegen, was zeigt, dass der Einfluss der Bauherrinnen wichtiger war als der *genius loci*.

↗ PA1, S. 14

The Kastenhaus

Open shelves that both form outer walls and bear floors are the basic principle for a ballast-free family. Interlocking cubic spaces on two levels were coded with content by filling the shelves only after moving in. Plates make the kitchen become a kitchen, books in the living room create a living room, and the children's room is likewise transformed by toys. Using industrially-crafted solid timber throughout, the building shell was erected within three days. Depending on the weather, its aluminium armour cladding either gleams like a rainbow, or blends with the colour of the sky. The window embrasures that are deepened by the shelves set the stage for views in all directions. Each layout follows the pattern of solar incidence. As an affiliate of the PA1 house, this house is located in direct proximity in the same orchard, which shows that the clients' influence was more important than the genius loci.

↗ PA1 P. 14

Kartenhaus – Rohbau in 3 Tagen fertig
/ *Chart house – building shell completed in 3 days*

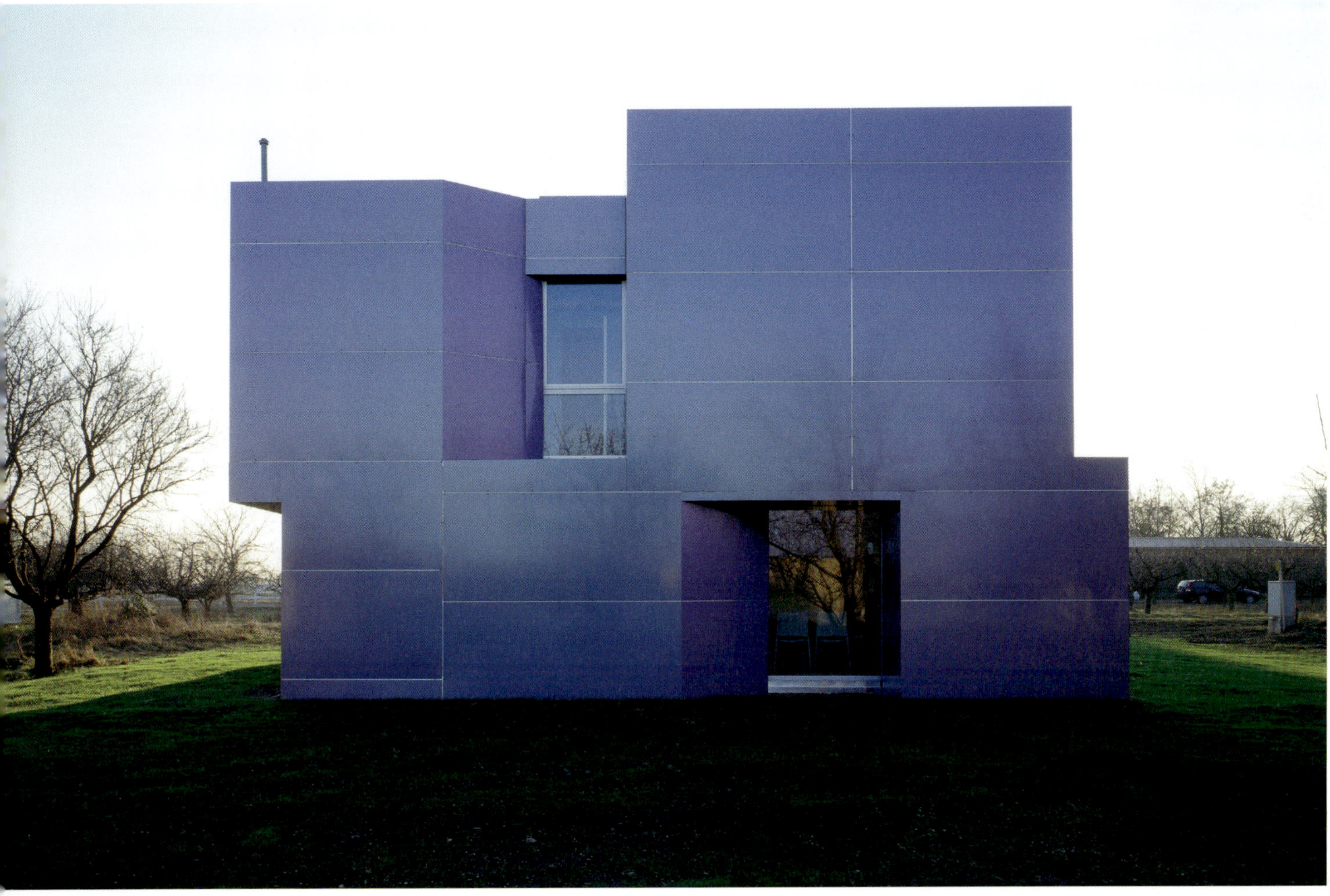

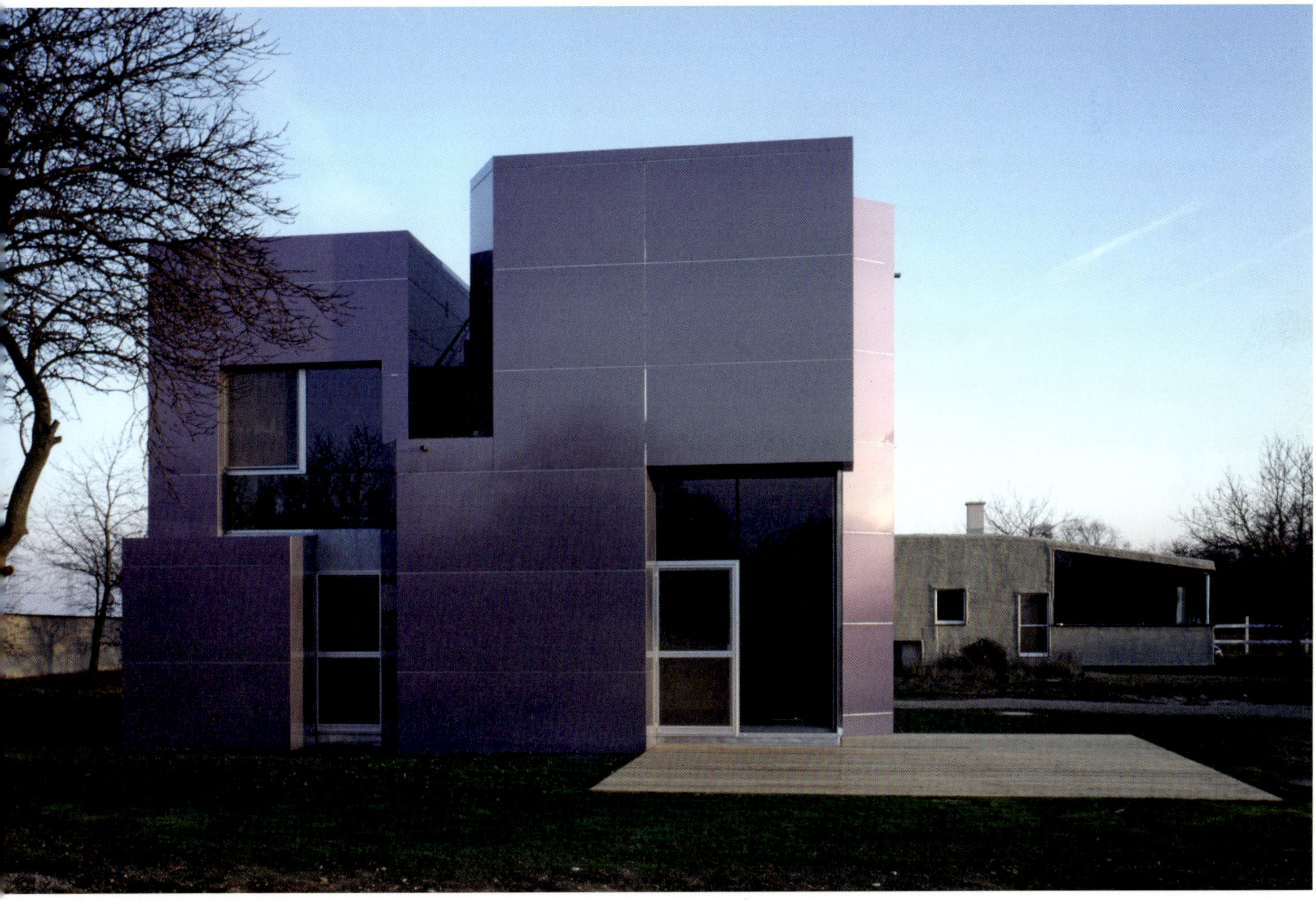

Durch Teller und Kochbücher wird der Raum zur Küche
/ *Plates and cookery books turn the space into a kitchen*

Im Kinderzimmer extemporiert das Regal zum Spielhaus.
Kontrollfenster zum Wohnzimmer
/ *The shelf in the children's room develops into a playhouse.*
Inspection window to living-room

Momentaufnahme kurz nach dem Einzug: Mit zunehmender Füllung erlangt jeder Raum seine Identität
/ *Snapshot shortly after moving in: each room builds identity with increasing content*

Jos Bosman auf Visite
/ Jos Bosman visiting

Das 7-fach lackierte Aluminium verändert die Farbe je nach Lichteinfall
/ *The aluminium painted with seven coats changes colour depending on the direction of light*

06 . 12 . 2006

KLEINE HÄUSER / *SMALL HOUSES*

Wir machen keine Einfamilienhäuser.

Serie von kleinen unrealisierten Kleinhäusern. Kleine Häuser interessieren uns als Prototypen, als Modelle für Anwendungen in anderen Maßstäben. Sie sind daher naturgemäß Unikate. Dafür kommen die Kunden in den Genuss eines Maßanzugs zum Preis von Konfektionsware. Was von diesen jedoch erstaunlich wenig erkannt wird.

↗ PA1 S. 14
↗ PA2 S. 58

We do not design single-family houses.

Series of small unrealised small houses. We are interested in small houses as prototypes, as models for use on other scales. Naturally, they would be unique. But customers would get a tailor-made suit at the price of ready-made clothing. Unfortunately, most of them don't realise that.

↗ *PA1 P. 14*
↗ *PA2 P. 58*

Restraum zum Wohnen in zentraler Lage: Übereck-Baulücke für ein Hochhaus mit 45 m² Grundfläche
/ *Residual space for housing in a central location: diagonal empty lot for a highrise on an area of 45 m²*

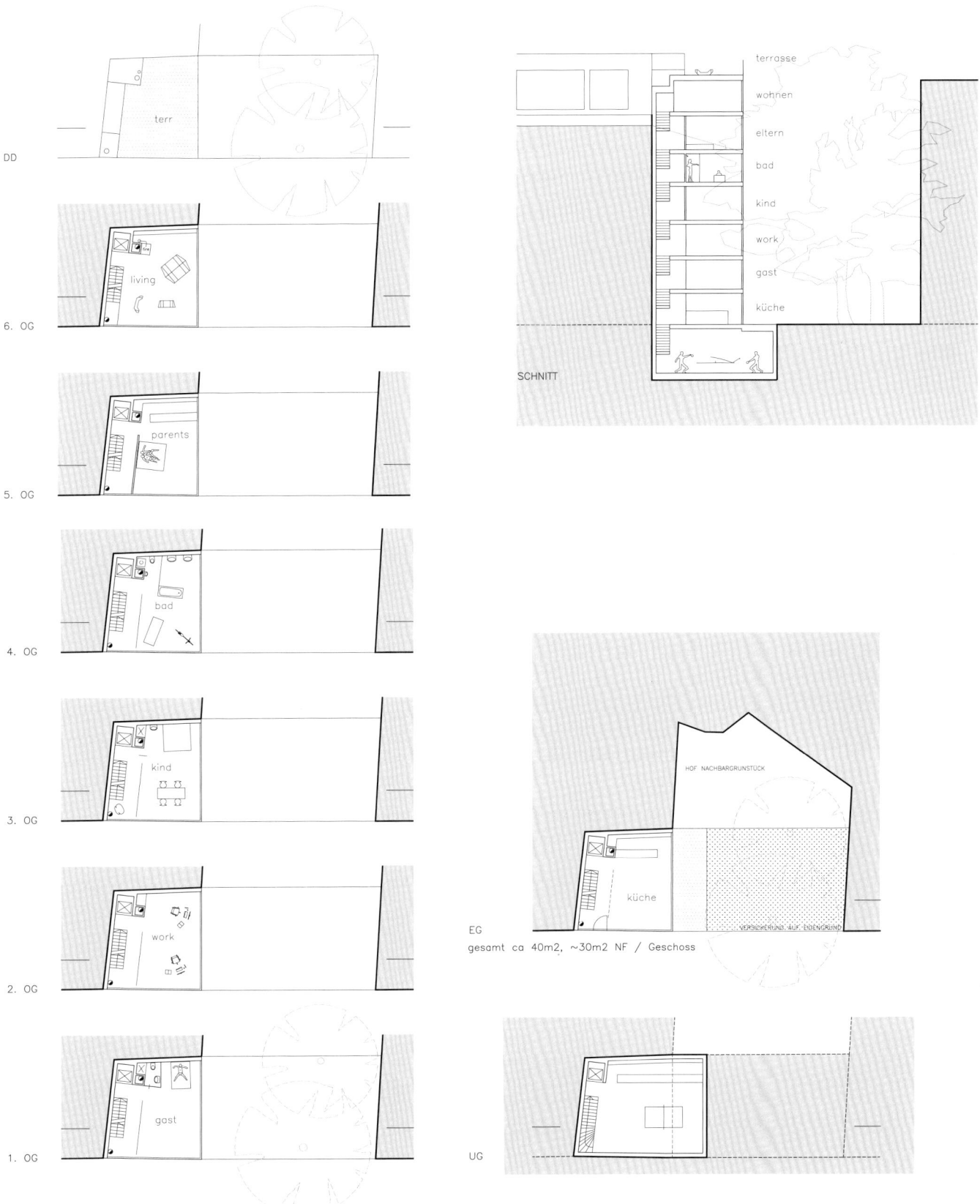

KG

Umbau eines Wiener Vorstadthauses für ein Ehepaar mit Sohn und Großmutter
/ *Redevelopment of a Viennese suburban house for a married couple with son and grandmother*

UG   EG   1. OG   DG

OSTEN   NORDEN   WESTEN   SÜDEN

GARTENHAUS

15 m² aus zusammengefügten Kästen
/ *15 m² made of joined boxes*

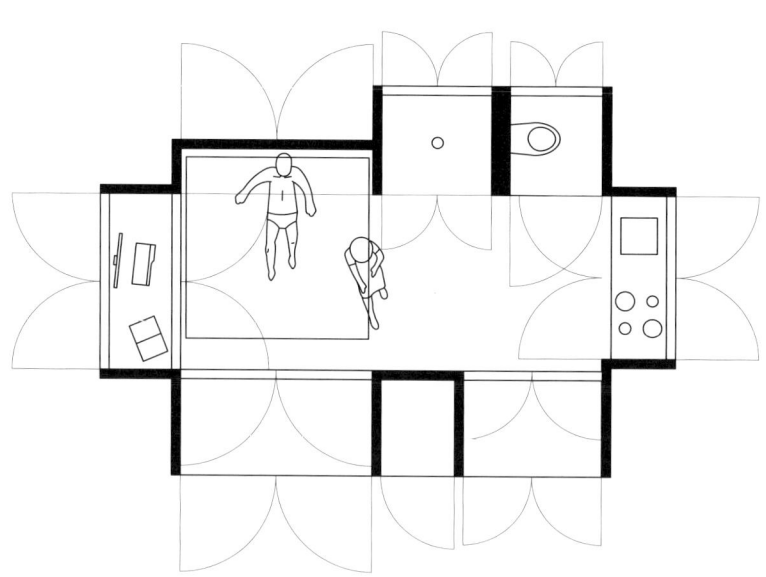

DOKAHAUS

Sekundenentwurf für eine verzweifelte Kuratorin
/ *Sudden design for a desperate curator*

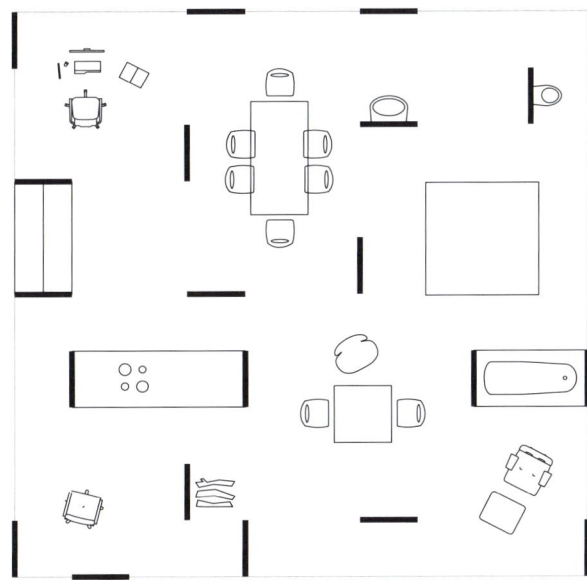

WO

PPAG Studio was commissioned to design a house for a lady suffering from Autoimmune Disease. The proposed house provides a sterile and hermetically sealed environment, simplifying the life of its inhabitant by preventing health risks. The ground level consists of a public space, intended for visitor gatherings and informal lectures,and large soil tanks that support multiple locavore gardens on the upper private floor. These gardens serve not only as an aesthetic upgrade of the interior space but also as a food source. The house becomes an artificial filter or dilatation between the interiorized living environment and the outside world.

↗ *Frau Schwebisch S. 287*

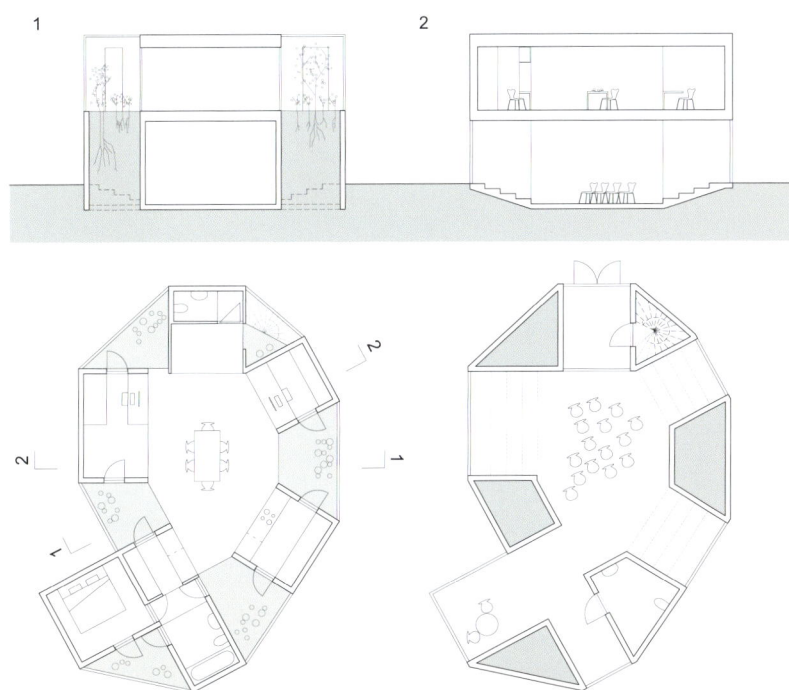

WE

Ein Haus aus vielen, für ein Boot und ein altes Paar
/ *A house of variety for a boat and an elderly couple*

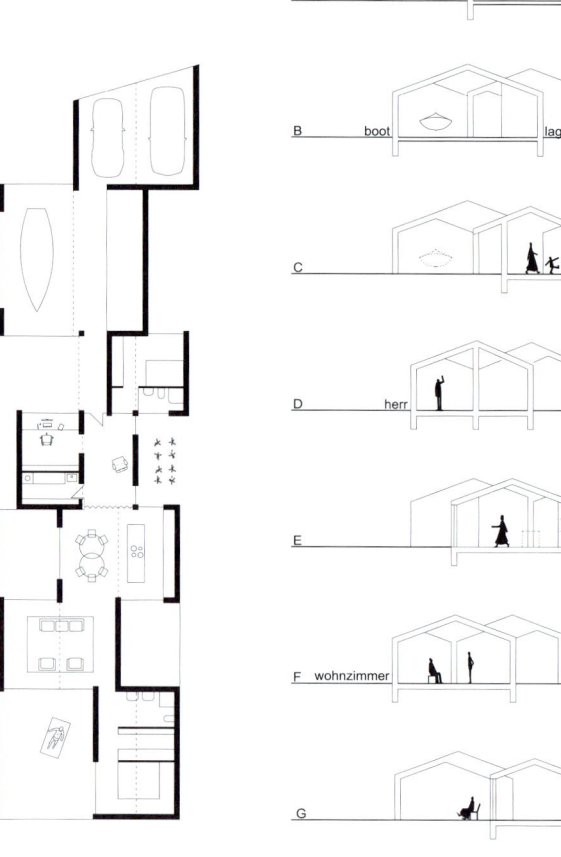

A	autos
B	boot ... lager
C	... gast
D	herr
E	wohnküche
F	wohnzimmer
G	schlafzimmer

N

2011

75 m² lowcost für 3-köpfige Familie
/ *75 m² of low cost for a family of three*

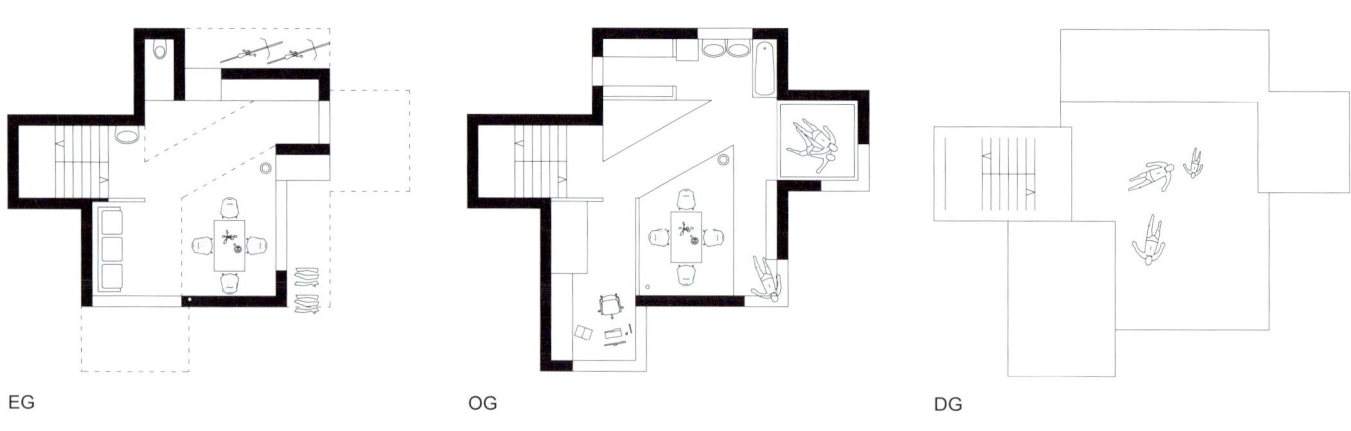

EG   OG   DG

CP

Das Origamihaus
/ The Origami House

weitblick!

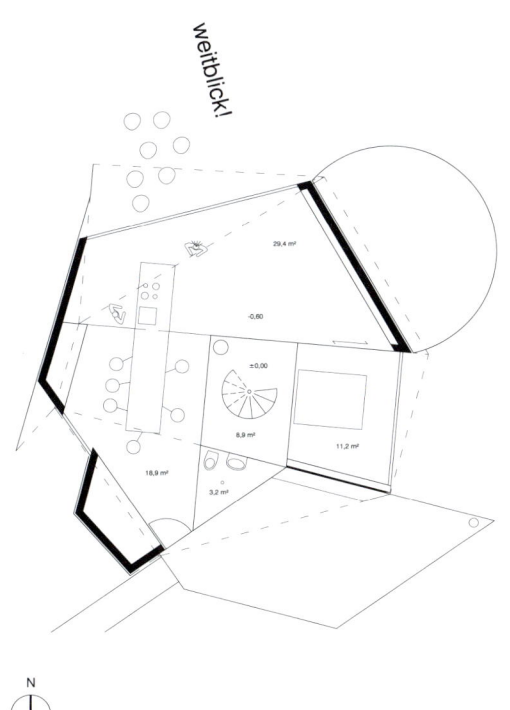

WA

Baumhaus für einen Gärtner im Schrebergarten. Die Räume schrauben sich um die Zisterne hoch und bieten Aussicht
über die Stadt.
/ Tree house for a gardener in an allotment. The rooms twist upwards around the cistern, offering views over the city

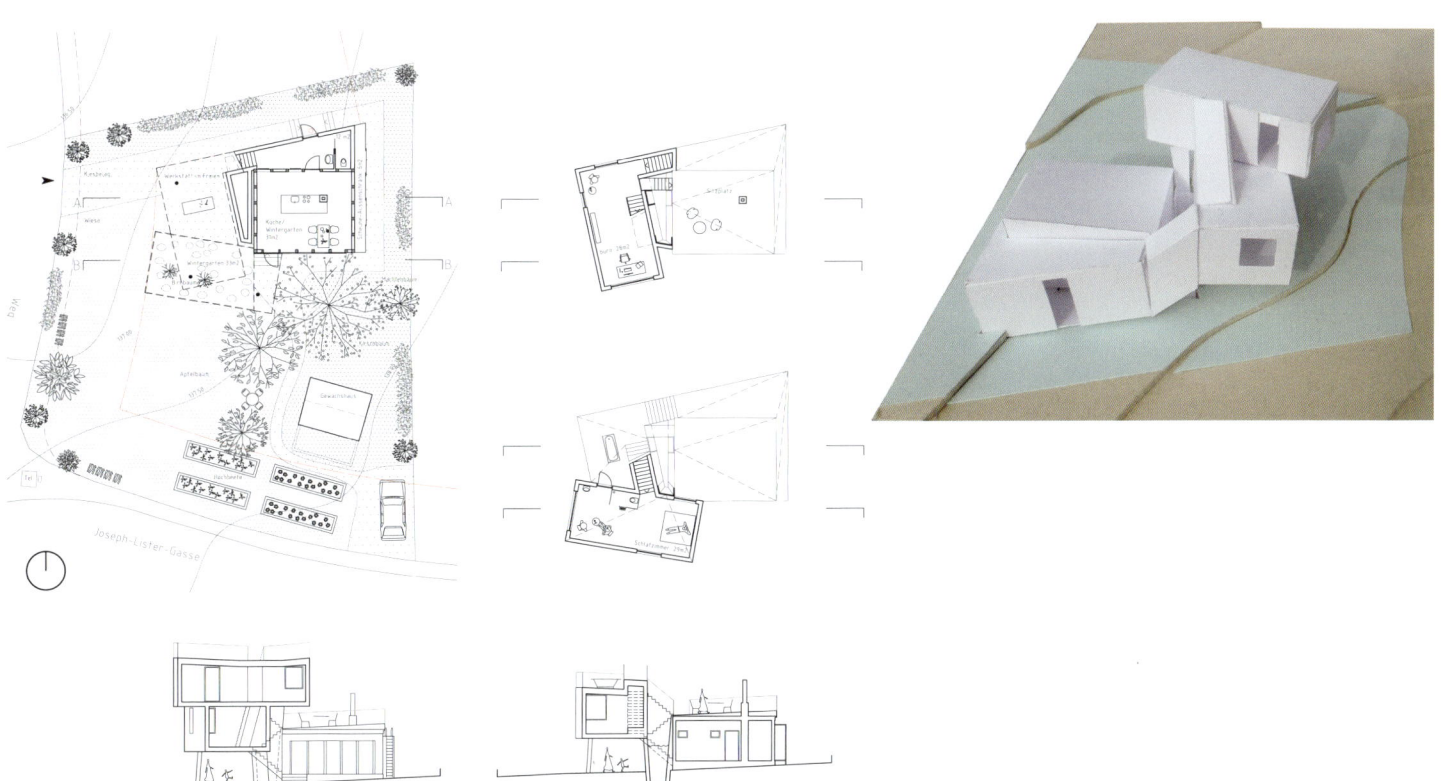

Zwei von etlichen verschiedenen Varianten für eine einseitig begabte Komponistin auf dem Gelände einer ehemaligen Braue-
rei mit Dauerlärm
/ *Two of several different options for a one-sided gifted composer on the grounds of a former brewery with permanent noise
exposure*

VARIANTE 1: Ringartiger Hof schützt vor Lärm und Einblick, Ausblicke in alle Richtungen
/ *Circular courtyard protects against noise and outside viewers; views in all directions*

Erdgeschoss / ground floor

1 Autoabstellplatz / *parking*

2 Gästehof / *guest's yard*

3 Waschraum und Bad / *lavatory and bathroom*

4 Gästezimmer / *little garden*

5 Essen / Büro / *dining / office*

6 Kräuterbeet / *herb bed*

7 Küche / *kitchen*

8 Archiv / *archive*

9 Bibliothek / *library*

10 Projektionsleinwand / *projection screen*

11 Studio / *studio*

12. Bad / *bathroom*

13. Schrankraum / *walk-in cupboard*

14. Schlafen / *sleeping*

15. Innenhof / *atrium*

16. Gärtchen / *little garden*

VARIANTE 2: Neues Haus, fundamentlos zwischen Bestand geklemmt und auf diesen aufgesetzt
/ *New house, no foundations, tucked between and set upon existing building*

Erdgeschoss / ground floor

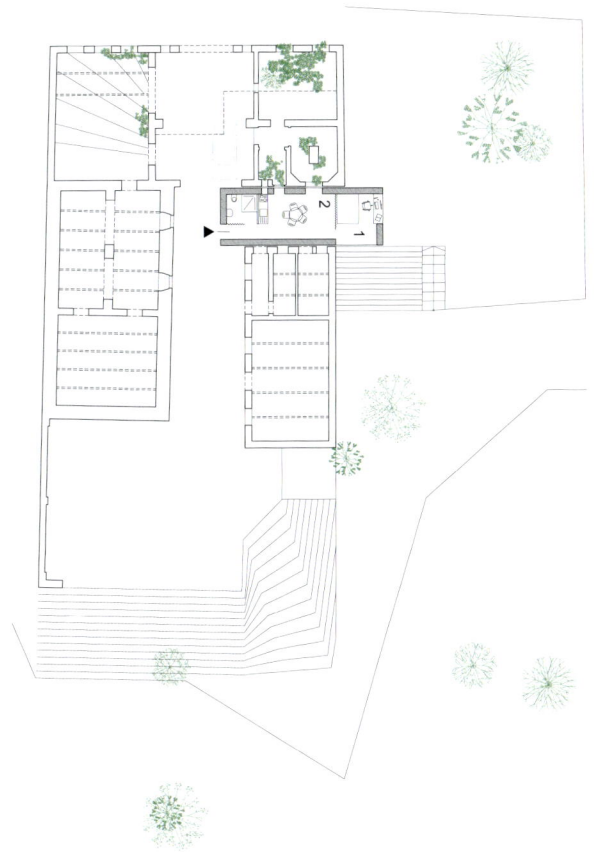

1. Obergeschoss / 1st floor

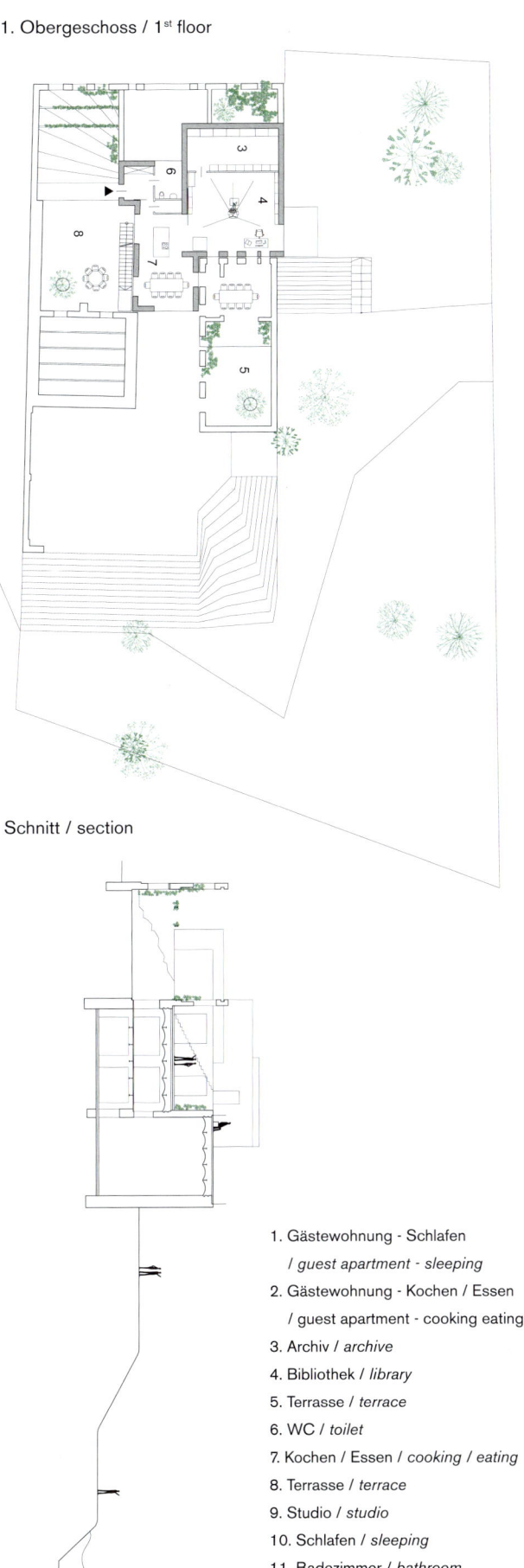

2. Obergeschoss / 2nd floor

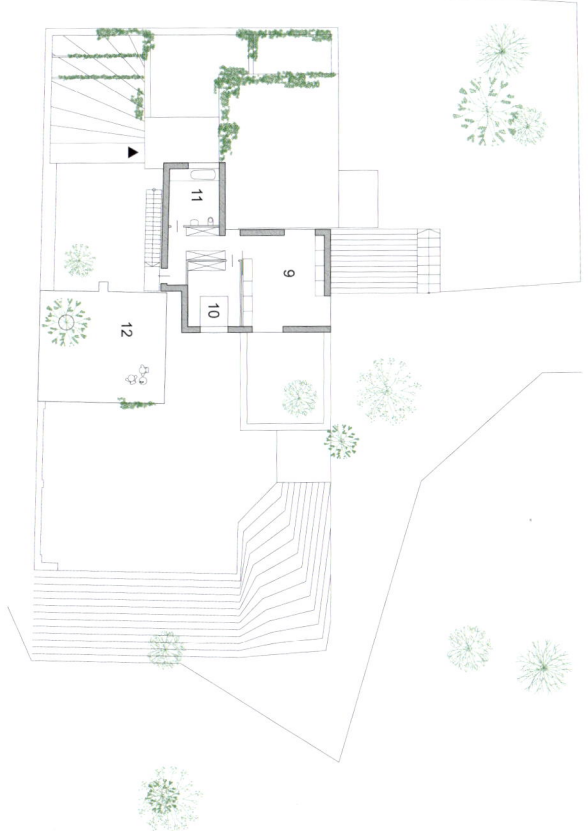

Schnitt / section

1. Gästewohnung - Schlafen
   / *guest apartment - sleeping*
2. Gästewohnung - Kochen / Essen
   / *guest apartment - cooking eating*
3. Archiv / *archive*
4. Bibliothek / *library*
5. Terrasse / *terrace*
6. WC / *toilet*
7. Kochen / Essen / *cooking / eating*
8. Terrasse / *terrace*
9. Studio / *studio*
10. Schlafen / *sleeping*
11. Badezimmer / *bathroom*
12. Terrasse / *terrace*

KLIMAWINDKANAL WIEN

↗ 440

Testanlage / *Test plant*

2000 – 2002

Die Wettermaschine

Die Produzenten der Prototypen sämtlicher Schienenfahrzeuge, aber auch großer Straßenfahrzeuge kommen nach Wien, um deren Tauglichkeit betreffend Klimaeinflüssen unter Beweis zu stellen und zu zertifizieren. In den 30 und 100 Meter langen Teststrecken können Temperaturen von minus 50 bis plus 60 Grad und Windgeschwindigkeiten bis zu 300 km/h erzeugt werden, Sonneneinstrahlung, Regen und Schnee werden bei jeder möglichen Luftfeuchtigkeit simuliert, während das Fahrzeug – auf Rollenprüfständen – fährt. Stop-and-Go sowie Wechselklima (Tunneleinfahrt in Italien, Ausfahrt in der Schweiz) können simuliert werden. Ein Private-Public-Partnership Unternehmen, in dem alle großen europäischen Hersteller von Schienenfahrzeugen eingebunden sind, betreibt den weltgrößten Klimawindkanal im Norden Wiens. Ein Bürogebäude mit hohem Anteil von teils repräsentativen Kommunikationsräumen, Vorbereitungshallen, in denen die Prototypen – immer unter strengsten Geheimhaltungsauflagen – für den Test in der Klimakammer gerüstet werden, ganze Gebäude für das elektrische Hochspannungsequipment und die Kühlmaschinen sowie die Haupthalle, die die Windkanäle enthält, werden von einem silbernen Tuch aus Blech bedeckt.

The Weather Machine

Manufacturers of all kinds of rail vehicle prototypes as well as large street vehicles, come to Vienna in order to test and certify their efficiency with regard to climate impact. Temperatures from minus 50°C to plus 60°C and wind speeds up to 300 km/h are generated within the 30 m and 100 m long test tracks; solar incidence, rain and snow are simulated at every possible level of air humidity while vehicles are tested on the chassis dynamometer test bench. Stop-and-go as well as changing climate conditions (tunnel entrance in Italy, exit in Switzerland) cane simulated. A private-public-partnership enterprise incorporating all large European manufacturers of rail vehicles runs the world's biggest climate wind tunnel in the north of Vienna. Clad in a silvery metal blanket, this complex consists of an office building with a high level of partly imposing communication rooms, preparation halls in which prototypes are equipped for the test in the climatic chamber under strictly confidential regulations, buildings containing electrical high voltage equipment and refrigerating machines, as well as the main hall that houses the wind tunnels.

Hintere Umlenkschaufel in geöffnetem Zustand, um die Einfahrt eines Testobjekts in die Testkammer zu ermöglichen
/ *Rear guide vane opened in order to enable the entrance of a test object into the test chamber*

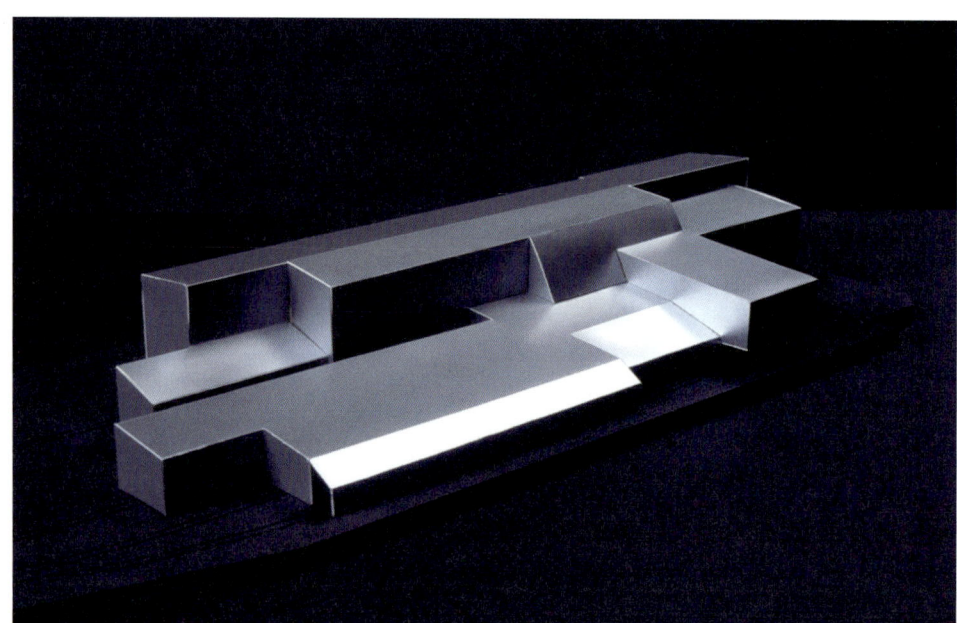

Das Gebäude wirkt außen wie ein gigantischer, silberner Schuppen, in dessen Innerem die feinen programmatischen und technischen Zusammenhänge der ungewöhnlichen Aufgabe artikuliert sind
/ *The building's exterior resembles a huge silvery shed in which fine programmatic and technical connections are articulated.*

24/7 - Testanlage
/ *24/7 - Test Equipment*

Turbine (Ventilator) mit 8 Meter Durchmesser
/ *Turbine (Ventilator) with a diameter of 8 m*

Jedes auf der Erde vorkommende Klima kann im Windkanal simuliert werden ↗ *Architektur 24/7 S. 247*
/ *Any climate on earth can be a in the wind tunnel ↗ Architecture 24/7 P. 247*

In der alltäglichen Nutzung tun sich unverhoffte Zusammenhänge auf, treffen feine saubere Bereiche auf rohe, maschinentechnische: Vom repräsentativen Besprechungsraum gibt es einen Zugang zu einer Tribüne in der großen Halle, in der die beiden Windkanäle, wie riesige Ungeheuer, 26 m hoch hochkant stehen
/ *During daily use, unexpected connections emerge; fine clean areas clash with rough technical machinery. There is an access from the imposing conference room to a tribune in the great hall in which both wind tunnels stand 26 m high on edge*

← Messwarte
Steuerwarte →
Der Blick auf das mit Spritzdämmung überzogene friendly alien ist bei diesen Arbeitsplätzen wichtiger als Tageslicht
/
← *Measuring station*
Switchboard gallery →
In these work places, the view of this friendly alien covered with spray-on insulation is more important than daylight

Das Dämmmaterial für die Windkanäle hat uns so beeindruckt, dass es Eingang in spätere Projekte gefunden hat ↗ PA1 S. 14 ↗ MQ-Möbel S. 94
/ *The insulation material for the wind tunnels was so fascinating that we introduced it to other projects as well* ↗ *PA1 P. 14* ↗ *MQ-Möbel P. 94*

Bürogebäude eingebettet in den Industriebau
/ *Office building embedded in the industrial complex*

Die Wandverkleidung aus Schultafeln entspricht dem
mathematischen Geist der Nutzer
/ *Wall cladding made of blackboards does justice to
the users' mathematical spirit*

Die Windkanäle aus massivem 10-15 mm Stahlblech dehnen sich infolge der immensen Temperaturunterschiede auf 100 m Länge bis zu 30 cm aus / *Made of solid 10-15 mm steel sheets, the wind tunnels expand up to 30 cm along a length of 100 m due to enormous temperature differences*

ELECTRIC AVENUE, MQ WIEN

↗ 444

Plattform für Kulturinitiativen / *Platform for cultural initiatives* 2002

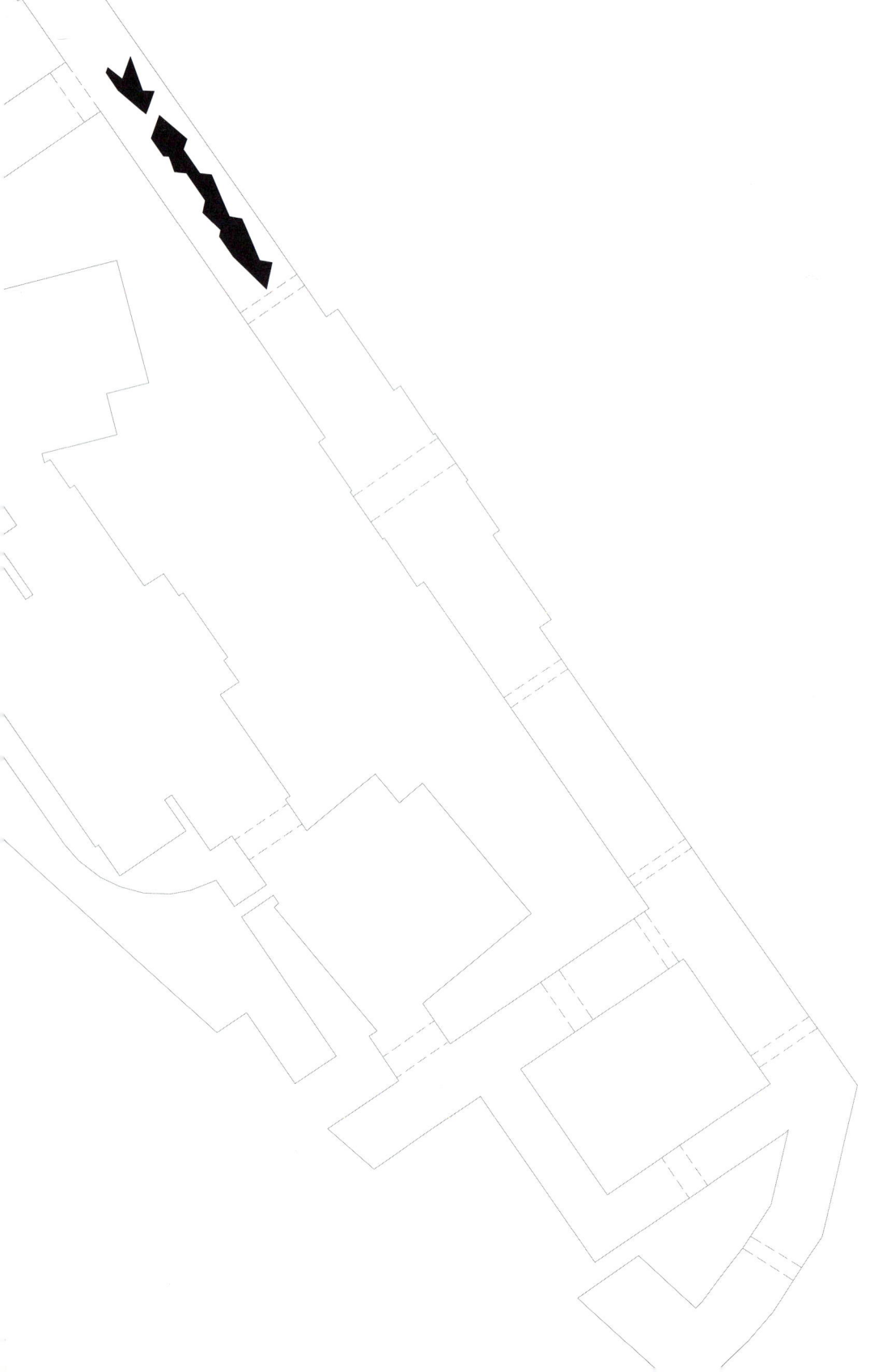

Ein Tänzchen mit Fischer von Erlach

Ausgangspunkt war, einem Pool von kleinen Initiativen aus dem Bereich der elektronischen Medien Öffentlichkeit zu geben. Der 300 m lange, Richtung Hofburg orientierte Frontteil des Museumsquartiers (ehemalige barocke Pferdestallungen von Fischer von Erlach) war geeignet, die räumliche Klammer für die unterschiedlichen Gruppen, monochrom, quintessenz u.a., zu bilden. Inhaltlich ging es, einfach gesagt, um den hohen Anspruch, dem Publikum direkt kulturelle Produktion zu vermitteln, für die Initiativen bedeutete das, vor Ort zu arbeiten und das Erarbeitete in einem Zuge zu präsentieren (Was in letzter Konsequenz nicht durchzuhalten war). Die räumliche Lösung bestand im Einbau einer leichten, silberweißen, offenen Galerie, die ins denkmalgeschützte Ambiente mit dem obligatorischen Abstand zum barocken Bestand eingebaut wurde. Oben arbeiten und unten präsentieren, die Geometrie des Einbaus läßt sich in Grundriss und Höhe auf den Rhythmus des barocken Gewölbes ein und verbindet sich darüber mit dem Bestand. Die electric avenue war Teil der gewünschten inneren Verbindung von Mariahilfer Straße und U3.

↗ Fischer von Erlach S. 263

A little dance with Fischer von Erlach

Since the initial aim was to publicly promote a pool of small initiatives from the electronic media sector, the 300 m long front wing of the Museum Quarter facing the Hofburg (former baroque Horse Stables designed by Fischer von Erlach) presented the ideal spatial connecting link for various different groups, such as monochrom, quintessenz, etc. To put it in simple words, it was not only about the ambitious task of directly conveying cultural production to the public, but to enable these initiatives to work on site and present their results all in one (which, ultimately, didn't work out). Spatially, the solution consisted of incorporating a light, silvery-white, open gallery which was inserted into the listed building complex, keeping the obligatory distance to the existing baroque buildings. Working above and presenting beneath – in its floor plan and height, the geometry of the installation merges well with the rhythm of the baroque vaults, linking overhead to the buildings. The electric avenue was part of the desired inner connection between Mariahilfer Straße and U3.

↗ Fischer von Erlach P. 263

Verstecktes Soundstudio / *Hidden sound studio*

Die innere Meile / *The inner mile*

Die Bergspitzen der Wände halten exakt den vorgeschriebenen Respektabstand zum barocken Gewölbe,
die Tiefpunkte liegen jeweils bei den Fensternischen
/ *The wall's mountain summits keep the exactly required respectful distance to the baroque vaults,*
their deepest points lying at the window niches respectively

HOFMÖBLIERUNG, MQ WIEN, ENZI

↗ 446

Stadtmöblierung / *Street furniture*   2002 – 2012

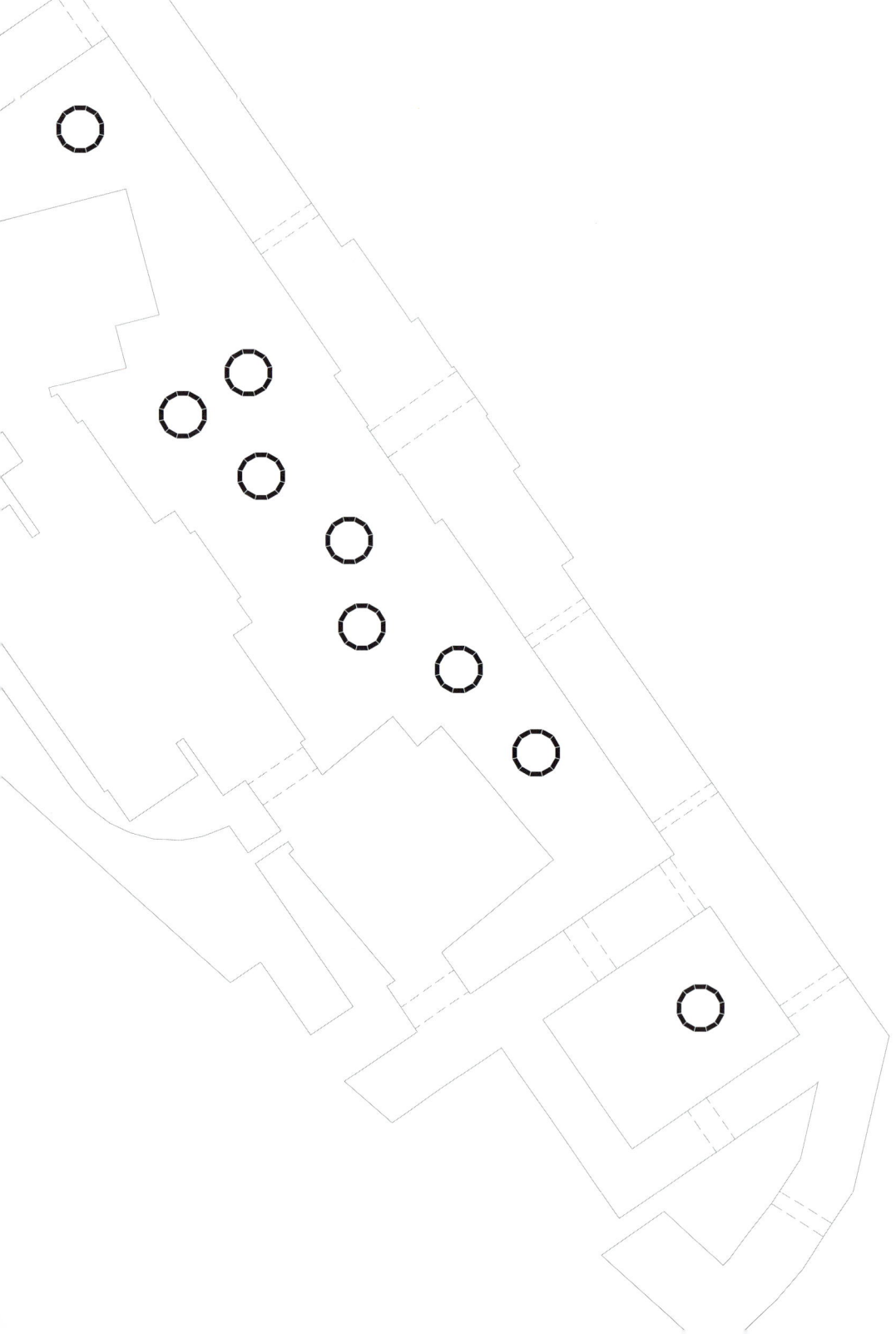

Das ist Multifunktionalität!

Der Beginn des Projekts: Das Jahr 2002. Die Museen im Quartier waren gerade eröffnet, es wurde ein Wettbewerb ausge-lobt, mit der sehr allgemein formulierten Aufgabe, sich etwas für die noch leeren und unwirtlichen Höfe einfallen zu lassen. Etwas, das je nach Bedarf da ist oder weg, das im Sommer und im Winter funktioniert und für sehr unterschiedliche Nutzer. Es war also etwas im wahren Sinne Multifunktionelles gefragt.

Unser Vorschlag bestand aus einem, später unter dem Namen ENZI bekannt gewordenen, 3 x 1 x 1,25 m großen Element aus mit Polyurethan gecoatetem Polystyrol, in einem Stück. Groß genug, um in den weiten Höfen räumlich wirksam zu sein, leicht, also auch leicht transportierbar und von Anfang an in der Mehrzahl auftretend. Im ersten Winter gab es gleich über 100 Stück davon. Eine den Elementen innewohnende Fähigkeit zur Kombinatorik ermöglicht uns seitdem von Saison zu Saison, von Jahr zu Jahr, immer neue und unterschiedliche Anordnungen, Gruppierungen und Stapelungen, bis hin zu hausähnlichen Strukturen und temporären Gebäuden. Momentaufnahmen in Form vieler Lagepläne dokumentieren die Wanderungen der Möbelherde auf dem Areal über die Jahre.

Einfach ausgedrückt waren diese Elemente von Anfang an als Unterstützung der Aktivitäten des Menschen im Raum gedacht. Andererseits verlief die Ideenfindung abstrakt, auf primitivmathematischer Ebene, vorfunktionell, ohne direkten Bezug zum Ort. Es ist unser Anliegen, diese beiden Enden des architektonischen Denkens im Resultat in Einklang zu bringen. Manchmal ergab sich ein – eher ironischer – Ortsbezug, wie im ersten Jahr, als wir die Möbel zu weißen krapfenartigen Gebilden stapelten und damit Kraggewölbe im barocken Ambiente bauten, Passivhäuser mit 1m dicker Wärmedämmung und riesigen Lücken, zum Punschtrinken. Der permanente Wechsel lässt die Leute das Areal als gewohnt und doch immer wieder neu empfinden. Die Benutzer kommen aus allen Schichten, es sind Museumsbesucher und Schüler, Sandler, Konsumenten und Nichtkonsu-menten, alte und junge Menschen, sicher eine Stärke des Konzepts der MQ-Verwaltung. In den 10 Jahren seit Beginn gab es beliebte und weniger beliebte Sitzlandschaften mit direkt nachvollziehbarer Auswirkung auf die Kommunikation. Es gab Theken, Laufstege für Modeschauen, Bühnen für Musiker und Performances u.v.m. Der Winter war jedes Jahr eine eigene He-rausforderung, mit immer anderen Formen von jeweils Eispalast genannten Hallen und Labyrinthen, immer unter Verwendung aller vorhandenen Bausteine. Aufstellungen zwischen den Saisonen dienen dem reinen Vergnügen und haben keinen anderen Zweck als den der Lagerung. Dieses Moment des Nichtutilitaristischen, Sinnfreien ist wichtig.

↗ Ruhen S. 329
↗ Öffentlicher Raum S. 324

Siehe auch / See also:
Enzi - multifunctional modularity, ISBN 978-3-200-01616-3
Hofmöblierung Museumsquartier Wien, ISBN 3-200-00260-3

That is multi-functionality!

Project start: 2002. The museums in the Quarter had just opened when a competition invited tenders to deal with the very generally formulated task of coming up with an idea what do with the still empty and somewhat bleak courtyards. Something that could be installed and removed according to requirements and that would work in summer and winter for different users. So, it had to be something multi-functional in the true sense of the word.

Our proposal involved a 3 x 1 x 1.25 m-sized element made of polyurethane-coated polystyrene, later known as ENZI, in one piece. Big enough to make a spatial effect in the broad courtyards, light enough to be easily removable, and which would enter the scene in the plural, right from the start. 100 pieces were installed in the first winter already. Ever since, the elements' intrinsic versatility has enabled us to arrange, group and stack new and different arrangements, even house-like structures and temporary buildings, from season to season and year to year. Many snapshots in the form of layout plans document the furniture's constant movements through the site over the years.

In simple words, these elements were intended to support people's activities in public space right from the start. On the other hand, the idea was conceived in an abstract way, on a primitive mathematical and pre-functional level, without having direct relations to the site. It is our objective to unite these two ends of architectural thought. Sometimes, a somewhat – perhaps ironic – local connection cropped up, such as in year one, when we stacked up the furniture to form white, doughnut-like structures, thus building corbel vaults in baroque surroundings – passive houses with a 1 metre-thick insulation layer and huge gaps in between for drinking punch.

Permanent change allows people to feel at home in the place while constantly experiencing it anew. Users come from all levels of society, be it museum visitors, students, homeless people, consumers or non-consumers, the old or young, which is definitely a most positive aspect of MQ's administration concept. During the 10 years since it was initiated, this street furniture has been both a source of joy or indignation, with directly palpable effects on communication. There have been bars, catwalks for fashion shows, and stages for musicians and performances, and many more. Winter has always been an extra challenge, with ever-changing forms from ice palace halls to labyrinths, always using all existing building elements. Arrangements between the seasons are meant to give pure pleasure and have no other purpose than just that of storage. However, this non-utilitarian, non-purpose momentum is important.

↗ Ruhen P. 329
↗ Öffentlicher Raum P. 324

2002 / WEISS

Kino der Kälte ...
/ Cinema of the cold ...

Ankündigung im Standard vor der Eröffnung des 1. Winters im MQ
/ Announcement in the "Standard" before the opening of the first
winter season at MQ

... mit schmiedeeisernen Türen
/ ... with wrought-iron gates

Über die Jahre hat sich das Areal mittlerweile zu einer Art öffentlichem Wohnzimmer entwickelt. Dazu Jan Tabor: „Kein Wunder, wenn man mitten im öffentlichen Raum wehrlos am Rücken liegt …" Von dort war es nur ein kleiner Schritt ins private Wohnzimmer, zu kleineren und weicheren Versionen.
/
Over the years, this space has meantime developed into a kind of public living room. Jan Tabor remarks: "It is no wonder, lying there on your backside, defenceless, in the middle of public space…" From there, it was only a little step into the private living room, to smaller and softer versions.

2004 / ROSA

Daniela Enzi on Enzi

Eine häufige Benutzungsart ist die Liege, nicht sehr ergonomisch, aber doch mit genug Sitzkomfort, um das entspannte Herumliegen oder sogar Dösen in der Öffentlichkeit zu ermöglichen, was sicher nicht des Wieners ureigenste Lebensart ist, sondern eine vielleicht durch die Möbel angeregte neue Gewohnheit. Für uns ein interessantes Resultat von angewandtem Behaviorismus.

Natürlich arbeitet man als Architekt auch mit der Wahrnehmung des Rezipienten. Die Form der Liege, auf der man zu acht Platz findet, spielt mit der Erwartungshaltung an eine Liege, deren Maßstab und Größe sich beim Näherkommen verändert. Die Möbel sehen aus wie aus Beton, weisen dann aber doch überraschend eine warme, hautartige Oberfläche auf.
/
A commonly used object is the lounger, which, although not very ergonomic, offers enough seating comfort to enable relaxed lazing or even snoozing in public space, which is certainly no typical Viennese characteristic, but a new habit perhaps inspired by this furniture. For us, the interesting outcome of applied behaviourism.

Of course, as an architect you need to work with the perception of the recipient. The lounger's shape, which offers enough room for 8 people, plays with people's anticipation of what to expect of a lounger whose dimensions and size shifts as they approach. This furniture looks like concrete, yet it has a surprisingly warm, skin-like surface.

Nur 2 cm Tiefgang im Wörthersee
/ *Flotation depth of only 2 cm in Lake Woerthersee*

GRÜN / 2005

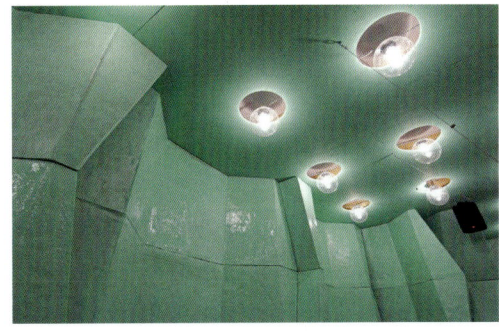

Was uns wirklich überrascht hat, ist der Umstand, wie tief dieses Möbel in die Wiener Lebensart eingedrungen ist. Wir haben bereits eine bemerkenswerte Sammlung von Postkarten, Politiker- und Celebrity-Fotos, Kinderausmalbüchern, Kalendern und Werbungen, die die Möbel abbilden oder in irgendeiner Weise verwenden. Es gab einen U-Bahn-Jingle etc.
/
What really surprised us is the fact that this furniture has penetrated deeply into Viennese life. We already possess a remarkable collection of postcards, politician and celebrity pics, children's painting books, calendars and ads all showing the furniture in some way or other. There was even a jingle on the underground.

Von Unbekannten über Nacht unbemerkt aufgebaute Skulptur
/ Sculpture erected overnight by unknown person(s)

Eispalast N°1
/ *Ice Palace N°1*

2006 / FREUDLIEGENROT

Der jährliche Farbwechsel aus Renovierungsgründen hat sich zum Votingereignis entwickelt. Im Sommer des Sigmund-Freud-Jubiläumsjahres konnte das Publikum erstmals die Farbe mitentscheiden, mit dem eindeutigen Ergebnis für „freudliegenrot".
/
The annual change of colour as a result of renovation work has developed into a voting event. In the summer of the Sigmund-Freud commemoration year, the public was for the first time invited to participate in deciding on which colour to use, and they clearly voted for "freudliegenrot".

ETH Zürich

Eispalast N°2, spiegelverkehrt
/ *Ice Palace N°2, mirror-invertedrt*

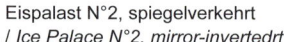

Lageraufstellung
/ *Setting the Scene*

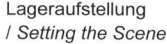

Die eigene Interpretation von Nutzung, das spontane Weitererfinden, das über die Verwendung des Möbels für eigene Zwecke hinausgeht, nimmt bisweilen durchaus situationistische Züge an. Die Erfindung des Fußballtors an der ETH Zürich (von Hermann Czech gesandt), eine von Unbekannten über Nacht errichtete Großskulptur mitten auf dem Gelände des MQ, die vielen Oberflächenverschönerungen durch Interventionen unbekannter Künstler. Hier seien nur das Weltkulturerbe-Tattoo und die Pseudosteckdosen lobend erwähnt. Das alles zeugt von Empathie und Beschäftigung mit der Sache. Was will man mehr.
/
Personal interpretation of use and spontaneous rediscovery that goes beyond using furniture for private purposes sometimes takes on situational dimensions. The discovery of the football goal at ETZ Zurich (sent by Hermann Czech), a sculpture erected overnight by unknown people in the middle of the MQ's grounds, and the many surface beautifications created by unknown artists, of which the World Cultural Heritage tattoo and pseudo-plug sockets are especially worth mentioning. They prove how much commitment and empathy was invested in the cause. And what more could you ask for?

Andrea Popelka

2008 / FASTAUSTRIAVIOLETT

Im Sommer der Fußball-EM sollte man nicht auf den Möbeln sitzen können. Wir nahmen das als Gelegenheit, mit einer Turmskulptur eine Hommage an den nicht realisierten Leseturm des Ortner-Projektes für das MQ nachzuholen.
/
In the summer of the football EC, the furniture was not to be used for seating purposes. We took that as a cue for realising a tower sculpture at MQ as an homage to, and in place of, the Ortner Project's cancelled reading tower.

Eispalast N°4, schmiedeeiserne Türen aus dem 1. Jahr wieder im Einsatz
/ Ice Palace N°4, using wrought-iron gates from year one

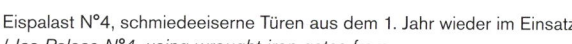

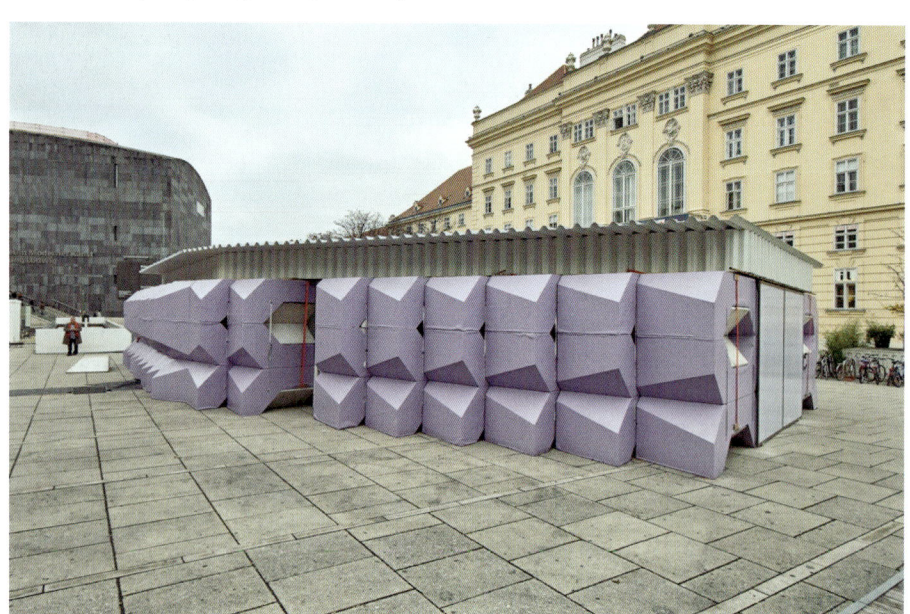 

Ein Cover der Wochenzeitung „FALTER" zeigt anschaulich, dass auch Auseinandersetzungen über die Nutzung der Höfe via die Möbel ausgetragen werden. Eine Erklärung dieses Phänomens: Das Möbel scheint keine große Nutzungsvorschrift auszusenden, es wird von den Menschen sehr frei benutzt, es werden Nutzungen erfunden, und das scheint Bindung zu erzeugen.
/
The cover of the weekly magazine „FALTER" clearly shows that discussions on how to use the courtyards also took place via the furniture. One explanation of this phenomenon could be that this furniture fails to emit an air of regulative use, for people use it very freely, thus inventing uses, which seems to create bonds.

Eisplast N°5, abgebrannt.
Hellsichtiges FALTER Cover einige Monate zuvor
/ Ice Palace N°5, burnt down.
Visionary FALTER cover some months before

EXPANSION

Reaktionen aus dem Ausland und unzählige Fotos in digitalen Familienalben der Welt zeigen die Ausbreitung der Idee. Ein letztes Beispiel: Anlässlich des Haydnjahrs 2009 sollten die Möbel im 1. Bezirk die Wirkungsstätten Joseph Haydns markieren, was mitunter in der Vervollständigung eines Reiterdenkmals endete.

/

Reactions from abroad and countless photos in digital family albums all over the world show how the idea has spread. One last example: On the occasion of the 2009 Haydn Year, the furniture was assigned to mark Haydn's places of activity in the first district, which even ended up in the completion of an equestrian statue.

London, olympische Spiele 2012
/ *London Olympic Games 2012*

EPILOG: WEITERBAUEN

Städte sind immer weitergebaut, um-, zu- und neugebaut worden, zu manchen Zeiten ganz unsentimental. Heute ist man da sehr ängstlich, zurückhaltend und konservativ. Als Architekten leiden wir unter dieser Konservativität. Unsere Interventionen im Museumsquartier waren nur möglich, weil es „ja nur Möbel" sind, temporäre Aktionen, rückstandslos entfernbar. Wir haben damit in gewisser Weise auch gespielt, diesen Umstand genossen und überreizt. Dennoch muss
klar sein: Es ist logisch, unabänderlich und notwendig, dass sich jede Gegenwart architektonisch ausdrückt und sich an der Vergangenheit misst. Funktionen ändern sich meist mehrmals innerhalb des Lebenszyklus eines Gebäudes. Ein historischer Pferdestall wird nicht ohne einschneidende bauliche Maßnahmen als heutiges Museumsareal zu gebrauchen sein. Wir bauen heute die historische Substanz von morgen und wünschen uns in dem Sinn den Einzug des 21. Jahrhunderts in jedes historische Areal. Fischer von Erlach hätte das gewollt.

↗ Fischer von Erlach S. 263

EPILOGUE: BUILDING FURTHER

Cities have always been further built, rebuilt, added to and newly developed, sometimes wholly unsentimentally. Today, anxiety, reservation and conservatism prevails. As architects, we suffer under this conservatism. Our interventions in the Museum Quarter were only possible because it was "only furniture", and temporary actions, removable without leaving any traces. To a certain extent we played with the latter, enjoying and exploiting circumstances to the full. Yet one thing is sure – it is logical, irrevocable and crucial, that every present is expressed in architecture and measures itself against the past. Functions mostly change more than once within the life cycle of a building. Without radical construction measures, a historical stable building can hardly be used as a modern museum area. Today, we build tomorrow's historical substance. In that sense, then, it is our greatest wish that the 21st century be allowed to enter any historical area. Fischer von Erlach would have wanted that, too.

↗ *Fischer von Erlach P. 263*

KAGOME, MQ WIEN

↗ 452

Sandkiste / *Sandbox*   SEIT / SINCE 2012

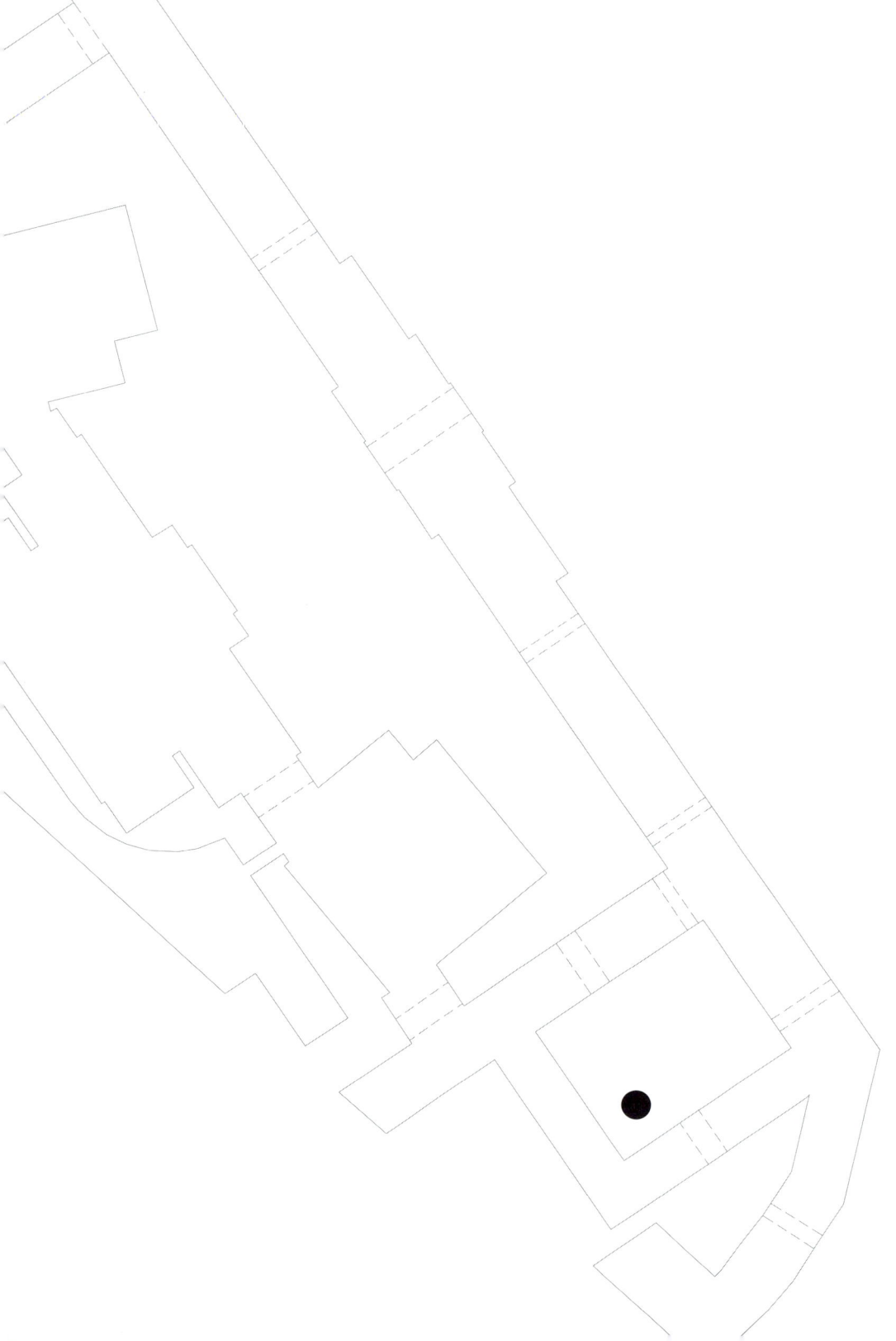

Ein Haus, das wächst

Die Anfrage des Museumsquartiers nach einer Sandkiste für Kinder war an sich keine sonderliche Herausforderung. Bei näherer Betrachtung hat es diese Aufgabe jedoch in sich, allein in Bezug auf den Sonnenschutz. Die zarte Kinderhaut will im Sommer geschützt und in der Übergangszeit durchaus der Sonne ausgesetzt sein. Die beste Lösung dafür ist das lebende Blatt. So lag es nahe, das Experiment zu wagen und ein lebendes Haus zu bauen. Dass es sich mit der Zeit wandelt, liegt in der Natur der Sache und wird als Vorteil gesehen. Die Blattfrisur sitzt genau an der richtigen Stelle: Oben dicht, auf Augenhöhe gibt es im Notfall Durchblick zu den Eltern.

Namentlich stammt Kagome aus einem japanischen Kinderlied oder von einer Korbflechttechnik. Konzipiert und entwickelt wurde sie zusammen mit Julia Stefanie Meyer und Simon Oberhammer. Ihr „Material" ist zuerst in Bayern gewachsen und wurde dann in Wien zusammengefügt.

A house that grows

The Museum Quarter's request for a children's sandpit was no special challenge per se. On closer examination however, this task is more than meets the eye, with regard to solar protection alone. Children's delicate skin must be protected in summer, but needs sunlight in the intermediate season. The best example of that is the living leaf. So it was obvious that we would venture into the experiment of building a living house. That it changes over time, is a natural thing and regarded as an advantage. The leaf's hairdo sits exactly in the right place: compact at the top, with visibility at eye-level, especially useful when children need to establish immediate contact with their parents.

The name Kagome originates from a Japanese children's song or a certain basket-weaving technique. It was designed and developed together with Julia Stefanie Meyer and Simon Oberhammer. Initially, the "material" was grown in Bavaria and then joined together in Vienna.

WCs ARENA21, MQ WIEN

↗454

WCs / *toilets*

2007

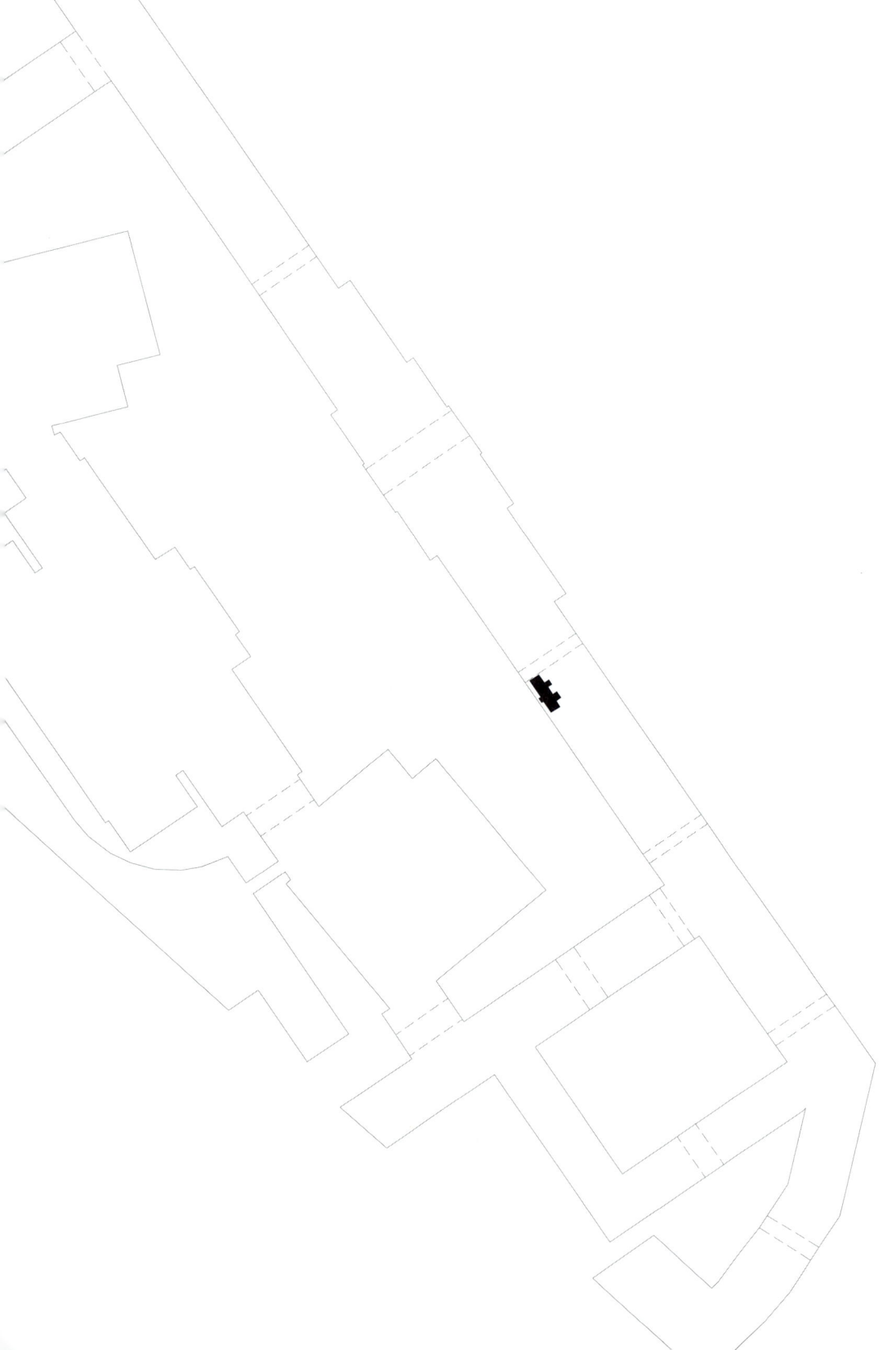

„Alles ist Umbau"

Die ursprüngliche WC-Anlage war exklusiv gemacht, jedoch bei weitem nicht ausreichend in der Kapazität. Ziel war es, auf gleicher Fläche möglichst viele WCs unterzubringen, und das bei äußerst knappem Budget. Daraus zogen wir folgenden Schluss: alles, was nur möglich ist, zu „erhalten" und nur wo nötig durch Neues zu ergänzen. Nun in Lila anstatt Weiß. Konsequent zu Ende gedacht, führt das zu eigenartigen Details, zum Beispiel dazu, dass bestehende Türen zu Wänden werden und Wände eine Doppelnutzung als Tür erfahren. Letztlich entsteht ein neues Ganzes, ein Konglomerat, das auch als Exkurs über Kontinuität in der Architektur gesehen werden kann, von Fischer von Erlach bis heute. Oder als fanatischer Witz über Erhaltung im Denkmalschutz. „Alles ist Umbau" hat schon Hermann Czech gesagt. Das archäologische Rätsel enthüllt sich dem aufmerksamen Betrachter von selbst. Man kann aber auch einfach aufs Klo gehen.

"Everything is conversion"

Originally, these toilets had been designed exclusively, but were far from providing the required capacity. So, the main aim was to accommodate as many toilets as possible on the same floor area, although the budget was extremely tight. We therefore came to the following conclusion: to "preserve" everything as far as possible, and only add new parts where necessary. But in purple instead of white. As a consequence, unique details emerged, for instance, existing doors became walls and walls had a dual function as a door as well. In the end, we had created a new whole, a conglomerate, which can be regarded as an excursus on continuity in architecture – from Fischer von Erlach until today. Or perhaps even as a fanatical joke about preservation with regard to monument protection. Hermann Czech once said: "everything is conversion". This archaeological puzzle is solved before the eyes of the attentive beholder. But one could also simply go to the loo.

01
Wenn sich die Lage des Waschbeckens ändert,
wird die edle Dornbracht-Armatur mit der Rohrzange
zurechtgebogen ↗ Architektur 24/7 S. 247
/ If the washbasin's position changes, the elegant
Dornbracht taps are bent accordingly with a pipe
wrench ↗ Architecture 24/7 P. 247

02
Die Tür wird zur Wand
/ The door becomes a wall

01

02

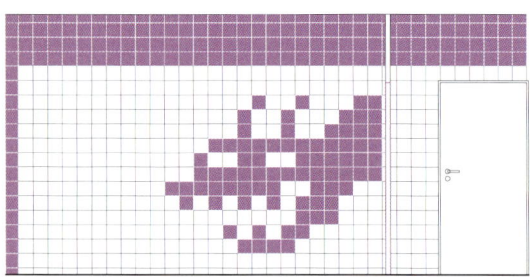
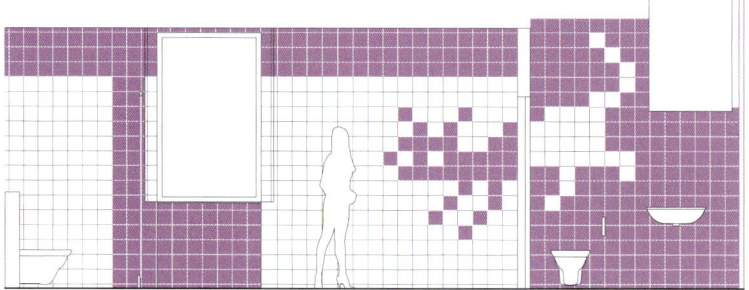

01
Die Wand des Behinderten-WCs wird außerhalb der
Öffnungszeiten zur Tür
/ Outside opening hours, the wall of the disabled
cubicle becomes a door

02
Klorollenhalter und Spülung verraten die neue Funktion der Tür als Wand
/ The toilet roll holder and flush reveal the door's new
function as a wall

01

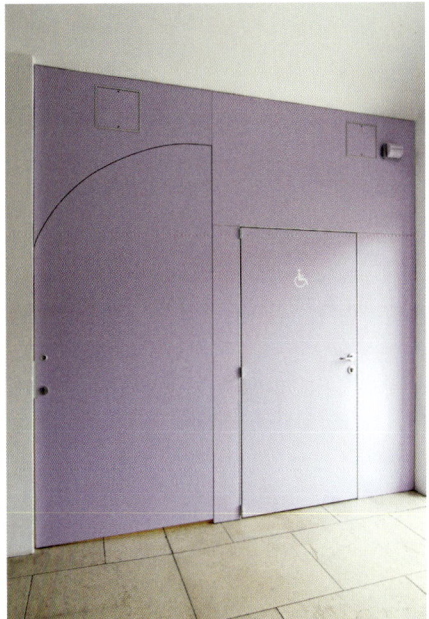

02

KLEINE PROJEKTE MQ / *MINOR MQ PROJECTS*

2002 – 2012

MQ

Serie von realisierten und unrealisierten Kleinprojekten rund um das MQ aus unserer Zeit als Architekten für alles.

MQ

Series of realised and unrealised minor projects around the MQ during our era as architects for everything.

DJ-HOUSE

Der kleine Hybrid zwischen Haus und Auto ist als Studio für Plattenaufleger entwickelt worden. Mit seiner Karosserie aus 3mm dickem Aluminiumblech bewegt es sich auf Rollen durch das Gelände, immer an den Ort des Geschehens. Bei Schönwetter öffnet es die vertikal eingebauten Lichtkuppeln, bei Schlechtwetter hilft die thematisch bewusst gewählte Art der Innendämmung gegen das Frieren. DJs loben das DJ-House wegen seiner Akustik.

/

This little hybrid house-cum-car was developed as a studio for disc jockeys. With its chassis of 3 mm aluminium sheet, it moves around on rollers to wherever it is needed. When the weather is fine, it opens vertically installed light cupolas, and when the weather is bad, its carefully selected type of interior insulation protects against the cold. DJs praise the DJ House for its acoustics.

WEEKEND SOUNDS

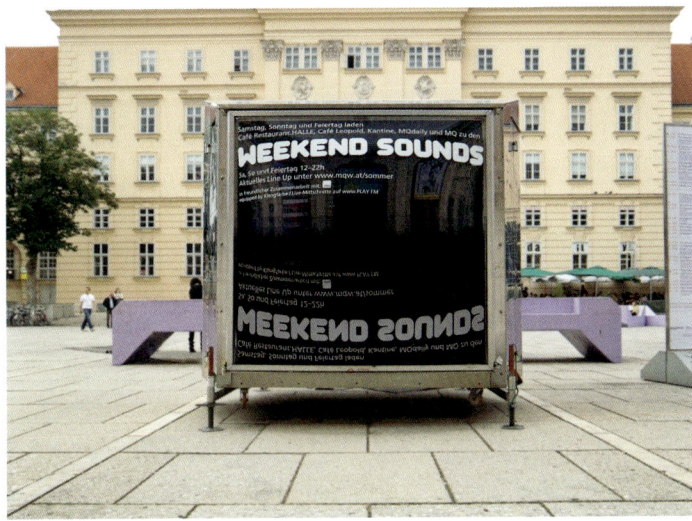

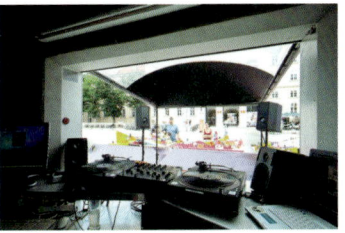

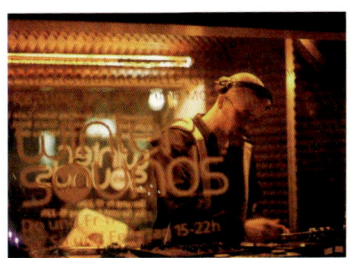

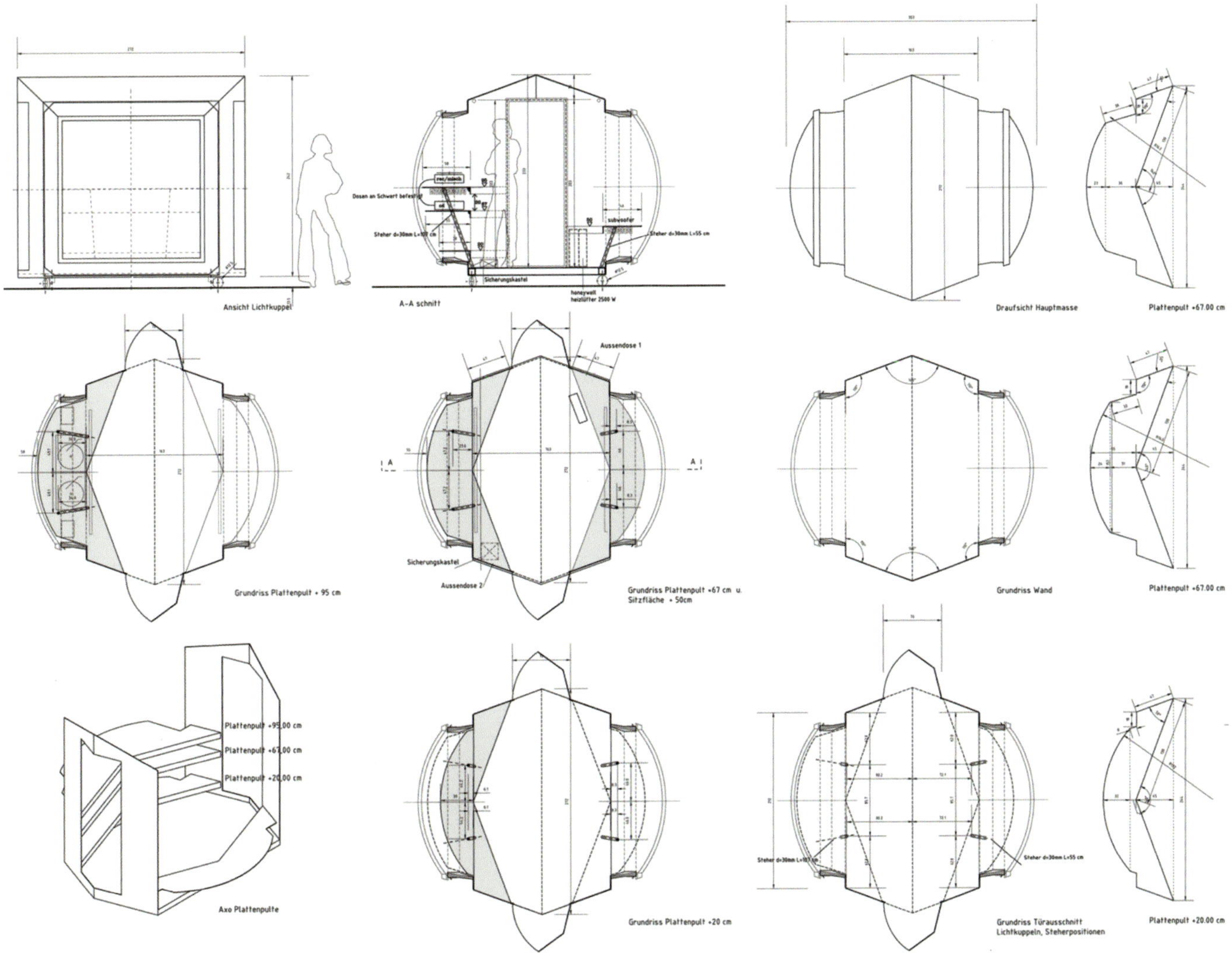
Ansicht Lichtkuppel
A-A schnitt
Sicherungskastel
Draufsicht Hauptmasse
Plattenpult +67.00 cm
Aussendose 1
Grundriss Plattenpult + 95 cm
Sicherungskastel
Aussendose 2
Grundriss Plattenpult +67 cm u. Sitzfläche + 50cm
Grundriss Wand
Plattenpult +67.00 cm
Plattenpult +95,00 cm
Plattenpult +67,00 cm
Plattenpult +20,00 cm
Axo Plattenpulte
Grundriss Plattenpult +20 cm
Grundriss Türausschnitt Lichtkuppeln, Steherpositionen
Plattenpult +20.00 cm

UNIT-F

2003

No-Cost-Projekt: Die Präsentationsarchitektur für die Mode beschränkte sich auf ein in die geliehenen Container gesponnenes Netz aus orangem Abschleppseil, das durch einen Spiegel im hinteren Teil des Containers in Form gespannt wurde: dadurch ergab sich auch gleich eine Umkleidekabine. Frühe Spur von Ali Seghatoleslami im AS-Knoten.
/
No-cost project: Presentational architecture for fashion shows was limited to a net of orange tow ropes inside the hired containers, which was tautened and held in place by means of a mirror at the container's rear, thus providing a sort of changing cubicle. An early trace of Ali Seghatoleslami in the AS-Knoten.

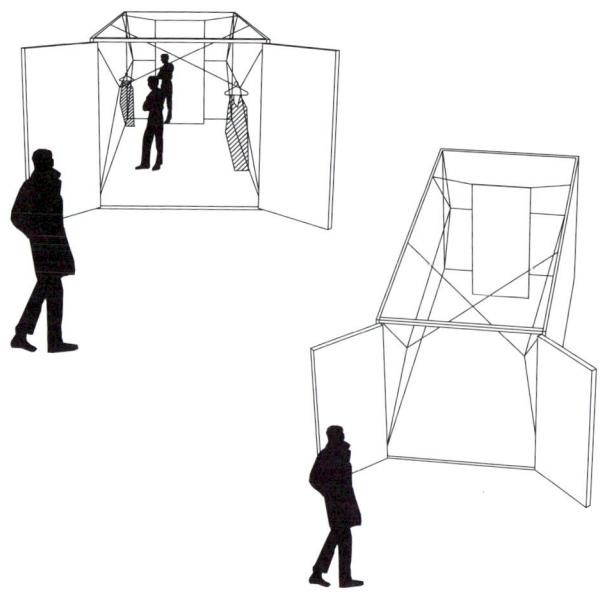

MQ-POINT

2004

Der Umbau versucht mit einfachen Details sich mit dem Barock zu verbinden und doch etwas Neues zu machen. So werden Standard-Lichtschienen zu Zöpfen geflochten.
/
With the help of simple details, this conversion tries to connect with its baroque environment and create something new at the same time. Standard light rails are plaited together.

TENSEGRITY

Hommage an die von Richard Buckminster Fuller erfundene räumliche Tragstruktur.
Die Zugelemente bestehen hier aus Stahlseilen, die Druckelemente wurden durch Leuchtstoffröhren
(in den neueren Versionen LED) ersetzt.
/
Homage to Richard Buckminster Fuller's spatial load-bearing structure.
Here, pre-tensioned members are made of steel cables and compression members are replaced by neon tubes
(LEDs in newer versions).

ITALIAN LOUNGE BAR

Ephemere, auf Platzniveau offen durchquerbare Gastrostruktur an der 2er-Linie, laut Aussage der Jury wie Hollein aus den
80-ern??
/ Ephemeral openly traversable gastro structure on ground level at line No 2 – according to the jury it resembles Hollein in
the 1980s??

DACHBODEN / LOFT

Ein Prototyp für Dachbodenausbauten in historischer Umgebung: Von außen kaum wahrnehmbar entsteht innen durch das Herumbauen um die vorhandene geschützte Substanz mit dem durch die wenigen Fenster inszenierten Tageslicht räumlicher Reichtum.

/

A converted loft prototype in a historical environment; although hardly perceptible on the outside, this place emanates an atmosphere of spatial vastness, because building around the existing protected building substance allows light to stream in through the few windows.

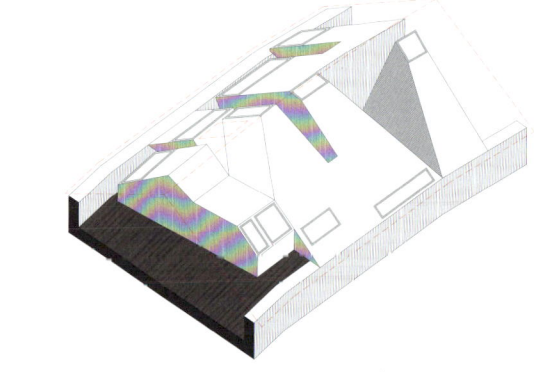
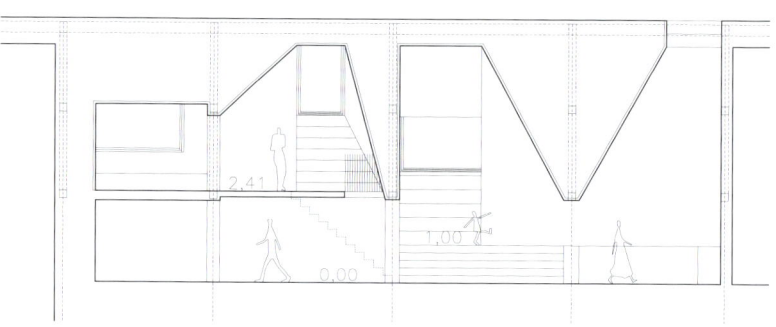

GLASHÄUSER / GLASSHOUSES

Der große Brand 2011 bedeutete das Ende der aus Enzis gebauten Eispaläste. Die Nachfolger aus konventionellen Fertigglashäusern machen mithilfe eingeflochtener chinesischer Lichtschläuche eine Metamorphose zu weihnachtlich leuchtenden Kokons durch.

/

The blaze in 2011 destroyed the Ice Palace built from ENZIs. Successors made of conventional prebuilt greenhouses are metamorphosing into illuminated festive cocoons for Christmas time with the help of weaved-in Chinese rope lights.

LAUFSTEG / CATWALK

Installation während des Summer of Fashion. Der Catwalk entwickelt sich unversehens aus dem Boden in die Höhe. Der darauf Gehende wird für die anderen automatisch sichtbar und auf eine gewisse Weise zum Model, ob gerade Modenschau ist oder nicht.

/

Installation during the Summer of Fashion. The catwalk unexpectedly developed from the ground upwards. People walking on it were automatically visible to others, thus, in a certain sense, becoming a model themselves, regardless if there was a show or not.

FLOATINGTANK IM MUWA, GRAZ

↗456

1999

Raum-Zeit Manipulationsmaschine

80% des menschlichen Gehirns sind ständig damit beschäftigt, unbewusste Wahrnehmungen (Geräusche, Körpertemperatur ...) zu verarbeiten. Ein Floatingtank (Erfinder John Lilly) funktioniert mit einem einfachen Trick: Man liegt, schwimmt, schwebt eigentlich bei absoluter Dunkelheit in einer hochkonzentrierten körperwarmen Sole. Es gibt keine Außeneinwirkung, Körper und Geist haben nichts zu tun. Der Raum scheint sich unendlich zu erweitern und gleichzeitig zu verschwinden und das Gefühl für Zeit ändert sich drastisch.

Der Floatingtank, im Keller des MUWA (Museums der Wahrnehmung) in Graz, einem ehemaligen Tröpferlbad, eingebaut, wird als öffentliches Bad betrieben, das von einer Person nach der anderen besucht wird. Ein Besuch dauert circa 1 ½ Stunden. Er ist, im Unterschied zu herkömmlichen Floatingtanks, eine in den Bestand eingepasste Maßanfertigung. Vorbereich und Becken bilden eine Einheit. Das Becken ist nur beim Floaten selbst durch ein hölzernes, automatisch aus der Wand geschwenktes Tor verschlossen.

Die fugenlose, geheizte, homogene Kunststeinkapsel schafft technisch völlige Wärme- und Schallisolation und schmiegt sich wie ein Organ in die oktogonale Altstruktur. Die Isotropie des Materials und die homogene innere hellblaue Beschichtung erzeugen beim Floaten den Eindruck einer Raumkapsel, konzipiert, um den Raum zum Verschwinden zu bringen. Eine blaue Kapsel, ähnlich einem Medikament – etwa alle drei Wochen dosiert konsumiert. Tanks werden zum Beispiel von Spitzensportlern oder der NASA zum Schnelllernen eingesetzt.

Space-Time Manipulation Machine

*80% of the human brain is permanently involved in processing subconscious perception (noise, body temperature …).
A Floating Tank (originally invented by John Lilly) works using a simple trick: you lie, swim or float in highly concentrated
saline water in the dark. There is no interference from the outside. Body and soul have nothing to do. Space seems to
expand endlessly and disappear at the same time, drastically changing one's sense of time.*

*Housed in the basement of the MUWA (Museum of Perception) in Graz, the Floating Tank was built into a former public
bathhouse. It is now run as a public bath to be used by one person at a time. One bathing session lasts about 1 ½ hours.
As opposed to conventional floating tanks, this Floating Tank has been tailored to fit into its surroundings, its entrance area
and pool forming a unit. A wooden, automatic swing door fixed to the wall only closes the pool when it is occupied.*

*This seamless, heated and homogenous capsule is completely soundproof and thermally insulated, nestling into the original
octagonal structure like a body organ. The isotropy of the material and the homogeneous light blue light inside create the
impression of floating in a space capsule, designed to make space disappear. Similar to a pill, this blue capsule should be
taken every three weeks. Floating tanks are used for instance by top athletes or the NASA for speed learning.*

Die Architektur ist in gewisser Weise ein energetisches Paradoxon, vergleicht man die aufgebrachte Planungs- und Erzeugungsenergie mit der immer wieder eintretenden katalysatorischen Wirkung auf den Konsumenten.
/ *The architecture itself appears to be paradox in the energetic sense if the energy required for planning and production is compared to its frequent catalyst effect on users.*

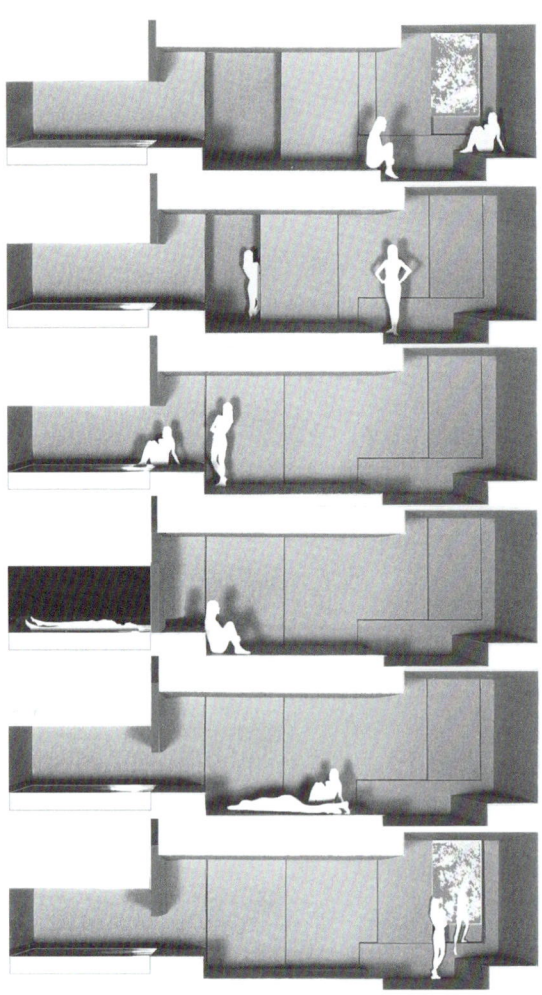

Das Bad kommt auch im Zusammenhang mit Therapien zum Einsatz.
Der geheizte Kunststein bildet das Becken, Bänke, Sitzstufen und
Liegewiese aus. Gartenzugang, Dusche.
/ *The bath is also used for therapeutic purposes.*
Heated artificial stone forms the pool, benches, steps and resting area.
Garden access, shower.

Das hölzerne Tor verschließt das Becken während der Benutzung. Es schwenkt wie ein horizontales Garagentor aus der Wand. Das Becken wird für jeden Gast frisch mit hochkonzentrierter Sole gefüllt. Die Lichtdichtheit erwies sich als Problem: Die Genaugikeit der menschlichen Wahrnehmung liegt im Bereich von einzelnen Photonen. Nach einer halben Stunde wird selbst der allerkleinste Spalt bemerkt.

/ The wooden door closes the pool during use. It swings like a horizontal garage door from the wall. Each visitor awaits a pool of fresh highly concentrated saline water. Light-proofing can cause problems, since the sensitivity of human perception lies within a few photons. After about half an hour, even the tiniest chink is detected.

WOHNHOF ORASTEIG, WIEN

↗ 458

Wohnbau / *Housing*   2005 – 2009

Die überfunktionelle Qualität des Wohnens

Der Wohnhof Orasteig liegt am Stadtrand Wiens, am Übergang zu den unbebauten Feldern entlang des Marchfeldkanals. Als Teil der „neuen Siedlerbewegung" verfolgt sein Programm das Ziel, die Qualitäten des Einfamilienhauses mit Dichte und gesellschaftlich relevantem Inhalt zu verknüpfen. Ein von der ersten Planungsphase bis ein Jahr nach Bezug mitlaufendes community organizing hat das Entstehen einer Hausgemeinschaft und damit einhergehend Mitbestimmung und Selbstverwaltung mitaufgebaut. Schon bei Abschluss des Mietvertrags wurde ein BewohnerInnenbeirat eingerichtet und ein Mitbestimmungsstatut unterzeichnet. Heute kommen die geringen dadurch entstandenen Zusatzkosten vielfach herein: Die Bewohner identifizieren sich ungewöhnlich intensiv mit ihrem Wohnumfeld und passen mehr darauf.

Der Import von Einfamilienhausqualitäten in eine kompakte Siedlungsstruktur wurde in Form von 169 unterschiedlichen Wohnungen äußerst wörtlich genommen. Viele dezentrale Eingänge verwischen die Großmaßstäblichkeit. Meist gibt es mehrere Möglichkeiten zur Wohnung zu kommen. Wie ein natürlich belichtetes, inneres Wegenetz umfließt die Erschließung die möglichst vielseitig orientierten Wohnungen. Es gibt 30 – 130 m² große Wohnungen teils sehr spezieller räumlicher Ausprägung. Was zur Folge hat, dass sich die Bewohner gegenseitig zu Besichtigungen einladen, was wiederum einen Impuls für die siedlungsinterne Kommunikation liefert. Diverse Gemeinschaftsräume und gemeinschaftlich genutzte Außenräume wie Mietergärten, Spielplätze und ein Freiraumkino geben diesbezüglichen Aktivitäten Raum.

Wohnen ist mehr als die Summe der damit verbundenen Tätigkeiten. Die Wohnung ist Ort der Veränderungen im Leben des Bewohners. Uns hat nie jemand erklären können, was der neutrale Raum in diesem Zusammenhang leisten könnte, falls es ihn gibt. Wir haben nie ausschließlich in Funktionen gedacht. Hier wird ein spezieller, anregender Raum angeboten, in dem die Massenware Wohnen customized empfunden wird.

Suprafunctional quality of living

The Orasteig housing project lies on the outskirts of Vienna, on the transition to undeveloped land alongside the Marchfeld canal. As part of the "new settlers' movement", this programme aimed to combine single-family housing with density and socially relevant content. Community organisation, which was pursued from the initial planning phase up to a year after moving in, stimulated participation and self-administration within the housing community. As soon as the tenancy agreement had been signed, a residents' committee and statutes of participation were established. However, extra costs like these always pay off, as residents tend to identify themselves extremely well with their environment and take much more care of it.

Importing single-family quality to a compact settlement structure in the form of 169 different apartments was taken very literally. Many decentralised entrances blur the huge scale, offering several possibilities of access to the apartments. Like a network of naturally-lighted interior walkways, this system of accessibility flows around the dwellings, designed to face as many directions as possible.

Many of these 30 – 130 m² apartments have a markedly unique appearance, resulting in residents' mutual invitations to visit their dwellings, which, in turn, boosts communication within the residential community. Various community rooms and shared spaces such as allotments, playgrounds and an outdoor cinema also contribute to the activities mentioned above.

Living is more than the sum of activities associated with it. Living is a place where change happens in a resident's life. Nobody has ever been able to explain to us what neutral space could achieve in that sense, given that it exists. We have never solely thought in terms of function. Here, we have created a unique and stimulating space where mass produced housing is experienced as customised.

Kleine Errungenschaft der Planung: autofreier, gemeinschaftlich genutzter Siedlungsplatz
/ *Minor planning achievement: car-free site for shared use*

Jede Wohnung bekommt eine farbige Innenwand. Diese Wand „färbt" – einer
einfachen Logik folgend – die angrenzenden Fassadenstücke (vorne und hinten),
verbreitet sich so auch über Geschosse und wieder durch die Wohnungen.
12 (inkl. weiß) ist die kleinstmögliche Farbpalette, die zu schaffen war.
Die einzelne Wohnung ist von außen durch diesen Code leicht erkennbar.
/ *Each apartment has a coloured interior wall. Following a specific pattern, these
walls then "infect" the neighbouring façades (front and rear), thus spreading
colour throughout the storeys and back through the apartments again.
12 (incl. white) colours were taken as a minimum option.
Each single apartment is detectable on the outside by means of its colour code.*

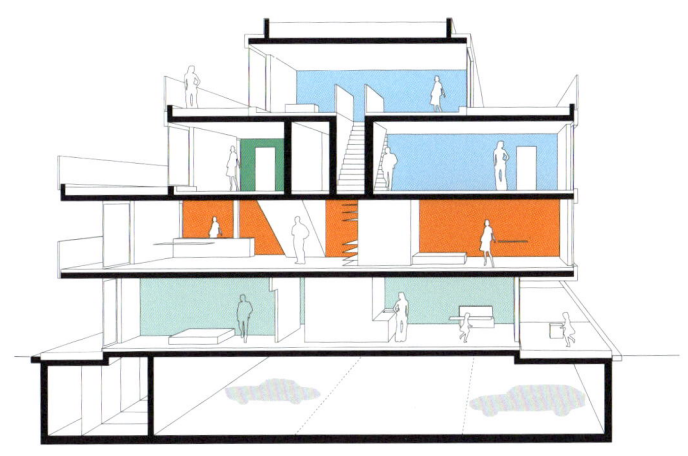

Die farbigen Innenwände der einzelnen Wohnungen prägen das äußere Siedlungsbild / *Each apartment's coloured interior walls determine the outer appearance of the housing estate*

Ein community organizing sorgt im Zeitraffer für
die Bildung von Nachbarschaften
/ *Community organising builds neighbourhoods
in fast motion*

Sichtbarer Abdruck der dahinterliegenden Wohnungen lädt die
Räumlichkeit des Treppenhauses mit Geheimnis auf
/ *Visible impressions of the apartments behind add an air of*
secrecy to the stairwell

Unterschiedliche Tageslichteinträge tragen zur Dramatik des Stiegenraums bei
/ *Differently daylight incidence makes stairwell areas appear more dramatic*

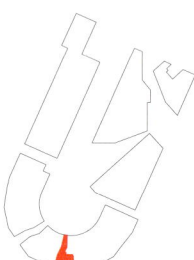

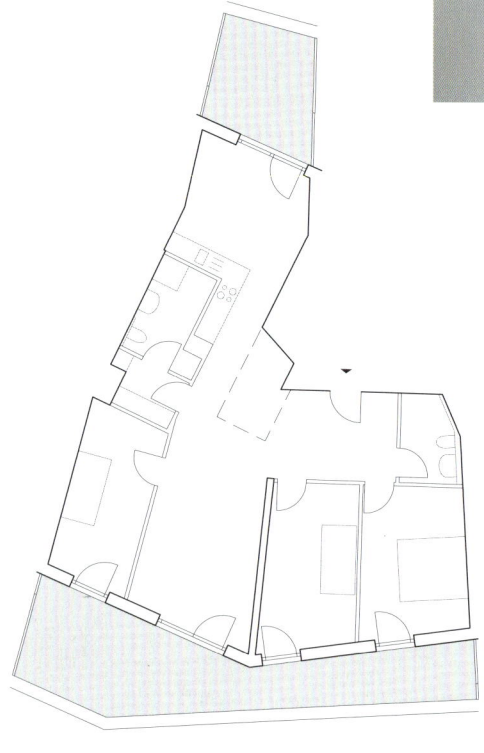

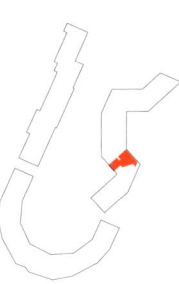

Untersicht und Rücken der Nachbarstiege
werden im Innern der Wohnung genutzt
/ *Bottom views and rear sides of neighbouring
stairways are used in the apartment*

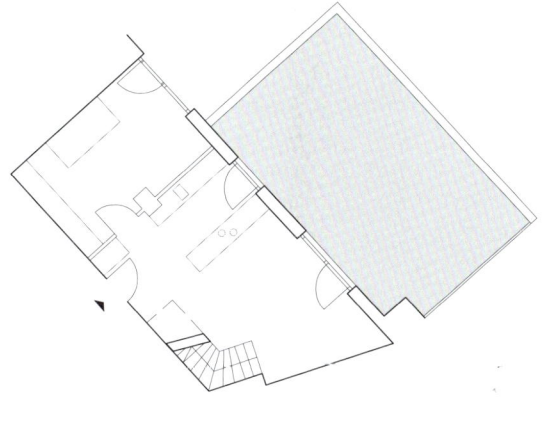

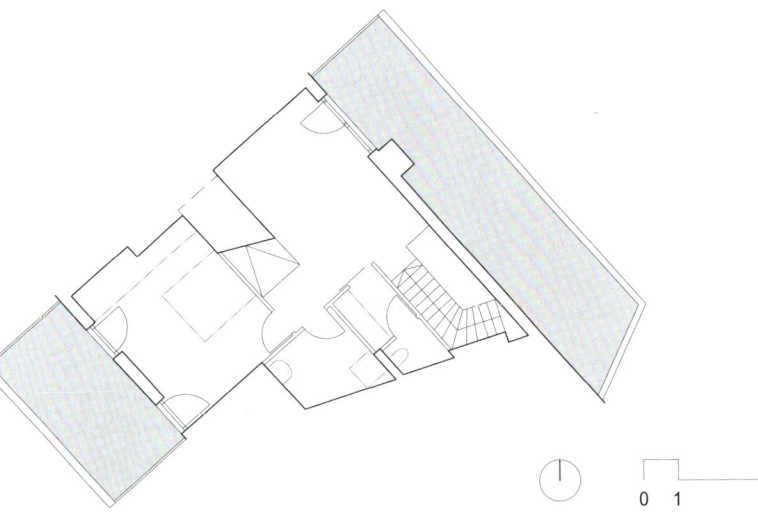

0 1   5

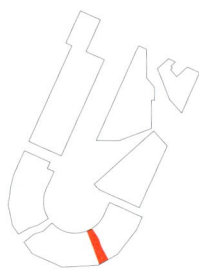

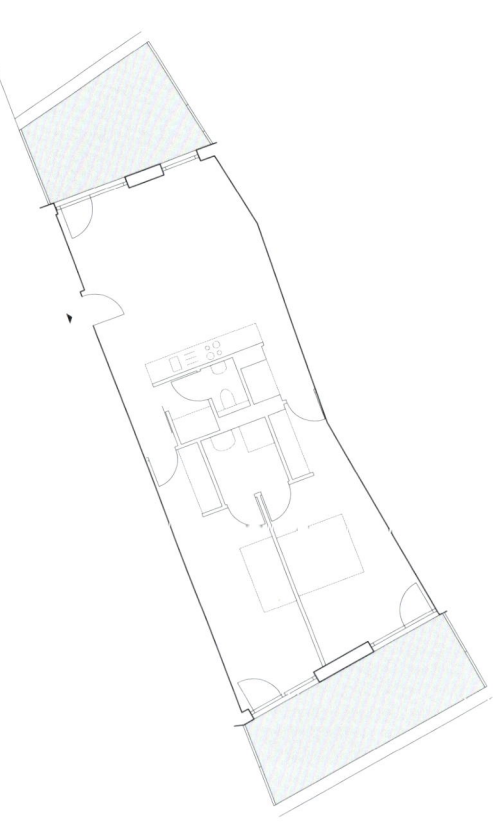

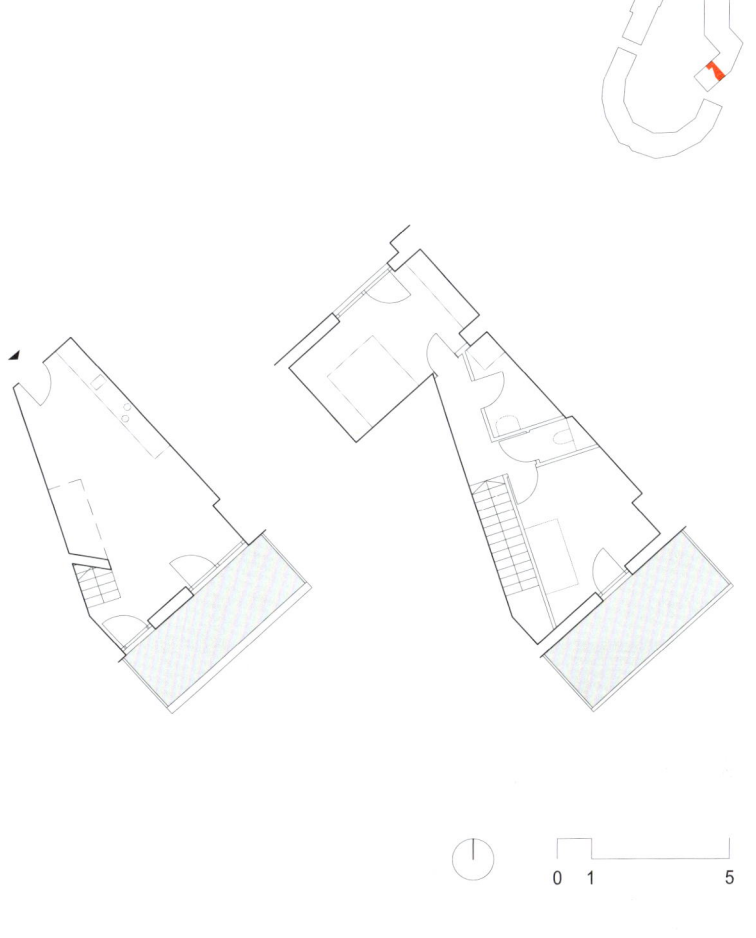

0 1 5

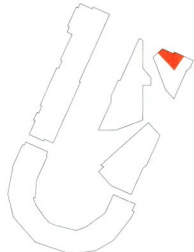

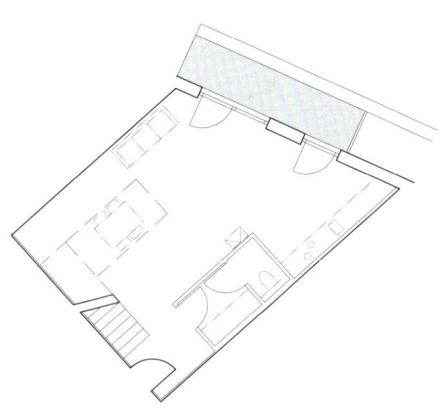

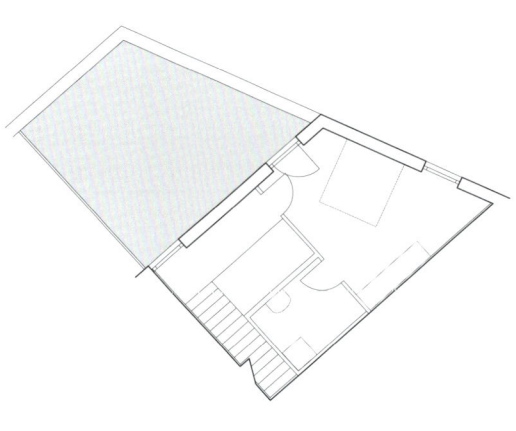

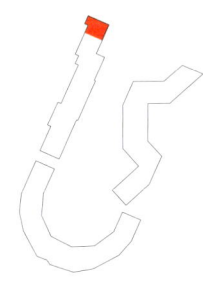

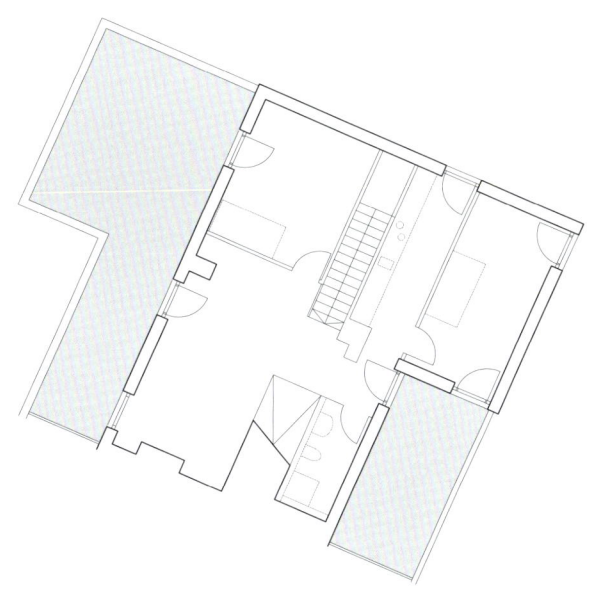

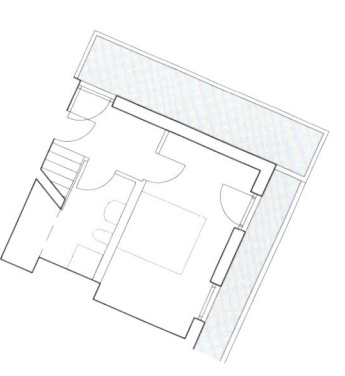

0 1   5

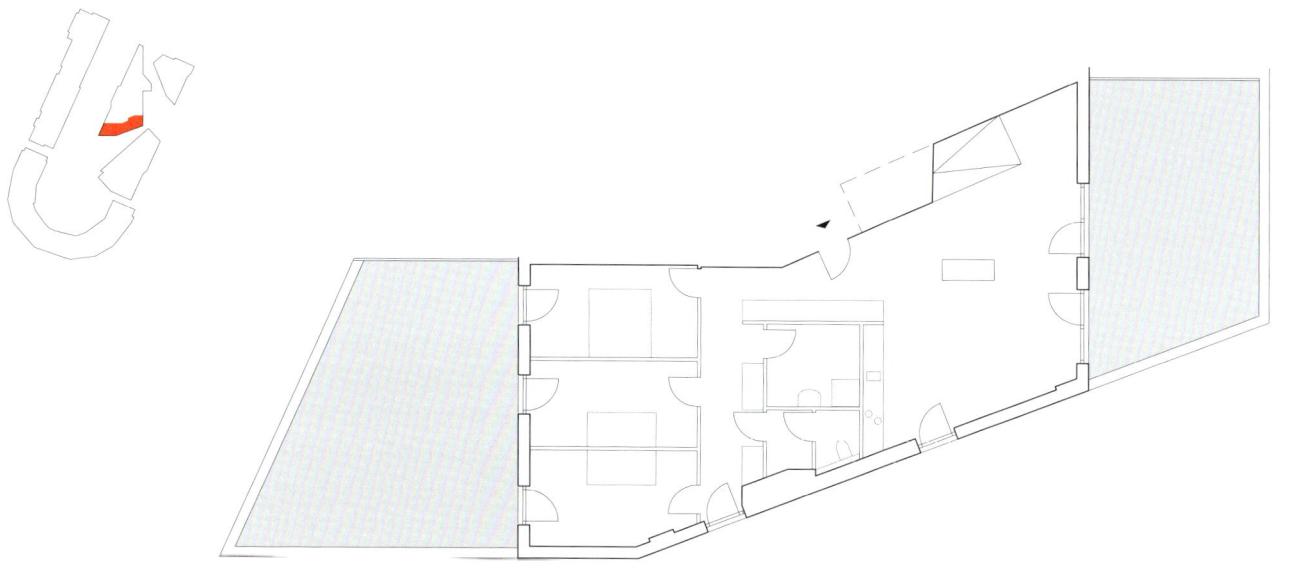

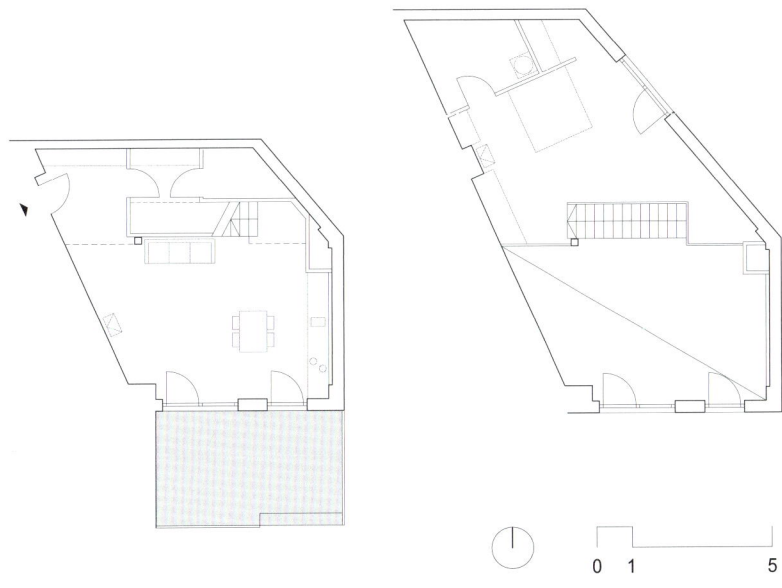

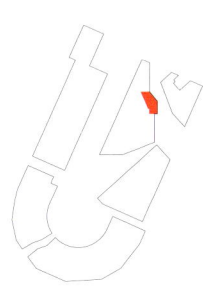

PACEJKA, DEUTSCH-WAGRAM

↗ 464

Gewerbebau / *Commercial building*   2011 – 2014

Hausberg im Flachland

Ein kleiner ambitionierter Bauträger engagiert sich statt im nahegelegenen Wien in Deutsch-Wagram in Niederösterreich.
Ein ehemaliges Grundstück der ÖBB, direkt angrenzend an den Bahnhof D-W (1837 anlässlich der ersten österreichischen
Bahnlinie erbaut), entwickelt sich zum Musterbeispiel für Wertschöpfung. Der nach oben zu abgetreppte künstliche Berg
(NÖ.BO. Bauklasse III) beherbergt unterschiedliche Nutzungen: im Erdgeschoss einen Bäcker, einen Friseur und ein Blumen-
geschäft, in den oberen Geschossen schaltbare Büros unterschiedlicher Größe mit dazwischengestreuten Hotelzimmern,
ganz oben eine Café-Bar mit Weitblick. Gekrönt wird das Ganze durch eine Art deplatziertes Stück Park für alle auf dem
obersten Dach. Die Erschließung erfolgt konsequent außenliegend durch allgemein zugängliche, weit ausladende Stahltrep-
pen, die jeweils an die breiten Terrassenstufen andocken. Diese sind Gehsteig, Rekreations- und Außenarbeitsplatz für die
dahinterliegenden Nutzungen.

Die innere Erschließung erfolgt ausschließlich über einen Lift, der über kleine gemeinschaftlich genutzte Bereiche direkt die
Büros anfährt.

Die Fassaden werden mit einem grauen Schallschutzstein mit gewellter Oberfläche, wie er entlang der Bahnlinien üblich ist,
verkleidet und sorgen hier für Nadelstreifoptik. Sie führen jeweils, im Innern in Stützen aufgelöst, geradlinig nach unten. Die
zwischen den Stützenreihen sich entwickelnden Fensterbänder gehen bis zum Boden, dort wo man hinaustreten kann, und
entwickeln Parapete, dort wo man hinunterfallen kann. Der aus dem terrassierten Baukörper resultierende Stützenwald entwickelt einen Magnetismus, dem die inneren Wände folgen.

Das auch erdgeschossig rundumorienterte Gebäude schließt den Bahnhofsvorplatz nach Westen ab. Der Schanigarten
der Gastronomie geht mit den bestehenden Grabsteinen ehemaliger Bahnhofswärter und dem vorhandenen Stellwerk auch
optisch-atmosphärisch direkt in diesen über.

Landmark hill in the lowlands

Instead of building in nearby Vienna, a small ambitioned developer finally opted for Deutsch-Wagram in Lower Austria. A former Federal Railway site directly bordering the railway station D-W (built in 1837 as part of the first Austrian railway line) develops into a shining example of value creation. This upwardly stepped artificial hill (Lower Austrian Building Regulations Type III) provides a home for different uses. With a bakery, hairdresser and florist on the ground floor and hotel rooms strewn between flexible offices of different sizes on the upper floors, the hill's top floor houses a cafeteria and bar offering panorama views. The whole thing is topped by a kind of displaced park for all on the uppermost roof. General access is provided throughout by means of a flight of cantilevered steel steps on the outside, linking all of the broad terrace steps. These can also be used as a pavement, recreation and outdoor work area for the adjacent inner uses An elevator is the sole means of accessibility inside the building, providing direct access to the offices via small shared areas.

The façades are clad with grey sound-proof bricks with an undulated surface, as are common along railway lines, looking a bit like needle-stripe. They run in straight lines from top to bottom, merging with the column elements on the inside. Strip windows developing between the rows of columns reach the floor to allow outside access, and develop parapets to arrest a fall. The resultant grove of columns growing from the terraced structure emit magnetism, which the inner walls follow.

The building, which faces all directions on the ground floor, too, closes the station forecourt to the west. Directly merging with the area comprising gravestones of former station guards and an existing railway control centre, the restaurant garden also adjusts optically and atmospherically to its environs.

NEUBAU PRATERSTRASSE, WIEN

↗ 468

Wohnbau / *Housing*   1994 – 1998

Long before holland – long after functionalism.

Die winzige Restparzelle an einer Feuermauer im Hinterhof zweier Biedermeierhäuser (> Dachausbau Praterstraße) ließ gerade genug Platz für einen Einspänner. 6 Wohnungen wären mit den Standardraumhöhen möglich gewesen, durch die spezielle Anordnung von in der Eingangszone jeweils 2,26 m hohen Räumen, wurden es 7. Funktion ist fast ein Jahrhundert nach den Bestrebungen der Moderne kein Qualitätsbeweis mehr. Die Praterstraße geht von Anfang an auf den Raum los: Räume unterschiedlicher Ausdehnung und Größe organisieren sich hierarchielos innerhalb des zulässigen Volumens. Die Wohnungen bilden stimulierende Abfolgen aus langen, niedrigen und hohen, kubischen Räumen. Im kleinsten Raum kommt das Klo zu liegen, im größten das Wohnzimmer, muss aber nicht sein. Wohnfremde Begriffe wie Schwimmbad oder Kanzel sind besser geeignet, die überfunktionale Qualität zu bezeichnen, als Küche, Schlaf- und Kinderzimmer. Aus der Beobachtung der Bewohnerschaft zeigt sich: Der aus diesem Zugang entstehende Freiheitsgrad erreicht den Bewohner.

↗ Peter Allison S. 246
↗ Neutral Egal S. 318
↗ Architektentheater S. 347

Long before holland – long after functionalism.

The tiny remaining parcel by a fire wall in the rear courtyard of two biedermeier houses (> Loft extension Praterstraße) left just enough space for a horse and carriage. Six apartments with standard ceiling heights would have been practicable, however, due to a special arrangement of rooms with a height of 2.26 m each in the entrance area, it turned out to be seven. Almost a century after the aspirations of Modernism, function is no longer proof of quality. Praterstraße posed a spatial challenge right from the start. Rooms of varying space and size obey no strict rules of hierarchy within the permitted volume. The apartments form stimulating sequences of long, low and high, cubic rooms. In the smallest room is the toilet, in the largest, the living room – but that is not a must. Expressions that have nothing to do with living such as swimming pool or pulpit are more suitable to describe supra-functional quality than kitchen, bedroom or children's room. From what we have seen from the residents up to now, they appreciate the level of freedom this approach gives them.

↗ *Peter Allison P. 246*

↗ *Neutral Egal P. 318*

↗ *Architektentheater P. 347*

Der finale modernistische Ausdruck der Fassade kommt aus einer tiefen Sorglosigkeit die eigene Aktualität betreffend
/ *The façade's ultimate modernist expression comes from a profoundly light-hearted attitude towards one's own contemporaneity*

„Architektur ist Hintergrund", der wirkt
/ *"Architecture is a background" that makes an impact*

Die Fassade verwischt die dahinterliegende Räumlichkeit
/ *The façade blurs the space behind it*

Die Praterstraße stand am Anfang einer Welle von Wohnbauprojekten, die die Architektur gegen Ende der 1990er Jahre wieder räumlicher eingesetzt haben.
/ *The Praterstraße was the first of a series of housing projects aimed at respatialising architecture towards the end of the 1990s.*

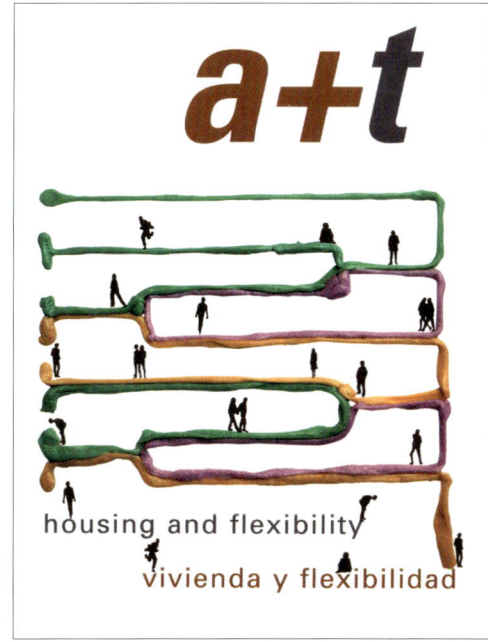

Die blaue Eingangsröhre drückt sich in der darunterliegenden Wohnung ab
/ The blue entrance tube leaves its impression on the apartment below

Versetzbare Wände erleichtern die Entscheidung zwischen Großraum oder Zimmer
/ *Convertible walls ease the decision for a large area or a room*

Die geringe Raumhöhe von 2,20 m, kombiniert mit dem Blick hinunter in den hohen Wohnraum, ließ die Stelle zur „Kanzel" werden
/ *Low ceiling heights of 2.20 m paired with views down to the high living room made the place become a "pulpit"*

Die Lage des Balkons auf Parapethöhe der Wand hat dem Raum dahinter den Arbeitstitel „Schwimmbad" eingetragen
/ *The balcony's position at the wall's parapet height led to describing the room behind it as a "swimming pool"*

RADETZKYSTRASSE, WIEN

↗⁴⁷²

Neubau am Dach / *Rooftop development*   2007 – 2012

Ein Dorf am Dach

Eine höchst lebenswerte Form der innerstädtischen Nachverdichtung: Eine Baugruppe rund um den Sohn des Hausherren nutzt die Ebene des Dachbodens eines typischen Gründerzeithauses als Baugrund in bester Lage. Vom Straßenraum aus kaum sichtbar, entfaltet sich in 16,0m Höhe eine eigene Welt mit Aussicht über die Stadt.

Der minimale Lift, der in der Stiegenspindel des Treppenhauses Platz findet, landet im Freien auf einem kleinen, öffentlich zugänglichen Platz, umgeben von einer Anordnung von kubischen, zur Straße hin leicht zurückgeneigten Baukörpern.

Von hier aus betritt man direkt die Wohnungen, allesamt eine Abfolge von unterschiedlich proportionierten und hohen Räumen, als inneres Resultat eines spielerischen Umgangs mit den strikten gesetzlichen Rahmenbedingungen. Die in alle Richtungen orientierten Fensteröffnungen fangen das Licht des Tages ein, außen überzieht eine homogenisierende Schicht von Putz das höchst individualisierte Innenleben. Die Terrassen sind untereinander uneinsehbar. Ein kleines tunesisches Dorf.

Das Innere der Wohnungen wurde in separaten Workshops mit jeder Bewohnergruppe festgelegt. Für einige begann hier schon die absolute Privatsphäre, andere brachten eine Beschreibung ihrer Lebensweise ein und ließen den Rest uns machen.

A village on the roof

Inner-city redensification as a highly worthwhile form of living: a joint building venture with whom the property owner's son was acquainted used the attic space of a typical 19th century gründerzeit building as an excellently located development site. Hardly visible from the street, a unique world unfolds 16 metres above ground level, offering panoramic views over the city.

Tucked into the newel of the staircase, a discreet elevator halts in the open in a small public space, surrounded by an arrangement of slightly receding cubic structures facing the street.

The apartments – a sequence of differently proportioned high rooms as an interior result of playfully observing strict framework conditions – are directly accessible from there. Window openings facing all directions capture the daylight, and a homogenous layer of rendering clads a highly individualised interior. No one terrace overlooks the other. Just like a little Tunisian village.

Together with each group of occupants, the apartments were designed in individual workshops. For some, strict privacy already began there, while others provided us with a description of their lives and let us get on with the rest.

Kleiner gemeinsamer Vorplatz, ±0,00 = +16,0 m
/ *Small shared forecourt, ±0,00 = +16,0 m*

1. Projekt: zu teure Berglandschaft
/ *First project: too expensive hilly landscape*

Terrassen gewähren auch untereinander keine Einsicht
/ *Secluded terraces guarantee privacy*

Haus P

Haus S

Haus E

Haus F

ROSENAUERSTRASSE, LINZ

↗ 474

Wohnbau / *Housing*   2005 – 2008

Identität durch Individualität

Das Wohnhaus Rosenauerstraße bewältigt den Übergang von dichter Zentrumsbebauung zu aufgelockerter Villenbebauung innerhalb eines Gebäudes, beide Qualitäten schwingen im inneren Programm und in der äußeren Kontur gleichermaßen mit. 17 sehr unterschiedliche, multiorientierte Wohnungen von 37 bis 147 m² verbinden sich zu einer sensiblen, in die Struktur der Stadt modellierten Stadtvilla. Garconnieren, durch- und über-Eck-orientierte Geschosswohnungen, Wohnungen mit Höhenversatz und Variationen von zweigeschossigen Wohnungen haben anhand erdachter Protagonisten ihren Charakter entwickelt. Verschieden große und orientierte Verglasungen und private Freiräume von Garten über Loggia und Terrasse bis zum Balkon setzen die individualisierten Grundrisse nach außen fort. Eigentlich aus zwei Adressen bestehend, bildet die Erschließung innerhalb des Hauses einen freiwilligen Kurzschluss, der im Freiraum seine Entsprechung findet. Auf den Entwurf wurde vom Gestaltungsbeirat mit einer Aufzonung reagiert.

Identity through Individuality

The house in the Rosenauerstraße bridges the gap between dense urban centre development and decentralised mansions all in one, with both qualities resonating in the interior programme and outer contours. 17 very different multi-aspect flats ranging in size from 37 to 147 m² combine to form a sensitive, spacious town house that is moulded into the urban structure. Whether it be studio apartments, dual-aspect and corner apartments, flats with staggered heights or variations of two-storey apartments, all have developed their own character with the help of imagined actors. The building's individualised ground plan is also reflected outwardly in its glazing of various sizes and orientations and private spaces ranging from the garden and loggia to the terrace and balcony. While the building actually comprises two separate addresses, access within the house is based on a voluntary short circuit that is reflected outdoors, too. The design committee responded to this idea by rezoning.

Machen schöne Schatten und sind Instrument der Verbrüderung mit der Nachbarschaft:
Brüstungselemente aus gelasertem Aluminium als sublimierte Gestalt des bekannten Bretterzauns
/ *They cast nice shadows and offer a means to fraternise with one's neighbours: Balustrade elements*
made of laser cut aluminium as a sublimated form of the common wooden fence.

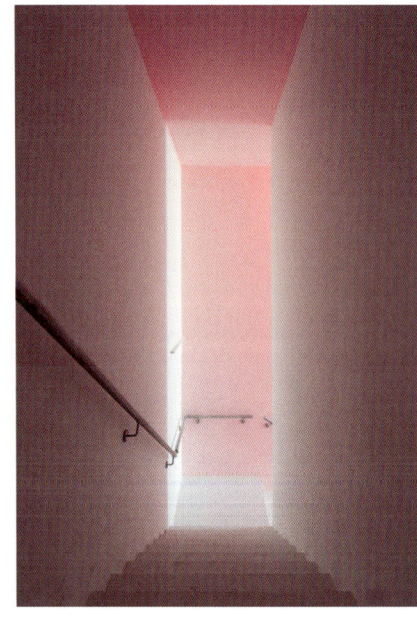

SCHADEKGASSE, WIEN ↗478

Selbstversuch / *Self-experiment* 2000 – 2012

Die Architektenwohnung als Labor

Beginnend mit dem Entdecken eines Raumes, dem zuvor keine Wohneignung zugesprochen wurde, ist die eigene Wohnung ein Ort vielfältiger Erfahrung und war für uns schon immer eine Möglichkeit, rasch und unkompliziert neue Dinge zu probieren, seien es Materialien, Details oder Lebensformen. Möbelprototypen, ein Boden ohne Trittschalldämmung, geklebte Fensterscharniere, Brandmelder und Feuchtemesser liefern mehr als wertvolle bauphysikalische und materialtechnische Informationen. Das Gassenlokal im Gründerzeitblock an der Schadekgasse könnte man als Versuchsanordnung in Sachen Erdgeschossnutzung ansehen. Zu Anfang wurde nach dem Einbau einer Galerie diese als kleine Wohnung und das Erdgeschoss als Büro verwendet. Nach ein paar Jahren und etlichen Kleinumbauten ist das Büro schließlich ausgezogen, die Wohnung konnte sich nach unten ausweiten. Ein Wohnzimmer auf Straßenniveau hat den Komfort einer großen Terrasse in Form des Gehsteigs vor dem Haus, muss aber auch das Problem der zu schützenden Privatheit lösen. Nach außen verspiegelte, einseitig transparente Fenster geben den Passanten etwas, das sie brauchen und nutzen, und sichern unsere Privatsphäre. Die Grenze zwischen privat und öffentlich spielt sich in dieser dünnen Schicht aus Glas ab.

↗ M 1:1 S. 295
↗ Balkon S. 251

The architect's home as a laboratory

Starting with the discovery of a space that had never before been designated for living purposes, one's own home is a place of multi-faceted experience and has always offered an opportunity to try out new things without much ado, be it materials, details or forms of living. Furniture prototypes, floors that are not soundproof, glued window hinges, fire alarms and moisture testers deliver more than mere technical information about physical structures and material. The shop premises located in a gründerzeit block in the Schadekgasse could be regarded as a test series for ground floor use. After inserting a gallery, this gallery was initially used as a small flat and the ground floor as an office. Some years and minor conversions later, the office was finally relocated and the flat was able to be extended to the ground floor. Although installing a living room on street level means having the advantage of using the pavement in front as a large terrace, the problem of protecting one's privacy still has to be solved. This was done by applying reflective coating on the outside of the windows, leaving them transparent on the inside. Passers-by were thus given something they need and also use, while protecting privacy at the same time. The thin window pane represented the border between private and public spheres.

↗ M 1:1 P. 295
↗ Balcony P. 251

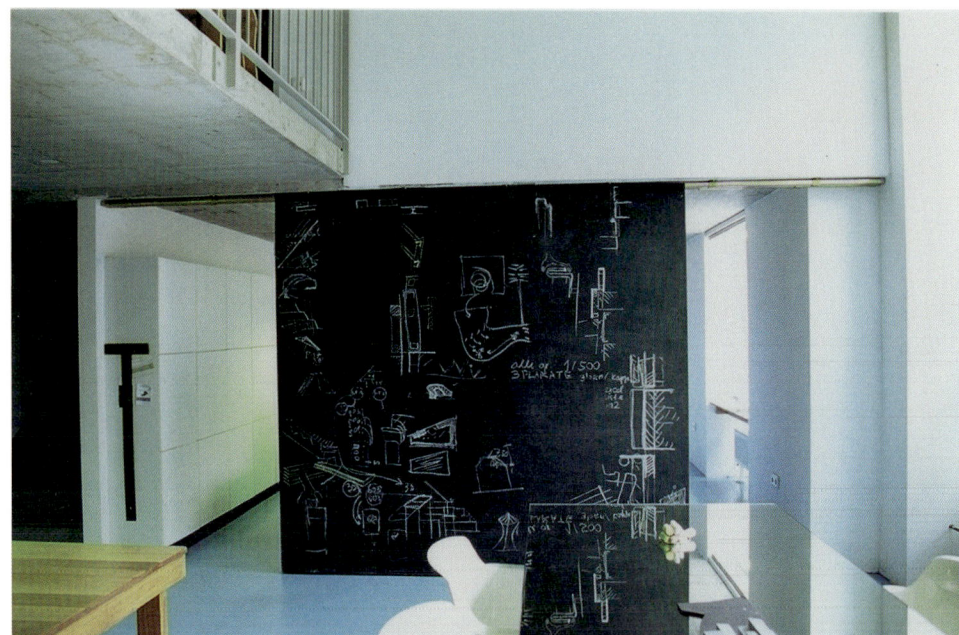

Das Mobiliar wandelt sich mit: Die Büro-
schränke werden zu Küchenkasteln
/ *Furniture is transforming: Office cupboards
becoming kitchen cabinets*

2000

2004

2005

Unser Garten / *Our Garden*

Verspiegeltes Glas schützt innen und ist außen
zumindest praktisch ↗ Impuls S. 271
*/ Reflective coating on the window pane protects the
interior and is (at least) practical on the outside
↗ Impulse P. 271*

Eine Hinterlassenschaft des Büros für die
private Essgesellschaft: Rollstühle
/ *Remaining office chairs for private meals*

SKADBERGBAKKEN STAVANGER, NORWEGEN $\nearrow$ 480

Wohnbau / *Housing*   2007 – 2009

Norwegisch-österreichische Mischung

Methodisch ähnlich dem vorher bei den Projekten Augarten/Europan ⌐ S. 30 entwickelten Prinzip der Visualisierung erwünschter Qualitäten wie z. B. Sonnenlicht (Nordhang in Norwegen!) und Aussicht (auf das Meer) zum Zweck der Bauplatz- und in weiterer Folge Baukörperfindung.

Aus den potentiellen Baufeldern entstehen räumliche Zusammenhänge, die „Tuns" (norwegischer Begriff für die um einen Platz angeordneten Gebäude eines Bauernhofs), kleine dezentrale Dorfmitten entlang 100% behindertengerechter Wege. In einem Abstraktionsdurchgang entstehen selbstähnliche Gebäude in S/M/L und in weiterer Folge die Aufteilung unter den beiden Büros Helen&Hard und PPAG. Projekt im Rahmen der Weltwirtschaftskrise nach der Realisierung der ersten beiden Häuser gestoppt.

Norwegian-Austrian Mix

Methodically similar to the principle developed in the Augarten/Europan projects ↗ P. 30 to visualise desired qualities such as solar incidence (northern slope in Norway!) and views (to the sea) with the aim of finding an appropriate site and – as a consequence – suitable structure.

Potential building sites generate spatial connections, known as "tuns" (Norwegian word for a space around which farm buildings are arranged), small decentralised village centres along 100% barrier-free roads. Initially conceived on an abstract level, identical buildings were developed in small, medium and large sizes and then divided up between Helen&Hard and PPAG architecture practices. After completing the first two houses, the project was terminated due to the global economic crisis.

PARKHAUS SKOPJE, MAZEDONIEN

↗⁴⁸⁶

Fassade / *façade*   2010 – 2013

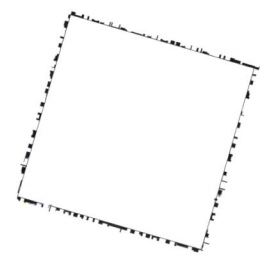

Schlechte Frage, gute Antwort

PPAG architects mit Milan Mijalkovic und Goricanka architekti

Begonnen hat alles mit einer skurrilen Wettbewerbsausschreibung:
Gesucht war ein Parkhaus mit 320 Parkplätzen, Geschäften und Büros, im Zentrum von Skopje. Stil: neogotisch oder barock. Wer das Baugeschehen in Skopje in den letzten Jahren verfolgt hat, den wundert das nicht. Nach dem Erdbeben von 1963 wurde Skopje unter UNO-Aufsicht nach einem Masterplan von Kenzo Tange wieder aufgebaut. Seit dem Zerfall Jugoslawiens ist Mazedonien auf der Suche nach Identität. Europäisch und bürgerlich ist das Ziel der gegenwärtigen Regierung, das auch mit Architektur verfolgt wird. Im Zentrum entstehen historistische öffentliche Bauten, Denkmäler, sogar ein Triumphbogen.

PPAG interpretieren den Wunsch der Stadt nach einem barocken Erscheinungsbild auf eine Weise, wie sie nur heute entstehen kann. Perspektivisch verzerrte Bilder einer Straßenfassade werden collagiert, dreidimensionalisiert, in vier Ebenen zerlegt und zu einem endlosen Muster gefügt. Das Ergebnis erinnert fern an Gesehenes bei gleichzeitiger Neuheit, inhaltlich wie technisch. Die Elemente wurden verschnittfrei aus außen weiß beschichteten Fassadenplatten gelasert. Das Licht trifft bei Tag durch die zerfetzte Karosserie ein und hinterlässt scherenschnittartige Schatten auf den Autos. Am Abend tritt das Licht aus dem Parkhaus aus, die Fassade wird zum Lampenschirm. Bei Nacht blitzt das Licht aus dem Innern heraus, das Parkhaus wirkt als überdimensionale Lampe im Stadtraum. Der Eindruck auf den Betrachter ist ätherisch ebenso wie kräftig. Ob das Parkhaus auch zur äolischen Harfe taugt, wird sich weisen. Jedenfalls definitiv eine Fassade des 21. Jahrhunderts, die dennoch das Sentiment – oder mehr noch, die Identitätssuche – des Auslobers zu treffen scheint. Architektur als produktives Missverständnis gewissermaßen.

(Die Fassade gibt methodisch Antwort darauf, wie Interventionen in europäischen Stadtzentren von Paris bis Mailand aussehen könnten. Sie wird einer Sehnsucht des Publikums gerecht, ohne die Geschichte zu wiederholen, was ja, wie man weiß, unmöglich ist.)

Bad question, good answer

PPAG architects together with Milan Mijalkovic and Goricanka architekti

It all started with a bizarre competition invitation:
A car park with 320 parking lots, shops and offices was to be developed in the centre of Skopje. Style: neo-gothic or baroque. No surprise for anybody familiar with construction practice in Skopje in recent years. After the 1983 earthquake, Skopje was redeveloped under UN supervision according to a master plan by Kenzo Tange. Since the disintegration of Yugoslavia, Macedonia has been in search of identity. Nurturing a pro-European and civil attitude itself, the current government strives to establish these objectives in architecture, too. Historical public buildings, monuments, even a triumphal arch, are developing in the centre of Skopje.

PPAG interpreted the city's request for a baroque appearance in a way that is only possible today. Images showing distorted perspectives of street façades were made into a collage, put into 3 dimensions, divided into four levels and joined together to form an endless pattern – resulting in faint memories of the familiar mixed with innovative experience, both in terms of technique and content. The elements were laser cut from cladding panels that are white on the outside, waste-free. Daylight penetrates this torn chassis, casting silhouette-like shadows on the cars. In the evening, light emanates from the car park, its façade quasi becoming a lampshade. By night, light flashes through the façade and the car park resembles an over-dimensioned lamp in the cityscape. It leaves both an ethereal and strong impression on the beholder. Whether the car park could be regarded as an Aeolian harp, remains to be seen. In any case, this 21st century façade definitely seems to have struck the competition initiators' nerve, or should I rather say, fulfilled their desire for identity? Architecture as a productive misunderstanding, as it were.

(The façade gives a methodical answer to what interventions could look like in European city centres from Paris to Milan. They should do justice to public sentiment without repeating history, which, we know, is impossible anyway.)

Lösungsansatz für historische Stadtzentren von Metropolen weltweit
/ *An approach to solving problems in metropolitan centres worldwide*

SLIM CITY, SEESTADT ASPERN WIEN

↗490

Wohnbau / *housing* 2011 – 2014

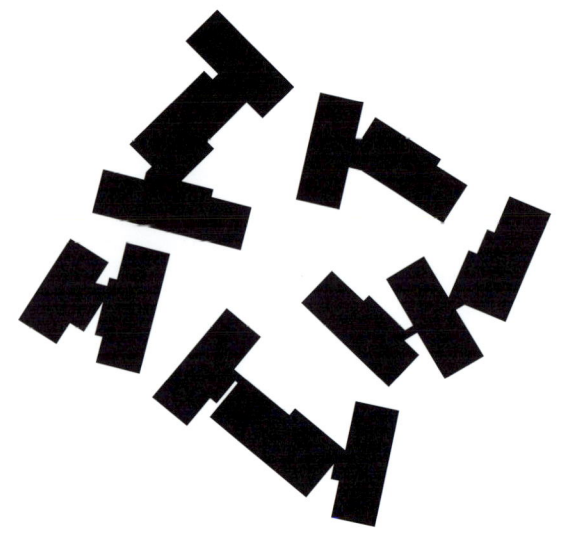

Von 0 auf 100

In Aspern wird, als eine der möglichen Reaktionen auf die neue Gründerzeit, innerhalb der nächsten 10 Jahre auf 240 ha eine ganze Stadt inklusive See für 40000 Bewohner und Beschäftigte aus dem Boden gestampft. Schlüssiges Argument für den Standort: „In 15 min ins Zentrum von Wien und Bratislava". Solch ein Unterfangen braucht starke Identifikationspunkte, von Anfang an, und Architektur kann hier viel beitragen. Hier setzt die Slim City an. 13 turmartige schmale, unterschiedlich hohe Häuser formen auf dem Baufeld gemeinsam ein eigenständiges Quartier, eine Stadt in der Stadt. Zwischen den Häusern liegt ein urbaner Freiraum, wie man ihn sonst eher aus dem anonymen Bauen kennt: eine Abfolge von differenzierten Plätzen und Engstellen, ähnlich und doch unterschiedlich, öffentlich zugänglich, aber auch privat genutzt, die auf vielfältige Weise durchquert und benutzt werden können. Wie zufällig entstanden, jedoch exaktest kalkuliert. Die Häuser bilden Einheiten aus je 2-3 Gebäuden, die über Stege miteinander verbunden sind und beim jeweils angrenzenden Straßenraum Eingang und Adresse haben. Die Gebäude mit insgesamt 174 Wohnungen gehorchen einem Kanon von Bildungsregeln.

Regelgeschosse gibt es, solange die äußeren Bedingungen mehr oder weniger gleich bleiben, auf neue Umstände wird umgehend durch neue Grundrisse eingegangen. Die Erkennbarkeit der eigenen Wohnung von außen ist Bestandteil der Aneignungsunterstützung. Durch Sonderwohnformen, Kleinstbüros, gewerbliche Nutzung an den Straßen, ein Cafè mit Partykeller, einen großen, durchorientierten Gemeinschaftsraum mit FM-Stützpunkt wird das Erdgeschosswohnen zugunsten der Allgemeinheit zurückgedrängt.

Der Freiraum wird von der inszeniert sichtbaren Versickerung der Oberflächenwässer, die sich in der Mitte der Höfe an den Tiefpunkten sammeln, bestimmt. Das Niveau steigt im Quartier um etwa 1,40m diagonal an. Jeder Punkt des Geländes wird in das System eingegliedert und es ergeben sich Sickermulden, in denen nach Starkregen Pfützen stehen bleiben und aus denen, wie aus allen Fugen, Gras und Blumen und auch Unkraut wachsen. Der ruinöse Touch soll so am Anfang schon eine zeitliche Komponente von Benutztheit und Vergangenheit in den Freiraum bringen. Wir versuchen statt der allgemein üblichen Simulation von Leben in Form von Spielplätzen Kindern und Jugendlichen den animierenderen echten Lebensraum anzubieten.

Die Konstellation der Baukörper, die bebaute Fläche, BGF und die Gebäudehöhen im Innern des Grundstücks und im Randbereich sind exakt ermittelt und, wenn auch nicht auf den ersten Blick, widmungskonform.

↗ Kritik auf Kritik S. 278
↗ Figur und Grund S. 262

From 0 to 100

As a possible response to the dawning of a new gründerzeit age, Aspern will see the birth of a new city covering 240 hectares including a lake for 40,000 residents and working people within the next decade. The logical reason for this is that people can reach Bratislava and Vienna within 15 minutes. Such an undertaking requires strong identification points right from the start, and architecture can contribute a lot in that sense. This is where Slim City comes in. 13 slender tower houses of different heights form their own unique quarter on the site – a city in the city, as it were. Open urban space lavishly spread between the buildings is something that is more familiar in anonymous development: a series of different plazas and constrictions – similar, yet varied, public, yet also used privately – which people can just walk through or use in many different ways. Although precisely calculated, these buildings appear to have grown coincidentally. They form units comprising 2 – 3 buildings linked together by bridges, with accesses and addresses located at the relevant bordering street space. The buildings with a total of 174 dwellings obey a canon of formative rules.

While standard floors will prevail as long as external conditions remain more or less the same, new circumstances require an immediate response in the form of new ground plans. Recognising one's own home from the outside helps to take possession of it. By introducing unusual living designs, small offices, commercial street use, a cafeteria-cum-party cellar, a spacious dual-aspect community room with FM services, the ground floor gradually becomes a space for general use, instead of just for living purposes.

Open space is determined by its focus on surface water drainage, which is gathered at the lowest point in the centre of the courtyards. Ground level increases diagonally in the quarter by approx. 1.40 m. All points in the terrain are incorporated into the system, creating shallow drainage pits in which puddles can form after heavy showers. Grass and flowers and weeds will then start to grow in every little gap and hollow, making the place look bedraggled and worn right from the start, thereby bringing a touch of the past into the open space. Instead of simulating life with conventional playgrounds, we hope to provide children and youngsters with a real animated environment.

Structural constellations, built area, gross floor area and building heights within the site and at border areas are all exactly calculated and comply with land use designation, even if it does not seem so at first sight.

↗ Critique on the critique P. 2978
↗ Figure and Ground P. 262

RESTAURANT <u>S</u>TEIRERECK, WIEN ↗⁴⁹⁶

Um- und Zubau / *Conversion and extension*   2012 – 2014

Restaurant Steirereck

Ein Spitzenrestaurant als Bauaufgabe war für uns eine neue Herausforderung, um nicht zu sagen, eine neue Welt, die Welt des guten Essens. In der Zusammenarbeit mit den Auftraggebern Heinz und Birgit Reitbauer traf höchste kulinarische auf höchste architektonische Ambition. Das Restaurant wird erst nach Erscheinen des Buches fertig. Also gibt es vorerst nur den Bauzaun zu sehen, der in diesem Fall schon ein Bauwerk für sich ist.

↗ Method Acting S. 315

Restaurant Steirereck

Designing a top restaurant presented us with a new challenge, or rather, with a whole new world – the world of good food. Working with our clients Heinz and Birgit Reitbauer meant that award-winning gastronomy met highly ambitious architecture. Their restaurant will only be completed after this book is published. At the moment, only a building fence marks the scene, which, in this case, is a piece of architecture in its own right.

↗ Method Acting P. 315

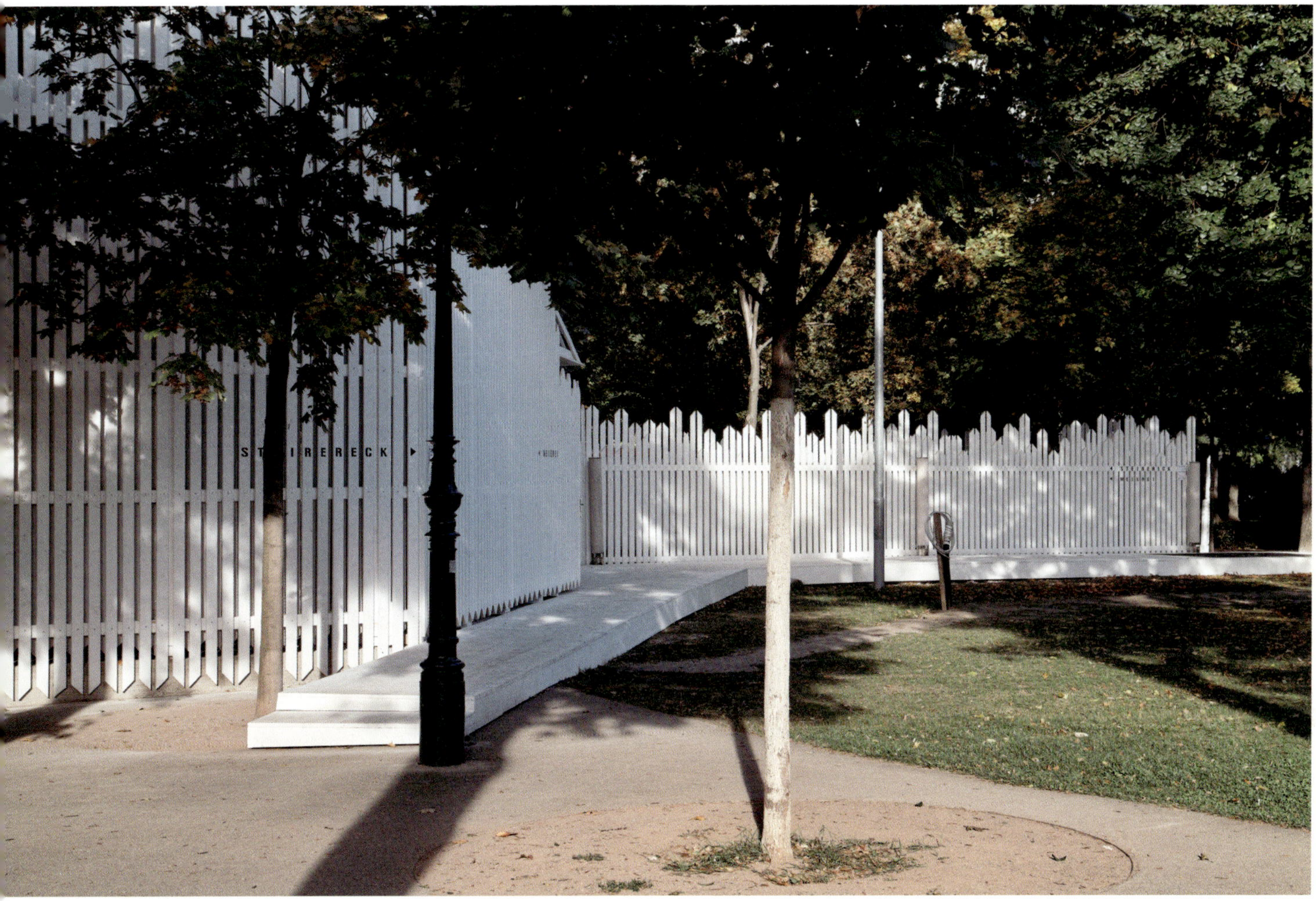

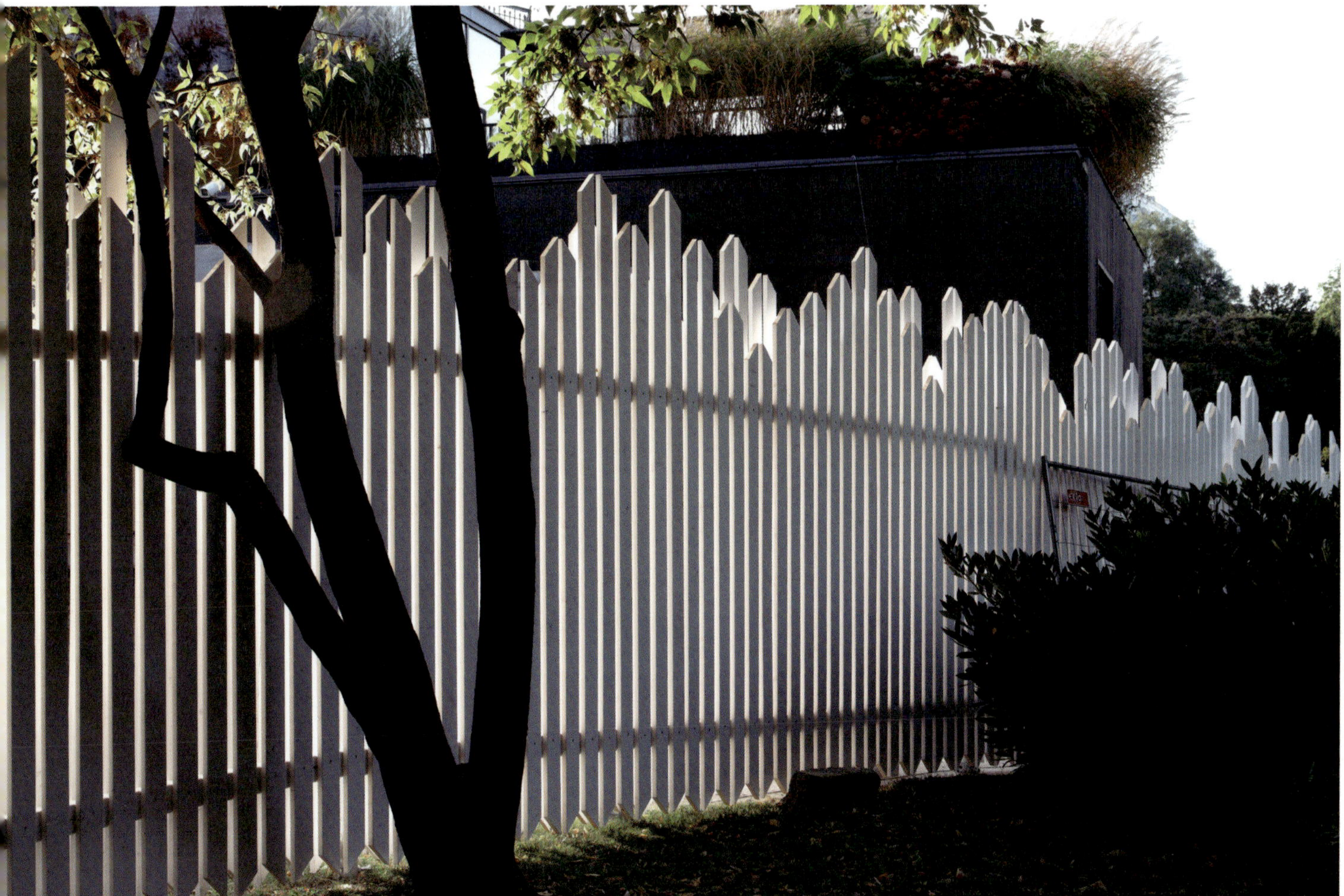

TRAISENGASSE, WIEN

↗498

Wohnbau / *Housing*   1999 – 2006

Homöopathische Dosis

Nachdem das Grundstück, für das wir einen Wettbewerb (August F. Möbius Hof) für einen der letzten Gemeindebauten Wiens gewonnen hatten, von der Stadt samt Architekten verkauft worden war, forderte der neue Auftraggeber ein anderes Maß an baulicher Einfachheit (eingeschossige Wohnungen, Regelgeschosse …) ein, dem wir mit einem gänzlich neuen Entwurf begegneten. Die Umgebung ist geprägt von durchgehender Blockrandbebauung sehr heterogener Entstehungszeit. Das Grundstück war die letzte freie Baulücke eines solchen Häuserblocks, die schwierige Nordostecke.

Der im Inneren liegende Erschließungsgang wird über die Loggien der Wohnungen belichtet, die nicht vor, sondern brückenartig neben den Wohnungen liegen. Drei hohe, verbindende Lufträume an der Rückseite der Loggien bieten Durchblicke und Überblick im Haus. Einer der Lufträume verschmilzt im Erdgeschoss mit dem zweigeschossigen Haupteingang und bildet so ein imposantes siebengeschossiges Foyer. Die kleinen Einblicke vom Gang in die Loggien durchbrechen dosiert die brutale Privatheit der Wohnungen und sind Grundstein für nachbarschaftliche Kontakte.

↗ Architektentheater S. 347

Homeopathic Dose

After having designated this development site for one of Vienna's last social housing projects, for which we had won the relevant competition (August F. Möbius Hof), the city then decided to sell it – together with the architects. The next client called for a new degree of structural simplicity (one-storey flats, standard floors, etc.), which we sought to encounter with a completely innovative design. Surrounded by extremely heterogeneous periphery block development throughout, this site was the last remaining gap in the block, located at its difficult north-western corner.

The interior access corridor receives natural light from the apartment loggias – bridge-like structures situated next to, instead of in front of, the apartments. Three high connecting voids to the rear of the loggias offer views through, as well as overall views in the house. One of the voids merges with the two-storey main entrance on the ground floor, thus creating a monumental seven-storey foyer. Discreet views from the corridor into the loggias subtly interrupt the brutal privacy of the apartments, offering a platform for neighbouring communication.

↗ *Architektentheater P. 347*

Trotz der Regelgeschosse gleicht keine Wohnung der anderen. Die individuelle Anordnung der Fenster pro Geschoss variiert die Belichtung, fördert unterschiedliche Möblierungen und trägt die Individualität der Wohnungen nach außen
/ In spite of being standard floors, no flat looks alike. The individual window arrangement per floor varies the incidence of natural light, stimulates different kinds of furnishing and contributes to exterior individuality.

Dezidierte Absicht: Freundschaft mit der Umgebung
/ Declared objective: to promote friendship with the surroundings
Foto: Corinna Toell

Lochfensterfassade mit Glitzerputz als kleiner Hinweis, leises Signal
/ Glitter plaster applied to single-wing window as a tiny hint, or silent signal

Blick vom Gang über den Luftraum und die
private Loggia einer Wohnung nach außen
/ *View from corridor via void and apartment
loggia to the outside*

Farbige Codierung der Regelgeschosse durch vier Farben über acht Geschosse
/ *Colour coding of standard floors using four colours for eight floors*

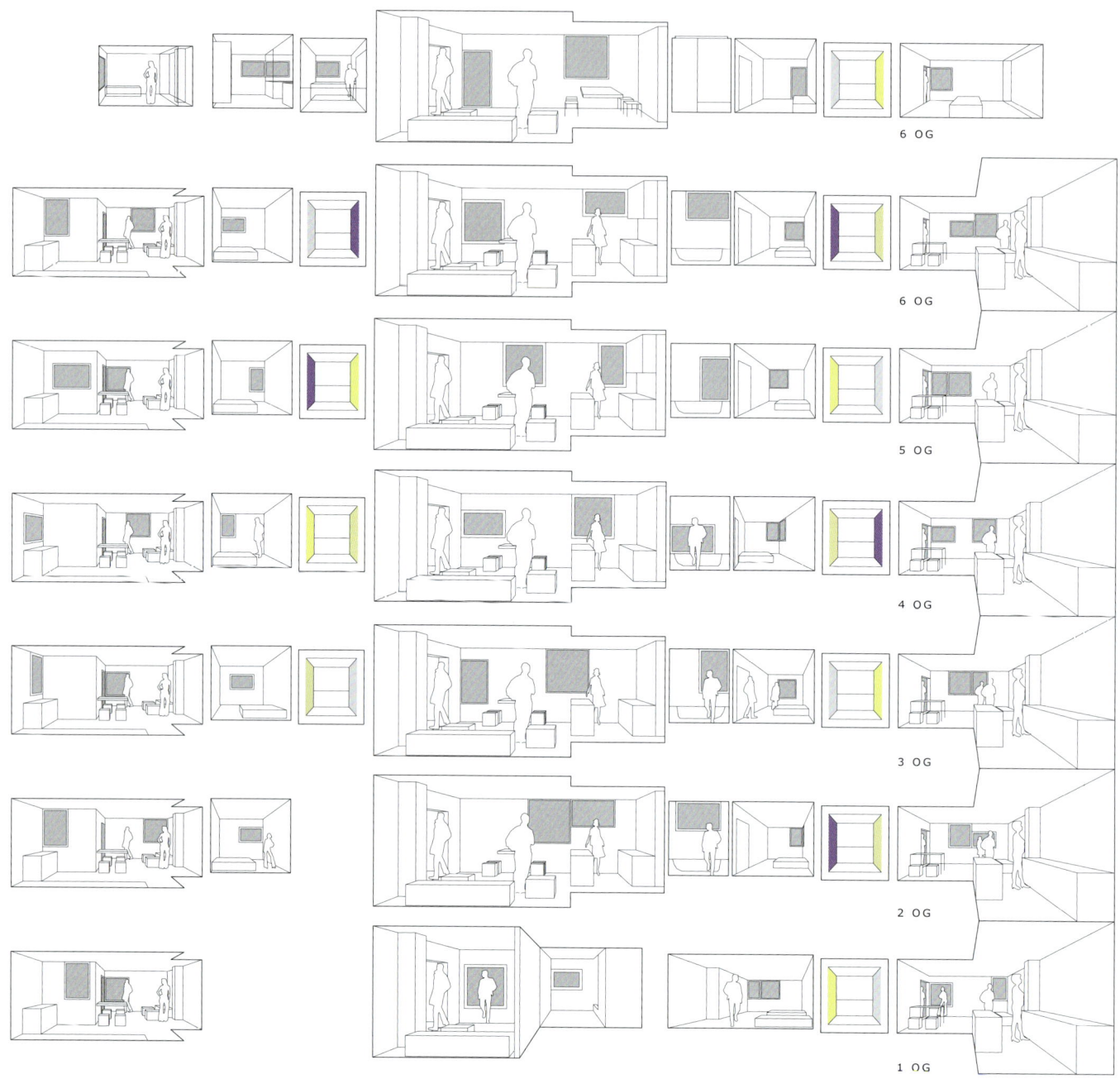

6 OG

6 OG

5 OG

4 OG

3 OG

2 OG

1 OG

Einfluss auf die zukünftige Möblierung durch leichte Verschiebung der Fenster von Geschoss zu Geschoss
/ *Influence on future furnishing by slight shift of windows from floor to floor*

TWINS, KOŠICE

↗⁵⁰⁰

2013

TWINS, Košice

Ein Twins-Paar besteht aus zwei identen Elementen, die längs oder quer mit simplen Kabelbindern verbunden werden. Viele Twins(-paare) sind dann fast unendlich kombinierbar. In der Fläche ebenso wie gekippt, kopfüber oder ineinander getürmt. Wie die Enzis entwickeln sie performative Wirkung bei den Benutzern. Durch die Teilung in zwei Teile sind sie leichter zu handeln und umzubauen, solange sie nicht zumehrt verbunden sind.

Unser Freund Irakli Eristavi (zerozero-Architekten) hat uns 2010, als er den Wettbewerb für das Headquarter der European Cultural Capital Košice 2013 gewann, gefragt, ob wir multifunktionelle Elemente für die Freiflächen entwickeln wollen. Zwei-einhalb Jahre später haben wir 100 weiße Twins geliefert.

TWINS, Košice

A pair of Twins consists of two identical elements that are vertically or horizontally joined together by means of simple cable connectors. Many Twins pairs are then almost endlessly combinable, in surface area as well as on edge, upside down or stacked into each other. Like ENZIs, they have various performative effects on users. By dividing them into two parts, they are easier to handle and rebuild, as long as they are not multiply bound.

After winning the competition for the Headquarters of the European Cultural Capital Košice 2013, our friend, Irakli Eristavi (zerozero architects) asked us in 2010 if we wanted to develop multifunctional elements for the open surfaces. Two and a half years later, we delivered 100 white Twins.

WOHNEN AM PARK, WIEN

↗ 504

Wohnbau / *Housing*

2005 – 2009

Individualitätsstiftung und Nachbarschaft trotz Größe, Singularität trotz Standards

Das ehemalige Nordbahnhofgelände ist eines der zentralen Nachverdichtungsgebiete Wiens. Hier entsteht gerade ein Viertel, das letztendlich 20000 Bewohner und Beschäftige aufnehmen wird. Wohnen am Park war einer der Pioniere dieser Entwicklung, mit privilegierter Lage direkt am neuen Stadtteilpark, durch die U1 ans Zentrum angebunden, die Donauinsel liegt als Naherholungsgebiet direkt vor der Tür.

Der im Wohnbau allgegenwärtige ökonomische Druck zur Standardisierung wird hier zum Spiel: Nur drei Grundtypen von Wohnungen, eine monoorientierte Geschosswohnung zum Park, eine Maisonette mit Luftraum zur Vorgartenstraße und eine durchorientierte Wohnung am Ende des jeweiligen Ganges, sind das Alphabet des Hauses. Sie produzieren, einer einfachen Grammatik folgend, eine Fassade, die überall ähnlich, aber nirgendwo gleich aussieht. Die Abhängigkeit der Entscheidungen untereinander produziert ein organisches Ganzes, eine begründete Anordnung. Wenn sich etwas ändert, muss sich alles ändern. Aus Standards entsteht eine identitätsstiftende Singularität des Ortes, eine klare Absage an die Idee des Neutralen.

Das Prinzip gilt folglich auch für die innere Erschließung: Das im Grunde einfache Erschließungssystem – vertikale Stiegenhäuser mit geschossweise angeschlossenen Mittelgängen – äußert sich dennoch an keiner Stelle gleich: Die durchwegs natürlich belichteten Gänge, oder besser Wege im Haus, werden immer an anderer Stelle von durchorientierten Wohnungen beendet, das heißt, die Gänge sind verschieden lang, zum Gang orientierte Lufträume im Rücken der Maisonetten schaffen vertikale Verbindungen, oft über mehrere Geschosse. Die entstehenden 22 „Luftblasen" sind pragmatisch gesehen Brandabschnitte und eine willkommene Portionierung des großen Hauses in überschaubare Nachbarschaften. Der Bewohner, der im falschen Stock aus dem Lift steigt, bemerkt, dass etwas nicht stimmt, bevor der Schlüssel nicht sperrt. An der Fassade sind die inneren Wege für Fortgeschrittene lesbar. Wir lieben den Gedanken, dass ein Bewohner – vielleicht erst nach Jahren – beim Picknick im Park das Haus von außen zu lesen lernt.

Das Erdgeschoss ist weitgehend frei von Bebauung und öffnet unter dem Haus hindurch den Park zur Straße. Eine eigene Interpretation des in der Widmung geforderten Vorgartens. Die Eingangslobbys verbinden durch Eingänge an beiden Seiten Straße und Park. Der überdeckte Bereich ist allgemein zugänglich und bietet auch der umgebenden Nachbarschaft Raum zur Benutzung an.

Im selben Kontext wurde ein 500 m² großes Kunstprojekt realisiert, für das – kuratiert von Li Tasser – 22 renommierte wie junge Künstler Werke für das Haus schufen, die den jeweiligen Ort des Kunstwerkes prägen. Zur Eröffnung gab es ein großes Fest mit Künstlern und Bewohnern. Die an sich nicht so kunstaffine Umgebung Wohnbau findet durch täglichen Kontakt mit den Werken ihren Ausgleich.

Creating individuality and neighbourhood despite size, and singularity despite standards

The former Northern Railway site is one of Vienna's most central redensification areas where a quarter is just under construction that is planned to accommodate 20,000 residents and working people. Wohnen am Park was one of the pioneers of this development with a privileged location directly bordering the quarter's park. It is connected to the centre by the U1 and boasts the nearby Danube Island as a local recreation area.

Here the omnipresent pressure of housing standardisation was playfully mastered. The canon of this building comprises just three basic apartment types: single-aspect apartments facing the park, maisonette apartments with a void facing the Vorgartenstraße, and dual-aspect apartments at the end of each corridor. Following simple grammatical rules, they produce a similar overall façade, yet do not look the same anywhere. Interdependency of joint decisions produces an organismic whole – a well-founded order. If one thing changes, everything has to change. Standards create singularity and build a place's identity, thus clearly refuting the notion of the neutral.

As a consequence, this principle is also applied to interior accessibility. Basically a simple accessibility system – vertical staircases connecting central corridors on every floor – still appears varied. Naturally lighted corridors throughout – or rather walkways through the house – always end at the doors of various dual-aspect flats. That means the corridors have different lengths. Voids facing the corridor behind the maisonettes generate vertical connections, often through several floors. Practically representing fire areas, these 22 "air bubbles" divide the large house into easily digestible portions, thus creating more intimate neighbourhoods. Residents leaving the elevator on the wrong floor immediately notice that there is something amiss before even inserting the key into the lock. For the more advanced, interior walkways are readable on the façade. We love to imagine a long-standing resident only just learning to read the house's exterior while picnicking in the park.

Being largely free of built structures, the building's ground floor opens up the park towards the street – a bold interpretation of the front garden as specified by zoning. The entrance lobbies connect the street and park by means of openings on both sides. The covered area is generally accessible, also providing space for the surrounding neighbourhood to use.

In the same context, a 500m² art project curated by Li Tasser was realised, for which 22 notable artists, some of them new-comers, created works that now stimulate their respective locations. There was a grand opening celebration with artists and residents. In that way, daily contact with art works counteracts this rather uninspired housing environment.

Straßenseite / *Street view*

Blogger Markus: Architekturdebatte unter Nutzern
/ Blogger Markus: Architectural debate among users

Die differenzierte, äußere Erscheinung ermöglicht Orientierung und lässt das 200 m lange Haus in der Empfindung des Bewohners als Ganzes schrumpfen, sobald er sein Küchenfenster geortet hat.
/ Differentiated external appearance enables easier orientation, which makes this 200 m long building shrink as soon as people discover their own kitchen window.

Straßenseite / *Street view*

Parkseite / *Park view*

Das Haus hat infolge der unterschiedlichen Qualitäten von Straße und Park zwei sehr unterschiedliche Seiten: Beide sind Abdruck der dahinterliegenden Wohnungen. Die rurale Seite zum Park zeigt die kleinen Fenster der Zimmer und die Wohnzimmer mit davorliegenden Balkonen, an der urbanen Seite zur Straße spielen die Zimmerfenster der durchorientierten Wohnungen und die übergroßen, gleich proportionierten Fenster der Maisonetten mit dem Maßstab der Stadt.

/ Due to the varying qualities of the street and park, the house has two very different sides: both are impressions of the dwellings behind. While the rural side overlooking the park features smaller windowed rooms and living rooms with balconies, the urban side facing the street, with its dual-aspect windows and oversized, proportionate maisonette windows, plays with the urban scale.

Das Haus sieht – schnell betrachtet – um die Hälfte kleiner aus. Die weiche, aufgelöste Hauskante ist das Gegenteil der Inszenierung von Größe. Die Verwendung von handelsüblichen Materialien und Details fördert die Einbettung in die Nachbarschaft, der abstrakte Ansatz findet den Weg in die Alltagsnormalität.

/ At a quick glance, the house looks only half its size. Its soft, blurred edges are the opposite of staged grandeur. Environmental embedding is fostered by the use of conventional materials and details, so that the abstract approach finds its way back to normality.

Allgemeine Flächen unter dem Haus, Angebot an die Nachbarschaft
/ *Shared spaces beneath the house, invitation to the neighbourhood*

Mehrzweckraum aus unterschiedlicher Perspektive
/ Multi-purpose room from different perspectives

Nur in zwei Ebenen sind die Stiegenhäuser untereinander verbunden. Ein 200 Meter langer Gang verbindet im ersten Stock die Gemeinschaftsräume (doppelt hoher großer Gemeinschafts- und Kinderspielraum, sowie Waschküchen und Fahrradabstellräume). Ein Spazierweg mit schöner Aussicht am Dach ist von jedem Stiegenhaus/ Lift erreichbar. Dort liegt die gemeinschaftliche Sauna des Hauses. Die Erschließungswege des Hauses werden nicht utilitaristisch gesehen, sondern sind Orte unverfänglicher sozialer Interaktion und Kommunikation.

/ The stairwells are linked on two levels only. On the first floor, a 200 m long corridor connects the common rooms (large community and children's play room with double ceiling height, laundry rooms and bicycle storage spaces). A walkway with lovely views from the roof is accessible from all stairwells and elevators. A community sauna is located here, too. Access passages through the house are not seen in utilitarian terms, but rather as places of casual social interaction and communication.

Der hohe Grundwasserstand in Donaunähe und die große erforderliche Garage ermöglichten es, statt der Kellerabteile Einlagerungs-räume in den Geschossen unterzubringen. Dadurch werden Fahrräder am Gang repariert oder der Staubsauger im Lagerabteil gegen-über der Wohnungstüre untergebracht. Die Nachbarn laufen sich viel öfter über den Weg, die sich oft erweiternden Gänge mit ihren vertikalen Verbindungen werden zum gemeinsamen Wohnzimmer vor dem Wohnzimmer.
/ Due to the high ground water level in the vicinity of the Danube and the required large garage, storage cubicles were installed at floor level, instead of in the basement. That also means that people are likely to repair their bikes in the corridor, or put their vacuum cleaners in the storage cubicle opposite the flat door. Neighbours will therefore meet more often and turn these corridors, with their frequently expanding spaces and vertical connections, into places of sojourn – quasi into an extra living room on their own doorstep.

Erdschließungsflächen bereit zur Aneignung
/ Accessibility areas ready to take over

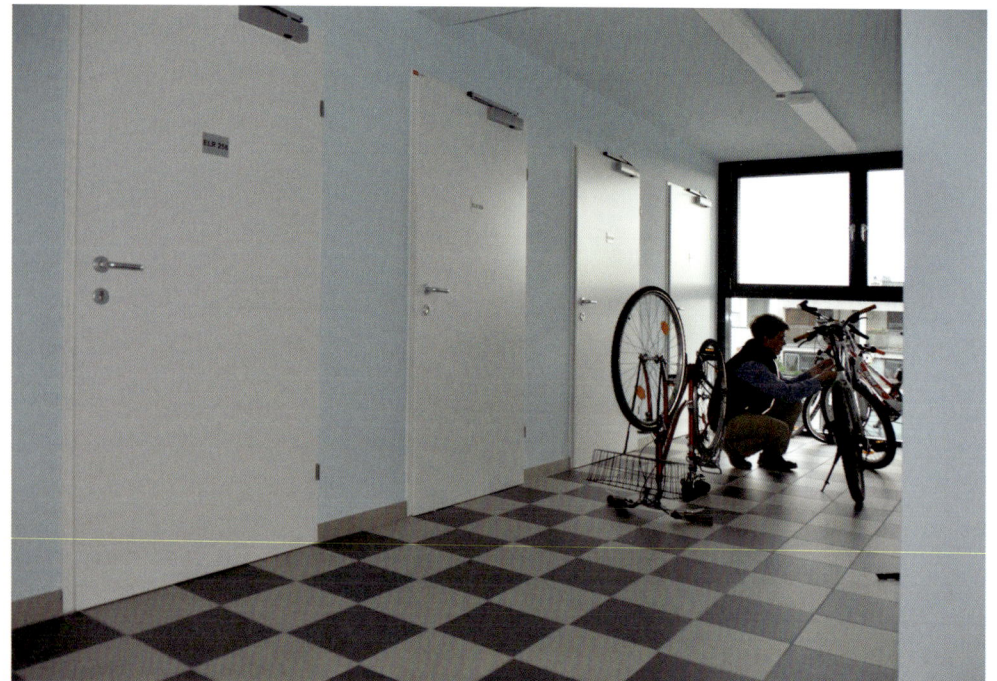 

Beitrag zur Erdgeschossnutzungsdiskussion: Maisonettetyp
„Wohnen und Arbeiten", der über einen Gassen- und einen
Wohnungseingang verfügt und so das untere Geschoss
öffentlich nutzbar macht. ↗ Schadekgasse S. 182
/ Contribution to discussion on how to use the ground floor:
"Living and Working" type of maisonette has a street and a
flat entrance, thus opening the lower floor to the public.
↗ Schadekgasse P. 182

Der Grundtyp Maisonette, immer zur Straße orientiert, ist eine 60 m² 2-Zimmerwohnung. Das Schlafzimmer hängt wie ein Nest im großen, teilweise zweigeschossigen Wohnraum. Ein innerer Balkon hinter dem Schlafzimmer zum Lesen an der Fassade, ein inneres Balkonplätzchen zum Arbeiten. Die kleine Wohnung bietet viele verschiedene Gegenden.
/ *This basic maisonette type facing the street is a 60 m² two room flat. Its bedroom hangs like a nest within the large two-storey living space. An interior balcony behind the bedroom for reading on the façade can also be used as an interior balcony space for working. This small flat offers many different areas and recesses.*

Innere Balkone als mögliche Entwicklungsorte von freien Ideen in einer grundgesicherten Bevölkerung.
/ *Interior balconies as a retreat for developing free ideas in a population that enjoys basic financial security.*

Die Grundtypen extemporieren, sobald sie können – links, rechts, oben und unten – an den Enden des Hauses.
/ *Basic types extemporise as soon as possible – to the left, right, above and below – at the house's ends.*

Maisonette/
maisonette
Typ / *type* B3m
66,76 m2

durchgesteckte Wohnung /
apartment running through the building
Typ / *type* C2.2k
83,09 m2

Monoorientierte Wohnung zum Park /
apartment facing south, park view
Typ / *type* C1.1
81,15 m2

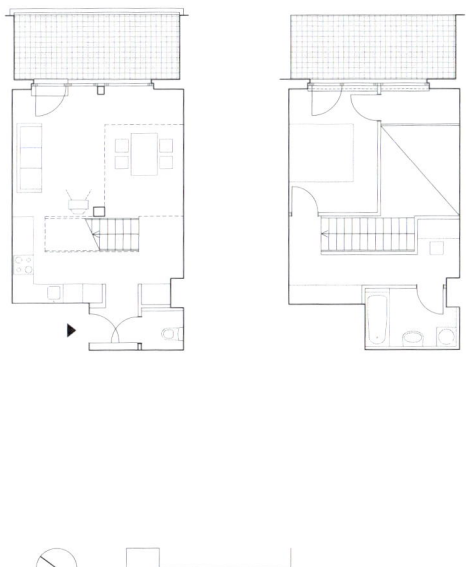

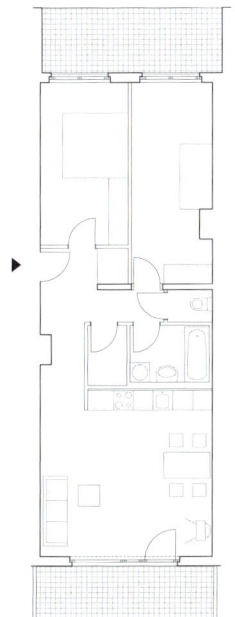

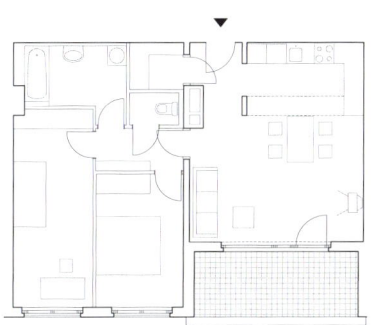

0   1   5

Drei Grundtypen sind das Alphabet dieses Projektes: durchorientierte Wohnung am Ende eines Ganges, zum Park monoorientierte Geschosswohnung und Maisonettewohnung zur Straße.
/ *Three basic types form the canon of this project: dual-aspect flats at the end of a corridor, single-aspect flats overlooking the park and maisonette apartments facing the street.*

WOHNEN AM PARK / KUNST IM BAU, WIEN

Permanentes Kunstprojekt / *Permanent art project*   2009

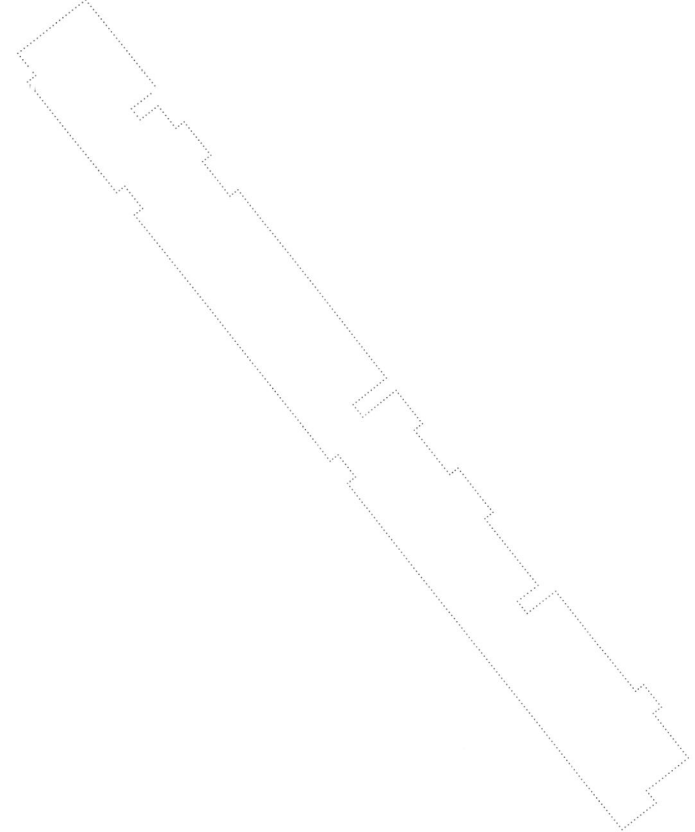

Wohnbau = Museum

KUNST IM BAU ist ein permanentes Kunstprojekt in einem geförderten Wohnbau für ca. eintausend Bewohner.
22 KünstlerInnen wurden eingeladen, Arbeiten an ausgewählten Wandflächen in den für alle Mieter und Besucher zugänglichen Bereichen zu positionieren. Der überwiegende Teil der Werke entstand im letzten Halbjahr speziell für dieses Gebäude.

Die Weitläufigkeit des Baus, aber auch die spezielle architektonische Aufgliederung in „Nachbarschaften", derzufolge die betreffenden Wandflächen im Haus verteilt sind, bot die Möglichkeit, sehr unterschiedliche künstlerische Positionen in einem Projekt zu vereinen. Durch die räumliche Distanz zwischen den einzelnen Werken können diese zunächst unbeeinflusst voneinander und umso stärker im Kontext ihrer unmittelbaren Umgebung wahrgenommen werden. Mit dieser Strategie, die in gewisser Hinsicht auch die Grundidee des Gebäudes weiterführt, wurde zudem die Basis für eine möglichst breite Themenpalette gelegt, die – wie sich herausstellte – weit über das Naheliegende hinausreicht.

Eine Besonderheit des Projektes ist die einheitliche Technik, in der alle Arbeiten ausgeführt werden: bedruckte, direkt an die Wand angebrachte Papierbahnen. Dies wurde in die Auswahl und Konzeption der Arbeiten einbezogen und von einigen KünstlerInnen auch thematisiert. (Text Li Tasser)

Housing = Museum

ART IN CONSTRUCTION is a permanent art project within a subsidised housing estate for approx. 1000 people. 22 artists were invited to exhibit their works on selected wall surfaces in spaces that were accessible to all tenants and visitors. Most works had only been created within the past six months especially for this building.

Both the spatial extent of the building and the architects' intended partitioning into "neighbourhoods", which entailed dividing up the relevant wall surfaces, offered an opportunity to unite quite different artistic positions in one project. Due to the spatial distance between the individual works, each was able to be perceived without any influence from the others, and therefore all the more strongly in the context of its immediate environment. This strategy – which to some extent follows the principle of the building itself – also formed the basis for a wide range of topics that turned out to surpass the self-evident by far.

A special feature of this project was the uniform technique applied to all of these works: printed lengths of paper attached directly to the wall. This aspect was considered in the choice and conception of the works, and some artists also focused on it. (Text: Li Tasser)

2_INGEBORG STROBL

1_NICOLAS JASMIN

3_CLEGG & GUTTMANN

4_SONJA LEIMER

5_RUDOLF STECKHOLZER

6_SUSI JIRKUFF

7_NADIM VARDAG

8_VIKTORIA TREMMEL

9_JOSH MÜLLER

10_HANS SCHABUS

11_HEIMO ZOBERNIG

12_MAHONY

13_STEFAN NESSMANN

14_CHLOË POTTER

15_CHRISTOPH HINTERHUBER

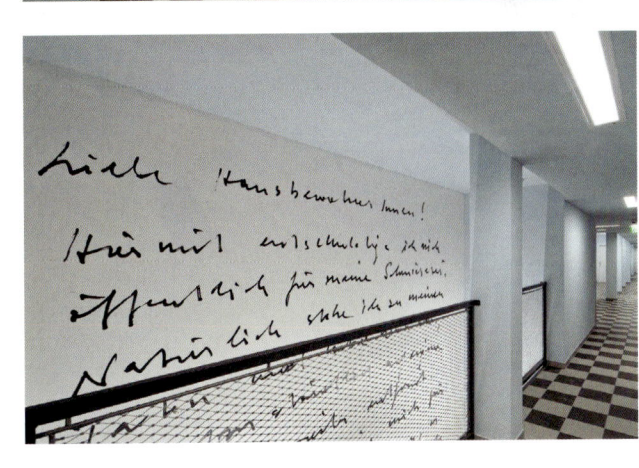

16_STEFAN SANDNER

17_STEPHAN LUGBAUER

18_HERBERT DE COLLE

19_PLANK & POSCHAUKO

20_HANNES RIBARITS

21_THOMAS ELLER

22_EVA BODNAR

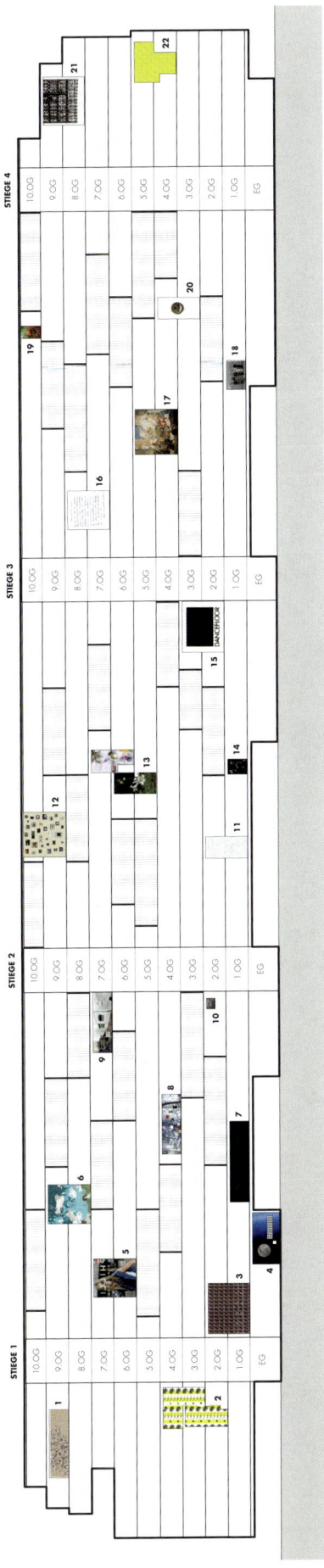

Handout Orientierungsplan / *Navigation handout*

LEXIKON / *ENCYCLOPEDIA*

Abstraktion

Abstraction

2014

Hier sollte eine Beobach-
tung von Jan Tabor über die
Bedeutung von Abstraktion im
Verhältnis von Autor zu Werk
stehen, was sich leider zeitlich
nicht mehr ausgegangen ist.

/

Here we would have liked to
include an observation made
by Jan Tabor on the subject of
abstraction - but unfortunately
it did not work out in time.

A

Allison, Peter

2002

Sorry Peter for being so late ...

Towards a more inclusive architecture

An apartment building, a pool, a wind tunnel and an information centre for contemporary culture: Anna Popelka and Georg Poduschka have completed projects which address a variety of requirements and situations. Each design makes use of different materials and forms but, at the same time, certain characteristics reoccur in widely different circumstances. The overall dimensions of the projects are always made clear, as well as the size of the components which contribute to the larger volume. The possibility of spending time in one space is usually linked to a suggestion that it might be interesting to move to the next one. And an individual sense of place is combined with the sense of being part of a community. In the Praterstraße apartment building (← P. 000), the volume of the entire building is immediately clear from the entrance to the courtyard in which it is situated, and the size of each apartment is suggested by the pattern of windows across the facade. A similar reading is possible at the wind tunnel building (← P. 000) where, on the approach road, a massive wall of precast concrete panels reflects the dimensions of the larger tunnel. On the opposite facade, where the main entrance is located, the position and size of the main volumes, which serve and support the wind tunnels, are clearly visible. In the Electric Avenue (→ P. 000), the scale of the project is described by the tube-like interior of the Fischer von Erlach stable block. In contrast, each cultural organisation is located in a volume which has its own distinctive shape and orientation, as well as being part of a continuous system. In all of these projects the whole-part relationship is made demonstrably clear and suggests a symbiotic relationship between the functioning of the parts and the functioning of the whole. The whole-part relationship also plays a role in the development process of PPAG projects. In their prize-winning entry for the Europan 6 competition (← P. 000), for a site in Vienna-Simmering, they subtracted the volume of the accommodation required from the largest volume which, based on their analysis, it would be possible to construct on the site. The volume remaining is the space available for developing the system of walkways, terraces and gathering places which permeate the project, making connections with the surrounding area and creating the possibility of natural light and longer views in an otherwise dense section. A similar approach can be seen in the Praterstraße building where the long gallery in each unit is defined by subtracting all of the other spaces from the total available in each case. If there is one project which summarises the essence of PPAG's architecture, it is the Samadhi pool in Graz (← P. 000). Located in the basement of an existing building, a single room is organised as a sequence of secondary spaces by changes in the relative height of the floor and ceiling, as well as a horizontal door which divides the space when the pool is in use. The lighting is incorporated as two horizontal bars and one vertical one, the width and height of the space respectively. The walls, ceiling and floor are united by a blue resin finish, magnifying the effect of the water, and all of the horizontal surfaces may be used to support the body. In the design drawings, a pair of figures are shown in a sequence of positions: entering the space, preparing to use the pool, lying in it, reflecting on this experience and leaving through a door into a garden. As the stepped section suggests, it is possible to stop and appreciate being in any one of these positions and, at the same time, to appreciate the experience of moving from one location to the next. In the Electric Avenue, the axes of stasis and movement are reversed. As the historic section generates a powerful sense of movement along the long axis, the geometry of PPAG's intervention is intended to encourage lateral movement and, with it, the possibility of pausing at each information point. In two dimensions, the tension between the two main axes is resolved in a linear sequence of wedge-shaped units. This is extended in three dimensions, as the wedges address alternate windows in the original structure and the diagonal walls at the upper level take on a angular profile which diverts attention away from the central axis, without blocking it off completely. Here again, a single colour has been used to unite a number of elements so that their contribution to the larger programme is clear. A sense of movement, generated by articulated space, and an interest in large scale, are recognisable characteristics of Baroque architecture and it is especially relevant that an awareness of such possibilities should inform the Electric Avenue. But it would be incorrect to characterise PPAG on this basis as their work shows a working knowledge of a variety of sources and techniques. They are firmly rooted in the present, making use of the most economic materials for their purpose, with restrained but practical details which support a direct experience of the spatial organisation of each project. The continuously stepped interior, however, is directly reminiscent of the Raumplan motif in the architecture of Adolf Loos, and the use of a higher space overlooked by a lower space is directly comparable to the section of each unit in Le Corbusier's Unite de Habitation. In this connection, it may be relevant to mention that Anna Popelka worked with Heidulf Gerngroß on a housing project on Wiethestraße, Vienna, completed in 1995, in which a series of such units are organised in two parallel blocks. In one block, the units are arranged side by side and lit from each end. In the other, the units are arranged end to end and lit from the side, in a similar manner to the Praterstraße building. The existence of individual sources is not as significant as the purpose to which they are put. If most of PPAG's projects are predominantly organised around their long axes and have sections which continuously transform from one position to the next, it is not surprising that they are most clearly presented in a series of cross sections, acting like clips from a longer sequence of film. As well as more continuous elements, like the wind tunnels themselves, the sections describe the interface between the major components of each project. An example which PPAG are developing at the moment is the mixed development in Vienna-Simmering which originated as Europan 6 entry. The site is to one side of Simmeringer Haupstraße and, in this area, most retail and commercial uses are located on this important thoroughfare, with housing developments and schools in the immediate hinterland. In PPAG's proposal, these two sets of uses are combined in a single, continuous section and the circulation system connects a range of uses that would otherwise be found in different places. A similar grouping of activities can be seen in other projects. The Praterstraße apartments have been occupied in a wide variety of ways but they all address, and take an active interest in, the same courtyard. The wind tunnel is staffed by teams of people with different responsibilities, management, technicians, electronics engineers, and so on. Although they tend to occupy different parts of the building, the successful functioning of the whole facility is based on their active collaboration. In the Electric Avenue, a range of cultural organisations, which would otherwise be dispersed in the city, have been brought together with the intention that each of them should retain their own identity within a single supportive environment. In each case, the architectural arrangement acknowledges the communal aspect of the organisation it serves. In working to this end, PPAG reaffirm the social role of architecture.

Peter Allison 4 October 2002

---

position 05 bauen: „Architektur 24/7 – eine alltägliche Beziehung" Ausstellung

22.09.2007 | 13:00

Veranstaltungsort: HDA Engelgasse 3-5 8010 Graz

Architektur ist Alltag, 24 Stunden am Tag, sieben Tage die Woche.

Wenn aber Alltag, wie Walter Benjamin schreibt, bebautes Hier und gelebtes Jetzt ist, dann ist es dieses Leben im bebauten Hier und Jetzt, das in der Architekturfotografie meist gerade nicht erscheint: Repräsentative Fotos von Gebäuden machen oft den Eindruck, deren BenutzerInnen wären auf Urlaub geschickt worden, um die Architektur nicht zu stören.
Um Alltag als Bild erscheinen zu lassen, wurden Architektinnen und Architekten gebeten, von ihren Gebäuden und Landschaften je ein Foto zu machen, das diese aus ihrer Sicht in Gebrauch zeigt, als bewohnte und belebte sichtbar macht. Dieser Blick auf Architektur wird durch kommentierende Statements von Benutzerinnen und Benutzern der Gebäude erweitert.
In diesem Gegenüber der Perspektiven auf Architektur werden verschiedene Arten der Nähe und Distanz zu ihr deutlich: Wie nah oder fern ist Gebautes denen, die es geplant haben, und denen, die ihren Alltag darin verbringen? Hier tut sich ein produktives Spannungsfeld auf – zwischen Gebrauchsaspekt und Ausdrucksaspekt von Architektur, zwischen dem Ermöglichen und Verhindern durch Bau(t)en, zwischen Alltag und dem, was übers Hier und Jetzt hinausgeht.
So stellt sich auch die Frage nach dem Verhältnis von Repräsentation zur Produktion: Architekturfotografie, auch die üblicherweise „menschenleere", hatte und hat Einfluss auf den Entwurfs-

A

prozess. Kann die hier ausgestellte rückblickende Repräsentation auf den alltäglichen Umgang mit Architektur, zumal auf Formen ihrer Aneignung durch ihre BenutzerInnen, auf die Konzeption und Produktion von Architektur rückwirken?

Die Foto-Ausstellung „Architektur 24/7 – eine alltägliche Beziehung" versteht sich nicht zuletzt als alternativer Überblick über steirisches Baugeschehen, als Evaluierung und zugleich Würdigung.

Ausstellungskonzept von Gabu Heindl und Markus Bogensberger.

1) Pflanzenregal am Unterzug
Wohnbau Praterstraße, Wien 1998
Plant stand on beam
Housing project Praterstraße,
Vienna 1998

2) Ensemble Elefantenhaus
+ Chamäleonhaus
Burgenland 2005 + 2006
Elephant Skin House ensemble
+ Chameleon House
Burgenland 2005 + 2006

3) Das größte Wiener Wohnzimmer
Möblierung im öffentlichen Raum
Museumsquartier Wien seit 2002
The largest Viennese living room
Furnishing public space
Museum Quarter Vienna
since 2002

4) Hallo Nachbar!
Wohnbau Traisengasse
Wien 2006
Hello Neighbour!
Housing project Traisengasse
Vienna 2006

5) Electric Avenue bevölkert
Plattform für Kulturinitiativen
Museumsquartier Wien 2002
Electric Avenue populated
Platform for cultural initiatives
Museum Quarter Vienna 2002

6) Ein ganz normaler Arbeitstag
weltgrößte Versuchsanlage für
Schienenfahrzeuge
(Klimawindkanal), Wien 2002
A totally normal working day
world's biggest test facility for rail
vehicles Klimawindkanal (Climatic
Wind Tunnel), Vienna 2002

7) Kleine Verbesserung einer
Dornbracht Armatur
WC-Anlage, Museumsquartier
Wien 2007
Minor improvement of
Dornbracht fitting Lavatories,
Museum Quarter Vienna 2007

8) Staatsgeschenke im Badkastl
Wohnbau Glanzinggasse
Wien 2005
State gifts in bathroom cabinet
Housing project Glanzinggasse
Vienna 2005

1)

2)

3)

4)

5)

6)

7)
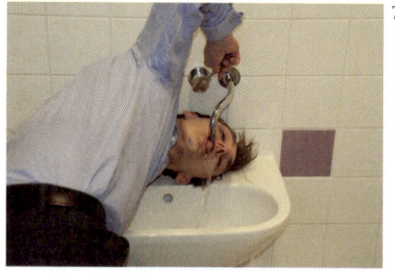

8)

position 05 building: "Architecture 24/7 - a day-to-day relationship" Exhibition

09/22/2007 | 13:00

Venue: HDA Engelgasse 3-5 8010 Graz

Architecture is daily life, 24 hours a day, seven days a week.

However, if daily life is, as Walter Benjamin puts it, built here and lived now, it is this life in the built here and now that rarely appears in architectural photography. Representative photos of buildings often evoke the impression that users had been sent on holiday, in order not to bother the architecture.

In order to allow daily life to appear as an image, architects were requested to take a photo of their buildings and landscapes, showing how these are used from their perspective, that is, as lived in and enlivened locations. This view of architecture is widened by users' comments and statements.

In this vis-à-vis of perspectives of architecture, different kinds of closeness and distance in relation to it become clear: How close or distant is a building for those who designed it and for those who spend their everyday life in it? This creates a productive context between aspects of commodity and expression of architecture, between enabling and preventing through building, between everyday life and what is going on beyond here and now.

This raises the question about the relationship between representation and production: Architectural photography, including photos that usually do not show people, has always had an impact on the design process. Can this retrospective representation of everyday dealings with architecture have repercussive effects on the conception and production of architecture, especially on forms of appropriation by users?

The photo exhibition "Architecture 24/7 - a day-to-day relationship" sees itself as an alternative overview of Styrian building activities, as an evaluation and homage.

Exhibition concept by Gabu Heindl and Markus Bogensberger.

———

Architekten müssen für ihre Befugnis umfangreiche Prüfungen ablegen.
Bauherren sind Laien oder besitzen Naturtalent.

Für das glückliche Entstehen eines Projekts ist ein sich der Vorgänge vom allerersten Gedanken über die Planung bis zur Realisierung absolut bewusster Bauherr jedoch unbedingt notwendig. Die Aufgabe der Architekten und Planer allgemein liegt in der optimalen Formulierung einer Bestellgrundlage materieller Leistungen für den Bauherrn, d.h. einer in Plan, Zahl, Wort und Zeit präzisierten Ausformulierung seines Wunsches.

Diesen Wunsch zu formulieren ist die Aufgabe des Bauherrn (budgetäre, terminliche und organisatorische Vorgaben inklusive).

Gute Lösungen sind immer von Freiheit für den Planer und Vertrauen des Bauherrn und kulturellem Bewusstsein auf beiden Seiten geprägt.

Die MQ Errichtungs- und BetriebsgesmbH und deren Berater allgemein, die Person von Dr. Wolfgang Waldner im Besonderen sind für uns in diesem Sinne nun schon über eine längere Zeitspanne vom ersten Wettbewerb bis zur Realisierung und darüber hinaus (obwohl äußerst sparsam!) ein äußerst guter Bauherr!

Die Definition des Auftrages, der zu den <u>multifunktionalen Elementen</u> geführt hat, ist für uns bis heute nicht nachvollziehbar.

/

Bauherr

Client

Beitrag Bauherrenpreis 2003

/

Contribution „Architects
& Clients Award" 2003

In order to attain their licence, architects have to pass comprehensive examinations.
Clients are either laymen or they have a natural talent.

For the success of a project, it is crucial that the client be aware of all procedures from the first thought on to the design and final realisation of it.
Architects and designers are generally responsible for the best possible formulation of specifications of material services for the client, i.e. of the precise definition of his wishes by means of

B

drawings, figures, words and time.
The client is responsible for formulating this wish (also in relation to budget, schedule and organisation).

Good solutions are always characterised by the architect's freedom, the client's trust and cultural awareness on both sides.

In this particular sense, MQ Errichtungs-und BetriebsgesmbH and their consultants, especially Dr. Wolfgang Waldner, has been an extremely good client over a longer period of time, from the initial competition to realisation and beyond (despite being very economical)!

Even today, we still do not understand the project definition that led to the multifunctional elements.

Bauherrin

Client
2006

Beschreibung der Bauherrin von PA1 ↗ S. 14 anlässlich des Bauherrenpreises 2006

/

Client's description of PA1 ↗ P. 14 on the occasion of the Clients Award 2006

Zu Haus in der Elefantenhaut

Ein Maßschuh ist eine luxuriöse Angelegenheit. Ein Meister seiner Zunft beschäftigt sich intensiv mit dem Fuß, wie er auftritt und abrollt, wie er belastet und überbelastet ist. Der Meister entwickelt den Leisten, schlägt Leder, Absatz, Schnürung oder Schnallen vor. Das Modell wird ausgesucht. Es gibt Anproben, Adaptierungen, feinstes Handwerk, Schlusspolitur. Maßschuhe sind am Anfang nicht bequem. Sie drücken hier und reiben da, sie wollen eingelaufen werden. Und das kann ein paar Wochen dauern.

Ein Haus zu bauen ist eine luxuriöse Angelegenheit. Meister ihrer Zunft beschäftigen sich intensiv mit dem Leben des Bauherrn, mit den äußeren Faktoren bis hin zu den kleinsten Alltäglichkeiten, mit den Handgriffen in der Küche, mit dem Gefühl beim Betreten eines Raums, mit den ästhetischen Vorstellungen, mit den individuellen Schrulligkeiten und übersetzen es mit dem Vokabular der Architektur in einen Baukörper.

Das Haus mit der Elefantenhaut ist die Übersetzung des Lebens seiner Bewohner, ihres Wunschs, das ganze Jahr den weiten offenen Himmel durch eine große Glasfront ins Haus zu lassen, zur Straße hin verschlossen zu sein, zum Garten hin ganz offen, sich von einem Fenster aus eine Zwetschke vom Baum zu angeln und vom anderen die Pferde beim Grasen zu betrachten und von einem weiteren den Nachbarn signalisieren zu können, dass der Kaffee fertig wär. Ein Haus, dass dem geradezu spießigen Wunsch nach Gemütlichkeit gerecht wird. Wände, Decke und Boden sind aus Holz. Das klingt nach Einfamilienzündholzschachtel, ist es aber nicht, denn die sichere Architektenhand führt großzügige Linien und die sind die Grundlage für das Raumgefühl. Es ist ein leises Haus. Vor seinen Nachbarn bleibt man stehen, macht sich Gedanken über deren Innenleben oder Raumklima. Aufs Elefantenhaus geht man schnurstracks zu und will die Hand auf seine schrumpelige Haut legen.

Anders als ein Maßschuh hat das Elefantenhaus sofort gepasst. Schon bei der ersten Anprobe gab's kein Zwicken und Zwacken, das Einleben dauerte nicht einmal eine Woche. Voller Luxus!

/

At Home in the Elephant Skin House

A custom-made shoe is a luxurious matter. As a master of his trade, the shoemaker will be deeply involved with the foot, how it treads and rolls off the ground, and how it deals with pressure and excess pressure. The master shoemaker develops the last, and suggests what type of leather, heel, lacing and buckles to use. Then the model is chosen. There follow fitting sessions, adaptations, superbly hand-crafted work and the final polish. Initially, custom-made shoes are far from comfortable. They pinch and rub the foot in different places, because they need to be worn for a while. And that can last a few weeks.

Building a house is a luxurious matter. Masters of their trade will spend a lot of time considering what is the essence of their client's way of life - from external factors to tiniest details of daily life: from activities in the kitchen, what kind of feeling strikes you when entering a room, to aesthetic

Das DJ-House, eine von PPAG entwickelte fahrbare Station für DJs, wird inklusive mehrwöchigem Programm nach Berlin exportiert und auf der Gasse aufgestellt, eine weitere Maßnahme zur Ausdehnung des Ausstellungsgeschehens auf die Straße und zur Ausweitung auf ein weiteres, mit dem Raum verbundenes Medium, die Musik. Die Begeisterung der DJs für die Akustik des DJ-House ist das Echo der eingesetzten Energie.

  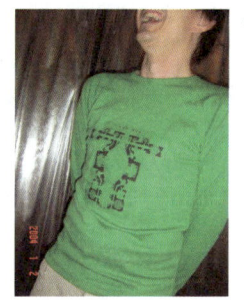

3)

4)

Die (zum Teil erst freigelegten) gekrümmten 4 Wände und Decken werden mit Tapeten mit 4 verschiedenen Motiven (PPAG, befreundete Künstler; im Bild Tapete PSYCHO aus Rohrschachtests) affichiert. Der Reiz, sich in Tapeten zu versuchen, liegt zum einen im möglicherweise gewaltigen raumbeeinflussenden Potenzial von 0,5 mm dickem Papier und zum anderen im Tick, den PPAG-Kosmos in möglichst viele Lebensbereiche zu ziehen.

Die während der Ausstellung aufgelegte Masters of Space T-Shirt-Serie liefert nebenbei das Statement zur Relativität des Modernen, das Neue ist bei PPAG ja nicht Motiv, sondern nur Motor fürs Arbeiten. Das Ganze ist als ehrliche Verbeugung vor den raren Masters aller Zeiten gemeint. Aus untengenannten Korrekturgründen gibt es als contemporary Sonderedition ein *We did it before Rem Koolhaas* T-Shirt.

 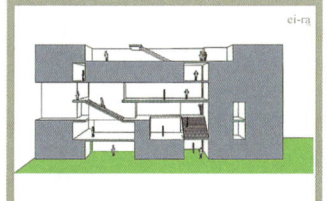 

5)

Als klassisches Medium werden die Tafeln der fortlaufenden M=M1 und M=M2-Ausstellung (Beginn 3 Jahre vor Koolhaas' More=More Auseinandersetzung mit Mies v.d. Rohe) als Werkschau von ca. 100 PPAG-Projekten in den vorhandenen Glasrahmen der Galerie gezeigt. Aufgrund ihrer großen Zahl werden sie während der Ausstellung ständig gewechselt. Der Rest lagert zugänglich zum Durchblättern in fahrbaren Rollcontainern.

Zu der direkten Aussage im Raum, die schlicht den gebauten Beweis für den von PPAG geprägten Satz „Architektur ist eine Sprache" darstellt, und weil die meisten Menschen unbedingt übersetzt bekommen müssen, was sie sehen, werden medial aufbereitete Informationen angeboten, die an verschiedenen Positionen abgerufen werden können.
Es laufen gemeinsam mit dem Verein ZONE produzierte Dokumentarfilme über gebaute PPAG-

3) Tapete "PSYCHO"
Erstmals Verwendung einer Tapete als Medium der Raumverwandlung: Rohrschachtapete fürs Psychiaterkammerl des Museums der Wahrnehmung ↗ S. 128
Wallpaper "PSYCHO"
First use of a wallpaper transforming a room: "Rohrschach"-Wallpaper for the psychiatrist's room, Museum of Perception ↗ P. 128

4) T-Shirts
T-Shirts

5) PPAG-Projekte
PPAG-Projects
Villa im Zillertal
Rathaus Eisenstadt
Dachausbau Neustiftgasse
Neubau Praterstraße
Wohnbau Pferdebahnpromenade

C

Projekte mit dem besonderen Augenmerk auf den Zustand in Benutzung: Klimawindkanal Wien, Electric Avenue im Museumsquartier Wien, Wohnhaus Praterstraße Wien, Enzi Museumsquartier Wien. Ein zentraler Aspekt sind dabei Interviews mit Personen, die diese Gebäude und Räume benutzen. Das könnte ja nichts Besonderes sein, aber die Art, wie PPAG eine intensive Benutzung programmiert, ein regelrechtes Ausleben der Benutzer provoziert, ist explizit zu sehen – das Gegenteil eines didaktischen „Ich zeig dir, was schön ist"-Ansatzes wird deutlich (kann sich auch gegen die Architekten richten, aber die halten das aus).

Es gibt Interviews mit bekannten und unbekannten Experten aus verschiedenen Schaffensbereichen – Schriftstellern, Mathematikern, Künstlern, Kritikern, Architekten – , welche alle im Kern mit Architekturfragen zu tun haben, ein PPAG-Computerspiel, das die Dankbarkeit der Interpreten für den Erfinder von Tetris demonstrieren soll, die aktuelle Homepage und die M=M 1+2-Edition zum Durchklicken zu sehen und zu hören. So kann sich der Gast bei einer Tasse Kaffee überlegen, warum PPAG vom Magazin Wallpaper 2002 unter die 10 besten Architekturbüros weltweit gereiht wurde.

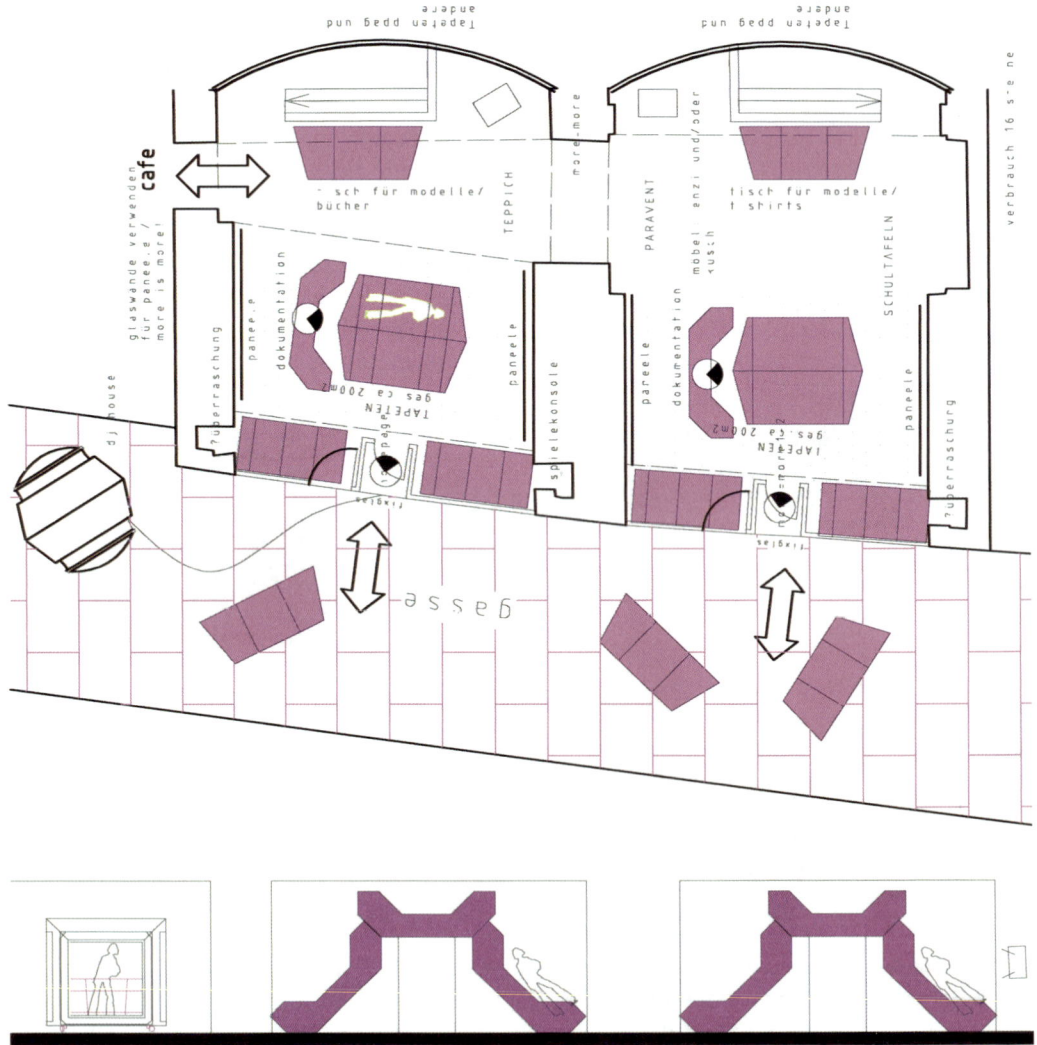

PPAG interessieren sich nicht primär für Formen oder Formbeschlüsse oder gar Symbolismen, eher für Spiele und Regeln, die gesammelten Inhalte durchlaufen, bevor sie auf den Boden der Tatsachen herabfallen, eine höhere Sphäre der Abstraktion. Gerade dies erweist sich im Alltag als so funktionierend: Die Reinheit des Abstrakten fördert anscheinend die Freiheit des Benutzers.

PPAG sehen die Beschäftigung mit der Architektur als Beitrag zur permanenten Verbesserung des Lebens in allen Dimensionen, vom Möbel- bis zum Städtebau.

C

Das Interesse gilt dem Menschen, die Faszination ist der katalysatorische Prozess. Inwieweit dies in der Parallelweltausstrahlung einer Galerie möglich ist, wird sich zeigen.

/

CONCEPT
Exhibition 03-09-04-24-10-04 Aedes West, Berlin
PPAG Architekten / Georg Poduschka, Anna Popelka
Temporary title: Church of Space

In Berlin, PPAG are doing what they mostly do: accepting the existing as directly and as uncomplicated as possible, changing it whilst adding something new for the required purpose (in this particular case, an exhibition). Measures to charge the space are employed by both adding and removing elements: a partition wall, which has up to now concealed the curved rear walls of the Gallery, is removed (perhaps forever), revealing the walls reflecting the ceiling in an extraordinary way. However, PPAG's way of "maximising space potential by minimising effort" (Otto Kapfinger) is clearly not meant in the sense of common minimalism or so-called "less is more" (programmatic title of the permanent exhibition MORE=MORE1+2).

Space is recoded by installing approx. 20 large-format foam furniture, which have already served as effective outdoor furnishings at the Museum Quarter in Vienna for several seasons and which now support the exhibition's homogeneity in the form of a counter, tables, chairs and recliners. (Typical materials used by PPAG: materials from areas other than furnishing, in this case, they used exterior building insulation to achieve the desired Blow-up effect at a low weight). The elements almost have a fomenting effect, depending on where and how they are positioned. Whether horizontally in the window - this furniture is stretched to form a daring large-format arch above the existing porches, allowing selective views inside the gallery, like holes in an oversized curtain pattern - or leaned against an element serving as a counter: you can feel the diversity of every different position in each place. The pure crystallography of the elements creates something really "multifunctional", an ability that becomes never-ending in its plethora of combinations and local associations. Used both indoors and outdoors, they redefine the border between the two: a classical theme. However, PPAG has other reasons for being interested in it, investigating all advantages of possible expansion, of searching for extension, of creating inversed black holes, in order to create new operating space and multiply energy. For the same reasons, the neighbouring café has also been included in the exhibition: the café area and the exhibition area overlap, granting access to the exhibition through the café. Both areas benefit from this bypass.

The DJ-house, which is a mobile station for DJs designed by PPAG, was exported to Berlin and set up on the street together with its programme lasting several weeks. In that way, the exhibition was extended into the street and to another medium linked with space: music. The DJ's enthusiasm for the acoustics of the DJ-house reflects the invested energy.

The four (partly uncovered) curved walls and ceilings are decorated with wallpaper featuring four different motifs (PPAG, artist friends; the photo shows the PSYCHO wallpaper with Rohrschach tests). The fascination of trying to design wallpaper possibly lies in the enormous potential of this 0.5mm thick wallpaper to affect space, and in the "tic" of drawing PPAG's cosmos into as many living spheres as possible.

The Masters of Space T-shirt series communicates en passant a statement on the relativity of the modern, for the new is not PPAG's motivation, but its motor for working. The whole thing is an honest homage to the rare Masters of all time. For the reasons mentioned below, a We did it before Rem Koolhaas T-shirt has been designed as a contemporary special edition.

The exhibition panels - a conventional medium - of the continuing M=M1 and M=M2 exhibition (starting 3 years prior to Koolhaas's "More is More" involvement with Mies v.d. Rohe) are exhibi-

C - D

ted as a collection of approx. 100 PPAG projects in the Gallery's own glass frames. Due to their enormous number, they are frequently exchanged during the exhibition. The rest of them can be leafed through in mobile containers.

We offer information on different media which can be referred to at different positions, because most people need to comprehend what they see. That is why PPAG's motto "Architecture is a language", which represents the direct message in space, being built evidence of the aforementioned, needs to be translated for them.

At the same time, the exhibition shows documentary films produced in collaboration with the ZONE association about PPAG projects focussing on how they are used: Klimawindkanal Wien (Climatic Wind Tunnel Vienna), Electric Avenue at Museum Quarter Vienna, housing project Praterstraße Vienna and Enzi Museum Quarter Vienna. The focus is on interviews with people who use these buildings and spaces. Nothing special, it would seem, but the way in which PPAG programs intensive use, even provoking users to act out, is an explicit matter - the opposite of the didactic approach "Let me show you what is beautiful", which finally becomes clear (could also be used against the architects in question, but they can bear it).

There are interviews with well-known and lesser known experts from different creative areas - writers, mathematicians, artists, critics, architects – who, basically, all deal with architectural questions, a PPAG computer game which is designed to demonstrate the interpreters' gratitude to the inventor of Tetris, the current homepage and the M=M 1+2 edition to click through. In that way the visitor can get some coffee and try to figure out why Wallpaper 2002 ranked PPAG amongst the 10 best architecture studios worldwide.

PPAG are not primarily interested in forms or formal decisions or symbolism, bur rather in games and rules running through collected contents before they hit the floor - a higher sphere of abstraction. It is just this that works so well in everyday life: apparently, purity of the abstract fosters the user's freedom.

PPAG sees work on architecture as a contribution to the permanent improvement of life in all its dimensions, from furniture-making to urban design.
We are interested in people, and fascinated by the catalysing process. To which extent this may be possible in the parallel gallery world, has yet to be seen.

Denkmalschutz

Monument
Protection
2003

Anna Popelka

Es ist Zeit für einen neuen Denkmal!schutz

Wien ist eine Stadt mit enorm präsenter Vergangenheit, Architekten haben das immer als Herausforderung gesehen, theoretische Ansätze wie der Akzidentismus konnten nur auf Wiener Boden entstehen.
Trotzdem und deshalb und um dem Kulturerbe der kommenden Generationen gerecht zu werden, brauchen wir eine starke und das heißt ungebrochene Gegenwart. Und wir brauchen Architektur von heute nicht nur in den Randbezirken und Stadtentwicklungsgebieten, sondern auch im sensiblen Bereich der Schutzzonen, damit diese nicht zum Architekturzoo geschützter Bauten verkommen.

Ein Spaziergang durch die Wiener Innenstadt zeigt uns ein höchst lebendiges und heterogenes Bild mit Gebäuden, die Konglomerate aus verschiedensten Entstehungsphasen sind, die selbstverständlich koexistieren. In jedem besseren Reiseführer wird das auch als spezielle Wiener Qualität erkannt.
Früher wurden Gebäude, die nicht mehr brauchbar oder zu demoliert waren, umgebaut und abgerissen – Kirchen (Stephansdom, Peterskirche) wurden anstelle abgebrochener Bauten neu errichtet, großräumliche Maßnahmen (Klosteroffensive des 16. Jh.s, Klosteraufhebungen Josephs II, Kasernentransaktionen des 19. Jh.) hinterließen deutliche Spuren, die Blocks um die Ringstraße sind vor und nach dem Ringstraßenbau kaum wiederzuerkennen.

Baubooms zur Zeit des Barock und der Gründerzeit, ab dem 19. Jh. besonders infrastrukturel-
le Großleistungen wie die Stadtbahn und die neuen Bautypologien im Zuge der industriellen
Entwicklung haben das Stadtbild Wiens immer wieder grundlegend erneuert. Und immer wurde
gebaut, was gebraucht wurde bzw. was technisch möglich war.
Die Erhaltung von Bausubstanz war bis dahin kein Impuls im stadtplanerischen Vorgehen und
doch ist dies das Wien, das wir so gerne herzeigen.
Aber im Wiener Stadtführer für Kinder steht auch: „Im 1. Bezirk wirst du kaum ein neueres Gebäude entdecken ...“. Schon die Wohnbautätigkeit des roten Wien war auf die Stadt außerhalb
des 1. Bezirks beschränkt und aus der Zeit nach dem 2. Weltkrieg fallen uns auf Anhieb nur mehr
das Hochhaus Herrengasse, das Juridicum, der Ringturm, der Volksgarten und das Haashaus als
nicht anonyme Architekturleistungen ein.

Die Denkmalschutz- und Erhaltungsidee hat sich erst in den letzten 150 Jahren entwickelt und
erklärt sich aus dieser Zeit – Aufbereitung der entsprechenden Stimmung durch den Historismus
des 19. Jahrhunderts, Zerstörung durch die beiden Weltkriege, „Wiederaufbau“ (viele Ringstra-
ßenbauten, Stephansdom sind großteils wiedererrichtet), Unbedarftheit der Nachkriegszeit, Fehlen der intellektuellen Kräfte, die die Wiener Moderne Anfang des 20. Jahrhunderts geprägt haben
(ausgewandert), für eine kontinuierliche Weiterentwicklung der Architektur ab der Nachkriegszeit.
Diese Zeit ist nun lang vorbei, die intellektuellen Bestände sind nachgewachsen und der Archi-
tekturberuf zieht so viele Leute an wie nie, darunter sicher ein paar gute, dennoch erreicht die
Nostalgie ungeahnte Höhepunkte.
Völlig ausgebrannte Redoutensäle verpassen die Chance zur Stadterneuerung, indem sie nach
historischem Vorbild wieder aufgebaut werden (und das in der Hofburg, einem Konglomerat der
Zeiten!), nicht mehr vorhandene historische Konturen müssen wieder aufgenommen werden,
was folglich heute völlig unverständliche Qualitäten erzeugt (Dachausbau Wohnen im Zentrum),
überall wird ausgehöhlt, und oft mithilfe der Dichtung die Wahrheit restauriert und rekonstruiert.
Ob dieses feige und lebendige Kultur verleugnende Vorgehen ein unbedingtes Muss für die notwendige Einnahmequelle Tourismus ist (welche wiederum ein Hauptinteresse des Kulturparks
Österreich darstellt), ist nicht bewiesen. Retro Las Vegas läuft, wie man hört, gar nicht so gut,
was hat höhere Besucherzahlen, das Centre Pompidou und Bilbao oder das Museumsquartier?
Außerdem hat uns doch schon im 19. Jh. der große Rekonstruierer und Regotisierer Hetzendorf
von Hohenberg durch Erzeugung völlig toter Kirchenräume (Minoritenkirche, Augustinerkirche
teilw.) so deutlich vor Augen geführt, wie so etwas ins Auge geht. Es ist eben ein fataler Denkfeh-
ler zu glauben, mit Wiederherstellung (die ja trotz allem Neuerbauung ist, nur sieht man's nicht
gleich so) und Verbergen der heutigen Bedürfnisse historisch korrekt zu handeln. Außerdem: Jeder historische Zustand hatte einen davor, konsequenterweise würde das im Fall von Wien einen
Rückbau bis zum römischen Lager bedeuten, zumindest aber müsste man z.B. die neue Hofburg
(ohnehin halbe Sache!), das kunsthistorische und das naturhistorische Museum schleifen, um
den ursprünglich geplanten Prospekt zwischen Messepalast und Hofburg wiederherzustellen.
Oder: Müssen wir die Steine, die die boshafte Maria Theresia von Schloss Neugebäude entwen-
det hat, um Freidenker Maximilian II. posthum eins auszuwischen, wieder dorthin zurücktragen,
was den Nebeneffekt hätte, dass es die Gloriette nicht mehr gäbe?

Die Auswirkungen dieser falschen Sensibilität gegenüber der Stadt sind überall bemerkbar und
lassen auch für die Zukunft nichts Gutes ahnen:
Gestorbene, gestutzte oder durch ewige Rückplanungen anonym wirkende Projekte und 1. Prei-
se in Sachen Vorsicht: Westbahnhof, Wohnen im Zentrum, Hilton, Wien Mitte, um nur einige zu
nennen. Wie würde eine Ground-Zero-Entscheidung bei uns ausfallen. Ziemlich sicher wäre sie
kein Bekenntnis zu zeitgenössischer Architektur.

Die Gegenwartsarchitektur wird aus Urteilsschwäche rezepthaft zu Distanz und höhenmäßiger
Unterordnung gezwungen. Was ja auch ein naiver und nebenbei historisch oftmals widerlegter
Trugschluss ist: allein durch geringere Höhe bzw. durch Distanz Verträglichkeit zu erreichen, als
ob man Elemente einer Stadt einfach kiloweise gegeneinander aufwiegen könnte.

D

Vergessen wird dabei auch, dass immer nach den technischen Möglichkeiten und den Bedürfnissen der Zeit und fast immer zur Demonstration von Macht gebaut wurde, die Gotik hat auf damals letztem technischen Stand im Dienste Gottes Hochhäuser errichtet, heute gelten solche Kriterien plötzlich als unanständig. Der Wiener Bauzonenplan von 1893 sieht übrigens eine Steigerung der Gebäudehöhen in Richtung 1. Bezirk vor, um dem Zentrum das entsprechende Gewicht zu geben, überspitzt gesagt wären Hochhäuser im Zentrum historisch korrekt.

Wir wollen eine lebendige und funktionelle Verwendung des Bestands und eine Integration von alt und neu. Wir wollen die direkte Auseinandersetzung mit der vorgefundenen Substanz, weiterarbeiten am Vorgefundenen genauso wie in einem anderen Kontext, die bestehende Substanz als Partner und nicht als Vorder- oder Hintergrund. Wir behaupten, dass das Alte weitergebaut wird, dass ein neues gemeinsames Produkt erzeugt wird, dass wir mit der Electric Avenue im Museumsquartier den Fischer von Erlach neu interpretieren, und in 20 Jahren passiert der nächste Schritt. Wir behaupten, das rein Konservierte stirbt, schau dir Venedig an, alte Architektur braucht auch Gegenwartsbezug, muss gebraucht werden.
Wir behaupten, dass es im Aufeinanderprallen der Zeiten auch belebenden Kontrast geben darf. Wir hoffen dass das Gleiche einmal mit unserer Architektur passiert, dass ihr eine Metamorphose/ Neuinterpretation im nächsten Jahrhundert widerfährt. Es gibt im Prinzip keine Grenzen dieser Auseinandersetzung. Verleugnung der Gegenwartskultur ist Unkultur und logischer Fehler.

Hohe Verantwortung für die Zukunft liegt also bei denen, die das heutige Geschehen und speziell den heutigen Denkmalschutz prägen, aber keine Angst, der Kaiser hat beim Anblick des Looshauses auch die Vorhänge zugezogen.

/

It's high time for new building heritage

Vienna is a city with an omnipresent history. Architects have always seen this as a challenge, theoretical approaches such as accidentism would never have emerged anywhere else.
In spite of, and because of this, and to do justice to cultural heritage for future generations, we need a strong, and that means, an unbroken presence. And we need contemporary architecture, not only in suburban districts and urban development areas, but also in the sensitive area of protected zones, so that these do not turn into architectural dinosaur parks.

Walking through the historical centre of Vienna, we experience a highly vibrant and heterogeneous building ensemble featuring different styles from the past that coexist in a natural way. All decent travel guides mention this as a Viennese speciality.
In the past, buildings that were unusable or beyond repair were simply rebuilt or pulled down - churches (St. Stephen's, St. Peter's) were built in place of demolished buildings, and greater measures (such as the 16th century monastery offensive, Emperor Joseph II's closure of monasteries or 19th century barracks transactions) have left distinct marks - the building blocks around the Ringstraße are hardly recognisable before and after the Ringstraße was built.
The building booms of the baroque and gründerzeit periods, and from the 19th century on, infrastructural monumental achievements such as the urban railroad and new types of buildings erected in the course of industrial development, have repeatedly changed Vienna's urban landscape fundamentally. And buildings were erected as they were needed, depending on the technical possibilities.
Until then, the preservation of building substance had not been a priority as far as urban planning was concerned, yet this is the Vienna that we love to show.
The Viennese City Guide for Children notes the following: "In the first district you will hardly come across a newer building..." Red Vienna's building efforts had already been limited to urban districts beyond the first district, and after World War 2, only the highrises in the Herrengasse, the Juridicum, Ringturm, Volksgarten and Haashaus immediately strike us as being no anonymous architectural feats.

Since the idea of monumental protection and preservation has only developed over the past 150 years, it can only be understood from that perspective - 19th century historicism, the destruction caused by both wars, subsequent "reconstruction" (many Ringstraße buildings including St. Stephen's Cathedral have been largely restored), post-war ignorance, and the lack of intellectuals that once dominated Viennese Modern Age at the beginning of the 20th century (they emigrated) have all been forerunners of continuous architectural development following World War II.

Those days, however, have long gone; a new generation of intellectuals has grown up and architecture as a profession attracts more people than ever, amongst whom there are sure to be a few good ones, yet still nostalgia has reached unimaginable heights.

Totally destroyed by fire, the Redoutensäle have missed their chance of renewing urban substance, in that they were reconstructed according to historical plans (in the Hofburg, of all places – being a conglomerate of period styles!). No longer existing historical contours have had to be adopted again, creating completely incomprehensible qualities in today's sense (loft construction in the city centre) - everything is hollowed out and truth is often restored with the help of fiction.

There is no evidence as to whether this cowardly procedure, which completely negates living culture, may be urgently required because of the revenue from the tourism business (which, in its turn, is the main interest of the Austrian culture park). As far as we know, retro-architecture in Las Vegas is not doing well at all. Which institution boasts higher tourist and visitor numbers? Centre Pompidou, Bilbao or the Museum Quarter?

Moreover, we should have learned from the great reconstructor and 19th century Neo-gothic reviver, Hetzendorf von Hohenberg, who built completely dull ecclesiastical buildings (Church of the Minorites, St. Augustine's to some extent), that this can only lead to ultimate failure. It is a mistake to believe that restoration (that, despite all, is still an act of new construction - you just don't realise it at first) and concealing contemporary needs would be an act of historical correctness. Besides, every historical state has a predecessor. This would consequently mean that Vienna would have to be historically reconstructed, going back to ancient times when Vienna was a Roman castrum. At least, however, one would have to demolish the Neue Hofburg e.g. (which is incomplete anyway!), Kunsthistorisches Museum and Naturhistorisches Museum, in order to reconstruct the originally planned prospekt between Messepalast and Hofburg. Or: do we have to carry the stones back that Maria Theresa had maliciously removed from Schloss Neugebäude, in order to pay back free thinker Maximilian II posthumously? Well, then there would be no Gloriette...

The effects of this false sensitivity towards the city are manifest everywhere and seem foreboding for the future: dead or shortened projects, or projects which have become quasi anonymous due to permanent redesign, as well as cautious competition winners: Westbahnhof railway station, Wohnen im Zentrum, Hilton, Wien Mitte, amongst others. How would a Ground Zero decision turn out here? It is highly likely that it would not prove to be a commitment to contemporary architecture.

Due to weak judgement, contemporary architecture is forced to keep a prescribed distance and subordination in terms of height. Which happens to be a naive and frequently confuted false conclusion: solely by reducing height and increasing distance in order to achieve compatibility - as if you could simply compensate elements of a city by the pound.

People also forget that building always depended on the technical possibilities and requirements of the day, and that construction was almost always a representation of power. In the Gothic period, highrise cathedrals were erected in the name of God according to the latest technical expertise - today such criteria are regarded as indecent. Incidentally, the 1893 Viennese building zone plan determined an increase in building heights around the first district, in order to underpin the importance of the city centre – to put it blatantly, high rises in the centre would be historically correct.

We want to promote the vibrant and functional use of existing buildings and integration of old and new. We want a direct confrontation with the existing building substance, its further development in the existing and in another context, to treat the existing building substance as a partner and not as background or foreground. We maintain that the old should be developed, in order to create

D - F

a mutual product, that we reinterpret Fischer von Erlach with the Electric avenue in the Museum Quarter. And in 20 years' time, the next step is due. We maintain that the purely preserved will die. Look at Venice! Old architecture also needs a link to the present, it must be needed. We maintain that in the clash of periods, there should also be a vibrant contrast. We hope that this will happen with our architecture, too, and that it will undergo metamorphosis/reinterpretation in the next century. In principle, this confrontation has no limits. To deny this contemporary culture would be non-culture and a logical error.

All those who shape today, and especially today's monumental protection, bear great responsibility for the future. But don't worry, the Emperor, too, drew the curtains when he saw the Looshaus.

Dienstleistung

Service

Architektur ist keine Dienstleistung. Architektur ist ein Liebesdienst.
/
architecture is no service. architecture is labour of love.

Figur und Grund

Figure and Ground
2013

Text: Christian Kühn

Christian Kühn lehrt Gebäudelehre an der TU Wien und ist Vorstand der Architekturstiftung Österreich. Er schreibt Architekturkritik für Fach-medien (unter anderem Architektur- und Bauforum, archplus, archithese) und die Tageszeitung „Die Presse"

/

Christian Kühn teaches building theory at Vienna University of Technology and is Chairman of the Austrian Architecture Foundation. He writes architectural criticism for specialist media (including Architektur- und Bauforum, archplus, archithese) and "Die Presse" daily newspaper.

Einer meiner Lieblingspläne von PPAG zeigt einen Grundriss der Schule im Sonnwendviertel. Der Plan ist geometrisch korrekt, aber er bildet nicht die Realität ab. Er erzählt von einem Traum: Es ist Sommer und die Türen zu den Gärten sind offen. Die Wiese zieht sich ins Innere des Gebäudes und erobert die offenen Zonen zwischen den Klassenräumen. Die große, geschlossene Form der Campusschule löst sich auf in viele kleine Figuren auf offenem Grund.

Dieses Spiel ist charakteristisch für PPAG. Wo andere nur an das denken, was sie bebauen, denken PPAG immer auch an das Dazwischen. Die Grenze zwischen Innenraum und Außenraum bleibt dabei durchaus scharf markiert. Da fließt nichts verwaschen ineinander. Innen und Außen bedingen sich gegenseitig wie die schwarzen und weißen Flächen in einem Yin-Yang-Symbol.

Neben der Schule im Sonnwendviertel zeigen auch andere Projekte dieses Prinzip, etwa die Entwürfe für das Restaurant Steirereck im Wiener Stadtpark und die Slim City in der Seestadt Aspern. Wer diese Pläne lange genug ansieht, kann sie zum Kippen bringen wie ein Vexierbild.

Lebendig wirken diese Grundrisse noch aus einem anderen Grund: Sie erinnern an biologische Strukturen mit einer eigenen Logik des Abstands zueinander, wie man sie von Zellkulturen unter dem Mikroskop kennt. Das ist kein Zufall. PPAG gestalten ihre Grundrisse nicht, sie regulieren sie nach Faktoren: Dichte, Blickbeziehungen, Sonneneinstrahlung.

PPAG gehören zur ersten Architektengeneration, die algorithmisch zu denken gelernt hat. Wenn sie eine Publikation über ihre Arbeiten „Speaking Architecture" nennen, hat das nichts mit der symbolischen Ebene von Architektur zu tun. Ihre Formen lassen sich keinem konventionellen Code zuordnen und wollen auch nichts bedeuten. Sie sind Syntax ohne Semantik, auch wenn sie es dem Betrachter durchaus erlauben, ihnen eine Bedeutung zu unterlegen. Nicht zuletzt diesem Umstand verdankt die Architektur von PPAG ihre wesentlichen Qualitäten: Leichtigkeit, Lebendigkeit und Exaktheit.
Christian Kühn, 2013-11-16

/

One of my favourite designs from PPAG is a ground plan of the school in Sonnwendviertel. Although the plan is geometrically correct, it does not represent reality. It rather recounts a dream. It is summertime, and the doors to the garden are open. The lawn enters the building's interior, taking possession of the open areas between the classrooms. The large closed form of the school dissolves into many small figures on the open ground.

This playfulness is typical of PPAG. While others merely consider what they are actually developing, PPAG also take account of what lies between. However, the boundary between inside and outside still remains sharply defined. Nothing intermingles unclearly. Inside and outside are mutually dependent just like the black and white areas of a Yin-Yang symbol.

This principle shows up in other projects other than the Sonnwendviertel school, for example, in the plans for Restaurant Steirereck in Vienna's Stadtpark and the Slim City in Seestadt Aspern. If you gaze at these plans long enough, you may discover all sorts of hidden images, just as in an optical illusion.

However, these ground plans appear animated for a further reason: they resemble biological structures that keep their own logical distance, just as we know from cell cultures beneath the microscope. That is no coincidence. PPAG do not design their ground plans, but rather adjust them according to certain factors such as density, visual axes and solar incidence.

PPAG are among the first generation of architects who have learned to think algorithmically. "Speaking Architecture" – the title they gave their publication – has nothing to do with the symbolic level of architecture. It is futile to attribute their designs to any code of convention – there is no intended meaning at all. They represent syntax without semantics, even if they still allow the viewer to give them meaning. Nonetheless, it is precisely that fact to which PPAG's architecture owes its chief qualities: lightness, vibrancy and accuracy. Christian Kühn, 2013-11-16

———

Auszug aus einem Interview mit F. v. Erlach:
Frage: Was sagen Sie zum Geschehen in den Hofstallungen, dass dort jetzt ein Museumsviertel entstanden ist?

F. v. Erlach: Ich muss sagen, ich bin da prinzipiell sehr erfreut, dass meine Bauten noch einmal eine ordentliche Aufgabe bekommen, Pferde müssen sie ja nicht mehr versorgen.

Frage: Man hat nun vor, auch in der vorderen Spange Kultur unterzubringen, die sozusagen beim Spazierengehen konsumiert werden kann, Spaziergänger werden unversehens zu Kulturkonsumenten, sie sollen sich, eben noch auf der Straße flanierend, in einem kulturellen Ambiente wiederfinden ...

F. v. Erlach: Gute Idee! Besser eine Kulturmall als eine Shoppingmall, davon habe ich nämlich auch schon gehört, aber das ist schon ein paar Jahre her. Aber um das genannte Ziel zu erreichen, muss der vordere Trakt durchlässiger werden bzw. wäre es gut, etwas vom inneren Geschehen auf dem Vorplatz sichtbar zu machen bzw. überhaupt den Vorplatz zu bebauen! Das ist es!

Frage: Ja aber ...

F. v. Erlach: Zu meiner Zeit war die Aufgabe des Gebäudes eine andere, ich erwähnte es schon, Architektur darf den Bedürfnissen der Menschen nicht entgegenstehen, dass habe ich immer so gehalten. Die lähmende Ehrfurcht vor meinem Werk und den selbstgemachten Rückschluss auf dessen Unveränderlichkeit fasse ich als Beleidigung auf, mit dieser engstirnigen Haltung gegenüber bestehender Bausubstanz schießt sich die Architektur des 21. Jh.s ins eigene Knie, mit Verlaub, natürlich ist es mein Anliegen als guter Architekt, dass meine Bauten sich zu etwas heute Nützlichem wandeln.
Frage: der F. v. Erlach lebt also, er wächst sogar noch!

F. v. Erlach: Ja genau!

Fischer v. Erlach

Fischer v. Erlach
2002
Teil des Wettbewerbbeitrages zu Electric Avenue
↗ Electric Avenue S. 88

/

Part of the proposal for the Electric Avenue competition
↗ Electric Avenue P. 88

F - G

Excerpt from an interview with Fischer von Erlach:
Question: What do you think about what's happening to the Court Stables, about the fact that a Museum Quarter has emerged?

F.v.Erlach: I have to say that I'm principally happy with the fact that my buildings are being properly reused; after all, there aren't any horses to look after anymore.

Question: It is planned to install culture in the front wing, too, to enable passers-by, as it were, to consume it. Thus, pedestrians become consumers of culture, surprisingly finding themselves in a cultural environment while taking a walk.

F.v.Erlach: Good idea! A cultural mall would be better than a shopping mall. I've already heard of that, too, but that was already a few years ago. However, in order to achieve this goal, the front wing would have to be made more permeable, at least, it would be a good idea to make a part of the events happening inside visible in the forecourt, or even build in the forecourt! That's it!

Question: Yes but ...

F.v.Erlach: In my days, building had a different function than today - I already mentioned that architecture should not contradict people's needs, and that is something I've always adhered to. I am offended by this awe-stricken view of my work and self-made conclusion of its inalterability. If I may say so, with this narrow-minded attitude towards existing building substance, 21st century architecture is shooting itself in the foot. Naturally, as a good architect, I would like to see my buildings transformed into something useful to meet modern requirements.

Question: F.v.Erlach is still alive! He's even growing!

F.v.Erlach: Yes, exactly!

Gerngroß

Gerngroß
2002

Intro zum Vortrag von Heidulf
Gerngroß im MUMOK,
Anna Popelka

/

Introduction to Heidulf
Gerngroß's lecture at MUMOK,
Anna Popelka

Ich darf Sie im Namen der ZV herzlich zu einem weiteren Vortrag in der Reihe Sprechen über Architektur begrüßen. Und ich muss sagen, dass es mich freut, dass der Rüdiger Lainer heute verhindert ist und deshalb ich die einleitenden Worte für den heutigen Vortragenden H.G., genauer Heidulf Gerngroß / Werkstatt Wien sprechen darf, den ich schon lange kenne und schätze.

Ich habe ein paar Superlative zusammengeschrieben die für mich deine Person umreißen oder anreißen, die ich Ihnen gern kurz vorlesen möchte: (also nur Gutes, aus Zeitgründen)

Ich kenne kaum einen andern Architekten, bei dem das Werk so 100% Übereinstimmung findet mit dem Autor, der Autor so 100% sein Werk lebt.

H.G. ist, glaube ich, auf der Spur einer universellen Qualität/ Erweiterung, die unser Leben verbessern soll. Daraus resultiert die Erweiterung des Berufs hin zu einer Art Regisseur oder Kommunikator, zum Vermittler, der die dosierende, reagierende, aktivierende, leitende Kraft im Meer der Bedürfnisse ist.

Dieser Auftrag verlangt dauernde Entwicklung, H.G. steht im Strom der Informationen und fischt sich permanent die Brocken, die er braucht, um seinen Gerngroßkosmos weiterzubauen, egal aus welcher Disziplin. Tel.: Änderung Realitätsbegriff Zeilinger, bin neugierig, wie er das heute einbaut

Der H. kümmert sich aus dem Grund auch nicht um akademisch formulierte Grenzen zwischen Kunst und Architektur, bewegt sich gleichermaßen sicher auf allen Terrains

G

Gleiche Kraft, Sensibilität und Sicherheit für alle Aufgabendimensionen, im Möbel- wie im Städtebau
H.G. sagt „Architektur ist das, was gebraucht wird", unterwirft alles einem zauberhaften Veredelungsprozess, der das billigste Tischerl in neuem Glanz erscheinen lässt.

H.G. ist der Beweis dass präziser Anspruch und Großzügigkeit höchst vereinbare Eigenschaften sind.
Ungebrochene Radikalität und sein Mut resultieren aus lebenslanger intensiver Beschäftigung

H.G. ist mit nach wie vor unverminderter Energie eine der Speerspitzen der Architekturentwicklung und wir, die wir uns dort befinden, wissen, wie anstrengend das ist.

H.G. Gehört eigentlich keiner Generation oder Schule an, aber in einer Stadt wie Wien mit ihrem speziellen Milieu hätte man auch ein Peichl oder Holzbauer werden können, aber du bist der H.G. geworden und wie jeder gute Architekt bist du ein großer Menschenfreund, kümmerst Dich um das, was in der Architektur wirklich bedeutend ist, nämlich die Liebe zu den Menschen und deren Multiplikation in der Architektur.

/

Heidulf Gerngroß im Prototyp des neuen Wientalmöbels 2013
Heidulf Gerngroß in a prototype of the new Wiental furniture 2013

On behalf of the ZV, I'm pleased to welcome you to a further lecture in the Sprechen über Architektur series. I have to say that I'm happy that Rüdiger Lainer wasn't able to come after all, and that I therefore have the honour of introducing today's lecturer H.G., to be exact, Heidulf Gerngroß / Werkstatt Wien, whom I have known and appreciated for a long time.

I have compiled a few superlatives which describe you in brief and which I would like to read out: (only good things, because of the tight schedule).

There are very few architects whose work is so identical to the author, i.e. meaning that the author totally represents his work .

I think H.G. is in search of universal quality/extension to improve our lives.
This augments the profession, allowing it to include the function of a kind of director or communicator and mediator, who represents the dosing, reacting, activating and leading power in a sea of demands.

This assignment requires permanent development. H.G. is standing in the stream of information, permanently fishing the pieces he needs to carry on building his Gerngroß cosmos, regardless of the discipline.

For this reason, H. does not pay any attention to academically formulated borderlines between art and architecture, moving around with ease on all terrain.

The same strength, sensitivity and security for all dimensions of the assignment, whether it be furniture-making or urban design.

H.G. says "Architecture is what is needed", magically refining everything in the process, giving the cheapest table new lustre.

H.G. proves that accurate work and generosity are highly compatible qualities.
His unbroken radicality and courage result from his lifelong commitment

Over time H.G. has become a vanguard of architectural development and being involved ourselves, we know how challenging that is.

H.G. actually belongs to no generation or school, but in a city like Vienna with its special social groups, he could also have become a Peichl or Holzbauer, but he has become H.G., and like every good architect, you are a great philanthropist, you bother about what is really important in architecture, namely to reproduce your high regard for people in architecture.

H

Hochhaus

Skyscraper

2001

Stellungnahme anlässlich
des Beschlusses des Wiener
Hochhauskonzeptes,
Georg Poduschka

/

Position paper relating to the
resolution of the Vienna highrise
concept, by Georg Poduschka

Stadt Wien
z.Hd. Planungsstadtrat Dipl.Ing. Schicker
Rathaus

Wien, 04.01.2001

betrifft: Hochhauskonzept Wien

• 2-Stundenschatten

Ermittlung des 2-Stundenschattens eines Hochhauses, Höhe 100m, in der Übergangszeit

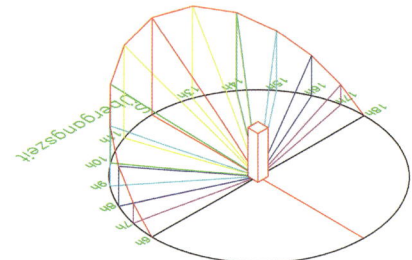

Die Darstellung des 2-Stundenschattens erfolgt als gedachtes Volumen, welches das Gebäude umgibt. Jeder beliebige Punkt innerhalb des ermittelten Volumens wird vom gegebenen Hochhaus 2 Stunden und mehr pro Tag (21. März, 23. September) beschattet. Jeder nicht im Volumen befindliche Punkt weniger als 2 Stunden.

Die Ermittlung erfolgt zeichnerisch mit einer zeitlichen Auflösung von 1 Stunde. Die im Ergebnis sichtbaren Zacken resultieren aus dieser zeitlichen Auflösung. Das mit höherer Auflösung ermittelte Volumen wird keine Zacken aufweisen. Diese Glättung wird das Volumen vergrößern (siehe geschwungene Grundrisslinie).

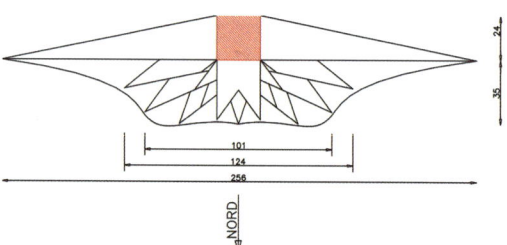

Die hier sichtbaren Abmessungen zeigen, dass eine zeitliche Eingrenzung des relevanten Tagesablaufes notwendig sein könnte (256m in OW-Richtung ließen sich bei einer Eingrenzung auf 9 - 15 Uhr (Sommerzeit 10 - 16Uhr) auf 124 m reduzieren). Möglicherweise ist eine Bevorzugung der Abendsonne sinnvoll.

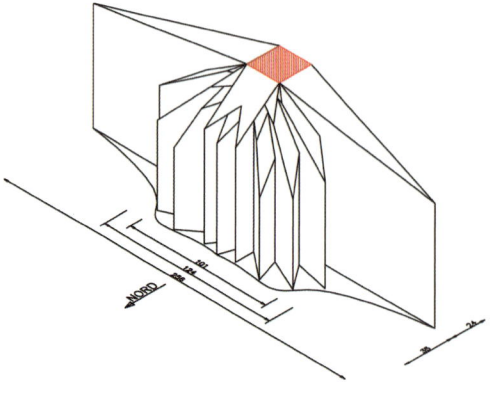

Der 2-Stundenschatten stellt sich als gedachtes Volumen rund um ein Gebäude (rot) dar.

Die sichtbaren Zacken resultieren aus der vereinfachten Ermittlung (z eitliche Auflösung: 1 Stunde).
Das Volumen des 2-Stundenschattens ist in Wirklichkeit geglättet (siehe Grundrisslinie).

Jeder Punkt innerhalb des Volumens wird am 21.3. länger als 2 Stunden vom Gebäude beschattet

Zumindest aber hängt die Eignung von Bauplätzen durch den 2-Stundenschatten sehr von der Ausrichtung des Bauplatzes ab. Unser Testbauplatz weist jedenfalls eine so günstige Ausrichtung auf, dass ein bis zu 180m hohes Hochhaus unter Wahrung des 2-Stundenschattens möglich ist.

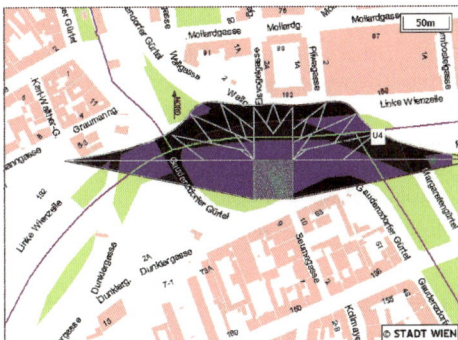

Untersuchung des 2-Stundenschattens (ohne Eingrenzung) für 180m Hochhaus am Kreuzungspunkt Wiental – Gürtel.

Es ist jedoch zu beachten, dass untersuchter Bauplatz (nicht einmal nur) bezüglich 2-Stundenschatten eine außergewöhnliche Hochhauseignung aufweist.

2-Stundenschatten als Höhenbegrenzung:

Der 2-Stundenschatten stellt u.U. auch ein brauchbares Instrument zur Regulierung der Hochhaushöhe dar. Eine willkürliche Begrenzung auf (z.B. 100m) erscheint uns nicht nachvollziehbar.

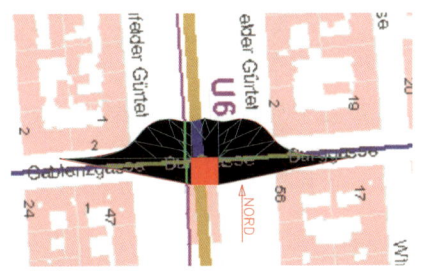

Am N-S verlaufenden Gürtel begrenzt der 2-Stundenschatten die mögliche Höhe auf ca. 50m!
(und das nur bei Lage genau über Kreuzungsbereich)

Im Hinblick auf diese Standorte (Eignungszonen) ist obenerwähnte Eingrenzung des relevanten Tagesablaufes zu erwägen!

• Möglichkeit zur Transformation des Stadtraumes:

Aus stadträumlichen Gesichtspunkten stellt die praktizierte Blockrandbebauung eine äußerst unbefriedigende Lösung dar (tiefe, funktionsüberladene Straßenräume, mangelnde Raumerlebnisse, mangelnde Transparenz der Nutzung, etc.etc.). Bei näherer Betrachtung stellt hier (auch) das Hochhaus eine Chance zur Reparatur dar:

1.) Die Akzeptanz des Hochhauses als gleichwertige Alternative zu anderer Bebauung gleicher Dichte (wie von Mascher Seethaler angemerkt). Dieser Dichtetransfer ermöglicht die Freihaltung von unbebauten Flächen großen Ausmaßes und zeichnet sicherlich bessere Stadträume. Rand des Grüngürtels als Eignungszone (?).

2.) Zusätzliche Verdichtung im dichtverbauten, gut erschlossenen Gebiet, ev. sogar auf zu-
 sätzlichen, derzeit nur für den Verkehr genutzten Flächen (Verkehr, Höhe erforderlich). Hier zu folgende, zugegeben gewagte Untersuchung zu hohem Haus über Kreuzung (Ecke Mariahilfer-Straße - Neubaugasse).

H

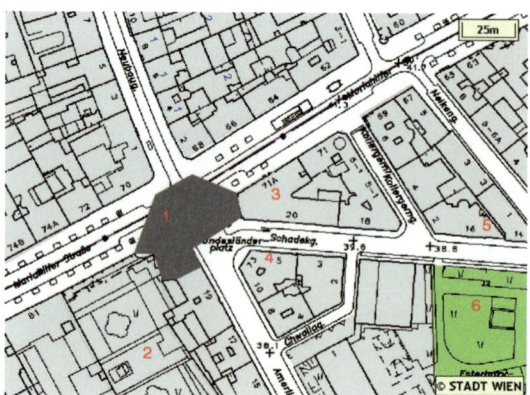

1 – Hochhaus über Kreuzung ab h=6m
2 – Generali Center
3 – Hotel Kummer
4 – Café Ritter
5 – PPAG
6 – Esterhazypark

Die Fläche über der Kreuzung weist im Hinblick auf die Belichtung der angrenzenden Häuser dieselbe Eignung auf, wie z.B. das Eckhaus.

Vorteile:
Orientierungspunkt,
überdachter öffentlicher Raum

Figur entspricht dem verschwenkten Lichteinfall der Nachbarn.

3.) Es ist nicht nachvollziehbar, warum nicht auch der Karlsplatz in seiner städtebaulich unbefriedigenden Situation ein möglicher Standort für ein Hochhaus sein kann.

• Öffentliche Nutzung der Sockelzone:

Das Hochhauskonzept enthält keinerlei Regelungen über die Nutzungen im Sockelbereich bzw. über Nutzungen durch die Öffentlichkeit im Allgemeinen (Zugänglichkeit des obersten Geschosses etc.). Diesbezügliche Regelungen – wie in beinahe allen internationalen Hochhausregelungen enthalten (Bonusregelungen etc.) – sind wünschenswert. Die sich daraus ergebenden Probleme der Mischnutzung müssen (davon unabhängig) ohnehin gelöst werden!

• Entwurfskontrolle im Hinblick auf architektonische Qualität:

Wettbewerb mit Jury von internationalem Format.

• Hochhaus als Orientierungspunkt aus den Straßen:

Eine diesbezügliche Untersuchung unter Einbeziehung der Topografie ließe eine Wertung der einzelnen Standorte (im Hinblick auf diesen stadträumlichen Aspekt) zu.

/

City of Vienna   Vienna, 01/04/2001
c/o Mr Schicker, City Councillor for Planning
City Hall

Re: Highrise concept Vienna

• 2-hour shadow

Determination of the 2-hour shadow of a highrise in the intermediate season, height: 100 m

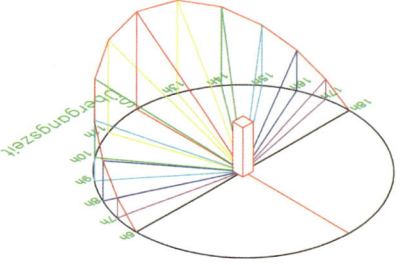

H

The 2-hour shadow is represented as imagined volume surrounding the building. Any point within the determined volume is shaded by the said highrise for 2 hours and more during the day (21st March, 23rd September). Any point outside this volume is shaded for less than 2 hours.

It is determined by drawing according to a 1-hour temporal resolution. The peaks resulting from this temporal resolution can be seen. The volume determined by means of a higher resolution will not show any peaks. This smoothing will enlarge the volume (the curved ground plan line).

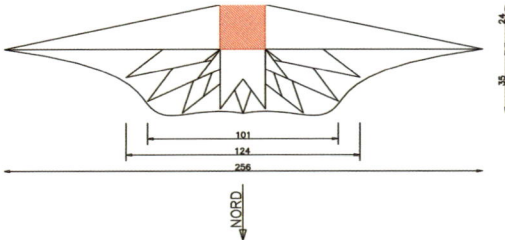

These visible dimensions show that a temporal limitation of the relevant hours of the day could be necessary (256 m in EW direction could be reduced to 124 m within a time limit between 9am and 3pm (summer time: 10am - 4pm). A preference for the evening sun may make sense.

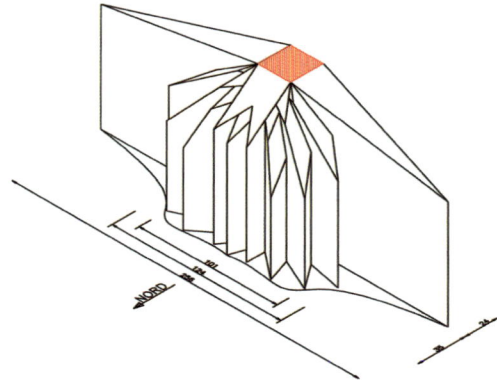

The 2-hour shadow presents itself as an imagined volume around the building (in red).

Visible peaks resulting from a simplified determination (temporal resolution: 1 hour.
In reality, the volume of the 2-hour shadow is smoothed (see ground plan line).

Every point within the volume is shaded for longer than 2 hours on the 21st of March.

Whether a building site is suitable or not depends on its orientation in relation to the 2-hour shadow. The orientation of our test site is so ideal that a highrise of up to 180 m will be possible, and no point is shaded for longer than two hours.

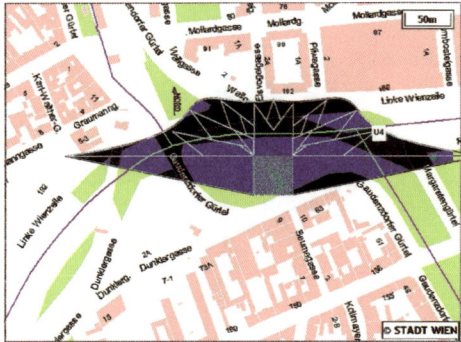

Analysis of the 2-hour shadow (without limitation) for a 180 m highrise at the crossing Wiental - Gürtel.

However, it should be noted that the analysed site is particularly suited for a highrise with regard to the 2-hour shadow (amongst other qualities).

H

2-hour shadow as height limitation:

The 2-hour shadow possibly represents a viable tool for regulating the height of highrises. An arbitrary limitation (to e.g. 100 m) does not appear plausible.

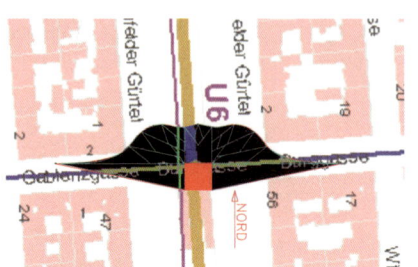

Along the N-S Gürtel, the 2-hour shadow delimits possible height to approx. 50 meters!
(this applies only to the exact situation at the junction).

With regard to these sites (suitable areas), the above-mentioned delimitation of the relevant course of the day should be considered!

• Possibility of transforming urban space:

From the perspective of urban space, perimeter block development seems to be an unsatisfactory solution (deep functionally overlapping street space, lack of spatial experience, lack of transparency of use, etc. etc.). On closer inspection, the highrise here could (also) act as a remedy:

1.) Acceptance of the highrise as an equivalent alternative to other forms of development with equal density (as noted by Mascher/Seetaler). This density transfer enables to maintain undeveloped land on a large scale, thus allowing for better urban locations. The edge of the green belt as a suitable zone (?).

2.) Additional densification in a densely built, well developed area, possibly even in additional areas that are currently being used by traffic (traffic, height required). Example: a daring investigation of a highrise at a crossroads (junction Mariahilferstraße-Neubaugasse).

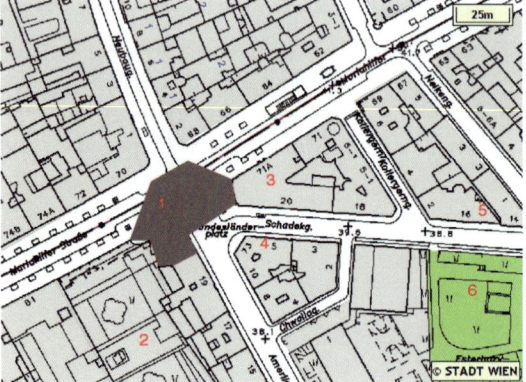

1 – Highrise at the junction from h=6m
2 – Generali Center
3 – Hotel Kummer
4 – Cafe Ritter
5 – PPAG
6 – Esterhazypark

The area at the junction has the same quality as the neighbouring houses with regard to lighting, such as the corner house.

Advantages:
orientation point,
roofed public space

figure corresponds to the neighbours' shifted light incidence

3.) It is not plausible why the Karlsplatz in its unsatisfactory urban situation could not be a possible site for a highrise.

• Public use of base zone:

The highrise concept does not include any regulations related to use in the base zone or public use in general (access to the upper floor etc.) Such regulations - as they are specified in almost all international highrise regulations (bonus regulations, etc.) - would be desirable.
Problems with mixed use arising in this context have to be solved in any case!

• Design monitoring with regard to architectural quality:

Competition with a jury of international format

• **Highrise as a point of orientation from the streets:**

<u>An analysis that takes topography into account would allow for an evaluation of individual locations (with regard to this urban aspect).</u>

———

KEIN MINUS, sondern ...
für uns gehören Hässlichkeiten und Misslungenes zu einer lebendigen Stadt als Teil der Vielfalt dazu. Dafür gibt es kein Minus. Das gibt es höchstens für die saturierte selbstbewusste Wiener Konservativität, dafür dass wenig riskiert wird, vieles in der Schublade verschwindet und es kaum Freude an Neuem und an dessen Produzenten gibt.
Stellvertretend dafür: Projekt K² Kärntner Straße: anläßlich einer Recherche zur Kärntner Straße sind uns die vielen ungenutzten Obergeschosse aufgefallen. Eine mehrere 100 Meter lange mäandernde Galerie von der Oper bis zum Stephansplatz sollte diese aus ihrem Schlaf erwecken und vielfältiger Nutzung zuführen.

NO MINUS but ...
for us, ugliness and misconceptions belong to the diversity of a vibrant city. No bad marks for that. Bad marks will only be given for the saturated self-confident Viennese conservativeness, for low risk, for shelving, for neither enjoying the new nor its authors.
To illustrate this thesis: project K² Kärntnerstraße: during an analysis of the Kärntnerstraße, we were struck by the many unused upper floors. A meandering gallery running several 100 meters from the Opera House to Stephansplatz should be able to revive them and make them available for diverse uses.

Impuls
———————
Impulse
2012

Beitrag Wiener urbane Ästhetik
im öffentlichen Raum,
Anna Popelka

/

Contribution to urban aesthetics
in Vienna in public space,
Anna Popelka

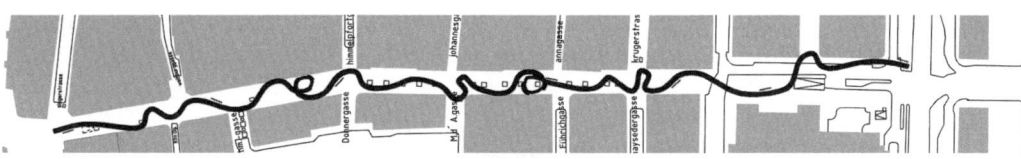

K²

Als Architekten agieren wir von Berufs wegen im öffentlichen Raum, da die Architektur sich in ihm befindet. Wir sehen, dass dieser Raum veränder- und erweiterbar ist: Projekt Wohnen am Park WAP: Das Dach wird von Bewohnern und Besuchern als Aussichtsplattform und von Joggern als Laufstrecke genutzt. Projekt Erzherzog Karlstraße EKS: Nachverdichtung einer Nachkriegssiedlung. Ergänzung des Bestandes mit Zimmerstapeln, Auffrischung der Bewohnerstruktur durch die neuen Qualitäten. Am besten, wir müssen danach die Postkarten neu drucken!

As architects, we act as professionals in public space. Since architecture is part of it. We can see that this space is changeable and extendable: WAP Wohnen am Park Project: residents and visitors use the roof as an observation deck and joggers use it as a training course. EKS Erzherzog Karlstraße Project: additional densification of a post-war housing estate. Extension of existing buildings with stacked rooms, subsequent regeneration of the residential structure on account of these new qualities. It would be best for us to print new postcards afterwards!

I

EKS

PLUS N°1 : etwas, was schon da ist, nutzen …

Vorher nicht gesehene Orte werden durch Aktivität etabliert. Mit dem öffentlichen Raum ist es eigentlich einfach: Man muss nur die Leute auf die Straße bringen: Es gibt in der Stadt verstreut eine Unzahl Gas- / Stromböcke. Sie befinden sich meist an Stellen, wo sie nicht im Weg sind. Auch vor unserem Haus ist einer. Im Sommer stülpen wir ihm ein Tischchen über und verwenden ihn, um mit Freunden zu essen und zu trinken. Das funktioniert für kommerzielle und nichtkommerzielle Zwecke genauso: für die Weinverkostung als dezentraler Stadtheuriger, für eine Buchpublikation oder als speakers corner für Occupy Wallstreet Aktivisten, als Übungsstätten politischer Meinungsbildung am Nationalfeiertag, als Format für Partizipation. Man kann Events zusammenhängend oder unabhängig voneinander, in größerem oder kleinerem Rahmen sehen.

PLUS N°1 : use something that is already there …

previously unseen places are established through activity. dealing with public space is quite simple: it is enough to just bring the people onto the street: the city is full of external gas/power cabinets. They are mostly found in places where they cause no obstruction. There is one in front of our house, too. In summer, we cover it with a table and use it for eating and drinking with friends. This works equally well both for commercial and non-commercial purposes. For example, for wine tasting as a decentralised wine tavern, for presenting a book or as a speakers' corner for Occupy Wallstreet activists, as a training ground for political education on Austrian Independence Day, or as a format for participation. You can see events as connected or independent in a larger or smaller context.

Aktivierung der Schadekgasse mit einem Gasbock-Tischchen
/ Activation of the Schadekgasse by using a gas cabinet table

PLUS N°2: Identitybaustein Taxi

Unlängst wurde ein einheitliches Layout für die Wiener Taxis vorgestellt. Gute Idee. Aber man könnte weiter gehen: Wir denken an eine Mitfahrgelegenheit zwischen Taxi und Minibus, gleich groß wie ein herkömmliches Taxi, aber für mehr Personen, mit Plätzen unterschiedlicher Kategorie, Innen-, Außen-,

Sitz-, Stehplätzen, Trittbrettfahren (gratis!) geht auch. Das gemischte Publikum bewahrt auch gleich die social skills vor Verkümmerung. Per sms werden Standpunkt und Ziel eingegeben, Abrechnung bargeldlos, kommt auf die Telefonabrechnung, ev. gibt es eine Ortungs-App, und eh klar e-car.

PLUS N°2: The taxi - an identity module

Recently, a uniform layout was presented for the Viennese fleet of taxis. What a good idea! But one could go even further: Our idea is to create a vehicle, something between a taxi and minibus, the same size as a taxi, only for more people than usual, with seats in different categories: inside, outside, seats and standing places, and free-riding would also be allowed. Mixing with various different passengers would prevent social skills from deteriorating. Destination and starting point would be communicated via sms, and payment would be cashless or via mobile phone. In addition, there would probably be a localisation app and for sure, an e-car.

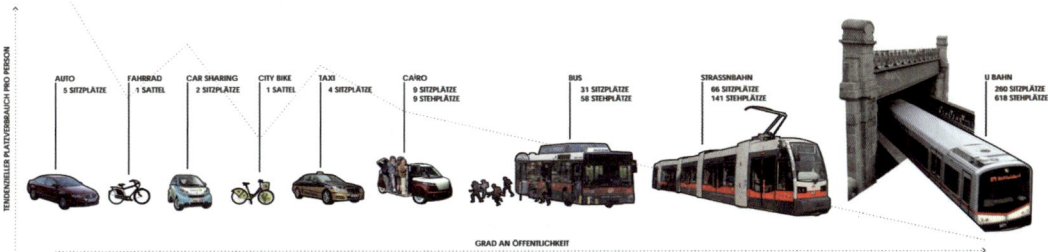

Die Asymmetrie entspricht den unterschiedlich genutzten Seiten, Stromlinienform ist bei Tempo 30 uninteressant, nach Londoner Doppeldecker, NY-citycab, jetzt auch das Wiener Format.

Asymmetry corresponds to differently used sides; at 30 km/h, the streamlined shape is no longer significant, after the London double-decker, the NY city cab, the Viennese format now emerges.

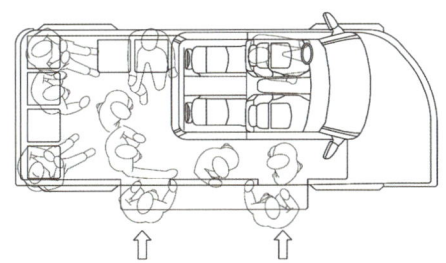 

Konzept-Skizze / Concept-Drawing   Konzept-Collage / Concept-Collage

---

Architektur + innovation + projektentwicklung

Innovation

In der Architektur passiert ein faszinierender Vorgang:
Am Anfang: Nichts
Dann ein dynamischer Prozess mit vielen Beteiligten
Dann eine komplizierte Anhäufung von Material
Am Ende: Etwas, orchestriert von den Architekten.
Das ist zwangsläufig neu, also Innovation.

Innovation passiert auf allen Ebenen:
Materialien, Konstruktion, Nutzungen und Typologien ändern sich aus vielerlei Gründen, Städte wachsen und schrumpfen in Zyklen

Innovation
2012

Anna Popelka

I

Wir als Büro waren von Anfang an begeisterte Innovatoren (wenn man das von sich selber behaupten darf), nicht um der Innovation willen, sondern weil wir glauben, dass man immer etwas besser machen kann (was nicht heißt, dass wir nicht auf unserer Erfahrung aufbauen).

Auch unser Büro wandelt sich ständig.
Wir haben uns oft eine blutige Nase geholt und sind damit unter den Architekten nicht allein. Innovation heißt auch: Angst vor Veränderung (es regnet rein), Ausprobieren mit offenem Ausgang, Experiment mit noch nicht bewährten Werkzeugen. Innovation widerspricht aufs erste dem Erzeugen von Wert durch Architektur. Nur die wertbeständigsten Immobilien schaffen es in die Fonds, in den internationalen Kreislauf des Geldes.
Jetzt, im Zuge der Weltwirtschaftskrise wird der Begriff Innovation wieder salonfähig, sogar explizit gefordert (wie in der Autoindustrie).
Das bedeutet ein gesellschaftliches Bekenntnis, Innovation kostet zunächst einmal, bedeutet einen Mehraufwand gegenüber der reinen Wiederholung, erfordert Bereitschaft der Beteiligten zu etwas nicht hundertprozentig Gesichertem. Und das stimmt mich ganz persönlich optimistisch.

Innovation ist Notwendigkeit, ob einem das gefällt oder nicht.
Innovation ist in der Architektur durchaus ein belasteter Begriff. Bauherren rennen davon, wenn sie davon hören. Fühlen sich als Versuchskaninchen. alles verbunden mit der Idee von Unzuverlässigkeit, das hartnäckig sich haltende Gerücht, dass es beim Flachdach hineinregnet, gibt es so lange wie es das Flachdach gibt.

Innovation ist mit einem vorgeschalteten Versuch, mit einem Experiment verbunden, mit möglichem Scheitern. Dafür ist unsere Gesellschaft nicht sehr offen. Zumal ein großer Teil von Architekturrezipienten einen traditionellen Ansatz verfolgt. Natürlich ist es ein Argument, auf das Bewährte zurückzugreifen, anstatt etwas Neues zu machen. Schließlich ist die Beweislast des Alten erdrückend. Die Realität ist beharrlich, der Horizont ist immer der des Bekannten. Doch diese Haltung rächt sich auch: Fehlende Innovation, das Verschlafen von Entwicklungen wie dem E-Car hat die Autoindustrie hineingerissen (wobei die Autoindustrie ebenso schnell reagiert hat: VW bietet jetzt Blockheizkraftwerke an).

Innovation kostet.
Meist ist ein hoher Preis zu zahlen von Planern und Nutzern und Produzenten. Ein Projekt von uns mit innovativem städtebaulichem Ansatz hat 10 Jahre gedauert!
Warum finden so wenig neue Materialien und Techniken Eingang in die Architektur?
Das Bauen ist dank Normen und Zertifizierungen von Ziegeln und Beton dominiert.
Trotzdem ist im kleinen Maßstab vieles möglich. Kleine Projekte eignen sich als Prototypen für zukünftige Entwicklungen. Innovation kann hier durchaus auch Rückkehr von Hightech zu Lowtech bedeuten.

Instrumentarien der Innovation:
Wettbewerbe sind heute kein geeignetes Instrumentarium für Innovation.
Innovation wird immer auf dem Rücken der Avantgarde mit allen Nachteilen ausgetragen. Was wünscht man sich also? Spezielle Wettbewerbe mit innovativem Inhalt, eventuell.
Wer bremst Innovation?

Im Wohnbau ist es beispielsweise nicht der Rezipient, nicht der Planer, sondern die Verwertungsebene dazwischen. Innovation im Städtebau passiert überhaupt nicht. Mischnutzung, Utopien werden nicht realisiert, obwohl man viel weiß.
Innovation bedingt auch ein Umdenken: ob organisatorisch im Lebensmodell (keine Küche, warum nicht) oder generell als Abschied von der modernen Idee einer „Lösung für alle".

Innovation passiert nicht um des Andersseins willen,
Innovation glaubt an Verbesserung
Innovation widerspricht dem Dienstleistungsbegriff
Innovation erfordert Neuformulierung, Neudenken
Innovation im Ideenbereich Utopien, realisiert (die architektenutopien der 60-er konrad frey „ich will kein haus mehr bauen nur weils nicht fliegt")

Innovation macht für uns mehr Sinn als etwas, das man schon gemacht hat, zu wiederholen.

/

Architecture + innovation + project development

In architecture, something fascinating happens:
at the beginning: nothing.
Then a dynamic process involving many participants starts.
Followed by a complicated accumulation of material.
In the end: something orchestrated by the architects.
This is inevitably new, thus it is innovation.

Innovation happens on all levels:
materials, construction, uses and typologies can change for many reasons, cities grow and shrink within cycles.
As a firm, we have always been enthusiastic innovators (given that you may claim that for yourself), not for innovation's sake, but because we ourselves believe that you can always do better (which does not mean that we don't build on our experience).

Our firm also changes permanently.
We have often got a beating and are not alone within our profession.
Innovation also means: fear of change (it's raining in), trying things with an open end, experimenting with tools that are not yet reliable.
Innovation initially contradicts creation of value through architecture. Only valuable property plays a role in funds and in the international money flow.

Now, in the course of global recession, the notion of innovation has become respectable again, indeed, it is explicitly called for (such as in automotive industries). This means it is a social commitment, since innovation has its price, to begin with, it means additional effort compared with pure repetition, and it needs the willingness of all concerned to risk something that is not 100%.
And this is what makes me feel optimistic.

Innovation is a necessity, take it as you like.

I - K

In architecture, innovation is a somewhat controversial. Clients run as soon as they hear it. They feel like guinea pigs. Everything is associated with the idea of unreliability. The dogged rumour that rain could leak into a flat roof has prevailed ever since they were invented.

Innovation is an upstream trial connected to an experiment, always in danger of failing. Our society is not yet very open towards innovation. Moreover, most recipients of architecture pursue a traditional approach. Of course there are good reasons for rather drawing on the proven instead of attempting something new. After all, the burden of proof of the proven is evident, reality persistent, and the horizon always ends at the well-known. However, this attitude doesn't pay off in the end: A lack of innovation and lost chances such as with the e-car have turned out to be a stumbling block for the automotive industry (to which the automotive industry has also responded: VW now offer block heating plants).

Innovation has a price.
Planners, users and producers mostly have to pay a high price. One of our projects with an innovative urban approach lasted for 10 years! Why doesn't architecture hardly make use of new materials and techniques?
The building trade is dominated by bricks and concrete due to standards and certifications.
Despite this, small scales offer many possibilities. Smaller projects can serve as prototypes for future developments. In that sense, innovation can also mean returning from high-tech to low-tech.

Tools of innovation:
Today, competitions are no longer suitable means for innovation. Innovation is always carried out at the expense of the avant-garde - with all its disadvantages. What do we need then? Probably special competitions with an innovative content.

Who is hindering innovation?
In housing construction e.g. it is neither the recipient nor planner, but rather the intermediate level. Innovation in urbanism is not happening at all. Mixed uses and utopias are not realised, even though we are aware of them.
Innovation also depends on rethinking: whether it be on the level of organisation within a life model (no kitchen, why not?) or generally as a farewell from the modern idea of finding a "solution for all".

Innovation does not happen for the sake of change,
innovation believes in improvement,
innovation contradicts the service concept,
innovation requires reformulation, rethinking,
innovation in the imaginative sphere of utopia, realised (architectural utopias of the 1960s - konrad frey's "I don't want to build a house any more (just because it can't fly)")

Innovation makes more sense to us than to repeat something we've already done.

architektur + kritik   03 2009

Anna Popelka

Es gibt in Wien eine florierende Architekturszene aber, bis auf Ausnahmen, keine echte Architekturkritik. Es gibt eine Art journalistische Berichterstattung, meist harmlos, wenig inhaltlich, rein beschreibend. Oft wird Material von anderen Blättern oder Material, welches die Architekturbüros selbst zur Verfügung stellen, übernommen – das Ergebnis ist das Gegenteil von Architekturkritik. Architekturkritik ist ein eigenes Metier. Kritik als eine Ebene über dem rezensierten Material entdeckt Zusammenhänge und Entwicklungen, entdeckt sie nicht nur, sie produziert sie durchaus. Architekturkritik ist eine hochkreative Tätigkeit, die die unterschiedlichen Werke zueinander in Beziehung setzt, Stellung bezieht, durch eigene Interpretation ein eigenes Werk schafft. Der Nutzen ist eindeutig: Unabhängige Kritik bedeutet wertvollen Input, Information und schließlich öffentliche Aufmerksamkeit für die Architekturbüros und ist dringend notwendiges Korrektiv für das gesamte Feld. Seriöse Architekturkritik manifestiert die Architektur als essentiellen Teil unseres Lebens und ist Basis für den Export österreichischer Architektur. Soviel wir wissen, bekommt man für das Schreiben über Architektur kaum Geld. Die geringe Bezahlung wirkt sich aus wie in anderen Branchen auch: Es wird mit geringstmöglichem Aufwand gearbeitet. Dieser, wiederum wird aber der komplexen Leistung der Architekturbüros in keiner Weise gerecht und kann auch durch Selbstrezension der Büros (die ja etwas anderes ist, nämlich PR) nicht ersetzt werden. Bürobesuche, die Beschäftigung nicht nur mit dem zu rezensierenden Objekt, sondern mit dem Zugang eines Büros generell, Recherche über die Aufgabe hinaus, sind finanziell nicht drinnen. Wir möchten Leute mit Sensorium und Empathie für die Architektur ansprechen, die aber nicht Architekten sein/werden wollen, und sie dabei unterstützen, Architekturkritik als Beruf zu ergreifen. Ausgangspunkt ist ein großzügiges Stipendium, für das man sich im Rahmen einer internationalen Ausschreibung bewerben kann. Ca 3(?) Leute werden ausgesucht und erhalten 3(?) Jahre lang finanzielle Unterstützung in einem Ausmaß das es ihnen erlaubt, ohne Abhängigkeiten Tag für Tag in Sachen Architektur unterwegs zu sein. Ziel ist es, dass seriöse intensive Kritik, die nicht zum Broterwerb, sondern aus Enthusiasmus betrieben wird, auf dieser Ebene den Diskurs rascher weiterbringt, als es durch die Aktivität der Büros passiert. Prozessbegleitend involviert werden sollen Architekturzeitschriften, Kritiker und Institutionen unterschiedlicher Generation und Herangehensweise. Für den/ die angehende/n Kritiker/in besteht die Verpflichtung der tiefgehenden Beschäftigung mit den interessierten Architekturbüros (die Interesse anmelden können), mit den Ergebnissen der Bauträgerwettbewerbe und anderer größerer Wettbewerbe, mit der Wiener Situation generell. Finanziert wird die Architekturkritikerschmiede vorerst durch die interessierten Büros. Ziel ist es, die karge Kritikerlandschaft am Ende um neue Gesichter bereichtert zu haben. Die ferne Vorstellung ist dass sich die Kritiker durch diese Starthilfe am Ende unabhängig positionieren können, aber auch eine weitere Finanzierung durch Interessenvertretungen z. B. die Architektenkammer erscheint logisch. Letztendlich kann das Ganze naturgemäß keine Förderaktion für ein einzelnes Büro bleiben und Wien ist nur der Ausgangspunkt.

/

architecture + critique   03 2009

Vienna has a flourishing architectural scene, however, apart from a few exceptions, there is no honest critique of architecture. There is a kind of journalistic reporting, mostly harmless, without much substance, purely descriptive. Frequently, material from other magazines or material provided by architectural firms is used - the result is the opposite of critique. Critique of architecture is a separate business. As a level above reviewed material, architectural critique points out connections and developments, not only discovering them, but also producing them. Architectural critique is a highly creative activity that links and relates various different works, that has an opinion and by means of its own interpretation, creates its own work. The advantage is clear: independent critique yields valuable input, information and finally also public interest for architectural firms and is badly needed as a corrective for the whole business. Serious critique of architecture underpins architecture as an essential part of our life and is a basis for exporting Austrian architecture. As far as we know, writing about architecture does not pay very well. Just as in other trades, this poorly paid profession has negative effects: people work with a minimum of effort. This, in turn, does no justice at all to the complex performance of architectural firms and cannot be compensated through self-reviewing by firms (which is something quite different anyway, i.e. PR). It is not feasible to visit other firms, and to get involved not only with the object of review, but with a firm's

L

general approach and research beyond the assignment. We would like to address empathetic people with a feeling for architecture who, however, do not want to become architects, and support them in their aspirations to become professional architectural critics. A starting point would be a generous grant, for which people can apply in the frame of an international call for tenders. Some 3 (?) people would be chosen who would receive enough financial support for three years, allowing them to work day by day in architectural matters on an independent basis. It is our aim to promote serious and thorough critique, which is driven by enthusiasm and not for the sake of money, i.e. critique which could develop more rapidly on the level of discourse rather than through the firms' activity. We shall invite architectural magazines, critics and institutions of different generations and approaches to accompany this process. Would-be critics are obliged to thoroughly investigate the results of promoter competitions and other major competitions, as well as with the Viennese situation in general, together with interested architectural firms (who want to join them). Interested firms would be responsible for funding the architectural critics forgery. It is aimed to enrich the barren critic landscape by bringing forth new figures. The ultimate idea is that critics will be able to finally position themselves independently by means of this financial aid. Further funding of this initiative by special interest groups, e.g. the chamber of architects, is likely to follow. In the end, all of this should reach beyond individual firms, and Vienna is only a starting point.

Kritik auf Kritik

Critique of the critique
2012

Antwort an Expertenbeirat der Wohnbauinitiative zum Projekt D8 / Seestadt Aspern

/

Answer to the expert committee of housing construction initiative concerning project D8 / Seestadt Aspern

KRITIK AUF DIE KRITIK AN UNS ALS EXPERTEN

DER VORLIEGENDE STÄDTEBAU IMAGINIERT EINEN BLOCKRAND ÜBER DIE GANZE SEESTADT, MIT EINER RECHT EINDEUTIGEN TRENNUNG DER AKTIVITÄTEN AUF DER STRASSE UND IM WOHNUNGS-HOF. DAMIT HABEN WIR SCHWIERIGKEITEN. WIR GLAUBEN DASS MAN DA HEUTE MEHR WISSEN/PROBIEREN WILL. IN ASPERN WIRD NICHT MEHR UND NICHT WENIGER ALS EINE STADT AUS DEM NICHTS GEBAUT.

Sie fragen, warum vom Blockrand abweichen. Wir fragen, warum unbedingt Blockrand?

IN DER ART DER WIDMUNG LIEGT EINE WEICHHEIT, MÖGLICHKEIT AUS DEM KORSETT AUSZUBRE-CHEN. DAS HABEN WIR GEMACHT. MIT DEM KONZEPT EINER INNEWOHNENDEN DIVERSITÄT. IN ASPERN SUCHT MAN NACH ALLGEMEINGÜLTIGEN REZEPTEN. VIELLEICHT IST DAS FALSCH. WIR WÜRDEN GERN MEHR ABWEICHUNGEN VOM ERSTBESTEN BEBAUUNGSVORSCHLAG SEHEN. WIR MEINEN, DAS TÄTE DEM GESAMTEN GUT.

/

CRITIQUE OF THE CRITIQUE OF US AS EXPERTS

THIS URBAN PROJECT ENVISUALISES PERIMETER BLOCK DEVELOPMENT IN THE WHOLE SEESTADT, WITH A RELATIVELY CLEAR SEPARATION OF STREET AND COURTYARD ACTIVITIES. THIS CAUSES US DIFFICULTIES. WE THINK THAT TODAY, PEOPLE WANT TO KNOW/EXPERIMENT MORE. IN ASPERN, NOTHING MORE AND LESS WILL BE BUILT THAN A TOWN FROM SCRATCH.

You may ask why we abandoned this perimeter block development. We may then ask, why must it be perimeter block development?

WITHIN THE NATURE OF USE DESIGNATION, LIES SOFTNESS, THE POSSIBILITY OF THROWING OFF OUR FETTERS. THAT'S WHAT WE DID. WITH THE CONCEPT OF INHERENT DIVERSITY. IN ASPERN, THEY ARE SEARCHING FOR GENERALLY APPLICABLE RECIPES. PERHAPS THIS IS WRONG. WE WOULD LIKE TO SEE MORE DEVIATIONS FROM THE FIRST DEVELOPMENT PROPOSAL. WE THINK THIS WOULD DO THE WHOLE PROJECT GOOD.

Brief an die Studenten

ONTOGENESE* DES (ARCHITEKTUR)STUDENTEN   POP 5/94

0)EGOZENTRISCHE PHASE = ROCK
PHYLOGENETISCH VERGANGENHEIT

AUF JEDE FRAGE (IN DER ARCHITEKTUR) GIBT ES DIE
ZU DEM ZEITPUNKT INDIVIDUELL RICHTIGE ANTWORT.

IM EIGENEN SYSTEM FRAGEN (!) BZW.
ANTWORTEN KANN MAN LERNEN.

VORAUSSETZUNG IST DAS MACHEN.

DAS PRODUKT IST SO NICHT REINE FORM, SONDERN
FORMALE MANIFESTATION DEINES INHALTS.

DIE ÜBEREINSTIMMUNG DER ANTWORT MIT DER PERSON
IST DAS KRITERIUM DER BEURTEILUNG.

DER VERGLEICH MIT ANDEREN BRINGT DIE MENGE
DER WAHRHEITEN INS SPIEL.

1)ÜBERWINDUNG DES EGOZENTRISCHEN = TECHNO
PHYLOGENETISCH GEGENWART

DIE BEFREIUNG VON
DER TOTALITÄT DES SCHÖPFERARCHITEKTEN
ERWEITERT (=PRÄZISIERT) DAS SYSTEM DER ANTWORTEN
UND ERMÖGLICHT ERST EFFEKTIVES HANDELN.

ANTRIEB IST DAS MACHEN FÜR ANDERE.

ARCHITEKTUR IST NICHT WIE DU WILLST,
ARCHITEKTUR IST FORMULIERTE ÖKONOMIE.

*AUS DER BIOLOGIE: ENTWICKLUNG DES INDIVIDUUMS, DAS IN SEINER
EMBRYONALPHASE IM ZEITRAFFER DIE STAMMESGESCHICHTE DURCHLEBT.

Thema:
Wer ist Herr P?
Architektur ist eine Sprache.
Dein Raum ist die Antwort.

Herr P ist eine fiktive Figur, vertreten durch ein am Naschmarkt aufgefundenes unscheinbares Männchen aus Zinn. Die Übungen haben den Zweck, einfache Vorgänge (siehe unten) in Raum auszudrücken und sich schrittweise einer Identität des Herrn P anzunähern. Durch das Aufrollen von der Aktivität her wird formal vorbelastetes, sentimentales Arbeiten vermieden.

Der Wechsel der Beteiligten und Maßstäbe, das gezielte Verwenden von Zusätzen wie Farbe, Musik, Geruch und die Kombination der Funktionen steigern

Gastprofessur an der TU Wien
Inst. f. Raumgestaltung
WS 1997/98

/

Visiting chair at Vienna University of Technology
Institute of Spatial Design
WS 1997/98

L

Herr P

und variieren die Wirkung der Übungen.
Der Wiederholungseffekt ermöglicht den Studenten aufbauendes Arbeiten und Zurückgreifen auf erworbenes Wissen.

Der zu bearbeitende Raum ist aus Gründen der Vergleichbarkeit real immer etwa schuhschachtelgroß und als homogene Masse vorzustellen. Zwischenresultate werden in Postkartengröße an die Institutswand gehängt und verwenden die Massenuniversität als Pool.

/

Topic:
Who is Mr. P.?
Architecture is a language.
Your space is the answer.

Mr. P. is a fictitious character represented by a nondescript tin figure which was found at the Naschmarkt market. These exercises are aimed at expressing simple procedures (see below) as space and to approach Mr. P.'s identity step by step. By rolling up the issue starting at the activities, we can avoid formally charged sentimental ways of working.

The change of participants and scales, the targeted use of additives such as colour, music, smell, and the combination of functions increase and vary the effects of the exercises.
The repetition effect enables students to build up their work and use their acquired knowledge.

For reasons of comparability, the space to be dealt with should always be imagined as being the size of a shoe carton and a homogeneous mass. Intermediate results, the size of a postcard, are then hung on the institute's notice board. The mass university is their pool.

_____

6.10, 1.VL / Gastprofessur, TU-Wien

WARUM?
WARUM SIEHT DIESER RAUM WANN UND WO SO AUS UND NICHT ANDERS?

DIE ANTWORT BESTEHT AUS VIELEN TEILANTWORTEN:
-WEIL DER APFEL VOM BAUM FÄLLT,
-WEIL HERR X. SICH MIT SEINER FRAU NICHT VERTRÄGT,
-WEIL DIE SONNE MORGENS IM OSTEN AUFGEHT,
-WEIL DER HUND VON FRAU H. ZU LAUT BELLT.
etc.

PRINZIPIELL UNTERSCHEIDEN WIR (NACH FÖRSTER) **2 KATEGORIEN VON FRAGEN:**
ENTSCHEIDBARE UND UNENTSCHEIDBARE, WEIL SCHON ENTSCHIEDENE FRAGEN (1+1=2),
WIR WERDEN UNS HAUPTSÄCHLICH DEN ENTSCHEIDBAREN FRAGEN ZUWENDEN,
KLINGT LEICHT, IST ES ABER NICHT SO GANZ, DENN ES HANDELT SICH UM DIE ÜBER DIE EIGENE PERSON (HERRN P) beantwortbaren Fragen.
Warum misstrauen manche Menschen Männern in weißen Socken? Warum ist mir die Wohnung meiner besten Freundin unsympathisch? Wie ist mein Verhältnis zum Allibert oder zu Mahagoni-

türen mit Rauchglasfenster?
Worüber man nicht sprechen kann, darüber soll man schweigen, aber worüber man sprechen kann, darüber werden wir sprechen.

DAZU BETRACHTEN WIR HERRN P. IN SEINER WELT
Die Welt ist eine homogene Masse in der wahren Größe eines Schuhkartons, entsprechend den Übungen in verschiedenen Maßstäben.
Sie schwebt einem Planeten gleich im Raum, Licht aus den 4 Himmelsrichtungen kommt von allen Seiten,
Gegeben sind Aktivitäten und Personen (Mitspieler)
Herr P beim Kartenspielen,
Herr P beim Fernsehen
Herr P beim Trinken mit Freunden
Herr P beim Spazierengehen.

Architektur ist eine Sprache, sie sagt etwas aus.
Ich kann lügen und die Wahrheit sagen
Wir spielen hier Architektur in pararealer Form, wir bauen ja nicht wirklich.
Unsere Worte sind Modell und Zeichnung.
Durch die Realität des Herrn P. wird das Modell zur Realität

Zu bauen ist jeweils die Grenze der Aktivität zur umgebenden Masse,
d.h die räumlich Voraussetzungen für diese Aktivitäten sind zu schaffen.
Dass diese Grenze auch ihre Ausdehnung hat, werden wir später sehen.

Die entstehenden Räume beantworten die Frage nach der Identität von Herrn P.
Anders gesagt: Beantworte die Frage: Was brauche ich zum Kartenspielen in den Architektur-simulationsmedien Modell, Zeichnung ...

/

6.10, 1st lecture / Visiting chair, Vienna University of Technology

WHY?
WHY, WHEN AND WHERE DOES THIS SPACE LOOK PRECISELY THE WAY IT DOES?

THE ANSWER INCLUDES MANY PARTIAL ANSWERS:
-BECAUSE THE APPLE FALLS FROM THE TREE,
-BECAUSE MR. X. DOES NOT SEE EYE TO EYE WITH HIS WIFE,
-BECAUSE THE SUN RISES IN THE EAST,
-BECAUSE MRS. H.'S DOG BARKS TOO LOUDLY.
etc.

IN PRINCIPAL, WE DISTINGUISH **TWO CATEGORIES OF QUESTIONS** (ACCORDING TO FÖRSTER):
DECIDABLE AND UNDECIDABLE ONES, SINCE ALREADY DECIDED (1+1=2),
WE SHALL DEAL CHIEFLY WITH DECIDEABLE QUESTIONS,
SOUNDS EASY, BUT THAT'S NOT QUITE TRUE, BECAUSE IT INVOLVES QUESTIONS ABOUT ONESELF (MR. P.).
Why do some people mistrust men who wear white socks? Why don't I like my best friend's flat?
How do I define my relationship to Allibert or mahogany doors with a tinted window?
What we cannot speak about we must pass over in silence, but what we can speak about, we will not pass over in silence.

L

LET US LOOK AT MR. P. IN HIS WORLD.
The world is a homogeneous mass the size of a shoe carton, according to exercises on different scales.
It floats like a planet in space, illuminated by light from all around,
there are activities and people (other players)
Mr. P. playing cards,
Mr. P. watching TV,
Mr. P. drinking with friends,
Mr. P. going for a walk.

Architecture is a language that has something to say.
I can lie and tell the truth at the same time
We are playing architecture here in a metaphysical form, because we are not really building.
Our words are both model and drawing.
Due to Mr. P.'s reality, the model also becomes reality.

Building demarcates activity in relation to surrounding mass,
i.e. we should create the spatial prerequisites for these activities.
Later on we will see that this borderline also has an extension.

The emerging spaces answer the question about Mr. P.'s identity.
In other words: answer the question: what do I need to play cards in media simulating architecture such as a model, drawing...

1) Herr P. spielt Karten

Herr P. befindet sich auf der x-y Ebene.

Er geht zu Herrn F.(-1/6.5/-2) um mit ihm Karten zu spielen.

Zeige die Grenze der notwendigen räumlichen Ausdehnung dieses Vorganges in Modell und Zeichnung.

Die Aufgabe wird innerhalb der Masse des angegebenen Kubus gelöst.

Beschreibe mit dem Raum die richtige Situation und Stimmung.

*Verwende eine die Atmosphäre unterstützende Farbe.

Anforderungen:
Kartenspielen!
Grundriss/Schnitt: Darstellung von Raum (voll=schwarz/ hohl=weiß) und Aktivität
Modell 1:25 aus grauer Pappe
Abgabe in Form einer A6 Postkarte mit Modellfoto beim Betreuer.

Achtung: Licht und Schatten, Raumform, Höhenunterschied
            Möbel sind aus der Masse zu definieren.

Studio Raumgestaltung WS1997/98   Gastprofessoren Anna Popelka und Georg Poduschka

L

fühle ich mich irgendwie ohnmächtig. Beim Billa kostet ein Kilo frische Erbsen 5.-, sofern es sie überhaupt gibt! Dabei ist es so einfach selbst Erbsen zu ziehen und anderes Gemüse. Mir schwebt etwas zwischen Garten und Haus vor, eine Kombination, ich weiß auch nicht. Auf jeden Fall, Sie sind der Architekt, ich vertraue Ihnen da voll und ganz.

Stichworte: Nutzgarten, Innen-/Außenbeziehung …

Paar mit Grundsicherung

Als der Peter seinen Job verloren hat, waren wir beide ganz fertig. Wir sind kaum über 40 und eigentlich schon schwer vermittelbar. Peter hat unzählige Bewerbungsschreiben verfasst. Alle abgelehnt. Ich habe nach den Kindern nie mehr gearbeitet. Irgendwie haben wir den Gedanken aufgegeben, uns noch einmal in ein reguläres Arbeitsleben einzuklinken. Dabei stecken wir so voller Energie! Die Vorstellung, tatenlos zuhause zu sitzen, ist furchtbar für uns. Wir brauchen also eine günstige Wohnung, in der wir möglichst viel machen können, Leute treffen, ein Gassenlokal z. B. Peter hat im Internet eine politische Plattform zur freien Meinungsäußerung namens spillyourguts, gegründet die unglaublichen Zulauf hat, ich arbeite in einer interdisziplinären Gruppe an neuen Berufsbildern, denn mehr Berufe, mehr Jobs, oder nicht? Demnächst suchen wir um eine Förderung an.

Stichworte: Privat-/Öffentlich, Arbeitslosigkeit …

Model

Ich bin dauernd unterwegs. Ich stelle mir meine Wohnung sprichwörtlich als Hafen vor, in den ich zurückkehren kann. Eigentlich brauche ich nicht einmal einen Kühlschrank, weil ich ja immer nur so kurz da bin, und da treffe ich mich dann mit Leuten und esse auswärts. Außerdem darf ich ja berufsbedingt ohnehin kaum was essen. Steht in meinem Arbeitsvertrag. Was ich allerdings brauche, ist ein Fitnessbereich. Wenn ich endlich daheim bin, will ich nicht schon wieder zu John Harris sausen, sondern in meiner alten Trainingshose zuhause schwitzen. Ich stelle mir das integriert vor, im Sofa auch ein paar situps machen können während der Abendnachrichten und morgens am Fenster ein paar Klimmzüge. Außerdem hab ich natürlich eine Unmenge Kleider und Schuhe. Im Augenblick sind die alle in einem dunklen Kammerl unübersichtlich gelagert, sodass ich immer vergesse, was ich alles habe. Die Sachen müssten präsenter sein, ich weiß auch nicht wie.

Stichworte: Fitness, Storage Kleider …

----

japanischer Diplomat

Guten Tag, mein Name ist Kotaro Horiuchi. Ich bin Diplomat. Alle Mitglieder in meiner Familie sind Diplomaten. Voriges Jahr bin ich nach Österreich gekommen. Ich habe bis jetzt leider noch keine Wohnung gefunden, die meinen Ansprüchen gerecht wird. Mir scheint, dass der Wohnungsmarkt in Österreich etwas verstaubt ist. Wir Japaner sind viel offener, ich würde fast sagen radikaler, was Wohnformen betrifft. Wir gehen gern durch das Freie aufs Klo, wenn es vom Wohngefühl her etwas bringt. Ich persönlich bin es von klein an gewohnt, auf engem Raum zu leben. Ich würde sogar sagen, auf engem Raum fühle ich mich wohler, es ist übersichtlicher, ich bin froh wenn ich meinen Laptop vom Bett aus erreichen kann. Generell haben Japaner bescheidenere Raumvorstellungen als Europäer, was unserem Zusammenleben durchaus zuträglich ist. Wichtiger als viel Platz ist für mich die Atmosphäre und die Beziehung zum Außenraum. Ach ja, ich bin nicht allein. Mit mir wohnen: meine Frau, meine Schwiegermutter und unsere 5 Kinder, von 6, 7, 13 und 15 Jahren. Die Zwillinge sind 15.

Stichworte: Japan, Wohnen auf kleinstem Raum, Großfamilie, Innen-/Außenbeziehung …

WG mit Burschen türkischer Abstammung in 2. Generation

Hallo, ich bin der Yunus mit Freunden. Meine Mutter ist vor meiner Geburt nach Österreich gekommen. Zum Arbeiten. Sie spricht kaum deutsch. Ich finde das eigentlich nicht richtig. Ich finde es richtig die Sprache des Landes, in dem man lebt, zu beherrschen. Trotzdem stehen wir in unseren eigenen 4 Wänden auch auf unsere Kultur. Die türkische. Obwohl so ganz astrein ist das auch nicht. Der Milan und sein Halbbruder, beide Mazedonier, werden auch mit uns zusammen wohnen. Und Besim kommt aus Albanien. Ein Kanak, Crash of Civilizations sozusagen. Insgesamt sind wir 8. Eine Art Gang. Aber eh ganz brav. Wir arbeiten alle

L

Gastprofessur am Institut für Wohnbau der TU Graz, SS 2009-2010 und SS 2010-2011

Lehre 03

Teaching 03

Wohnlabor von Anna Popelka und Georg Poduschka (PPAG)

Das Wohnlabor ist die lustvolle Einstimmung auf die ernsthafte Beschäftigung mit dem Wohnen und der Wohnung. Jeder Studierende erhält ein Kuvert, in dem sich der Brief eines hilfesuchenden Kunden befindet.

Gastprofessur am Institut für Wohnbau der TU-Graz
WS 2009/10
und
SS 2010

/

Visiting chair at the Institute of Housing of Graz University of Technology
WS 2009/10
and
SS 2010

Die Bauherren sind natürlich alle sehr speziell. Eine siebenköpfige japanische Diplomatenfamilie, der alle Wohnungen am Markt zu groß und zu westlich sind, ein Mechaniker, der in seiner Werkstatt mit seinen Autos wohnen möchte, ein Model, das keine Küche will, oder eine alte Frau mit Katze.

Jeder hat ganz spezielle Bedürfnisse. Aus den Geschichten entwickeln die Studierenden die Räume, bis am Ende die maßgeschneiderte Wohnung zu aller Überraschung zur Allgemeingültigkeit zurückfindet.

----

rebellisches Kind
Meine Eltern gehen mir unheimlich auf die Nerven (ich glaube, ich ihnen auch). Wir haben beschlossen, dass ich eine eigene Wohnung bekomme, obwohl ich erst 12 bin. Also keine ganz eigene Wohnung. Ich geh schon zur Mama essen und sie wäscht mir auch die Wäsche. Meine Wohnung liegt direkt neben der meiner Eltern. Aber mit eigenem Eingang. So brauchen wir nicht zu streiten, wenn ich wieder einmal zu spät nach Hause komme. Ich sitze abends gern lang am Computer, allein oder mit Freunden. Sonne stört mich eher, weil ich schon jetzt ein Nachtmensch bin. Ich glaube das habe ich von meiner Mutter geerbt. Als ich noch kleiner war, bin ich oft stundenlang oben auf meinem Kasten gesessen und hab hinuntergeschaut. Von da aus sieht das Zimmer ganz komisch aus, irgendwie klein, und die Decke ist direkt über einem, so ein Gefühl wär in der neuen Wohnung super. Vielleicht gibt es auch Bereiche, wo die Erwachsenen einfach nicht hinkommen, aufgrund der Körpergröße ;-)
Stichworte: Wohnungsverbindung, Kind, Kunst-/Tageslicht, Galerie ...

----

alte Frau mit Katze
In meiner jetzigen Wohnung bin ich gekündigt worden. Wegen der Katze. Dabei ist sie so lieb und hat noch nie was angestellt. Die Katze ist aber das Einzige, was mir geblieben ist. Also muss ich wohl umziehen. Ich fürchte mich schon davor. Ich habe ja derart viele Sachen, Erinnerungen, altes Zeug, würden Sie sagen, die ganze Hinterlassenschaft von meinem Mann. Ich kann so schwer was wegwerfen. Für die Katze stelle ich mir schon vor, dass sie eine katzengerechte Umgebung bekommt. Sie ist ja eine Wohnungskatze, deshalb ist sie ein bisschen unausgelastet. Aber ich glaube, sie würde in der freien Natur keine Minute überleben. Ein Balkon wäre schön
Stichworte: Haustier, Storage, privater Freiraum ...

----

schwules Pärchen mit Kind
Der Patrick und ich haben uns vor 3 Jahren am Lifeball kennengelernt. Wir haben gleich gewusst dass, wir zusammenbleiben wollen, dabei sind wir grundverschieden. Der Patrick ist so eher ein schriller Typ, gern unterwegs, ich bin ruhig, gern zuhause, ein bisschen fad. Wir sind beide sehr kinderlieb. Obwohl es mit unheimlich viel Bürokratie verbunden ist, haben wir beschlossen ein Kind zu adoptieren und das auch durchgezogen. Sie heißt Celia und ist ein sehr hübsches aufgewecktes Mädchen. Celia kommt aus Nigeria und ist sehr traumatisiert zu uns gekommen. Wir möchten ihr eine Umgebung bieten, die sie an ihre Heimat erinnert. Natürlich soll sie das schönste Zimmer bekommen.
Stichwort: Tagesrhythmus, Immigrant, andere Kultur ...

Erbsenzüchter Roland
Ich bin in einem Haus mit Garten aufgewachsen und habe mich schon immer gern im Freien aufgehalten, als Arbeit würde ich Gartenarbeit gar nicht bezeichnen. In der britischen Lebenskultur nimmt der eigene Garten eine zentrale Rolle auch in der Rekreation ein, das verstehe ich gut. Seit ich in die Stadt gezogen bin,

L

---

5) Herr P. zieht nach Wien

Herr P. läßt sich am Naschmarkt nieder.
Er spielt Karten.
Er sieht fern.
Er lädt seine Freunde zum Trinken ein.
Er geht mit seinem Hund spazieren (am Naschmarkt).

Zeige die Grenze der notwendigen räumlichen Ausdehnung dieses Vorganges in Modell und Zeichnung.
Die Aufgabe wird innerhalb der Masse des angegebenen Kubus gelöst.
Beschreibe mit dem Raum die richtige Situation und Stimmung.

*Die Masse verwandelt sich in das zur Stimmung passende Material.

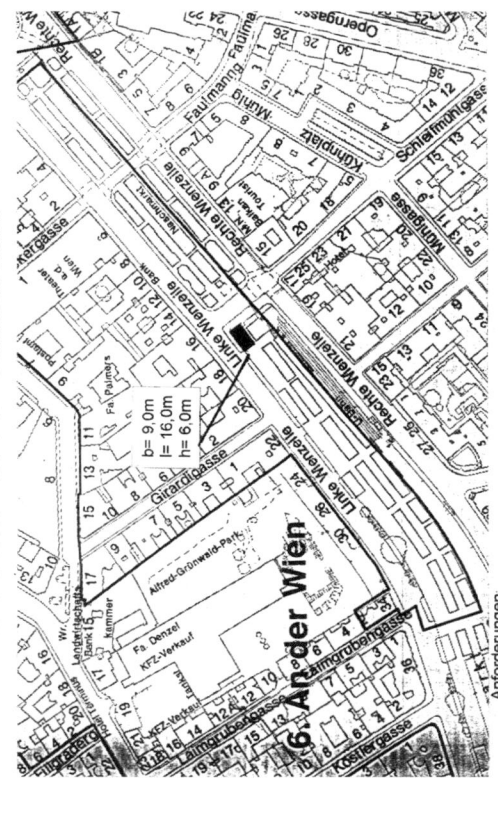

b= 9,0m
l = 16,0m
h= 6,0m

Anforderungen.

Am Naschmarkt spazierengehen,
Modell 1:25 mit Herm P.
Plandarstellung frei
Abgabe in Form einer A6 Postkarte beim Betreuer.

Achtung: Wien, Ströme von Menschen und Autos, Kombination von Funktionen, Grad der Intimität/ Öffentlichkeit.
Möbel sind aus der Masse zu definieren.

---

4) Herr P. geht mit seinem Hund spazieren

Herr P. und sein Hund brauchen zu diesem Zweck einen 3D Park, der fallweise auch von 99 Freunden benutzt wird.
Zeige die Grenze der notwendigen räumlichen Ausdehnung dieser Vorgänge in Zeichnung und Modell.
Die Aufgabe wird innerhalb der Masse des angegebenen Kubus gelöst.
Beschreibe mit dem Raum die richtige Situation und Stimmung.

*Unterstütze die Stimmung mit Hilfe eines Geruches.

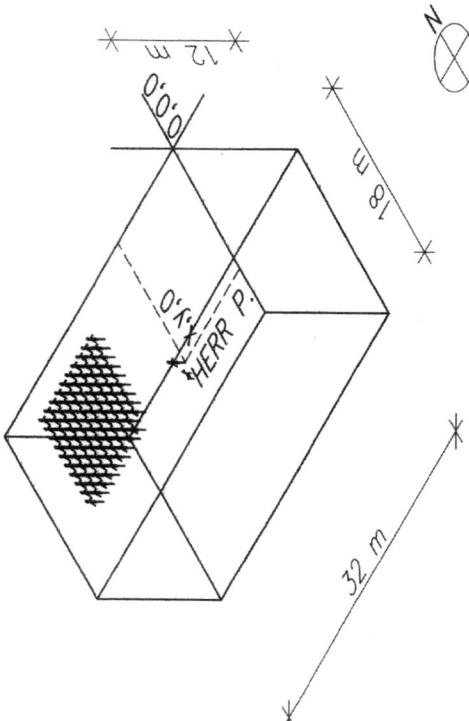

Anforderungen:
Mit einem Hund spazieren gehen!
Lageplan/ Schichtenplan - Darstellung von Raum und Aktivität
Modell 1:100 mit Herm P. aus grauer Pappe
Geruch
Abgabe in zusammengefaßter Form auf einer A6 Postkarte (Foto, Zeichnung) beim Betreuer

Achtung: Licht und Schatten, Raumform, Möbel sind aus der Masse zu definieren, Park für 1-100, Horizont, nah und fern, Zirkulation/ Wegenetz

Studio Raumgestaltung WS1997/98   Gastprofessoren Anna Popelka und Georg Poduschka

3) Herr P. lädt seine Freunde zum Trinken ein

Herr P. befindet sich an der bezeichneten Stelle, seine 9 Freunde auf der x-y Ebene. Wie gelangen sie zu ihm, wie passiert das gemeinsame Trinken, wie sieht der Kontakt räumlich aus.
Zeige die Grenze der notwendigen räumlichen Ausdehnung dieses Vorganges in Zeichnung und Modell.
Die Aufgabe wird innerhalb der Masse des angegebenen Kubus gelöst.
Beschreibe mit dem Raum die richtige Situation und Stimmung.
*Unterstütze die Stimmung akustisch.

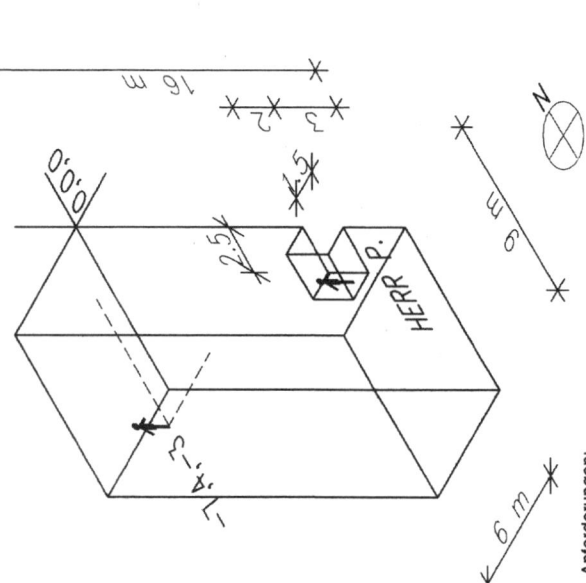

Anforderungen:
Freunde einladen!
Schnittperspektive mit Darstellung von Raum und Aktivität
Modell 1:50 mit Herrn P. aus grauer Pappe
Musikkassette
Abgabe in zusammengefaßter Form auf einer A6 Postkarte (Foto, Zeichnung) beim Betreuer

Achtung: Licht, Raumform, Möbel sind aus der Masse zu definieren, Gemeinsamkeit, Gemütlichkeit, was braucht ein Wirt, was braucht ein Gast

Studio Raumgestaltung WS1997/98   Gastprofessoren Anna Popelka und Georg Poduschka

2) Herr P. sieht fern

Herr P. befindet sich an der bezeichneten Stelle und eilt hinauf zu Herrn A um den Nachmittagsfilm nicht zu versäumen.
Wie sieht der Weg aus, welchen Raum benötigt das Fernsehen?
Zeige die Grenze der notwendigen räumlichen Ausdehnung dieses Vorganges in Zeichnung und Modell.
Die Aufgabe wird innerhalb der Masse des angegebenen Kubus gelöst.
Beschreibe mit dem Raum die richtige Situation und Stimmung.
*Simuliere mit Licht eine Tages- und eine Nachtsituation.

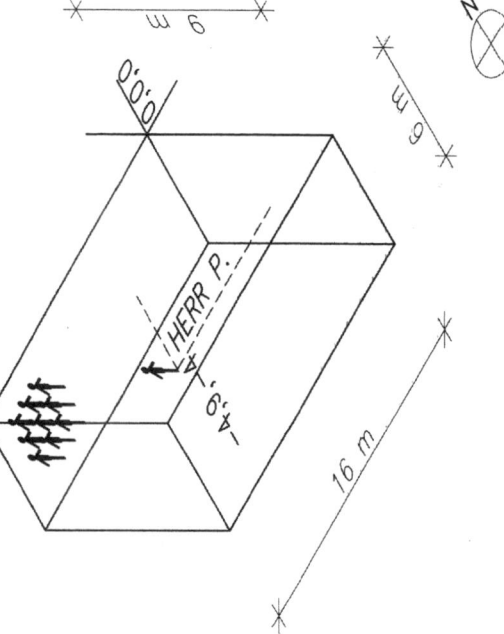
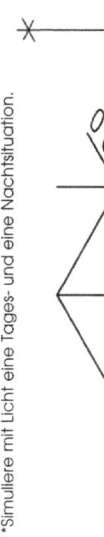

Anforderungen:
Nachmittagsfilme schauen!
Axonometrie: Darstellung von Raum und Aktivität
Modell 1:50 mit Herrn P. aus grauer Pappe
Abgabe in zusammengefaßter Form auf einer A6 Postkarte (Foto, Zeichnung) beim Betreuer.

Achtung: Tages?Licht- Licht des Fernsehers, Raumform, größer Höhenunterschied, Möbel sind aus der Masse zu definieren, Elle

Studio Raumgestaltung WS1997/98   Gastprofessoren Anna Popelka und Georg Poduschka

oder stecken in der Ausbildung. Für uns ist die Gemeinschaft wichtig. Am Abend allein vor dem Fernseher sitzen spielts nicht. Die Zimmer sollen unterschiedlich sein. Ganz wichtig: wir sind alle Fußballfans, ein Wuzler wär super.
Stichworte: Wohngemeinschaft, Migrationshintergrund …

- -

Mechaniker Hans

Ich mag meinen Beruf. Seit ich dreizehn bin, liege ich unter Autos. Der Blick von unten auf verdreckte Fahrzeugböden ist mein Himmel, sag ich immer. Es ist ja von der Arbeitslage ohnehin so, dass ich dauernd arbeiten muss, damit ich über die Runden komme. Mein Chef lässt schon durchblicken, wie viele Bewerbungsschreiben er täglich auf den Schreibtisch bekommt. Deshalb habe ich mir überlegt mich selbständig zu machen. Wenn schon rund um die Uhr arbeiten, dann für mich selbst. Für mich kann Arbeiten und Wohnen räumlich sehr ineinander übergehen. Ich frühstück gern neben einer Corvette, die auf eine Reparatur wartet. Meine Freundinnen haben das bis jetzt nicht so leiwand gefunden. Einmal hat eine einen Schraubenschlüssel im Bett gefunden. Meine jetzige Freundin, die Isabella, ist eine Ausnahme, aber ich mag ihr Verständnis nicht überstrapazieren. Also brauchen wir einen Bereich, wo es nicht nach Motoröl stinkt. Als Werkstatt einen großen Raum, in dem jeweils 2 Autos parallel gerichtet werden können, mit Fahrzeuggrube und Hebekran. Ich muss natürlich wo Buchhaltung machen und Rechnungen schreiben, keine Ahnung, wie das aussieht. Der Weihnachtsbaum neben dem gerade fertig lackierten Mustang ist ok.
Stichworte: Arbeiten und Wohnen, low budget …

- -

Kuratorin Li
↗ Wohnen am Park, Kunst im Bau S. 236

Ich arbeite seit 3 Jahren in einer von Wiens wichtigsten Galerien für zeitgenössische Kunst. Zur Zeit wohne ich in einer Altbauwohnung, aber es nervt! Ständig hört man die unerzogenen Fratzen der Nachbarsfamilie herumbrüllen und deren Eltern verrücken aus unerfindlichen Gründen dauernd die Möbel, was ein unerträgliches Geräusch macht. Das ist der eine Grund auszuziehen, der andere ist der, dass ich schon seit einiger Zeit selbst Kunst sammle und die Stücke, die von sehr unterschiedlichem Format sind, mir langsam aber sicher die Benutzung meiner Wohnung unmöglich machen. Außerdem weiß ich nicht, was der Zobernig sagen würde, wenn er wüsste, dass er bei mir am Klo hängt, gelitin ok, die haben da keine solchen Berührungsängste, aber Zobernig, unmöglich. Durch meine Arbeit halte ich zum Teil sehr freundschaftliche Beziehungen zu den Künstlern, was den Nebeneffekt hat, dass sie mir oft Kunstwerke schenken oder sehr günstig überlassen. Ich möchte den Werken nun einen angemessenen Rahmen geben. Eigentlich sollte es so sein, dass fast jederzeit jemand kommen kann und sich die Wohnung durch den Besuch in eine Galerie verwandelt. Die Kunstwerke haben untereinander eine komplexe Beziehung, das sollte durch ihre Konstellation im Raum deutlich werden. Eine natürliche Nähe zu den Objekten bei den häuslichen Tätigkeiten ist mir wichtig. Und es ist alles nicht für die Ewigkeit, man muss auch was umhängen können, ohne dass die Welt zusammenbricht! Ach ja, Aufräumen ist nicht mein Ding.
Die wichtigsten Werke auf einen Blick, um Ihnen einen Begriff zu machen:
- ein Bücheregal von Clegg&Guttmann, ca. 3 m breit und 6 m hoch, mit einer Bibliotheksleiter
- „Kristalle" von Herbert de Colle, die sollte man herumliegen lassen, könnten von Zeit zu Zeit ihre Position wechseln
- ein Spiegel von Jeff Koons (!) aus der Reihe mit dem comicshape - duffy! (hat er mir geschenkt!)
- ein weiches rosa Stofftier, dem die Eingeweide rausquellen, ca. 5 x 3 m von gelitin
- 6 Sessel und 1 Tisch von Franz West
- „stray" eine Papierarbeit von Chris Jones, ein Hund in fast natürlicher Größe, sehr heikel, besonders wenn man an die Vera (Putzfrau) denkt.
- Auf die lebensgroße Bronzefigur von Jonathan Meese bin ich besonders stolz (unbezahlbar!)
- Noch ca. 30 andere Werke, die Sie gern ins Spiel bringen können, wenn Ihnen was dazu einfällt.
Stichworte: Kunst, Kunstgalerie, Archiv, Storage, Sicherheit, Kunst-/Naturlicht, Flexibilität …

- -

Frau Schwebisch

Ich und mein Mann betreiben eine Naturkosmetikklinik. Das hat damit begonnen, dass wir beide extrem allergisch auf unsere zunehmend toxische Umgebung reagiert haben. Da gibt es allgemein aber erstaunlich

L

wenig Verständnis dafür. Deshalb haben wir beschlossen uns selbst zu helfen. Der Vertrieb läuft mittlerweile und es gibt zunehmendes Interesse an den Veranstaltungen und Seminaren, die wir anbieten. Der Interessentenkreis umfasst mittlerweile einige 100 Personen. Wir brauchen jeder ein Büro, das sich bei Bedarf in einen großen Versammlungs- und Besprechungsraum verwandeln können muss, also beide Büros zusammen. Aus finanziellen Gründen können wir uns, glaube ich, nur eine gewisse Überlagerung von Funktionen leisten, nicht alles nebeneinander. Der private Teil soll abgekoppelt sein und echt privat, auch wenn in Wirklichkeit alles in einem Verband ist. Eventuell ein bis zwei Zimmer für Gäste. Wir haben uns nach Passivhäusern erkundigt, mit kontrollierter Wohnraumlüftung, stimmt es, dass man da nicht mehr das Fenster aufmachen kann? Andererseits ist es uns recht, wenn die „frische" Luft nur gefiltert ins Haus kommt, denn die gibt es ja in der Stadt gar nicht mehr. Und ganz wichtig wäre auch eine gute akustische Idee, wir sind beide extrem lärmempfindlich, kann man da was machen? Und ganz wichtig: Alles muss extrem gut zu reinigen sein.
Stichworte: Passivhaus, Lärm, Flexibilität, Arbeiten und Wohnen, Innen-/Außenbezug, Reinigung …

Der Peripatetiker
Ich schreibe, sogar recht erfolgreich, ich kann davon leben, was aber nicht heißt, dass Sie mir mit einem unverschämten Honorar kommen dürfen. Auf Lesungsreisen wird man ja immer nach der Inspiration gefragt: „Wie sind Sie bloß darauf gekommen?" Diese Fragen kann ich nicht mehr hören. Das ganze Leben ist meine Inspiration, manchmal entpuppt sich etwas auf Umwegen als Quelle, ich nenne das Umwegrentabilität. „Na, und wo ist Ihnen der geniale Einfall gekommen?" macht mich auch wahnsinnig. Na wo wohl, am Klo wahrscheinlich. Im Ernst, ich brauche eine Umgebung, die Hintergrund und Vordergrund zugleich ist, anregend und wie ein weißes Blatt Papier. Und ich habe ein Angewohnheit: ich muss beim Denken gehen, das passt mit dem Schreiben natürlich nicht so gut zusammen, daher spreche ich ins i-phone und schreibe es nachher nur mehr ins Reine, was schon so viel wie die erste Korrektur darstellt, mein kleines Geheimnis diese Technik. Ich verrate es nur, weil ich mir vorstelle, dass es für Ihre Überlegungen wichtig ist, das Gehen. Das kann auch Stiegensteigen sein, ich habe nichts gegen Stiegen, im Gegenteil, ich habe sogar gehört, dass Leute die in Häusern mit Stiegen leben, wesentlich älter werden und das bei besserer Gesundheit! Mein Verleger, zu dem ich einen geradezu freundschaftlichen Kontakt pflege, sitzt allerdings leider im Rollstuhl, also irgendwohin sollte man in der Wohnung auch eben gelangen.
Stichworte: behindertengerecht, Stiegen, Raum als Inspiration …

/

Visiting chair at the Institute of Housing of Graz University of Technology, SS 2009-2010 and SS 2010-2011

Housing lab (Wohnlabor) by Anna Popelka Georg Poduschka (PPAG)

The housing lab is a delightful invitation to a serious involvement with living and dwelling. Every student receives an envelope with a letter from a client looking for help.

These clients are very special. A seven-piece Japanese family of diplomats, for whom all property on the market is either too big or too Western; a mechanic who wants to live together with his cars in his garage; a model who does not want a kitchen and an old lady with a cat.

Everyone has specific needs. From these stories, all students develop their space until finally and to everyone's surprise, the tailor-made dwelling has become generally valid again.

---

the rebel child
My parents get on my nerves all the time (I think I do, too). We've decided that I'm going to move into my own flat, although I'm only 12. Well, it's not really my own flat. I'm going to eat at Mama's place and she's promised to wash my laundry. My flat is located directly next to my parents'. But with my own door. In that way we won't quarrel when I come home late again. I like to spend my evenings with my computer, on my own or with friends. I don't really like the sun, because I'm always up at night. I think I've got that

from my mother. When I was younger, I would sit for hours on my wardrobe and look downwards. From that perspective, the room looks very queer, somehow small, and the ceiling is directly above you, which is a feeling I would like to get in my own flat. Perhaps we could find some other areas grown-ups would not be able to enter because of their height ;-)
Key words: Connection between 2 flats, child, artificial/daylight, gallery...

----

old lady with cat
I have to leave my flat now. Because of the cat. I can't understand that, because it is such a dear creature and has never done anything wrong. And the cat is all I have. So I will have to move out. I'm frightened already. I have such a lot of things, memories, old stuff you would say, all my dead husband's belongings. It's hard for me to throw anything away. I would like to accommodate my cat appropriately. My cat is used to being indoors, that is why it is sometimes a nuisance. But I think it would not survive outdoors. A balcony would be nice.
Key words: pet, storage, private space...

----

gay couple with child
I met Patrick at the Lifeball 3 years ago. We immediately knew that we wanted to stay together, although we are quite different. Patrick is a rather flashy type, he likes to go out, whereas I am a quiet person, like to stay home, and a bit dull. We both love children. Although the red tape was very tiresome, we decided to adopt a child and so we did. Her name is Celia, she is a very cute girl. Celia is from Nigeria and arrived in a traumatic state. We would like to provide her with a home that reminds her of where she came from. Of course we gave her the best room.
Key words: daily routine, immigrant, different culture...

Pea-grower Roland
I grew up in a house with a garden and have always liked to be outdoors. I wouldn't say that garden work was work. In Britain, gardening plays a key role for people in their free time, which I can understand. Ever since I moved to town, I somehow feel helpless. At Billa, the price for a kilo of fresh peas is 5 euros, that is, if you can get them at all. Although it is so easy to grow your own peas and other vegetables as well. What I would like is something between a garden and a house, a combination, I don't know. In any case, you are the architect, and I trust you completely.
Key words: vegetable garden, interior/exterior relationship

Couple with minimum income
When Peter lost his job, it was a shock for us. Although we've just turned 40, it's hard for us to find a job. Peter has written so many job applications. All were turned down. I quit working when I had my children. Somehow we've given up hopes of ever returning to a normal working life. It's such a pity, because we're so full of energy! The idea of sitting at home and doing nothing is terrible for us. We therefore need a cheap flat where we would be able to do a variety of different things and meet people, a shop on the ground floor, for example, Peter has launched a political platform on the Internet, called spillyourguts, for free speech, which is unbelievably successful. I'm working in an interdisciplinary group dealing with new job profiles, because the more profiles there are, the more jobs will be created. We will soon apply for a grant.
Key words: private/public, redundancy...

Model
I'm always out and about and travel around the world. I would like a flat that would be a home to which I can always return. Actually, I don't even need a fridge, because I'm only home for a short time, and then I go out with people and eat out. Besides, my profession demands that I don't eat much. According to my working contract. But what I really need is a fitness area. When I am home, I don't want to go to John Harris's, but would prefer to sweat at home in my old track suit trousers. My idea is a kind of integrated

L

area, where I can do some sit-ups on the sofa during the evening news, and a few pull-ups by the window in the morning. Besides, I've got a lot of clothes and shoes. At the moment, they are all packed away, jumbled up in a dark little room, so that I keep forgetting what I have. These things should be made more available, but I don't know how.

Key words: fitness, storage place for clothes…

Japanese diplomat

Hello, my name is Kotaro Horiuchi. I am a diplomat. All members of my family are diplomats. Last year I came to Austria. Unfortunately, I have still not found a flat that would meet my needs. Apparently the property market in Austria is somewhat old-fashioned. We Japanese are much more open, I would even say we are more radical, as far as living modes are concerned. We like going to the bathroom outside, if it improves our lifestyle. I myself have always been used to living in cramped conditions. I would even say, I feel more at home in cramped conditions, because they're easier to manage and I'm glad to be able to reach my laptop when I'm in bed. Generally, Japanese people have more modest living aspirations than Europeans, which is more suited for our way of living together. For me, atmosphere and the relation to outdoors is more important than a lot of space. Oh, I almost forgot, I am not alone. My wife, my mother-in-law and our 5 children aged 6, 7, 13 and 15 live with me. The twins are fifteen.

Key words: Japan, living together in a small area, extended family, indoor/outdoor relationship…

Flat sharing community with boys of 2nd-generation Turkish origin

Hello, I'm Yunus with friends. My mother emigrated to Austria before I was born. To work here. She hardly speaks any German. I don't think that's right. I think it's right to master the language of the country you live in. But we like our own four walls and our culture all the same. Turkish. Although, that's not quite correct either. Milan and his half brother, both Macedonians, are going to move in. And Besim comes from Albania. It is a kind of crash of "wog" civilisations. Altogether we are 8. A sort of gang. But we're good. We are all working or training for something. Community is important for us. It's no good sitting in front of the TV on your own in the evening. The rooms should all be different. And what's more: we're all football fans, a table football would be fine.

Key words: flat-sharing community, immigrant background, …

Hans the mechanic

I love my work. I've been lying underneath cars since I was thirteen. Seeing dirty chassis from underneath is heaven for me. The problem is, I always have to work all the time to make both ends meet. My boss has already let me know how many job applications land on his desk every day. That is why I am thinking of becoming self-employed. Because If I have to work all day, then I may as well do it for myself. For me, living and working could overlap. I like to have breakfast next to a Corvette waiting to be repaired. Up to now, none of my girlfriends have liked that. Once one of them found a spanner in bed. My current girlfriend Isabella is an exception, but I don't want to try her patience for too long. We also need an area where it does not smell of engine oil. I would like to install my workshop in a big room, in which I can repair 2 cars at the same time, with a pit and a hoisting crane. Of course I will need some place where I can keep the books and write invoices, I've no idea what that would be like. The Christmas tree would look lovely next to the freshly painted Mustang.

Key words: working and living, low budged…

Li the curator

↗ Wohnen am Park, Kunst im Bau P. 236

I have worked for one of Vienna's most important contemporary art galleries for 3 years now. At the moment, I live in a flat in a historical building, but it's getting on my nerves! The neighbour's children are always causing a commotion and their parents are always moving the furniture around for some reason or other, and it makes a horrible noise. That is the main reason why I want to move out. The other is that I have started to collect art and that the pieces I have are differently sized and are taking up so much room in my flat. Besides that, I don't know what Mr. Zobernig would say if he knew that he was hanging in my

toilet, gelitin is fine, because they're not so shy, but Zobernig... impossible. Through my work I've made friends with many artists, with the side-effect that they give me artworks as a present or sell them for next to nothing. Now I would like to give them an appropriate ambience. It would be nice if people could come any time they like and that my flat would change into a kind of art gallery. The artworks have complex relations to one another, which I would like to emphasise by arranging them accordingly . It is important for me to be near the objects when I do my housework. And anyway, nothing is for long, I want to be able to hang the pictures in different places without causing havoc. Oh yeah, I almost forgot, tidying up is not my thing. Here are some of the most important works, so that you can get an idea what I mean:
- a Clegg&Guttmann bookshelf, approx 3mx6m, with a library ladder;
- "Crystals" by Herbert de Colle, they should be left to lie around and could be shifted from time to time;
- a mirror by Jeff Koons (!) from the series with the comicshape - duffy! (a gift from him!);
- a soft pink toy animal with its bowels hanging out, approx. 5X3m by gelitin;
- 6 chairs and 1 table by Franz West
- „stray" a piece of paperwork by Chris Jones, it is a dog almost life-sized, very delicate, especially when considering Vera (cleaning lady) ;
- I'm especially proud of Jonathan Meese's life-sized bronze figure (priceless!);
- some 30 other works, which you could somehow include in your activities, if you have some good ideas.
Key words: art, art gallery, archives, storage, safety, artificial light/daylight, flexibility...

Mrs. Schwebisch
My husband and I run a natural cosmetics line. It all started when we both became extremely allergic to our increasingly toxic environment. Surprisingly, people weren't very sympathetic. That is why we decided to help ourselves. Meantime, our business is doing well and there is an increasing interest in our events and seminars. The circle of interested people now includes some 100 people. Now each of us needs an office that could be changed into a meeting room for both offices. For financial reasons, we could only afford to overlap our businesses in some areas, but not in all. The private part should be separate and really private, even if everything is connected in reality. We may possibly need one or two rooms for guests. We've already enquired about passive houses with controlled room ventilation. Is it true that you can't open the windows? On the other hand, it would be fine if the "fresh" air was filtered before coming into the house, because there's no fresh air in town anyway. And it would be ideal to install some sort of sound protection system, because we are both very sensitive to noise. Can that be done? And what is most important: everything must be easy to clean.
Key words: Passive house, noise, flexibility, working and living, indoor/outdoor relationship, cleaning...

The peripatetic
I write, even quite successfully, and I can make a living out of it, which, however, does not mean that you are allowed to cheat me. When I hold my readings, I am always asked how I find inspiration: "how did you ever come across that?" I am sick and tired of these questions. Life itself is my inspiration, but sometimes it turns out to be a source, which I call "indirect returns". "So, where did you get your brilliant idea?" makes me mad, too. So where do you think? Probably in the loo. But seriously, I need an environment that is background and foreground at the same time, stimulating, and just like a white sheet of paper. I have this habit of having to walk around when I think. Naturally, that is not very helpful when I want to write and that is why I speak to the i-phone and write it down afterwards, which is already something like a first correction. This technique is my little secret. I am only disclosing it, because I imagine that my walking is important for your considerations. It can also include going upstairs. I have nothing against climbing stairs, on the contrary. I have even heard that people who live in houses with steps live much longer and stay in better health. Unfortunately, my publisher, with whom I have a very good relationship, sits in a wheelchair, so the flat should be accessible for him as well.
Key word: for people with special needs, stairs, room as a source of inspiration...

M

Manifest
_____

Manifesto
2004

Architecture is science

Architecture is not art, otherwise we'd be called artists.
Architecture in its origin of course resembles art, the creative process, the sudden idea. Hence the misconception.
Architecture is always 3-dimensional, be it made of concrete or rags. Everything else is theory, first-stage, drawing.
In this 3-dimensionality, materiality of architecture, the senses are touched, i.e. the rag smells.
The aura, the „more", that distinguishes architecture from pure piled-up mass, can be compared to the beauty of the mathematic formula.

The engineer is the genius who breathes life and spirit into the machine

We are permanently working to catch this spirit and distill it into formulas, finding out the inherent will of the house. A conscious contrast to the traditional role of Architect as God whose will is imprinted on all he creates.

(from a manifesto for the exhibition „MEGA", Künstlerhaus, Vienna, 2002)

M

Masters of Space
2000

Die Serie zeigt eine Sammlung
von Sujets für T-Shirts für
Freunde

/

A collection of T-Shirt-subjects
for friends

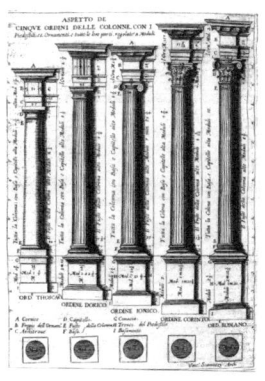

1) Vincenzo Scamozzi

2) Dresdner Zwinger

3) Myron Goldsmith

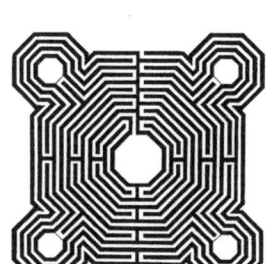

4) Labyrinth Reims

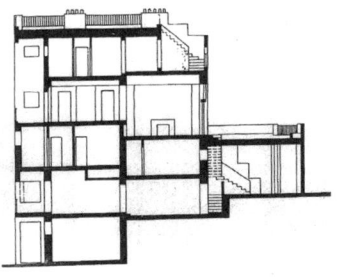

5) Adolf Loos

6) Frauenkirche Dresden

7) Friedrich Kiesler

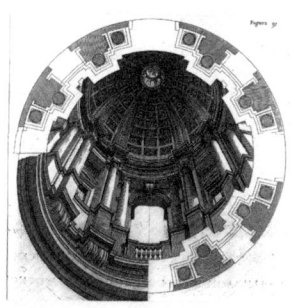

8) Andrea Pozzo,
S.Ignazio, Rom

9) Spanische Treppe, Rom

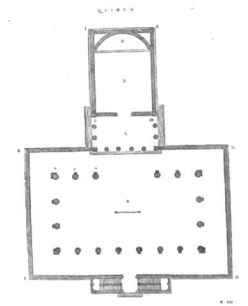

10) Daniele Barbaro,
Basilika in Fano

11) Popelka und Poduschka

12) Le Corbusiers Hand

M

13) Skidmore, Owings
& Merill, Chicago

14) Akropolis Athen,
Tempel der Athena Nike

15) Heratempel Paestum

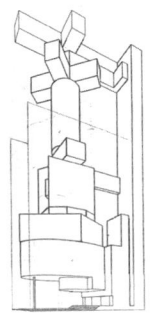

16) Friedrich Kiesler

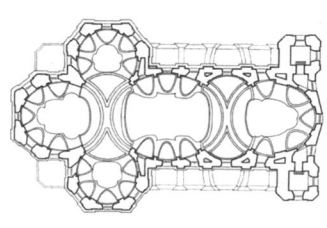

17) Vierzehnheiligen,
Balthasar Neumann

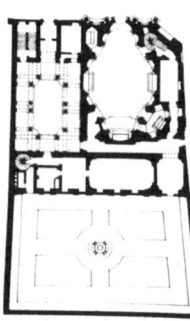

18) San Carlo alle quattro
fontane

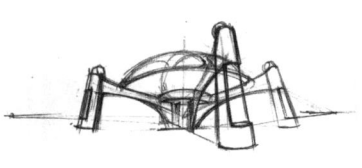

19) Ken Adam

20) Karl Schwanzer

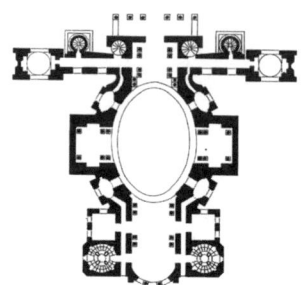

21) Karlskirche

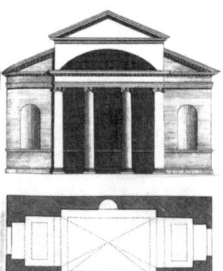

22) Isaac Ware,
Gartenpavillon

23) Stift Melk

24) Pietro Cataneo

M

Versuchsanordnung:
Zentrale Fragestellung:
Kann man in einem Gassenlokal gut wohnen?

Allgemeines Forschungsinteresse:

Wie stark lassen sich das Private und das Urbane kurzschließen?
Welche Effekte entstehen dabei?

Ausgangslage:
Im Vergleich zu anderen europäischen Städten weisen Wiener Bezirke bis heute einen relativ hohen Grad an Durchmischung in der Nutzung der großteils historischen Substanz auf. Dennoch haben die massiven wirtschaftlichen Entwicklungen der letzten 30 Jahre auch in Wien dazu geführt, dass viele kleine Geschäfte und Handwerksbetriebe schließen mussten oder abgewandert sind. Übrig bleiben sogenannte „Gassenlokale" in prinzipiell guter Lage, die meistens lange leer stehen oder deren neue Nutzer sich in rascher Folge abwechseln.

Hypothese:
In den letzten Jahren waren es vor allem Dienstleister aus den ominösen „kreativen Bereichen" wie Architektur, Design und Multimedia, die in die leeren Gassenlokale ziehen, um dort ihre hauptsächlich digitalen Gewerbe zu betreiben.
Unbestreitbar wurde dadurch Vitalisierungsschub für den Stadtraum ausgelöst.
Unklar und unerforscht bleibt bis dato allerdings die Frage, ob diese ebenerdigen Gewerberäume auch für die hochwertigste Nutzung (das Wohnen) geeignet sind.

Das Wiener Architekturteam ppag architects hat diese Frage im Selbstversuch ausgiebig getestet. Die namensgebenden Gründer des Büros Anna Popelka und Georg Poduschka wohnen gemeinsam mit ihrer Tochter seit 2000 in einem Gassenlokal in der Schadekgasse im 6. Wiener Bezirk.

ppag architects, Wien
Interview am 28.9. 2007

AP: Anna Popelka
GP: Georg Poduschka
CM: Christian Muhr

CM: Die Versuchsanordnung, die wir besprechen wollen, lautet:
Kann man in einem Gassenlokal wohnen?
Wie ist es zur Entscheidung, in ein Gassenlokal zu ziehen, und zu diesem Experiment gekommen?

AP: Vorher hatten wir unser Büro und die Wohnung im Dachausbau eines Gründerzeithauses. Diese Einheit lag im sechsten Stock ohne Lift und war daher sehr abgelegen und kaum erreichbar. Nach drei, vier Jahren in der Dachetage wollten wir unbedingt in den Stadtraum ziehen.

GP: Der unmittelbare Kontakt zur Stadt war unser Hauptmotiv. Im sechsten Stock sind die Straße und die Stadt auch gedanklich oft sehr weit weg. An diesem Gassenlokal sind wir immer wieder vorbeigegangen und haben es über einige Zeit beobachtet.

CM: Was war hier früher?

AP: Ein schrulliger Elektriker, der seltsame Einbauten wie Natursteinmauern oder

M 1:1

M 1:1

2007

Austellung:
"Architektur im Selbstversuch"
(Ausstellungbeitrag M 1:1
im Kunsthaus Mürzzuschlag,
Kurator Christian Muhr)
↗ Schadekgasse S. 182

/

Exhibition
"Architecture in a self-experiment" (Exhibition proposal
M 1:1 at Kunsthaus Mürzzuschlag, curator: Christian Muhr
↗ Schadekgasse P. 182

M

ein verstecktes, fensterloses Zimmer mit einem künstlichen Kamin hinterlassen hat. Auch ein anderes Architekturbüro hatte hier einen Ableger.

CM: Ihr habt das Lokal zunächst als Atelier verwendet?

AP: Nein, für uns war aufgrund unserer finanziellen und familiiären Situation mit einem kleinen Kind von Anfang an klar, dass Wohnung und Büro in unmittelbarer Nähe sein müssen. Nachdem dieses Objekt schon lange leer gestanden war, ahnten wir, dass es wahrscheinlich günstig zu haben wäre. Wir trafen auf nette Vermieter, die uns den Raum auch tatsächlich zu guten Konditionen überlassen haben.

Wir haben dann einen Kredit aufgenommen und als Erstes eine Platte eingezogen, die es erlaubt, auf insgesamt knapp 90m² Grundfläche unten ein Büro und oben eine Wohnung einzurichten. Als diese Galerie realisiert war, sind wir mit einem Satz umgezogen.

CM: Gab es ein Vorbild dafür? Kanntet ihr jemanden, der auch in einem Gassenlokal wohnt?

AP: Nein, wir hatten kein Vorbild und keine Vorerfahrungen. Als wir das erste Mal hier übernachtet haben, war ich deshalb sehr aufgeregt. Es war enorm spannend, beim Einschlafen erstmals die Geräusche von der Straße zu hören. Wir wussten ja noch nicht, ob das Experiment funktionieren würde oder nicht.
CM: Das Experiment verlief ja in zwei Etappen. In der ersten Phase habt ihr auf der Galerie gewohnt. Der Besucher in diesem Raum fragt sich natürlich unweigerlich: „Wie lebt man mit dem Sichtkontakt zur Straße und dieser besonderen Exponiertheit zur Stadt?"

GP: Wenn man zwei Meter über dem Gehsteig wohnt, gibt es das Problem mit der Einsicht nicht und in einem ebenerdigen Büro ist man Blickkontakt ja gewohnt. Außerdem war der Blick von der Galerie von Anfang an sehr toll, weil man sehr nah am urbanen Geschehen ist. Man sieht zum Park, man sieht die Köpfe der Menschen und bekommt Gesprächsfetzen mit. Für die vorbeigehenden Fußgänger ist man umgekehrt nicht präsent.

AP: Vorher war uns nicht klar, dass wir uns eigentlich oberhalb der allgemeinen Aufmerksamkeitszone befinden, die so etwa in Augenhöhe verläuft. Die Fenster des Wohnbereichs beginnen bei 2,5 Metern Höhe und die Leute schauen doch eher in Verlängerung des Straßenhorizonts und bleiben mit ihren Blicken deshalb meistens unter zwei Metern. Es hat sich im Laufe der Zeit gezeigt, dass wir uns beim Wohnen im Stadtraum gar nicht übermäßig abschirmen müssen. Direkte Blicke oder sogar Klopfen an die Scheiben sind lediglich am Anfang immer wieder vorgekommem, als wir das Parterre als Büro genutzt haben.

CM: Das heißt der Fahrradbote klopft ans Fenster, statt anzuläuten?

GP: Ja oder er fragt, ob wir etwas für jemanden anderen annehmen würden.

CM: Mit eurem Experiment betretet ihr tatsächlich Neuland. Habt ihr den Eindruck, dass diese Tatsache auch mit Wien zu tun hat, einer Stadt, in der offensichtlich niemand annimmt, dass ein Gassenlokal bewohnt ist und sich der Habitus der Neugier in dieser Form noch nicht entwickelt hat?

AP: Wahrscheinlich schon. Es rechnet einfach niemand damit, dass hinter den Fenstern, an denen jemand nachts vorbeigeht, andere Menschen schlafen. Wir haben diesen ehemaligen Gewerberaum bewusst gewählt, weil wir auf keinen Fall in einem klassischen Altbau wohnen wollten. Das Potenzial von Gassenlokalen, die mit knapp 4,5 Metern zweigeschossig ausgebaut werden können, hat uns hingegen sofort interessiert.

CM: In einer Stadt wie Amsterdam wird das offene Wohnen regelrecht kultiviert.

GP: Ich könnte mir vorstellen, dass sich Fußgänger in so einem Umfeld automatisch eher diskret verhalten und bewusst nicht hineinschauen, wenn jemand in Sichthöhe wohnt. Als wir mit der Wohnung ins Parterre gezogen sind, mussten wir plötzlich sehr darauf achten, die Jalousien zuzuziehen, weil diese private Szenerie für die Passanten natürlich sehr interessant ist. Fußgänger sind wirklich stehen geblieben, um die Nase an die Scheibe zu drücken und zu schauen.

CM: Habt ihr bei der Einrichtung mitgedacht, dass ihr temporäre Mitbewohner haben werdet, die Passanten sind? Habt ihr eure Wohnung auch als Auslage empfunden und genutzt?

AP: Nein, diese Situation war eher ein ungewollter Effekt. Im Privatbereich will man sich ja nicht exhibitionieren, sondern ungestört und unbeobachtet sein. Morgens vor dem ersten Kaffee ist auch der Kontakt mit den freundlichsten Passanten nicht willkommen. Deshalb haben wir reflektierende Folien auf die Fenster geklebt.

CM: Wie funktionieren diese Folien

AP: Sie sind an den Fenstern außen angebracht und funktionieren für die Städter wie ein Spiegel. Deshalb bleiben Leute davor oft sehr lange stehen, um sich zu begutachten. Man sieht allerdings nicht hinein, aber wir sehen hinaus. Man kann praktisch Fremden direkt in die Augen sehen und wird aber selbst nicht gesehen. Für uns funktionieren diese Folien wunderbar. Dadurch sind wir jetzt völlig privat.

CM: Ihr habt eine Privatheit, die kaum näher an der Stadt sein könnte.

GP: Wir erleben die Stadt wie einen Film. Das ist teilweise auch sehr amüsant, da wir auch Gesprächsfetzen und Geräusche mitbekommen. Manchmal gehen wir diese Konfrontation zwischen dem Privaten und dem Urbanen ja auch ganz bewusst ein: Es gibt vor der Tür einen Gasbock, über den wir manchmal einen kleinen Tisch stülpen, um mit Freunden dort etwas zu trinken oder zu essen. Es ist angenehm, weil sich das Geschehen nicht in unserer Wohnung, sondern quasi am Vorplatz abspielt. Dabei haben wir noch nie ungute Situationen erlebt. Im Sommer nutzen wir den Gehsteig gelegentlich als eine Art Garten.

CM: Du hast erwähnt, dass es dich interessiert herauszufinden, wo sich das Wohnen noch überall „durchfressen" kann. Welche Aufschlüsse bietet euer Selbstversuch für euch als Architekten?

AP: Unsere Erfahrung fließt zum Beispiel in das Projekt Europan6 ein. Dort haben wir versucht, die private und die kommerzielle Sphäre so dicht zusammenzupressen, dass sich ungewöhnliche, überraschende und belebende Effekte ergeben. Auch haben wir schon in unseren frühen Wohnexperimenten Häuser konzipiert, die auf einen Platz gepfropft werden können, wodurch wiederum interessante Wechselwirkungen zwischen Privaten und Passanten, dem Intimen und dem Urbanen entstehen.

GP: Ich bin überzeugt, dass wir einen Beitrag leisten zur Belebung der Gasse, eben weil wir manchmal draußen sitzen oder den Platz spritzen.

M

CM: Euer Experiment zeigt, wie sich Orte und Räume, die anfangs als unattraktiv galten, durch bestimmte Neunutzungen deutlich an Qualität gewinnen. Ihr habt auch demonstriert, dass vitalisierende Wirkungen entstehen, wenn beide Bereiche unmittelbar in Kontakt miteinander gebracht werden. Wo, würdest du sagen, liegen die Defizite im klassischen Altbau?

GP: Der Altbau erzeugt mehrere Effekte, die einschläfernd wirken.

CM: Während einen diese Wohnung wach hält.

AP: Die Situation hier besitzt ja auch mehr die Qualität eines Neubaus. Das sieht man zum Beispiel daran, dass unsere Verglasungen bis zum Boden gehen und nicht im Parapet versinken. Ein großer Anteil am Gelingen unseres Experiments verdankt sich ja der Qualität des Glases, wie man es heute bekommt. Dadurch lässt sich der Schall wegkoppeln und der Filmeffekt ungetrübt genießen.

CM: Das Projekt besitzt ja viel Phantasie gerade auch durch sein Potenzial für den Abtausch von Qualitäten. In diesem Sinne handelt es sich ja auch um eine intelligente Investition?

GP: Ja, wir haben eine Fläche gemietet und diese durch den Einbau der Galerie verdoppelt. Wir leben jetzt in einem hochwertigen Wohnraum zum Preis einer ehemals recht ramponierten Gewerbeimmobilie.

CM: Eure Wohnung bietet ja darüberhinaus eine Fülle kleinerer Experimente. Vielleicht könntet ihr kurz beschreiben, wie sich eure Lust am Experiment in der Wohnung sonst noch manifestiert?

AP Wir versuchen immer uns architektonisch an die jeweilige Lebenssituation anzupassen, was ständige Umbauten und Umgestaltungen erforderlich macht. Ein Aspekt, der mir dabei viel Freude bereitet und der ursprünglich aus reiner Geldnot entstanden ist, besteht in der Herausforderung, existierende Elemente immer wieder einzusetzen und diesselben Dinge bei jedem Umbau wieder zu verwenden. Die Verwandlung durchs Ambiente macht mir Spaß, besonders wenn man dabei nichts wegwerfen muss.

CM: Auch daran zeigt sich eure experimentelle Haltung, die ständig nach neuen Möglichkeiten Ausschau hält. Was geht hier aktuell vor?

AP: Wir haben in den letzten drei Wochen die Grundrissorganisation im oberen Bereich völlig umgedreht. Das Kinderzimmer ist jetzt doppelt so groß und wir haben im ruhigen, der Straße abgewandten Teil dadurch einen neuen Raum für uns bekommen.

CM: Gibt es auch Maßnahmen, die sich im Nachhinein als Fehler herausgestellt haben?

GP: Im Büro haben wir das Loch in der Galerie zugebaut, weil wir mehr Privatheit gebraucht haben. Sobald das Büro draußen war, haben wir sofort wieder aufgemacht, weil die 2,25 Meter auf der ganzen Fläche doch sehr beklemmend waren.

CM: Wie reagieren Bauherren, wenn sie euch hier besuchen?

AP: Wir haben in diesen Situationen eher versucht, den Eindruck zu erwecken, als ginge das Büro oben weiter. In dieser Hinsicht waren wir uncool. Heute werden in unserer Wohnung höchstens noch Prototypen von Möbeln präsentiert, die wir ja auch fürs Wohnen entwickeln. Außerdem bauen wir gerade einen kleinen Ofen für die Katze, an dem sie sich wärmen kann.

CM: Welcher Aspekt eures Experiments ist verallgemeinerbar?

GP: Man kann als normaler Bürger so wohnen, ohne Exhibitionist zu sein.

CM: Wie viel Zeit verbringt ihr hier?

AP: Täglich ab neun Uhr abends und am Wochenende. Seit einiger Zeit arbeiten wir hier weniger, obwohl die Wohnung voll arbeitstauglich ist. Inzwischen haben wir auch auf die Rollstühle verzichtet, die wir ursprünglich beim Esstisch im Einsatz hatten.

CM: Experimentierfreude in allen Lebenslagen.
GP: Ja, Wohnen ist für uns nicht Warten.
Eckdaten zum Projekt / Selbstversuch:

Projekttitel:
Wie nennen Sie das Projekt?
SH/schadekgasse

Ort:
Location / Adresse
An welchem Ort findet / fand dieser Selbstversuch statt?
Welches ist der primäre Schauplatz des Experiments?
1060 wien, schadekgasse 16/1, gassenlokal in gründerzeithaus, gegenüber flakturm esterhazypark

Zeitraum:
Wie lange war die Planungs-/ Entwurfs-/Konzeptionsphase?
ca1 monat

Wie lange dauert/e die Realisierung?
1.phase ca 2 Monate

Seit wann und wie lange läuft/lief dieser Selbstversuch?
seit 03/2000 - dauert an
permanent umbauten aufgrund geänderter bedürfnisse/neuer erkenntnisse

Wieviel Zeit verbringen Sie ungefähr an diesem Ort / mit diesem Projekt?
(Angaben in Stunden / Tagen /Jahren)
10h/tag

Beteiligte / Credits:
Wer war/ist daran noch beteiligt?
In welchen Rollen/ Funktionen/ Formen?
kurt frauendorfer, schlosser,
rigo liebentritt, glaser
ernst günter, allrounder

Dimensionen/Größenordnung des Projekts:
Grundflächen ca. 90m^2
Bebaute Flächen
Nutzflächen durch Einbau einer Stahlbetondecke ca. 160m^2 (!)

Verwendete Materialien:
Welche Materialen kommen bei diesem Selbstversuch hauptsächlich zum Einsatz?
Stahlbeton, Stahl, Gipskarton, keine Trittschalldämmung, rahmenlose Verglasungen,

M

Schaltafeln, Schultafeln, Spiegel, Spiegelfolie, Leinerkastln, Ikeakastln, Turnmatten, Schwimmbadversiegelung, Rest von Silberfarbe und Leuchtfarbe aus früheren projekten, Badeanzugstoff…

Verwendete Hilfsmittel:
Welches waren die wichtigsten Instrumente/Hilfsmittel, die bei diesem Projekt verwendet wurden?
imagination

Kosten:
Was waren die Kosten dieses Experiments (Baukosten)?
ca € 80.000.-
Wie hoch war der Preis dafür?
hoher persönlicher Einsatz

Welche Ressourcen wurden eingesetzt?
Kredit

Risiken:
Gibt es Nebenwirkungen? Wenn ja, in welcher Form?
Wurden „Spätfolgen" beobachtet? Wenn ja, in welcher Form?
das ganze ist im fliessenden wandel, folgen werden immer wieder korrigiert und von neuen folgen abgelöst.
erkenntnis, dass es gut möglich ist auf gassenniveau unter wahrung höchster privatheit zu leben. profit für die wohnung von der straße. umgekehrt profitiert die straße von der wohnung.

Effekte:
Wer profitiert von Ergebnissen und Erkenntnissen dieses Selbstversuchs?
wir und in weiterer folge die architekturwelt

ppag architects
wurden von Anna Popelka und Georg Poduschka 1995 gegründet. Das Büro ist heute in einem transparenten Gassenlokal untergebracht, hinter dessen Scheiben rund ein Dutzend MitarbeiterInnen an einem weiten Aufgabenspektrum werken, das von objekthaften Möbeln für den öffentlichen Raum bis zu städtebaulichen Konzepten reicht.

Als gleichermaßen nachgeborene Modernisten und Pop-Artisten überrascht und überzeugt die Architektur von ppag achitects durch ihre charakteristische Spannung aus Strenge und Spiel, Reduktion aufs Wesentliche und Reichtum an Varianten, intellektueller Analyse und habitueller Lässigkeit.

/

Experimental set-up:
central question:
is a street-level shop suitable for residential purposes?

General research interest:

to which extent can the private and the urban be short-circuited?
What effects will this have?

Situation at the outset:
in comparison to other European cities, Viennese districts still exhibit a relatively high

level of mixed use of chiefly historical buildings. Still, the huge economic development of the last 30 years have also lead to the fact that in Vienna, many small shops and tradesmen have had to close down or move elsewhere. What has remained are so-called street-level shop premises in principally viable locations, which either remain empty for a long time, or where users change frequently.

Hypothesis:
In recent years, service providers from ominous "creative areas" such as architecture, design and multimedia have been moving into these empty shops in order to pursue their mainly digital trades.
There is no doubt that this has triggered a bout of revitalisation in the urban area.
It has yet remained unclear and unexplored if these ground level premises would also be suitable for high-quality residential use.

Viennese architecture team ppag architects has now thoroughly examined this question in a self-experiment. Anna Popelka and Georg Poduschka, who gave the firm its name, have lived together with their daughter in shop premises at 6, Schadekgasse since 2000. Viennese District.

ppag architects, Vienna
Interview on 28th September 2007

AP: Anna Popelka
GP: Georg Poduschka
CM: Christian Muhr

CM: The experimental arrangement we would like to discuss is as follows:
"Are shop premises suitable for living in?
Why was the decision made to move into shop premises and to carry out this experiment?

AP: In the past, our office and the flat were located in the loft of a gründerzeit building. This unit was located on the 6th floor without an elevator and was therefore rather isolated and not easily accessible. After three or four years of living in that loft, we urgently wanted to move into town.

GP: Our main incentive was to have immediate contact to the urban area. Living on the sixth floor means that the street and the town are often very far away. We'd passed by this shop many times and began to observe it for some time.

CM: What had been there in the past?

AP: An eccentric electrician who had left behind peculiar things like natural stone walls or a hidden windowless room with an artificial fireplace. Another architectural firm had run a branch here as well.

CM: Didn't you use the premises as a workshop first?

AP: No, for us it was clear from the beginning that our financial and family situation with a small child would mean that our working place and living place would have to be in close neighbourhood. Since this object had been empty for quite some time, we hoped that it would be cheap. We met the landlords, who are very nice and who let the premises to us at a very decent price.

We then took a loan and the first thing we did was to insert a slab which allowed us

M

to install an office below and a flat above covering a total area of almost 90m2. As soon as this gallery was installed, we moved in straightaway.

CM: Did you have some sort of model for it? Or did you know someone who lived in shop premises?

AP: No, we neither had a model, nor any experience. When we slept there for the first time, I was naturally very excited. It was really fascinating to hear the street noise when falling asleep. And we didn't yet know if the experiment would work.
CM: The experiment consisted of two stages. In the first stage, you lived on the gallery. Visitors to this room naturally want to know: How do you experience exposure to the street and the street view?

GP: Because the flat is 2 meters above the pavement, you don't have a problem with people looking in, and as far as the office on the ground floor is concerned, you get used to being seen from the street anyway. Besides, the view from the gallery was lovely from the start, because you are really close to urban life. You can see the park, people's heads and can hear parts of their conversations. On the other hand, passers-by do not notice us.

AP: Before, we had not realised that we were somewhat above the general attention zone, which runs approx. at eye-level. The lower edge of our windows is at 2.5 m above street level. People tend to look in street direction and they rarely look above a height of two meters. Time has shown that it is not necessary to overly protect ourselves from the urban environment when living in our flat. People peering through or even knocking on the windows happened once or twice in the beginning, when we used the ground floor as an office.

CM: That means, the cycle messenger knocks on the window instead of ringing the door bell?

GP: Yes, or he asks if we would be so kind to accept a parcel for someone else.

CM: So your experiment was ground-breaking. Do you have the impression that this fact has also to do with Vienna, a city in which nobody assumes that shop premises are lived in and that curiosity in that sense has not yet developed`?

AP: Yes, probably. Nobody would expect anybody to be sleeping behind shop-windows that you walk by at night. We chose these shop premises because we didn't want to live in a classical historical building. By contrast, the possibilities of altering shop premises with a height of 4.5 meters into split-level units attracted us immediately.

CM: In a city like Amsterdam, open living is traditional.

GP: I can imagine that in an environment like this, passers-by would behave discretely as a rule and not stare through people's windows. When we moved to the ground floor, suddenly we had to make sure that the blinds were closed, because our private sphere is of natural interest to passers-by. And passers-by really stopped to stare through the window to see what we were doing.

CM: When you furnished these premises, did you expect to have passers-by as temporary flat-mates? Did you ever see or use your flat as a shop-window?

AP: No, this situation happened to be a side-effect. In your private sphere, you don't want to exhibit yourself, you prefer to have your peace and quiet and remain inconspicuous. In the morning before breakfast, we don't want any contact with the friend-liest of passers-by. That is why we attached mirror foil to the windows.

CM: How does this foil work?

AP: They are fixed to the outer window panes and reflect the passers-by like a mirror. That is why lots of people stop and look at their reflections for a long time. However, they cannot see us inside, but we can see them. You can look people in the eyes without them noticing you at all. We greatly appreciate this foil. It safeguards our private life.

CM: You have a private life that could hardly be closer to town.

GP: We experience the city like in a movie. To some extent this is even amusing, because we are able to hear parts of conversation and other noises. Sometimes we consciously get involved in this confrontation between the private and the urban: There is a gas cabinet in front of our door which we sometimes put a little table on in order to have a drink or eat something with friends. This is pleasant, because life moves from inside to outside, to the space in front of the shop. Until now, we haven't experienced anything negative. In summer, we sometimes use the pavement as a kind of garden.

CM: You mentioned that it would be interesting to find out where living could "eat into" other areas. What are the findings of your self-experiment as architects?

AP: Our experience for example flows into the Europan 6 project. There we tried to compress the private and commercial sphere so strongly that there have been some extraordinary, surprising and vibrant effects. And we've already designed houses in our former living experiments which can be grafted onto a square, thus generating interesting interplay between the private and passers-by, the intimate and urban.

GP: I am convinced that we can contribute towards enlivening the street, exactly because we sometimes sit outside or clean the front area.
CM: Your experiment shows how initially unattractive places and spaces can be up-graded and gain new quality by reusing them. You've also demonstrated that vitali-sing effects appear, when both areas have direct contact to each other. Where would you define deficiencies in classical historic buildings?

GP: Historic buildings generate several boring effects.

CM: While this flat keeps you on the alert.

AP: The situation here is definitely comparable to living in a new building. You can see for example that our glazing reaches the floor instead of disappearing in the parapet. A major part of the success of this experiment is due to the quality of modern glass. It shuts the sound off and we can watch the film just like a silent movie.

CM: This project exhibits much imagination due to its potential for exchanging quali-ties. In this sense, it is an intelligent investment, isn't it?

GP: Yes, we rented a surface and doubled it by building in the gallery. We now live in a high-quality dwelling at the price of a somewhat derelict former shop premises.

CM: Moreover, your flat offers a plethora of minor experiments. Could you describe in a few words what other experiments you carried out in the flat?

M

AP We always try to adapt ourselves architecturally to the living situation in question, which involves continually rebuilding and redesigning things. This is something I love doing and that initially became necessary because of our tight budget, being a challenge to reuse existing elements and things for every conversion. The transformation caused by the alterations is real fun, especially since you don't have to throw anything away.

CM: This also shows how experimental you are, always seeking new possibilities to change things. What are you doing at the moment?

AP: Over the past three weeks, we have completely overturned the ground plan organisation on the upper level. The children's room is now twice as big as it was and we have thus created a new room for ourselves at the back of the house.

CM: In hindsight, are there any measures you regret?

GP: In the office, we closed the hole in the gallery, because we needed more privacy. As soon as the office was moved, we reopened the gallery, because the 2.25 m height across the whole area felt rather unpleasant.

CM: How do visiting clients react to your accommodation?

AP: We always tried to pretend that we were running the office upstairs and downstairs. In that respect we weren't cool at all. Today we only present prototype furniture in our flat, which we design for living purposes. Besides, we are just building a small oven for the cat, so that it can warm itself.
CM: Which aspect of your experiment could be generalised?

GP: You can live here as a normal citizen, without being an exhibitionist.

CM: How much time do you spend here?

AP: Everyday from nine p.m. and the weekends. For quite some time now we've not been working as much here, although the flat is suitable for working in. Meanwhile we have stopped using our office chairs that we originally used at the dining table.

CM: Keen to experiment in all stages of life.
GP: Yes, for us, living doesn't mean waiting.
Key project /self-experiment data:

Title of project:
What is the name of the project?
SH/schadekgasse

Place:
Location / address
Where does / did this self-experiment take place?
Which is the primary scene of the experiment?
1060 vienna, schadekgasse 16/1, shop premises in a gründerzeit building, opposite the flak tower esterhazypark

Period:
How long was the planning/ design/ conception stage?
approx. 1 month

How long did it take to realise the project?
stage 1, approx. 2 months

Since when and how long has this self-experiment been going on?
since March 2000 - is still continuing
continuous rebuilding due to changing needs/new findings

Approximately how much time do you spend here/ on this project?
(indications in hours/ days/ years)
10 h/day

Participants/ credits:
Who was and is still participant?
In which roles/ functions/ forms?
kurt frauendorfer, mechanic,
rigo liebentritt, glazer
ernst günter, allrounder

Dimensions/ size of project:
Floor area: approx. 90m^2
Built surfaces
Effective floor area through installation of a reinforced concrete floor of approx. 160 m^2 (!)

Materials used:
What materials were mainly used in this self-experiment?
Reinforced concrete, steel, plasterboard, no impact-sound insulation, frameless glazing, formwork, blackboards, mirrors, mirror foil, Leiner cabinets, Ikea cabinets, exercising mats, swimming pool sealing, remainders of silver paint and luminous paint from former projects, bathing suit material...

Materials used:
Which tools/ auxiliary means used in this project were the most important?
imagination

Costs:
What did this experiment cost (construction costs)?
approx. 80,000 euros
At what cost?
great personal effort

Which resources were used?
a loan

Risks:
Are there any side effects? If so, in which form?
Were any long-term effects observed? If so, in which form?
everything is changing, effects are repaired as they appear and are followed up by new effects.
conclusion that it is quite possible to maintain a high level of privacy on the street level. the flat benefits from the street and vice versa.

Effects:
Who benefits from results and conclusions of this self-experiment?
we do, and therefore, so does the architectural establishment

M

ppag architects
was founded in 1995 by Anna Popelka Georg Poduschka. Today, their firm is accommodated in transparent shop premises, behind the windows of which some dozen members of staff work on a broad spectrum of assignments, ranging from furniture objects for public space to urban development concepts.

Being both post-modernists and pop artists, PPAG architecture surprises and convinces by way of its characteristic interplay between rigour and playfulness, reduction to the essential and wealth of variants, intellectual analysis and habitual laissez-faire.

Material

Material
2009

Anfrage aus der Holzindustrie

/

Request from the timber industry

Anna Popelka

Holzfußböden:

Jeder Boden ist uns im Prinzip gleich recht,
hängt vom Einsatz ab (PA2, Industrieholzaufbau, Holzdecken und Wände, beschichteter Estrichboden als Kompensation/Umkehreffekt zur Konvention)

Materialechtheit im loosschen Sinne der klassischen Moderne = für uns kein Kriterium mehr

Authentizität gibt's sowieso nicht, Holz ist nur authentisch, wenns im Wald steht, ein Brett ist eigentlich schon extrem unauthentisch …

Das Printen (=Laminat, Fliesen) ist im Prinzip ok, eigenartig dass man als Motiv nur auf Holz kommt und nicht auf andere Muster.
Wobei der „Wärme" ausstrahlende Charakter auch vom Laminat geleistet wird. Ist eher anregend, dass es Fliesen gibt, die optisch Holz simulieren, mit eben der Einsatzmöglichkeit als Fliese.

/

Timber floors:

in principle, all floors mean the same to us. It depends on the mode of application (PA2, industrial timber construction, timber ceilings and walls, coated screed as compensation for/reverse effect of convention)

material authenticity in Loos's sense of classical Modernism = no longer a criteria for us

There is no such thing as authenticity anyway. Wood is only authentic as a tree in the forest. A wooden board is already extremely inauthentic...

Printing (= laminate, tiles) is principally ok, but it is odd that people only imagine wood as the only appropriate material, without considering any other patterns.
Although laminate is also able to radiate warmth.
I think it is inspiring that there are tiles that optically simulate wood, while being able to be used as a tile.

VON DER IDEE ZUR MATERIALISATION
VERANSTALTUNG AUF INITIATIVE FERDINAND SCHMATZ – IN DER ALTEN SCHMIEDE,
JUNI 2004, Teilnehmer: Ferdinand Schmatz, Hansen Loewe, Beat Furrer, Popi

ev. ausholen,

was ist die architektonische situation:
a. entsteht in einem bestimmten kontext,
existiert aber vergleichsweise lange,
braucht für ihre entstehung verhältnismäßig lange,
und ist verhältnismäßig aufwändig (im vergleich zu einem bild),
das alles mag für literatur und musik auch noch gelten,
a. entsteht meist unter vielen unterschiedlichen, extrem komplexen bedingungen und einflüssen
(das beginnt bei den beteiligten personen vom ag (er ist ein mitspieler und bekommt etwas bes-
seres, als er sich je vorstellen konnte) – konsulenten und firmen, gesetze, physikalische, materielle bedingungen etc.etc.)
architektur ist also lebenslang (von der idee bis zur materialisation) einflüssen ausgesetzt

zur realisierung der idee ist planung notwendig, was notwendigerweise noch nichts mit architektur zu tun hat. Der generative prozess

Daraus kann man schon schließen, dass architektur niemals gleich ist, niemals 2x vorkommt,
das mag erklären, warum unter eigentlich gleichen bedingungen (z.B. wettbewerb) unterschiedlichste produkte herauskommen
architektur ist immer prototypisch und neu,
es gibt soviele ideen wie häuser.

nun gibt es 2 ziemlich unterschiedliche herangehensweisen an die architektur und wege mit dieser situation umzugehen: die eine, die herangehensweise des schöpferarchitekten, fußend auf
dem selbstbewusstsein des architekten das richtige zu tun, entwickelt ein fertiges bild, sozusagen unabhängig von einer (feindlichen) außenwelt, das folglich durch einfluss nur mehr zerstört
werden kann.
Die andere des architekten mit dem selbstverständnis eher einer (hoffentlich alles registrieren-
den) schaltzentrale geht von der handhabung eines abstrakten systems aus, mit spielregeln,
indem einflüsse und (auch unvorhergesehene) player willkommen und notwendig sind.
Achtung vor den nutzern, vorstellung von den sich im raum bewegenden personen

verwandt dazu der entstehungsmythos : habe ich das haus entworfen, also ausgedacht, oder war
es schon da, ich habe es nur gefunden, das haus wird wie es werden muss/will,
(die im raum schwirrenden informationen haben es schon formuliert,
es muss nur noch ausgespuckt werden) ich helfe ihm dabei
(mittels meines seismografischen architektensensoriums),
ich denke mir also nicht einfach ein haus aus
das dann unweigerlich meine handschrift trägt ...
(„… einen schlechten song schreibt man, einen guten song findet man")

Im einen fall ist die idee etwas fixes, im andern etwas prozessbegleitender zusammenhaltender
inhalt, der dauernd etwas miteinbezieht oder ausschließt, einem ständigen optimierungsprozess
unterworfen ist.

Im einen fall etwas an die persönlichkeit gebundenes,
im andern fall etwas herumschwirrendes, das man nur aufzunehmen braucht, (so werden ideen
ja von mehreren leuten je nach reichweite der information gleichzeitig aufgenommen, oder das
problem der avantgarde, eine idee ist verfrüht, ein paar jahre später reüssiert sie)

M

die idee an sich ist abstrakt, eigentlich frei, vom gedanken der nützlichkeit unbefleckt, überfunktionell (was trotzdem hervorragend funktionieren kann), in sich (wenn auch tautologisch) stimmend, ein eigener Organismus, wie eine mathematische formel.
setzt also sehr hoch an,

Der zulässige bzw. gewollt als mittel aufgenommene einfluss auf die reine idee ist aber keinesfalls mit verwaschenheit oder beliebigkeit oder konzeptioneller unschärfe oder einer eigenartigen form von mitbestimmungsarchitektur zu verwechseln, es ist also eher so, dass die bildungs-/spielregeln für das haus derart abstrakt sein können dass sie durch einflüsse bereichert und nicht zerstört werden
die umnutzung einer kirche in ein theater ist eher ein beweis, keinesfalls eine widerlegung dieser aussage

und am ende soll architektur, die mehr sein soll als die addition der primitiven erfüllung von forderungen, rauskommen.

der weg von der idee zur materialisation, der vielbeschworene generative prozess,

Beispiele – eine gute idee kann man in einem satz erzählen – bildungsgeschichten:

PRN ↗ Praterstraße S. 156
vollproportion von räumen, d.h. kleiner raum niedrig, großer hoch oder lang,
funktionen kommen dann tetrisartig darin zu liegen,
entscheidung 6 etagen alle 2,50 hoch oder ...
ich kann in einer kirche tanzen
und in einer tankstelle wohnen,
(ev. sogar besser, also freier weil nicht vordefiniert,
wir haben für bestimmte wohnzonen wohnfremde begriffe
wie schwimmbad, kanzel etc. quasi als befreiungsschlag
vom zimmer/küche/kabinett-mief eingeführt)

MQ-möbel ↗ Hofmöblierung MQ S.94
Auftraggeber: machts was, keine konkrete idee;
innewohnende mathematisch-kombinatorischen fähigkeiten von anfang an fertig gedacht, im modell simuliert, die alle im MQ im freien erdenklichen nutzungen (vom sitzmöbel, über tisch, theke, stellungen für kinder, bis, gestapelt, zum haus) leisten; sie sind immer da wo sie gebraucht werden, wanderungen bestimmen die nutzer
in der ganzen mathematisch-kombinatorischen möglichkeit von anfang an fertiggedacht, im modell (technisch) gleich gebaut wie in wirklichkeit)
Ein möbel kann alles im freien im MQ erdenkliche, vom sitzmöbel über laufsteg, theke, etc. bis, gestapelt, zum haus,
werden durch die benutzer laufend weiter gedacht

PTI
ein bild: ich möchte morgens schräge treppen hinunterlaufen
finde die mathematische formel für die daraus resultierende wohnungsordnung
(vor-rücksprünge, Stützenstellung) das haus entsteht, die fassade überrascht,
sie entsteht aus der konsequenz des vorherigen ohne gestaltendes zutun
abstrakte reinheit – sichtbare formel

SÜDBAHNHOF
stadtbild wien prinzip blockrandbebauung - die gebäudehöhe kommt aus dem lichteinfall
den jeder raum zu bekommen hat, gebäudehöhe und straßenbreite bedingen einander also, monotonie
was machen wir? – wir setzen ein hohes neben ein niedriges haus, dann wieder ein hohes usf.

die straße beginnt sich in der folge zu weiten und zu schließen, eine neue qualität
zu den bekannten langen straßenschluchten, eine art neuer öffentlicher raum

AU_EU ↗ Europan S. 30
Wahrer städtebau!
Städtebau=nicht architektur!
im städtebau produziert oft eine art primitivstädtebau, dem nur die augen fehlen,
keine echte vorstufe die verschiedenste architektur zulässt sogar fördert:
Lösung vom mitteleuropäischen prinzip der blockbebauung hin zu einer freien verteilung
der baumassen auf grundstücken.->neues bildungsprinzip, eine vom erwünschten tageslicht
(z. B. mittagssonne am 21.3. und 21.9.)abgeschliffene kubatur erzeugt letztlich
kommunizierende qualitäten zwischen nachbarschaften

EIRA
willkür (aus erfahrung)_ Geschäfte/Amt/Büros/Wohnungen im sandwich übereinander
es gibt breite Verbindene treppen die im Stock darüber einen luftraum haben
und nicht die nächste treppe, d.H. die treppe wandert im grundriss,
der grundriss wandelt sich darurch, ebenen werden räumlicher verzahnt,
als wenn an ein stiegenhaus nach oben zieht

WM/SDK
willkür (aus erfahrung), beschluss die innenkubatur = aussenkubatur,
oder für jede wohnfunktion eine himmelsrichtung

MQE
kraftübersetzung; die countertheke wird durch prognostizierte ströme von besuchern
und angestellten geformt, von außen und innen durchlöchert, ausgehölt,
poesie der anmutung des absurden klaviers

WAP ↗ Wohnen am Park S. 220
Städtisches prinzip mittelgang

TR ↗ Traisengasse S. 208
idee und spielraum:
abhängigkeit vom auftraggeber, der sagt keine maisonetten,
alle wohnungen gleich übereinander...
da kann ich sagen nein oder:
jede der „gleichen„ wohnungen mit den gleichen fenstern bekommt sie an anderer stelle,
durch die anhäufung der kleinen verschiedenheiten wird jede wohnung anders.
die kleinen fenster sind bei der inszenierung fast behilflich
unser klassizistischstes werk

KDAG
neufindung aus verwendung von readymades

CARLBERGER
normalerweise liegen in schulen die klassen am gang,
wir wollten ganglose klassen die an beiden seiten nach aussen schauen,
das machte die erfindung eines erschließungssystems notwendig bei dem die klassen an gängen
aufgefädelt sind,
zwangspunkt normklasse (7 x 9 x 2,8 m) neu interpretiert.
idee wo beginnt sie?
ich könnte ja auch das weiter gehen und das schulsystem in frage stellen

M

ELAV ↗ Electric Avenue MQ S. 88
wann ist die idee zu ende materialisiert?
electric avenue-nie zu ende

WK ↗ Klimawindkanal S. 78
Ideengemeinschaft!
Normale nutzung aluanzüge!

beamer oder bilder hochhalten als diskussionsbeitrag falls worte fehlen

wo passieren die ideen?
die avantgarde passiert heute in den kleinen büros und nicht mehr auf den schulen,
zumindest für den teil, der architektur mit einer wann auch immer realisierung definiert

--->>>
„interpretierender apparat"/rezipient, wer ist das, kritiker, konsumenten oder beide?

kritik im bereich architektur: unvisionär, angstvoll, machtgierig,
behauptet objektivität, was ja das langweiligste überhaupt ist...

dagegen z.B. hansen-löve, lektüre die einem fast inspirierter und kraftvoller
erscheint als das beschriebene objekt,
eine auffassung von kritik/behandlung eines werks als schaffen eines eigenen neuen
übergeordneten werkes, mit eigenem feuer, der eigenen einbildungskraft,
mit der selbstverständlichen handhabung der tatsache dass wahrnehmung selektiert,
ob die werke das versprochene halten ist 2.-rangig,
interessant ist die konstruktion,
evansartiges vorgehen ...

konsumenten: es gibt den rezipienten nicht, dazu müsste ja jemand rezipieren,
es gibt höchstens mehr oder weniger gebildete leute, die die übersetzung dessen
was anzuhören, anzuschauen, zu lesen wäre schon oder noch nicht gelesen haben.
die übersetzung wird vom kritikermarkt (aus den zutaten kleingeist und machtgier)
angeboten der ausfiltert was rezipiert werden soll.
„underground" als regulativ der etablierten kultur wird transformiert, gebleicht
und aufgesogen, das bedürfnis unter den konsumenten aufzuspüren, der erste zu sein gibt es nicht.
SCHMATZ:
durch formulierung der gleichzeitigkeit zur wirklichkeit im schreiben,
momentaufname der komplexen wirklichkeit
mittel: er-sie-ich sind die dendriten
zwischendurch verse um zu zeigen dass diese oder diese form auch egal ist.
alles geschriebene ist schweinerei -> freiheit des ausgangspunkts
kalauer sind auch nicht verboten
die bedeutung ist nicht mehr schwanger

LEXIKON DER KUNST
SPRACHE MACHT GEWALT

/

FROM THE IDEA TO MATERIALISATION
EVENT IN ALTER SCHMIEDE ON FERDINAND SCHMATZ'S INITIATIVE, JUNE 2004, Participants: Ferdinand Schmatz, Hansen Loewe, Beat Furrer, Popi

etc.

What is the architectural situation:
a. evolves in a certain context,
however, it exists for a comparatively long time,
it needs a relatively long time to come into being
and is relatively complex (compared to a picture).
This may also apply to literature and music,
a. mostly evolves under many different, extremely complex conditions and influences (starting with participating persons from ag - he is an actor and will get something much better than he ever thought - consultants and firms, laws, physical and material conditions, etc. etc.).
Architecture is also exposed to lifelong (from the idea to materialisation) influences.

Design is necessary to realise the idea, which does not have anything to do with architecture yet.
The generative process

From this, one can already conclude that architecture is never the same twice,
that there are never two equal things,
which explains why, given the same conditions (e.g. competition), different products emerge.
Architecture is always prototypical and new,
there are as many ideas as houses.

Now there are two quite different approaches to architecture and ways to deal with this situation:
the first, the approach of the creator-architect based on the architect's self-confidence to do the right thing, develops a complete image, which is, as it were, independent of a (hostile) exterior world, which subsequently can only be destroyed by influence.
The second is that of the architect who regards himself rather as a hub (which hopefully records everything). This is based on using an abstract system with rules, in which influences and (also unexpected) players are welcome and necessary.
Be careful of the users, how people move within the space!

Related to it is the creation myth: did I design the house, i.e. figure it out, or was it already there and I only found it? The house will become what it must or wants to
(we have already spoken about information whizzing around the room,
now it only needs to be coughed up). I will help it
(by means of my seismographic architect's sensory perception).
So I don't just imagine a house that inevitably bears my signature...
("... a bad song is written, a good song is found".)

In one case, the idea is something fixed, in the other, it is a process-related cohesive content that is permanently including or excluding something and is subject to a continuous optimisation process.

In one case, it is something connected to the personality, in another, it is something that whizzes around, that you only need to capture (as ideas are captured simultaneously by several people according to the range of dissemination, or the problem of avant-garde, when an idea comes too early and turns out to be a success a few years later).

the idea itself is abstract, exempt from thoughts of utility, hyper-functional (which can still work excellently). It is right in itself (albeit tautological), an organism in its own right, just like a mathematical formula.
it therefore has high pretensions,

the admissible or accepted influence - intentionally considered as a means - on the pure idea should, however, not be confused with fuzziness or arbitrariness or conceptual blurring, or a peculiar form of participative architecture. It is thus rather a case of educational rules/rules of the game being so abstract for the house, that they can be enriched and not destroyed by influences.

M

transforming a church into a theatre rather proves than refutes this assertion,
and in the end architecture should amount to more than the sum of fulfilling primitive requiremen

the way from the idea to materialisation, the much-advocated generative process -

examples - a good idea can be told in one sentence - bildungsgeschichten:

PRN ↗ Praterstraße P. 156
full proportions of spaces, i.e. small room = low, big room = high or long,
functions then drop down an can be fitted like Tetris,
decision 6 floors, each 2.50 high or...
I can dance in a church
and live in a petrol station,
(even better, i.e. freer, since not predefined,
we use alien concepts for certain living zones
such as the swimming pool, pulpit, etc., as if it were a coup
of escape from the bad room/ante-room/kitchen vibes)

MQ-furniture ↗ Hofmöblierung MQ P. 94
Client: do something, but I've no exact idea what;
inherent mathematical-combinative skills from the beginning to the end, simulated as a mo
that perform all possible outdoor uses at MQ (from seating furniture, table, counter, to arran
ments for children, stacked up as a house); they are always there where they are needed, us
determine the itinerary.
mathematical-combinative possibility is designed in its entirety, the model having been (tec
cally) constructed just as in reality.
Furniture can be anything outdoors at mq: from seating furniture to catwalk, counter, etc., stac
up as a house,
the users continually develop them.

PTI
an idea: in the morning, I would like to run down slanted stairs
find the mathematical formula for the practical layout of the flat resulting from it.
(offsets and recesses, position of supports), the house comes into being, the façade surprises
it evolves from the consequence of the previous without design intervention;
abstract purity - visible formula.

SÜDBAHNHOF RAILWAY STATION
cityscape Vienna, principle: perimeter block development - building height is determined by li
incidence to which each room is entitled to, building height and street width are interdepende
therefore monotonous.
what should we do?-we place a high house next to a low house, then a high house again and
forth. as a result, the street begins to widen and to narrow, a new quality
in comparison to the usual long urban canyons, a kind of new public space.

AU_EU ↗ Europan P. 30
True urban design!
Urban design=not architecture!
urban design often produces a primitive kind of urban design, where only the eyes are missin
no precondition which would allow for or enhance diverse architecture:
saying farewell to the Central-European principal of block development, towards a free distribution
building volume to building sites.-> new formation principle, a volume shaped by daylight as desi
(e.g. midday sun on 21st March and 21st September) ultimately generates
communicative qualities between neighbourhoods.

EIRA
arbitrariness (from experience)_ shops/administrative functions/offices/flats stacked on top of each other
there are broad connecting stairs with free space on the floor above
and not the next staircase, i.e. the staircase shifts on the ground plan,
the ground plan changes accordingly, levels are indented,
as if pulling the staircase upwards

WM/SDK
arbitrariness (from experience), decision that internal volume = external volume
or a direction for each living function

MQE
power transmission; the counter is shaped by the prognosticated flows of visitors
and staff, is perforated from outside and inside and hollowed out ,
poetry of the absurd piano's impression

WAP ↗ Wohnen am Park P. 220
urban principle of central corridor

TR ↗ Traisengasse P. 208
idea and sufficient room:
dependency on the client who says, no maisonettes,
all flats to be stacked...
I can say no or:
each flat with the same, but differently placed windows
each flat differs due to the accumulation of minor differences.
the little windows are almost helpful for this staging
our most neo-classical work

KDAG
new definitions based on using ready-mades

CARLBERGER
in schools, classrooms are normally next to the corridor,
we wanted to create corridorless classrooms which would have views to the outside on both sides, which meant that it would be necessary to create an access system in which the classrooms
would be "threaded" onto corridors;
forced point: standard classroom (7x9x2.8m) re-interpreted.
where does the idea begin? I could go even further and question the education system

ELAV ↗ Electric Avenue P. 88
when does the idea fully materialise?
electric avenue-never ending

WK ↗ Klimawindkanal P. 78
Idea-sharing community!
Normal use of alu suits!

hold beamer or images up as a contribution to the discussion if you cannot describe it in words

where do ideas happen?
today, avant-garde happens in little firms and no longer in schools,
at least for the part that defines architecture by realisation, whenever that may be.
--->>>

M

"interpreting apparatus"/recipient, who is that, critics, consumers or both?

critique in the area of architecture: non visionary, fearful, greedy for power,
maintains being objective, which is the most boring of all...

on the contrary e.g. hansen-löve, the reading of which appears almost more inspiring and powerful than the described object,
an attitude of critique/dealing with a work by creating a new
higher-ranking work with its own fire and its own imagination,
given that perception selects;
whether works keep their promises, is less important;
what counts is the construction.
evans-like procedure...

consumers: there is no such thing as a recipient, for somebody would have to receive,
there are only more or less educated people, who have not yet read
the translation of what should be heard, looked at and read.
translation is offered on the market of critics (ingredients: pettiness and greed for power)
that filters what should be received.
"underground" as a regulative of established culture is transformed, bleached
and absorbed, there is no need for tracking down consumers or being the first.
SCHMATZ:
through the formulation of simultaneousness to the reality of writing,
snapshot of complex reality
means: he-she-it are the dendrites
in the meantime: verses, in order to show that this or that form is all the same.
everything written is a mess --> freedom of the starting point
jokes are not forbidden either
meaning of importance is not heavy any more

ENCYCLOPEDIA OF ART
LANGUAGE CREATES POWER

Mathematik
Mathematics
1998

Die Mathematik hilft uns bei der Erstellung der abstrakten Struktur, die aus dem Selbstverständnis von Architektur als Organismus und nicht aus „entworfenen" Einzelteilen kommt.

Informatik ist die Wissenschaft der systematischen Verarbeitung von Informationen, Architektur auch.

Aber Architektur ist noch viel mehr.

/

Mathematics helps us to elaborate an abstract structure coming from architecture's self-concept as an organism and not from singly "designed" elements.

Informatics is the science of systematic processing of information, architecture, too.

But architecture is much more than that.

M

Mehr ist mehr
Maximalistische
Architektur

More is more
Maximalistic
architecture
1999

Ausstellung Forum Stadtpark,
Graz 1999
/
Exhibition Forum Stadtpark,
Graz 1999

———

Ähnlich wie beim method acting der Schauspieler schlüpft der Architekt je nach gestellter Aufgabe in die dazu passende Rolle und wird vom Wurstsemmelkonsumenten über Nacht zum Haubenkoch.

Die 24/7-Beanspruchung durch die Architektur fördert oder fordert beinahe eine produktive Verflechtung des gesamten Alltags mit den architektonischen Fragen: Das Puppenhaus von Tochter Andrea im Barbie-Maßstab wird zum Komfortnachweis für ein Studentenheim-Projekt benutzt und die Playmobilmannschaft der 4-jährigen Ava prüft die Benutzbarkeit der Tische im Bildungscampus.

So wird das Material des Alltags zum Modell und zur Methode. Das funktioniert genauso im Maßstab 1:1. Bereitete sich Robert de Niro auf seine Rolle in Raging Bull durch das Anfüttern zahlreicher Pfunde vor, agierten wir den hohen kulinarischen wie architektonischen Anspruch beim Projekt Steirereck durch die Zubereitung von Saibling in Bienenwachs aus.

/

Similar to method acting on stage, the architect adopts a role according to the assignment, changing overnight from being a fast food consumer to a superior chef.

The strain of working 24hrs 7 days a week in the field of architecture, facilitates or requires a productive indentation of everyday life with architectural issues: the Barbie scale doll's house of daughter Andrea is used to test the comfort of a students' lodgings project, and little Ava's Playmobil team tests the usability of school tables on the campus.

Thus, everyday material becomes model and method. This works exactly as on a 1/1 scale. Just like Robert de Niro put on a lot of weight for his role in Raging Bull, we acted out the high culinary and architectural demands in the Steirereck project by preparing a salvelinus trout in beeswax.

method acting

method acting

1) Model im Barbie-Maßstab
Barbie scale model

2) Playmobilmannschaft
Playmobil team

3) Saibling in Bienenwachs
Salvelinus trout in bee'swax

1)   2)   3)

M

Von: PPAG Anna Popelka [mailto:popelka@ppag.at]
Gesendet: Donnerstag, 15. April 2010 12:58
An: ,susan.kraupp@tugraz.at'
Cc: .GEORG
Betreff: AW: vortragsreihe ende oktober 2010

Liebe Susan, spät aber doch eine erste reaktion,

Ich bin mir nicht sicher ob ich alles verstanden habe, aber es geht doch um eine Gegenüberstellung der Methodiken von Dichtkunst und Architektur, dazu einige erste Gedanken: In der Architektur verwenden wir (ppag) viele Methoden, wir erarbeiten sie oft nur für ein einzelnes Projekt. Die Methode ist (zumindest in unserer arbeit) immer eine art Abstanderzeuger zwischen der Person des Architekten und der von ihm geschaffenen Architektur, eine Abrücken von der rein emotional-intuitiven Herangehensweise des Schöpferarchitekten. Deshalb Anwendung von holperalgorithmen, stricken im städtebau, usw

Die anscheinend pragmatische Meinung zur Architektur von Schopenhauer ist heute zumindest überholt wenn sie je wahr war. Für mich ist die Essenz der Architektur eindeutig überfunktional, abstraktes Spiel, es passiert eine Evolution die eher etwas organisches hat (ein organismus erfüllt zugegebenermassen auch Funktionen, in dem Sinn Blume nährt Biene, aber Blume ist auch einfach schön, das ist es, vergleichbar mit der schönheit einer mathematischen formel.) Die funktionelle, pragmatische Ebene, das Nützliche ist nicht grundsätzlich und von anfang an bestimmend. (was keinesfalls bedeutet dass einer freien Blödsinnigkeit dann Nützlichkeit eingeimpft werden soll.) Der Zauber im Berufsalltag ist dass herunterfallen von hoch oben und Alltagsnormalität sich letzten endes treffen. Dass die Architektur allgemein so pragmatisch gesehen wird, ist ein lang entstandenes Phänomen (Vitruv: Architektur in einem Topf mit Kriegsmaschinen-Festungsanlagen) und wird ungeschickterweise von den Architekten weitergepflogen. Ist ja irgendwie auch einfacher über Budgets zu reden als über den grundsätzlichen Wert.
In unserer (ppag) Arbeit kommt das nichtnützliche, in pragmatischer hinsicht nicht optimierte (nicht die dünnste stütze), maximalistische im Gegensatz zur reduzierten Auffassung der Moderne (-> overworking der moderne, das wär auch ein interessanter Ausflug!) überall vor, auch aus gründen der Erhöhung von Freiheit, der möglichkeiten, ein freiboxen quasi. Wenn ich mir aussuchen kann ob die stütze dick oder dünn ist, werde ich vielleicht auf eine tiefgründigere Fragenebene stossen. Darum geht es doch auch, dem freiheitsbegriff dennoch Würde zu verleihen.

Die Nachahmung der alten ist sowieso widerlegt in notwendigkeit + unvermeidlichkeit des Neuen, als Mühle der geschichte, heute ist anders als morgen und gestern, weil ewig grüsst nicht das murmeltier ;-)), aber wir sind ja nontraditionalisten und vatermörder

Von der Komplexität her, der vielfachen Information und Attacke auf vielfache Rezeptoren im Menschen, der emotionalen und geistigen Ebene, sind Dichtkunst und Architektur gut vergleichbar. Vom aufgeladenen Gehalt einer Zeile oder eines Gebäudeelements.

Sonderung und Bricolage sind additive Begriffe, ev. ist zu simpel, architecture ist nicht anhäufen von material, die Architektur ist, auch in einfachen Fällen, orchestraler, komplexer, entsteht aus einem Netz von Umständen und Ursachen aus unterschiedlichen Bereichen die sich wiederum aufeinander auswirken, rückwirken.

Defamiliarisation ist mir auch zu bewusste technische Handlungsanleitung, da fällt mir aber ein gutes Beispiel dazu ein: Ein Haus von -> Weichlbauer/Ortis, wo Stiegen als Geländer eingesetzt sind z. B., passt vielleicht aber auch zu Bricolage oder Cutup?, die haben sicher eine Website.

ferner ev.:

Architektur ist das Phänomen: vorher war da nichts, danach ist da was. (Ist beim Gedicht natürlich auch so) Architektur hat einen längeren Prozess, was bedeutet dass laufend Einflüsse das System vielleicht komplett umbauen, der Dichter ist natürlich auch Einflüssen während des Schreibens eines Gedichtes ausgesetzt, aber vielleicht nicht programmiert?

Architektursprache und Sprache, was kann sprachlich erfasst werden, was kann eine literarische darstellung, das erzählen eines hauses mittels einer geschichte?

„Als die einfachste und richtigste Definition der Poesie möchte ich diese aufstellen, dass sie die Kunst ist, durch Worte die Einbildungskraft ins Spiel zu setzen."
Das Zitat ist natürlich schön weil es den Adressaten nicht nur als passiven Rezipienten sondern als über den Empfindungsapparat aktiven Gestalter hereinnimmt. Was die Kunst ja eh immer schon macht, die Architektur erst neuerdings.

Das leere feldkapitel hab ich nicht verstanden glaub ich.

Ich weiss nicht ob wir zu deiner veranstaltung was beitragen können Susan, falls du das für möglich hältst, können wir gerne einmal eine Sichtung unseres Materials machen. Mir fällt da zb ein Vortrag zum Thema Architektur und Forschung ein wo wir sehr unterschiedliche Methoden zeigen, beginnend von der speziellen Darstellung des Problems, der Fragestellung, dem Herauskristallisieren der Frage...

Das wärs mal geschwind fürs erste, Ich geb zu, ich hab den überblick verloren ;-) liebe grüsse anna

/

From: PPAG Anna Popelka [mailto:popelka@ppag.at]
Sent: Donnerstag, 15. April 2010 12:58
To: ,susan.kraupp@tugraz.at'
Cc: .GEORG
Re: AW: vortragsreihe ende oktober 2010

Dear Susan, better late than never, a first response -

I'm not sure if I've understood everything correctly, but I think it is about a confrontation of methods used in poetry and architecture, to which I would like to present a few ideas: In architecture we (ppag) employ many methods which we often elaborate only for one single project. This method is (at least in our work) always a kind of distance-creator between the architect as a person and the architecture created by him or her - a shift away from the pure emotional-intuitive approach of the creator-architect. This is why we use stumbling algorithms and knit in urban development, etc.

Schopenhauer's apparently pragmatic opinion of architecture is today, at least, outdated, if it had ever been true. For me, the essence of architecture is clearly purely functional, an abstract play, a somehow organism-related evolution happens (admittedly, an organism also fulfils functions, in the sense that flowers feed bees, but the flower is also lovely per se, that is it, comparable with the beauty of a mathematical formula). The functional pragmatic level, the useful, is not principally determining from the beginning (which, however, does not mean, that a liberal folly should be injected with utility). The magic of everyday working life is that falling from high above and everyday routine meet in the end. That architecture is generally regarded in such a practical way, has a long tradition (Vitruvius: Architecture in the same breath with war machinery - fortifications) that has unfortunately been continued by architects. Sure - it is somehow easier to talk about budgets than about principal values.
In our (ppag) work, the non-useful, in practical terms non-optimised (not the thinnest support), the maximised as opposed to the reduced understanding of Modernism (-> overworking Modernism, that would also be an interesting excursus!) is present everywhere, also because of enhancing freedom, possibilities, a kind of freeing oneself. If I could choose between a thick or thin support, I would probably encounter a more in-depth level of problems. And that is what it is all about in the end: to still give dignity to the concept of freedom.

Imitating the old has been refuted anyway through necessity + inevitability of the new, as a mill of history, today differs from tomorrow and yesterday, because there is no Groundhog Day in reality ;-)), but, you see, we are non-traditionalists and parricides.

M - N

Judging from complexity, the multitude of information and attacks on man's many receptors on the emotional and intellectual level, then, poetry and architecture are quite comparable. About the charged content of a line or a building element.

Segmentation and bricolage are additive terms, it might be too simple. Architecture is not an accumulation of material, architecture is also in simple cases, orchestral, more complex, emerges from a network of circumstances and causes from different areas that affect each other and have mutual repercussion.

De-familiarisation has become a conscious technical modus operandi for me. A good example: a house by -> weichlbauer/ortis, where stairs are employed as banisters, would perhaps also fit into bricolage or cutup? they have a website, for sure.

Furthermore, possibly:

architecture is the phenomenon: before there was nothing, and afterwards, something is there. (It's the same with poetry, of course). Architecture is a longer process, which means that continual influences may completely change the system. The poet is of course also subject to influences when he writes a poem, but perhaps it is not foreseeable?
Architectural language and language - what can be gathered by means of language, what is a literary representation capable of? Can it tell a house by means of a story?

"As the simplest and most correct definition of poetry I would like to formulate this one, that it is the art of bringing imagination into play by means of words."
This quotation is naturally nice, because it not only includes the addressee as a passive recipient, but as a designer who is active via his or her senses. As art has always done anyway, whereas architecture has followed only recently.

I think I didn't understand the chapter about the empty field.

I do not know if we can contribute to your event, Susan. But if you still think so, we would be happy to enable you to check our material. I'm thinking of a lecture on the subject of architecture and research, where we present completely different methods, starting from a special presentation of the problem, the question and how the answer could emerge...

That's all for the time being. I must admit that I've lost control ; -) All the best, Anna

Neutral

Neutral
1998

Neutral-egal
Oberösterreichische
Kulturvermerke 23.10.98
Impulsreferat

/

Neutral-all the same
Oberösterreichische
Kulturvermerke 23/10/98
Keynote presentation

Ich spreche über das Thema berufsspezifisch. d.h. ich spreche über den neutralen Raum in der Architektur. ob/auf welche Weise er auftritt, und ob gute Architektur überhaupt neutral sein soll. Das wird deswegen aber kein Architekturvortrag.
Gebautes wirkt auf den Menschen.

I'm talking about the subject in terms of profession, i.e. I'm talking about a neutral space in architecture. If/how it appears, and if good architecture should be neutral at all. This will, however, not end up in a lecture on architecture.
Buildings have an impact on people.

Ich zeige Ihnen ein paar relevante Beispiele, die diese Wirkung - neutral oder speziell - illustrieren sollen. In der Architekturdiskussion heute ist der neutrale Raum ein bekannter Begriff. Viele Spielarten des Minimalismus bedienen sich seiner — auf viele Weisen. Der Ansatz kommt u.a. aus dem Dilemma des Planers in einer Zeit ohne Rückhalt durch einen Stil: Stellen Sie sich vor: Einer soll für viele wissen, was das Richtige ist, wo wir doch alle verschieden sind.

I will show you some relevant examples that illustrate these - neutral or special - effects. In architectural discourse today, a neutral space is a known concept. Many kinds of minimalism make use of it - in many ways. Amongst others, the approach stems from the dilemma of the designer at a time without any safe terrain or style: just imagine: one person should make decisions for others, in spite of the fact that we are all quite different.

Kunsthalle am Karlsplatz / Krischanitz – innen atmosphärisch neutral Die Architektur tritt in den Hintergrund, für uns gerechtfertigt, wo es um die Aufgabe des Museums / Austellungshalle geht. Außen an ein Industriegebäude in der Vorstadt erinnernd, entspricht sie der städtebaulichen Qualität des von Verkehr durchkreuzten Karlsplatzes. mittlerweile durch Gewöhnung normal.

Kunsthalle Karlsplatz / Krischanitz - atmospherically neutral inside. The architecture is neutralised, which is justified for us, since it is about a function pertaining to a museum/ exhibition hall. Its exterior being reminiscent of an industrial building in the suburbs, it corresponds to the urbanistic quality of the busy and traffic-flooded Karlsplatz. Got used to it meanwhile.

Wohnbau Graz-Strassgang / Riegler Riewe - nutzungsneutral
Wechselnde soziale Strukturen werden durch eine variable Raumstruktur bewältigt. Durch individuelle Nutzung der verschiedenen Optionen entsteht Identifikation. Kommunikation wird ermöglicht, nicht erzwungen. Das Gebäude als Ganzes ist alles andere als neutral.
Pygmäenbeispiel

Housing development Graz-Strassgang / Riegler Riewe - neutral function
Changing social structures are mastered by a variable spatial structure. An identification process is triggered by using the different options individually. Communication is enabled, not enforced. The building as a whole is all but neutral.
Pygmy example

Café im MAK / Hermann Czech – Anekdote: Architekten aus dem Ausland stehen im kleinen Café und fragen, wo denn das kleine Café ist. Die Architektur (und mit ihr der Architekt) tritt in den Hintergrund und befreit damit auf gewisse Weise den Benutzer. Kein Aufsehen zu erregen, ist Programm. Bewusst manieristische Arbeitsweise, Architektur der Partizipation, Miteinbeziehung/ Verwendung von Bekanntem, Zufälligem, Schiachem, Ungereimtem, Banalität wird überhöht. Die Leistung des A. verlagert sich von der Erfindung von Originalen zu ihrer Anwendung, lapidar, nicht fortschrittsinteressiert, Beliebigkeit gegen falsche Eindeutigkeit (der Moderne) Spiegel-Loos, Aufmerksamkeit fürs Konkrete und Unsichtbare, bewusste Ambiguität, einziges Kriterium ist Sachlichkeit.

Café im MAK / Hermann Czech - anecdote: architects coming from abroad are standing in the small café asking where the small café is. The architecture (and with it, the architect) fades into the background, thus freeing the user in a certain way. The programme is to avoid any fuss. Consciously mannerist way of working, architecture of participation, including/ using the known, coincidental, nasty, odd, the trivial is elevated. The architect's performance shifts from discovering the original to its use, lapidary, not interested in progress, arbitrariness towards false unambiguousness (of Modernism), mirror-Loos, attention for the concrete and the invisible, conscious ambiguity, the only criterion being sobriety.

N

Wohnbau Ödenburger-Straße / Heidulf Gerngroß - normal
Form ist, was gebraucht wird. Der doppelt hohe Wohnraum hat schon den Träger drinnen, auf den später Bretter für ein zusätzliches Zimmer draufgelegt werden können.

Housing development Ödenburgerstraße / Heidulf Gerngroß - standard
Form is what is needed. The double-heighted living space already contains the beam onto which floorboards are to be later placed for an additional room.

Hyatt Regency vermutlich Atlanta / Portman – benutzerneutral, Unverbindlichkeit, Anonymität amerikanischer Developergebrauchsarchitektur, zu allem und für alle passend, Normalität als Ziel und Gratwanderung zum Banalen.

Hyatt Regency, probably Atlanta / Portman - neutral function, non-obligatory, anonymity of American developer consumer architecture, which fits everyone and everything, normality as target and walk on the precipice of the trivial.

Cap Canaveral – reine Zweckbauten, mit dem einzigen Ziel eine Rakete ins Weltall zu schießen, die aber durch die Besonderheit des Zwecks und dessen rätselhafte Abläufe eine starke Ausstrahlung besitzen

Cape Canaveral - purely functional buildings with the sole aim of shooting a rocket into space, which, incidentally have a powerful aura due to their specific function and mysterious procedures.

The Hague City Hall / Rem Koolhaas z.Z. der Welt bekanntester Architekt
Beschäftigt sich mit dem Neutralbegriff in der x-large Dimension, ortet die Stadt ohne Eigenschaften als gegenwärtige Realität der Stadtentwicklung weltweit und als Chance. Die klassische Stadt gehört der Vergangenheit an. Paris kann nur pariserischer werden – das Charakteristische wird zur Bremse. Die gesichtslose Stadt, frei von historischen Verpflichtungen und von der Verpflichtung zur Aufrechterhaltung des Zentrums (Stadtteil Lippenbekenntnis) befreit, verfällt in ihrer Entwicklung in eine anarchische, unplanbare Dynamik. Die Konvergenz der modernen Stadt weicht einer Divergenz, die erst gar nicht mehr versucht die Dinge in den Griff zu kriegen: Infrastruktur: Bangkok hat 3 verschiedene abgesegnete Verkehrskonzepte, möge das stärkere gewinnen)
Flughafen,
Kriterium: Verzicht auf alles Funktionslose, ästhetisch Freistil, Planung/ Stadtplanung irrelevant, enormes Tempo in Planung und Verwirklichung. Nicht mehr Anwendung von Prinzipien, systematische Anwendung von Prinzipienlosigkeit. Verspiegelte Fassaden als Multiplikation des Nichts. Hotel-Hauptgebäudeart
Oxymoron der enormen Ballung von Besonderheiten, der ekstatischen Abwechslung, einer Übersättigung, die in Summe Neutralität erzeugt.
Venedig, N.Y.

The Hague City Hall / Rem Koolhaas, currently the world's most famous architect.
He is interested in the concept of neutrality, x-large, perceives the city without qualities as a current reality of urban development worldwide and as a chance. The classical city belongs to the past. Paris can only become more Parisian - the characteristic becomes an obstacle. The deadpan city, free of historical responsibility and from the obligation to maintain the city centre (district lip service)... in its development, falls in a state of anarchic, chaotic dynamics. Convergence of the modern city gives way to divergence that no longer tries to master situations in the first place:

Infrastructure: Bangkok has 3 different approved traffic concepts, let's hope the best one wins.
Airport,
Criterion: omitting all that is functionless, aesthetical free style, design/ urban design irrelevant,
high speed in planning and realisation. No longer applying principles, systematically being unprincipled. Mirrored façades as a multiplication of the void.
Main type of hotel building
An oxymoron of the enormous agglomeration of peculiarities, of ecstatic variety, oversaturation,
which in sum produces neutrality.
Venice, N.Y.

Vertreter und Gegner und trotzdem Vertreter der klassischen Moderne / Funktionalismus, die das
letzte große Stilübereinkommen in der Geschichte darstellt, innerhalb dessen auch so etwas wie
Neutralität durch die Verwendung derselben Mittel durch viele passiert. Hochleistung innerhalb
der reduzierten Aufgabe möglich, alle ziehen an einem Strang. Mies/ konstruktive Reduktion,
der Raum lässt keine Fragen mehr offen, Zurücknahme des Persönlichen. Der Entwurf passiert
als negativer Ausleseprozess. Er erreicht Fehlerlosigkeit, schwer widerlegbar/kritisierbar. In dem
Sinn gut, als wenig schlecht.
Wir sagen: warum nicht mehr?

Representatives and opponents who still represent classical Modernism / functionalism, representing the last great agreement on style in history, within which something happens that is similar
to neutrality by use of the same methods by many. High performance within the reduced assignment is possible, everyone pulls together. Mies/ constructive reduction, all questions regarding
space are solved, restraint of the personal. This design happens as a negative process of selection. It achieves flawlessness, is hard to refute/ criticise. In that sense it is better than less bad.
We say: why not more?

Guggenheimmuseum N.Y. / Wright: Ausstellungsraum 2, sehr speziell, das Programm ist Einzigartigkeit, eine fast gewalttätige, z.T. funktionelle Idee (man rollt wie eine Flipperkugel von oben
durchs Ausstellungsgeschehen nach unten) dominiert den Raum, und wird nur leicht relativiert
durch die Erinnerung an eine Straße, die Parkhausdynamik.

Guggenheim Museum N.Y. / Wright: exhibition room 2, vey special, the programme is unique, an
almost violent, partially functional idea (you roll like a pinball from top to bottom through the exhibition) dominates the space and is only slightly reduced by resembling a street or the dynamics
of a car park.

la Tourette / le Corbusier
In einem Gebäude: die völlige Zurücknahme der Architektur in der Mönchszelle, sozusagen um
dem geistigen Raum Quartier zu bieten – und die Architektur setzt den Priester in Szene (Ando)

la Tourette / le Corbusier
In one building: complete discreteness of architecture in the monk's cell, quasi to offer shelter to
spiritual space - and architecture puts the priest on stage (Ando)

N

Kunsthalle Bregenz / Zumthor: Ausstellungsraum 3: total reduziert und doch nicht normal, das Programm der Reduktion ist so absolut durchgeführt, dass diese Beharrlichkeit spürbar ist, erst wieder zum persönlichen Statement wird; die Türschnalle, der Fehler geht einem irgendwann ab für die Normalität.

Kunsthalle Bregenz / Zumthor: exhibition room 3: totally reduced and still not normal, this programme of reduction has been carried out so absolutely that this persistence can be felt, and again becomes a personal statement; the door handle, the defect is somehow missing in terms of normality.

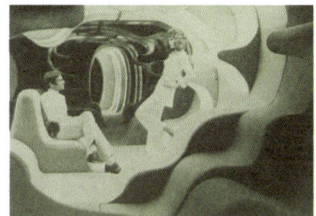

60er Jahre Innenraum: sehr spezielle Form provoziert auch eine sehr spezielle Nutzung, man legt sich eben so hin wie noch nie.

1960s interior: this very special form also evokes a very special use, you can lie down to rest as you've never done before.

Schrein des Buches, Jerusalem / Kiesler: Wie sieht dieser Gang neutral gelöst aus?
Kino

Shrine of the book, Jerusalem / Kiesler: What does this corridor look like when neutrally resolved?
Cinema

Arango residence, Acapulco 1973 / Lautner:
Sehr besonders, Extreme Individualiät, die den Bewohner mitreißt, James-Bond-Effekt, Katalysatoreffekt, eine Herausforderung an den Bewohner, die Idee des Schwimmbads als Brüstung macht das Haus.

Arango residence, Acapulco 1973 / Lautner:
very special, extreme individuality that fascinates the resident, James Bond effect, catalyst effect, a challenge for the residents, the idea of the swimming pool as a balustrade makes the house special.

Strömungstechnikinstitut in Berlin / Ludwig Leo: die Ehrlichkeit, die direkte Ablesbarkeit der speziellen Aufgabe, führt zu einer sehr speziellen Form, was aber sicherlich nicht aus dem Interesse an der Form, sondern aus dem Interesse an der Aufgabe kommt.

Institute of fluid technology, Berlin / Ludwig Leo: honesty, direct readability of the specific task, leads to a very special form, which does not result from the interest in the form, but from the interest in the task.

James Bond, Dr.No / Ken Adam:
wie sieht dieses Fluggerät neutral designt aus? Interessant durch die Suggestion geheimnisvoller Fähigkeiten.

James Bond, Dr.No / Ken Adam:
what does this aircraft look like when neutrally designed? Interesting, due to the hint of mysterious qualities.

Z-Wien Favoriten / Domenig: Spezialfall innerhalb des Speziellen: Der Raum des Künstlerarchitekten bemüht sich nicht mehr um Begründbares, sein ganzer Zusammenhang liegt in der Seele des Architekten. Die Sensation ist offen und muss vom Menschen ertragen werden. Aufsehen erregen ist Programm. (Hollein, Domenig, Coop H.)

Z-Wien Favoriten / Domenig: a special case within the special: the artist-architect's space no longer focuses on causality, its whole context lies in the architect's mind. The sensation is manifest and has to be borne. The programme is to arouse attention. (Hollein, Domenig, Coop H.)

COOP Himmelblau Frühwerk: Der Wunsch nach der Verschmelzung des menschlichen Lebensbereichs mit der Umwelt, nach Verflüchtigung von Architektur, kann auch als neutrales Konzept gesehen werden.

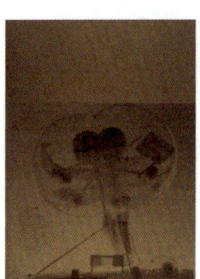

COOP Himmelblau's early work: the desire to blend the human sphere of living with the environment after architecture has evaporated, can also be seen as a neutral concept.

NEUBAU PRATERStraße WIEN / Popelka / Poduschka

Kommt aus der Arbeitstechnik der euphorischen Suche nach dem Besten, nicht nach Fehlern. Kommt aus einer sehr spezifischen, unvoreingenommenen Raumauffassung, die sich aus der Vorstellung der sich bewegenden Menschen in einer Art Gedanken-Tetris entwickelt, die Räume haben räumliche Proportion, in die Funktionen dann umso passgenauer zu liegen kommen, das Raumspiel ist natürlich nicht unabhängig von Randbedingungen, dann wäre es ja unbrauchbar, es wird in dem Wissen über die funktionellen Anforderungen, die Bauordnung, die Statik, die Wirtschaftlichkeit gespielt. Herausfordernd, ein Kind, das in der Praterstraße aufwächst, hat eine andere Vorstellung von dem, was sein kann. Innen sehr speziell (weshalb bestimmte bereiche Arbeitstitel wie Kanzel, Schwimmbad bekommen), überfunktionell, (das Wohnen ist in diesem Paket sowieso inkludiert, die Räume bieten etwas darüber hinaus an), Außen ist das Spezielle folgerichtig sichtbar, spielt aber das Spielchen mit der Neutralität. Durch die Verwendung von Vollwärmeschutz, Putz, Spriessl-Geländer, gewolkten Fliesen schließt das Haus Freundschaft mit dem Gewohnten. Kalkulierte Unschärfe, um dem Konzept die Schärfe zu nehmen. Die Sensation ist verdeckt und muss nicht bemerkt werden. Aufsehen erregen ist nicht Programm. Absurdes ist der Ausgangspunkt, das Normale wird erreicht. Gute Architektur ist nicht neutral, gute Architektur bezieht Stellung.

NEW BUILDING PRATERStraße VIENNA / Popelka / Poduschka
Stems from the working technique of euphorically searching for the best instead of for errors. Comes from a very specific, unprejudiced conception of space, which has developed from the idea of homo mobilis in a kind of imagined Tetris sphere; the rooms have spatial proportions, in which functions can then be precisely fitted. Spatial play is of course not independent of marginal conditions, otherwise it would be useless. It is performed knowing about functional changes, building regulations, statics and economy. Challenging: a child growing up on Praterstraße has a different

N - O

idea of what could be. Inside: very special (that is why certain areas receive working titles such as pulpit or swimming pool), hyper functional, (living is included in this package in any event, these rooms, however, offer something more). Outside: the special is logically visible, but plays the little game with neutrality. By using upgraded insulation, rendering, banisters and clouded tiles, the house makes friends with the usual. Calculated fuzziness, in order to smooth the edges. Sensation is under cover and doesn't have to show up. The programme is to avoid arousing attention. The absurd is the starting point, the normal is achieved. Good architecture is not neutral, good architecture takes a standing.

Öffentlicher Raum 01

Public Space 01
2011

Anna Popelka

↗ Hofmöblierung MQ S 94

ÜBERLEGUNGEN ZUR BESPIELUNG DES ÖFFENTLICHEN RAUMS AM BEISPIEL MUSEUMSQUARTIER WIEN 2002 – 2011

Die Stadt braucht den Menschen als Akteur im öffentlichen Raum.
Um diesen Akteur zu gewinnen, braucht es ein starkes Angebot, das einerseits eindeutig, unverwechselbar und identitätsstiftend ist und doch auch die unterschiedlichen Bedürfnisse, Interessen und Nutzergruppen, Konsumenten wie Nichtkonsumenten, anspricht.
Ein Angebot, das möglichst wandel- und entwickelbar ist, das auf Aktualitäten eingehen kann, eine regelrechte Inszenierung / Choreografie, die über die Zeit arbeitet. Kontinuität, die sich immer neu präsentiert. Ein Angebot, das den Benutzer involviert, bei ihm Eigenaktivität und Erfindergeist stimuliert und dadurch Bindung erzeugt. Das Phänomen der Breitenwirkung, die Aufnahme der Idee ins öffentliche Bewusstsein und in unzählige private Fotoalben, ist Folge und Manifestation zugleich.
Am Beispiel des MQ Wien wird das Gesagte im Detail anschaulich gemacht. Viele verschiedene Konstellationen über den Zeitraum von 10 Jahren, Sitzlandschaften, Laufstege, Theken, temporäre Architektur und sinnfreie Skulpturen, inklusive Farbwechsel im jahreszeitlichen Rhythmus, geben den Leuten das Gefühl, eine vertraute Umgebung immer neu zu erleben und mitzugestalten.

/

REFLECTIONS ON HOW TO STAGE PUBLIC SPACE USING THE MUSEUM QUARTER VIENNA 2002 - 2011 AS AN EXAMPLE

The city needs people as actors in public space.
In order to attract these actors, we need a compelling offer, which is both unambiguous, unique and identity-building and which also addresses various different needs, interests and user groups - consumers and non consumers.
An offer that should be versatile and capable of development, and that can respond to current change, i.e. a proper staging/ choreography that works over time. Continuity that always presents itself afresh. An offer that involves the user, stimulating self-activity and inventive talent, thus creating a bond. The phenomenon of broad effect, the reception of the idea and its permeation into public awareness and into many private photo albums is both consequence and manifestation.
We use the MQ Vienna as an example to explain the above-mentioned in detail. Many different constellations during the course of a decade, seating landscapes, catwalks, counters, temporary architecture and sculptures free of sense including seasonal colour change give people the feeling of constantly reliving and reshaping a familiar environment.

O

U_mag
Gespräch mit Kathrin Kaufmann

KK: Seit fünf Jahren stehen die Enzis im Hof des Museumquartiers und sind nach wie vor ein durchschlagender Erfolg – bei der Onlineabstimmung zur diesjährigen Farbgebung wurden 141.000 Stimmen abgegeben. Warum sind die Enzis so beliebt?

AP: *Die Liebe ist gewachsen, sie war nicht von Anfang an da. Heute sind wir selbst verblüfft, wie sehr die Möbel, es sind ja am Ende nur Möbel, in das Wiener Leben eingeflossen sind.*

KK: Würden Sie rückblickend noch etwas am Design der Enzis verändern?

AP: *Wir würden es heute vielleicht anders lösen, da die Zeit vergeht und unser Horizont sich hoffentlich täglich ändert und wir die Architektur immer neu denken.*

KK: In einem Text zu den Enzis habe ich gelesen, sie hätten dem Hof des Museumsquartiers Atmosphäre verliehen. Können Möbel das wirklich leisten, Atmosphäre zu schaffen?

AP: *Absolut. Das, was wir in der Architektur unter anderem machen, ist eine Atmosphäre zu produzieren, die vorher noch nicht da war. Das passiert vom Möbel- bis zum Städtebau, wenn man so will. Jeder, der seine Möbel von Zeit zu Zeit umstellt, kennt den Effekt. Um es im speziellen Fall ein wenig zu erklären: Die Möbel sind eher großformatig und kamen von Beginn an als „Herde" daher, sie haben die Leere des Hofes (die ja auch eine bestimmte Stimmung transportiert) gefüllt. Die Erfüllung mit Leben durch die vielen draufsitzenden Menschen war dann die weitere Folge.*

KK: Was ist Ihre primäre Zielsetzung bei der Gestaltung von öffentlichem Raum?

AP: *Da gibt es kein Prinzip. Im speziellen Fall gab es eine Aufgabe, eben den leeren Höfen Aufenthaltsqualität zu geben. Es kann aber auch um Sicherheits-, Orientierungsfragen gehen etc. Grundsätzlich geht es nicht um Gestaltung in Form von Behübschung, sondern um Lösung von Problemen und letztlich Verbesserung des Lebens in nicht utilitaristischer oder funktionalistischer Art und Weise.*

KK: Die Enzis sind sehr vielseitig einsetzbar und örtlich ungebunden. Wie wichtig sind variable Nutzungsmöglichkeiten und Flexibilität bei der Gestaltung von öffentlichem Raum?

AP: *Kann man auch nicht prinzipiell sagen. Im speziellen Fall läuft das sehr gut, da man mit dem gleichen Modul unterschiedlichste Bespielungen und Anforderungen erfüllen kann. Das ist an diesem Ort gefragt. Einmal wird ein Laufsteg gebraucht, ein anderes Mal ein Auditorium oder, im Winter, ein geschlossener Komplex usw. Das spezielle Projekt lebt sicher auch davon, dass die Varianten immer wechseln und es praktisch keine Wiederholung gibt. Das hat auch eine dynamisierende Wirkung auf die Leute, dass sie mitleben, mittun wollen oder eben die neue Farbe bestimmen.*

KK: Öffentlicher Raum wird vor allem dann als urban und lebendig wahrgenommen, wenn er von unterschiedlichen Bevölkerungsschichten und zu unterschiedlichen Zwecken genutzt wird. Spricht das Museumsquartier nicht auch hauptsächlich eine junge, gut gebildete Schicht an?

AP: *Ja schon. Ich habe aber schon unterschiedlichste Typen auf den Möbeln beobachten können. Der wichtigste Faktor diesbezüglich ist dass man sie ohne Konsumzwang benutzen kann. Das ist sehr entscheidend dass wo alles was kostet, etwas umsonst ist.*

KK: Kann ein architektonisches Raumkonzept vielfältige Nutzung fördern?

AP: *Da bin ich sicher. Ich glaube eine gewisse formale Uneinordenbarkeit provoziert eine Freiheit der Nutzung. Es gibt ja z.B. Formen die sind historisch geprägt, provozieren eine einschlägige*

Benutzung. Die klassische Parkbank z. B. wird auch eher klassisch sitzend benutzt, die Möbel im MQ haben zwar entfernte Ähnlichkeit mit einem Sofa, sind aber doch in gewisser Weise abstrakt. Dementsprechend ist der Benutzer durchaus Erfinder seiner Benutzung (z. B. benutzen Kinder die Rückenlehne der MQ-Möbel als Rutschbahn, es gab schon situationistische Übernachtbau-aktionen, oder an der ETH Zürich wurde eine neue Nutzung als Fußballtor gefunden, das alles ging vom Nutzer aus).

KK: Großflächige Viertel- oder Stadtkernerneuerungen und neue Stadtteile wie beispielsweise die Hafencity in Hamburg scheitern oft daran, die neuen Räume mit Leben zu füllen. Liegen die Gründe dafür schon in der Planung?

AP: *Zu den von Ihnen genannten Entwicklungen kann ich nichts sagen, ich habe sie mir noch nicht angeschaut. So wie ich es kenne, hat das Scheitern viele unterschiedliche Gründe. Projekte auf der grünen Wiese, wie z. B. das Flugfeld Aspern in Wien und Umstrukturierungen historischer Viertel sind an sich schon sehr unterschiedliche Problemstellungen. Städte mit Lebensqualität sind lang gewachsen. Das kann man schwer gleichwertig innerhalb weniger Jahre aus nichts erzeugen. Der Trafikant an der Ecke, vielfältige Bezüge über Jahrzehnte mit ihrem emotionalen Potenzial gibt es nicht, und sowas entsteht dann auch nicht über Nacht. Zaha Hadid hat die Ent-wicklungen in Dubai bei aller Kritik als interessantes, weil untraditionelles Experiment bezeichnet. So kann man es auch sehen, eben etwas nie Dagewesenes zu schaffen. Städte wie Bukarest machen genau den Fehler, ihr spezielles vorhandenes Potenzial nicht zu nützen und mit einer intelligenten Neuentwicklung zu verknüpfen.*

KK: Sehen Sie generell einen Umdenkbedarf in der Planung von öffentlichem Raum? Wenn ja, in welche Richtung?

AP: *Die gegenwärtige Entwicklung ist meistens rückwärtsgewandt und konzeptarm. Mit dem Einsatz von historisch angehauchten Außenleuchten und gedrechselten Bänken wird Qualität behauptet. Und dann noch die gleiche überall auf der Welt. Wir haben alle schon bemerkt, dass der öffentliche Raum nicht „von alleine" wird, dass er genauso wie der gebaute Raum geplant, inszeniert und moderiert werden muss. Ein Gebiet neu zu definieren und gleichzeitig viel offen zu lassen ist sicher nicht leicht. Ich glaube generell, dass wir Planer Tools entwickeln müssen, die den unterschiedlichen Stadien von Stadtplanung und der Langfristigkeit der damit verbundenen Entwicklungen besser gerecht werden und nicht einfach nur veralten.*

I

U_mag
Interview with Kathrin Kaufmann

KK: The Enzis have been standing in the MQ courtyard for five years now and are still an enor-mous success. 141,000 people participated in this year's online voting on the colour scheme. Why are the Enzis so popular?

AP: Their popularity, which was not obvious at the beginning, has grown. Today, we ourselves are astonished how far this furniture - because after all, it is really only furniture - has become a part of Viennese life.

KK: In hindsight, would you alter anything in the design of the Enzis?

AP: We would probably do things differently today, because as time passes by, our horizon will hopefully change from day to day; thus we permanently rethink architecture.
KK: In a text about the Enzis, I read that they had given the MQ courtyard a special atmosphere. Can furniture really do something like this; create an atmosphere?

AP: Absolutely. What we do in architecture is to create an atmosphere that was not there before. This applies to anything ranging from furniture to urban design, if you like. Everyone who is involved in the process of shifting their furniture is familiar with the effect. Just let me explain this special case: this furniture is rather large-format and they appeared as a "flock" , filling the void of the courtyard (which also conveys a certain mood). Subsequently, the place was filled with life because there were many people sitting on them.

KK: What is your primary aim in designing public space?

AP: We have no particular principle. In this special case, it was our job to fill the empty courtyards with more quality for public use. But it can also involve security and orientation issues, etc. Basically, it is not just about design being a kind of decoration, but it is a solution for problems and eventually, improvement of life in a non-utilitarian or functionalist manner.

KK: The Enzis can be used in many different ways and not just site-specific. How important is versatile use and flexibility when designing public space?

AP: There is no one valid answer. In this special case it works very well, because you can respond to many different arrangements and requirements using one and the same module. This is what this place calls for. Sometimes, a catwalk is needed, and then, an auditorium or - in winter - a closed complex, etc. This special project also owes its success to constantly changing variants, which practically never repeat themselves. This also has a dynamic effect on people, that they experience and participate in, or perhaps just vote for a new colour.

KK: Public space is above all perceived as an urban and vibrant place, it is used by different social groups and for different purposes. Doesn't the Museum Quarter chiefly address the young and well educated?

AP: Yes, of course. But I have even seen other types of people using the furniture. The most important reason for this is that they can be used without being forced to consume them. It is crucial that in a place where you have to pay for everything, you can get something for free as well.

KK: Can an architectural space concept promote multifarious use?

AP: Oh sure. I think that a certain lack of ability to formally classify things provokes freedom of use. There are, as you know, historically determined forms, which provoke a certain use. The conventional park bench for example, is usually used as a seat, and although the pieces of furniture in MQ resemble a sofa, they are still abstract to some extent. Accordingly, the user is the inventor of how he or she uses things (e.g. children use the backs of the MQ furniture as a slide and there have even been some situational overnight shifting activities, or at ETH Zurich, they used them as a goal. All this was invented by users.).

KK: Large-scale district or city centre revitalisations and new city quarters such as Hamburg's Hafencity often fail, when it comes to filling new spaces with life. Do errors already happen in the planning phase?

AP: I don't want to comment on this particular case, because I've never seen it. As far as I know, failure can have many different reasons. Greenfield projects such as the Flugfeld Aspern in Vienna and restructuring historical quarters usually pose very different problems. Cities offering life quality have had time to grow, and this is something that you cannot create from nothing within a few years. The newsagent on the corner, or other different interrelations that have grown over the years with their emotional background cannot be created overnight. Zaha Hadid describes the developments in Dubai, despite all the criticism, as an interesting experiment, because it is something completely unconventional. Cities such as Bucharest are making the mistake of not using their specific potential and linking it to an intelligent innovative development.

KK: Do you see a general need to rethink when designing public space? If so, in which sense?

AP: The present development is backwards-looking and poor in concepts. Quality is feigned by using historically styled street lamps and turned benches. And, what is more, they are the same everywhere. It has become evident to us that public space does not evolve by itself and that it needs to be staged and guided just as built space. To redefine a zone and leave it largely open at the same time is not that easy. Generally, I think that we designers will have to develop tools that will better respond to different stages of urban design and the long- term developments linked to it, and not just simply let it get old.

Original
_____

Original
1986 (2011)

Brief anlässlich des Erscheinens des Sitzgurtes von Arch. Alejandro Aravena bei Vitra

/

Letter on the occasion of the official presentation of the seat belt by architect Alejandro Aravena at Vitra

Von: PPAG Anna Popelka [mailto:popelka@ppag.at]
Gesendet: Montag, 12. September 2011 11:28
An: vitra, fehlbaum rolf
Betreff: Sitzgurt

sehr geehrter Herr Fehlbaum,
meine Version des Sitzgurts, aus meiner Studienzeit (TU Graz 1986),
wollte ich Ihnen nicht vorenthalten
;)
mit freundlichen Grüßen
Anna Popelka

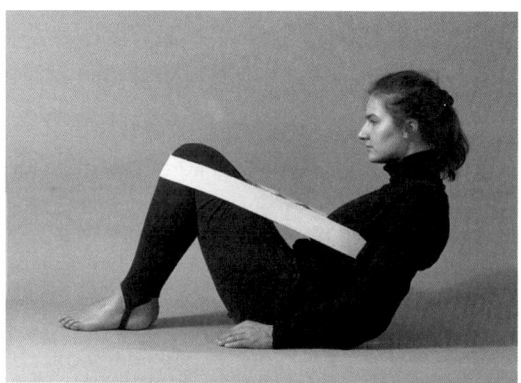

Von: Fehlbaum Rolf <Rolf.Fehlbaum@ormand.com>
Datum: 13. September 2011 17:11:33 MESZ
An: PPAG Anna Popelka <popelka@ppag.at>
Betreff: AW: Sitzgurt

Danke und nachträgliche Gratulation
Rolf Fehlbaum

From: PPAG Anna Popelka [mailto:popelka@ppag.at]
Sent: Monday, 12 September 2011, 11:28
To: vitra, fehlbaum rolf
Re: seat belt

dear Mr Fehlbaum,
the seat belt version I designed when I was a student (Graz University of Technology, 1986), which I wanted to show you.
;)
Best regards
Anna Popelka

From: Fehlbaum Rolf <Rolf.Fehlbaum@ormand.com>
Date: 13 September 2011 17:11:33 CET
To: PPAG Anna Popelka <popelka@ppag.at>
Re: Answer: seat belt

Thanks and congratulations
Rolf Fehlbaum

———

DASS REINSTE KRISTALLOGRAFIE SO BEQUEM SEIN KANN ...

Mit der Entstehung des Wiener Museumsquartiers entstand gleichzeitig der größte verkehrs-
freie Innenhof Wiens zwischen den beiden neuen Museen und der Kunsthalle. Diesen von einer
Verkehrsfläche für Fußgänger zum städtischen Aufenthaltsraum zu entwickeln wurde im Winter
2002 vom Bauherrn, der MQ Errichtungs- und BetriebsgesmbH, als Aufgabe für die Architekten
formuliert.
Und das möglichst im Winter wie im Sommer und mit geringem Budget.
Die Lösung, der gewaltigen Leere des Platzes mit einer Anzahl überdimensionaler, leichtgewich-
tiger, kombinierbarer Hartschaummöbelelemente zu begegnen, wurde im ersten Winter vom Publikum noch nicht so recht durchschaut (durchaus im Sinne der Erfinder, Architektur soll benutzt
und über die Benutzung verstanden werden).

Über 100 geschnittene und weiß beschichtete Elemente wurden im barocken Ambiente der Hofstallungen zu krapfenförmigen Gebilden, bestehend aus 4 m hohen Kraggewölben zum Hinein-
gehen gestapelt und zum Zweck des Punschausschanks verwendet. Der offensichtlich fehlende
direkte Bezug der äußeren Form zum Inhalt des Punschausschenkens war beabsichtigt, zu mal
auch die diesbezüglich sonst verbreitete alpine Form jeder logischen Grundlage entbehrt (wie
überhaupt meist die Auswirkung einer Funktion auf die Form nur behauptet wird, behaupten wir).
Was aber nicht heißen soll, dass die hervorragenden Teile nicht gut zum Anlehnen und Häferlab-
stellen und sonstigen Tätigkeiten rund ums Punschtrinken gut geeignet wären, ganz abgesehen
von den zumHinsetzen einladenden sanft gekrümmten Sofareihen im Innern. Für die Ausschank
wurde einfach ein Sofa auf den Kopf gestellt, ein früher Beweis für echte Multifunktionalität.

Ruhen
———————
To rest
2004

Anna Popelka

1) Aufbau im MQ-Innenhof im Winter
2002 / Foto PPAG
Configuration in the MQ courtyard
in winter 2002 / photo by PPAG

2) Sogar Außerirdische fragen
sich ... Kampagne anlässlich
der Eröffnung Winter 2003 im
Standard: Grafik PPAG / Büro X
Even aliens would like to know...
Campaign on the occasion of
the opening winter 2003 in "Der
Standard" Graphic design: PPAG /
Büro X

3) Sofareihen im Innern
Foto Koller
rows of sofas inside,
photo: Koller

4) ... , ihre Stellung und Wirkung
zeigt eine schon seit der Wettbe-
werbsauslobung nicht mehr hart
angerissene Problematik auf.
... their position and effect exhibit
a problem that has been ignored
since the call for tenders.

R

Die formale Eigenheit und Uneinordenbarkeit der in Ermangelung eines besseren Ausdrucks Iglus genannten Gebilde hatte prompt einen magnetischen Effekt aufs Publikum.

Nach einem interimistischen Aufenthalt auf dem Vorplatz, der offenbar alte Sehnsüchte weckte und nochmals Spekulationen über den wahren Zweck der Elemente auslöste (Walter M. Chramosta im Standard vom 15.2.2003), wurden die Teile nach dem weißen Intro vom Winter für den Sommer 2003 historisch bedeutsam unoblauhelmblau gefärbt und auf dem gesamten Areal inklusive Vorplatz bis hinaus auf die Mariahilfer-Straße und den volkstheaterseitigen U-Bahn-Ausgang verteilt. Mit durchschlagendem Erfolg vom ersten Tag an: Arbeiter, die angewiesen waren, die Elemente erst grob auf dem Areal zu verteilen, konnten sie kaum mehr exakt arrangieren, da alle von liegebedürftigen Personen besetzt waren. Das Architekturzentrum, das die Teile nicht haben und entfernen wollte, war machtlos: Es saßen schon zu viele Leute drauf. Kinder vermuteten in den eigenartigen Teilen Bestandteile einer Baustelle, aber sie saßen drauf.
40% Besucherzuwachs in kürzester Zeit und das zu Zeiten, in denen ein Museumsareal normalerweise nicht stark frequentiert ist und von Schichten der Bevölkerung, die nicht unbedingt die typischen Museumsbesucher darstellen, sind nachweislich auf die Möbel zurückzuführen.

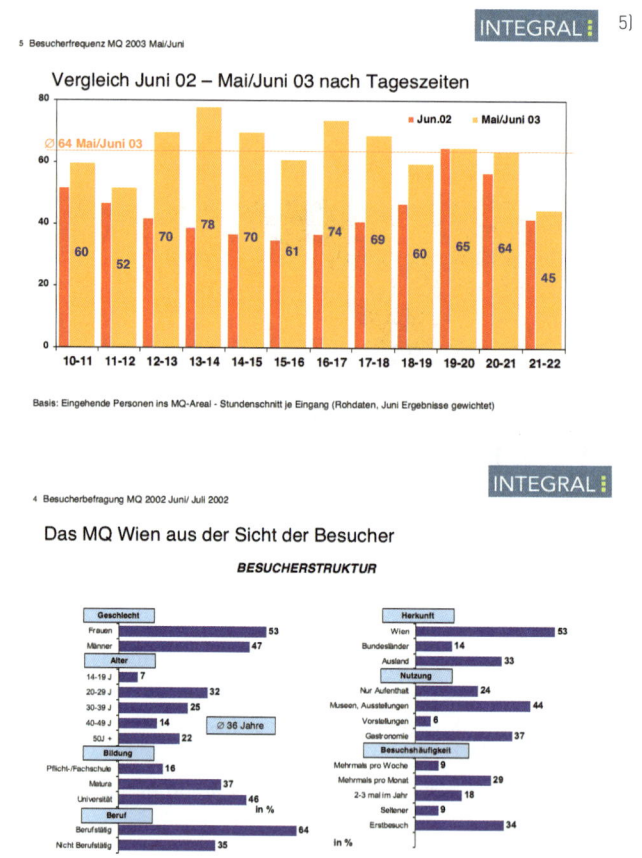

Die Beobachtung vom Winter – abstrakte, schwer einordenbare Form erzeugt Freiheit des Benutzers und übt katalysatorischen Effekt auf dessen Verhalten aus – bestätigt sich. Natürlich erinnert das große Element an ein Sofa, die Form schreibt einem aber nicht vor, wie und in welcher Lage bzw. ob überhaupt man sich auf diesen Elementen ausruhen soll, und es ist, als ob diese immanente Wahlfreiheit erkannt und angenommen und auf ungeahnte Weise genutzt würde. Die Form hat also einen geradezu provokativen Charakter. Sind die Elemente in ihrer Hauptposition als Liegen aufgestellt, ermöglicht dieselbe Schräge dem Kleinkind unermüdliches Daraufherunterrutschen und dem müden Erwachsenen ein Schläfchen. Das Warten auf Veranstaltungen oder die Verabredung wird mit einem Gespritzten aus dem nächstgelegenen Gastgarten zum erwünschten Ritual.

6)

Seit der ersten Aufstellung ist die Herde noch etliche Male gewandert, hat sich an verschiedenen Punkten zusammengerottet und verschiedene Ereignisse begleitet. Rücken an Rücken formieren sich die Elemente zum Laufsteg, im Hochsommer zu Ringerln mit Schattenwirkung, zu 2-er, 4-er Flotten am Wasserbecken, zu Labyrinthen für Kinder, zu Präsentationsflächen für Schuhe. Immer mit demselben Effekt: Die Teile werden jedesmal neu erkundet, beklettert, begangen, besessen, und (was gar nicht gern gesehen wird) herumgetragen. Denn das dürfen eigentlich nur dafür eigens abgestellte Träger, die mit eigens für den Transport gemachten Griffen die Elemente wie Sänften von einer Konstellation zur nächsten tragen. Die Architekten wurden oft gefragt, wie denn die kombinatorischen Wunder (laut Professor Taschner von mathspace reinste Kristallografie) entstanden seien. Ganz einfach, im Büro am Styrocut, ebenso wie die 1:1-Elemente aus 3 x 1 x 1,25 m Rohlingen am großen Styrocut der Fassadendämmfirma entstanden sind. Das ist als ob ein Haus aus den gleichen Teilen zusammengesetzt würde wie das Modell aus Karton und ein wenig wie aus Gullivers Reisen.

Viele wünschen sie sich nach Haus in den Garten, Buben schwören, sie würden dafür den Fernseher an die Decke montieren, Werbeagenturen wollen trotz Warnung unbedingt eines ins Besprechungszimmer.

Die im Volksmund mittlerweile Enzi genannten Teile stehen nach Iglus im Norwegermuster (blau/weiß) vor ihrer vierten Saison und werden die Bespielung des Areals noch einige Zeit übernehmen. Auch bezüglich Färbung und Kombination sind noch längst nicht alle Asse aus dem Ärmel. Was aber jedenfalls noch aussteht ist der Triumphbogen über der 2er-Linie, und der ist dann endgültig nicht mehr fürs Ruhen geeignet.

/

TO IMAGINE THAT PUREST CRYSTALLOGRAPHY COULD BE SO CONVENIENT...

With the creation of the Vienna MQ, the biggest traffic-free courtyard in Vienna emerged between both new museums and the Kunsthalle. The architects' task as it was formulated in winter 2002 by the client, the MQ Errichtungs- und BetriebsgesmbH, was to change this pedestrian zone into an urban living room.

They wanted the task to be completed in winter and in summer, and if possible, at a low price as well. The solution, which consisted of responding to the sheer emptiness of the square with a number of over-dimensioned, light-weight, combinable rigid foam furniture elements, was not really understood by the public in the first winter (which was the inventor's intention: architecture should be used and grasped through its use).

Over 100 cut and white-coated elements were installed in the baroque environment of the court stables to form doughnut-shaped structures consisting of 4m high walkable cantilever arches - stacked and used for serving punch. The apparently missing direct link of the outer form to the context of serving punch was intentional, especially in view of the fact that this wide-spread alpine form lacks any logic at all (just as we assert that the effect of function on form is only an assertion that cannot be proved). However, this does not mean that the cantilevered parts are not suitable to lean on or to put cups on or for any other punch-drinking activities, in addition to the curved rows of sofas inside, which invite you to take a seat. A sofa was turned upside down and used as

R

a bar, which proves that multifunctionality began early.

The formal quality and a lack of ability to classify these structures, that were called "igloo", because no other appropriate name was found, immediately had an extremely attractive effect on the public.

After being temporarily used in the forecourt, which apparently aroused nostalgic feelings and triggered speculations about the real purpose of the elements (Walter M. Chramoste in "Der Standard", 15/2/2003), the parts were painted in historically significant UN helmet blue for summer 2003, after initially being white when they had first been introduced in the previous winter. Then they were spread over the whole area including the forecourt up to Mariahilferstraße and the underground exit next to Volkstheater.
They were a smashing success from the first day on: Workmen, who had been told to distribute the elements roughly within the area, were hardly able to arrange them to that effect, because they were all occupied by people lounging on them. The Architekturzentrum, which did not want to get the parts for themselves, but to remove them, was paralysed, because there were just too many people using them. Children thought that the peculiar parts probably belonged to a construction site, but they still continued to sit on them.
The furniture led to a 40% increase in visitors within a short time, at a time when a museum complex is usually not very well frequented - and by social groups who do not usually go to a museum.

What we had seen in winter - that abstract and hardly classifiable forms create freedom for users and exerts a catalyst effects on their behaviour - was thus confirmed. Naturally, the big element resembles a sofa, but form does not prescribe how and in which position, or if one would have to rest on one of these elements. It is as if this imminent freedom of choice were recognised and accepted and used in unconceivable ways. The form also has a clearly provocative character. If the elements are set up in their main position as deck chairs, small children will be able to play around and slide on them, just as tired adults can have a nap. Seated outside with a glass, waiting for events to start or for a date, becomes a welcome ritual.

Ever since it first showed up, the flock has moved and gathered on different spots and witnessed different events. Back to back, the elements form a catwalk, in midsummer, they form rings acting as a sunshade, floating in 2s and 4s in the water basin, forming labyrinths for children and presentation surfaces for shoes. Always with the same results: the parts are always newly explored, climbed, walked on, seated and carried around (which is not really allowed). For this is only allowed to be done by special workmen, who with the help of special transport handles, are able to carry the elements like a sedan from one constellation to the next. Architects are often asked, how these combinatory marvels came into being (according to professor Taschner from mathspace, it is pure crystallography). Quite simple: they were cut at the office using the Styrocut machine, the same as the 1/1 elements were cut from 3x1x1.25 blanks using the big Styrocut belonging to the façade insulation company. It is as if a house were composed of the same parts as its cardboard model, just like in Gulliver's Travels.
Many people wish they had them in their own garden, little boys swear they would even attach their TV set to the ceiling, advertising firms want to have one in their meeting room despite warnings.

Popularly known as Enzi, the parts arranged like igloos in a Scandinavian-style knitting pattern (blue/white) are about to commence their fourth season and are ready to remain in use for quite some time. As regards both colour and combination, they still have enough potential to show.
However, what is still on the agenda, is the triumphal arch spanning tram route no. 2, which means that the elements can no longer be used as resting furniture.

S

Wie schmücke ich mich

Für mich umfasst Schmuck alles, was ein Mensch trägt, auch Kleidung und Accessoires. Selbst-gemachte T-Shirts mit Zeichnungen von Lieblingsarchitekten darauf sind für mich auch Schmuck. Ich mag es, wenn das, was ich trage, einen Bezug zum jeweiligen Tag oder zu bestimmten Per-sonen hat oder, mit wem ich mich treffe. So trage ich einen bestimmten Lippenstift, weil ihn mir meine Tochter, als sie fünf war, geschenkt hat, auch wenn mir die Farbe nicht sonderlich steht. Und anlässlich des Todes von Arafat habe ich mein altes Palästinensertuch ausgegraben, das ich sonst wohl nie mehr angezogen hätte.
Ich mag Schmuck grundsätzlich, wobei ich den Verschönerungszweck für einen Irrtum halte (zu armseliger Gedanke!). Ich habe viele Lieblingsstücke, die in speziellen Situationen, oft nach einer langen Zeit im Kasten eingesetzt werden, auch wenn sie kratzen und zwicken. Bequemlichkeit ist kein Kriterium. Aus Gründen der Relativierung mische ich natürlich echt und falsch, inklusive Stilschwindeleien und Labelfake. Mit den Begriffen over- und underdressed bin ich schon immer auf Kriegsfuß und der Zeitpunkt, zu dem ich mich schmücke, kommt für meine Umwelt sicher ziemlich unberechenbar daher.
Zu meinen Lieblingsstücken gehören meine PP-Ringe (natürlich unecht), für die ich zwei ganze Sätze P-U-N-K-Ringe erstehen musste. Die Ringe stehen für die private und berufliche Verbin-dung Poduschka und Popelka-PPAG, sind also sowas wie Ehering und Firmenlogo in einem. Die restlichen Ringe habe ich gottseidank auch nicht wegschmeißen müssen: Das UN hat während des Irakkrieges gute Dienste geleistet und die 2Ks konnte ich auf einen Sitz und passenderweise bei den Zwillingstöchtern meiner besten Ex-Freundin weiterbringen.
Ich bin echt froh, dass ich so viel zu tun habe, sonst würde ich mich nur mit solchen Fragen be-schäftigen.

/

How I decorate myself

For me, decoration means everything a person wears, including clothes and accessories. Home-made T-shirts bearing sketches drawn by one's favourite architects are also decoration for me. I enjoy wearing something that is associated with a particular day, or with certain people, or with someone whom I'm about to meet. That is why I wear a certain lipstick, because it was a gift from my daughter when she was 5, even if the colour does not particularly suit me. And on the occasion of Arafat's death, I dug out my old keffiyeh that I would otherwise never have worn again.
I like any kind of decoration, although I think it is a mistake to regard it as a means of beautifica-tion (that is too mean a thought): I have many favourite pieces, which in special situations, often after having been locked away in the cupboard for a long time, I use again, even if they scratch and pinch me. Comfort is no criterion. For reasons of relativisation, I like to blend the true and the false, including style cheating and label faking. I've always resented words like over- and under-dressed and when I care to decorate myself, it always comes as a surprise for my surroundings. Amongst my favourite pieces are my PP rings (fakes of course), for which I had to buy 2 whole sets of P-U-N-K rings. The rings stand for the private and professional relationship Poduschka and Popelka-PPAG, they are therefore something like a wedding ring and a company logo at the same time. I did not have to discard the remaining rings - thank heavens! During the Iraqi war, the UN provided good services insofar as I was able to pass on the 2 Ks at once and, appropriately enough, to my best ex-friend's twin daughters.
I am really glad that I am so busy, otherwise I would only be bothered with things like that.

S

Schule 01

School 01
2011

Anna Popelka

Irgendwann einmal standen Lernen und Tun in direktem Zusammenhang. Die Theoretisierung und Abstrahierung des Wissens durch die Institution Schule hatte eine Entkoppelung zur Folge, die sich anscheinend verselbständigt hat. Jetzt geht ein überwiegender Teil der Schüler ungern zur Schule, aus einem Gefühl einer Lebensferne des Vermittelten, in vergleichenden Studien (PISA) ist Österreich Schlusslicht. Es gilt der Schule die Funktion als Lebens- und Erfahrungsraum im Gegensatz zur Anpassungs-, Vorbereitungs- und Aufbewahrungsstätte zurückzugeben. Unser Projekt Campus Hauptbahnhof ist eine Übersetzung eines aktuellen Stands der Bildungsdebatte (die sich in einem engagierten Programm ausdrückt) in Architektur. Der Unterricht von heute trägt der Verschiedenheit aller Kinder, dem Recht des Einzelnen auf individuelle Entfaltung Rechnung, er braucht dazu noch den entsprechenden Raum. Die Architektur kann die innere Differenzierung der Gesellschaft aufnehmen und übersetzen und ihr durch spezifischen Raum gerecht werden. Nicht ein Raumtyp wird als der beste erkannt und allen verordnet, sondern kalkuliert sehr unterschiedliche Raumzusammenhänge und -situationen. Es gilt den Pluralismus, die Vielfalt, die vielen parallelen Bedingungen anzunehmen und zu begrüßen und sich damit von der Moderne vielleicht endgültig zu verabschieden.

/

Sometime or other, learning and doing became directly linked to each another. Theorisation and abstraction of knowledge through institutionalised education has led to a decoupling that since appears to have become independent. Now a majority of students don't like going to school because they feel what they are taught has nothing to do with real life; recent surveys (PISA) show that Austria performs worst. Schools should return to their function as places to live in and gather experience, rather than be places of adaptation, preparation and keeping children. Our Campus Hauptbahnhof project translates the status quo of the ongoing debate on education (which is expressed in an ambitious programme) into architecture. Today's teaching accounts for the differences in children and each person's right to his or her own development, but it still requires the appropriate space. Architecture can take on and translate society's inner differentiation and respond to it with specific space. Instead of prescribing one certain type of room as the best for all, differing contexts of situations in terms of space should be accounted for. Pluralism, diversity and parallel conditions should be accepted and welcomed in order to eventually say farewell to Modernism forever.

Schule 02

School 02
2011

Interview mit Christian Zillner
im Falter

/

Interview with Christian Zillner,
Vienna Weekly "Falter"

Frei in schönen Räumen

Die Architekten von PPAG bauen den neuen Schulcampus im Sonnwendviertel beim Hauptbahnhof. Wir wollten von ihnen wissen, was Kinder und Lehrer dort erwartet ↗ Bildungscampus S. 48

Christian Zillner

Es ist der mittlerweile vierte Schulcampus in Wien und doch ganz anders. Im Sonnwendviertel beim neuen Hauptbahnhof entsteht der erste Schulcampus, der neben Kindergarten und Volksschule auch eine Hauptschule oder neue Mittelschule umfasst. Die Ausschreibungen haben dank des Einsatzes des Wiener Hochbaudirektors Werner Schuster ein einzigartiges architektonisch-pädagogisches Konzept ermöglicht. Hundert Architekten haben am Wettbewerb für den Schulcampus teilgenommen. Die Architektengruppe PPAG von Anna Popelka und Georg Poduschka hat ihn gemeinsam mit ihren Partnern Lilli Pschill und Ali Seghatoleslami gewonnen. Mit ihnen sprachen wir über ihre Schulerinnerungen, die Ausschreibung und ihr Konzept für den Campus.

Haben Sie noch Erinnerungen an die Schulgebäude Ihrer Kinderzeit?

Georg Poduschka: Ich bin in Graz in die Volksschule gekommen, aber schon nach einem Jahr mit meinen Eltern nach Linz übersiedelt. In meinem Kopf ist die Erinnerung geblieben: Die Grazer Schule war schön. Nach dem Wettbewerb für den Campus waren wir zufällig in Graz, und da wollte ich diese Schule wiedersehen. Tatsächlich ist es ein sehr schönes Gebäude, vor allem die Klassen, denn sie bekommen an beiden Längsseiten Licht durch Fenster, die in kleine Höfe gehen. An den beiden Stirnseiten der Klassen sind die Gänge. Die Direktorin hat uns erklärt, dass dieses Gebäude 1959 als Musterschule errichtet wurde.

Anna Popelka: Ein ähnliches Klassenkonzept ist in unseren Entwurf eingeflossen …

Womöglich eine Eingebung aus der Erinnerung an die Kindheit?

Poduschka: Vielleicht. Doch wichtiger war die Ausschreibung des Wettbewerbs. Wir nehmen seit 15 Jahren an fast allen Ausschreibungen für Wettbewerbe zu Schulgebäuden teil und noch nie hat es ähnliche Vorgaben gegeben. Unter den hundert Teilnehmern war kaum einer, der glauben konnte, dass es so etwas geben könnte. Bislang lagen den Ausschreibungen immer sogenannte Raumblätter bei, in denen praktisch alles vorgeschrieben wurde bis hin zur Größe der Klassenzimmer, nämlich sieben mal neun Meter. Dies basiert auf einer Annahme aus dem späten 19. Jahrhundert, dass jedem Kind 1 Quadratmeter, dem Lehrer und einem Ofen je 1,5 Quadratmeter zur Verfügung stehen sollen.

Lilli Pschill: In den Raumblättern ist auch das Handwaschbecken in den Klassen verzeichnet. Nun wagt unser Entwurf eine „Revolution" im Schulbau: Wir lassen die Handwaschbecken in den Klassen weg!

Poduschka: In früheren Ausschreibungen wurden die Vorgaben nie hinterfragt. Sie basieren auf einer Pädagogik des instruktiven Lernens, des sogenannten Frontalunterrichts. Beim neuen Campus hat man nicht nur die räumlichen Anforderungen hinterfragt, sondern auch neue pädagogische Modelle mit eingebracht, etwa das Offene Lernen und die Projektarbeit.

Popelka: In vielen Wiener Schulen ist ja das pädagogische Modell viel weiter als die räumliche Umgebung. Selbst in eigentlich ungenügenden Gebäuden werden die unterschiedlichsten Lernformen wie Einzellernen von Kindern, oder zu zweit oder in der Gruppe praktiziert – dabei muss aufgrund der Raumsituation oft improvisiert werden.

Poduschka: Es werden vor allem auch social skills vermittelt, größere Kinder unterstützen die Kleineren …

Pschill: Unser Campusentwurf zielt auf die Selbstorganisation der Kinder. Sie sollen angeleitet werden, verantwortungsvoll zu leben und frei zu lernen.

Popelka: Es soll in der Schule nicht simuliert werden, sondern gelebt. Das heißt, Selbstständigkeit und Verantwortungsgefühl wird den Kindern nicht nur theoretisch beigebracht, sie sollen es selbst in der Schule erleben können. Demokratisches Verhalten kann man nicht durch kognitive Vermittlung gewinnen. Man muss es durch praktisches Handeln lernen. Der Lehrstoff im klassischen Sinn wurde reduziert. Jetzt sollen die Kinder in der Schule aktiv sein, dadurch lernen sie am besten. So wächst die Wertschätzung für eine Karotte im Kind eher, wenn es sie wie im Campus möglich, im schuleigenen Küchengarten zieht und in der schuleigenen Küche verarbeitet. Das führt zu einem nachhaltigen Lernergebnis.

Pschill: Unser Campusentwurf ermöglicht den Kindern starke Verbindungen untereinander. Sie können, egal, welcher Schultyp, den ganzen Campus nützen. Dabei lernen sie, Rücksicht auf andere zu nehmen und auch leise zu sein.

Popelka: Wir sprechen mit vielen Pädagogen, schauen uns möglichst alles an, hier wie im Ausland. So haben wir hier das Erbe der Moderne aufgegeben und sind am Campus von den getrennten Funktionsräumen abgekommen.

Pschill: Und es funktioniert: Bei unseren ausgedehnten Recherchen für unseren Campusentwurf in Schulen im In- und Ausland haben wir etwa in Dänemark Beispiele gefunden, wo Kinder in einem einzigen großen Raum in unterschiedlichen Konstellationen gelernt haben, und es gab keinerlei Geschrei oder Lärm.

S

Poduschka: Auch die Behauptung, Klassen mit großen Wandverglasungen würden die Konzentration der Kinder senken, hat sich bei praktischer Anwendung nicht bestätigt.

Pschill: Es gibt in Wien wie in Dänemark vorbildliche Schulen und Kindergärten, selbst wenn sie in ungenügenden Räumen untergebracht sind. Ein besonders bemerkenswertes und einflussreiches Vorbild ist die Lernwerkstatt Brigittenau. Von ihr gehen viele Impulse aus.

Popelka: Bei der Grundüberlegung für unseren Campusentwurf stand die Tatsache im Fokus, dass wir heute auch in einem Schulgebäude dem Wunsch nach Individualität gerecht werden müssen. Nicht leicht, bei 1200 Kindern und rund sechzig Lehrern. Wir wollen aber, dass sich jedes Kind an seine Klasse mit einem guten Gefühl erinnert: Ma, die 3b, das war schön! So haben wir möglichst unterschiedliche Raumangebote, Module, entworfen, die sich die Kinder individuell aneignen können. Die Ganztagesschule ist ja ein Lebensraum für ein Kind. Nicht mehr nur Aufbewahrungsort. Am Campus etwa dürfen die Kindergärtler völlig frei herumlaufen. Wir haben außerdem viele Gemeinschafträume vorgesehen, die auch von Externen genutzt werden können.

Pschill: Der Campus ist mehr als nur Schule, hier geht es auch ums Spielen, Ausruhen, Leben. Wir setzen darauf, dass ein größerer Freiraum, die Möglichkeit, sich wohlzufühlen und seine Umgebung mitgestalten zu können zu einer höheren Identifizierung führt und Vandalismus sowie Aggression verhindert. In Dänemark haben wir eine Schule erlebt, in der sogenannte Schwererziehbare, also Rowdys, mit teurem Equipment ganz allein gelassen wurden. Sie haben es nicht zerstört, sondern sind im Umgang damit aufgeblüht.

Popelka: Es gab eben ein entsprechendes Raumangebot, in diesem Fall ein Tonstudio. Entscheidend sind aber letztlich die pädagogischen Fähigkeiten der Lehrer. So haben wir in Schweden von einer Schule erfahren, die das absolut Letzte gewesen ist. Dann wurden dort die besten Pädagogen des Landes eingesetzt, und binnen einem Jahr was das eine Spitzeninstitution.

Pschill: Wir wollen den Kindern am Campus ein differenziertes Raumerlebnis ermöglichen, sie sollen ihre eigenen Winkel und Plätze finden können.

Popelka: Dafür haben wir sogenannte Cluster geschaffen, mit vier Klassen, die jeweils samt dem Teamraum für die Lehrer sowie einem Mehrzweckraum um einen Marktplatz angeordnet sind, mit der Freiklasse im Stock darüber.

Pschill: Die Hauptschule etwa hat 16 Klassen, also vier Cluster mit diesen gemeinsamen Marktplätzen.

Popelka: Dies ist für die Kinder erträglich. Und die Lehrer sind auch in ihrem Teamraum immer ganz nah bei ihnen. Das heißt, sie müssen sich mit den Kindern einfach stärker beschäftigen. Schließlich laufen sie ihnen dauernd über den Weg. Als Architekten sind wir von der Bedeutung des Raums für eine gelingende Schulerfahrung überzeugt. Bessere Bauten bedeuten eine Stärkung des pädagogischen Konzepts. Mit dem neuen Campus bauen wir Räume, die am aktuellen Stand der Pädagogik sind.

Pschill: Das Lernen soll hier durch die Räumlichkeiten positiv angeregt werden.

Popelka: Diese Schule ist wie eine kleine Stadt mit großem Grünraum, der ebenfalls die pädagogischen Bemühungen unterstützen und die offene Struktur bestärken soll. Die Bebauung selbst ist sehr bodennah und robust. Ganz wichtig für die offene Struktur ist unser Brandschutzkonzept. Es macht möglich, selbst die Gänge, die ja normalerweise als Fluchtwege freigehalten werden müssen, zu nutzen, und sie etwa mit Polstern zu belegen. Wir wollen, dass für die Kinder alle Zwischenräume nach ihrer Facon nutzbar und möblierbar sind. Auf diesem Campus soll wieder all jenes möglich werden, das durch die Moderne in den Hintergrund gedrängt wurde, etwa altersübergreifendes Lernen. Da die moderne Pädagogik davon ausgeht, dass sich ein Kind in seiner Umgebung bewähren möchte, müssen wir ihm eine entsprechende Umgebung schaffen.

Pschill: Auch beim Umwelterlebnis – die Landschaftsgestaltung am Campus spielt eine große Rolle.

Es sind den Altersgruppen gemäße Tier- und Pflanzenwelten vorgesehen. An einer Schule in Deutschland halten sie rund achtzig Tiere. In Dänemark gibt es Hasen für Kinder an Schulen. Ich wäre für eine Ziege. Wir haben Pflanzen für Schmetterlinge vorgesehen und Komposthaufen für Igel sowie Nistplätze für Vögel.

Popelka: Es sind Gstätten und Wassergruben geplant, Küchengärten und Küchen in den Clustern der Volksschule. An der Hauptschule gehen die Kinder in einen Speisesaal. Wir betrachten den Außenraum, die Natur, als Lernraum. Die Kinder sollen alles in ihrem Sinne nutzen können. Der ganze Campus ist wie Kasten, aus dem alles möglich heraus quillt und hineinreicht. Nackte, neutrale Räume können Menschen nicht nutzen, zu viel Freiraum macht hilflos. Es braucht ein anregendes architektonisches Angebot, das Funktionen zusammenführt. Dabei darf der Raum ruhig Unfertigkeit ausstrahlen. Vor allem aber muss möglichst alles beweglich sein: So haben wir Rolltore und Schiebewände vorgesehen, alles ganz leicht zu handhaben, denn wenn es aufwändig ist, nutzt es keiner. Wir aber wollen, dass die Kinder ihr Leben am Campus möglichst frei selbst gestalten.

/

Free in pleasant spaces

PPAG architects are building the new school campus in Sonnwendviertel near the Main Railway Station. We wanted to ask them what children and teachers would expect there. ↗ Bildungscampus P. 48

Christian Zillner

Meanwhile, it is Vienna's fourth school campus, but is still completely different. In Sonnwendviertel near the new Main Railway Station, it is the first school campus to include a kindergarten, primary school and a secondary school. Thanks to the commitment of Werner Schuster, the head of Vienna Building Department, calls for tenders have brought forth a unique architectural and pedagogical concept. One hundred architects participated in the school campus competition. PPAG Architects group headed by Anna Popelka and Georg Poduschka won the competition together with their partners Lilli Pschill and Ali Seghatoleslami. We talked to them about their school memories, the competition and their concept for the campus.

Do you remember the school buildings of your childhood days?

Georg Poduschka: I attended primary school in Graz, but after only a year my parents and I moved to Linz. What I clearly remember is that my school in Graz was nice. After the campus competition, we happened to be in Graz, and I wanted to see my old school again. It is indeed a very nice building, especially the classrooms, because they have windows on both sides overlooking little courtyards, which makes them much brighter. The corridors are situated along the front and rear sides of the classrooms. The headmistress told us that this building has been erected in 1959 as a model school.

Anna Popelka: Something similar inspired our design, too ...

Possibly inspired by your childhood memories?

Poduschka: Maybe. But the call for tenders was more important. Although we participated in nearly all competitions concerning school buildings over the past 15 years, we've never encountered any such conditions before. Amongst those 100 participants, nobody was able to believe that there could be anything quite like that. Up to then, there had always been so-called room data sheets as a supplementary in which practically all requirements were listed, including the size of the classroom, namely 7x9 m. These dimensions are based on the late 19th century assumption that $1m^2$ space is required for each child, plus $1.5m^2$ for the teacher and a heater.

Lilli Pschill: These room data sheets also specify the classroom washbasins. Now, our design ventures on a "revolution" in school building: We are omitting washbasins in classrooms!

S

Poduschka: In earlier competitions, requirements had never been questioned. They are based on the pedagogical concept of instructive teaching, of teaching in front of a class, as it were. With this new campus, not only spatial requirements were questioned, but new pedagogical models were also taken into consideration, such as open teaching and project work.

Popelka: In many Viennese schools, pedagogic models have taken over the spatial environment. Even in so-called deficient buildings, different teaching methods are practiced, such as teaching children individually, in pairs, or in a group. Teachers often have to improvise due to the room situation.

Poduschka: Above all, social skills are communicated - older children help their younger colleagues...

Pschill: Our campus design aims to foster children's self-organisation. They should be shown how to behave responsibly and learn on their own.

Popelka: We think that this attitude should not be simulated at school, but really lived. That means children should not only learn how to behave independently and responsibly in theory, but they should be able to experience it directly at school. Democratic behaviour cannot be learned by way of cognitive teaching methods. You have to learn it by doing. Conventional subject teaching was reduced. That means school children now have to be proactive, and will learn better that way. Children will sooner learn to appreciate a carrot if they are able to see how it grows in the school's own vegetable garden and how to prepare it in the school kitchen, which will now be possible on this campus. That will lead to sustainable learning results.

Pschill: Our campus design allows children to build strong relationships. They can use the whole campus, regardless of what school they are attending. In that way, they learn to be considerate and keep quiet as well.

Popelka: We've spoken to a lot of teachers and have looked at many different things, here as well as abroad. We therefore gave up the legacy of Modernism, discarding the concept of separated function spaces on the campus.

Pschill: And it works: During our extensive research for our campus idea in schools at home and abroad, we found examples in Denmark of children learning in different constellations in a single large room, and there was no shouting or other noises going on.

Poduschka: The assertion, too, that big glazed walls would reduce children's concentration levels has not been proven in everyday practice.

Pschill: Both Vienna and Denmark have top quality schools and kindergartens, even if they are accommodated in unsatisfactory rooms. The Lernwerkstatt (Learning Workshop) Brigittenau, for instance, is an especially excellent and influential model. It provides many ideas for other projects.

Popelka: Our basic consideration for our campus design focused on the fact that it is vital to account for individuality in today's school buildings. No easy task in view of 1200 children and about 60 teachers. We would like every child to have pleasant memories of their school class: Oh yes - the 3b, what a nice time we had! We thus designed lots of different spatial possibilities and modules that can be individually adopted by the children. Full-time school is a child's environment, too. It is not only a place for children to stay. On our campus, for example, the kindergarten children can run around completely freely. Moreover, we've provided for common rooms that can be used by other children from elsewhere too.

Pschill: Campus is more than school. It is about playing, resting and living your life. We believe that having more free space, the possibility to feel good and shape the own environment will lead to a higher level of identification and prevent vandalism and aggression. In Denmark we visited a school where so-called difficult youngsters, or hooligans, were left on their own with expensive equipment. Far from destroying it, they really enjoyed using it instead.

Popelka: They were offered enough room - in this case, it was a recording studio. In the end, what counts the most are teachers' teaching abilities. We also learned of a school in Sweden that was absolutely poor in that sense. Then, after sending the very best teachers there, it became a top institution within only one year.

Pschill: On our campus, we want to offer children a differentiated spatial experience where they can find their own little nooks and crannies.

Popelka: In order to do that, we have created special so-called clusters of four classes that, together with the staff room and a multifunctional room, are grouped around a kind of market place, with the spare class-room on the floor above.

Pschill: For example, the secondary school has 16 classes, amounting to four classes with their mutual market places.

Popelka: This is acceptable for the children (???). And the teachers are always nearby in their team room. That means they also have to get more involved with their students. After all, they are always crossing each other's paths. As architects, we are convinced of the significance of space for successful school life. Better buildings mean the pedagogical concept is strengthened. With our new campus we are building rooms that are the status quo in pedagogics.

Pschill: Learning should be stimulated in these rooms.

Popelka: This school is like a little town with a big green area, which also fosters pedagogical efforts and strengthens the open structure. The development itself is very rooted and robust. Crucial for the open structure is our fire-protection concept. It even allows using the corridors, which normally have to be kept clear for emergency exit purposes, furnishing them with cushions for instance. We want the children to be able to use and equip all the spaces available to them as they like. On this campus, we would like to install everything that was banned by Modernism, for example teaching several age groups together. Since modern teaching assumes that every child likes to prove what he or she is worth in their environment, we should provide them with the appropriate surroundings.

Pschill: This also applies to how children experience their surroundings - therefore landscape design plays an important role on the campus.
Fauna and flora have been provided for all age groups. In Germany, there is a school with about 80 animals. In Denmark, there are rabbits for the children at schools. I'm in favour of a goat. We have provided plants for butterflies, a compost heap for hedgehogs and nesting places for birds.

Popelka: It is planned to create wasteland areas and ponds, vegetable gardens and kitchens in the primary school clusters. Secondary school children eat in a dining hall. We regard outdoor space, nature, as a place for learning. Children should be able to use everything as they wish. The whole campus is like a chest spilling out loads of different things. Nobody can make any use of bare neutral rooms and too much free space makes you feel helpless. What we need is an inspiring architectural offer that bundles functions. In doing so, it does not matter if the room suggests incompleteness. Above all, everything must be as mobile as possible. We have planned rolling doors and sliding partition walls which are easy to handle, because it's no use them being complicated. What we want is that children lead their lives as freely as possible on the campus.

S

Schulprojekte
School projects

GESAMTSCHULE, MÜNSTER
Schule als Stadtteil

Die bestehende Gesamtschule liegt mitten in der Stadt. Sie ist bisher in zwei Häusern untergebracht. Eines aus der Kaiserzeit, eines von 1960. Sie sind nur über den öffentlichen Straßenraum verbunden. Ganz in dieser gelebten Tradition verstehen wir die Gesamtschule als offenen
Teil der Stadt, in dem nicht Leben trainiert, sondern die reale spezifische Situation gelebt wird.
Das neue Schulforum mit 2 Clustern für die Kleinsten ist der dritte, moderne Bau im Campus.

COMPREHENSIVE SCHOOL, MÜNSTER
School as urban district

As is current practice, school also
consists of individual buildings connected to each other via
public space (streets). The structure of the school follows the pedagogical concept (social
learning, learning for life...) that understands education not as training for life, not
as a virtual parallel world, but as a specific, real life situation. ...

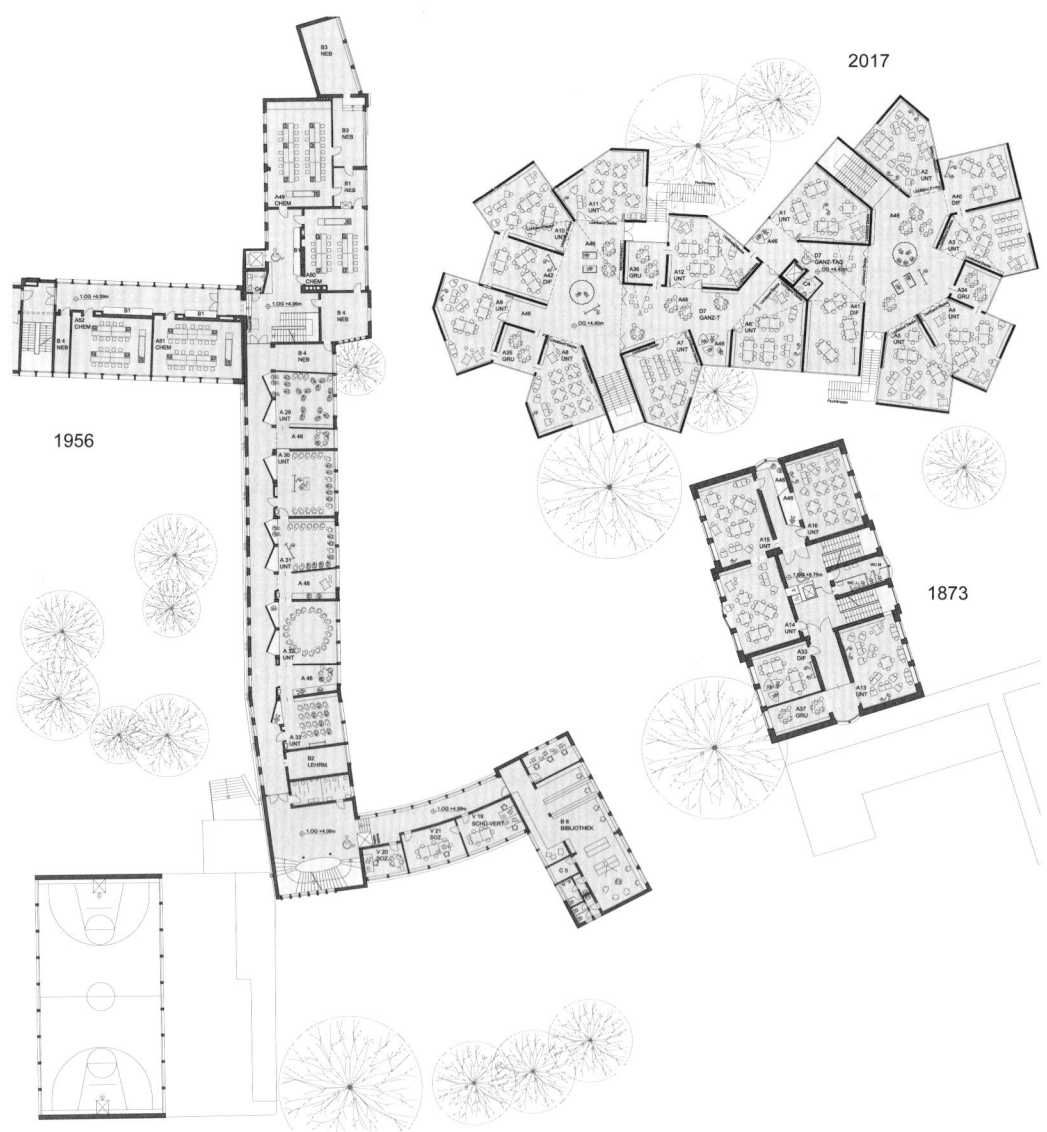

2017

1956

1873

VOLKSSCHULE SCHATTENDORF

Die Volkschule Schattendorf braucht einen Zubau, um eine zeitgemäße Nachmittagsbetreuung inkl. Turnsaal anbieten zu können. Unser Ziel planerseitig ist es, dies nicht nur räumlich so anzubieten, dass die Kinder gerne in der Schule bleiben, sondern mit geringen Eingriffen das gesamte Gebäude auf den Stand des 21. Jahrhunderts zu bringen. Durch das Potenzial für außerschulische Nutzungen soll ein Wert für alle entstehen.

SCHATTENDORF PRIMARY SCHOOL

Schattendorf primary school needs an annex in order to provide modern afternoon supervision including a gymnasium. Our aim as architects is not only to offer spatial accommodation, but to create a pleasant atmosphere for the children, in order to update the whole complex with a minimum of interventions. By creating potential for extracurricular uses, we want to provide added value for everyone.

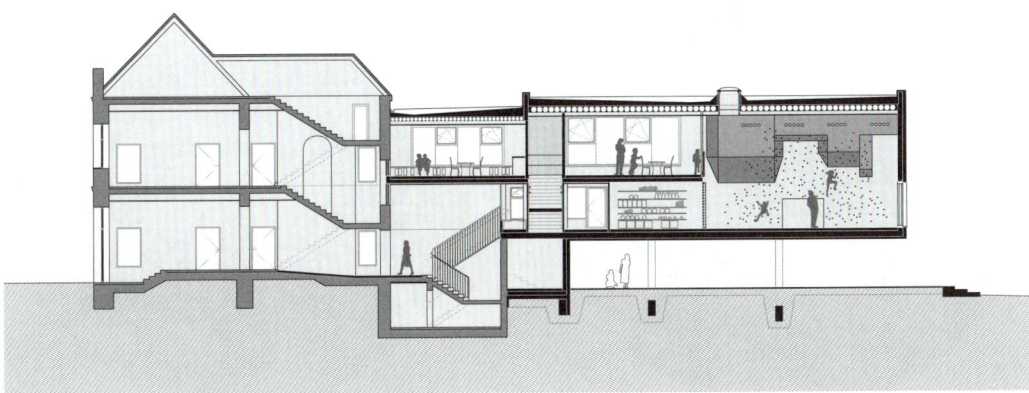

S

CAMPUS ASPERN, WIEN
Folgeprojekt BCHBF, Stadtmetapher, Qualität der Schule als Lebensraum, verbunden mit einer wesentlich höheren Kompaktheit.

CAMPUS ASPERN, VIENNA
Follow-up project BCHBF, urban metaphor, quality of school as an environment in combination with a much higher compactness.

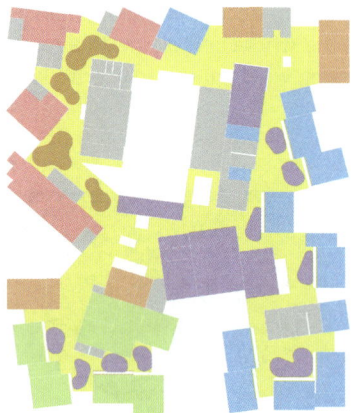 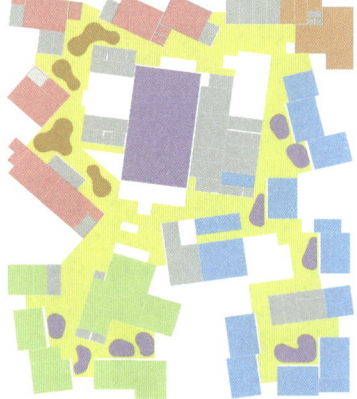

Raumprogramm EG   Raumprogramm OG

ESTONIAN ACADEMY, TALLIN, ESTONIA
Die Unterrichtsräume drängen sich an die Kruste/ans Tageslicht und lassen im Innern eine mehrgeschossige Grotte übrig, die den Kunststudenten als Begegnungs- und Ausstellungsraum dient.

ESTONIAN ACADEMY, TALLIN, ESTONIA
Classrooms emerge from the crust/ towards daylight, leaving a multi-storey grotto inside, which serves art students as a meeting and exhibition room.

SCHULE SPENGERGASSE, WIEN
Aus dem komplexen Raumprogramm mit seinen strengen funktionalen Zusammenhängen
ergibt sich als Bauwerk ein dreidimensionales Strickwerk aus Nutzräumen und Pausenflächen,
dessen Luftmaschen auf räumlich-sensationelle Durchblicke, auf tomographische Einblicke in
den Schulbetrieb abzielen.

SPENGERGASSE SCHOOL, VIENNA
From the complex spatial programme with its strictly functional connections, a building emerges
with a three-dimensional grid of useable space and break areas, whose stitches offer spatial
and sensational views and tomographic insights into school life.

S

AKADEMIE DER BILDENDEN KÜNSTE WIEN, STUDIE
Studie zur kostengünstigen Adaption bestehender, denkmalgeschützter Ateliers.
Mit wenigen Maßnahmen, durch Öffnen von Mauernischen und manchmal auch nur durch das Verschließen einer Tür wird der vorhandene Raum umorganisiert und uminterpretiert und so eine Durchgängigkeit im ganzen Haus geschaffen.
Auf Galerieebene wird die Kubatur ohne falschen Respekt durch leichte Einbauten verdichtet und damit neuer Raum geschaffen. Anhand des Projektes soll gezeigt werden, dass das keine Zerstörung der alten Substanz bedeutet, sondern dass diese großen Räume das durchaus gut vertragen und eine Erhöhung der räumlichen Qualität erzielt wird.

ACADEMY OF FINE ARTS VIENNA, SURVEY
Survey concerning a low-cost adaptation of existing listed workshops.
With a few measures, such as opening wall recesses and sometimes just closing a door, we can reorganise and reinterpret an existing room, thus achieving permeability throughout the building. On the gallery level, the volume is densified by installing light inserts without false respect, thus creating new space. On the basis of this project, we show that it is not necessary to destroy original fabric, but that high rooms can cope with such alterations and offer even more spatial quality.

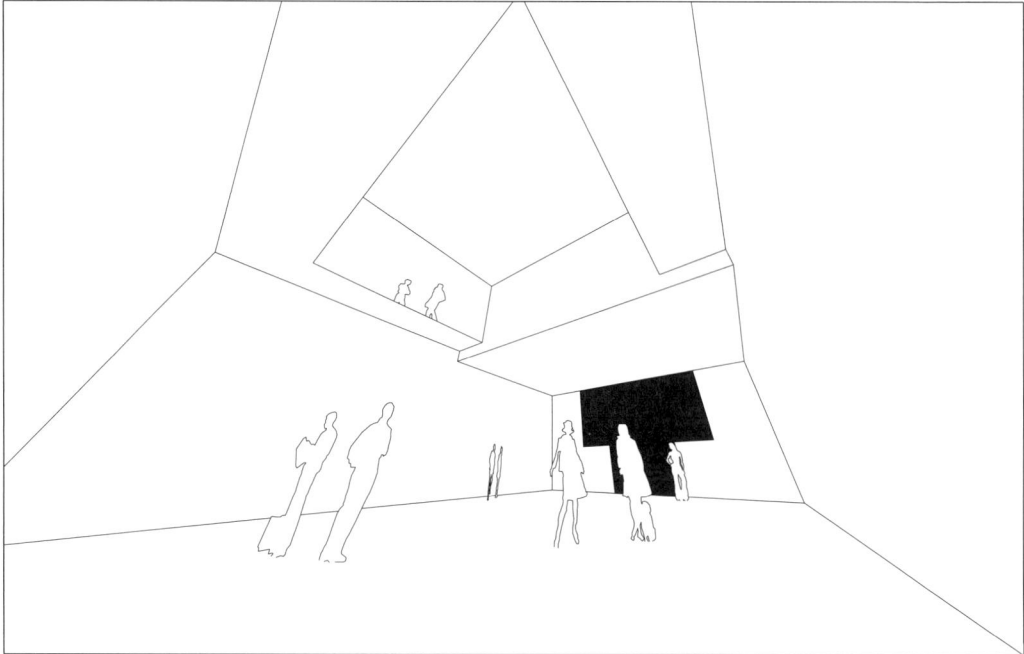

SCHULE WIENERBERG, WIEN
Trotz der damals noch obligaten Normklasse wird mit dem Dazwischen gespielt und Variation erzeugt.

WIENERBERG SCHOOL, VIENNA
In spite of obligatory classroom standards valid at the time, we played with the in-between and created a variation.

SONDERSCHULE SCHWECHAT, WIEN
Schule als Raumkontinuum
Der intensive Bezug der verschiedenen Räume zueinander ergibt ein kompaktes dreidimensionales Geflecht, das sich über alle Geschosse und von innen nach außen zieht.
Erdgeschoss und Obergeschoss sind über zwei Stiegen schleifenartig verbunden. Alle Lehrräume haben zugehörige Freiflächen, die zum angrenzenden Park führen.

SCHWECHAT SCHOOL FOR CHILDREN WITH SPECIAL NEEDS, VIENNA
School as continuing space
The intensive relationship of different rooms leads to a compact three-dimensional fabric that permeates all floors from the inside to the outside.
The ground floor and upper floor are connected to each other by two stairs in the form of a loop.
All classrooms possess extra free space leading to the adjacent park.

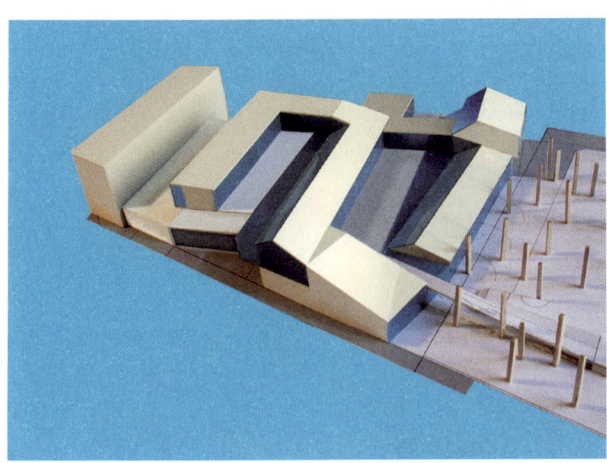

S

SCHULE GERASDORFER STRASSE, WIEN
Bei näherer Betrachtung der schulfreien Zeiten liegt eine Mehrfachnutzung nahe. Sie findet hier zu einem Hallentyp, der den programmatischen Titel Schule = Oper = Stadion trägt.

GERASDORFER STRASSE SCHOOL, VIENNA
On closer examination of leisure time, multiple use seems to be the right solution. It is expressed by a hall type building that bears the programmatic name of school= opera house= stadium.

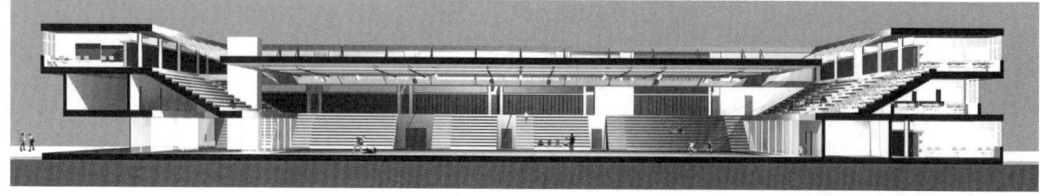

SCHULE QUELLENSTRASSE, WIEN
Der Schnitt durch den Zubau zeigt die Nutzung des Vorhandenen und die Ausprägung der Erschließungszonen vor den Klassen als wichtige Bereiche mit Aufenthaltsqualität.

QUELLENSTRASSE SCHOOL, VIENNA
The section through the annex exhibits use of the existing and development of the access zones adjacent to the classrooms as important areas with recreational quality.

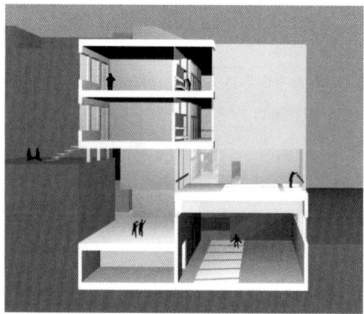

SCHULE CARLBERGERGASSE, WIEN
Die (zur Zeit des Wettbewerbs obligate) Normklasse wurde anstatt gang- stirnseitig erschlossen. > Kein Gang, entlang beider Längsseiten Licht und Luft

CARLBERGERGASSE SCHOOL, VIENNA
The standard classroom (as obligatory at the time of the competition) was accessed from the front side (instead of from the corridor).> No corridor, light and air on both sides of the classroom

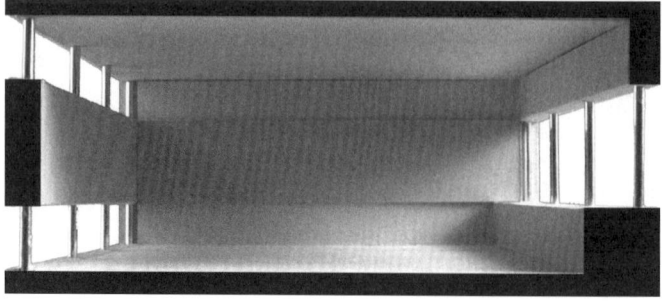

Architektentheater in der Alten Schmiede / Beitrag PPAG
mit Ferdinand Schmatz, Autor

Tina Bauer, Hermann Czech, Heidulf Gerngroß, Richard Mahnal (Artec),
Georg Poduschka (PPAG), Anna Popelka (PPAG)

Eröffnungsstatement und 11 Themenkreise / Opening statement and 11 themes

Das ist kein Theater / This is no theatre (Anna)

1. EXPERTE / LAIE / EXPERT / LAYMAN

(Beuys): Jeder Mensch ist ein Künstler
(Kippenberger): Jeder Künstler ist ein Mensch

Das ist keine interessante Frage. Jeder, der nachdenkt und etwas macht, ist Experte. Wir denken
viel über den Raum nach, wir betreiben Raumforschung als Denksport.

(Beuys): Everyone is an artist
(Kippenberger): every artist is a human

This question is of no interest. Because everyone who reflects and does something specific is an
expert. We reflect a lot on space and we do space research as a mental exercise.

1) 2) 3)

  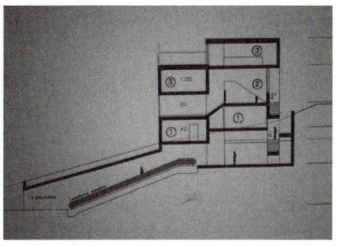
4) 5) 5)

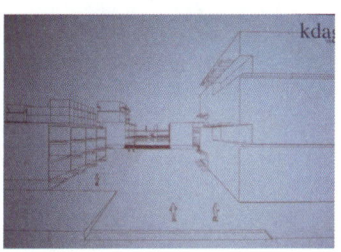
6)

2. TRANSPARENZ / GEHEIMNIS / TRANSPARENCY / SECRET

Architektur hat nicht die Aufgabe, lesbar zu sein, Architektur ist ja kein Buch. Architektur kommt
prinzipiell auch ohne das Verstandenwerden aus, funktioniert auch selbstständig, im Hintergrund
des Lebens.

Theater

Theatre
1999

Architektentheater in der Alten
Schmiede und in Budapest
Beitrag PPAG
mit Ferdinand Schmatz, Autor

/

Architects' Theatre in Alte
Schmiede and in Budapest
Project PPAG
with Ferdinand Schmatz, Autor

1) Wohnbau Riess/ Graz
   Housing Riess/ Graz

2) Wohnbau Glanzinggasse/ Wien 19
   Housing Glanzinggasse/ Vienna 19

3) Wohnbau Hawlicekgasse/ Wien 21
   Housing Hawlicekgasse/ Vienna 21

4) Haus Sitthart, Zillertal
   Haus Sitthart, Zillertal

5) Stadtvilla Pferdebahnpromende
   Linz
   City mansion Pferdebahnpromende
   Linz

6) KDAG- Stadt 2000/ Wien 23
   KDAG- City 2000/ Vienna 23

T

Wohnbau Traisengasse:
Ein Weg fließt wie der Blutkreislauf durch das Haus. Der Mittelgang wird an der anderen Fassade zum Laubengang, ist verbunden mit dem Mittelgang des nächsten Geschosses, wird an der nächsten Fassade wieder zum Laubengang usf. Die verschiedenen Wohnungen werden von ihm versorgt. Am Mittelgang die Maisonetten über Kreuz, am Laubengang die Kleinwohnungen zum Hof orientiert. Wo der eine schläft, isst darunter der andere, sieht der dritte fern.

Architecture does not need to be readable, architecture is no book. Architecture can principally doing without being understood, because it works independently, behind the scenes of life.

Housing project Traisengasse:
Like blood circulates, a path flows through the house. On the other façade, the central corridor develops into a roofed passageway connected with the central corridor of the next floor, in turn becoming a roofed passageway on the next façade again etc. It serves as an access to the different flats. Along the central corridor, the maisonettes are arranged crosswise, the little flats along the passageway overlook the courtyard. The bedroom of the one flat is above the dining room of the other or above somebody else's living room.

Gemeindewohnbau Traisengasse,
Wien 20
Communal housing Traisengasse,
Vienna 20

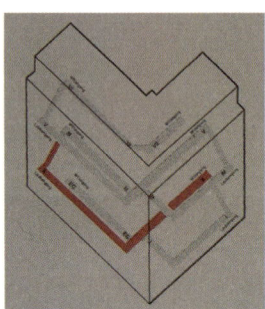 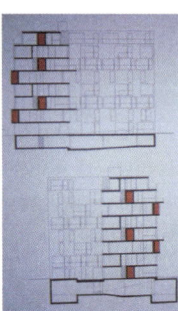

3. KONTEXT / UMBAU / CONTEXT / REDESIGN

Haus Tscherner, Lochau:

Vorher/ nachher
Mit effektiv ganz wenigen m³ Umschichtung von Mauern entsteht wesentlich mehr Lebensqualität, vorher unbelichtete Räume sind belichtet, alle blicken über den Bodensee.

Before/ after
Without shifting many m³ walls, a considerable improvement of life quality is achieved. Dark rooms were changed into bright rooms, all overlooking Lake Constance.

1) Vorher
   Before

2) Nachher, Haus Tscherner, Lochau
   (Popelka/ Schwärzler 1990)
   After, House Tscherner, Lochau
   (Popelka/ a 1990)

1)   2)

4. NORMALITÄT / TRIVIALITÄT / ZUFALL / NORMALITY / TRIVIALITY / COINCIDENCE

Was uns fasziniert, was wir bewundern und auch aufnehmen, ist das Wunder, das Normalität haben kann. Das Wunder, das aus völlig normalen Mitteln entsteht. Diese Likörstube im 3.Bezirk. Zwei Eingänge von der Straße her, zwei Gaststuben, eine Theke, ein Wirt.

Wohnbau Praterstraße:
Normalität ist uns in unserer Architektur ein Anliegen. Die abgehobenen Qualitäten des Entwurfs werden mit ganz normalen Geländern, Putzfassade, Holzfenstern in den Alltag übergeführt.

What fascinates us and what we admire and adopt, is the magic that normality can have. The miracle that is created with completely normal means. This liquor shop in the 3rd district. Two entrances from the street, two parlours, a bar, one proprietor.

Housing project Praterstraße:
Normality is a must in our architecture. The ambitious qualities of the design are translated into everyday life by means of perfectly normal balustrades, rendering and wooden windows.

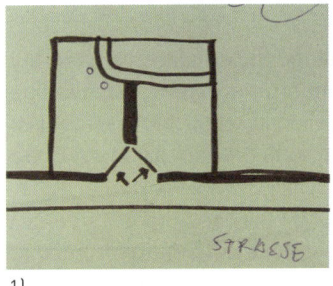

1)

2)

↗ Praterstraße S. 156

1) Likörstube
   liqueur store

2) Wohnbau Praterstraße, Wien 2
   Housing Praterstraße, Wien 2

5. OPULENZ / ZURÜCKHALTUNG / OPULENCE / RESTRAINT

Ikone: Opulenz von hinten gibt Druck nach vorne

Nachtlokal Neubau:
Mix aus trashigen und edlen Bestandteilen, eine goldene Wand, vor der sich die Leute besonders gerne aufgehalten haben wegen des Ikoneneffekts.

Icon: opulence coming from the rear leads to a forward drive

Night club Neubau:
A mix of trashy and posh elements, a golden wall in front of which people liked to show off because of the iconic effect.

1)

2)

1) Ikone
   Ikone

2) Nachtlokal Neubau (Popelka 1986)
   Nightbar Neubau (Popelka 1986)

1. Auftraggeber / 1. Contractor
Hannes Lackner †

6. MATERIAL / MITTEL / MATERIAL / MEANS

Unsere Hauptentscheidung ist, ob Material oder nicht Material.
Rohrschachtapete fürs Psychiaterkammerl: Selbst produziert, 0,5mm dick, verändert den Raum u.U. extrem, mit minimalem Aufwand.

Our main decision is whether to use material or not.
Rorschach tapestry for the psychiatrist's chamber: homemade, 0.5mm thick, may transform the room extremely with a minimum of effort.

T

1) Frauenkirche Dresden
   Frauenkirche Dresden

2) Tapete MUWA-Graz
   Wallpaper MUWA-Graz

 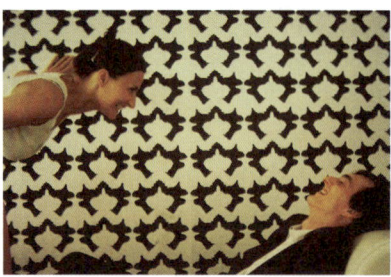

1)   2)

7. ABSTRAKTION / ABSTRACTION

Raum ist für uns primär abstrakt, eine eigene ungebundene Kategorie, er entsteht nicht aus funktionellen, traditionellen oder typologischen Überlegungen, sondern hat eine eigenständige, überfunktionelle, übergeordnete per se 3D Qualität, die sich aus der mathematisch/ geometrisch formelhaft ausgedrückten Vorstellung von darin fließendem Leben, aus prognostiziertem Erlebnis/ Leben ergibt.

For us, space is primarily abstract, a specific free-floating category, it does not emerge from functional, traditional or typological considerations, but has an independent, meta-functional higher-ranking 3d quality per se resulting from the mathematically and geometrically expressed and formula-like idea of life flowing within, from prognosticated experience/ life.

Wohnmodelle (Popelka 1994)
Housing models (Popelka 1994)

↗ Terrassenhaus P. 358   ↗ Stadt des Kindes P. 358

 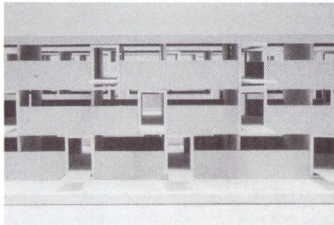 

Dieser nicht begrifflich belegte Raum überlässt dem Benutzer die Freiheit der Interpretation und Uminterpretation. So wird der Boden zur Liegewiese, zum Bett.

The user is free to interpret and reinterpret this undesignated space, thus allowing the floor to become a sunbathing area and bed.

Liegewiese Samadhibad im MUWA,
Graz
Resting aera Samadhibad im MUWA,
Graz

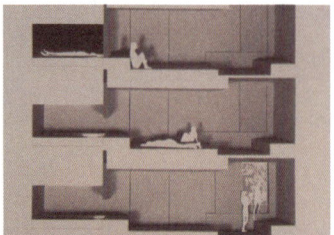

↗ Floatingtank im MUWA S. 128

8. KOMFORT / KOMFORTVERLUST / COMFORT / LOSS OF COMFORT

Schwierige Frage, was ist besser, mangels Komfort keine Treppe oder der Komfort einer Dachterrasse. Die Ächtung der Gemütlichkeit durch die Moderne ist überwunden, aber wir würden uns nicht trauen einen Sessel zu machen.

Difficult question as to what would be better; no stairs for lack of comfort, or the comfort of a roof terrace? Despite overcoming the Modernist idea of relinquishing comfort, we would not dare to make a chair.

Praterstraße Dachgeschossausbau, Wien
Praterstraße Loft extension, Vienna

9. KÖRPER / RAUM / KÖRPER / RAUM

Das Bad im Museum der Wahrnehmung in Graz ist eine Raumkapsel, dazu da, den Raum zum Verschwinden zu bringen. Es handelt sich dabei um einen von John Lilly erforschten Effekt, dass unter absolutem Außenreizentzug ... andere, tiefere Bewusstseinsebenen und extreme Entspannung erreicht werden.

Sehr spezielle Anforderung bekommt sehr speziellen Raum. Eine hellblaue Kapsel, die dosiert wie ein Medikament genossen wird.

The bath in the Museum of Perception in Graz is a space capsule, its purpose to make space disappear. This is an effect studied by John Lilly: by isolating the brain from all external stimuli it is possible to achieve different, deeper planes of consciousness and extreme relaxation.

A very special space for very special demands. A light-blue capsule which can be enjoyed in doses, like medicine.

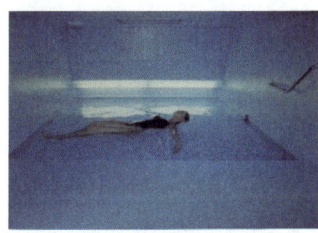   

Samadhibad im MUWA, Graz
Samadhibad in the MUWA, Graz

10. ZEIT / BEWEGUNG / TIME / MOBILITY

Die Zeiten ändern sich. Unsere Zeit kommt noch.

Times are changing. Our time is yet to come.

T

11. METHODE / METHOD

Kommt aus der Arbeitstechnik der euphorischen Suche nach dem Besten, nicht nach Fehlern. Kommt aus einer sehr spezifischen, unvoreingenommenen Raumauffassung, die sich aus der Vorstellung der sich bewegenden Menschen in einer Art Gedanken-Tetris entwickelt, die Räume haben räumliche Proportion, in die Funktionen dann umso passgenauer zu liegen kommen, das Raumspiel ist natürlich nicht unabhängig von Randbedingungen, dann wäre es ja unbrauchbar, es wird in dem Wissen über die funktionellen Anforderungen, die Bauordnung, die Statik, die Wirtschaftlichkeit gespielt.

Innen sehr speziell (weshalb bestimmte Bereiche Arbeitstitel wie Kanzel, Schwimmbad bekommen), überfunktionell, (das Wohnen ist in diesem Paket sowieso inkludiert, die Räume bieten etwas darüber hinaus an). Außen ist das Spezielle folgerichtig sichtbar, spielt aber das Spielchen mit der Normalität. Durch die Verwendung von Vollwärmeschutz, Putz, Spriesslgeländer, gewolkten Fliesen schließt das Haus Freundschaft mit dem Gewohnten. Kalkulierte Unschärfe, um dem Konzept die Schärfe zu nehmen. Die Sensation ist verdeckt und muss nicht bemerkt werden. Aufsehen erregen ist nicht Programm. Absurdes ist der Ausgangspunkt, das Normale wird erreicht.

Comes from working technique and euphoric search for the best, instead of for errors. Comes from a very specific, impartial perception of space that develops from the idea of mobile people in a kind of imagined Tetris – where spaces have spatial proportions in which functions will fit in even more accurately. Of course, this spatial playing is by no means independent of frame conditions, otherwise it would be useless – it takes place in the light of functional requirements, building regulations, statics and cost-effectiveness.

Inside, it is very special (that is why certain areas are given working titles such as pulpit, or swimming pool), and multifunctional, (living is included in this package anyway, and the rooms offer more than just that).

Outside, the special is consequently visible, although it plays a little game with normality. By using upgraded insulation, rendering, banisters / railings, and clouded tiles, the house makes friends with the conventional. Calculated fuzziness, in order to tone down the concept's acerbity. The sensation is concealed and doesn't have to arouse attention. Arousing attention is not on our agenda. While the absurd stands at the beginning, normality is achieved in the end.

Wohnbau Praterstraße, Wien
Housing project Praterstraße, Vienna, 2

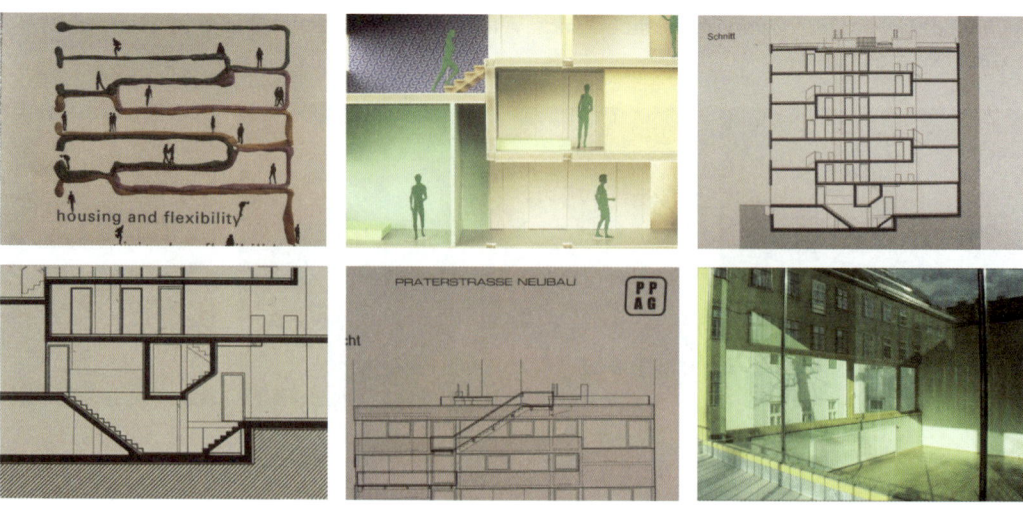

↗ Praterstraße S. 156

Von: PPAG Anna Popelka [mailto:popelka@ppag.at]
Gesendet: Mittwoch, 22. Juli 2009 18:44
An: ...
Cc: .GEORG
Betreff: tourismus + immobilienflop

Wien, 22.07.09

Sehr geehrter Herr K.,

ich weiss natürlich nicht ob Sie die folgenden Zeilen inhaltlich ansprechen, aber ich probier's:

• Bei jedem Urlaub ans Mittelmeer, ganz egal ob an die kroatische, itali-
  enische oder griechische Küste wird einem die enorme Zerstörungskraft
  des Massentourismus erneut vor Augen geführt. Die verständlichen Motive auf beiden Seiten, Erholung und Geldverdienen, münden letztlich
  in deren Gegenteil, auch auf beiden Seiten. Und man denkt sich jedes
  Mal, kann ja nicht so schwer sein das intelligent zu machen, ein De-
  monstrationsprojekt gehört her.

• Die Banken sitzen vermutlich auf vielen auf der Welt verstreuten, für
  sie anscheinend wertlosen Kleinimmobilien die nach dem Konkurs der
  Kreditnehmer an sie zurückgefallen sind.

Kann man die 2 Dinge zusammenbringen? Eventuell. Man müsste „das Material" sichten und Zusammenhänge herstellen z.b.:

ausgesuchte Immobilien werden, gegebenenfalls nach Bearbeitung dh nötigen Investitionen, in eine Art Pixelhotel integriert(=sehr unterschied-
liches, jedoch spezielles und qualitätvolles Hotelangebot, Idee von der
Linzer Kulturhauptstadt geklaut)einhergehend mit bestimmten Services.
ev. schwerpunkte z.B.: „silence", da darf man dann nur vögel zwitschern
hören o.so.
Auswahl und Ausloten des Potenzials der einzelnen locations, der Notwendigkeit von zusätzlichen Infrastrukturen würde ich als eine unserer
Stärken sehen. Letzlich soll eine Zielgruppe, die spezielles sucht, hier
bedenkenlos buchen können und es immer gut finden.

alles unter dem Schlagwort Sustainabilität, erste Ideen:

- Vorortbetreuung, Wartung, Pflege der Hoteleinheiten, Kinderbetreuung,
  Strandshuttle etc. wird lokal von einer Art multikulturell geschultem
  Hausmeister geregelt.
- Durchmischung der Benutzer einer Ferieneinheit mit lokaler Bevölkerung.
- Durchmischung von Alters- und Familien- und Bildungsstrukturen.
- Unterschiedliche Formen wie kurzzeitig buchen, langfristig mieten,
  kaufen.
- Dezentrale Energie- und Nahrungsversorgung, an der auch teilgehabt
  werden kann, Kinder lernen Ziegen melken.
- Reduzierter oder kollektivierter Individualverkehr.
- Regionale Charakteristiken, Naturgegebenheiten oder baulicher Art,
  werden berücksichtigt, das Neue ins Bestehende eingewoben.
z.b. der niedrige Mischwald der Krk überzieht und von einem Labyrinth
von alten Wegen durchzogen ist, wäre im Sommer zum Aufenthalt ideal geeignet. Man könnte so, basierend auf einer alten Ordnungsstruktur eine

T

sehr introvertierte fast unsichtbare Anlage schaffen. oder: auf Hvar
gibt es wunderbare komplette verlassene Dörfer im Inselinnern die man
neu bevölkern könnte (ob sich sowas in den konkursmassen befindet ist
allerdings fraglich)
- Tourismus ist nur gut, wenn er nicht als einzige Einnahmequelle die
  Bevölkerung vor Ort korrumpieren kann, also Ausgewogenheit in Hinblick
  darauf anstreben.

Wir meinen: das nötige geld in die hand nehmen und scheinbar unnutzbare
Immobilien vergolden. Großangelegt, mit den einzelnen Ländern und der EU
im Boot (da ist Sustainability grad das Zauberwort). Eventuell ist sogar
ein Franchiseprodukt daraus zu machen.

Was sagen Sie dazu? treasurymässig wertvoll?

mit freundlichen Grüssen
Anna Popelka

/

From: PPAG Anna Popelka [mailto:popelka@ppag.at]
Sent: Wednesday, 22 July 2009, 18:44
To: ...
Cc: .GEORG
Re: tourism + real estate flop

Vienna, 22/07/09

Dear Mr K.,

Of course I don't know if you approve of the following lines, but I will
try:

• Every time you spend your holidays on the Mediterranean Sea, regardless whether it is on the coast of Croatia, Italy or Greece, the enormous destruction of mass tourism unfolds before your eyes. There are,
  of course, understandable reasons on both sides - recreation and business - which in the end, lead to the opposite effect on both sides.
  And every time you go there, you think it can't be that hard, they'd
  need an intelligent pilot project here!

• Many banks are likely to possess a lot of little plots throughout the
  world, probably valueless little properties from mortgages after clients' bankruptcies.

Is it possible to bring these 2 things together? Perhaps. One would look
to have "the material" and link it up:

Selected property could be integrated into a kind of pixel hotel, perhaps
after processing i.e. the necessary investments (however, a special
high-quality hotel project - the idea came from Linz - European Capital
of Culture), together with certain services.
Possible focuses, e.g. silence, where you can only hear the birds sin-
ging.
Selection and fully using the potential of the individual locations.
I would see the necessity to have additional infrastructure as one of

our strengths. In the end, a target group looking for something special should be able to easily book and always find it okay.

Sustainability is the keyword here; first ideas:

- On site supervision, maintenance, utility services for the hotel units, childcare, beach shuttle etc. are managed by a kind of multiculturally trained concierge.
- Mix of users with local people in one holiday unit.
- Mix of age groups, family and groups with mixed social backgrounds.
- Different forms of vacation, such as last-minute bookings, long-term renting, buying.
- Decentralised power and food supplies, in which people can participate, children learn how to milk goats.
- Reduced or collective individual transport.
- Regional features, natural elements or buildings are considered, while weaving the new into the existing,
e.g. the maquis all over Krk with its labyrinth of meandering old paths would be the ideal place in summer. Thus one could create a reclusive, nearly invisible resort on the basis of an ancient pattern. Or: on the island of Hvar, there are a number of wonderful, completely abandoned villages, which could be repopulated (whether they are part of the bankruptcy assets remains to be seen).
- Tourism is only good, if it is not the only source of income which could corrupt the local population. So we should strive to achieve a certain balance in that sense.

We think to use the required money and gild supposedly useless real estate is a good idea. On a major scale, with the individual countries and the EU on board (sustainability is the spell here). One could probably create a franchise system from it.

What do you think? Is it a valuable asset?

Best regards
Anna Popelka

———

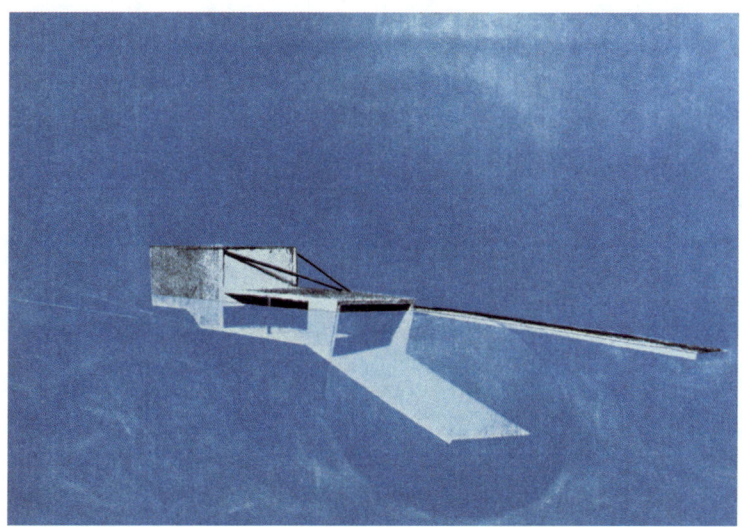

Underwater
Seafoodrestaurant
_____

Underwater
Seafoodrestaurant

1984

shinkenshiku residential
competition

V

Vision Städtebau

vision
urban planning

Deutsch-Wagram, 2013,
-
Podhagskyg., Wien Donaustadt, 2011
-
Terrassenhaus, Wien, 2005
-
Stadt des Kindes, Wien, 2003
-
KDAG, Wien, 1998
-

↗ Europan S. 30
↗ Typ Berlin S. 363

DEUTSCH-WAGRAM
Aufgrund umfangreicher Recherchen vorort wird ein eigenes städtebauliches Prinzip entwickelt, das wir „Prinzip der kleinteiligen Dichte" nennen. Die Bebauung ist auf Erdgeschossebene sehr durchlässig, eine Art Minimetabolismus, der einer Stadt ohne Zentrum zu einem solchen verhilft.

DEUTSCH-WAGRAM
Extensive research on site gives rise to a dedicated urban development principle which we call the „principle of small-scale density". The development at ground level is very open, a kind of mini-metabolism that gives a centre to a town which lacks one.

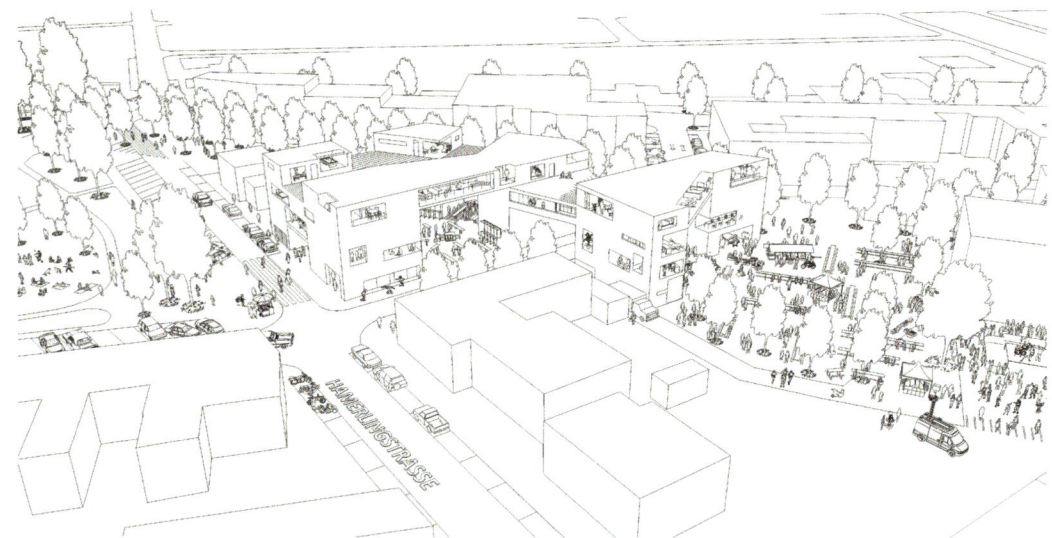

PODHAGSKYGASSE, WIEN DONAUSTADT
Städtebauliche Dichte:
Die ebene Umgebung des Projektstandortes ist geprägt von In sich Isolierenden und kleinteilig angelegten Einfamilienhäusern. Als städtebauliche Gegenthese dazu sieht der Projektvorschlag 64 drei- bis fünfgeschossige Gebäude vor, die in 8 Dörfern jeweils um einen Marktplatz gruppiert sind. Im Vergleich zum Umfeld führen die dörflichen Strukturen zu einer Verdichtung des sozialen Raumes.

PODHAGSKYGASSE, VIENNA DONAUSTADT
Urban density:
The flat surroundings of the project site are dominated by small-scale self-contained detached houses. As an urbanistic counterthesis, the project proposes 64 three- to five-storey buildings that are arranged in 8 villages around a central market place. In comparison to the surroundings, village structures often lead to a densification of social space.

Geschossabfolge EG bis Dachaufsicht
/ *Sequence of floors from ground to top view of roof*

V

TERRASSENHAUS, WIEN
Über 200 Wohnungen aus gleichen nach Süden ansteigenden Einzellern als poröser Schwamm über öffentlicher Nutzung.

TERRACE-SHAPED BLOCK OF FLATS, VIENNA
More than 200 flats consisting of ascending monads facing south forming a porous sponge (structure) above public space.

STADT DES KINDES, WIEN
An der Grenze zum Wald- und Wiesengürtel scheint die Disziplin des Reihenhauses zu blockierend, das Einfamilienhaus zu egoistisch. Die Körper bilden zusammen einen räumlich perforierten Cluster, der Individualität und Gemeinschaft zugleich ausstrahlt.
Gemeinsam bilden sie ein Gegengewicht zum starken Bestand der Stadt des Kindes, eine zerlegte, durchlässige, multiorientierte Version des Angebots an überdeckten und unüberdeckten privaten und öffentlichen Flächen.

Der immer gleiche dreidimensional orientierte Körper findet sich in 3 Grundpositionen im Raum wieder. Diese Positionen sind Anlass für die Bildung von 3 Wohnungstypen – C,D und E-Typen mit unterschiedlichem Charakter. Die Wohnungstypen werden in einer je nach Lage bestimmten Regeln unterworfenen Kombinatorik „vor Ort" miteinander verbunden. Erst in ihrer konkreten Topografie werden sie mit den nötigen Öffnungen versorgt.
So entstehen 60 verschiedene Wohnungen aus einem einzigen Körper.

CHILDREN'S CITY, VIENNA
On the border of the wooded and meadow belt, the discipline of the terraced house seems too constraining, the single-family house too selfish. Several bodies together build a spatially perforated cluster that radiates individuality and community spirit at the same time.
Together, they form a counterweight in relation to the overwhelming fabric of the Children's City, a disassembled, permeable and multi-oriented version of roofed and open private and public spaces.

Identical 3D orientated bodies can be found in 3 basic positions in open space. These positions trigger the formation of 3 dwelling types: C, D and E types with a different character each. These dwelling types are connected to each other "on site" according to their location and certain rules.

Only when in their concrete topography will they be provided with the required openings.
In that way, 60 different flats emerge from one single body.

↗ SDK, Visualisierung S. 366

KDAG, Wien
In einem rigorosen Schattenmanagement platzierte Platzhalter aus den Gegenspielern Wohnen
- Nichtwohnen liefern die für die Entwicklung eines Stadtteils nötige inhaltliche Flexibilität bei
gleichzeitiger Definition des städtischen Raums.
Wohnen - Typ Balkan/ Typ Linz/ Typ Möbius und Nichtwohnen in Form von Gewerbe/Infrastruk-
tur/Büros werden in Gruppen zueinander geordnet.

KDAG, Vienna
In rigorous shade management, place holders in the context of dwelling versus non dwelling
allow for flexibility of content as required for the development of an urban district, at the same
time defining urban space.
Dwelling types Balkans/ Linz/ Moebius and Non dwelling in the form of industrial/ infrastructural/
office space are arranged in groups.

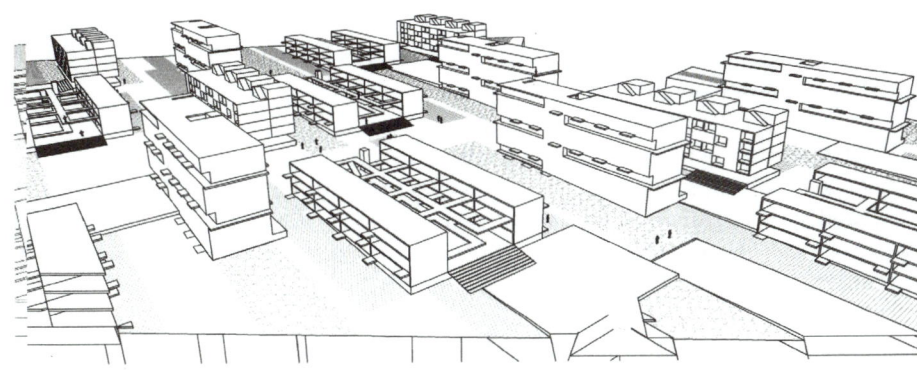

V

Visualisierung
Visualization
2005

Anna Popelka

DIE BESTE VISUALISIERUNG IST DIE ARCHITEKTUR

Visualisierung wird in der Architektur häufig zur Vermittlung an Dritte und relativ spät in der Entwicklung eines Projekts, etwa im Stadium des Verkaufs, eingesetzt.

Für uns (ppag) ist Visualisierung von Anfang an integrales Planungsinstrument das uns – besser als die Sprache – beim Denken hilft und eine meist lange Kette von Entscheidungsschritten, in denen eine Methode entwickelt, verworfen, weiterentwickelt und wieder verworfen wird, begleitet. Ohne fortwährendes Darstellen würden wir nicht erfahren, wie ein Haus aussieht, ohne Darstellen gäbe es keine Entwicklung im Entwurf.

Eigentlich betreiben wir eine Art Informationsvisualisierung, wie sie heute in fast allen Forschungsbereichen eingesetzt wird. Wenn wir bei städtebaulichen Projekten allgemeine Qualitäten wie Licht- und Freiraumverhältnisse visualisieren, sehen wir uns gar nicht so weit entfernt vom Wetterforscher, der für die Entwicklung eines Frühwarnsystems mittels Auspuffsoftware Hurricans nachbaut. Beide suchen wir unterstützt durch die Verwertung der größtmöglichen Anzahl von Informationen nach dem vielversprechendsten Ansatz.

Wichtig für uns ist: Wir betreiben nicht Visualisierung von (im Kopf) Bekanntem, also vorher Ausgedachtem, sondern die Visualisierung ist ein Resultat aus Eingaben, über deren Ergebnis wir durchaus oft überrascht sind. Manchmal bilden sich durch den Einsatz von gestaltgenerierenden Regeln städtebauliche Anordnungen, Gebäude oder Fassaden „wie von selbst", manchmal ist es ein langer iterativer Prozess bis zum Endprodukt.

Obwohl ästhetische Motive nicht im Vordergrund stehen, liegen die Auswirkungen auf das Erscheinungsbild des Ergebnisses in der Natur der Sache.

Technisch ist Visualisierung für uns ein weiter Begriff, der von realen Modellen über alle möglichen Arten von 3D-Darstellungen bis hin zu Excel-Listen reicht, die verschiedene Annäherungsprozesse wie z.B. die Ermittlung von optimalen Gebäudehöhenverläufen unterstützen.

Animationen können das Verstehen und Bearbeiten räumlich komplexer Strukturen unterstützen, da sie die Objekte von verschiedenen Seiten in einem zeitlichen Ablauf zeigen. Unser Animationstool ist der 3D-Modeler, mit dem man das virtuelle Objekt drehen und wenden kann, ein hilfreiches Werkzeug bei der Bearbeitung von komplexen Gebilden.

Wir sind davon überzeugt, dass jede „neue" Idee nach einer adäquaten „neuen" visuellen Formulierung verlangt, die der Spezialität des Gedankens gerecht wird. In dem Sinne kann man nie die gleiche Darstellung anwenden wie beim letzten Mal, so wie man nie ein gleiches Haus machen wird.

/

ARCHITECTURE IS THE BEST VISUALISATION

In architecture, visualisation often becomes a mode of communication to third parties and is used relatively late in project development, i.e. in the selling phase.

For us (ppag) visualisation is an integral planning tool right from the beginning. More than a language, it helps us to figure out things and is mostly a long chain of decisions, in which a method is developed, abandoned, further developed and abandoned again. Without continually representing the design we could never figure out what a house looks like, without representation, there would be no progress in design.

Actually, we are running a kind of information visualisation, as is used today in almost all areas of research. If we visualise general qualities such as light and free space conditions in the course of urbanistic projects, we are not so far away from a meteorologist who is responsible for developing an early warning system and models hurricanes by means of exhaust pipe software. Supported by data evaluation of the largest possible number of information, we both search for the most promising approach.

What is important for us: we do not visualise already known matter (in the mind), i.e. things we figured out beforehand, but visualisation is rather a result of input which often surprises us. Sometimes urban configurations, buildings or faces are generated "spontaneously" by rules of shape, sometimes, however, it is a longer, iterative process until the end product emerges.

Although aesthetical reasons are not in the foreground, their effects on the appearance of the results are quite natural.

Technically, visualisation is a comprehensive concept for us, ranging from real models to all possible kinds of 3D representations and Excel lists, supporting different processes of approach such as determination of optimum building height lines.

Animations can support the understanding and elaboration of complex spatial structures, since they show the objects from different angles in a certain time sequence. Our animation tool is the 3D modeler, which enables us to twist and turn any virtual object. It is thus a very efficient tool for elaborating complex structures.

We are convinced that every "new" idea requires an adequate "new" visual formulation that does justice to the speciality of the idea. In that sense, then, one can never use the same representation twice, the same as when building a house, there are never two alike.

Anwendungsbeispiele: / Anwendungsbeispiele:

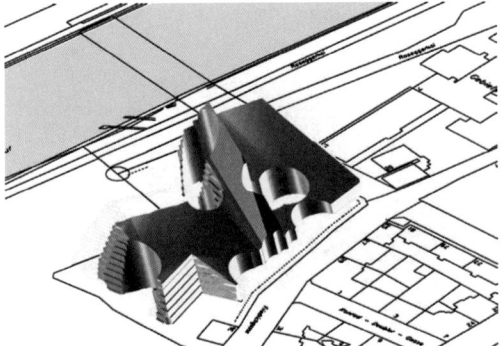

Städtebauliche Studie Augarten Graz, Schnittmenge Qualitätsparameter
Urban development study for Augarten, Graz, intersection of quality parameters

Am Beginn jeder städtebaulichen Planung steht das Ausloten allgemeiner Qualitäten wie Licht, Aussicht, Freiraum etc. am Ort und in Bezug auf angrenzende Quartiere. Oft werden in dieser Phase in Verwechslung mit einer primitiven Stufe von Architektur mehr oder weniger hilflos Blöcke platziert. Macht man die qualitätsrelevanten bzw. obligaten Parameter sichtbar, ergibt sich unter Umständen ein völlig anderes Bild der Möglichkeiten einer Baumassenverteilung auf einem Grundstück. Der aus der Schnittmenge der Kriterien entstandene qualitätssichernde Mantel ist die äußere Grenze, innerhalb der sich die jeweilige Architektur in verordneter Dichte bewegen kann. Daraus resultiert größere Freiheit für Typologien und Planer. Das Ganze ist mit relativ einfachen 3D-Operationen machbar und von uns auch als nützliches Werkzeug z.B. für Behörden gedacht.

At the beginning of every urbanistic plan, qualities such as lighting, views, free space, etc. have to be specified on site and in relation to neighbouring quarters. In this stage, which is often con-

V

fused with a primitive phase of architecture, blocks are placed in a more or less helpless manner. Having rendered obligatory parameters, or parameters relating to quality, visible, a completely different scope of possibilities regarding building mass distribution on the site could even emerge. The quality-safeguarding envelope resulting from the intersecting set of criteria is the outer limit, within which the respective architecture can move in prescribed density. As a result, architects and typologies have a greater scope of freedom. The whole thing is relatively easily operable by means of 3D operations and we regard it as a useful tool, e.g. for authorities.

Europan Sonnensimulator
Europan sun simulator

↗ Europan 06 S. 30

Übergangszeit   Übergangszeit   Übergangszeit

Die daraus abgeleiteten Testprojekte werden im nachfolgenden Schritt auf verschiedene Weise durchleuchtet. Mit eng gelegten Grundrissen und Schnitten wird das Gebäude horizontal und vertikal regelrecht durchgescannt, kleine Clips im Sonnensimulator zeigen Schwächen in der Belichtung von Fassaden auf, alles, was sichtbar wird, wird weiter optimiert.

Test projects derived from this procedure are analysed in a next step. The building is scanned horizontally and vertically by means of densely packed ground plans and sections, little clips in the solar simulator showing weaknesses in the façades' exposure to light are detected and further optimised.

1) Kagran 2-Stundenschattendiagramm
   Kagran 2-hour shading diagram

2) Kagran Windkanaltest
   Kagran wind tunnel test

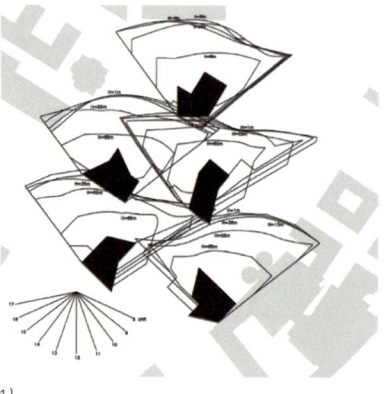

1)   2)

Bei der Planung von Hochhäusern ist deren 2-Stundenschatten zu berücksichtigen – die Hochhausrichtlinie formuliert die Forderung, dass die Verschattung der Fenster in der Umgebung von Hochhäusern maximal 2 Stunden täglich betragen darf. Das Schmelzprodukt der über bestimmte Tages- und Jahreszeiten entstehenden Schatten wird als Ausschließungszone räumlich dargestellt und beeinflusst die Form der Hochhäuser und ihre Lage zueinander.

The 2-hour shading has to be taken into account when designing highrises. The highrise regulations stipulate that windows in the neighbourhood of highrises be only shaded for a maximum of 2 hours daily. The average shadow during different days and seasons is spatially represented as prohibited area and determines the shape of highrises and their spatial relationship.

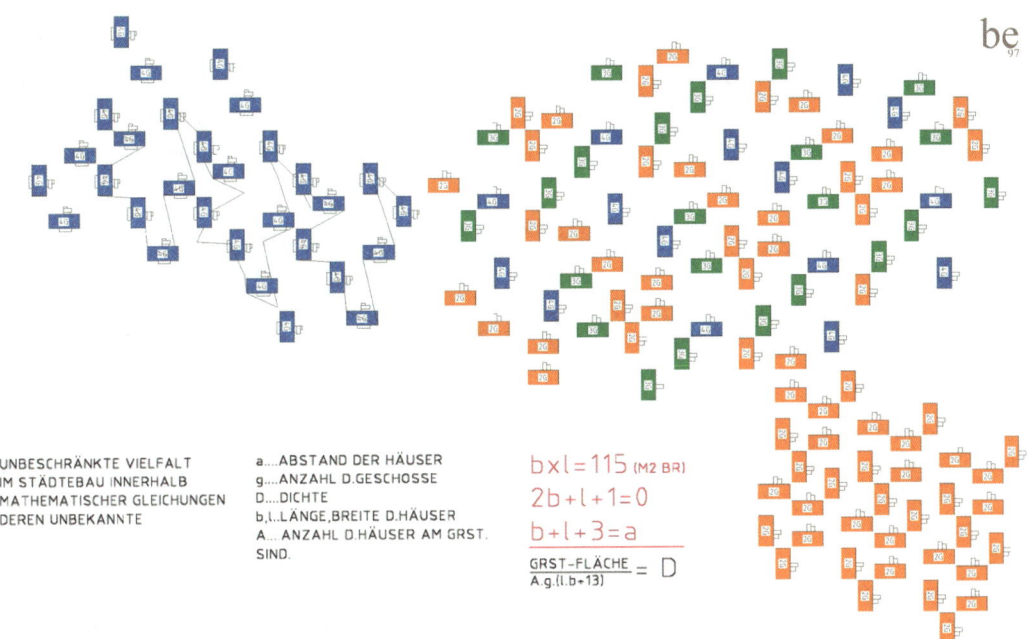

UNBESCHRÄNKTE VIELFALT
IM STÄDTEBAU INNERHALB
MATHEMATISCHER GLEICHUNGEN
DEREN UNBEKANNTE

a....ABSTAND DER HÄUSER
g....ANZAHL D.GESCHOSSE
D....DICHTE
b,l..LÄNGE,BREITE D.HÄUSER
A...ANZAHL D.HÄUSER AM GRST.
SIND.

$b \times l = 115$ (M2 BRI)

$2b + l + 1 = 0$

$b + l + 3 = a$

$$\frac{GRST\text{-}FLÄCHE}{A.g.(l.b+13)} = D$$

Übersetzung einer generierenden Formel in Gebäudeanordnungen verschiedener Höhe und Dichte in Grundstücke unterschiedlichen Zuschnitts

Translation of a generating formula in building configurations of different height and density on different sites.

Frei gewählte Spielregel: Für ein Objekt in einem Kreisverkehr beschlossen wir, den für den Autofahrer irritierenden Hintergrund jeweils wegzublenden, es werden „weiße Flecken" produziert, die dann zu einem Objekt verschmelzen. Das Objekt, das der Autofahrer sieht, ist die Summe des „Nichts", der weggeblendeten Hintergründe.

Randomly selected rules: We decided to put one object in a roundabout where we masked the background which irritated the motorists. We produced white spots that are blended to form an object. The object seen by the motorists is the sum of nothing, i.e. the masked background.

V

Expertenverfahren Postareal
Westbahnhof
mit BEHF
Expert procedure for post office site
Westbahnhof
with BEHF

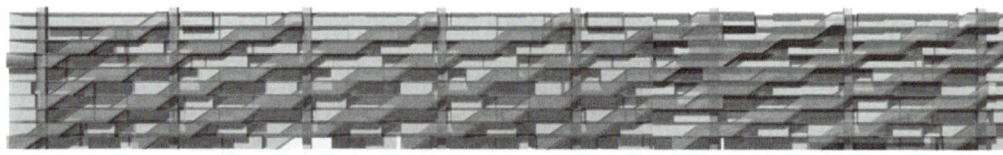

Einfache Bildungsregel, komplexe Auswirkung: Erschließungsrückgrat auf der „schlechten" Seite mit Hybrid aus fallendem 4-Spänner und Laubengangerschließung, Lifterschließung für alle. Durchdrücken des Systems auf der anderen Seite, durch versetztes Ansteigen versetzte Freiräume, maximale Durchorientierung.

A simple rule for the making of space, complex effect: access backbone on the "bad side" with a hybrid of falling 4-winged buildings and passageways, elevators for all. Pushing the system through to the other side, creating free space by staggered levels, maximum thoroughfare orientation.

Wohnprojekt Glanzinggasse
Housing project Glanzinggasse

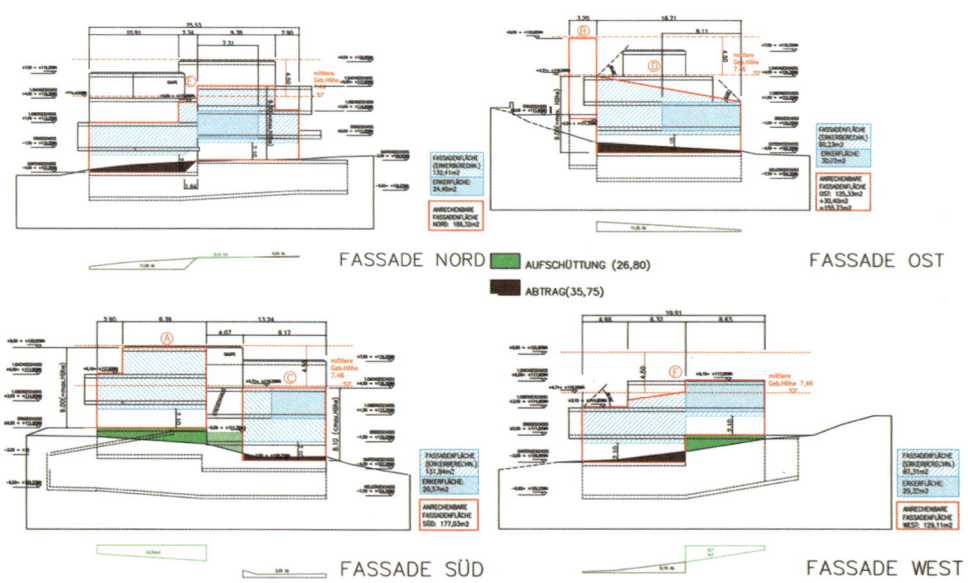

Freistehendes Wohnhaus in BKL I mit extremer Hanglage; grafisches Endprodukt der Gebäudehöhenberechnung nach §81/2 der WBO: anrechenbare Mantelfläche / abgewickelte Länge darf erlaubte Höhe nicht überschreiten inkl. aller erlaubten Überschreitungen in Form von Erkern, Gaupen und maximalen Höhenüberschreitungen.

Detached house of building category I on an extreme slope; graphical end product of building height calculation according to § 81/2 of the Vienna Building Regulations: The envelope surface divided by its length is not allowed to exceed the specified height, including all permitted transgressions in the form of bay windows, dormers and maximum height transgressions.

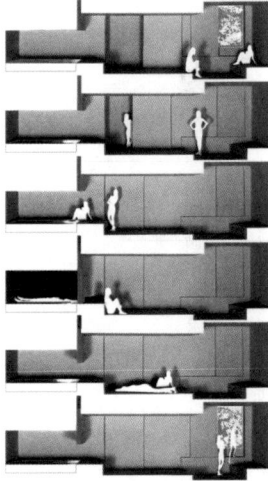

Floatingtank in Graz
Floatingtank in Graz

Darstellungsansatz, der die Architektur weniger aus einem funktionellen Blickwinkel als aus einem atmosphärischen, einer Prognose des sich in ihr bewegenden Menschen, darstellt.

Representational approach, which sees architecture less from a functional than from an atmospheric perspective, a prognosis represented by man moving in it, i.e. architecture.

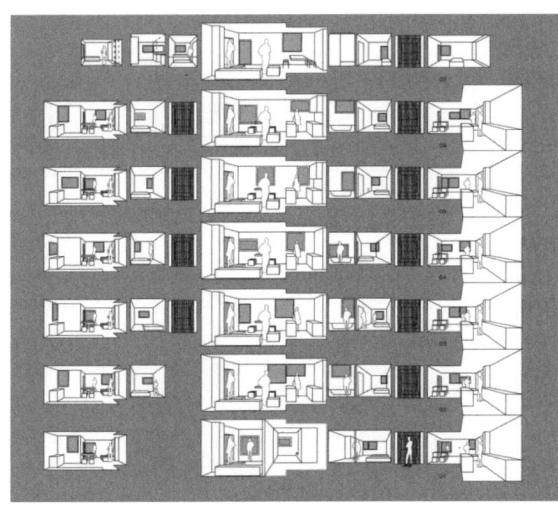

Wohnbau Traisengasse
Housing Traisengasse

Die immer gleichen Wohnungen unterscheiden sich nur durch Verschiebungen in der Lochfassade, Thema Gleichheit und Verschiedenheit.

These identical flats only distinguish themselves from others by means of shifts in the perforated façade, subject of equality and diversity.

V

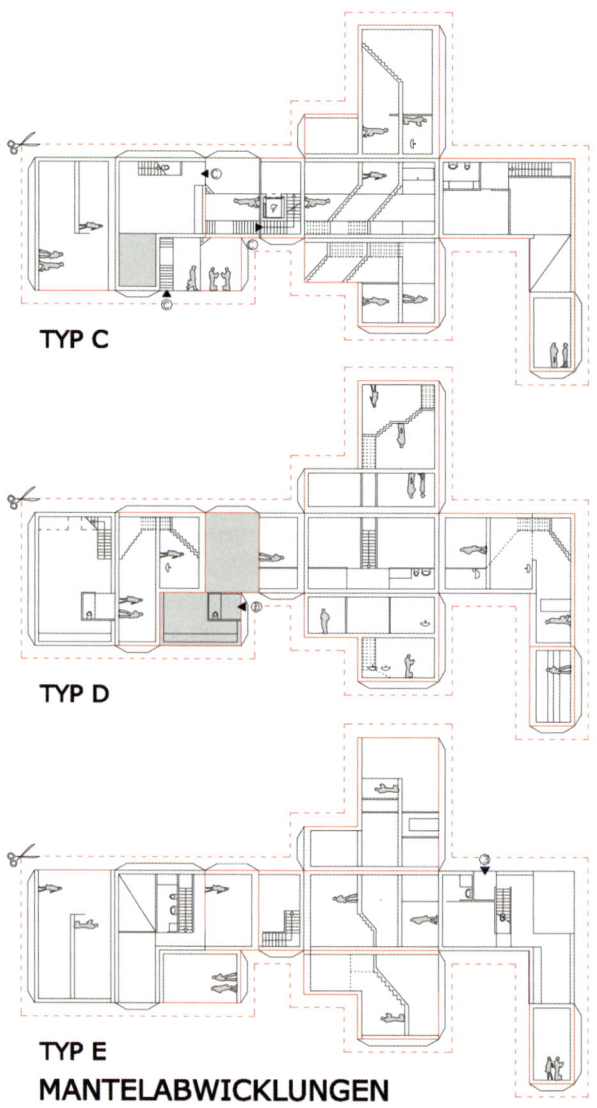

TYP C

TYP D

TYP E
MANTELABWICKLUNGEN

Die Agglomeration wird aus einem geometrisch immer gleichen xyz-orientierten Körper, der in 3 verschiedenen Positionen in 60 verschiedenen Konstellationen aufgestellt wird, gebaut. Die 3 Grundaufstellungen produzieren 3 verschiedene Grundtypen. Die Schnittbogenzeichnung zeigt durch die Visualisierung der jeweils „an die Wand geworfenen Aktivität" die Verschiedenheit der Füllung im immer gleichen Körper.

The agglomeration is built using a geometric body that is always orientated to the same directions, but can adopt 3 different positions in 60 different constellations. These three basic configurations produce 3 different basic types. The pattern sheet indicates by means of visualisation of activities projected onto the wall the diversity of the filling in one and the same body.

S.g. Herren,

bezugnehmend auf den 1. Dialog und das anschließend begonnene Gespräch
mit Herrn Klotz möchte ich zum Thema Weltkulturerbe vs. Wien Mitte noch
anmerken:

Von niemandem bestritten wird: Jede Zeit hat(te) ihre Kultur.
Die bauliche Manifestation der jeweiligen Gegenwart erfolgt(e) immer
anders, sie ist, soweit erhalten, heute sichtbarer Teil der jeweiligen
Kultur.
Interessensvertretungen wie das Denkmalamt kümmern sich um diesen sicht-
baren Teil, was ohne Frage ein sehr wichtiger Job ist.

Diese vertreten aber zunehmend die Meinung, dass dies heute nicht mehr
so ist, als ob Bauen in Zusammenhang mit Qualität eine Sache der Vergangenheit sei, als ob heute keine Baukunst von bleibendem Wert im großen
Maßtab mehr geschaffen würde. (Warum? Ist auslesebedingt der Intelli-
genzquotient der Planer gesunken?)
Diese Auffassung hat einen rein konservierenden Anspruch an die Substanz
zur Folge und verhindert eine lebendige und funktionelle Verwendung des
Bestands und Integration von alt und neu.(Wobei die Frage der Authentizität nicht so heiß gegessen wird. Der Stück darf ruhig neu sein.)

Weiteres Stichwort:
„Nicht alles ist schützenswert", Kommentar der MA21 in den Perspektiven
3/4/02.
Was sich jetzt ständig abspielt, ist eine gegenüberstellende Wertung von
bestehender und neu zu schaffender Baukultur, bei der die Gegenwart bis
auf einige Gassenhauer den Kürzeren zieht.

Fest steht, dass das, was wir heute tun, die Kultur von morgen ist, auch
wenn konservative Geister das nicht so sehen wollen. Ein Bewusstsein
in der Richtung mündet bei Entscheidungsträgern dementsprechend oft in
lähmendem innovationsfeindlichem Respekt. Fachleute auf beiden Seiten
sind gefragt.

Wir Architekten arbeiten an der Entstehung bzw. Erneuerung unserer Kultur. Je mehr man uns lässt, desto mehr können wir beitragen.

Beim Projekt Wien Mitte geht es ja wieder sehr um das bei solchen Diskussionen immer auftauchende Thema der zulässigen Nähe von alt und neu:
Türme zu nah am 1. Bezirk, also Türme niedriger, darüber kann man dann
plötzlich reden.
Wo führt das nun logisch hin? Bekommen wir wieder Satellitenstädte,
draußen auf der Wiese ist eh alles wurscht, und die Innenstädte verkommen
weiter zu ausschließlich tourismusorientierten potemkinschen Dörfern,
weil sie heutigen Bedürfnissen nicht mehr genügen? (Zum Stichwort Tourismus - Baukultur: siehe beil. Kühnartikel)
Waren wir über dieses Niveau städtebaulicher Diskussion nicht schon hinaus?

Weltkulturerbe ist man, glaube ich, weil an einem Ort auf spezielle Weise
ein heute sichtbarer Prozess des Nacheinanders der Kulturen stattgefun-
den hat und, daraus folgend, dauernd weiter stattfindet! (Was hätte denn
die UNESCO-kommision sonst in 200 Jahren zu tun?)
Ich hoffe sehr, dass Wien vor einer konservativen, kleinkarierten Unesco-

kommission nicht in die Knie geht, sein gutes Klima behält und nicht zum Kulturpark Österreich (siehe Beilage Kühnartikel: Priorität der Erhaltung vor Forschung und Entwicklung) verkommt.

Wir Fachleute bieten dazu unser Knowhow an.

Mit freundlichen Grüßen

Anna Popelka

/

Dear Sirs,

With reference to our first talks and subsequent conversation with Mr Klotz, I would like to make a few suggestions concerning the world heritage site versus Vienna Mitte:

What remains irrefutable is: every era has (or had) its culture.
Building has always manifested itself differently in all forms of the present. As far as preserved, it has become part of today's visible culture.
Lobbies such as the Federal Office for the Preservation of Monuments are responsible for this visible part, which is without doubt a vital task.

However, they increasingly think that today, things have changed, as if building in relation to quality belonged to the past; as if today, valuable architecture were no longer created on a major scale (why? Has the architects' IQ sunk due to selection processes?)
This attitude results in a pure claim to preserve the existing fabric and prevents a vibrant and functional use of existing buildings and the integration of old and new. (In which case, the question of authenticity is not as bad as it seems. It is alright to have new stuccos.

Other key words:
"Not everything is worth protecting", MA21 department's comments in Perspektiven 3/4/02.
What's going on at the moment is a confrontation of values of existing and future building culture, in which the present loses the game, apart from a few blockbusters.

No doubt. What we are doing today is the culture of tomorrow, even if conservative old-fashioned people do not want to accept this. Accordingly, awareness in that direction leads to a paralysation of stakeholders' hostile attitudes towards innovation. What is needed are experts on both sides.

As architects, we work on the development and renewal of our culture. The more we are left to our own devices, the more we can contribute.

The project Vienna Mitte is very much about the omnipresent subject of acceptable proximity of old and new. Highrises are too close to the 1st district, which means lower them and all of a sudden this is something we can talk about.
And where will that lead to? Are we going to get greenfield satellite ci-

ties again? I don't care. Are cities increasingly becoming Potemkin villages for tourism purposes because they no longer satisfy today's needs? (Keyword tourism - building culture: please see enclosed Kühn article) Hadn't we already left this subject of urbanistic discourse behind us?

I think World Heritage is a place where a process of cultural overlapping takes place in a special manner, which is visible today, and is subsequently in a permanent state of development. (Because what would the UNESCO commission otherwise do in 200 years time?)
I do hope that Vienna will not bow before a conservative petit-bourgeois UNESCO commission, that it will maintain its good atmosphere and not deteriorate into an Austrian Culture Parade (please see enclosed Kühn article: Priorität der Erhaltung vor Forschung und Entwicklung).

As experts we offer our know-how to prevent this.

Best regards

Anna Popelka

ARCHITEKTUR + WERT   04-2009
Bei Vorträgen, Diskussionen, in Jurien und in Zeitungsartikeln ist es immer wieder augenscheinlich: Der Kern der Qualität, der Wert der Architektur ist nicht nur für Laien, sondern auch für Involvierte, für Architekten und Kritiker, schwer festzumachen. Noch schwerer ist es, darüber Konsens zu finden. Was an sich nicht verwundern muss ist doch Wert nicht von vorneherein da sondern wird subjektiv behauptet. Übereinkunft über bestimmte Werte innerhalb großer Gruppen oder Schichten der Gesellschaft erzeugt den Eindruck von Wahrheit und Objektivität dieser Behauptungen. Zusätzlich erschwert der Umstand der dauernden Um- und Neubewertung der Werte eine Beurteilung. Permanent wird etwas „aus dem profanen Raum ins kulturelle Archiv" (B. Groys) transportiert und umgekehrt. Angesichts dieser schwer überblickbaren, fluktuierenden Situation tritt Überforderung ein, also übernehmen Dritte, Medien, Kritiker für den Konsumenten die tiefere Auseinandersetzung mit der Wertfrage. Wir lassen uns permanent übersetzen, was Qualität sein soll, und übernehmen fremde Wertsysteme. Das hat sicher auch mit dem Umstand zu tun, dass die Flut zu bewertender Dinge im Leben für den Einzelnen nicht mehr bewältigbar ist und wir quasi gezwungen sind, auf Vorauswahlen zurückzugreifen anstatt die Architektur mit allem möglichen Interesse bewusst selbst zu erleben und zu beurteilen. Die Klage der Architektenschaft über den Mangel an Verständnis für den Wert der Architektur ist nachvollziehbar, es fällt aber andererseits auf, dass man sich der inhaltlichen Diskussion bisher weitgehend entzogen hat. In der Kunst ist das anders. Da gibt es eine permanente Debatte. Die Unmöglichkeit, Qualitäten absolut dingfest zu machen, ist den Beteiligten längst klar. Ersetzt wird das durch dauernden Diskurs, der kurzfristige Sicherheiten schafft, innerhalb derer gearbeitet werden kann. Es ist klarer, was grade was wert ist und was nicht. Kunstwerke werden auf dem Kunstmarkt hauptsächlich um deren symbolischen Wert gehandelt. Selten geht es dabei um materiellen Wert, Künstler spielen oft mit diesem Umstand. Architektur wird auf dem Immobilienmarkt gehandelt, der den Wert nach scheinbar robusten Kriterien wie dem materiellen Wert oder der Lage beurteilt. Die jüngste Immobilienblase hat jedoch gezeigt, dass der Wert eines amerikanischen Vorstadthäuschens selbst unter so einfachen Maßstäben gar nicht so eindeutig ist. Der Verkehrswert einer Immobilie ist nicht simpel der eingesetzte Betrag, er wird durch einen symbolischen Beitrag verändert. Hier ändert sich derzeit was: Auf Auktionen erreichen neuerdings Gebäude der klassischen Moderne Höchstpreise, ein Indiz dafür, dass ein Sinn für das symbolische/kulturelle Kapital der Architektur wächst. Womöglich wäre es interessant, Vertriebsmechanismen aus der Kunst in die Architektur zu übertragen. Trotzdem, Architektur wird großteils rein funktional - ökonomisch beurteilt. Die Bewertung über Gebäudekennzahlen scheint leichter greif- und messbar und ist im Grunde unstrittig. Das führt dazu, dass die geringste Oberfläche undifferenziert zum Hauptkriterium bei Juryentscheidungen avanciert, unabhängig vom Thema. Man ignoriert, dass auch die einfachste Architektur stets ein Konglomerat aus sehr unterschiedlichen aufeinander

Wert
___
Value
2009

Anna Popelka

W

bezogenen Qualitäten darstellt. Der materielle Wert als traditionelles Synonym von Macht spielt heute nur eine relative Rolle. Macht findet in einer fortgeschrittenen Gesellschaft ungleich subtilere Wege sich auszudrücken als in einem kostspieligen Gebäude. Wert wird sogar eher in Understatement verpackt. Mit geringem Budget hohes symbolisches Kapital zu schaffen ist eventuell höher angesehen bzw. ökonomisches Kapital gerecht umzuverteilen (Aravena). Dass im geförderten Wiener Wohnbau ums gleiche Geld sehr unterschiedliche Werte geschaffen werden, zeigt die Unzuverlässigkeit des materiellen Werts für die Beurteilung. Worunter kann der Wert von Architektur subsummiert werden? Fest steht nur, Architektur ist mehr als eine simple Anhäufung von Material. Man könnte sagen, eine bestimmte Anhäufung von Material wird zu einer bestimmten Zeit als wertvoll empfunden. Der Wert steht in Zusammenhang mit dem, was wir brauchen. Wert erhält sich, wenn ein Gebäude über Nutzungszyklen hinaus sich als brauchbar erweist. Daraus und weil Architektur auch vor Regen und wilden Tieren schützt, die Berechtigung einer utilitaristischen Sichtweise abzuleiten wäre zu kurz gegriffen. Architektur ist die sogenannte Bühne des Lebens, wie stark das Bühnenbild ins Bewusstsein treten darf, katalysatorisch wirken darf, ist Ansichtssache. Architektur soll neutraler Hintergrund sein und dem Menschen dienen. Das würde sich grundsätzlich noch nicht mit der These ausschließen, dass Architektur den Menschen beeinflusst und dass, da wir sicher mehr als die Hälfte unseres Lebens in Gebäuden verbringen, nicht ohne Folgen bleiben kann. Architektur muss speziell sein, auf bestimmte Nutzer und Nutzungen zielen (was wiederum völlig andere Nutzungen nicht ausschließt also die Forderung nach dem Neutralen durchaus erfüllt). Brauchen wir das Vielschichtige, Vieldimensionalität, unterschiedliche Ebenen von Lesbarkeit, komplexen Aufbau oder brauchen wir Einfachheit, Klarheit, Verständlichkeit? Transparenz oder Geheimnis? Was ist natürlicher, eine Architektur, die etwas Organismusähnliches hervorbringt, oder der möglichst abstrakte Zugang oder bekennen wir uns zum artifiziellen Akt? Ist Wert das besonders treffend eingelöste Notwendige oder die darüber hinausgehende Leistung? Wobei die Sichtweisen ineinander fließen. Das Verstehen scheint für den Wert nicht unbedingt erforderlich, genauso wenig wie Authentizität. Man kann ein Bauwerk bewundern, ohne seinen Zweck zu verstehen. Hier wird vielleicht eine entscheidende Ebene getroffen. Dem subjektiven Wertempfinden steht die Werteübereinkunft der Gesellschaft gegenüber. Die mächtigste Wertebewegung hat, wenn man so will, die Gesellschaft am stärksten geprägt, das hat dann einen Stil hervorgebracht. Wobei sich die subtilen Auffassungsunterschiede innerhalb des Klassizismus gar nicht prinzipiell von den krasser in Erscheinung tretenden Unterschieden heute unterscheiden. Der Distinktionsdrang ist innerhalb der Architektur immer da. Die Architektur ist immer Spiegel der gesellschaftlichen Situation, was sonst. Heute steht nur die nivellierende Kraft des internationalen Austauschs auf die regionalen Architekturen den disparaten und unterschiedlichen Lebensmodellen gegenüber. Man könnte also sagen, an einem Ort ist alles möglich, gesamt betrachtet läuft alles ähnlich, es findet nur eine Umverlagerung der Verschiedenheiten statt. Dass sich heute die Architektur nicht mehr in einem Stil manifestiert, liegt schlicht an der Geschwindigkeit, mit der sich Werte ändern. Die Schwierigkeit, mit den Entwicklungen Schritt zu halten vergrößert die Kluft zwischen Produzenten und Nutzern. Die löbliche demokratische Angewohnheit, die Bevölkerung in komplexe Entscheidungsprozesse einzubeziehen, muss oft auch daran scheitern. Insgesamt kommen wir nicht drum herum: Qualität und Wert sind in ständigem Wandel und müssen dauernd, dialektisch, Fall für Fall, neu verhandelt werden. Diskussion ist unumgänglich. Die Crux des Wertbegriffs ist ein hypothetischer Charakter mit konkreten Auswirkungen. Beiräte und Gremien, die Wert behaupten und auch zurückweisen, müssen sich dessen permanent bewusst sein, die Architekten können in ihrer Rolle als Insider viel beitragen. Nur so wird Wert klar, eine Sekunde lang.

/

ARCHITEKTUR + WERT   04-2009
In lectures, discussions, jury panels and newspaper articles it repeatedly becomes evident: the core of quality, the value of architecture is hard to grasp not only for laymen, but also for involved architects and critics. It is even harder to find a consensus. The funny thing is, value is not there from the beginning, but it is rather subjectively asserted. Agreement on certain values within greater groups or social classes arouses the impression that these statements are true and objective. Additionally, the circumstance of a continuous re-evaluation of values hinders proper judgement. There is a permanent shift "from the profane to the cultural archive" (B. Groys) and vice versa. In the face of this hardly comprehensible, fluctuating situation, one is easily overstrained, so third parties such as media and critics adopt consumers' in-depth attitude to the question of value. We let others translate what quality should be and continually adopt

their value systems. This undoubtedly has something to do with the fact that the mass of things that have to be evaluated in life cannot be coped with by the individual and we are quasi forced to rely on preliminary selection instead of experiencing and evaluating architecture ourselves with our utmost interest. The architects' complaint about the lack of understanding for the value of architecture is understandable. However, it is evident that up to now, they have mostly avoided substantial discussion. In art it is different. They are having permanent debates. The impossibility to calibrate qualities has become clear to all concerned. It is replaced by permanent discourse that provides short-term trust, within which work can continue. It is clearer then, what is valuable and what is not. Works of art are mainly negotiated based on their symbolic value. It rarely has to do with material values, artists often play with this fact. Architecture is negotiated on the real estate market, which estimates value based on seemingly robust criteria according to material value or the circumstances. However, the latest real estate bubble shows that the value of an American suburban house is not so easily determinable, even using such simple methods. The current market value of property is not simply the price that was paid for it, but rather what is determined by symbolic added value. In that respect, things are currently changing: in auctions, buildings in the style of Classical Modernism are lately achieving top prices, which indicates that people are gradually developing a feeling for the symbolic/cultural capital of architecture. It would probably be interesting to transfer distribution mechanisms from art to architecture. All the same, architecture is mainly judged on a purely functional-economic basis. It appears that evaluation using the Floor Area Ratio appears to be more easily tangible and measurable, which is basically indisputable. That has led to the fact that the smallest surface has become an undifferentiated main criterion for jury decisions, regardless of the subject. It is ignored that even the simplest architecture is always a conglomerate of many different interrelated qualities. Today, material value as a traditional synonym of power only plays a relative role. In an advanced society, power always finds more subtle ways of expressing itself than as an expensive building. Value even appears in the guise of an understatement. To create high symbolic capital with a low budget or redistribute capital more justly might be appreciated even more (Aravena). That very different values are created in Viennese subsidised housing schemes at the same price shows how unreliable material value is for evaluation. How can the value of architecture be estimated then? Undoubtedly, architecture is more than a simple aggregation of material. One could maintain that a certain aggregation of material will be regarded as valuable after a certain time. Value is associated to our needs. Value is maintained if a building proves to be of use beyond its useful life. However, it would be too short-sighted to adopt a utilitarian perspective of architecture, only because it protects us from rain and wild animals. Architecture is the so-called stage of life - but how strong the scenes should influence our thought, should work like a catalyst, is a matter of opinion. Architecture is meant to provide a neutral background and serve man. Basically, that would not yet completely rule out the hypothesis that architecture influences man, and given that we spend half our lives in buildings, will not have any further implications. Architecture has to be special, geared towards the needs of certain users (which does not completely other uses, i.e. it fulfils the requirement of being neutral). Do we need the multi-layered, the multi-dimensioned, different levels of readability, complex structures or do we need simplicity, clarity and understandability? Transparency or secrecy? What is more natural - architecture that brings forth something like an organism, or is an approach that is as abstract as possible; or do we advocate the artificial act? Does value mean that our requirements are satisfied especially aptly or does it go beyond that? These points of view overlap. Comprehension is not necessarily important for understanding, the same applies to authenticity. We can admire a building without understanding its purpose. And it is here that a decisive level is met: the subjective notion of value as opposed to the values agreed on by society. The most powerful shift of values has influenced society the most, which has led to the creation of a certain style. Subtle differences in attitude within Classicism do not substantially distinguish themselves from today's more radically appearing differences. The urge to distinguish oneself always exists within architecture. Architecture always reflects the social situation - that is for sure. Today, only the levelling power of international exchange exerted on regional architecture opposes disparate and diverse living modes. We could therefore conclude that anything is possible in one place and seen as a whole, everything is similar. Diversities are only shifted. The fact that architecture no longer appears in one style, is due to the speed in which values change. The difficulty of keeping up with developments widens the gap between producers and users. Therefore, the laudable democratic habit of including people in complex decision-making processes often fails. As a whole, we will not be able to ignore that quality and value are subject to continuous change and have to be renegotiated dialectically, from case to case. Discussion is inevitable. The problem of value is its hypothetical character with material effects. Committees and boards

that maintain and refute value, have to be aware of the fact that architects can contribute a lot in their role as professionals. Thus only value becomes clear, be it just for one second.

Wettbewerb 01

Competition 01

2012

Anna Popelka

01 Wettbewerbe

Sowohl als Juror wie als Teilnehmer (zuletzt ein geladenes Verfahren in Salzburg) ist mir nun wiederholt passiert, dass nicht das (in der Jury als solches bezeichnete) beste Projekt zum Sieger gekürt wurde, sondern ganz bewusst ein Kompromissprojekt. Immer war die Angst vor zu hohen Kosten ausschlaggebend, wobei hier oft engagiert und etwas anders mit „zu teuer" verwechselt wurde. Man weiß, dass ein Wettbewerb nicht einmal den Schärfegrad eines Vorentwurfs hat und in der kurzen Zeit einer Jurysitzung die Kosten in ihrer Komplexität nicht seriös besprochen werden können. Zudem gibt es immer ein Raumprogramm, an das sich ein in Frage kommendes Projekt ja hält, die Kostenschwankungen befinden sich also dann in einem geringen Prozentbereich. Das kann es nicht sein!

Eine Jury wählt ja eine Planungsauffassung, eine Haltung aus. Wenn man darauf kommt, dass das Geld nicht reicht, ist der Ball bei den Projektanten, gute Architekten wissen immer wie man einspart, ohne das Konzept zu zerstören, und haben Verständnis dafür. Meine dringende Empfehlung an die Juroren: in diesen Fällen die Jurysitzung zu vertagen und eine ordentliche Kostenschätzung unter Einbeziehung der betreffenden Architekten bzw. von den Architekten zu machen.

Sonst führt sich eine Teilnahme an Wettbewerben für viele qualitätshungrige Büros ad absurdum, der Wettbewerb als Instrument, das (ungeahnte) beste Projekt zu finden und zu küren und zur Ausführung vorzuschlagen, ist tot.

02 statement Wettbewerbe für das Wettbewerbejournal

Ich war bis jetzt einige Male Juror und habe an unzähligen Wettbewerben als Teilnehmer mitgemacht. Es ist immer wieder verblüffend zu sehen, wie viele Lösungsansätze für eine Aufgabe denkbar sind. In diesen Momenten bin ich froh, zu einer enorm kreativen Berufsgruppe zu gehören. Dass die Architekten sich im Vergleich zu anderen Berufen unverhältnismäßig selbst ausbeuten, ist so. Dass diese Leistung der Gesellschaft nichts wert zu sein scheint, steht auf einem anderen Blatt. Hier versagt einmal ganz sicher unsere Berufsvertretung. Aber auch die Architekten selbst schaffen es nicht, den Inhalt ihres Tuns, nämlich die Verbesserung des Lebens und die Anpassung des gebauten Lebensraums an sich immer ändernde Bedingungen im großen Rahmen klarzumachen. Die Konkurrenz untereinander kommt auch nicht gerade sympathisch.

Wettbewerbe sind an sich ein taugliches Instrument, um aus einem großen Pool von Ideen die vielleicht ungeahnte beste Lösung abzuschöpfen. Heute ist es leider oft so, dass nicht das beste, sondern ganz bewusst ein Kompromissprojekt gewinnt. Manchmal ist sich die Jury dessen voll bewusst, oft fehlt hier der Horizont, man muss das Neue erkennen können, dazu braucht es Wissen und Sensibilität und aber auch die Durchsetzungskraft, das als gut erkannte durchzubringen. Große Auftraggeber mit Wettbewerbsroutine sind mit allen Wassern gewaschen und überlassen nichts dem Zufall und die Jury ist dem oft nicht gewachsen. Hier gibt es aber sicher ein Qualitätsgefälle von Westen nach Osten innerhalb Österreichs. In Tirol z. B. sind mehrstufige Verfahren mit direktem Feedback für die Teilnehmer üblich, ein guter Weg zum gewünschten Ergebnis. Frühzeitig, im Vorfeld, möglichst viele Meinungen zu evaluieren ist ein weiterer Fortschritt.

Immer wieder wird die möglichst präzise formulierte Aufgabe (und dass man sich auch während der Entscheidung daran hält) als Faktor für gelungene Verfahren genannt. Dem kann ich zwar folgen, muss aber auch widersprechen. Den Ausgang einer geistig schöpferischen Leistung kann man nicht voraussagen. Die für uns erfolgreichsten Verfahren haben gerade gar nicht eingeschränkt, es war möglich die Vorstellungen zu übertreffen bzw. völlig Neues einzubringen. Auch die Jury könnte sich für ein Projekt entscheiden, das das Programm überschritten hat, aber trotzdem das beste ist. Entscheidungen fallen nicht zugunsten so eines Projektes, aus vergaberechtlichen Gründen, und weil die Kollegen sehr wahrscheinlich klagen.

Dass einer Institution wie dem Naturhistorischen Museum die Neugestaltung des Eingangsbereichs nicht einen Bruchteil der Anschaffungskosten des neuesten Meteoriten wert ist, ist eine Schande.

Trotzdem, wir lieben Wettbewerbe!

/

W

01 Competitions

Both as a jury member and participant (last time it was an invited competition in Salzburg) I have repeatedly experienced that not the best project won (as specified by the jury), but that an intentional compromise was made. The reason for this was always the fear of exploding costs, although the chosen project was only ambitious and "expensive" was often confused with something else. We realise that a competition is far from being as exciting as a preliminary design and that the jury does not have enough time to discuss the costs in their complexity. Additionally, there is always a spatial programme with which the project in question has to comply, therefore cost volatility is very small, i.e. within a few percent. That can't be the problem!

A jury selects a design concept, an attitude. As soon as they realise that the funds aren't sufficient, the ball is returned to the architects, and good architects always know how to save costs without disrupting the concept and sympathise. My urgent recommendation to the jury is: to postpone the jury meeting in these cases and to make a proper cost estimate by including the architects in question or ask them to do it themselves.

Otherwise many firms would not be able to take part in competitions, because the idea of a competition as a tool to (surprisingly) identify and select the best project and suggest it be implemented would no longer apply.

02 statement Competitions for wettbewerbejournal

Until now, I have often been a member of jury and have also participated in many competitions. It is always astonishing to see how many approaches are presented to solve one task. Whenever that happens, I'm always glad to belong to a hugely creative professional group. It is a fact that architects, in comparison to other professions, exploit themselves excessively. That society does not seem to appreciate the value of their achievements, is another problem. This is definitely due to the failure of our representatives. On the other hand, the architects themselves do not manage to largely communicate the essence of their activities, namely to improve life and adapt the built environment of persistently changing conditions. Professional competition and rivalry are not always a matter of good taste.

As such, competitions are an appropriate tool to fish the best solution out of a large pool of ideas. Unfortunately, today, it is often not the best project that wins, but a project is selected as a compromise. Although the jury is sometimes completely aware of that, there may be no scope available to recognise innovation when it comes. For that, knowledge and sensibility is required, but also assertiveness to push the best project through. Major clients with competition routine know every trick in the book and plan everything carefully, which the jury often can't cope with. However, in Austria quality varies from west to east. In Tyrol, e.g., multi-stage competitions with direct feedback to the participants are common and a good way to achieve the desired result. It is a further step forward to evaluate as many opinions as early as possible.

Precisely formulated tasks have always been regarded as a decisive facture for successful competitions (and that you should stick to it during decision-making). Although I can understand that, I would also like to contradict it. You can never predict the result of an intellectual creative achievement. Our most successful achievements in competitions were not restraining, it was even possible to go beyond and introduce totally new ideas. The jury could also choose a project that has exceeded the programme, but is still the best. Decisions are not taken in favour of such a project because of awarding regulations, and because other colleagues would very probably sue the jury.

It is a shame that an institution like the Naturhistorisches Museum did not find it worthwhile to redesign its entrance area at only a fraction of the costs for the new meteorite.

However, we love competitions just the same!

———

Wettbewerb: SAALACHStraße, SALZBURG
Bewertung des Preisgerichts:
Der städtebauliche Entwurf überzeugt durch die gekonnte Umsetzung eines eigenständigen Siedlungs-
quartiers in dialogischer Beziehung zur vorgefundenen Umgebungsstruktur. Das Aneinanderfügen fein-
gliedriger, differenzierter Einzelvolumina generiert einen stark individualisierten Gesamtbaukörper, der
durch seine Konfiguration und Anordnung am Grundstück eine reichhaltige Zonierung von Innenraum und
Außenraum beinahe spielerisch, wie historisch gewachsen kreiert.
Maßstäblichkeit, Körnung und abwechslungsreich gegliederte Baukörperdurchbildung prägen eine unver-
wechselbare Charakteristik und bieten in hohem Maß qualitätsvolle und vielfältig erlebbare und nutzbare
Raumsequenzen in der äußeren, peripheren Freiraumgestaltung wie auch im inneren Binnenraum, der
eine Dorfangerfunktion im positivsten Sinn erfüllt. Die originelle Durchwachsung der Anlage mit „säu-
lenartigen" Pflanzgärten als Mikrokosmos mit Erdberührung bietet hohen Nutzwert als Pflanzgarten und
schafft lebendig durchgrünte Vegetationszonen. Sämtliche Wohnungen sind Unikate sowohl nach innen
zum Anger als auch nach außen zum Grünraum orientiert, sie bieten vielfältige, differenzierte Räume und
gewährleisten durch ihre Teilhabe an der sozialen Gemeinschaftsader ein hohes Maß an Kommunikations-
und Begegnungsräumen. Die Grundrisse sind ökonomisch, in Teilbereichen mit geringfügigem Korrektur-
bedarf barrierefrei gelöst. Die Angebote an Loggien und Terrassen in Verbindung mit den Pflanzgärten
bieten hohe Wohnqualität und erfüllen sowohl das Bedürfnis nach Privatheit als auch jenes nach Nach-
barschaftsnähe. Die Architektursprache ist einfach, klar, unprätentiös, wohltuend schlicht und zurückhaltend und unterstützt somit die reichhaltige Plastizität der Baukörper. Das in den Schaubildern dargestellte
Milieu wirkt überzeugend und lässt hohe Wohnzufriedenheit erwarten. Die Angaben zur Bauphysik, Haus-
technik und Ökologie, die verkehrliche Lösung und die Lage der TG Zufahrt weisen ein plausibles Gesamt-
konzept und kompetente Auseinandersetzung mit der Aufgabenstellung nach. Insgesamt ein von der Jury
sehr positiv aufgenommener Beitrag mit innovativem Charakter als zielführende Antwort zum aktuellen
Wohnen mit dem Anspruch auf soziale Interaktion. Die feingliedrige Gebäudestrukturierung bedingt allerdings einen relativ hohen Anteil an Vertikalerschließungselementen - Stiegen und Liften vom Tiefgeschoss
bis ins oberste Geschoss, was einerseits eine aufwendigere TG Organisation und andererseits zusätzliche
Kosten erwarten lässt. Seitens der Bauträgerschaft wird die Gesamtqualität des Projekts anerkannt, jedoch die Finanzierbarkeit mit den Mitteln der aktuellen Wohnbauförderungssätze bezweifelt.

/

Competition: SAALACHStraße, SALZBURG
Evaluation of the jury:
This urbanistic design convinces because of the smart implementation of an independent housing development in a dialogue with its existing environment. An overall building structure composed of juxtaposed
filigree differentiated spatial volumes was created, almost playfully offering an abundant assortment of
interior and exterior spaces by means of its configuration and layout on site, thus appearing almost long-
established.
Scale, grain and diversely structured building shells offer special features and high-quality multi-faceted
experienceable and usable space sequences both in the external periphery green design and in the area
inside, which acts as a village square in the positive sense of the word. Featuring pillar-like gardens as a
"down-to-earth" microcosm, the original blend of this complex allows for high-quality use as a garden
and provides bright green vegetation zones as well. All flats are unique, both those overlooking the village square and those overlooking the green space, offering a host of diverse and differentiated rooms.
By being part of the social community axis they ensure a high degree of spaces for communication and
encounter. The ground plans are economical and have been made barrier-free in parts requiring little
revision. The many different loggias and terraces combined with the gardens offer high living quality,
thus fulfilling the need for privacy and contact to neighbours. The architectural language is simple, clear,
unpretentious, pleasantly modest and discreet, thus supporting the building's wealth of plasticity. The
environment shown in the renderings not only convinces, but also promises high satisfaction with living
conditions. As a whole, the building physics, building services and ecology, infrastructure and the situation
of the access to the underground garage exhibit a plausible overall concept and competent solution of the
task. The jury's overall opinion regarding the proposal was very positive. They highlighted its innovative
character and its ability to provide an answer to requirements of today's living modes and the desire

for social interaction. However, this filigree building structure needs a relatively high amount of vertical development elements: stairs and elevators from the basement up to the uppermost storey, which means higher expenses for the underground car park organisation and other additional costs. Although the developer acknowledges the project's overall quality, there are doubts about sufficient funding through currently subsidised mortgage schemes.

———

Von: PPAG Anna Popelka [mailto:popelka@ppag.at]
Gesendet: Mittwoch, 20. Mai 2009 10:15
An: b@bd.zh.ch
Cc: r@zuerich.ch
Betreff: wettbewerb stampfenbachstraße, zürich
Wichtigkeit: Hoch

Sehr geehrter Herr B.,
Ihr Schreiben vom 13.5. hat uns verwundert und noch mehr geärgert. Für die energetische Berechnung hatten wir selbstverständlich unseren Bauphysiker bemüht der das Ganze auf die in der EU übliche Weise gerechnet hat. Zusätzlich haben wir noch eine „schweizerische" Übersetzung beigelegt und gedacht dem Thema damit genüge getan zu haben. Thema dieses Wettbewerbs war doch die beste Lösung für den Ort zu finden. Sie wollten nach einer Vorauswahl alles noch selber –genauer- durchrechnen und haben das ja auch sicher so getan. Dass ein ausgereiftes Projekt, an dem wir viele Wochen gearbeitet haben, für das wir eigens nach Zürich gepilgert sind um den Bauplatz ausgiebig zu studieren, und das wir, damit nur ja nichts schiefgeht, persönlich abgegeben haben, dann aus kleinkariert formalen Gründen nicht einmal die Chance der Beurteilung bekommt ist das Schlimmstvorstellbare was uns, und eigentlich auch Ihnen, denn Sie lassen sich damit eine Lösungsmöglichkeit entgehen, passieren kann. Ihr kaltschnäuziger Kurzbrief lässt eine chauvinistische Einstellung dahinter vermuten, die so ganz und gar nicht zu unserem Bild einer weltoffenen Stadt Zürich passt.

dies mit der Bitte um Weiterleitung an alle Beteiligten
mit freundlichen Grüssen Anna Popelka

/

From: PPAG Anna Popelka [mailto:popelka@ppag.at]
Sent: Wednesday, 20 May 2009 10:15
To: b@bd.zh.ch
Cc: r@zuerich.ch
Re: wettbewerb stampfenbachstraße, zürich
Urgency: high

Dear Mr B.,
Your letter dated 13/5 surprised us, to say the least. Our calculation of energy consumption was naturally done by our building physicist who made a great effort to calculate according to EU regulations.
Additionally, we enclosed a "Swiss" translation and were convinced that we had done everything to satisfy you. The object of this competition was to find the best solution for the site in question. After a preselection, you wanted to calculate everything more accurately yourself, which I suppose you did. This is a mature project upon which we have worked for many weeks and for which we even travelled to Zurich in order to get a better idea of the site. Then, to have been ignored after all the effort we had made and to have no chance of being fairly judged, is the worst we could imagine, having negative effects for you, too. For you are missing the chance of getting the perfect solution. Your cold-blooded letter suggests that your attitude is that of a chauvinist, which in no way reflects Zurich's image as an open-minded city.

Please forward this letter to all concerned.
best regards, Anna Popelka

Wettbewerb 03

———

Competition 03
2009

Reaktion auf den Rausschmiß
vor der Beurteilung

/

Response to the refusal of the
project before the jury meeting

W

Wettbewerbe

Competitions

Beim Aussieben der Projekte haben wir den realisierten den Vorrang gegeben. Architektur gehört realisiert. Was nach dem Abrieb durch diesen Prozess übrigbleibt, ist das, was möglich war. Die meisten Projekte scheitern ja schon im Wettbewerb und wir vergessen sie. Unten eine Auswahl derer, die wir gern in die Wirklichkeit begleitet hätten.

/

When selecting the projects, we decided to choose the ones realised. Architecture needs to be realised. What remains from the friction of this process is, what was possible. Most projects already fail at the competition stage and we forget them. See below for a choice of projects which we would have liked to put into practice.

Wohnbebauung Saalachstraße, 2011
-
Stampfenbachstraße, Zürich, 2009
-
Haus Felsenau, Bern, 2009
-
Sozialzentrum Egg, 2009
-
Eisring Süd, Wien, 2008
-
Infobox, Hauptbahnhof Wien, 2008
-
Rudolfstiftung, Wien, 2007
-
OASE Auersthal, 2006
-
Badeanlage, Schruns-Tschagguns, 2006
-
Alliiertenstraße, Wien, 2005
-
Postareal Westbahnhof, Wien, 2004
-
Rathaus Eisenstadt, 1998

WOHNBEBAUUNG SAALACHSTRASSE, SALZBURG

Die einzelnen Häuser bestehen aus 47 Varianten von Geschosswohnungen, die in einfacher Bauweise innerhalb des gleichen Umrisses übereinander gestapelt sind. Jeder Wohnung ist als Special ein Garten auf ihrem Niveau zugeordnet, der mit dem gewachsenen Boden in Verbindung steht! Die Gärten „rotieren" entsprechend der Geschossanzahl ums Haus und bringen dadurch die Grundrisse im Innern in Bewegung. So liegen die Wohnzimmer nicht übereinander, störende Einblicke von oben werden durch dieses Prinzip reduziert bis verhindert. Der Außenwandanteil wird durch die angelagerten Erdsäulen reduziert.

SAALACHSTRASSE HOUSING PROJECT, SALZBURG

The individual houses consist of 47 types of flats that are simply stacked on top of each other within the same contour. As a special feature, each flat has access to its own garden on the same level, with a link to natural ground! These gardens therefore "rotate" around the house according to the number of floors, thus mobilising interior ground plans. This way, the living rooms, for instance, are not built on top of one another, which keeps unwanted views to an absolute minimum. Earth supports piled around the building help to reduce the percentage of exterior walls.

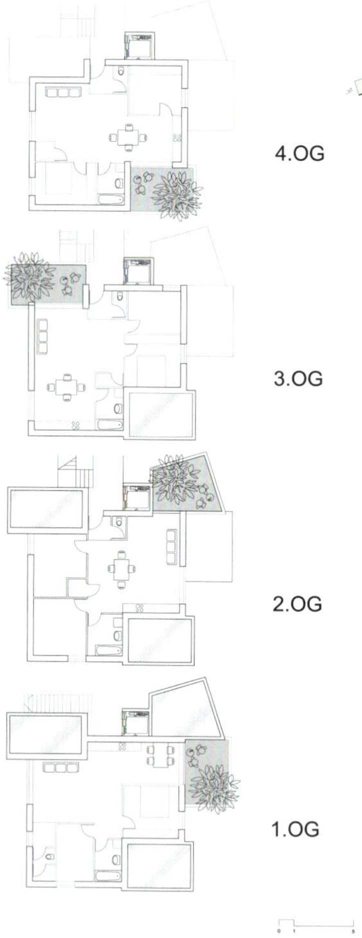

4.OG

3.OG

2.OG

1.OG

STAMPFENBACHSTRASSE, ZÜRICH

Die bewegte Topografie, die Lage an der Kante werden im Haus aufgenommen. Einfachster Umriss, Zurückkippen für helle Fassade, Fassade bestimmt von Statik (Büronutzung > tragende Außenwände, innen stützenfrei) und Regenwasserableitung, Überschneidung von Büronutzung (Amt der Stadt Zürich) und öffentlicher Nutzung durch mehrgeschossige innere Foyersituation …

STAMPFENBACHSTRASSE, ZURICH

This house absorbs the lively topography and its situation on a terrain edge. It is a very simple contour, tilting backwards for a bright façade. The façade is determined by statics (office use > load-bearing outer walls which are support-free on the inside) and rainwater drainage. Overlapping of office use (City of Zurich Department) and public use by means of a multi-storey interior foyer …

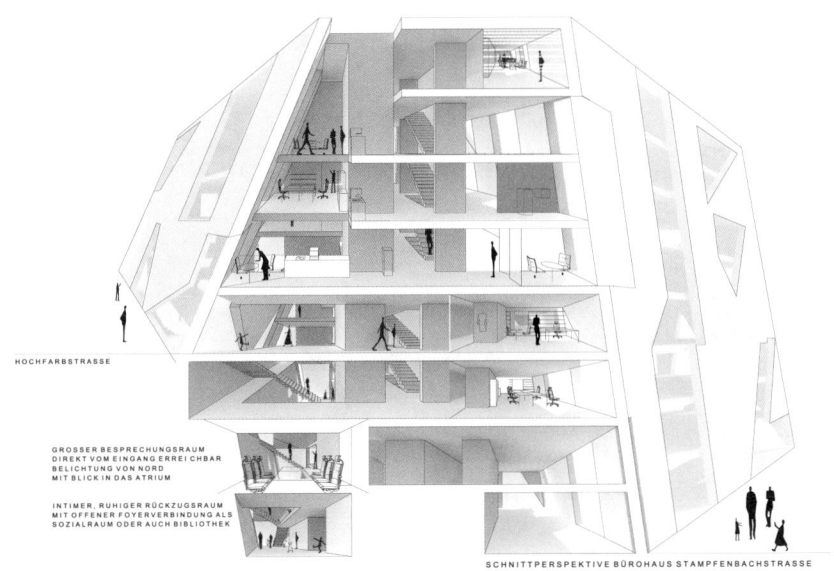

HOCHFARBSTRASSE

GROSSER BESPRECHUNGSRAUM
DIREKT VOM EINGANG ERREICHBAR
BELICHTUNG VON NORD
MIT BLICK IN DAS ATRIUM

INTIMER, RUHIGER RÜCKZUGSRAUM
MIT OFFENER FOYERVERBINDUNG ALS
SOZIALRAUM ODER AUCH BIBLIOTHEK

SCHNITTPERSPEKTIVE BÜROHAUS STAMPFENBACHSTRASSE

W

HAUS FELSENAU, BERN

Der geregelte Tagesablauf für Haftentlassene möglichst nahe an der gesellschaftlichen Normalität fordert eine dementsprechende räumliche Organisation. Die Unterbringung der einzelnen
Arbeitsbereiche in getrennten Häusern bietet Anhaltspunkte zur Identifikation mit der Tätigkeit
und der Kleingruppe und fordert die Verantwortung der Bewohner. Das große einzelne Haus,
die Anstalt wird vermieden.

HAUS FELSENAU, BERN

To provide ex-convicts with a near-to-normal daily routine requires according spatial organisation. Accommodating working areas in separate buildings offers inmates the possibility of
identifying themselves with both their own activities and small group, at the same time appealing
to their sense of responsibility. Moreover, the detrimental effect of a large central institutional
building is avoided.

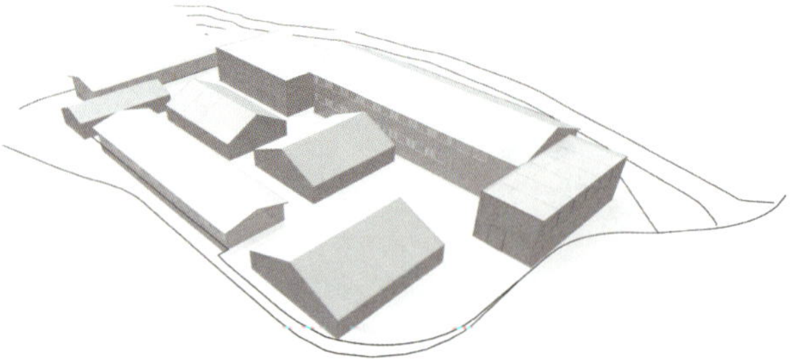

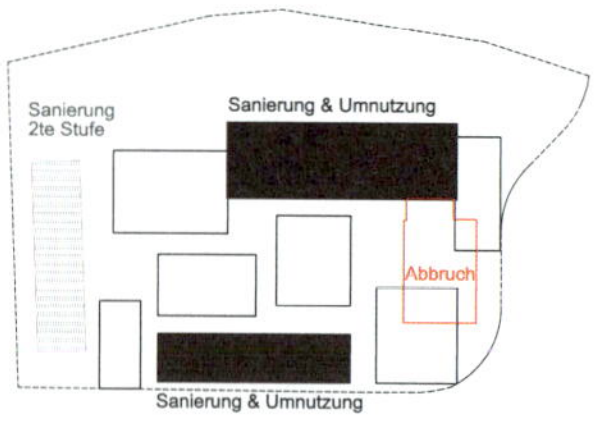

Sanierung Bestand / Abriss

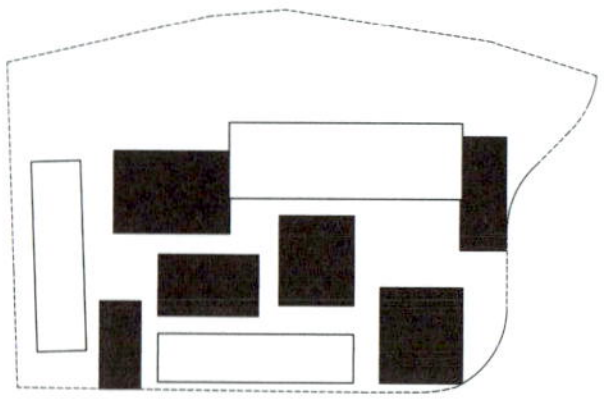

Neubau

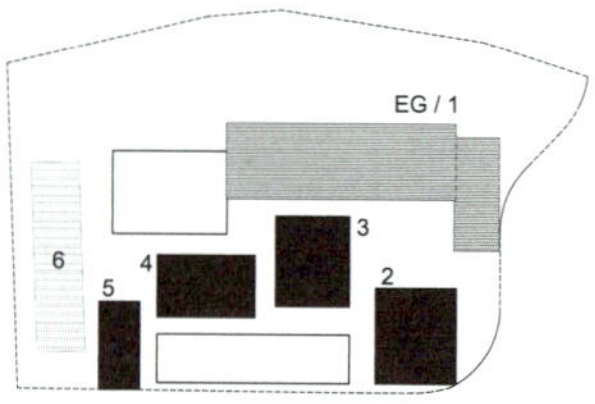

Allgemeinräume / Werkstätten
1 Allgemeinräume 2 Tischlerei 3 Näherei / Wäscherei
4 Gärtnerei / Hausdienst 5 Keramik 6 Freie Nutzung

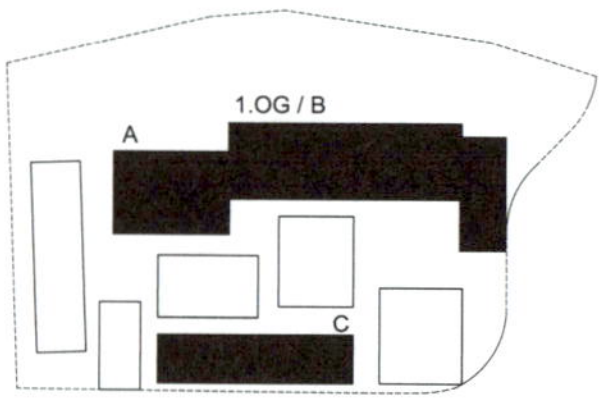

Wohngruppen

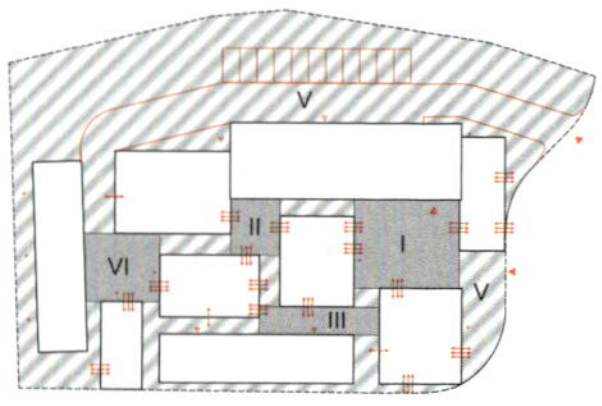

Freiraum / Erschliessung
I Großer Werkhof II Hausgarten III Pflanzhof
VI Kleiner Werkhof V Zufahrt / Anlieferung

< Lageplan
0 5   25

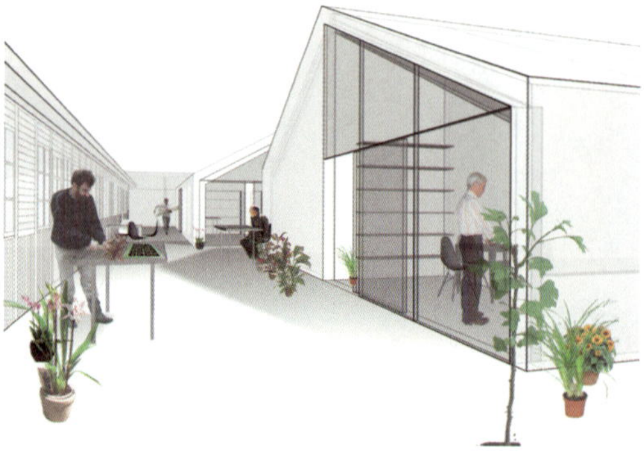

W

SOZIALZENTRUM EGG

Entwurfsgrundlage ist das Prinzip der Einfachheit des sich ebenerdig bewegenden Menschen. Die Entwicklung einer qualitativ hochwertigen, funktionalen Typologie, die sowohl dem Lebens- als auch dem Arbeitsort „Pflegeheim" gerecht wird, steht im Vordergrund des Entwurfs.

3 Pflegegruppen (inkl. Erweiterung) werden als jeweils eingeschossige Einheiten zueinander am Grundstück geordnet. Jede Gruppe besteht aus 15 Zimmern und den zugehörigen Funktions- und Gemeinschaftsflächen und schließt an den Allgemeinbereich des Pflegeheims an. Analog der Struktur eines gewachsenen Dorfes entstehen Straßen, Gassen und Plätze. Freiräume werden eingefügt.

EGG SOCIAL CENTRE

The principle of simplicity for people moving at ground level governs the basic idea of this project. Developing a high-quality functional typology to meet the needs of a "nursing home" as both a living and working place is therefore at the core of this design.

Three care groups (incl. extension) are arranged in single-floor units facing each other on the site. Connected to the general area of the nursing home, each group consists of 15 rooms as well as the respective functional and communal spaces. Streets, walkways and plazas emerge just as in a real village, open spaces are added.

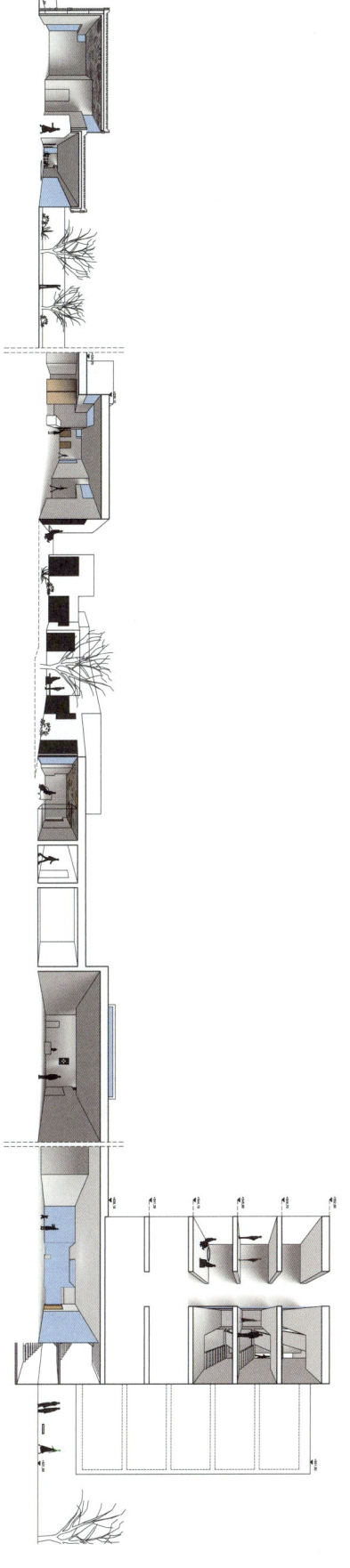

W

EISRING SÜD, WIEN

Jedes Kind, das in Wien groß geworden ist, war schon am Eisring Süd eislaufen. Der neu entstehende Stadtteil hat von daher schon historisch ein starkes Thema, das durch die neuen Einrichtungen manifest wird: Sport.
Das Projekt verfolgt das hochgesteckte Ziel, unterschiedliche Nutzungen, nämlich Wohnen und Sport, die vielleicht sogar für unkompatibel gehalten werden, auf synergetische Weise miteinander zu verknüpfen und ein themenspezifisches Viertel mit Zentrumswirkung für die Umgebung zu schaffen.

EISRING SÜD, VIENNA

Almost every native Viennese child knows the skating rink Eisring Süd. From that perspective then, this newly emerging urban quarter boasts strong traditional ties to sport, which is reflected in its new facilities.
Although the two may seem quite incompatible to some, this project pursues the ambitious target of bringing housing and sport together in a synergetic way — and to create a theme-based urban quarter that will provide a bustling centre for its surroundings.

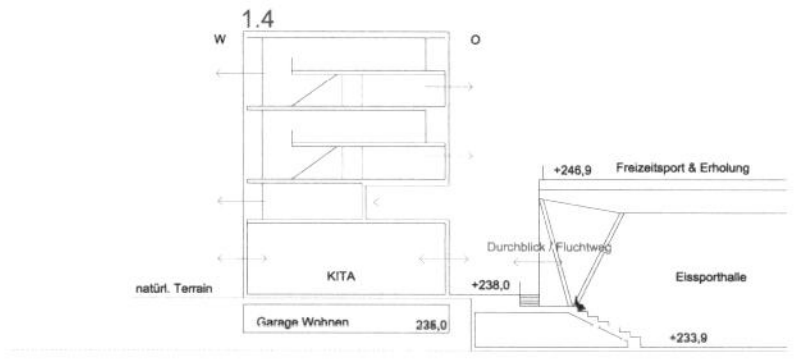

Wohnen - Sport 01

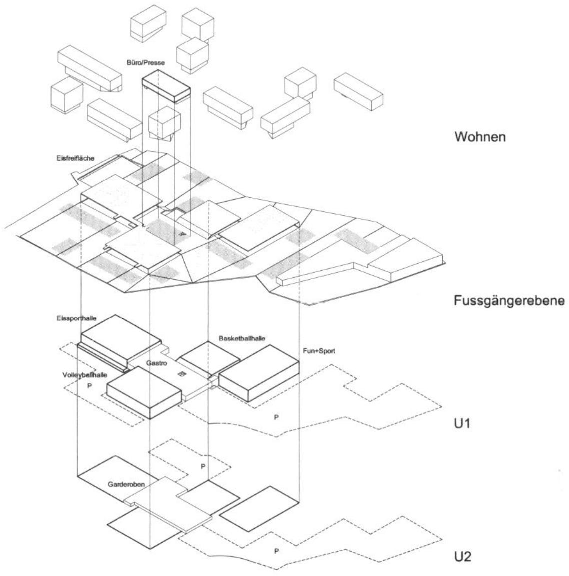

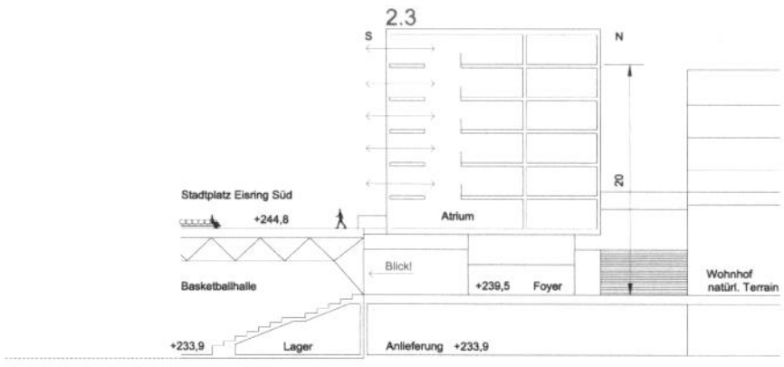

Wohnen - Sport 02

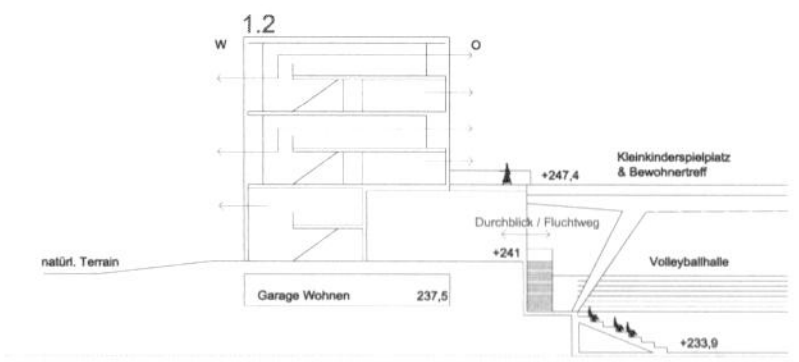

Wohnen - Sport 03

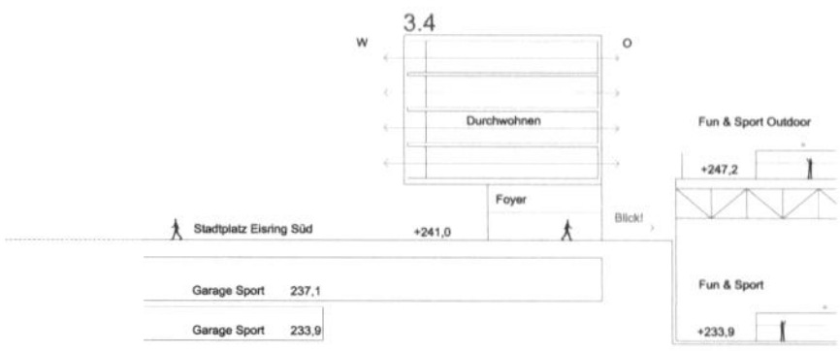

Wohnen - Sport 04

PPAG architects_A-Z

INFOBOX, HAUPTBAHNHOF WIEN / INFOBOX, MAIN RAILWAY STATION, VIENNA

RUDOLFSTIFTUNG, WIEN
Aufbauend auf einem rigiden statischen System mit einer vertikalen Tragröhre, deren Flanken abwechselnd und einander ergänzend in geschlossenen und aufgelösten Scheiben auskragen, wird jede Möglichkeit, ein differenziertes Gebäude zu entwickeln, genutzt.
Die Differenzierung wird – unabhängig vom Raumprogramm – sowohl für die Nutzung als auch für das Erscheinungsbild gefördert. Regelgeschosse werden konterkariert. Dadurch wird dem im Hochhaus immanenten Nachteil der immergleichen Geschosse entgegengewirkt. Es entstehen „unique" Geschosse mit Merkwert, deren Erkenn- und Erfühlbarkeit für den Patienten und das Personal von innen wie von der Straße gegeben ist („Da ist die Dermatologie mit der großen Terrasse, da arbeitet die Mama…").

RUDOLFSTIFTUNG, VIENNA
Based on a rigid static system with a vertical supporting tube, whose alternating and complementary flanks cantilever in closed and dissolved slices, all possibilities are exploited to develop a differentiated building. This differentiation is promoted in both use and appearance, independent of the spatial programme. Standard floors are counteracted, thus neutralising the immanent disadvantage of the high-rise with its monotonous storeys. Unique floors with a distinctive design emerge that patients and staff alike can both recognise and grasp from the inside as well as from the street ("That's the dermatology ward with the big terrace where mummy works …").

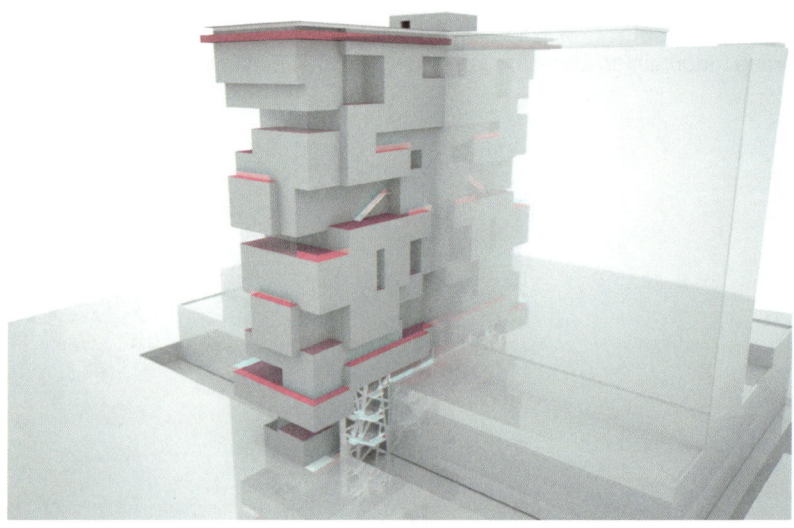

W

OASE AUERSTHAL, BEBAUUNGSKONZEPT
Bebauung bei maximaler Erhaltung des Freiraums; Profitieren der Bewohner durch Freiraum-qualitäten von Beginn an, anderer Umgang mit Privatheit und öffentlich, anderer Umgang mit Parken, 150 Wohnungen! …

OASIS AUERSTHAL PROJECT, DEVELOPMENT CONCEPT
This development allows for a maximum of open space; residents benefit from the quality of open space right from the start and they have a different attitude to privacy and public space, as well as to parking – 150 flats! …

BADEANLAGE, SCHRUNS-TSCHAGGUNS
Das Bad selbst ist eher eine gebaute „Sehmaschine" als eine Gebäude. Gebaute „Sehkanäle" und gezielte Öffnungen holen postkartengleich gerahmte Bilder von Mittagsspitze, Golmer Joch, Zimba, Davenna, Wannaköpfle, Hochjoch etc. bis tief ins Haus zum jeweiligen Betrachter. Daher die strahlenförmige Anordnung im Grundriss. Durch die Inszenierung des großartigen Bergpanoramas wird stellenweise die Impression einer unberührten Landschaft erzeugt.

BATHS, SCHRUNS-TSCHAGGUNS
The baths themselves rather resemble a kind of "viewing machine" than a building. Picture post-card views of Mittagsspitze, Golmer Joch, Zimba, Davenna, Wannaköpfle and Hochjoch, etc. penetrate deep into the house through built-in "viewing channels" and special openings, fasci-nating whoever is looking through them. That is why the building's ground plan is star-shaped. By showcasing this stunning mountain scenery, the impression of unspoiled nature is created in places.

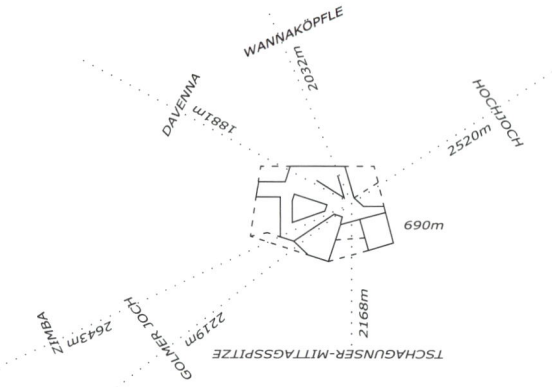

382 _ _ 383

W

Das Stiegenhaus: Im Foyer mit einer überbreiten Treppe beginnend sucht es sich jeweils in
anderer Richtung zwischen den lichtdeterminierten Wohnungen, ans Licht/ an die Fassade
stoßend, den Weg durchs Haus. Die Austritte sind an der Fassade lesbar, der Weg verformt die
sonst regulären Geschosswohnungen zu eingestreuten Unikaten.

ALLIIERTENSTRASSE, VIENNA
The stairwell: beginning in the foyer as a generously broad flight of stairs, it winds through the
house in different directions between the flats orientated towards the light, making contact with
the light and the façade at intermediate intervals. With its clearly visible exits on the façade, the
path reshapes the otherwise standard flats to form interspersed and unique dwellings.

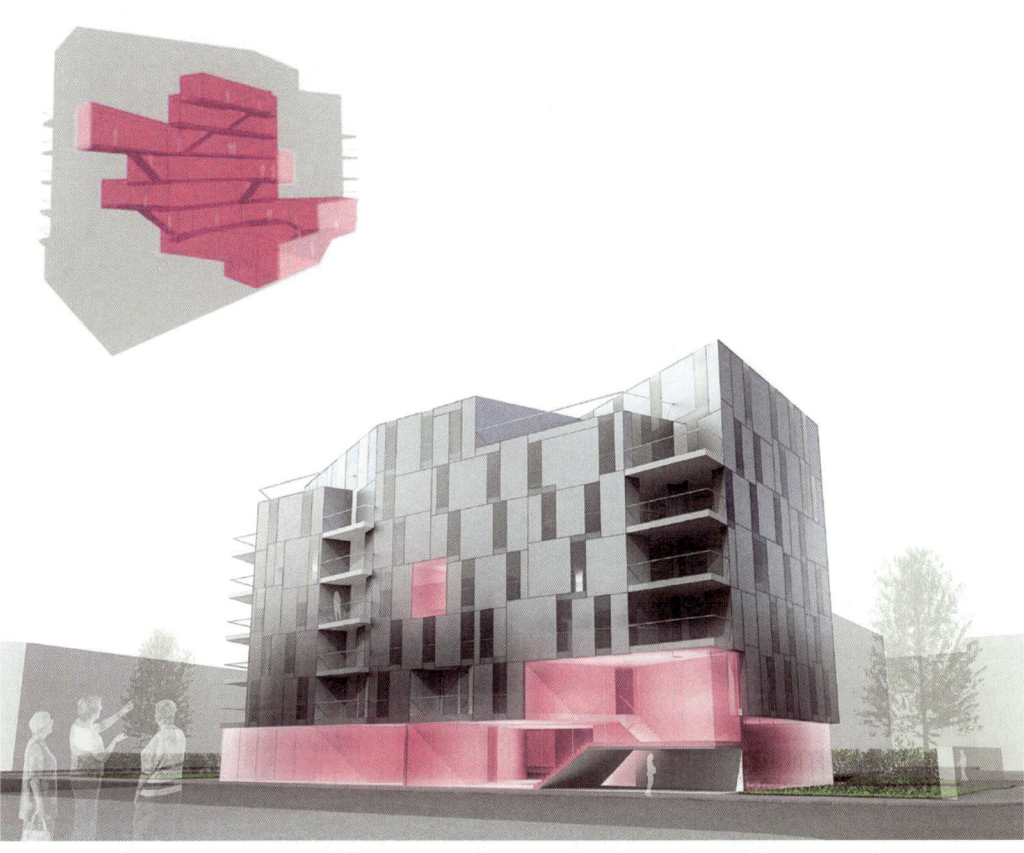

POSTAREAL WESTBAHNHOF, WIEN ↗ Visualisierung S. 364
Spezieller, ortsspezifischer Typus. 3-Spänner mit Schrägtreppenerschließung bahnseitig, trotzdem partielle Durchorientierung der Wohnungen …

POST OFFICE AREA, WESTBAHNHOF, VIENNA ↗ Visualization P. 364
Special, characteristically local type of building. Access to triple-winged construction via diagonal staircases facing the railway station. In spite of this, some flats are dual aspect …

W

RATHAUS EISENSTADT
Sandwich aus unterschiedlichen Nutzungen: Geschäfte, Rathaus, Büros, Wohnungen. Eine lapidare räumliche Treppen-Bildungsregel schiebt die Funktionen beiseite und schafft einen wurmlochartigen Erschließungsbereich …

TOWN HALL, EISENSTADT
A sandwich enveloping different uses: shops, town hall, offices and flats. Brushing all functions aside, the spatially concise staircase design creates a wormhole kind of development area …

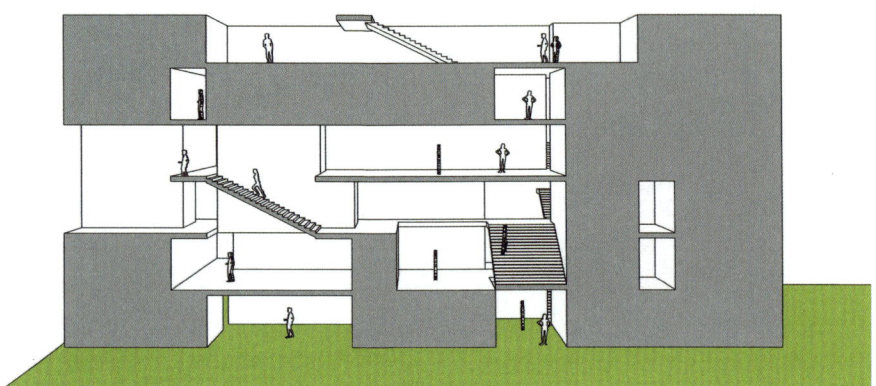

Widauer

Widauer
1997

Text von Christopher Widauer für den Wettbewerbsbeitrag Projekt MUWA, Graz Storyboard

/

Text by Christopher Widauer for the competition entry MUWA, Graz Storyboard

↗ Floatingtank im MUWA S. 128

„Ja ja ja – ich bin um acht Uhr dort, sicher. Wie? Ja das geht sich aus, irgendwie", Die letzten Worte bellte er schon auf den Stufen der überfüllten Tram ins Handy – dabei hasste er Menschen, die rücksichtslos an jedem noch so öffentlichen Ort jeden x-beliebigen Passanten (vorzugsweise ihm) so ihren Privatkram aufzwingen. Aber wenigstens hatte er die Straßenbahn noch erreicht: Der Tag war schon mühselig genug gewesen, um jetzt auch noch im Nieselregen auf die nächste warten zu müssen, weiß Gott wie lang. Er wischte sich mit den Handrücken eine kleine Öffnung ins beschlagene Fenster, nur um dann draußen die Bank zu sehen, in der man ihm heute schon ganz in der Früh wieder einmal nahegelegt hatte, für entsprechende Eingänge zu sorgen, da man sonst gezwungen sei, seine Verbindlichkeiten fällig zu stellen ... Da begannen sogar die maßgearbeiteten Schuhe zu drücken. Und dann noch dieser Termin heute abend – wochenlang hatte er versucht, doch noch drum herumzukommen. Nein, das war nicht sein Tag heute.

Er hatte sich aus dem Wagen gezwängt, jetzt nahm er die paar Schritte hinüber zum Museum der Wahrnehmung. Wo war das noch gleich? Er erinnerte sich nur dunkel vom Vorbeifahren ... Ja, da drüben, der seltsame oktogonale Bau, und wie damals verblüffte ihn die Erinnerung an eine romanische Kapelle, die er einmal im Elsaß besucht hatte, gleichzeitig mit dem Schlot wie ein überdimensionaler Backofen, eigenartig. Links herum dem Eingang fällt ihm ein merkwürdiges Glimmen in einem knapp über dem Boden liegenden Fenster auf, futuristisches Element in der sonst angenehm selbstverständlichen Fassade – was passiert da im Halbkeller? Oder eine Installation von Dan Flavin? In der Zeitung der euphorische Bericht über die entspannende Wirkung dieses „Samadhi-Bades" – was immer das auch heißen mochte – sprach doch von völliger Dunkelheit?

Die außen angeordneten UV-Reinigungsröhren geben ein deutliches Signal der Prozesse, die für den Betrieb des Bades nötig sind; auch sonst sind alle Wartungsvorgänge von außen zu erledigen.

In zwei Schritten nahm er die Stufen zum Eingang. Das Foyer war hell erleuchtet – doch leer. Ein Blick auf die Uhr bestätigte: Er war das erste Mal an diesem verqueren Tag irgendwo tatsächlich zehn Minuten zu früh dran! Er begann, sich ein wenig umzuschauen, umrundete den mitten im Raum stehenden Lift und dachte noch „Merkwürdig ...", als er im Hintergrund von fern Geräusche hörte. Ein Durchgang führte in einen dämmrigen achteckigen Raum mit einer mächtigen Säule in der Mitte – „Richtig, der Schlot", an der er sich, einem Lichtschein folgend, rechts vorbeiwendet. Da, der rhythmische Klang scheint über eine Treppe heraufzudringen, er lugt hinunter und vorsichtig folgt er dem Treppenschwung nach unten. Er führt in einen ebenso achteckigen, aber kleineren, intimen Raum; auf einem kleinen Tischchen zeigen Hammer und Nägel und teils noch am Boden angelehnt stehende Bilder, dass offensichtlich hier jemand gerade eine Art Ausstellung vorbereitet. Vorsichtig späht er durch einen kleinen Durchgang nach hinten, dann betritt er ihn. Vorbei erst an einer kleinen, aber feinen Küche – Tomatenscheiben, Basilikumstängel und die unbrauchbaren Enden von Mozarella-Kugeln machen Lust auf ein frisches Tramezzino. Rechts arbeitet ein junger Mann: Von langen Bahnen zieht er Etiketten ab und klebt sie auf Faltprospekte; leise dreht er um und wendet sich zur anderen Seite – wieder an der Küche vorbei. Diesmal kann er nicht widerstehen und nascht ein Stück Mozarella. Am anderen Ende des Gangs werkt eine junge Frau konzentriert an Bilderrahmen. „Dieser Scheiß-Perner. Wann montiert der die Aufhänger mal wirklich in der Mitte?", hört er sie fluchen. Schnell zieht er sich zurück – und schon ist es passiert: Auf der Theke sind Gläser aufgebaut, eins davon fällt und zerschellt.

Von oben fragt eine heftige Stimme „Ist da jemand?" Peinlich berührt, erwischt, hastet er über die Treppe hinauf und im Foyer erwartet ihn ein kräftig gebauter junger Mann. Wortreich setzt er zu einer Entschuldigung an, wird aber sofort unterbrochen: „Das putzen wir dann schon weg. Sie sind der Herr P. für 17 Uhr? Gut– sie sind der letzte heute. Tragen Sie sich hier ein und unterschreiben Sie dort unten: ... übernehme die alleinige Verantwortung... und so weiter. Lesen sie nochmal. Haben Sie alles verstanden? Gut. Ich bekomme 500 Schilling. Ihr Begleiter ist schon unten." Wo „unten"? Was „verstanden"? Welche „Verantwortung"? Ziemlich aus der Bahn geworfen, macht er sich wieder auf den Weg zur Treppe. „Nein nein nein" fasst ihn der junge Mann an der Schulter und drückt auf einen Knopf am Lift. Die Tür öffnet sich, und er steigt ein.

Wir erhalten den Ausstellungsraum in seiner ursprünglich oktogonalen Form und trennen die Wege: Die Erschließung des Samadhi-Bades erfolgt nicht durch diesen Raum, damit er ganz selbständig genützt werden kann. Die beiden Arbeitsplätze in den Ecken eignen sich sowohl für Bürotätigkeiten als auch (etwa einer davon) als ideale Kleinwerkstatt für laufend anfallende Arbeiten; beide haben große Fenster und im Raum selbst sowie im Gang (Schrankwand) beträchtliche Ablage-Möglichkeiten.

Er betritt den kleinen, weich-halbdunklen Lift und drückt den Knopf „Samadhi-Bad". Sanft setzt sich der Aufzug in Bewegung und fährt tief hinab. Die Tür öffnet sich und in einem fast strengen, kühl blauen Raum erwartet ihn, rechts auf einer Bank sitzend, ein gepflegter Herr von undefinierbarem Alter. Er trägt einen schwarzen Pullover und Jeans und ist – ja, barfuß, begrüßt ihn freundlich; er sieht sich um, gegenüber eine Dusche, nach hinten verengt sich der einfache Raum in ein interessantes Becken. Erst jetzt, in dieser warmen Sauberkeit und dem feinen Geruch nach Bad, Meer fast, fällt ihm sehr unangenehm auf, dass sein Mantel tropfnass ist und seine Schuhe winterlich ungepflegt sind. Er legt sie ab und nun, im Hemd, wohlig warm und trocken, erklärt ihm der Begleiter, was ihn erwartet – dabei macht ihm die Aussicht, in dem „Tank" (Wo ist der überhaupt? Wr schaut sich nochmal um ...) seinem Innersten zu begegnen, eher Sorge als Vorfreude. Aber die leicht esoterisch angehauchten Ausführungen des „Begleiters" (und jedes esoterische Getue ist ihm schon immer schrecklich peinlich gewesen, besonders das oft Distanzlos-Private daran) beunruhigen ihn immer weniger.

Ein einfacher, aber wirkungsvoller Eingriff: Der Lift fährt sehr langsam, wirkt als Schleuse, verwischt gleichzeitig die räumlichen Beziehungen. Der Vorraum ist zurückhaltend, definiert eine allgemeine „Bade"-Situation; die hellen Wände, klare Beleuchtung und die Möglichkeit, ein Fenster mit Blick in den Park offenzulassen, halten den Besucher ebenso frei von erzwungenen Assoziationen. Es ist ein Ambiente, das nicht nur Besucher aller Art und Voraussetzungen, sondern auch Nutzungsvarianten mit Superlearning und ähnlichen Prozessen unterstützt.

Er kleidet sich aus. Sorgfältig stellt er seine Schuhe auf den kleinen Rost im Lift, hängt Jackett, Hose, Krawatte über die Zedernholzbügel. Der Tag fällt von ihm ab, es kommt ihm zu Bewusstsein, wie selten er sich so bewusst ausgezogen hat, und nackt geht er hinüber in die Dusche. Er streckt und dehnt sich in alle Richtungen, der Massagestrahl wärmt und entspannt. Nass hockt er sich auf die Schüssel, um herrlich erleichtert

W

unter die dampfende Brause zurückzueilen. Draußen erwartet ihn der Begleiter und am Beckenrand sitzend gibt er die letzten Instruktionen. Jetzt gleitet er ins warme Salzwasser, für einen kurzen Moment wünscht er sich einen exotischen Drink, da schließt sich schon die Tür hinter ihm.

Der gewählte Grundriss bringt eine großzügige Dusche und einen zum Samadhi-Tank hin sich konzentrierenden Rhythmus. Der Raum mit dem Becken selbst ist ebenso undefiniert und einfach wie der Vorraum, er weckt – solange er beleuchtet ist – Assoziationen auch an einen Swimmingpool (bei aller Erfüllung der gestellten Anforderung); in völliger Dunkelheit ist seine Form ohnehin unerheblich. Die kleine Küche mit viel Stauraum im Gang und die Theke erlauben eine bewegliche Versorgung der Gäste im Haus, der Lift erschließt sie bequem. Sie erweitert die Benützbarkeit des MUWA und macht – im Zusammenhang mit dem autarken Austellungsraum im Keller – neue Angebote möglich.

Was er nun im Tank erlebt, davon könnten wir zwar sprechen, wir schweigen aber trotzdem darüber. Jedenfalls: Sehr entspannt und nur leicht verwirrt steigt er heraus. Ziemlich erschöpft bedeutet er dem Begleiter mit einer Handbewegung, dass er seine Hilfe nicht mehr braucht, der fährt mit dem Lift hinauf. Erst noch unentschlossen bringt er sich doch mit einer kalten Dusche ins Leben zurück und dankt innerlich für die Aufmerksamkeit der warmen Handtücher. Langsam zieht er sich an, langsam aber sicher kehren die Geister des normalen Lebens zurück – dabei ist er sich nicht gewiss, ob er sie begrüßen soll. Er besteigt den Lift, der ihn zurückhebt, die Tür öffnet sich ins plötzlich betriebsame Foyer. Inzwischen sind Sessel aufgestellt worden und am Tresen winkt ein Bekannter: „Ja hallo, was machst du denn da? Aha. Na dann bleib doch, wir eröffnen eine kleine Ausstel...“ Da unterbricht ihn die junge Dame von vorhin: „Du Werner, ist der Lift jetzt endlich frei??“ Und schon verschwindet sie, und als der Kulturstadtrat das Foyer betritt („Servus Helmut“), ist sie mit einem Tablett voller Gläser wieder zurück. Seine Rede ist von erfreulicher Kürze („Schaun wir uns doch einfach die Ausstellung an – sie ist hiermit eröffnet“) und das Völkchen macht sich auf den Weg nach unten. Verstohlen schaut er sich um - aber nirgends auch nur der verborgenste Hinweis auf ein Bad. An der Theke drängen sich die Gäste um die Tramezzini: Also wenigstens die gibt's wirklich! Inzwischen ist es halb zehn geworden – aber war da nicht noch was, um acht ...?

/

"Yes, yes, yes, I'll be there at eight, sure. - Sorry? - Yeah, I'll manage somehow". Already perched on the steps of the packed tram, he barked these last words at his mobile phone - although he himself hated people who made a habit of talking about their private life in public (particularly in front of him). But at least he had caught the tram. His day had already been so tiring, so that he was glad not to have to wait for the next one in the drizzle. And God knows for how long. He peered through a little space in the steamy window, only to see the branch of a bank he had visited that morning where he had been told to increase his income. Otherwise one would be forced to call in his debts... And all of a sudden, his custom-made shoes began to cause him pain. And then, there was this appointment the same evening. He had failed to circumvent it for weeks! Alas, today was not his day at all.

After struggling out of the tram car, he then ran over to the Museum der Wahrnehmung (MUWA - Museum of Perception). Oh, where had it been? He only remembered it faintly... Oh yes, over there, that peculiar octogonal building, and just as before, he was struck by its likeness to the Romanesque chapel he had once seen in Alsace, including the chimney that looked like an over-sized oven. It looked really odd. To the left of the entrance, he noticed a strange glow through a window just above ground level - a futuristic element in this otherwise pleasantly normal façade. What was happening in the basement? Was it an installation by Dan Flavin? That euphoric report in the paper on the relaxing effect of this "Samadhi Bath" - whatever that may be - did it not refer to complete darkness?

The UV cleaning pipes arranged on the exterior give a clear signal of processes required for running the bath; and otherwise all maintenance procedures can be carried out from outside.

He leapt over two steps, reaching the entrance. The hall was well lit, but empty. Looking at the clock, he could see: it was the first time he had arrived a few minutes too early on this crazy day. He started to look

W

around, walked around the elevator in the middle of the hall, thinking "Funny...", when he suddenly heard a noise in the background. One passage led to a dimly lit octogonal room with a mighty pillar in the centre. "Right, the chimney", he turned to the right, following the light. There, the rhythmic sound appeared to come from the floor below, he peers downwards and went down the spiral staircase. It also led to a smaller, intimate octogonal room; hammer and nails lying on a little table and some pictures leaning against it indicated that somebody was obviously preparing a kind of exhibition. Cautiously, he peered back again through the little passage, then he entered it. First he passed by a small but elegant kitchen: tomato slices, basil twigs and unused pieces of mozzarella balls wetted his appetite for a fresh tramezzino. To the right, a young man was working: he was tearing labels off a long paper strip, attaching them to leaflets; he silently he turned to the other side, passing by the kitchen again. This time he could not resist and took a piece of mozzarella. On the other end of the corridor, there was a young woman working on picture frames. "This son of a bitch. When will he ever fit the hooks in the right place", he heard her swearing. He quickly stepped backwards - bumping into the counter behind him. One of the glasses piled on it tumbled and smashed on the floor.

He heard a fierce voice from above saying "Is anyone there?" Embarrassed, he fled the scene, hurrying up the stairs, where he encountered a sturdy young man. His clumsy apologies were interrupted at once. "Don't worry. We'll clean that. Are you Mr P, with an appointment for 5pm.? Okay - you are the last for today. Register here and sign below there: ... will take all responsibility... etc. Read it again. Have you understood everything? Good. That's 500 shillings. Your escort is waiting downstairs." Where was downstairs? What was to be understood? Which responsibility was meant? Rather confused he turned to the stairs again. "No, no, no" said the young man, grabbing his shoulder and pressing the elevator button. The door opened and he entered.

We preserve the exhibition room in its original octogonal shape and separate the paths: In order to use it separately, this room does not provide access to the Samadhi bath. Both working places in the corners are suitable for office work as well as (one of them) being ideal workshops for maintenance work; both have spacious windows and considerable storage space in the corridor (built-in cupboards).

He entered the small dimly lit elevator and pressed the button "Samadhi bath". Slowly and softly, the elevator went down. The door opened, and stepping into an almost austere, cool blue room, he noticed a distinguished gentleman of indefinite age sitting on a bench to the right. He was wearing a black sweater and jeans and was - yes, actually barefoot. He greeted him friendly. Looking around, ne spotted a shower opposite, the simple room tapering into a basin-shaped structure. Only then, wrapped-up in this warm cleanliness with its fine smell of bath and sea, did he notice that his coat was soaked and his shoes were dirty. He took them off and then, standing there in his shirt, he felt better. He felt warm and dry. His companion explained to him what to expect in the "tank" (where is it? he looked around once again...), where he would meet his innermost self, which caused him more distress than pleasant anticipation. But his companion's slightly esoteric explanations started to bother him less (although all kinds of esoteric fuss had always embarrassed him terribly, especially the pushiness of it).

A simple, but effective intervention: The elevator moved very slowly, acting as a lock, and at the same time blurring spatial relations. The hall was somewhat discreet, suggesting a general "bath" situation; bright walls and lighting and the possibility of being able to leave a window open overlooking the park keeps visitors free from associative constraints. It was an environment, which not only supported all kinds of visitors and requirements, but also varying uses such as Superlearning and similar processes.

He took off his clothes. He carefully put his shoes on a little rack in the elevator, and hung his jacket, trousers and tie onto the cedar wood clothes hanger. He then cast off the day's troubles, becoming aware that he had rarely undressed himself so consciously, and stepped into the shower. He stretched himself thoroughly and the massage jet warmed him and eased the tension. Dripping wet, he went to the toilet and relieved himself before he returned to the steaming shower. Outside, his companion was waiting, and, sitting on the edge of the pool, he gave last instructions. Then he slipped into the warm salty water, for a short moment wishing for an exotic drink, when the door shut behind him.

W

The selected ground plan exhibits a spacious shower and a rhythm revolving towards the Samadhi tank. The room with the pool is just as undefined and simple as the vestibule, it evokes associations with a swimming pool, as long as it is lighted (fulfilling all requirements as well); its form is insignificant anyway in the pitch dark. The small kitchen with a lot of storage space in the corridor and bar allow for mobile catering of the visitors. The elevator provides easy access to this space. It extends the usability of MUWA and facilitates new offers in connection with the independent exhibition room in the basement.

We could of course talk about what he experienced in the tank, but we will not say a word. Anyway: he climbed out very relaxed and a bit confused. Being fairly tired, he indicated to his escort that he would not need his help any more. The escort took the elevator. Still hesitating, he brought himself back to life with a cold shower and was grateful for the comfort of the warm towels. He dressed himself slowly, noticing that his spirits were rising, although he was not yet sure if he should welcome them. He got into the elevator which took him back, suddenly opening up to a busy foyer. Meanwhile, chairs had been arranged and an acquaintance waved to him from the bar: "Hello, what are YOU doing here? Oh, I see. Well, stay here, because we are opening a little exh..." All of a sudden, the young lady from before interrupted him: "Hey Werner, is the elevator vacant at last?" Quickly disappearing, the councillor of cultural affairs entered the foyer (Hi Helmut), she suddenly reappeared with a tray full of glasses. His speech was pleasantly short ("Let's simply have a look at the exhibition - it is opened now") and the little group wandered downstairs. Furtively he looked around - but there was no hint of a bath anywhere. At the bar, visitors were queuing up for tramezzini: well, at least they were real! Meantime, it was half past nine - but hadn't he forgotten something, at eight...?

Wiener Bauordnung

Viennese Building Regulations
2009

Georg Poduschka

Pure Verschärfung oder strukturelle Verbesserung
Wiener Bauordnung – der neue 69er

Anfang Mai trat eine Novelle der Bauordnung in Kraft, die neben anderen bemerkenswerten Neuerungen vor allem den berüchtigten Ausnahmeparagraphen, den §69 grundlegend reformiert. Die Novelle wird in den Medien als Verschärfung der Rechtslage dargestellt. Dem Missbrauch muss endlich ein Riegel vorgeschoben werden! Das mag auch so sein. Aber wenn man genau schaut, ist da mehr: Der neue 69er ist inhaltlich von einem neuen, produktiven Geist getragen, nicht von Verhinderung.

Bisher wurden gewisse, in einem Katalog gelistete Abweichungen vom Bebauungsplan im Einzelfall bewilligt, wenn die Abweichung unwesentlich, also von geringem Ausmaß war. Also das, was eh fast so wie eigentlich vorgesehen war, wurde bewilligt, wenn der Nachweis gelang, dass es fast genug ist. Der alte §69 wurde oftmals mit durchschaubaren Interessen missbraucht. Wem der Mechanismus zwischen Nutzfläche und Geld klar ist, wird sich nicht wundern, dass ein bisschen mehr gebaut wird als vorgesehen, wenn man nur fast so bauen muss wie vorgeschrieben. Da geht es einfach um Geld. „Bananenrepublik" war in der Öffentlichkeit oftmals die Assoziation.
Bei differenzierter, planerisch-professioneller Betrachtung aber auch zu Unrecht: Die Erstellung eines Plandokumentes (Flächenwidmungs- und Bebauungsplan) dauert mehr als ein Jahr, gültig ist es dann viele Jahre. Sein Maßstab ist 1:2000. Es schafft unbestritten jene Sicherheit, die Basis jeder Stadtentwicklung ist, aber für die Planung des Stadtraumes kann es nicht mehr als ein Konzept sein. Viele stadträumliche Potenziale, die zu diesem Zeitpunkt unbekannt sind, bleiben ungenutzt. Zum Beispiel: Im gemischten Baugebiet werden Baumassen definiert, ohne deren Nutzung zu kennen. Ein Hotel, ein Kino, ein Bezirksamt hat – außer bei Erstellung des Bebauungsplanes schon bekannt – keine Chance auf einen angemessenen Stadtraum. Das ist vor allem schade für die Stadt! Jedes die Stadt belebende Potenzial sollte genutzt werden, jeder Player, der einen Beitrag zur Stadt leistet, muss willkommen sein!

Dabei sind die entsprechenden Planungswerkzeuge bekannt. Jede planerische Tätigkeit kennt den Projektänderungs- oder Verbesserungsantrag. Es ist dem Wesen von Planung immanent, dass bei steigender Betrachtungstiefe neue Erkenntnisse gewonnen werden, die unter Umständen Festlegungen einer früheren, gröberen Betrachtungstiefe in Frage stellen. Das ist, wenn man so will, der Grund, warum geplant wird.

Und das hat nichts mit Planungsfehlern zu tun.

Im besten Fall – der gute Wille der Beteiligten vorausgesetzt – bietet der neue 69er alle Voraussetzungen, um als Verbesserungsantrag gelebt zu werden. Der Wertediskussion (besser als vorgesehen, Verbesserung) müssen dabei alle Beteiligten offen begegnen. Das ist mit Punktesystemen nicht zu schaffen, da sind Diskussionskultur und fachliche Kompetenz gefragt.

Im Detail: Der neue 69er spricht nicht mehr von der Unwesentlichkeit. Das „fast" ist ab jetzt irrelevant. Abweichungen vom Bebauungsplan werden dann bewilligt, wenn das Projekt trotz Abweichung die Zielrichtung des Bebauungsplanes nicht unterläuft und wenn durch die Abweichung bestimmte positive Effekte auftreten.

Die Formulierung „die Zielrichtung des Bebauungsplanes nicht unterlaufen" verbirgt einen legistischen Clou. Der Verwaltungsgerichtshof prüfte bisher die Unwesentlichkeit an dieser Formulierung. Nicht die oft gehörten 10% waren ausschlaggebend, ob eine Abweichung wesentlich oder unwesentlich ist (das stand nirgends geschrieben), sondern ob die Abweichung „der Zielrichtung des Bebauungsplanes widersprach". Widersprach sie nicht, so war sie unwesentlich. Mit dieser Formulierung im neuen 69er knüpft man an die Rechtssprechung und an unzählige VwGH-Entscheide an, die hiermit weiterhin ihre Gültigkeit bewahren. Das klingt, als ob sich nichts geändert habe. Aber erstens muss auch bei unwesentlichen Abweichungen ein positiver Effekt nachgewiesen werden und zweitens ist Unwesentlichkeit nicht die einzige Möglichkeit, die Zielrichtung des Bebauungsplanes nicht zu unterlaufen! Auch eine wesentliche Abweichung kann – theoretisch – die Zielrichtung des Bebauungsplanes sogar stärken. Größtes Gewicht in dieser Frage hat die MA21.

Die möglichen positiven Effekte, die zweite Grundvoraussetzung für die Bewilligung einer Abweichung, sind im Gesetz klar gelistet: Sie müssen entweder 1. eine zweckmäßigere Flächennutzung bewirken (Liegenschaftsfläche), oder 2. eine zweckmäßigere oder zeitgemäße Nutzung von Bauwerken, insbesondere des Baubestandes bewirken (Barrierrefreiheit, Ökologie, …), oder 3. der Herbeiführung eines den zeitgemäßen Vorstellungen entsprechenden örtlichen Stadtbildes dienen, oder 4. der Erhaltung schützenswerten Baumbestandes dienen. Die Abweichung muss den positiven Effekt ermöglichen. Ohne Abweichung kein Effekt. Das Kino, das Hotel oder das Bezirksamt hat damit die Chance auf die ihm angemessene Stellung im Stadtraum und wird damit auch seinen Beitrag zur Stadt leisten. Ohne langwierige Umwidmung.

Genau in diese Kerbe schlug vor vielen Jahren eine interdisziplinäre Arbeitsgruppe. Unter dem Titel „Wiener Block" wurde der Vorschlag unterbreitet, dass – städtebaulich relevante Größenordnung vorausgesetzt – die Kubatur des Bebauungsplanes bei Zustimmung der Magistratsabteilungen Stadtplanung und Architektur auch anders angeordnet werden kann. Ohne Widmungsverfahren, ohne „fast so wie". Der Vorschlag wurde damals nicht weiterverfolgt. Im heutigen 69er finden wir ihn umgesetzt.

/

Sheer tightening or structural enhancement
Viennese Building Regulations - the new 69er

Anfang Mai trat eine Novelle der Bauordnung in Kraft, die neben anderen bemerkenswerten Neuerungen (At the beginning of May, the amended Building Regulations came into force, which, amongst others, contained remarkable novel provisions (*) as well as fundamentally reforming the notorious § 69. The amendment was presented by the media as a tightening of the legal situation. Malpractice had to be stopped once and for all! That could be the case. But there is more to it than meets the eye: The new 69er is, in terms of its content, borne by a new productive spirit, instead of restraint.

Up to now, certain deviations from the master plan (**) listed in a catalogue had been approved in individual cases, if there had only been a minor deviation. So what had almost been planned was actually approved if you could prove that it almost fulfilled requirements. The old § 69 had often been misused with transparent interests. Whoever understands how the mechanism of floor space and money works, will not be surprised that a little more is always built than planned if building only has to almost comply with regulations. It is really only a matter of money. In the public, "Banana Republic" was the term frequently

associated with this procedure.

However, seen from the perspective of a differentiated professional planner, this has sometimes been unjust. Compilation of a plan document (zoning plan and master plan) takes more than a year, but it is then valid for many years. Its scale is 1/2000. It safeguards without doubt, which is the basis of any urban development, but it cannot be more than a guideline for designing urban fabric. Much urbanistic hitherto unknown potential remains unexploited. For example: In a zone with mixed use, building volumes are defined without knowing their future use. A hotel, a cinema or local authorities have no chance of being appropriately considered, except if their uses are already known when the master plan is elaborated. This is above all to the detriment of the city! All potential should be used to enliven the city, every player who can make a contribution should be welcomed!

The corresponding design tools are well known. All planning activity is acquainted with project modification and improvement applications. It is inherent to planning that new knowledge is gained by zooming further in, which might question previous, rougher scales and their provisions. This is the reason why there is planning. It has nothing to do with planning mistakes.

At the best - providing all concerned are willing - the new 69er offers the best preconditions for being experienced as an application for improvement. The debate on value (better than expected, improvement) should be welcomed by all involved. You can't do this by way of a point system. What is required are basic discussion and expertise.

In detail: The new 69er no longer speaks of "insignificance". From now on, "almost" is irrelevant. Deviations from the master plan will be approved, if the project despite its deviations does not undermine the basic purpose of the master plan and if the deviation has certain positive effects.

The wording "does not undermine the basic purpose of the master plan" conceals a certain legal trick. Up to now, the Higher Administrative Court examined insignificance according to this wording. It was not the notorious 10% that decided whether a deviation was significant or insignificant (it was not stated anywhere), but rather whether the deviation "contradicted the purpose of the master plan". If there was no contradiction, it was insignificant. By altering the wording of the 69er, jurisdiction and numerous decisions of the Higher Administrative Courte were taken into account, which now remain in force. It sounds as if nothing has changed. But firstly, a positive effect must be proved even in the case of insignificant deviations and secondly, insignificance is not the only possibility to undermine the purpose of the master plan! Theoretically, even a significant deviation can strengthen the purpose of the master plan. MA 21 is the most important authority in this issue.

The possible positive effects, which is the second basic requirement for permitting a deviation, are clearly listed in the act: They either have to firstly, lead to a more purposeful land use (estate area) or secondly, to a more purposeful or modern use of buildings, especially existing buildings (accessibility for the disabled, ecology, etc.) or thirdly, creation of modern concepts regarding the overall appearance of the city***, or fourthly, to maintain the stock of trees worth protecting. The deviation must have a positive effect. No effect without deviation. The cinema, the hotel and the local authority will have the chance of being appropriately represented in the townscape and thus be able to make a contribution to the city. Without tedious rezoning procedures.

Many years ago, an interdisciplinary working group pursued exactly the same issue. Their "Wiener Block" project proposed that building volumes according to the master plan could also be differently arranged with the consent of the local departments of Urban Planning and Architecture, provided that they were urbanistically relevant. Without a zoning procedure, without "almost the same as". Their proposal was not pursued at the time. But in today's 69er, it has been implemented.

.

„Wem nützt ambitioniertes Bauen"

Broschüre zur Architekturausstellung und Diskussionsveranstaltung,
Forum Stadtpark
Anna Popelka: Sozialer Wohnbau Lend

Jeder Mensch wohnt und scheint aus dieser Betroffenheit heraus genau
über das Wohnen Bescheid zu wissen.
Trotzdem und deshalb gibt es eine Menge grundsätzlich verschiedener
Ansichten zum Thema, die sich im Wandel des täglichen Lebens ständig
ändern. Anleihen aus der Vergangenheit sind mit Vorsicht zu genießen.
Das Wohnen berührt die elementaren Gefühle des zivilisierten Menschen (Territorialität als primitives Sozialverhalten des Menschen),
der „aufgeschlossene" Bauherr kneift, sobald es um die eigenen 4 Wände
geht, ab der Schwelle regieren Bärenfell und möglichst alte, falsche
Möbel und alle Arten Traditionalismus.

20. Jh.:

- Industrialisierung, Standardisierung: heute aktueller denn je: zur
  vielzitierten Gefahr der Monotonie: der Fehler liegt in der Anwendung, nicht im System!
  mutigere Ausnutzung optimierter Industrieprodukte und Mischen von
  standardisierten und Einzelelementen für eine raschere und billigere
  Bauerstellung.
  Öffnung des noch immer von Ziegel & Holz beherrschten Markts für Produkte aus der Holztechnologie, neue Kunststoffe und Metalle (jeder
  Häuselbauer verwendet heute Silikon)
- Flexibilität, verlangte dem Bewohner zu viel Initiative ab
- Trennung Arbeit, Freizeit, Konsum und Wohnen; überwundenes Modell,
  wird der komplexen Ordnung einer Stadt nicht gerecht, zu eindimensi-
  onal
- Mitbestimmung, die wohl verhängnisvollste Variante im Experimentier-
  feld Auftraggeber - Planer, der Laie wird in seiner Meinung bestärkt,
  er wisse aufgrund verschwommener, durch diverse Hefte geprägter Vorstellungen, wie sein Heim auszusehen hat, der A. braucht nur mehr
  auszuführen, deckt sich mit der opportunistischen Berufsauffassung
  der meisten A..
- Selbstbau, siehe Flexibilität, Konfliktstoff für gestörte Nachbarn.

Gegenwart und nahe Zukunft:

Die Tendenz der Gegenwart zu einer immer größer werdenden Priorität
der Zeit vor der des Raums löst obige Konflikte im wahrsten Sinn des
Wortes „in Luft" auf, die Umgebung wird entmaterialisiert, nicht der
echte Sonnenuntergang zählt, sondern der auf dem Bildschirm, die Wohn-
zimmerbücherwand ist in einem winzigen Stück Silikon gespeichert, die
große Leere bricht aus, kein Brösel auf dem Fußboden, die Nahrungspil-
len machen keinen Dreck oder die im Fußboden integrierte Absaugvor-
richtung ist perfekt. Raumzeitalter, Zeitalter ohne Raum.
Der Weg vom Schlafzimmer in die Küche entspricht 7 Stationen mit der
U-Bahn, der Bewohner braucht kein Heim fürs Leben mehr, die ganze Welt
wird zu Heim. Die Bedeutung fällt ab von der Wohnung, dem Haus, es ist
nicht mehr so w i c h t i g .

W

Geld und Wirtschaftsform haben enorme Bedeutung

Zeiten von Armut und schlechter Konjunktur fördern Opportunismus und
Lobbyismus und damit schlechte A.
Sozialer Wohnbau ist billiger Einfamilienhausbau, aber es braucht den
Menschen, der die Notwendigkeit Scheinindividualität zu manifestieren,
überwunden hat.
Finanzierungs- und Energiebilanzen müssen umfassend erstellt werden,
in Zusammenhang mit der Volksgesundheit, glückliche Menschen ersparen
dem Staat Millionen, die zunehmenden Kosten- (Platz-)minimierung macht
geizig und klein.
Verwendung alternativer Energiequellen, aktive und passive Nutzung der
Sonnenwärme (75% des Jahresbedarfs, Wärmepumpe in den Übergangszeiten
und im Sommer, Zusatzheizen im Winter, punktgenau heizen, thermosta-
tische Regelung), teurere Erstanschaffung, die sich auszahlt. Daraus
resultiert eine höhere Anforderung an den Bewohner, der erkennt, dass
seine Wohnung keine Maschine, sondern ein Organismus ist, mit verschiedenen Temperaturfeldern, die er den Jahreszeiten entsprechend nutzt.

Die Publikationen zum Thema Alternativenergie sind größtenteils unse-
riös und könnten ihrem Inhalt nach genauso im Mittelalter geschrieben
worden sein.
Dabei wird allgemein übersehen, dass durch energetische Überlegungen
aufgestellte Parameter seit langem wieder ein Argument für neue Gestalt jenseits des reinen Formalismus bieten, aber modern bauen, keine
Rückkehr zu Stroh- und Fachwerkhaus; der Argumentennotstand ist auf-
gehoben (beim Bauherrn geht's hinein wie Butter). Neueste Forschung:
Photovoltaik auch (nicht völliger Neubau, sondern Überwuchern alter,
noch tragender Skelette, keine Sanierung, sondern Neubildung von ganzen Stadtvierteln auf diese Weise).

Auf die mögliche Notwendigkeit der Wohnung als autarker Lebensraum in
einer feindlichen Umwelt soll hier nicht eingegangen werden.
Die Entwicklung ist so und ganz anders denkbar. Aber eines ist sicher:
Sozialer Wohnbau, der 99% der Bevölkerung in den kommenden Jahrzenten
entsprechen soll, muss klar und einfach sein (einfach als Resultat eines langen Reduktionsprozesses, nicht vordergründig simpel), kein Kom-
promiss, von bestimmter Form nicht voll mit der Selbstverwirklichung
der A. der es notwendig hat. Seine Persönlichkeit kommt im Städtebau
genügend zur Geltung, in der Erschließung, nicht im Inneren der Wohnungen! - die Wohnung muss den klassischen Kriterien genügen, die da
sind: gutes Klima, Ruhe, Licht und Luft, sie muss zugleich Hintergrund
und Katalysator für das Leben sein!
Der Plan ist leblos, die Fassade bekommt erst Leben, wenn Kurt sein
Hemd in den Wind hängt, das ist es, was den Bau erst vollendet, die
letzte lange Bauphase das Bewohnen durch die Menschen!

Die Stadt Graz:

Zuerst: Sozialer Wohnbau ist etwas grundsätzlich anderes als das Bauen
für den Einzelnen und mit dem Einfamilienhausbau nicht zu vergleichen.
Menschen, die sich für Städter halten, müssen auch gerne in der Stadt
leben und städtische Dichte nicht als Last, sondern als Vorteil sehen.
In Graz gibt es keine Städter und die Politik richtet sich danach.
So ist es von einer aufstrebenden Kleinstadt zu einem großen Dorf

geworden, anstatt auf Dichte im Zentrum konzentriert sich die Bautä-
tigkeit auf Radegund und Umgebung. Folgeschwere Entscheidungen werden
von unfähigen Beamten getroffen, d a s bringt Menschen um; nicht ein
einzelnes hässliches Haus; die Entwicklungskonzepte sind schlecht, zu
linear ausgleichend und danach soll der A. sich richten nach „WA 0,4".
Graz hat viele Voraussetzungen für eine gute Stadt, einen Berg, Parks,
einen alten Kern und einen Fluss, der es in zwei sehr ungleiche Teile
trennt.
Das Grundstück liegt am Ufer der Westseite, die sich bei richtiger
Politik zum jungen, neuen Gegenpol des alten, „besseren" Teils entwickeln könnte.

/

"Who benefits from ambitious building?"

Brochure on the occasion of the architecture exhibition and discussion,
Forum Stadtpark
Anna Popelka: Social Housing Lend

Everyone is concerned with habitation and seems to know exactly how living works.
Despite this, there are a lot of basically different opinions on this
issue that continually change in day-to-day dealings. Legacies from the
past are to be met with caution.
Living affects the elementary feelings of civilised man (territoriality
as primitive social behaviour or man), the "enlightened" client chickens
out, as soon as his own 4 walls are involved), beyond the threshold, the
bear skin rules alongside old fake furniture and all kinds of traditi-
onalism.

20th Century:

- industrialisation, standardisiation: is more modern today than ever
before. The notorious danger of monotony is caused by implementation and
not by the system!
For a more rapid and economic construction, industrial products should
be used and standardised and individual elements should be mixed more
boldly.
Opening of the market still dominated by bricks and wood in favour of
products from timber technology, new synthetic materials and metals (all
private house builders use silicon these days).
- Flexibility demanded too much initiative from the dweller.
- Segregation of work, leisure time, consumption and living; an obsolete
model, too one-dimensional, does no justice to the complexity of urban
fabric.
- Participation, which is probably the most fatal version in the experimental field of clients and developers, the layman is strengthened in
his notion that he would know how his home should be on the basis of
indefinite ideas he derived from various magazines. The architect
would only need to carry them out, which corresponds to the opportunist
attitude most architects have to their profession.
- DIY, see Flexibility, a matter of conflict for upset neighbours.

The present and the near future:

Today, there is a tendency towards an increasing priority of time over
space, which solves the above conflicts in a true sense of the word. The
environment is de-materialised. It is not the real sunset that counts,
but the one on the screen. The living room library is memorised in a tiny
piece of silicone, the great void appears, no crumbs on the floor, nutri-
tion pills don't cause any dirt and the extraction system is integrated
in the floor. Spatial era, an era without space
The distance from the bedroom to the kitchen corresponds to seven stops
with the Underground, the dweller no longer needs a home to live in, because the whole world is his/her home. The dwelling and the house lose
their significance, they are no longer i m p o r t a n t.

Money and the economic system are the most important.

Times of poverty and recession foster opportunism and lobbyism and thus
bad architecture.
Social housing is cheap single-family development. However, it needs
people who have overcome the necessity to pretend individuality.
Financing and energy balances have to be comprehensively elaborated in
connection with national health. Happy people save millions for the State, increasing costs (=room) minimisation causes meanness and pettiness.
Alternative use of energy sources, active and passive use of solar heat
(75% annual requirements, heat pump during cooler periods in summer,
additional heating in winter, energy-efficient heating, thermostatic re-
gulation), higher initial investments off. This results into increased
demands for the resident, who realises that his flat is an organism and
not a machine with differently tempered areas, which he can use according
to seasonal requirements.

Publications on alternative forms of energy can mostly not be taken seriously and, to judge by their content, could even have been written in
the Middle Ages.
In general, it has been neglected that parameters established through
energetic considerations have again become an argument in favour of a
new gestalt beyond pure formalism. But buildings should be contemporary;
no return to thatched roofs or latticed houses. The lack of arguments is
over (and the client readily swallows it all). Latest research: and also
photovoltaics: (not completely new buildings, but overgrowth of old, yet
stable load bearing structures, no renovation, but redevelopment of entire urban quarters in this manner).

We are not going to talk about the possible necessity of the dwelling as
an independent living space in a hostile environment.
Development can be regarded in that way or completely differently. But one
thing is for sure: social housing, that should meet the needs of 99% of
the population in the coming decades, must be clear and simple (as a mere
result of a long shrinking process), without compromise, have a certain
shape and should not reflect the architect's necessity of self-realisa-
tion. His/her personality will sufficiently become manifest in urbanism,
in development, not in his/her internal dwellings! - The dwelling should
comply with classical criteria, such as good climate, piece, light and
air, because it should both be a background and a catalyst of life.
The plan is lifeless, the façade begins to live only when Kurt hangs up

his shirt to dry. That makes the building complete - the last long building stage is completed by the residents themselves.

The City of Graz:

first: social housing is something completely different to private construction and cannot be compared to single-family housing construction.
People who think they are city dwellers, have to like living in town and
not feel that urban density is a burden, but an advantage. In Graz, there
are no townspeople and thus politicians have responded to this.
The blossoming little town has changed into a big village. Instead of
concentrating on density in the centre, building activities are shifted
to Radegund and the periphery. Fatal decisions are taken by incompetent
officials. This is what destroys people, not a single ugly house. Development strategies are bad, too linear, but the architect has to comply
with them, according to "WA 0,4".
Graz has many ideal conditions for being an ideal place: a hill, parks,
a historic centre and a river which separates the place in two different
parts.
The site is situated on the western bank, which given that politicians
would respond accordingly, could develop into a counterpart for the old,
"better" part of town on the eastern bank.

———

Ist „Wohnen" wirklich eine Tätigkeit? Ist es die Summe aus Kochen, Essen, Schlafen, Spielen,
Fernsehen, Lesen, eventuell noch ein bisschen in Ruhe arbeiten? Die Zeiten der Wohnungsnot
sind vorbei. Wohnbau als auf die Spitze getriebene Nutzung von jedem cm² – obwohl der m² noch
immer unreflektiert den Ton angibt – geht heute am Thema vorbei.

Der Wohnbau kennt neue Herausforderungen, beispielsweise:
Nicht, wie koche ich mit möglichst wenigen Handgriffen auf möglichst kleinem Raum, ist die
Frage, sondern koche ich überhaupt zuhause (oder bestelle ich mir eine Pizza), kochen meine
Kinder für mich und was essen wir? Nicht, wie komme ich vom Zimmer möglichst schnell und
kreuzungsfrei ins Bad, ohne einem anderen Familienmitglied zu begegnen, ist die Frage, son-
dern der Umgang mit der 4-jährigen Freundin meiner Tochter, die nicht widerstehen kann, den
Lippenstift meiner Frau auszuprobieren. Das kreuzungsfreie Gäste-WC verhindert zwar solche
Situationen, gelöst wird dadurch jedoch gar nichts.

Aber was kann die Architektur, was kann Raum da beitragen? In welchem Zusammenhang wird
gekocht? Extraküche, Wohnküche, Kochen beim Fernsehen sind bekannte Diskussionen. Das
Kinderzimmer hinter der Küche? Eigenständigkeit vor funktionalem Ablauf. Kind ins Bad kreuzt
Geburtstagsessen. Keine Katastrophe – eine Chance!

Jede Wohnung ist zunächst ein leeres Behältnis, das den Bewohnern als Spielfeld zur Entwicklung seiner Lebenskultur dient. Wer daraus aber ableitet, dass höchstmögliche Neutralität des
Behältnisses die adäquate Antwort sei, irrt sich.
Die Form ist die Möglichkeit der Funktion. Jede Form, die das eine ermöglicht, verhindert das
andere. Gleichmacherei – so neutral sie auch sei – ist Gleichmacherei. Unser Nachfragemarkt
braucht ein Spektrum an hochcharakteristischen Wohnungen, die in der Lage sind, die Initialzün-
dung für eine wirklich individuelle Lebenskultur zu geben.
Identität durch Individualität! Nicht, was könnte potenzielle Käufer/Mieter stören, ist die brennen-
de Frage, sondern was kann sie begeistern!

Wohnen 02
———————
Living 02
2006

Georg Poduschka

/

W - Y

Is "living" really an activity? Is it a sum of cooking, eating, sleeping, playing, watching TV and reading and perhaps working a little bit? Gone are the times when flats were rare. Housing construction as a utilitarian concept of exploiting every cm2 of space, although the m2 still dominates the scene, does not meet today's needs.

Housing construction is confronted with new challenges, for example:
It is not a question of what I should cook today as quickly as possible and in the smallest of spaces, but whether I should cook at home at all (or if I should order a pizza), or whether my children should cook for me and what are we going to eat? It is not a question of how to reach the bathroom from my room as quickly as possible and without getting in anyone's way, but a question of how to handle my daughter's 4-year old friend who cannot resist trying out my wife's lipstick. Quickly accessible visitor's WCs may avoid situations like that, but they do not solve them in any way.

But what can architecture do? And what can space contribute? In which context are we cooking? Extra kitchen, eat-in kitchen, cooking in front of the TV are all current topics. And the children's room behind the kitchen? Independency comes before functional procedures. Child in bathroom at the same time as birthday party. No catastrophe - a chance instead!

All flats are empty vessels at first, in which their inhabitants can gradually develop their own living culture. However, it is a mistake to assume that a high level of neutrality is an adequate answer. Form emerges from function. Any form that enables the one prevents the other. Equalisation - as neutral as it may be - is equalisation in the end. Our market for demand and supply requires a spectrum of highly characteristic dwellings which are able to trigger a really individual kind of living culture.
Identity by means of individuality. It is not a matter of what bothers potential buyers or tenants, but of what fascinates them!

Yes, it's us (all)!

Yes, it's us (all)!
2008

Intro
Vortragsreihe
"WE BUILT THIS CITY"
Akademie der bildenden
Künste, Nasrine Seraji

/

Intro
Lecture, "WE BUILT THIS CITY"
Academy of fine Arts,
Nasrine Seraji

About the lecture: *longer version*
It is one prevailing opinion that cities are not plannable any more, that problems mostly lie beyond the architectural sphere, we seem to have lost the belief in planning somehow. Anyway, having influence seems to be out of reach of the individual. We feel powerless, on the other hand we misunderstand our city as service, we expect it working without us taking part, with no responsibility on our side, we take the qualities of a city for granted. We as PPAG think we have possibilities to contribute, to influence, as architects as well as citizens. We think it is not only possible to take responsibility, it is even a duty. We try to make that position clear by showing big scale projects like WAP-Wohnen am Park with 275 flats, EU6-Europan Fickeysstraße, as well as small projects, e.g. the effect of the MQ furniture project on the city context, and, from a very personal experience, our own living and workingspace. Alongside we will explain some of the methods which we are constantly inventing and applying.

The lecture will be held by Anna Popelka

PLANTEIL / *PLANS*

PA1, ZURNDORF

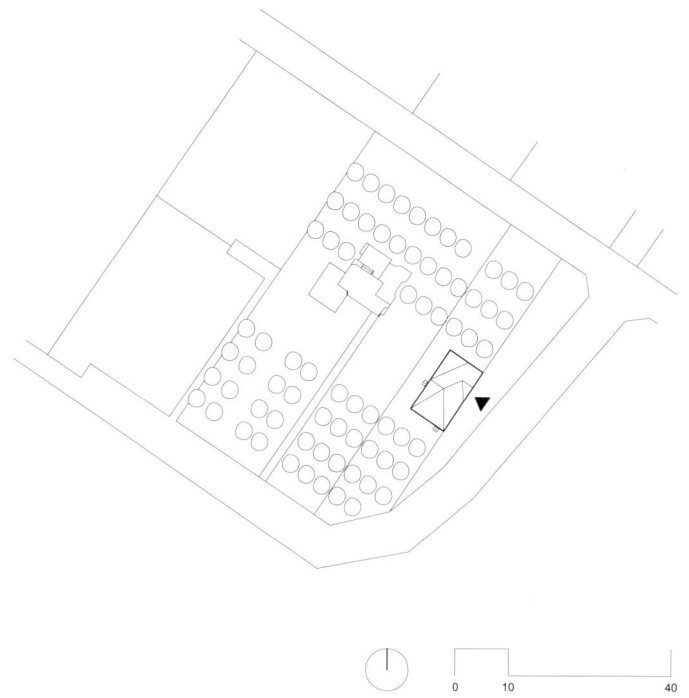

Adresse / address	Friedrichshof Römerstraße 15
	2424 Zurndorf, Burgenland / A
Bauherr / client	privat / private
Nutzfläche / floor area	100 m²
Bauzeit / construction period	09-12/2005 …
Baukosten gesamt (netto) / building costs (net)	EUR 75.000,-
Awards	best architects 2008

0   10   40

PA1 Vorläufer / PA 1 pre-project

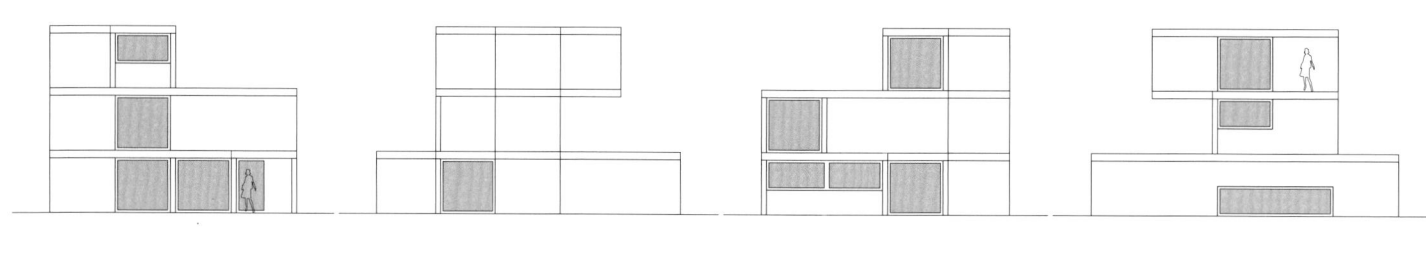

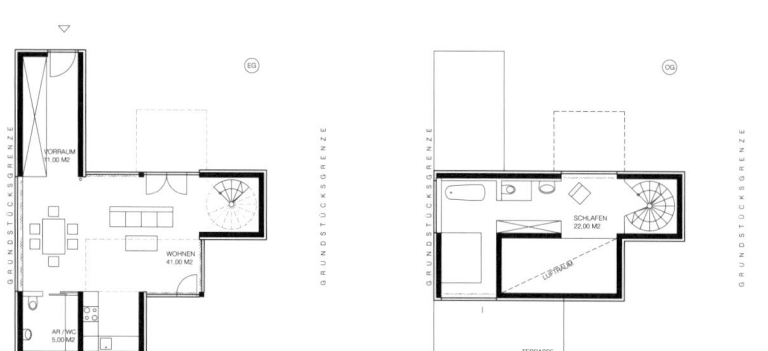

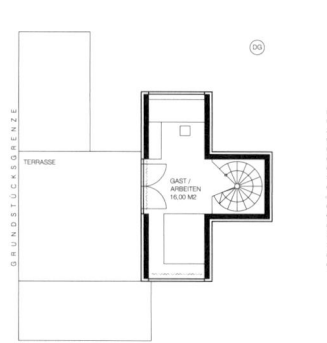

Die Räume schauen aus unterschiedlichen
Höhen auf den umgebenden Obstgarten
/ *Rooms with views to surrounding orchards
from different levels*

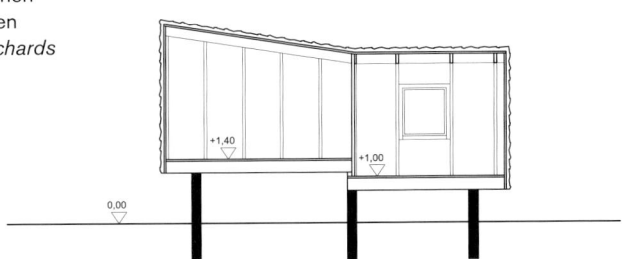

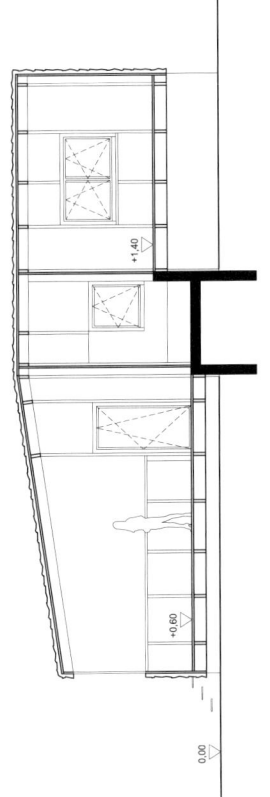

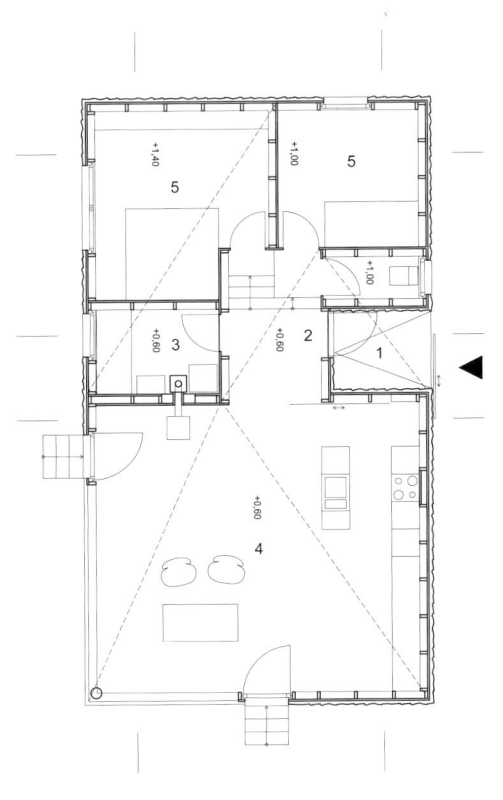

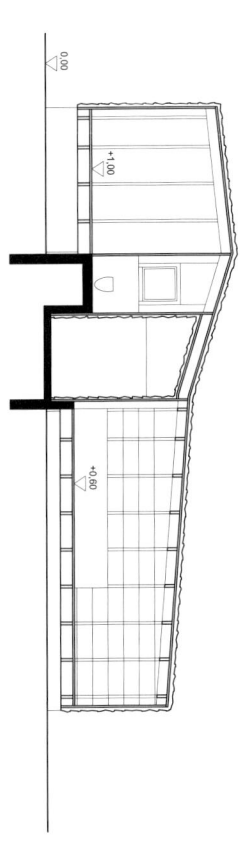

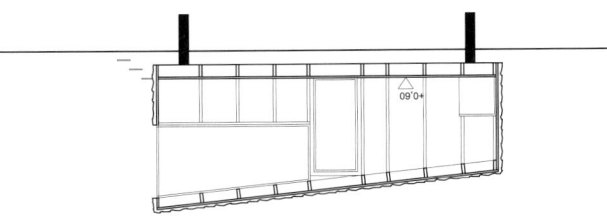

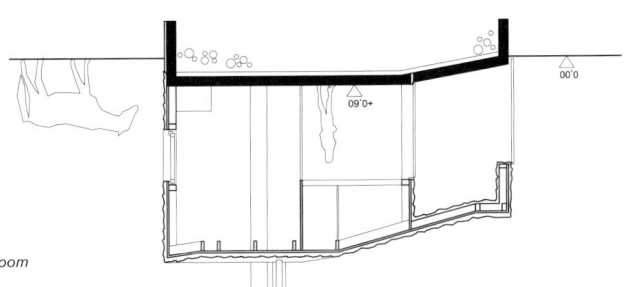

1 Vorbereich Eingang / *entrance porch*
2 Eingang / *Entrance*
3 Badezimmer / *bathroom*
4 Wohn- und Küchenbereich / *living-cum-kitchen room*
5 Schlafzimmer / *bedroom*

0   1   5

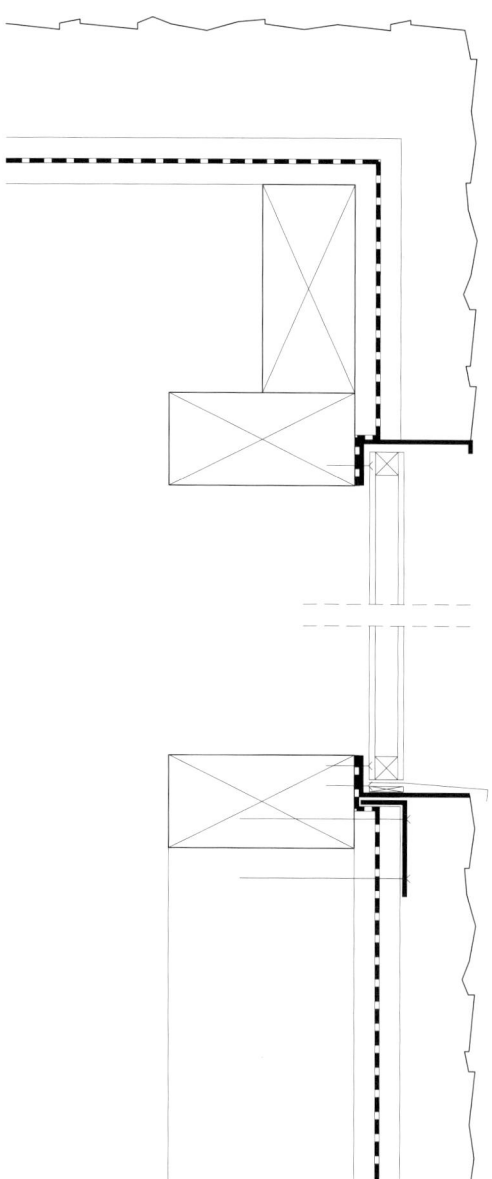

24 mm Sperrholz / *24 mm plywood*
6 mm Dampfsperre / *6 mm moisture barrier*
24 mm OSB-Platte / *24 mm OSB*
50 - 60 mm PU-Spritzdämmung / *50 - 60 mm PU spray-on insulation*
3 mm PU-Sealing / *3 mm PU-Sealing*
UV-Schicht / *UV-coating*

0   5   20

Detailschnitt Fassade Fixverglasung
/ *Detailed section façade fixed glazing*

Nordost / nord-east

Nordwest / nord-west

Süd-Ost / Eingangsseite / south-east / entry page

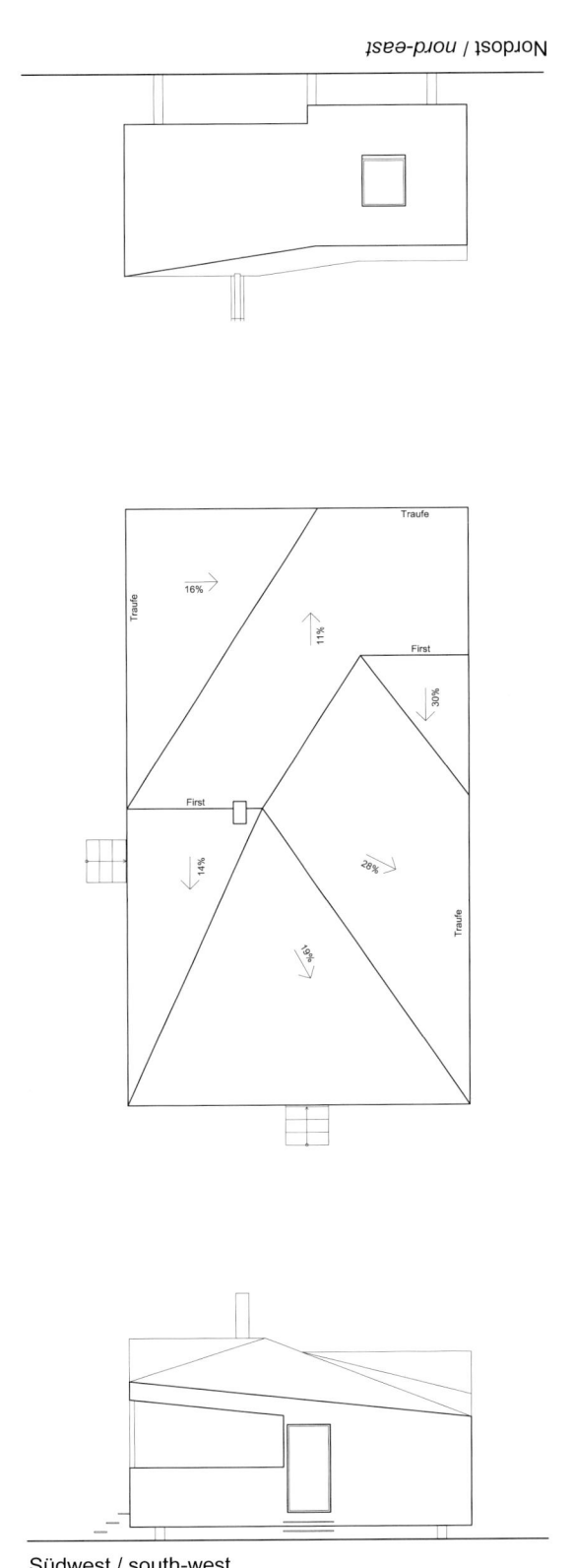

Traufe

Traufe

16%

11%

First

30%

First

14%

28%

Traufe

19%

Südwest / south-west

0   1   5

ERZHERZOG-KARL-STRASSE, WIEN

Adresse / *address*	Erzherzog-Karl-Str. 146, 1220 Wien
Bauherr / *client*	EGW Heimstätte Erste Gemeinnützige Wohnungsgesellschaft GmbH
Kurzbeschreibung / *brief description*	Nachverdichtung einer Nachkriegs-siedlung, gefördert *Redensification of a post-war housing estate, subsidised*
NEU Wohnnutzfläche / *floor area*	2.093 m²
BESTAND Wohnnutzfläche / *floor area*	4.914m²
Planungsbeginn / *project start*	2009
Baubeginn / *construction start*	gestoppt / *stopped*

HAUSGRUNDWEG

BAUTEIL4

BAUTEIL2

BAUTEIL3

BAUTEIL1

KONSTANZIAGASSE

ERZHERZOG-KARL-STRASSE

DORMER

DORMER

DORMER

DORMER

DORMER

DORMER

DORMER

DORMER

DORMER

DORMER

STAIRCASE

STAIRCASE

STAIRCASE

STAIRCASE

STAIRCASE

BALCONY

BALCONY

BALCONY

BALCONY

BALCONY

BALCONY

BALCONY

BRIDGE

BRIDGE

PLUS-HAUS

PLUS-HAUS

PLUS-HAUS

PLUS-WOHNUNG

PLUS-WOHNUNG

PLUS-WOHNUNG

PLUS-WOHNUNG

PLUS-ZIMMER

PLUS-ZIMMER

PLUS-ZIMMER

PLUS-BALKEN

PLUS-BALKEN

PLUS-BALKEN

PLUS-room

A simple idea – giving inhabitants the possibility to extend their apartment, by simply renting a 10 m² room with attached bathroom, functioning as temporal extensions of existing apartments and offer additional space for kids, grandparents, guests, storage, a room for a model-railroad etc. Nine of these rentable rooms are distributed on three small tower-like buildings attached to the existing blocks. Each ground floor offers a common storage bikes and buggies.

▤	4
A	3x13 m²
👪	3-6

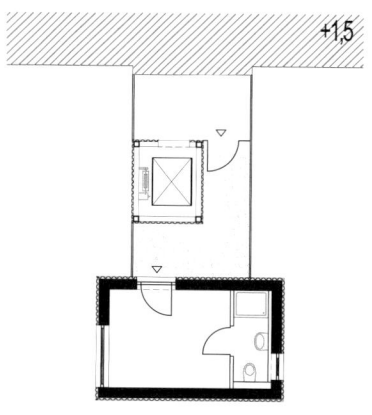

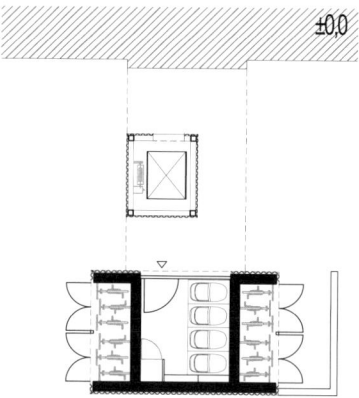

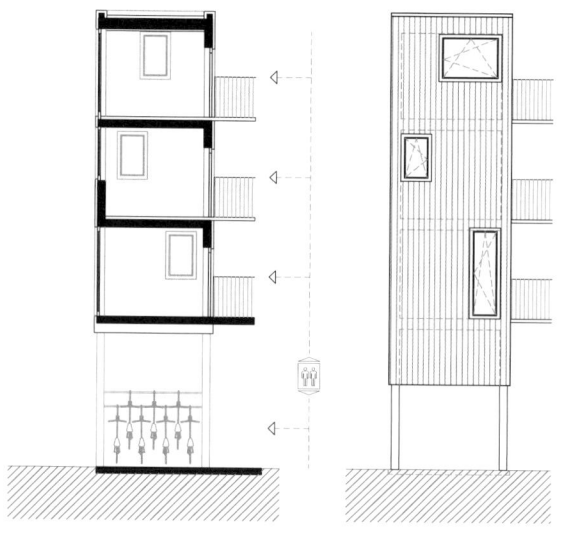

+4,0

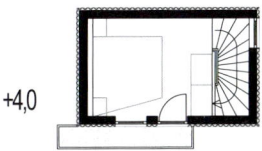

+3,0

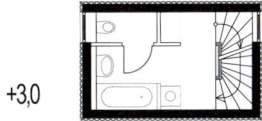

+2,0

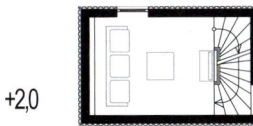

+1,0

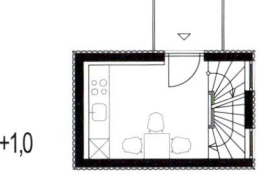

±0,0

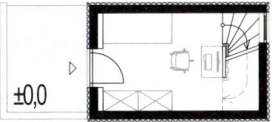

PLUS-apartment

Four of these small tower-like houses with about 40 or 50 m² are located in between the existing buildings. Their 4 to 5 stacked levels, are an intended challenge triggering inhabitants open to new forms of living in order to enrich the housing community. Private entrances and gardens as well as their very individual character should make these buildings a serious urban alternative to a house in the suburbs.

⬖	4-5
A	42-52 m²
👤👤👤	2-4

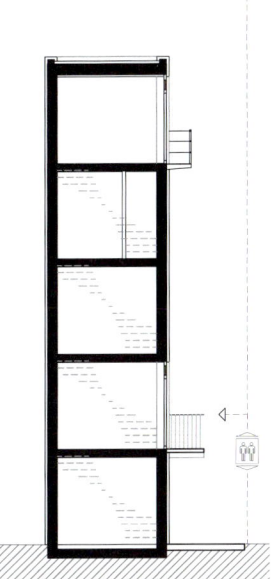

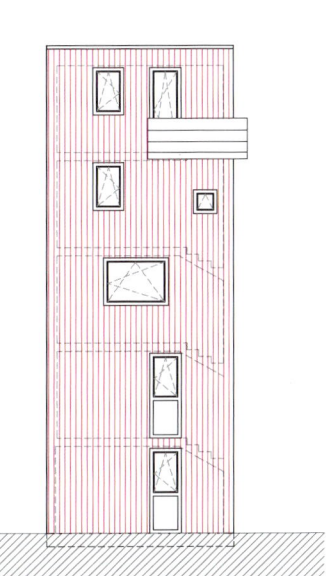

EUROPAN 06, WIEN

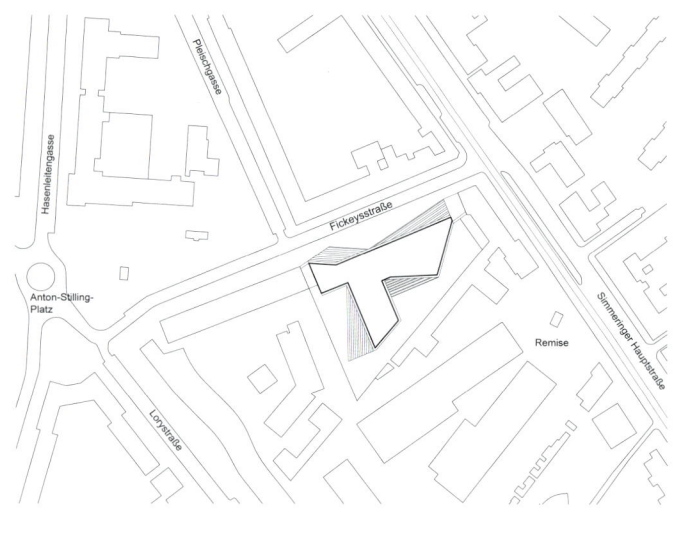

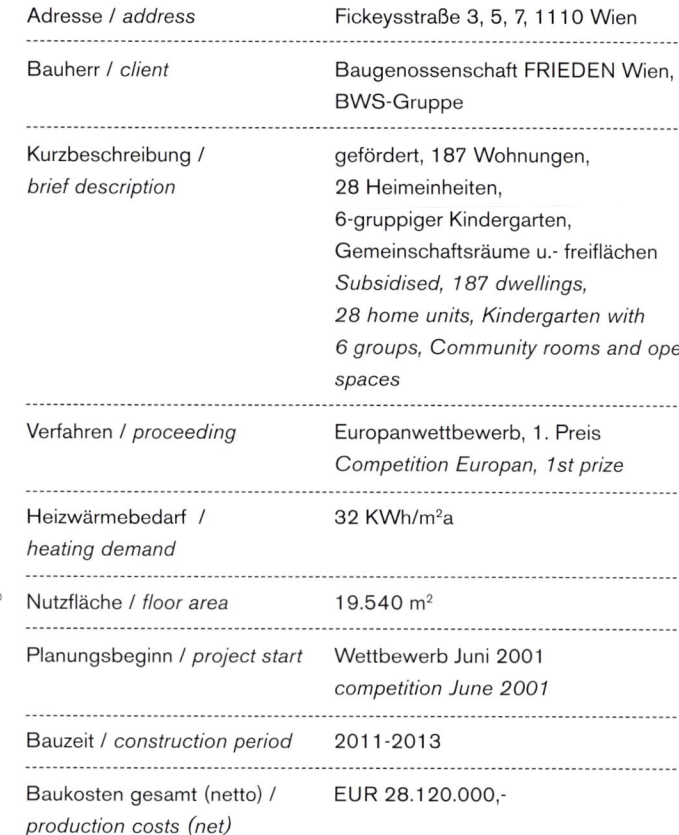

Adresse / *address*	Fickeysstraße 3, 5, 7, 1110 Wien
Bauherr / *client*	Baugenossenschaft FRIEDEN Wien, BWS-Gruppe
Kurzbeschreibung / *brief description*	gefördert, 187 Wohnungen, 28 Heimeinheiten, 6-gruppiger Kindergarten, Gemeinschaftsräume u.- freiflächen *Subsidised, 187 dwellings, 28 home units, Kindergarten with 6 groups, Community rooms and open spaces*
Verfahren / *proceeding*	Europanwettbewerb, 1. Preis *Competition Europan, 1st prize*
Heizwärmebedarf / *heating demand*	32 KWh/m²a
Nutzfläche / *floor area*	19.540 m²
Planungsbeginn / *project start*	Wettbewerb Juni 2001 *competition June 2001*
Bauzeit / *construction period*	2011-2013
Baukosten gesamt (netto) / *production costs (net)*	EUR 28.120.000,-

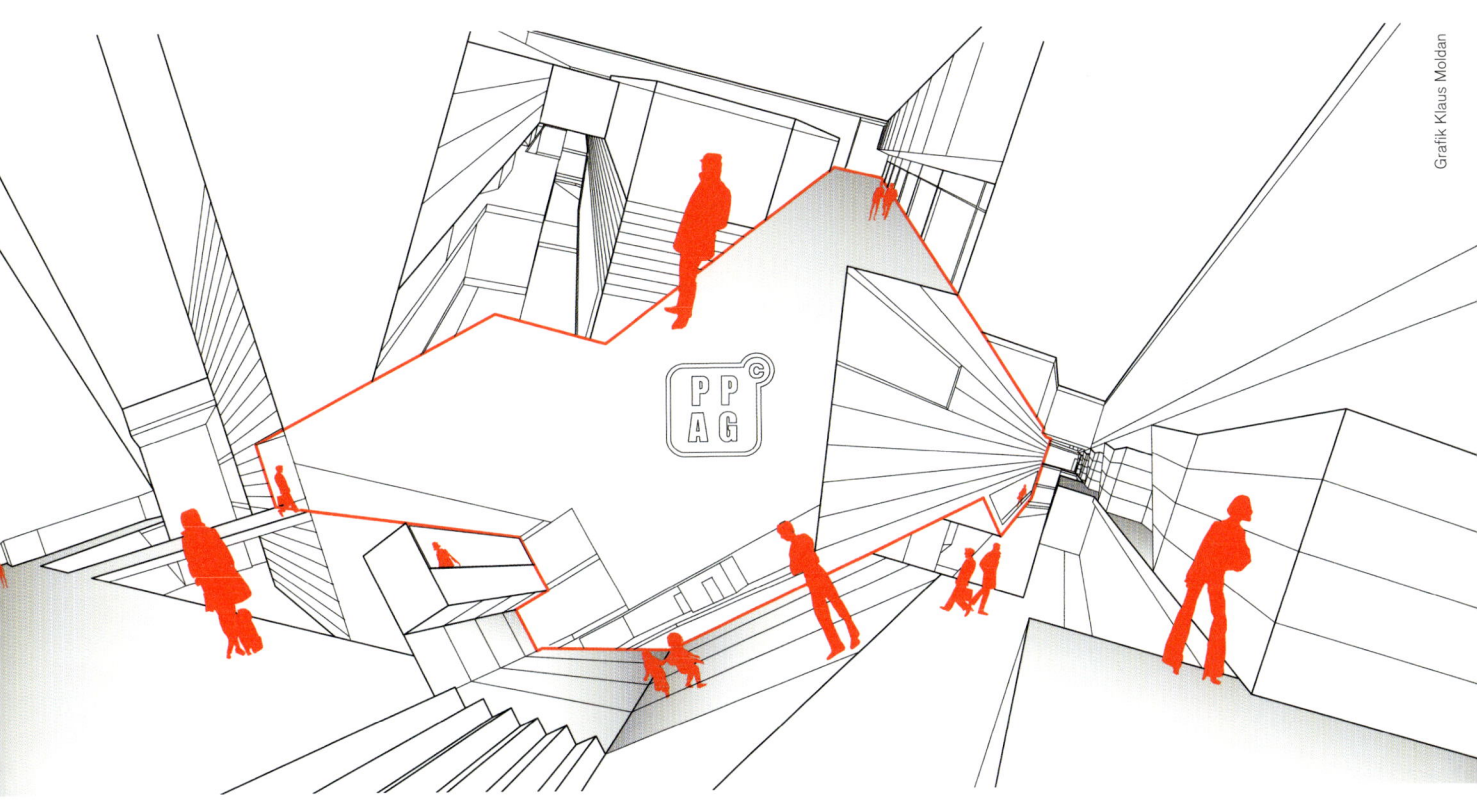

Grafik Klaus Moldan

ZWISCHENBERICHT 2005

Europan 6 / Fickeysstraße ist eine neue Haustypologie, die verschiedene Neutzungen vereint: Wohnungen, Gewerbe, öffentliche Einrichtungen und Handel. . Die Terrassenwohnungen finden an den Hängen, der Kruste des Hauses Platz. Im Inneren des Hauses oder im Bauch des Berges entwickelt sich zwischen den gewerblich genutzten Kubaturen, durch Einschnitte/ Täler belichtet, ein Raumlabyrinth, ein modernes 3-dimensionales Venedig, das der Öffentlichkeit zugänglich ist, von dem die Wohnungen betreten werden, an dem die hausinternen Gemeinschaftsnutzungen sowie die öffentlich zugänglichen Nutzungen (Café, Handel, etc.) liegen. Es wird ein Bild von „neuer Stadt" entwickelt, von Straßenatmosphäre für die kalte Jahreszeit, von Streetball im 4. Obergeschoss, von einer belebten 3-dimensionalen Straße, einem belebten 3-dimensionalen Park, der am begehbaren Dach endet, vom volkswirtschaftlichen Nutzen, dass Bewohner auf den Terrassen ihre Wochenenden verbringen, statt ins Burgenland zu fahren, von Energieeinsparung durch die temperierte Mittelzone. Mittlerweile gibt es eine Fülle von guten Nutzungsvorschlägen ebenso wie eine Fülle von Bedenken gegen vorgeschlagene Nutzungen. Investoren orten Probleme in der Mischnutzung, in der auf ein und demselben Grundstück aus Wohnbauförderungsmitteln und privaten Mitteln ein einziges Projekt realisiert werden müsste, Wohnvisionen (Themenwohnen mit zugehörigen Gemeinschaftseinrichtungen) werden angedacht. Viele Kräfte sind engagiert, ein Projekt zu realisieren, das über den Tellerrand blickt, dass dem selbstgesteckten Anspruch von Europan, die Stadt und den Wohnbau jenseits von Konvention weiterzuentwickeln gerecht wird.
/

INTERMEDIATE REPORT 2005

Europan 6 / Fickeysstraße is a new typology house that combines various uses: private dwellings, commercial uses, urban public, businesses and shops. Terraced apartments built into the slopes form the crust of the house. Within the building itself – or in the hill's belly – a spatial labyrinth develops between commercially used volumes naturally lighted by canyons, or valleys, creating a modern 3-dimensional Venice. It is a busy hub where people leave and return to their homes, with spaces for shared private and public use (cafeteria, shops, etc.). Here develops the vision of a "new city": of street atmosphere during the cooler season, or a street ball on the fourth floor, of a pulsating 3-dimensional mall and a 3-dimensional park ending on the accessible roof. A vision of offering residents economic advantages such as spending their weekends outdoors on the terrace instead of driving to Burgenland, or of saving energy by having a temperate intermediate zone. Meanwhile, a whole host of good ideas for uses have been put forward, with just as many objections voiced against them. Investors think that the problem probably lies in mixed-use development, since both public housing funds and private capital would be used to realise one single project on one and the same site. Ideas for visionary housing (thematic housing including their own communal facilities) are on the table. Great commitment on all sides will be required in order to realise this ground-breaking project. A project that will do justice beyond conventions to the self-imposed ambitious targets of Europan, the city, and of housing in general.

DER BEBAUUNGSPLAN DES 21.JAHRHUNDERT

Die gängige Praxis der Bebauungsplanung - Blockrandbebauung, Bebauung aussen, innen grün - ist überholt. Eine grundrissgraph
Auffassung von Stadtraum kann den vielfältigen Qualitätsanforderungen an Immobilien nicht gerecht werden. Allgemeine Rege
individuelle Bauplatzlösungen basierend auf elementaren Prinzipien und jenseits von hilflosen Vorstufen der Architektur sind der W

AUGARTEN-NORD, GRAZ
Bebauungsplanentwurf
Wettbewerb 2000

Ermittlung der maximalen Baumasse

Bestand

Wettbewerbsgrundstück nördlicher Augarten, zwischen
Park, Fluss, Wohn- und Gewerbebebauung.

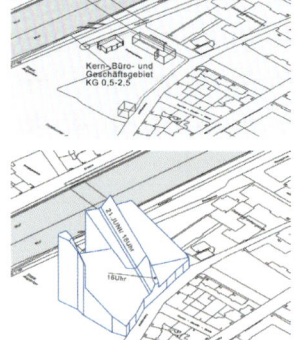

Sonne

Der berechnete Einfluss seines Bauvolumens auf die
benachbarte Wohnbebauung netlang der Friedrichgasse wird
durch deren notwendige Mindestbesonnung demonstriert. Die
Lichtstrahlen schleifen das maximale Volumen in seiner Höhe
sukzessive mit den Jahreszeiten ab.

Sommer

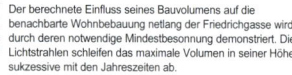

Winter

Freiraum / Baumbestand

Durch die vollständige Erhaltung des Baumbestands wird
der Park auf natürliche Weise ins ganze
Wettbewerbsgebiet gezogen. Diese Bereiche bleiben von
Bebauung frei.
Die Durchlässigkeit bis zur Grazbachgasse wird durch
ein weitgehend freies hohes Erdgeschoss umgesetzt.

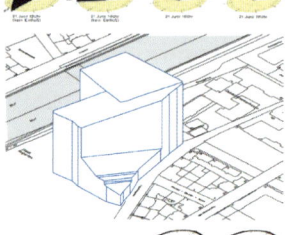

Baugesetz

Das steiermärkische Baugesetz und die
Wettbewerbsausschreibung legen Baugrenzlinien mit
möglichst senkrechter Bebauung an den Straßenzügen
und Baugrenzlinien mit der Abstandsregel G+2 an den
übrigen Grundgrenzen fest.

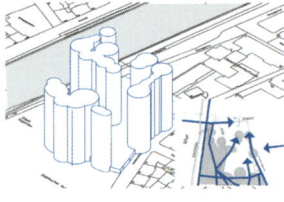

Resultat: Bebauungsplan

Ergebnis ist eine optimale Masse als Grundlage für eine
zukünftige Bebauung, innerhalb derer ein Baukörper die
oben definierten Parameter als wechselweise
Grundvoraussetzungen für Lebensqualität erfüllt, die aber
zugleich zukünftigen Planern genug Planungsspielraum
ermöglicht.

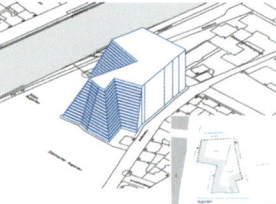

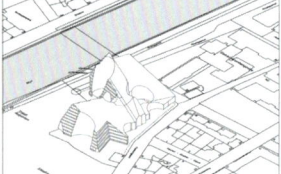

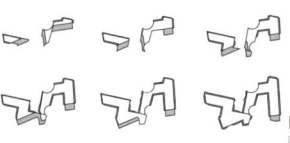

Beispiel

Grundrissschemata eines zweihüftigen Baukörpers in
gekuppelter Bauweise. Die Form des Baukörpers ergibt
sich aus der Tendenz, die bereits geschaffenen Freiraum -
und Lichtqualitäten noch zu erhöhen und auf das eigene
Grundstück auszudehnen.

EUROPAN 6 WIEN-SIMMERING
Wettbewerb 2001, 1.Preis

Ermittlung der maximalen Baumasse

Erhaltung des schutzwürdigen Baumes.
Die entsprechende Grundfläche bleibt
unverbaut.

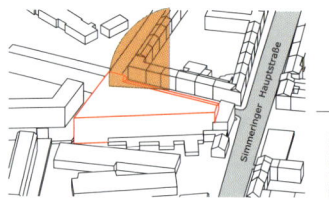
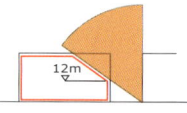

Belichtung der gegenüberliegenden
Bebauung an der Fickeystraße zur
Übergangszeit von 10 -14 Uhr.
Die sich daraus ergebende Traufhöhe
beträgt 12m.

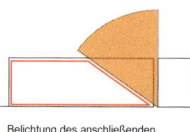

Belichtung des anschließenden
Fremdenamts zur Übergangszeit um
14 Uhr.

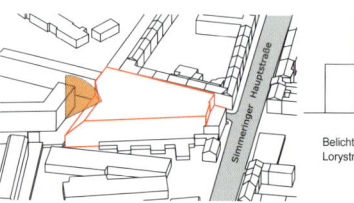
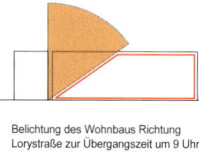

Belichtung des Wohnhaus Richtung
Lorystraße zur Übergangszeit um 9 Uhr.

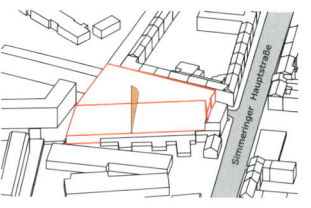
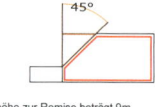

Traufhöhe zur Remise beträgt 9m.

Schnittmenge als max. Spielfeld der Bebauung, innerhalb dessen ist eine Bebauung mit
festgelegter Dichte möglich.

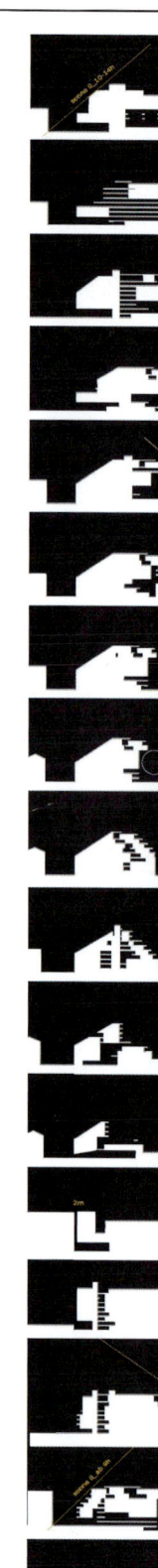

Förderungspreis Experimentelle Tendenzen in der Architektur 2002

PPAG Anna Popelka / Georg Poduschka
Architekten
Schadekgasse 16/1 1060 Wien
T/F 01/5874471 www.ppag.at

dstücke aller Grössen und Zuschnitte können mit dieser Methode der stadträumlichen Organisation bearbeitet werden.
nehr gegenseitiger Qualität für benachbarte Grundstücke ergibt sich aufgrund der Differenz von ermitteltem Volumen zu
siger Dichte hohe Flexibilität und mehr Nutzfläche.

↗ Vision Städtebau S. 356

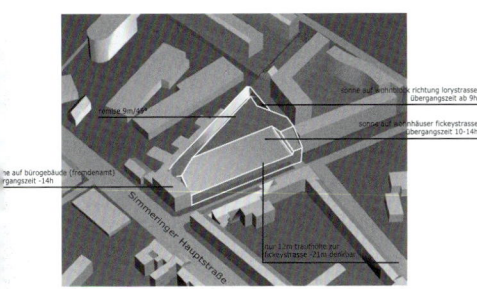

Standort

In unmittelbarer Nachbarschaft zur Simmeringer Hauptstraße und zum neuen U-Bahnterminal gelegen, fungiert Simmering als Katalysator neuralgischer Fragen: die Ambitionen der Stadt, eine Durchmischung der Nutzungen zu erreichen, müssen in ein urbanes Programm übersetzt werden, das in der Lage ist, neue Lebensformen und städtische Aktivitäten, mit Blick auf die zentrale Frage der Reintegration in einem veränderten wirtschaftlichen Markt, zu ermöglichen.

Methode

Die Grundstücke produzieren in direkter Aktion bzw. Reaktion aufeinander aus erwünschtem Sonnenlicht, erwünschtem Freiraum, speziellen Standortkriterien und erwünschter Dichte den Nugget = der maximale Umriss, in dem die Architektur sich abspielt.
D.h. vom maximal möglichen Volumen (Grundstücksfläche x Höhe) werden jene Kanten abgeschliffen, die eine Belichtung der benachbarten Bebauung verhindern.

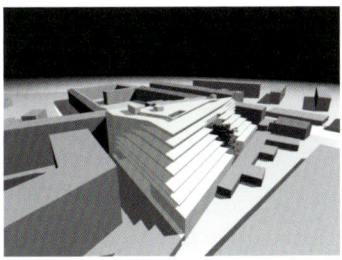

stadt_land_schafft

Die wahrnehmbare Stadt ist ihre Silhouette, gebildet aus Häusern und Strassenschluchten. Gebäude sind künstliche Berge in der künstlichen Stadtlandschaft.
Die inneren Wege, die inneren Auswirkungen der umgebenden Freiräume und die notwendige Belichtung der in zweiter Reihe befindlichen Räume graben Einschnitte, bilden Plazas, an denen sich privates und öffentliches Leben erfolgreich mischt.
Vorgarten und Hinterhof verschmelzen und entstehen als Canyons neu.

g_09

büro/schulung/wohnen

Wohnungen

An den schönsten Stellen siedelt sich Wohnen an. Die Wohnungen sind primär geprägt durch ihre privilegierte Lage im Haus und durch ausladende Freiräume - Terrassen bzw. erweitertes Wohnzimmer im Sommer. Provokation extremen Wohlbefindens für die Bewohner, die das Gebäude 24h am Tag bespielen, und damit eine bedeutende Funktion für den Rhythmus des Lebens im Gebäude haben. Der öffentliche Weg zur Wohnung vermittelt die Empfindung, ähnlich wie beim Einfamilienhaus, von der Strasse ins Haus zu kommen

Projekt

Die Räume haben prinzipiell die Tendenz zur zunehmenden Grosszelligkeit nach innen. Die Nutzungen folgen dem Potential dieser vorgeschlagenen Räume.
Die Intensität des vorgegebenen Raums katalysiert die Benutzung, der neutrale Raum ist tot.

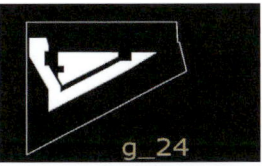

g_24

g_21

g_18

g_15

g_12

g_09

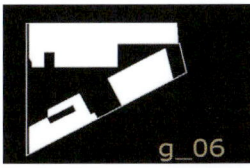

g_06

g_03

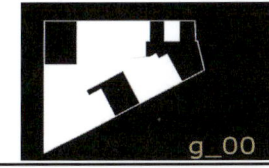

g_00

halböffentlicher Innenraum

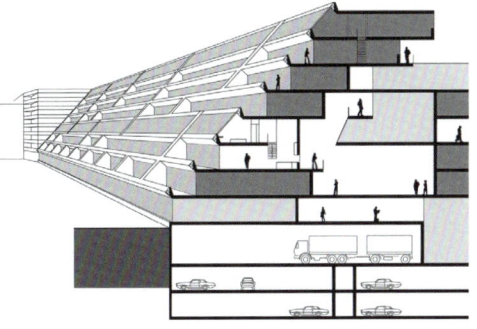

Verteilung und Belichtung von Wohn- und Gewerbenutzung

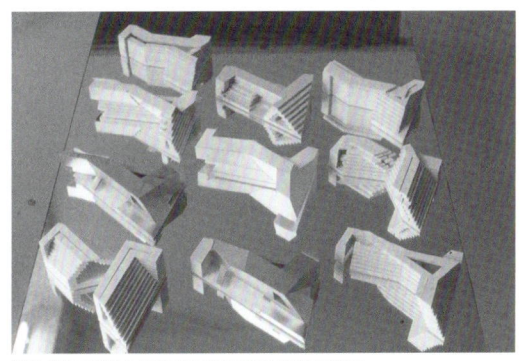

Studie: Weiterentwicklung des Baukörpers innerhalb des Maximalvolumens
für erhöhten Wohnanteil

STUDIE / *STUDY*

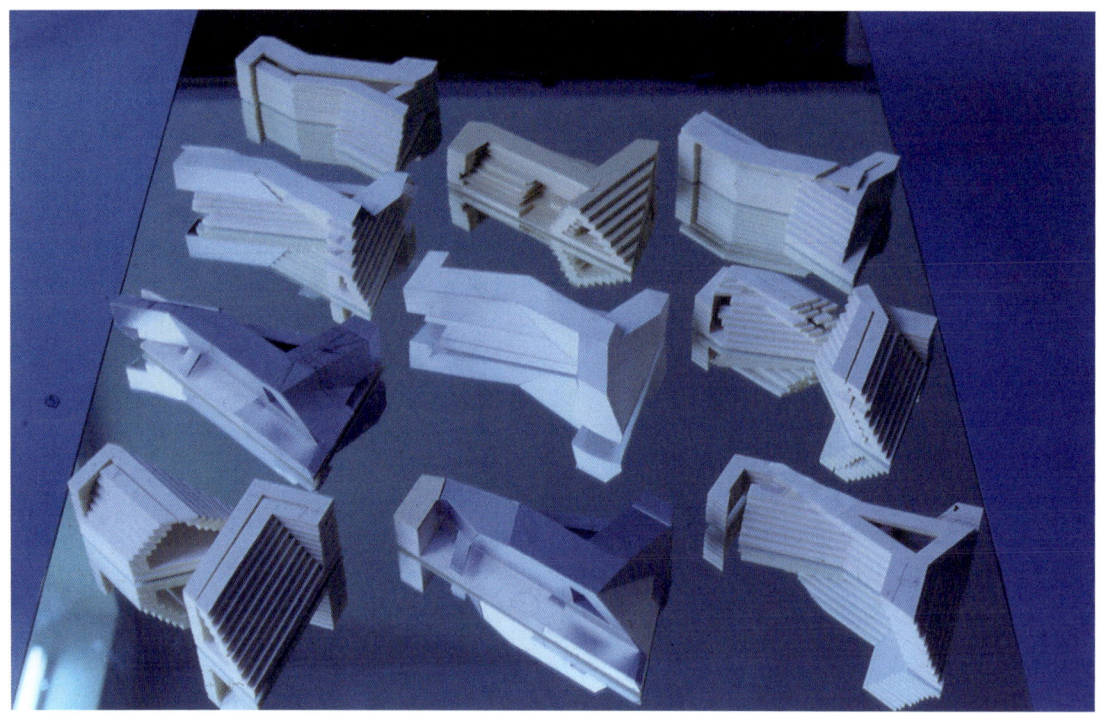

Weiterentwicklung des Baukörpers innerhalb des Maximalvolumens für erhöhten Wohnanteil
/ *Further development of structure within maximum volume for increased proportion of living space*

WIDMUNG / *ZONING*

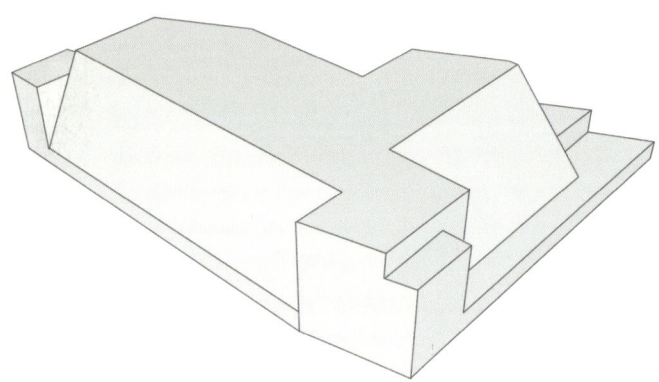

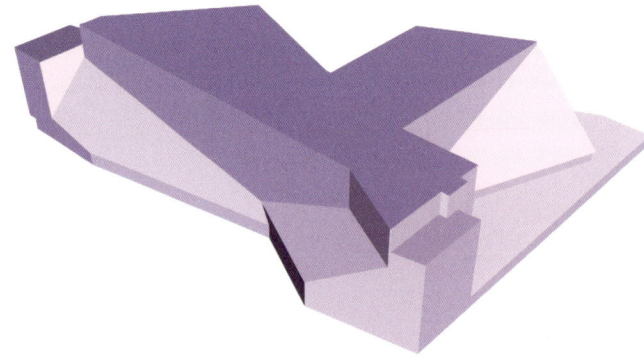

Strukturwidmung nach Wiener Bauordnung
/ *Structural zoning according to Viennese Building Regulations*

Projekt innerhalb der Widmung
/ project inside *zoning*

PROJEKT / *PROJECT*

Fickeysstr. Nordwest

Fickeysstr. Nordost

Gartenseite Südost

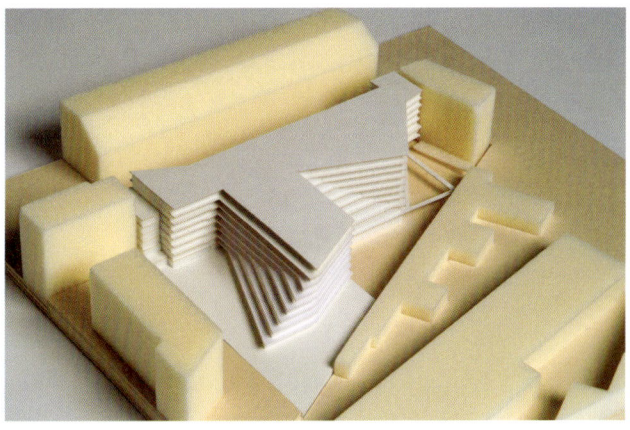

Einbettung in die Umgebung
/ *Embedded into surroundings*

Gartenseite Südwest

AUFTEILUNG ATRIEN / *ATRIUMS, LAYOUT*

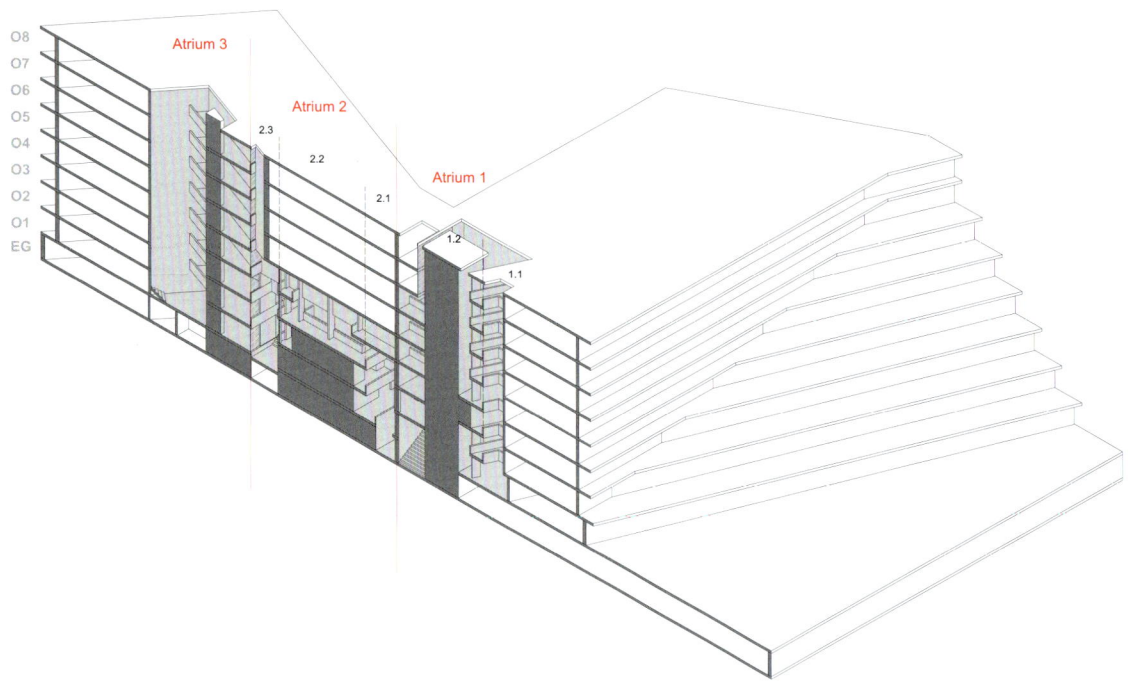

ATRIUM 1 / *ATRIUM 1*

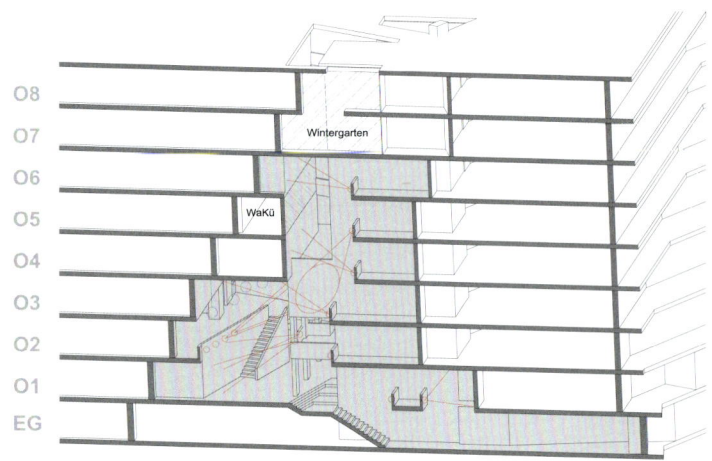

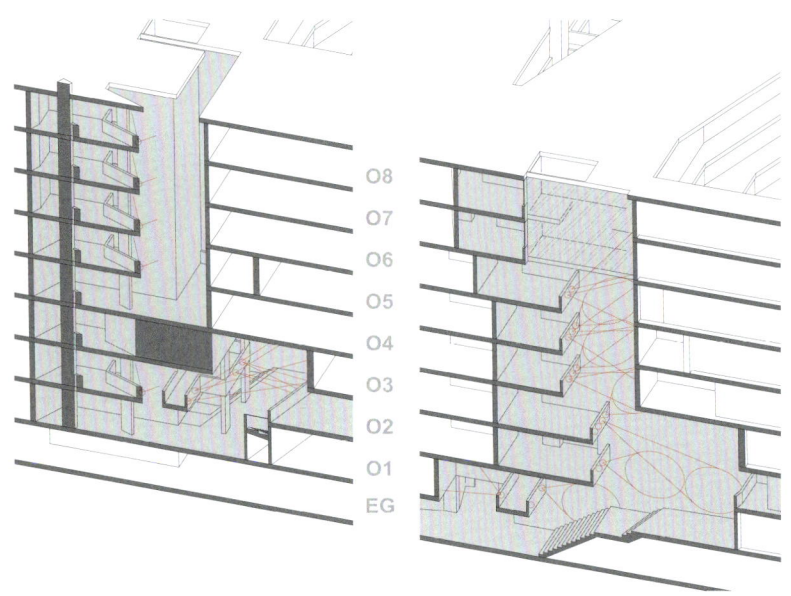

Schema Void-Wohnungen straßenseitig
/ Void dwellings, scheme, street view

Top	B	C	D	Summe
Anzahl	38	143	18	199
%	19%	72%	9%	100%

Fickeystraße

Erdgeschoss / *Ground floor*

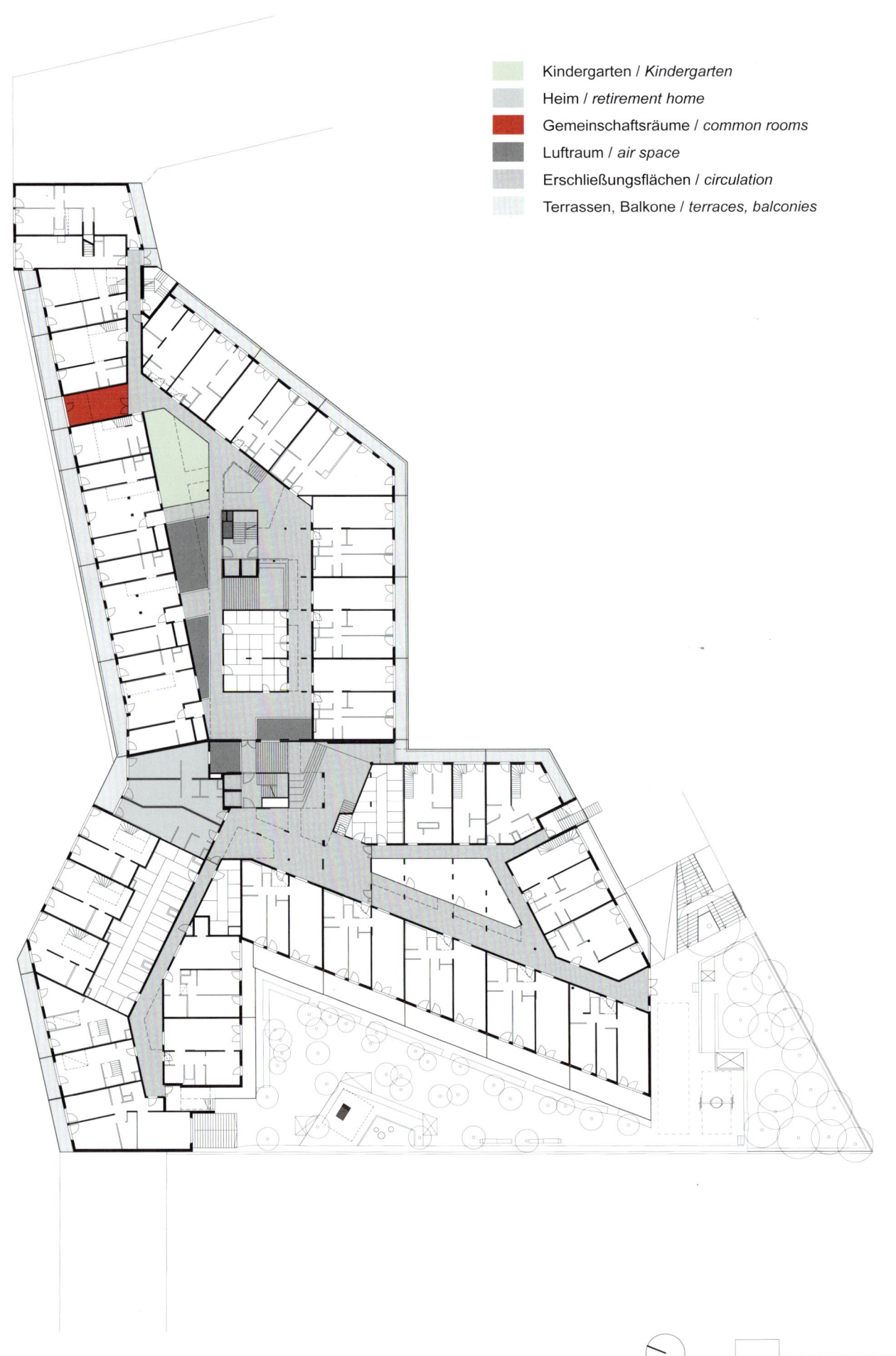

1. Obergeschoss / 1st floor

0   5   20

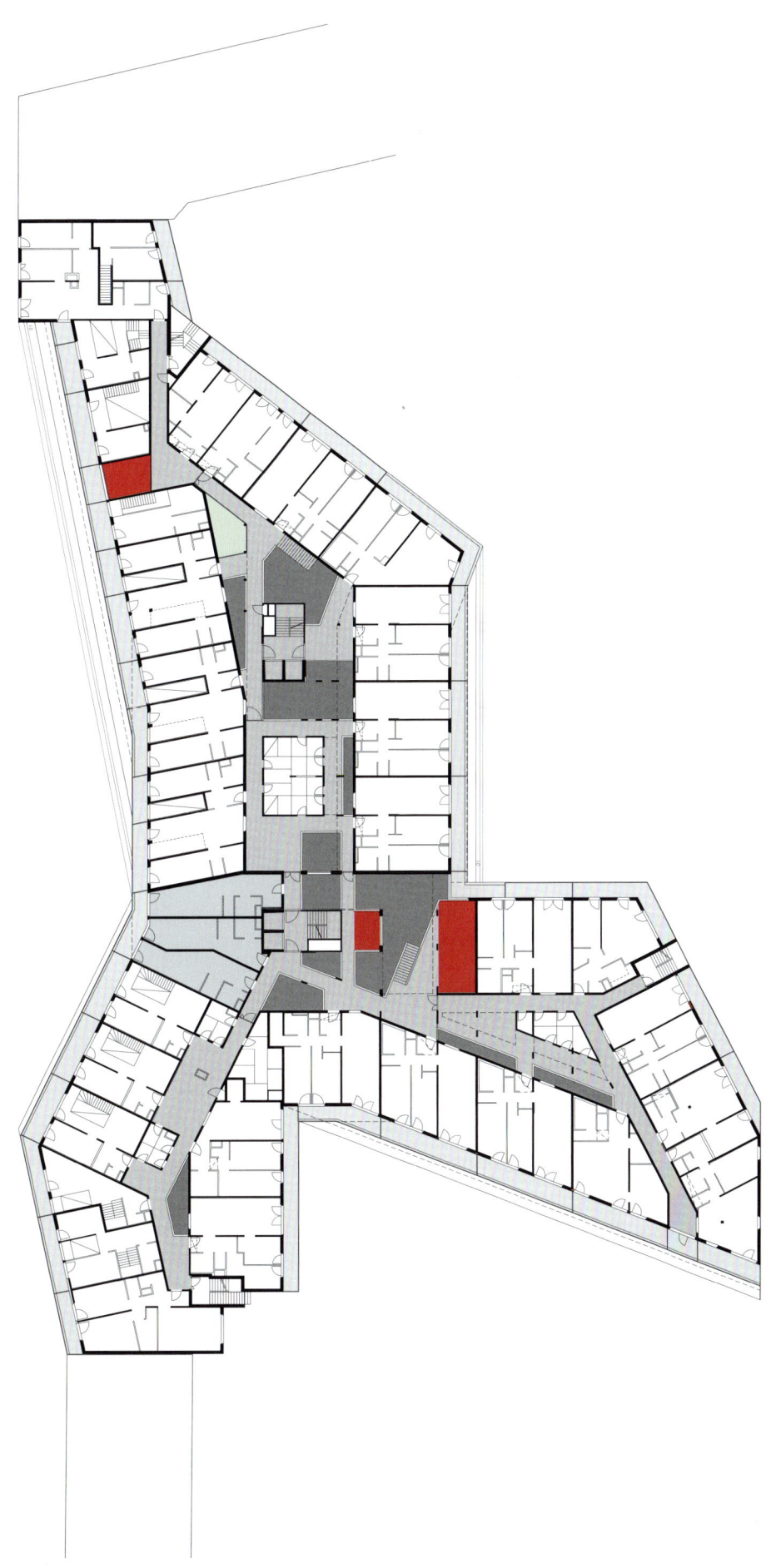

2. Obergeschoss / *2nd floor*

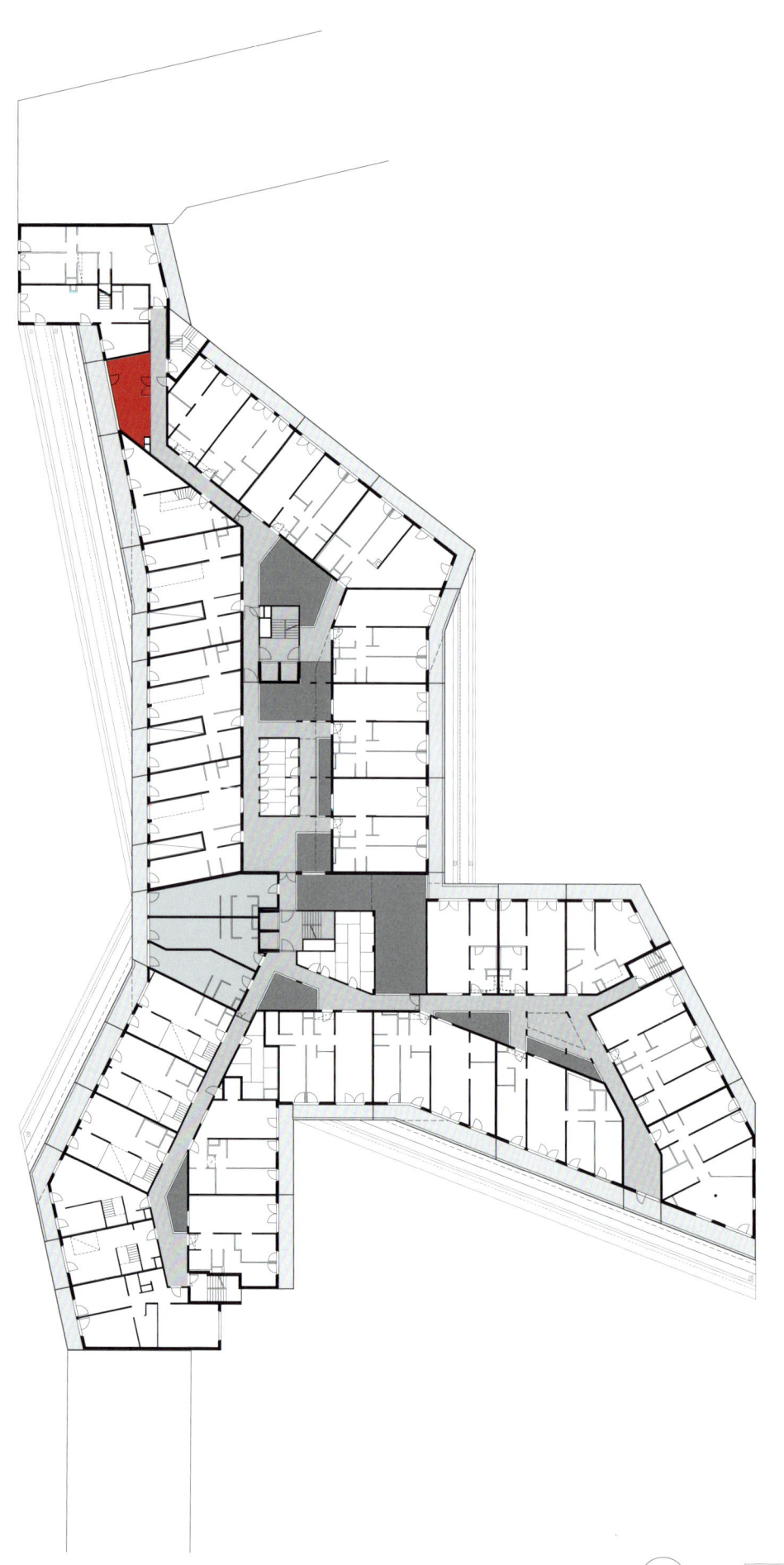

3. Obergeschoss / *3rd floor*

0   5   20

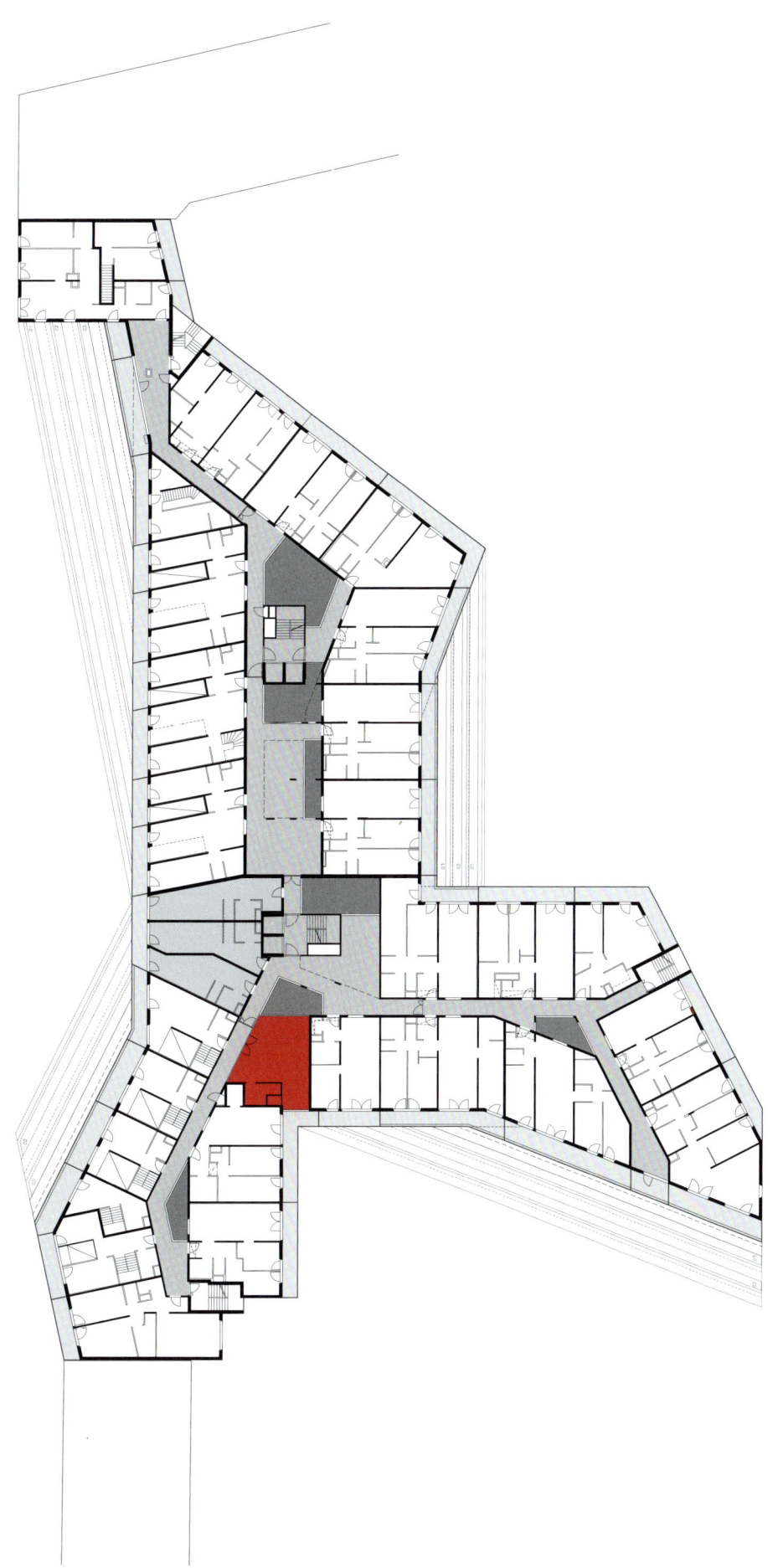

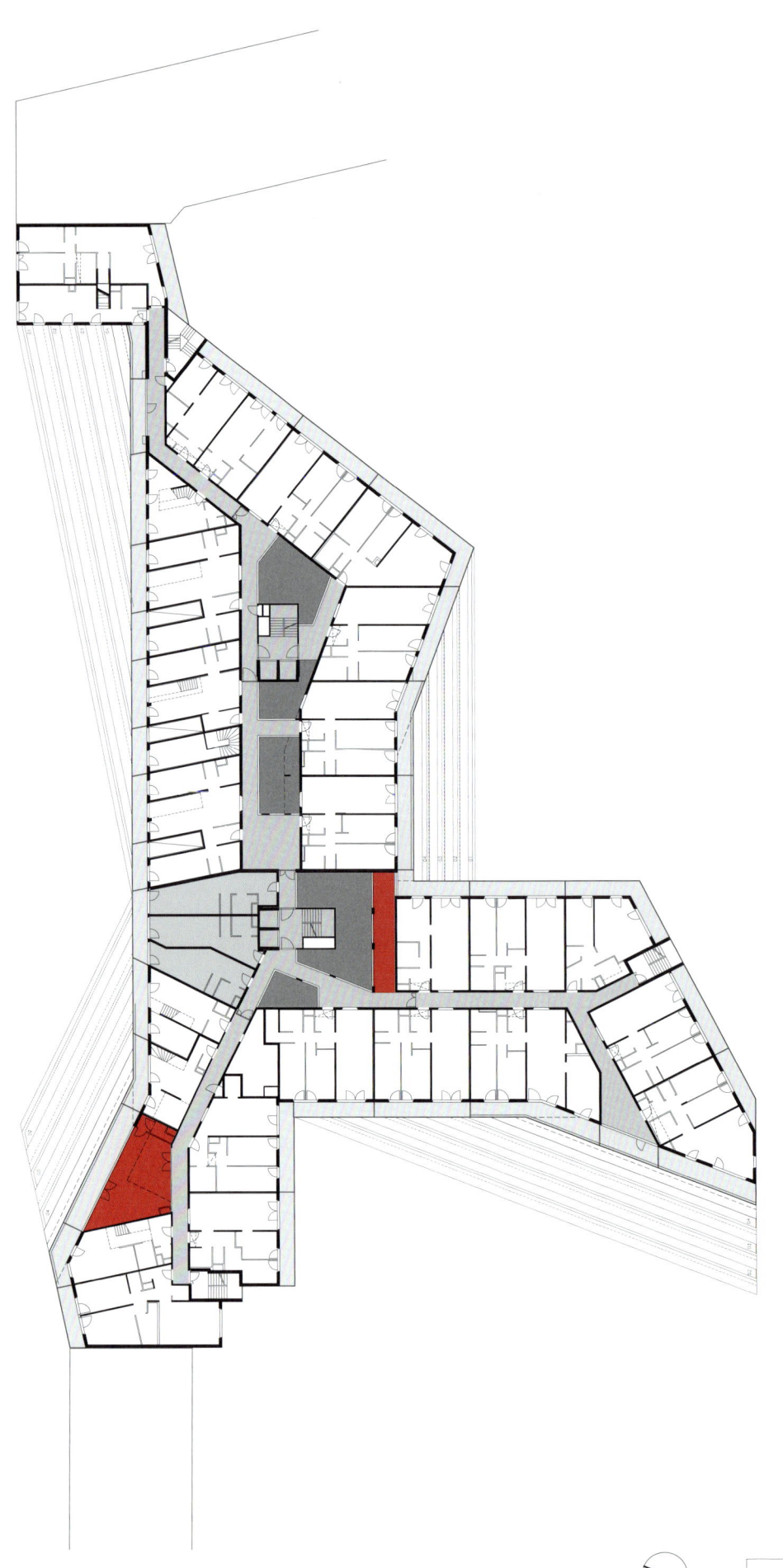

5. Obergeschoss / *5th floor*

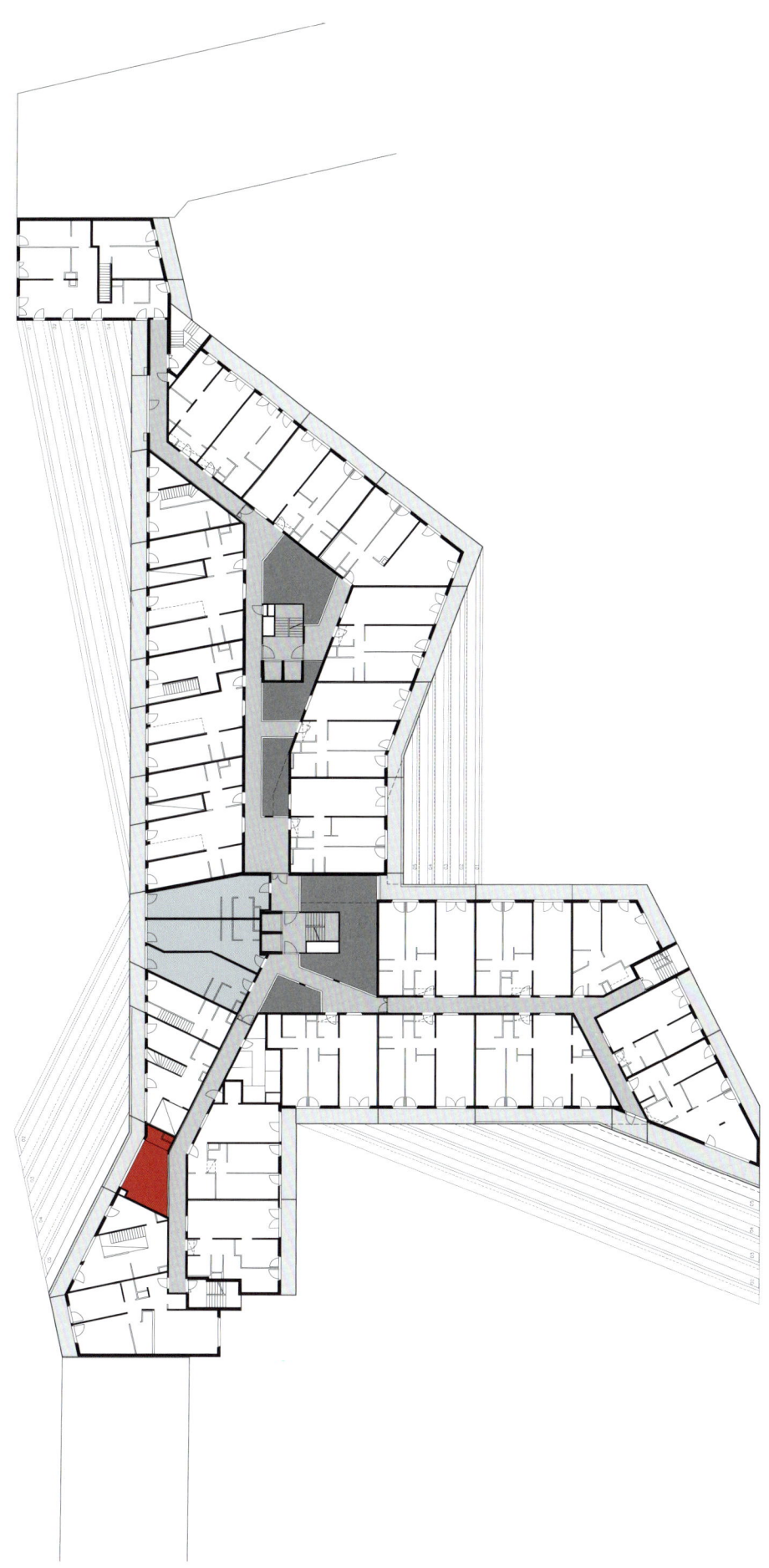

6. Obergeschoss / *6th floor*

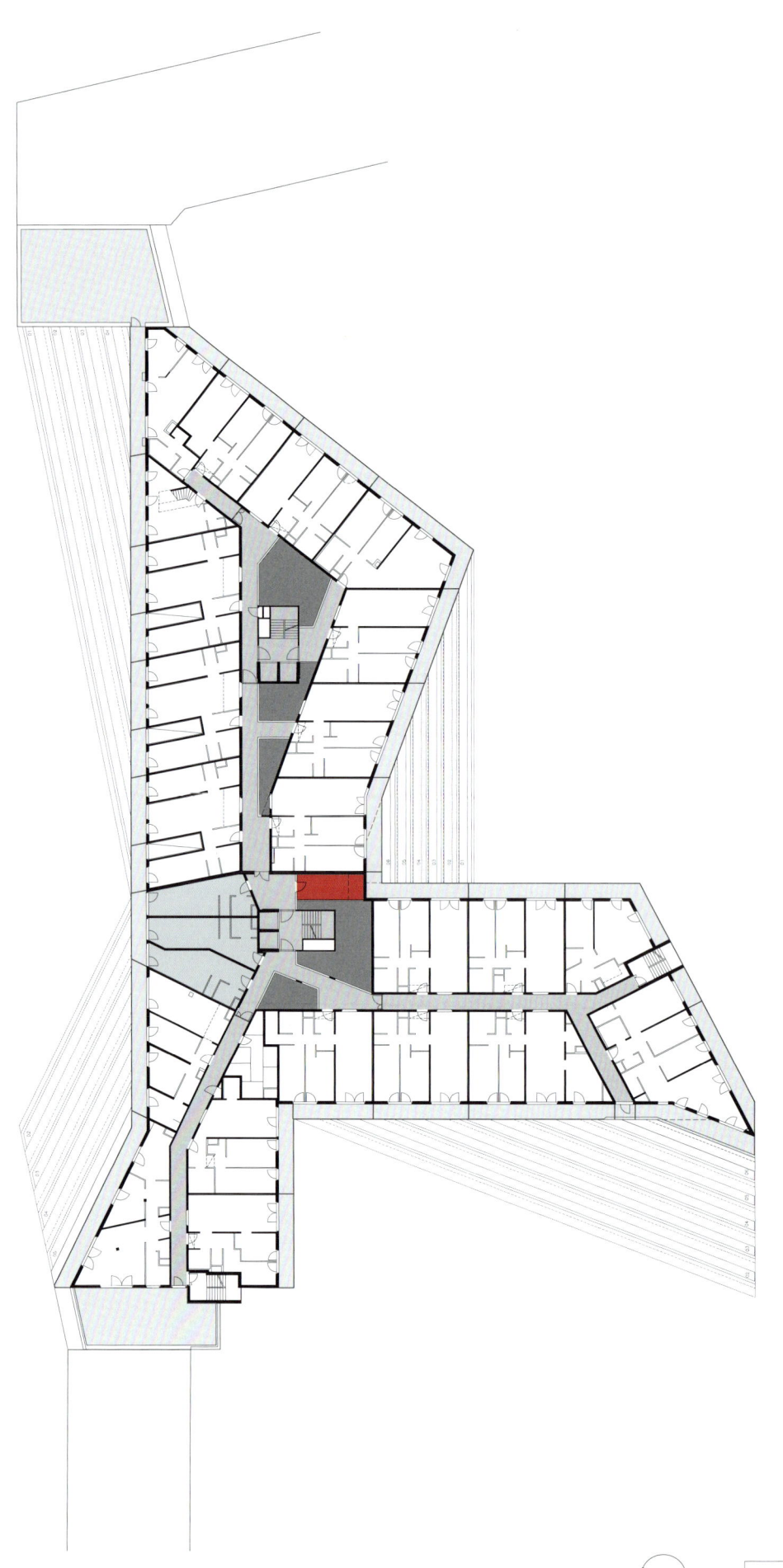

7. Obergeschoss / *7th floor*

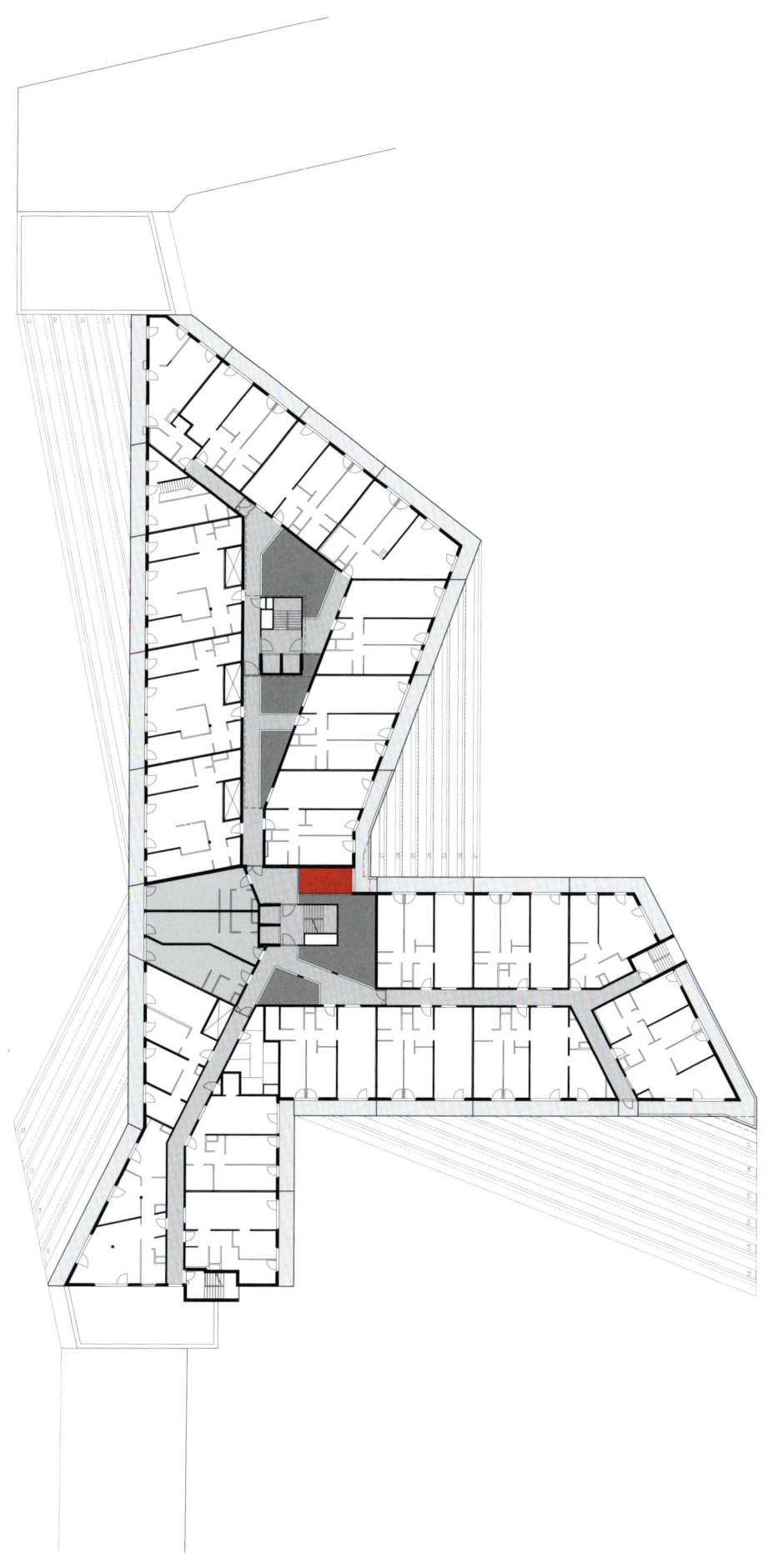

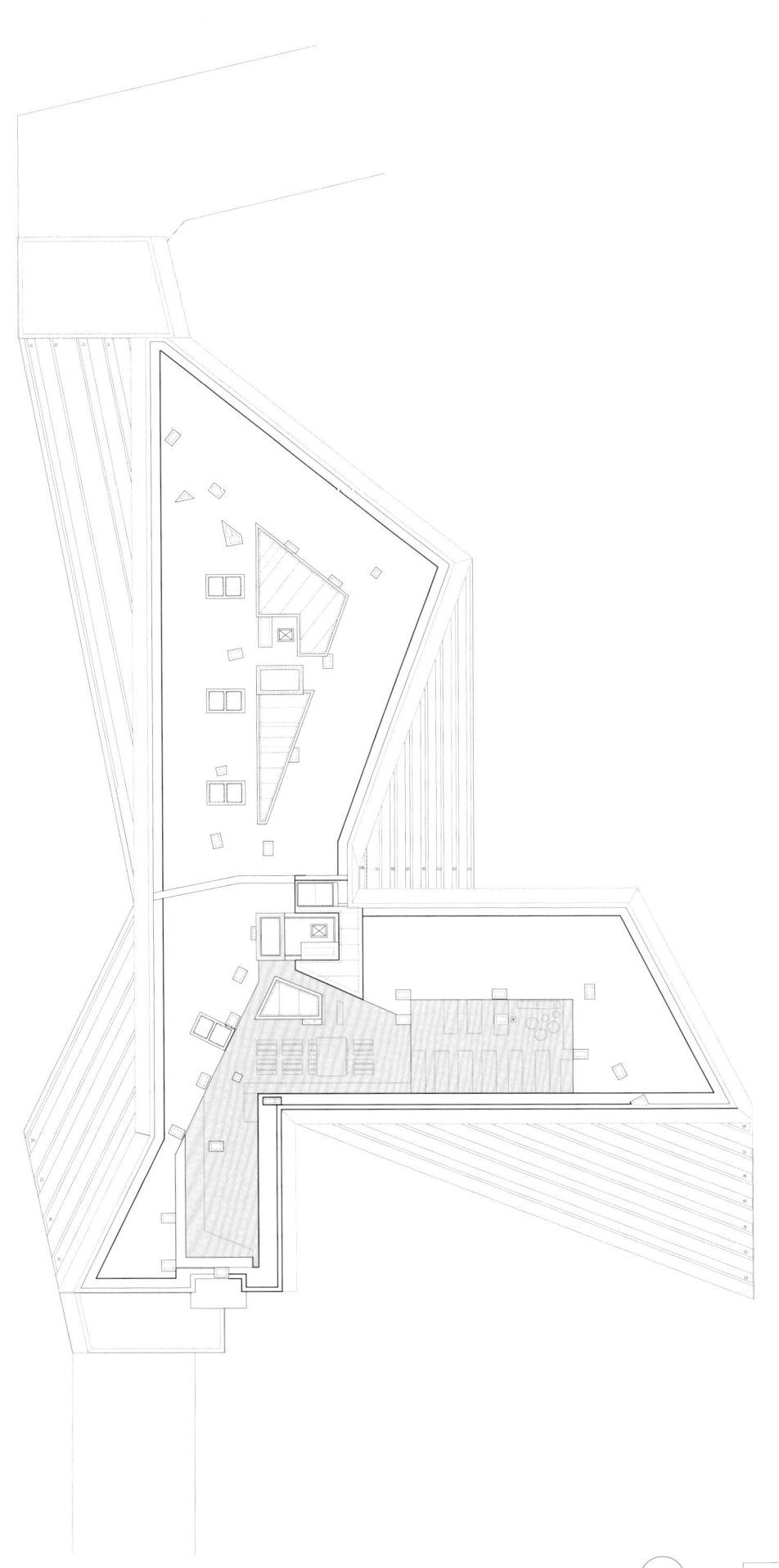

Dachgeschoss / *top floor*

BILDUNGSCAMPUS HAUPTBAHNHOF, WIEN

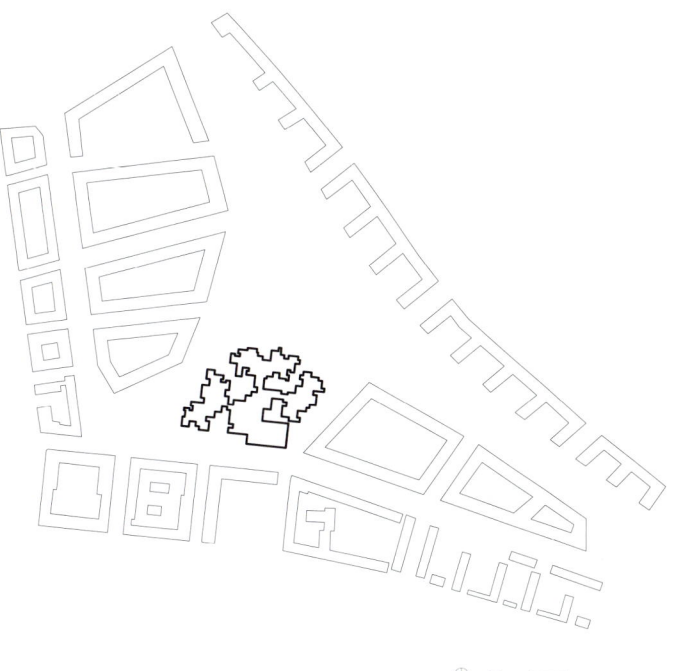

Adresse / *address*	Gudrunstraße 108, 1100 Wien
Bauherr / *client*	Stadt Wien
Kurzbeschreibung / *brief description*	städtische Bildungseinrichtung für 0-14-Jährige *Municipal education facility for 0 to 14-year-olds*
Verfahren / *process*	2-stufiger Wettbewerb 1. Preis *Dual-stage competition 1ˢᵗ Prize*
Nutzfläche / *floor area*	12.960 m²
Planungsbeginn / *project start*	2010
Baubeginn / *start of constuction*	2012
Fertigstellung / *completion*	2014
Baukosten / *production costs*	EUR 36.700.000,-

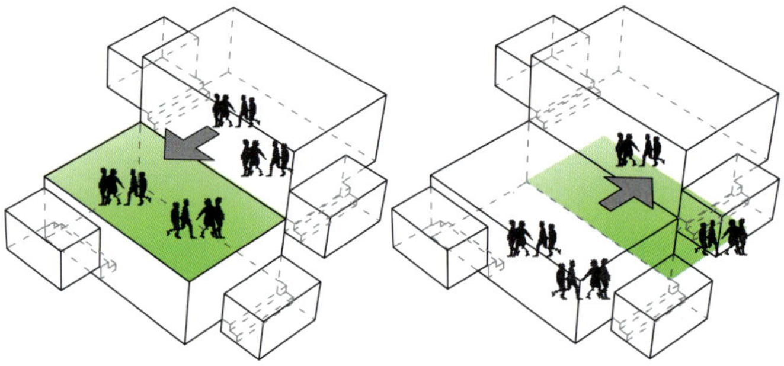

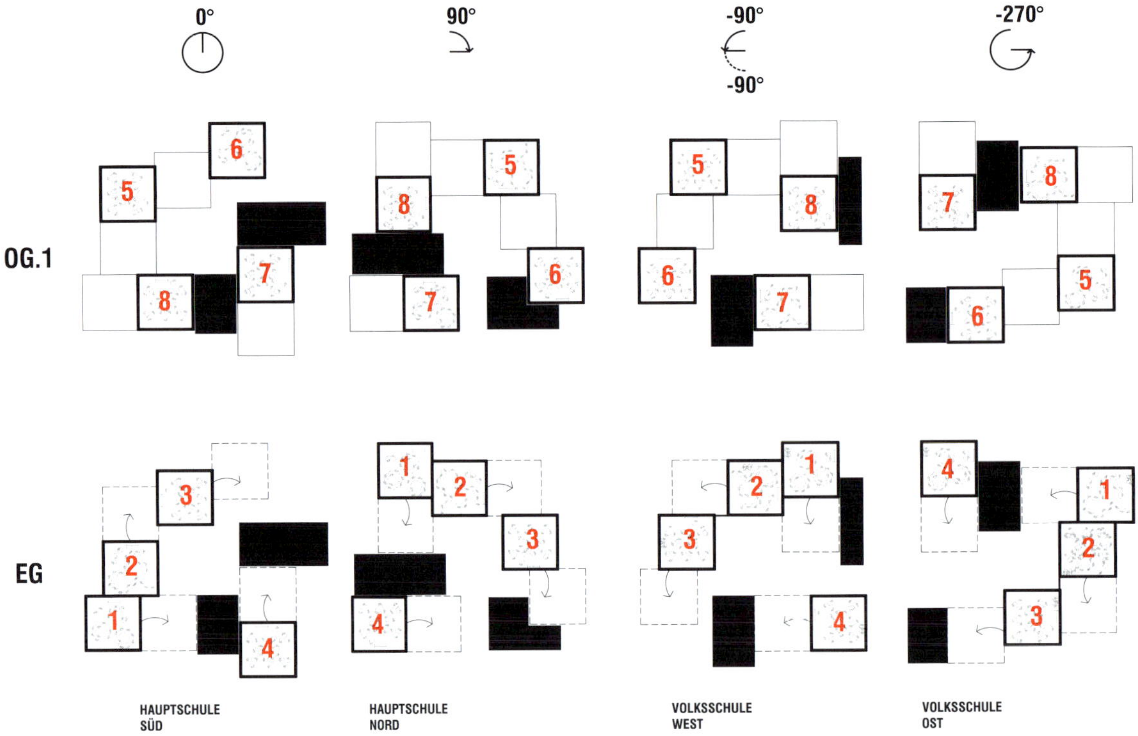

0°	90°	-90° / -90°	-270°

OG.1

EG

HAUPTSCHULE SÜD	HAUPTSCHULE NORD	VOLKSSCHULE WEST	VOLKSSCHULE OST

Clusterprinzip / *Cluster principle*

Im Prinzip einfach, angewandt jedoch an keiner Stelle gleich:
Ein Cluster besteht programmatisch aus 4 Klassen. Immer je 2 Cluster liegen geschossweise übereinander. Die Klassen rücken von einem zum nächsten Geschoss im Grundriss jeweils um ein Feld weiter. Dadurch ergeben sich den Klassen zugeordnete Freiklassen, die unten überdeckt, oben Terrassen sind. Die Projekträume und die Teamräume der Lehrer (schwarz) liegen unverschoben übereinander.
/ *Simple in principle, yet no one place looks the same:*
Four classrooms are programmatically assigned to one cluster, with two clusters per upper and lower floor. According to ground plans, the classrooms above recede by one space, thus yielding open classroom spaces allotted to each classroom – in the form of a terrace on the upper deck and as a covered area below. Staff team and project rooms (black) are not staggered and lie directly above and below each other respectively.

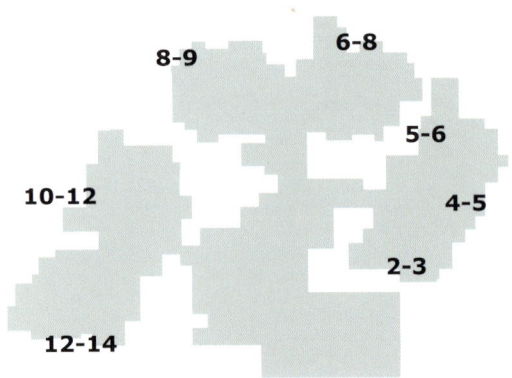

Altersverteilung / *Age distribution*

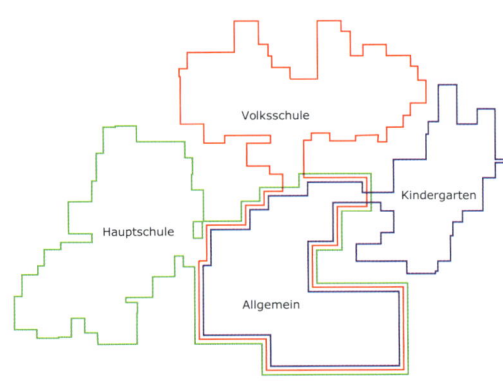

Funktionsschema / *Functional scheme*

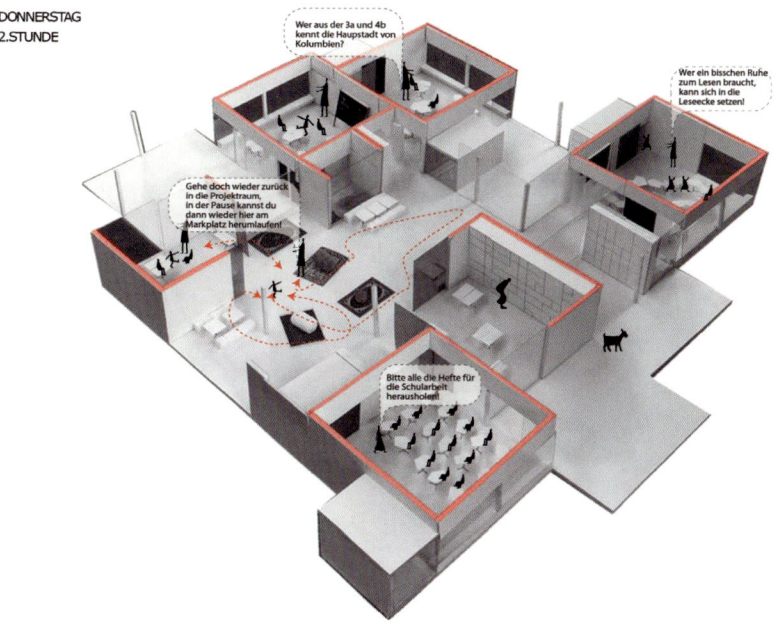

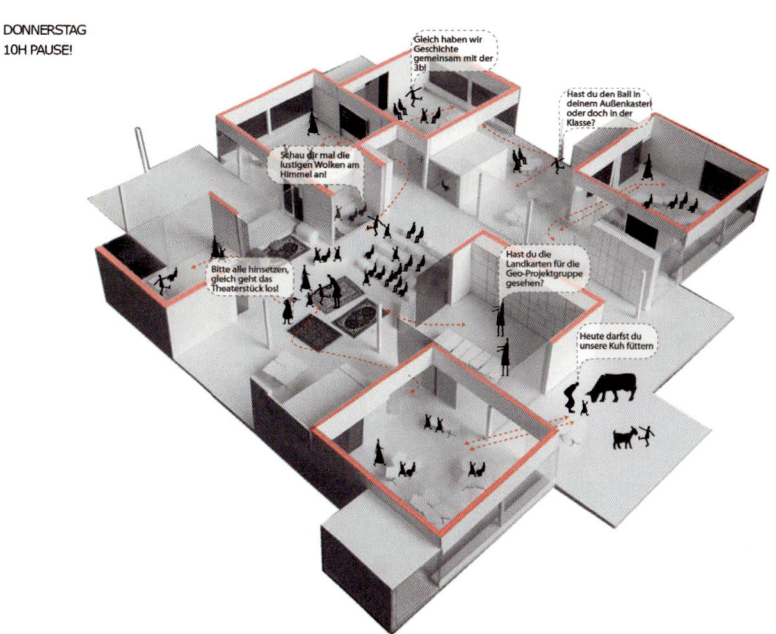

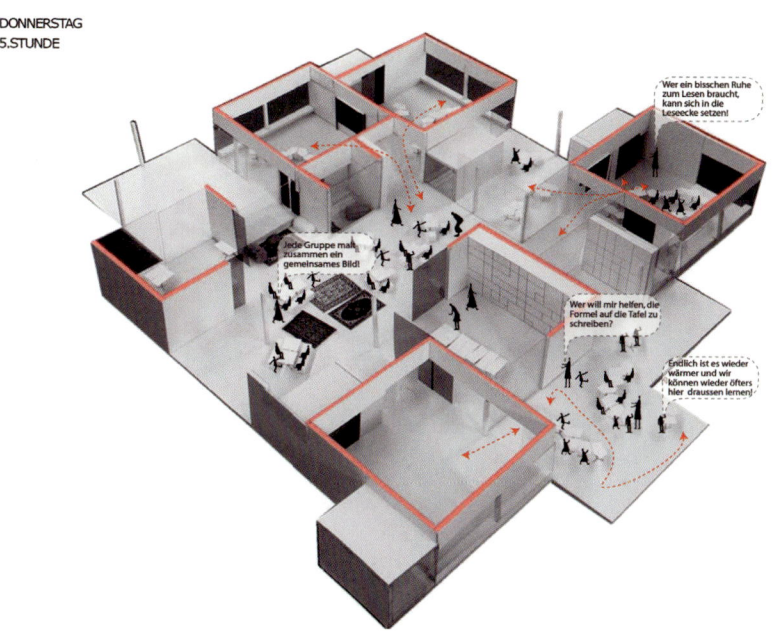

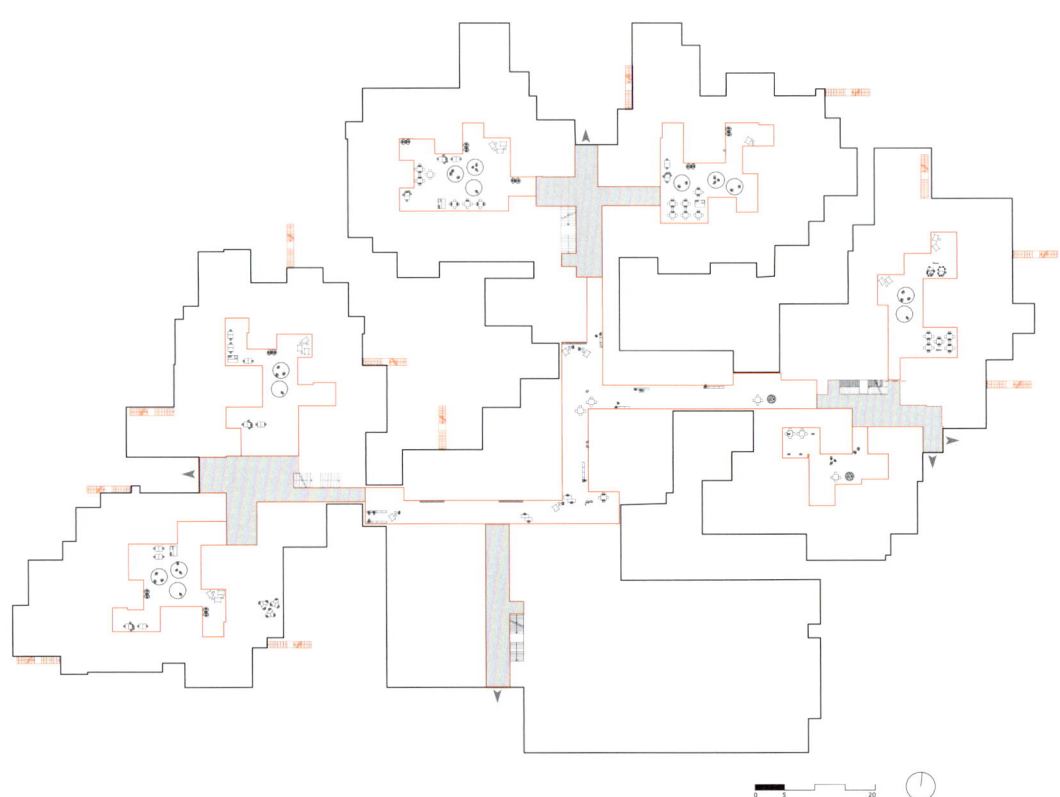

↗ Figur und Grund S. 262
Figure and Ground P. 262

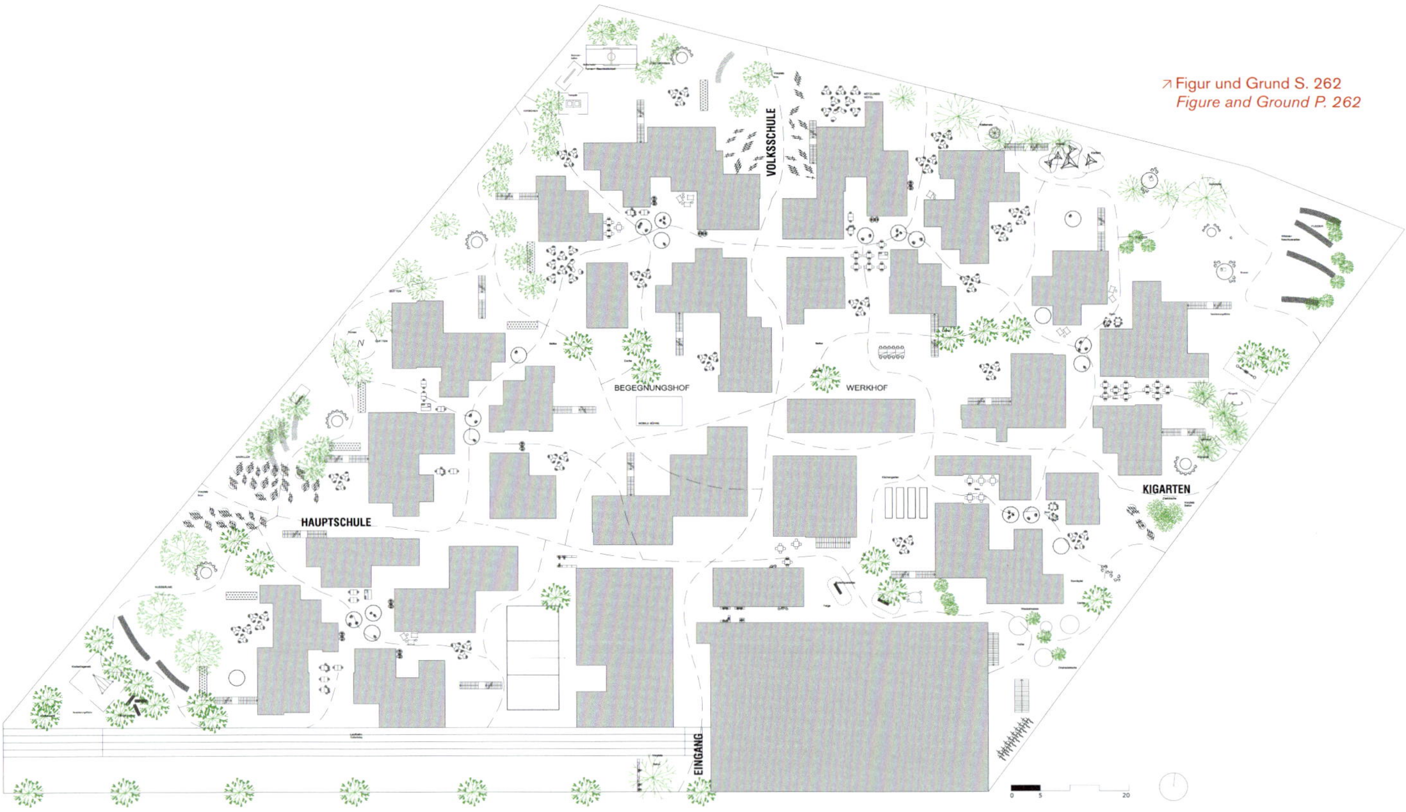

Öffnungsverhalten Sommernutzung / *Encourages open use in summer*

Im Sommer wird der Campus als kleine Stadt erfahrbar
/ *In summer, the campus is experienced as a small town*

Brandschutzkonzept / *Fire protection concept*

Aufgrund der guten Fluchtbedingungen für alle Klassen direkt nach draußen kann der Marktplatz im Innern voll genutzt werden, Gangflächen sind auf ein Minimum reduziert.
/ *Due to good exit routes for all classes directly to the outside, the market place's interior can be used to the full. Corridor spaces are reduced to a minimum.*

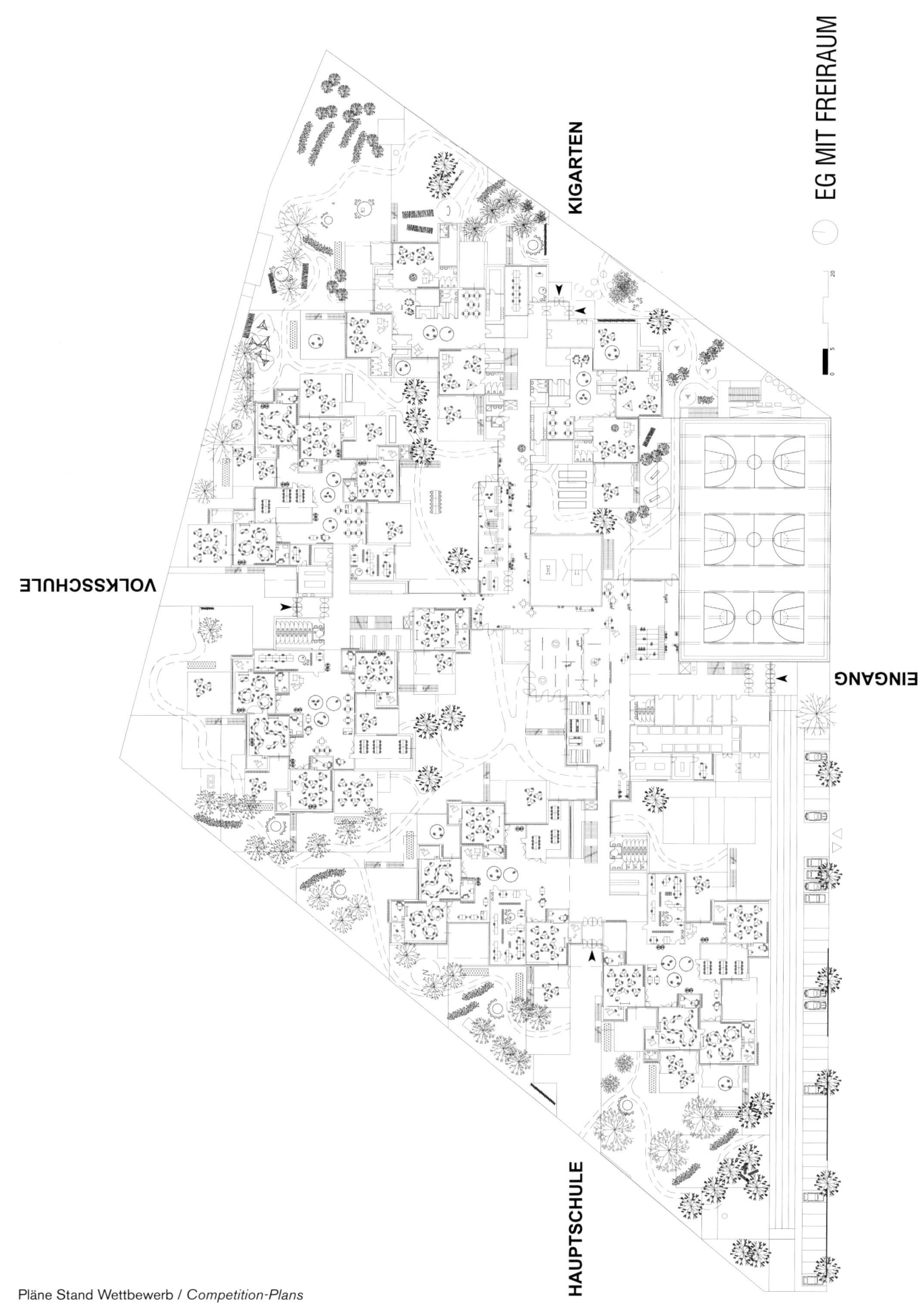

KIGARTEN

EG MIT FREIRAUM

VOLKSSCHULE

EINGANG

HAUPTSCHULE

Pläne Stand Wettbewerb / *Competition-Plans*

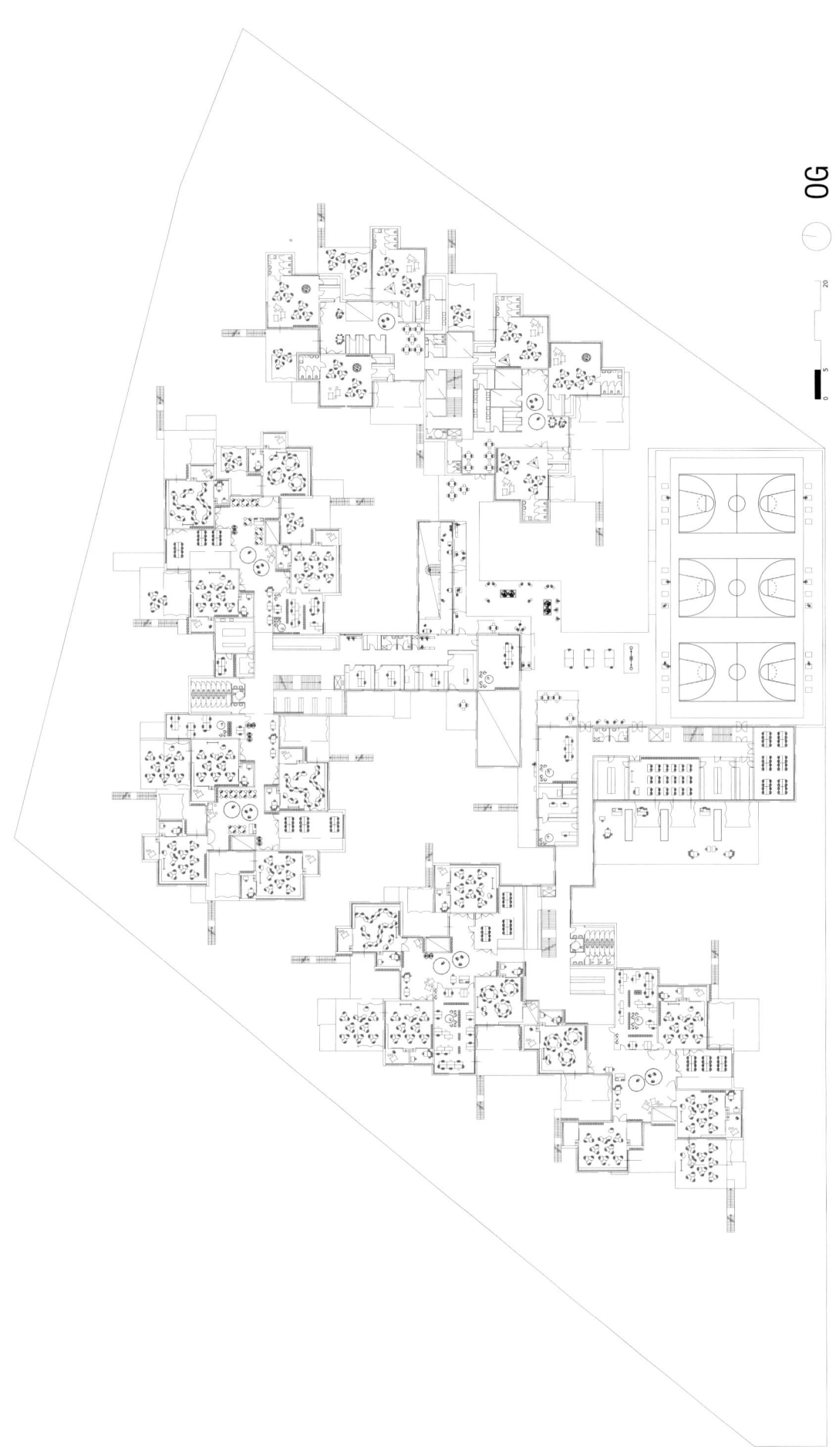

OG

Cluster Neue Mittelschule / *Cluster New Secondary School*

Trotz großer Selbstähnlichkeit gleicht keine
Klasse der andern (Stand Ausführung)
/ *Despite great self-similarity, no two
classrooms are alike (situation as built).*

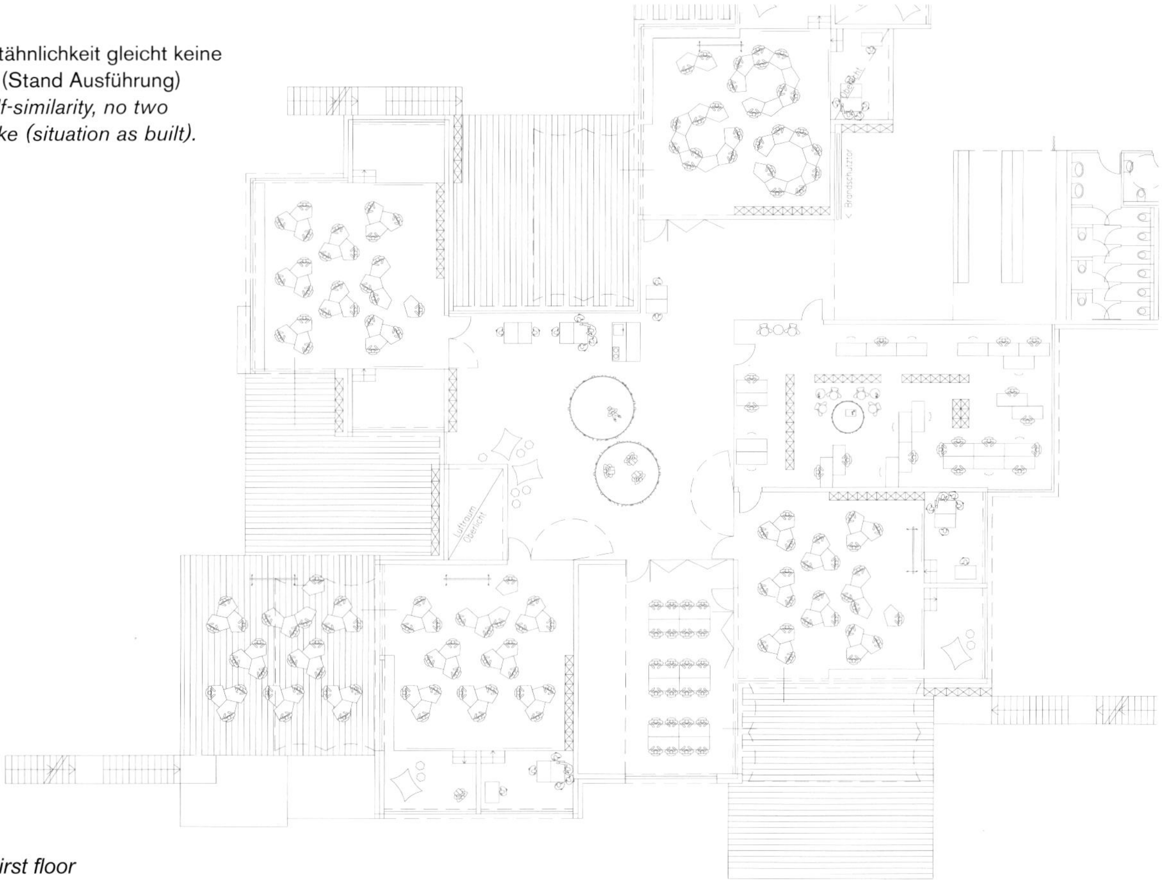

Obergeschoss / *First floor*

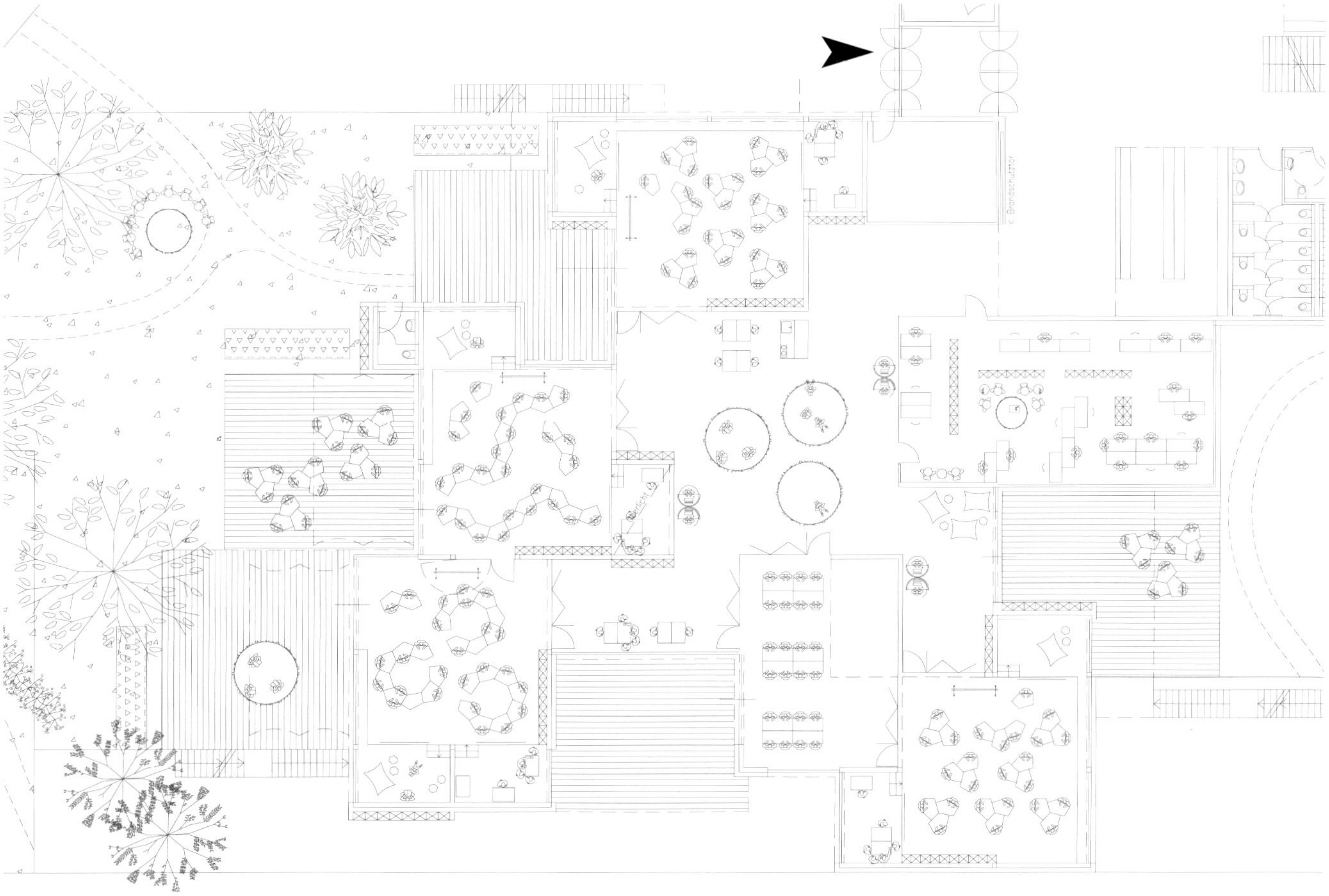

Erdgeschoss / *Ground floor*

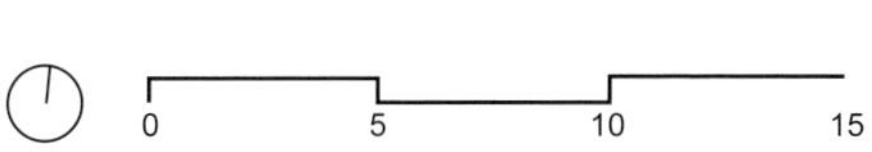

0   5   10   15

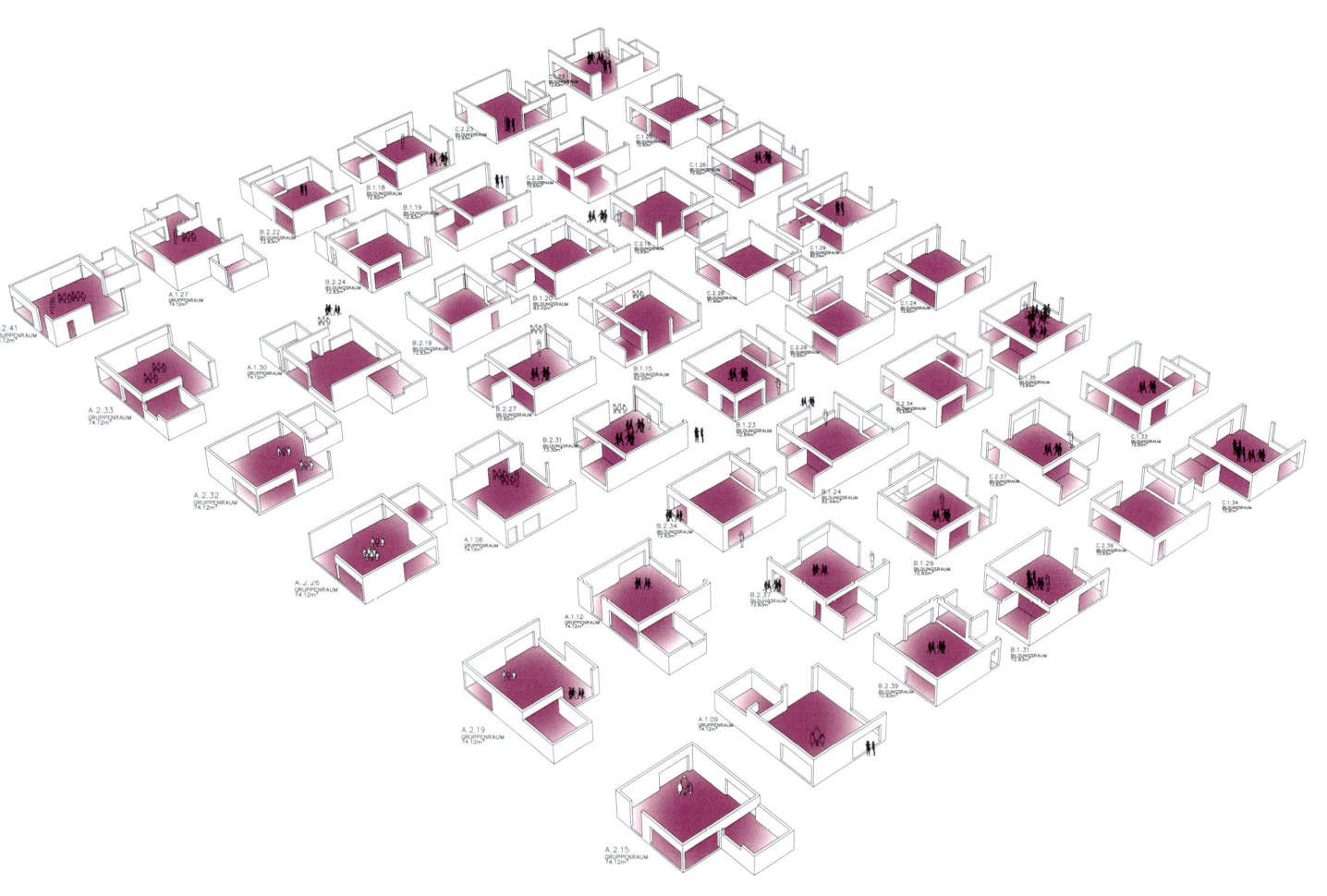

Bildungsräume: alle ähnlich aber keiner gleich / *Educational rooms: all similar, but none the same*

Ansichten / *Views*

Pläne Stand Wettbewerb / *Competition-Plans*

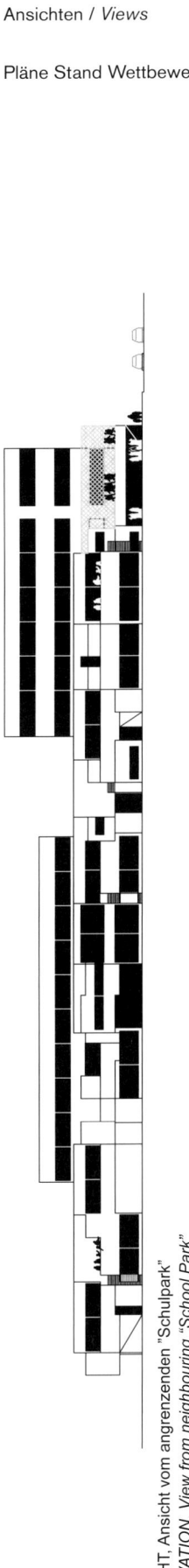

WESTANSICHT, Ansicht vom angrenzenden "Schulpark"
/ *WEST ELEVATION, View from neighbouring "School Park"*

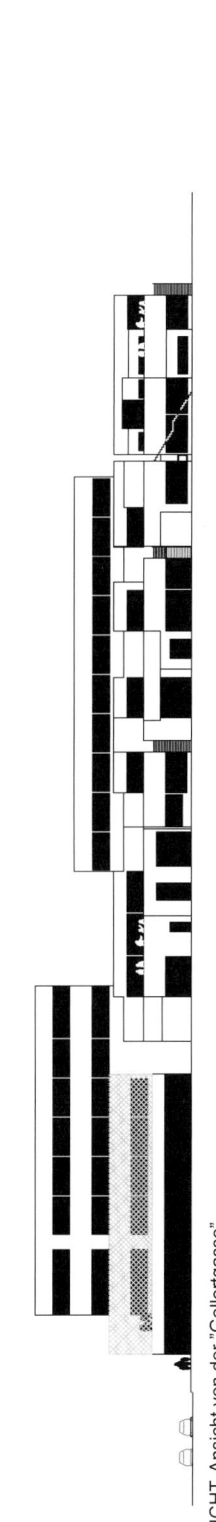

NORDANSICHT, Ansicht vom angrenzenden "Park"
/ *NORD ELEVATION, View from neighbouring "Park"*

OSTANSICHT, Ansicht von der "Gellertgasse"
/ *EAST ELEVATION, View from "Gellertgasse"*

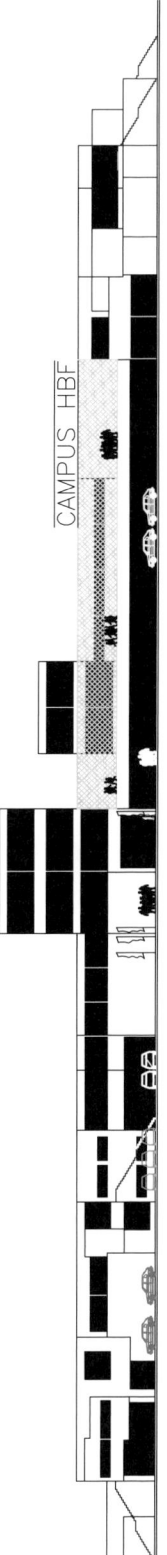

CAMPUS HBF

SÜDANSICHT, Ansicht von der "Gudrunstraße"
/ *SOUTH ELEVATION, View from "Gudrunstraße"*

Schnitte / *Sections*

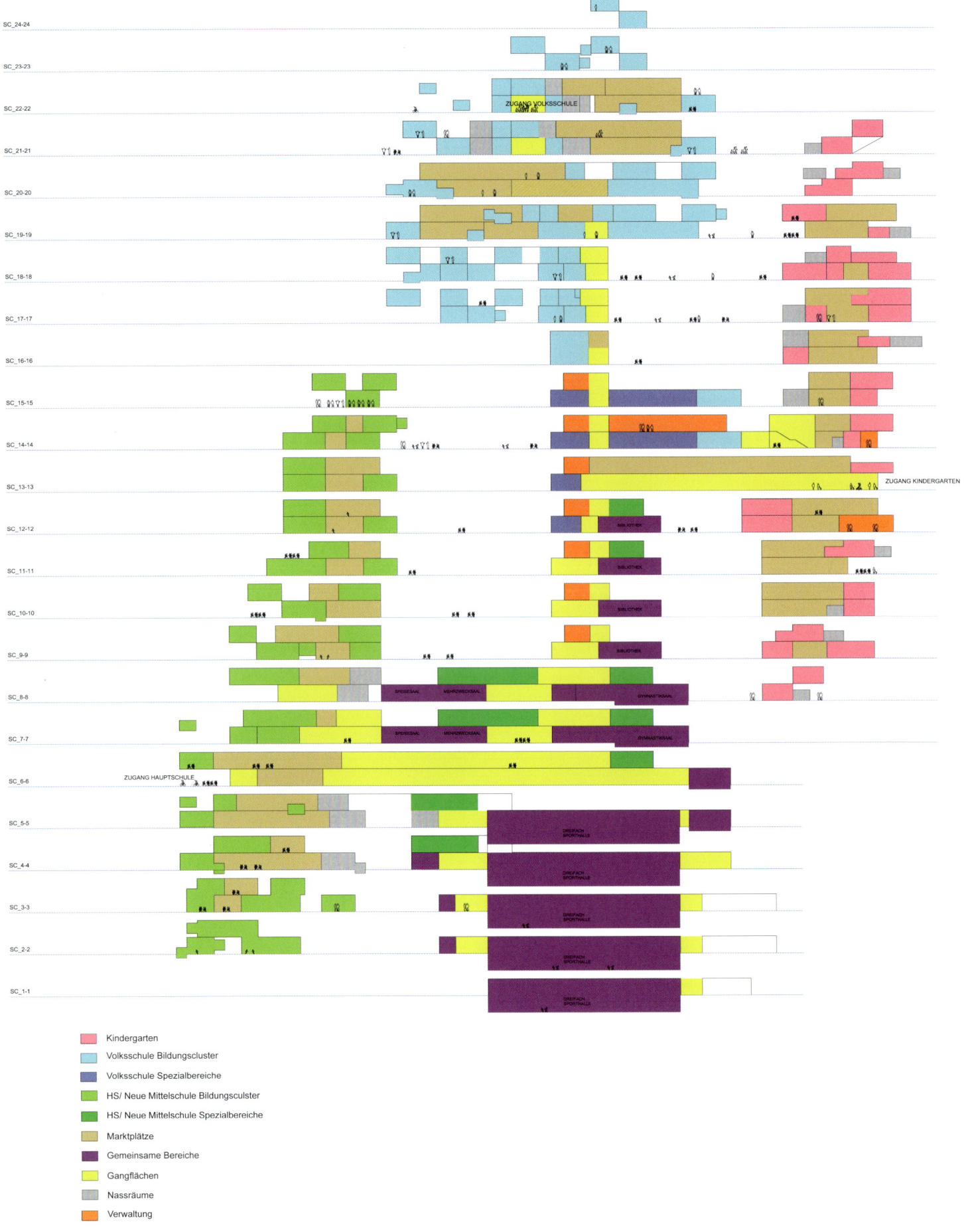

Kindergarten

Volksschule Bildungscluster

Volksschule Spezialbereiche

HS/ Neue Mittelschule Bildungsculster

HS/ Neue Mittelschule Spezialbereiche

Marktplätze

Gemeinsame Bereiche

Gangflächen

Nassräume

Verwaltung

PA2, ZURNDORF

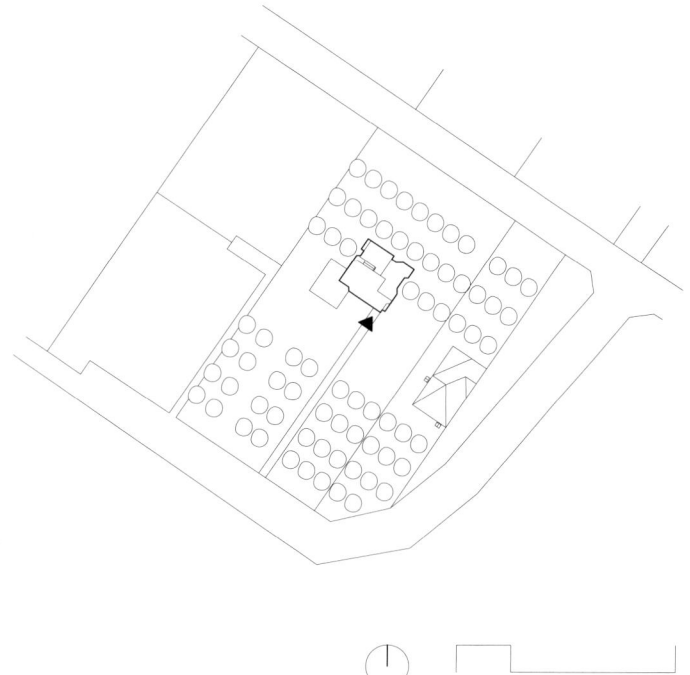

Adresse / *address*		Friedrichshof Römerstraße 17
		2424 Zurndorf, Burgenland / A
Bauherr / *client*		privat / *private*
Nutzfläche / *floor area*		150 m²
Bauzeit / construction period		05-10/2006
Baukosten gesamt (netto) *building costs (net)*		EUR 310.0000,-

0   10   40

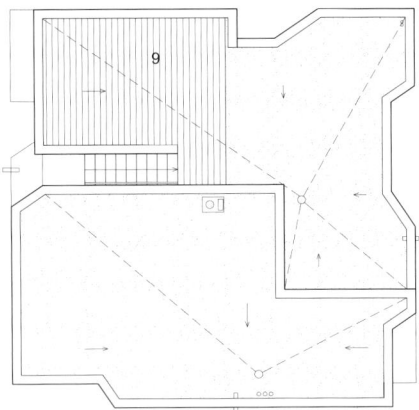

Draufsicht / *Top view*

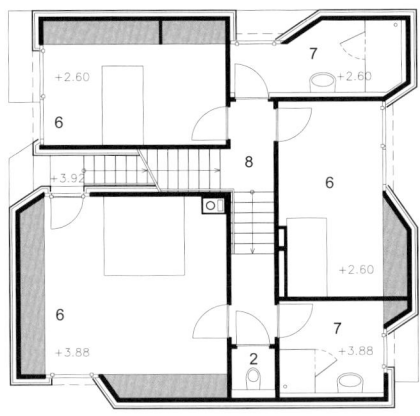

Obergeschoss / *First floor*

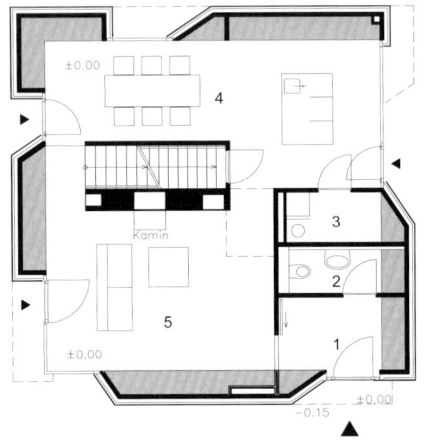

Erdgeschoss / *Ground floor*

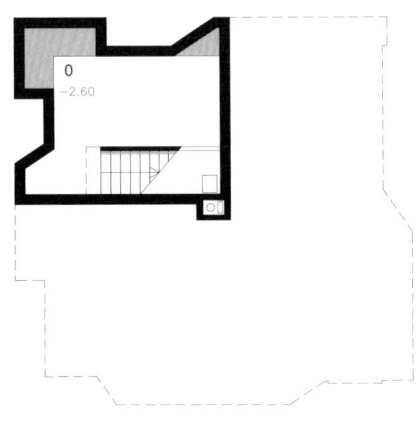

Keller / *Basement*

0 Keller / *Basement*
1 Eingang / *Entrance*
2 WC / *WC*
3 Abstellraum / *Storage and boiler room*
4 Küche und Essbereich / *Kitchen and dining aera*
5 Wohnzimmer / *Living room*
6 Schlafzimmer / *Bedroom*
7 Bad / *Bathroom*
8 Gang / *Corridor*
9 Obere Terrasse / *Upper floor*

0   1   5

PPAG architects_PA2, ZURNDORF

Süd-Ost-Fassade außen / *Exterior south-eastern façade*   Nord-Ost-Fassade außen / *Exterior north-eastern façade*

Süd-Ost-Fassade innen / *Interior south-eastern façade*   Nord-Ost-Fassade innen / *Interior north-eastern façade*

Nord-West-Fassade außen / *Exterior north-western façade*   Süd-West-Fassade außen / *Exterior south-western façade*

Nord-West-Fassade innen / *Interior north-western façade*   Süd-West-Fassade innen / *Interior south-western façade*

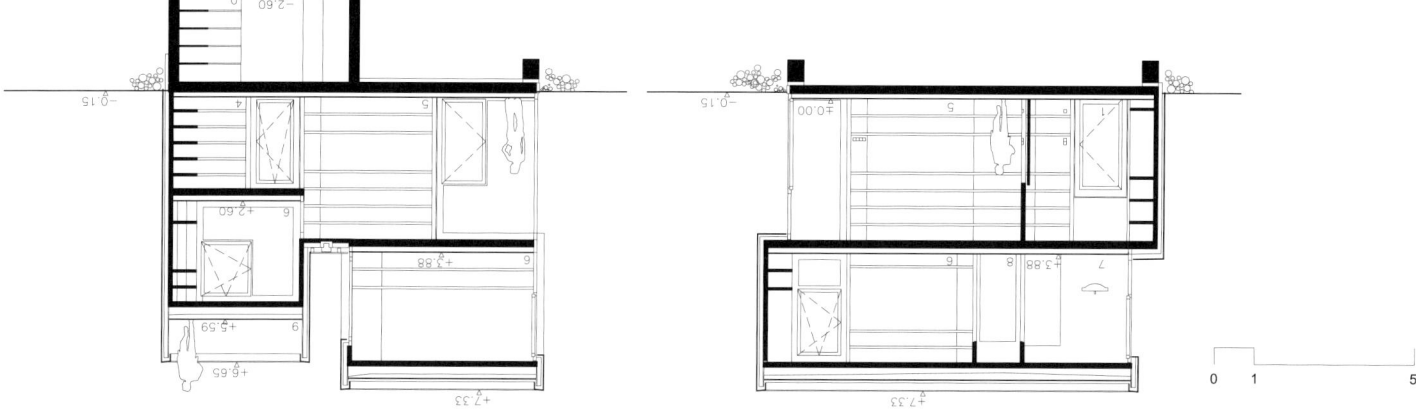

0   1   5

Farbsystem Boden und Regale, nicht realisiert
/ *Colour scheme of floors and shelves, not realised*

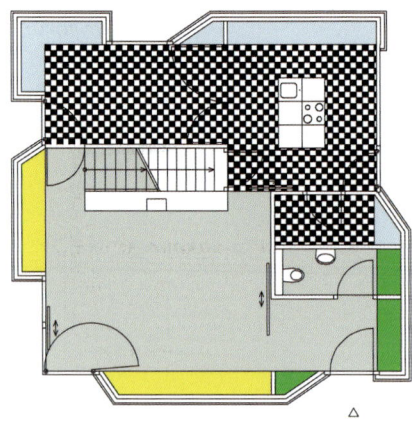 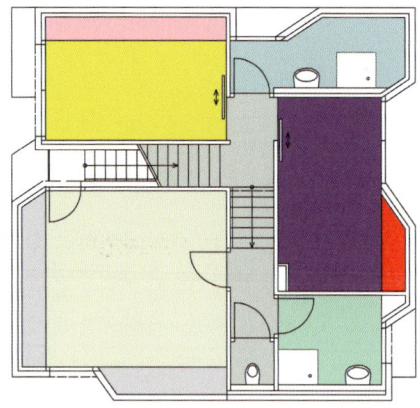

Erdgeschoss / Ground floor   Obergeschoss / Upper floor

Sonnenstrahlen schleifen die Kontur
/ *Sunlight shape the contours*

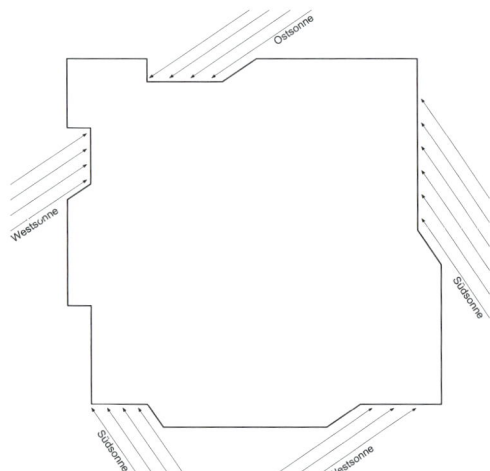 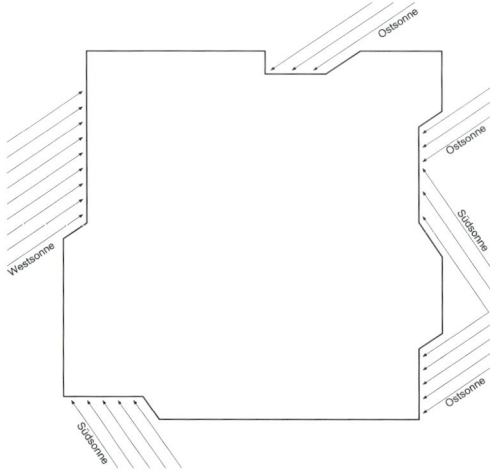

Erdgeschoss / Ground floor   Obergeschoss / Upper floor

0   1   5

WERKPLAN ZIMMERER / *CARPENTERS' 1/50 EXECUTION PLAN*

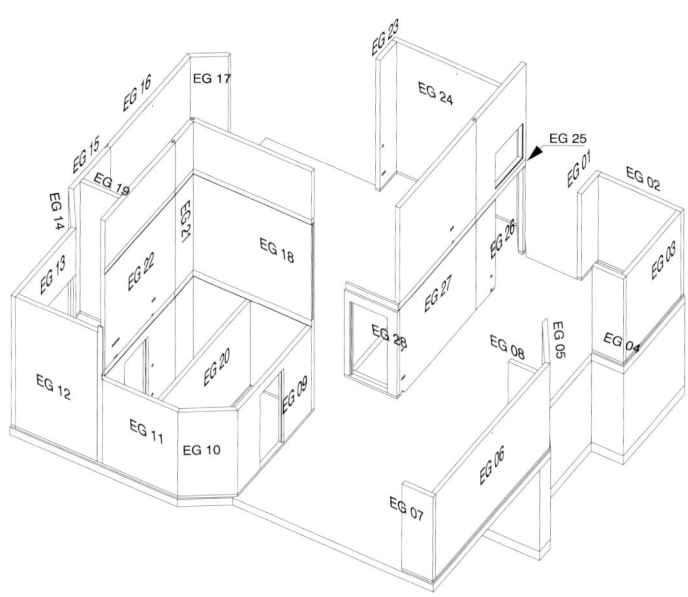

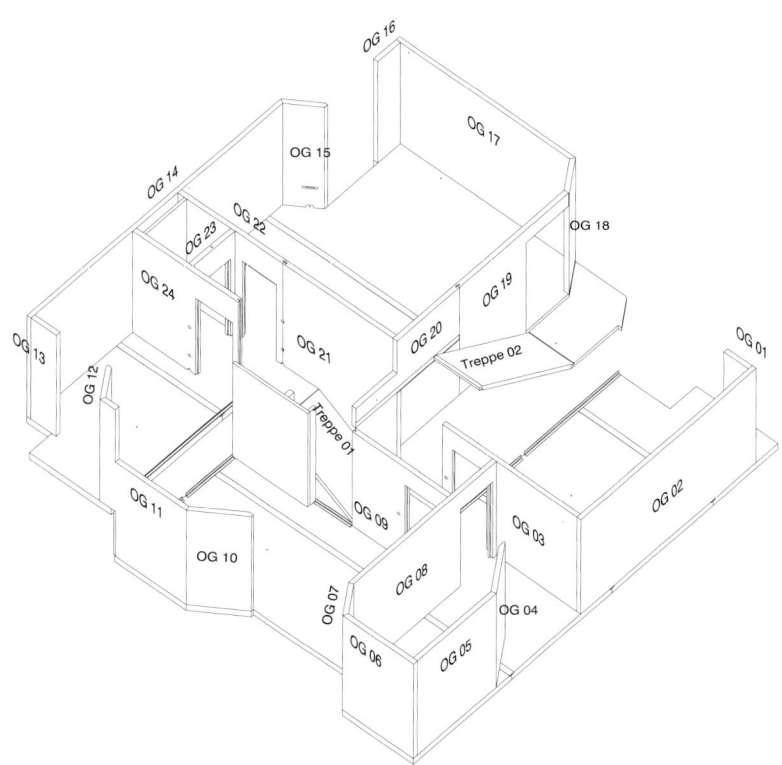

WERKPLAN FASSADENBAUER / *FAÇADE BUILDERS' 1/50 EXECUTION PLAN*

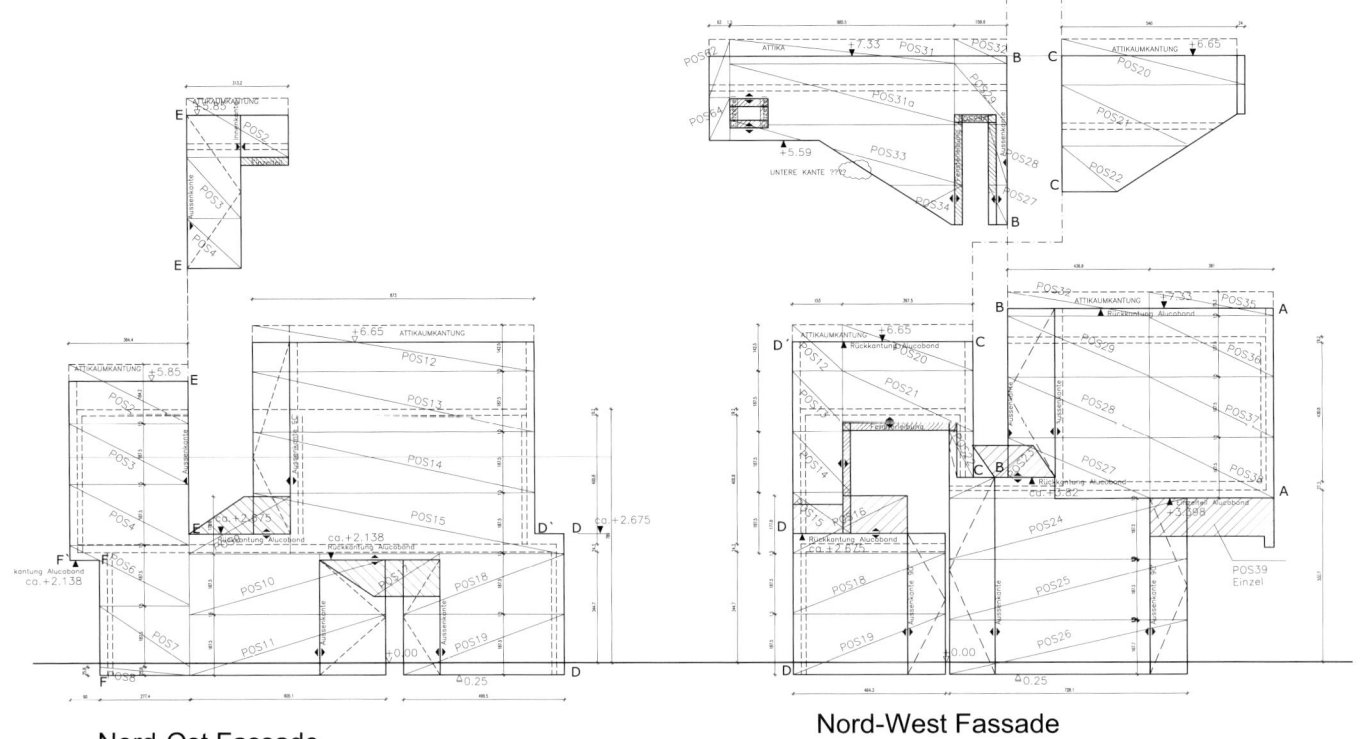

Nord-Ost Fassade

Nord-West Fassade

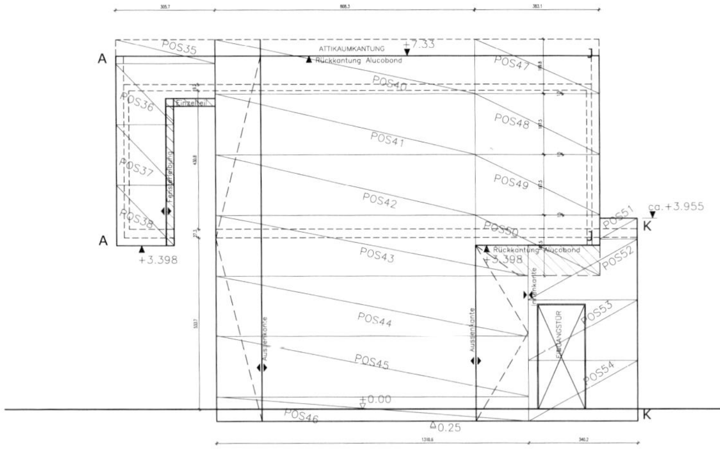

Süd-West Fassade

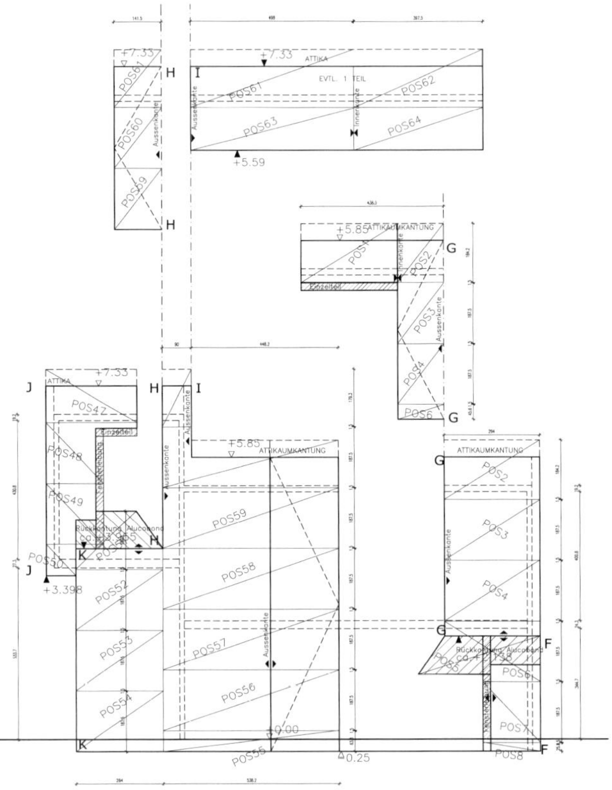

Süd-Ost Fassade

0 1   5

KLIMAWINDKANAL WIEN

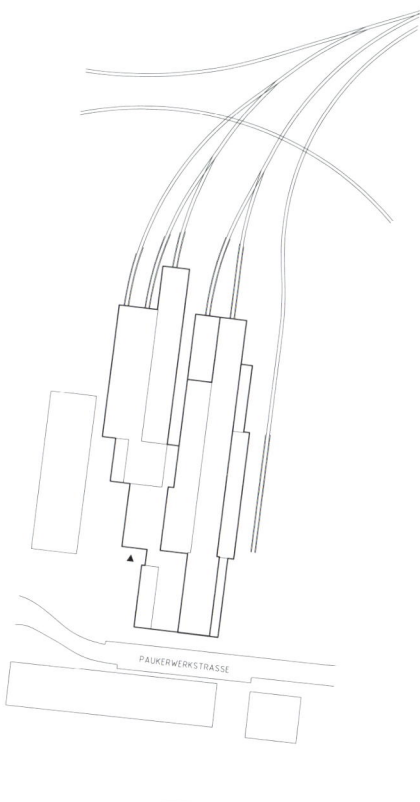

PAUKERWERKSTRASSE

0   10   50   100

Adresse / address	Paukerwerkstraße 3, 1210 Wien
Betreiber / operator	RTA - Rail Tec Arsenal Gmbh
Errichter / raiser	RTR - Rail Test & Research Gmbh
Verfahren / process	Totalunternehmerwettbewerb
Kurzbeschreibung / brief description	Testanlage für Klimatauglichkeit von Fahrzeugen aller Art *System for testing the suitability of all kinds of vehicles for different climates*
Totalunternehmer / full service general contractor	ARGE Klima-Wind-Kanal Wien: MCE AG - AIOLOS - VATech ELIN EBG
Grundstücksfläche / plot aera	22.080 m²
Umbauter Raum / Building volume	120.000 m³
Herstellungskosten / cost of production	EUR 65.000.000,-
Planungs- und Bauzeit / planning- and construction period	2000 – 2002

Folgeprojekt: Free-Fall-Facility

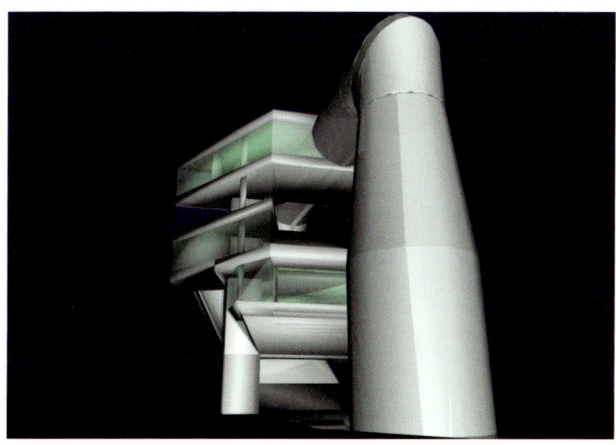

In einer Free-Fall-Facility wird der Flug des Fallschirmspringers vom Sprung aus dem Flugzeug bis zum Öffnen des Fallschirms simuliert. In der Anlage kann ohne Zeitlimit geübt werden. Mit den Partnern des Klimawindkanals wurde eine Anlage entwickelt, die auch Formationsspringern genug Raum bietet. Die Anlage wurde so groß angelegt, dass sie nur einmal in Europa Auslastung finden kann. Ein Restaurant, von dem aus die Übenden – in 10 m Höhe schwebend – beobachtet werden, findet ebenso Platz wie eine zusätzliche Testkammer im horizontalen Luftstrom.
/ *A free-fall-facility simulates a skydiver's fall from plane exit to the opening of the parachute. This simulator allows people to practice without time limits. Together with our partners from the wind tunnel company, we developed a complex that even offers enough space for formation diving. This large scale complex offers the greatest capacity in Europe. There is also a restaurant, from where you can watch people exercising at a height of 10 m, and an additional test chamber with horizontal airflow.*

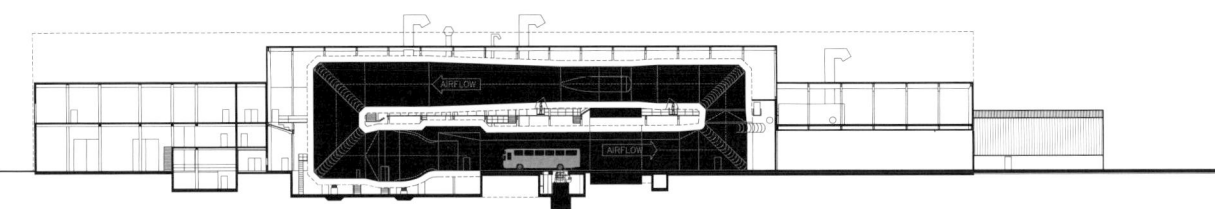

Längsschnitt, kleiner Windkanal / *Longitudinal section, small wind tunnel*

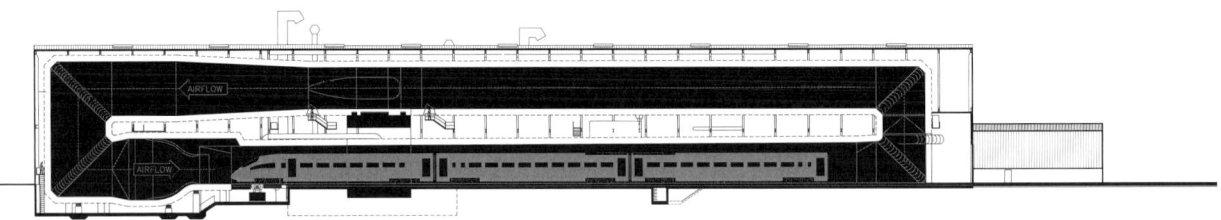

Längsschnitt, großer Windkanal / *Longitudinal section, large wind tunnel*

0   10   50

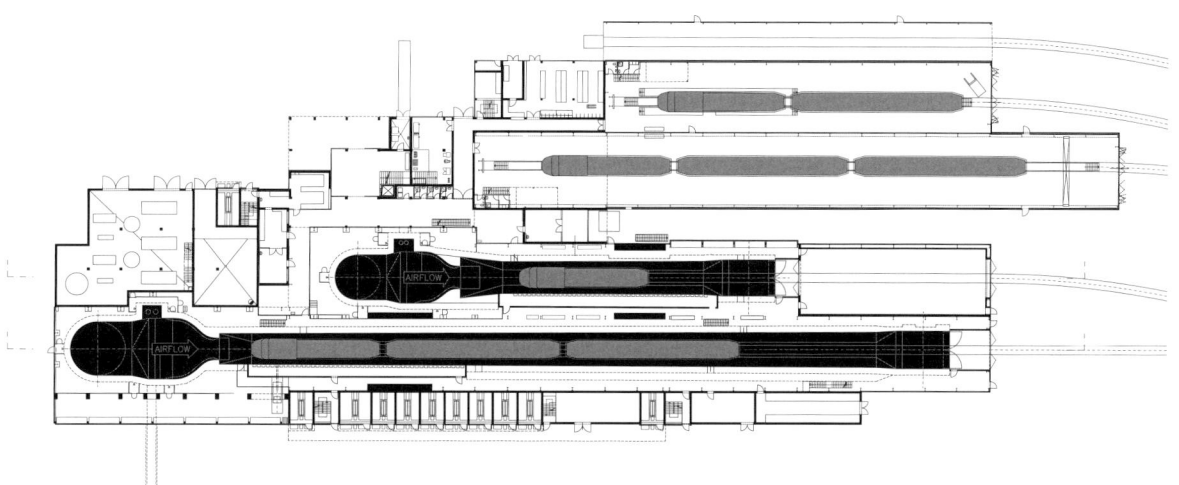

Grundriss Erdgeschoss / *ground floor*

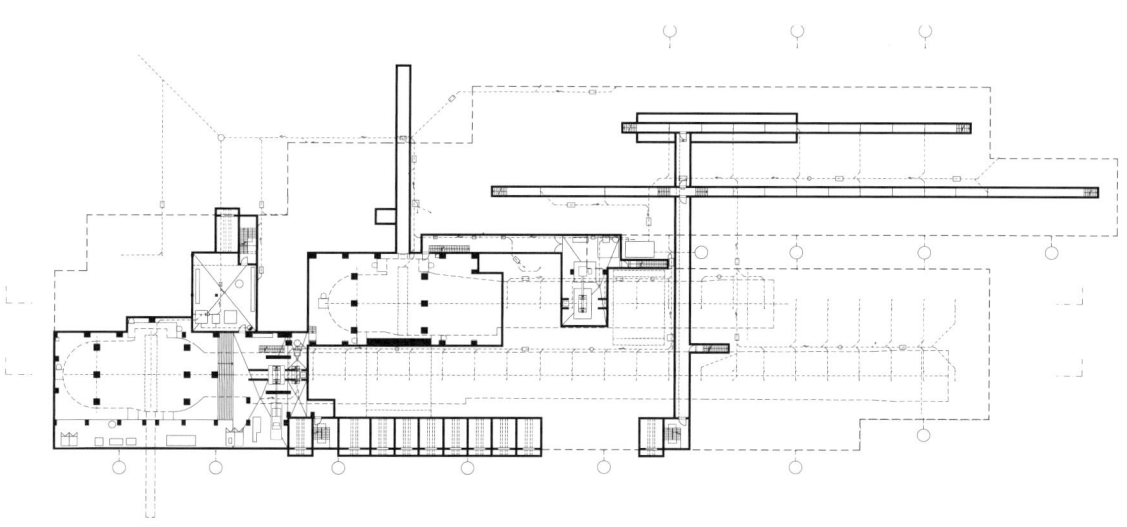

Grundriss Kellergeschoss / *basement*

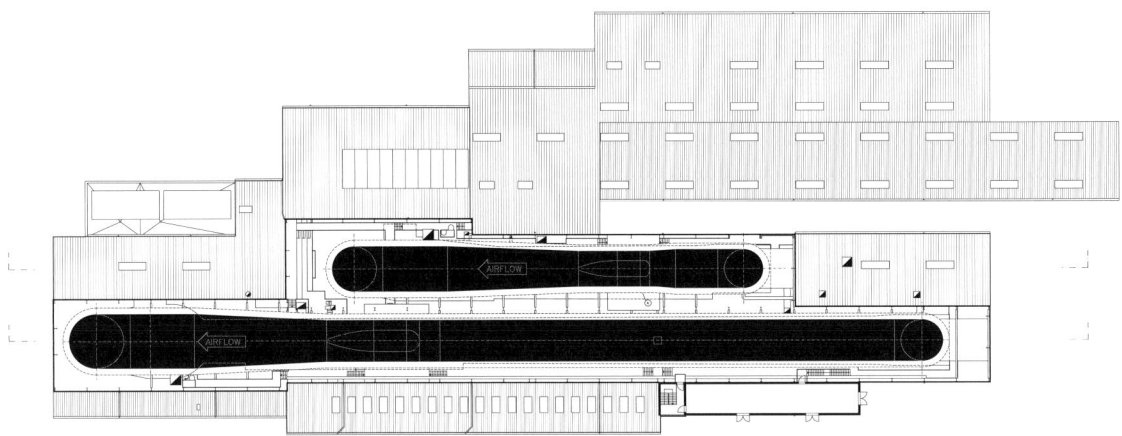

Grundriss 3. Obergeschoss / *3th floor*

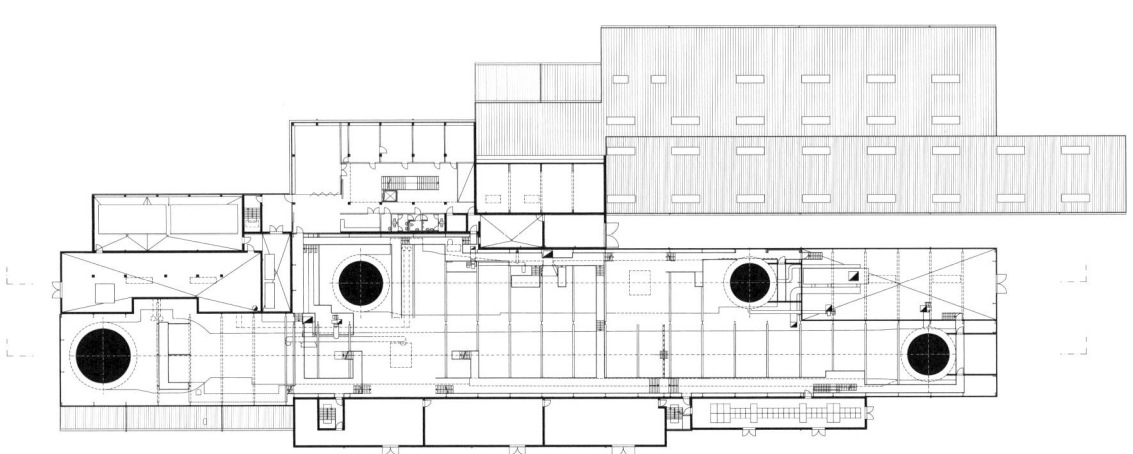

Grundriss 2. Obergeschoss / *2nd floor*

0   10   50

ELECTRIC AVENUE, MQ WIEN

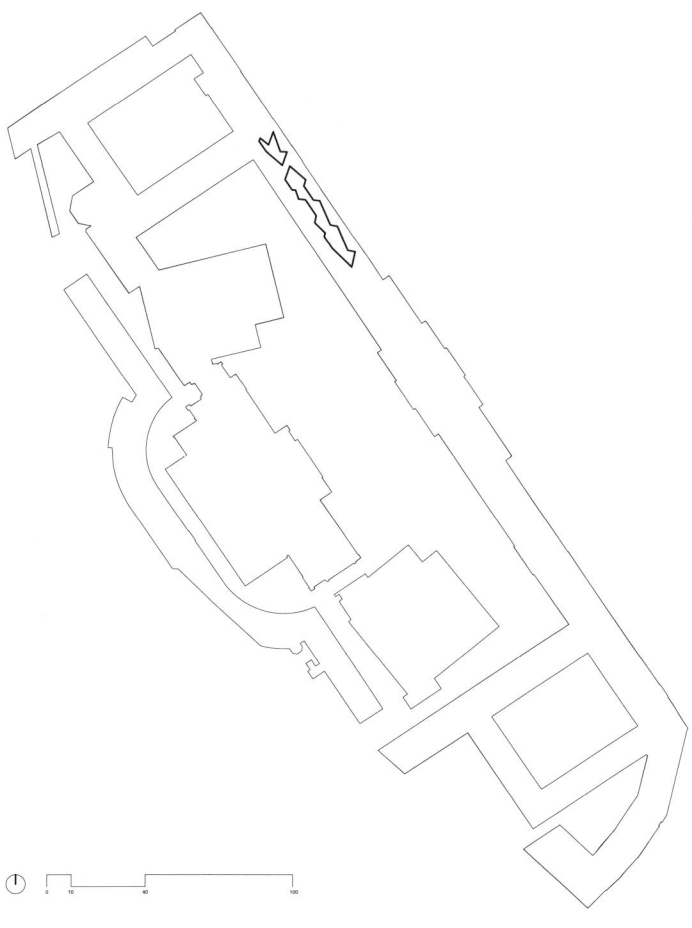

Adresse / address	Museumsquartier Wien
	Museumsplatz 1, 1070 Wien, A
Auftraggeber / client	MQ Errichtungs- u. BetriebsgesmbH
Kurzbeschreibung / brief description	Plattform für Kulturinitiativen platform for cultural initiatives
Projektart / type of project	Wettbewerb / competition
Planung / site area	ca. 600 m²
Baubeginn, Fertigstellung / start of construction, completion	Juni 2005
Baukosten / production costs	250.000,-

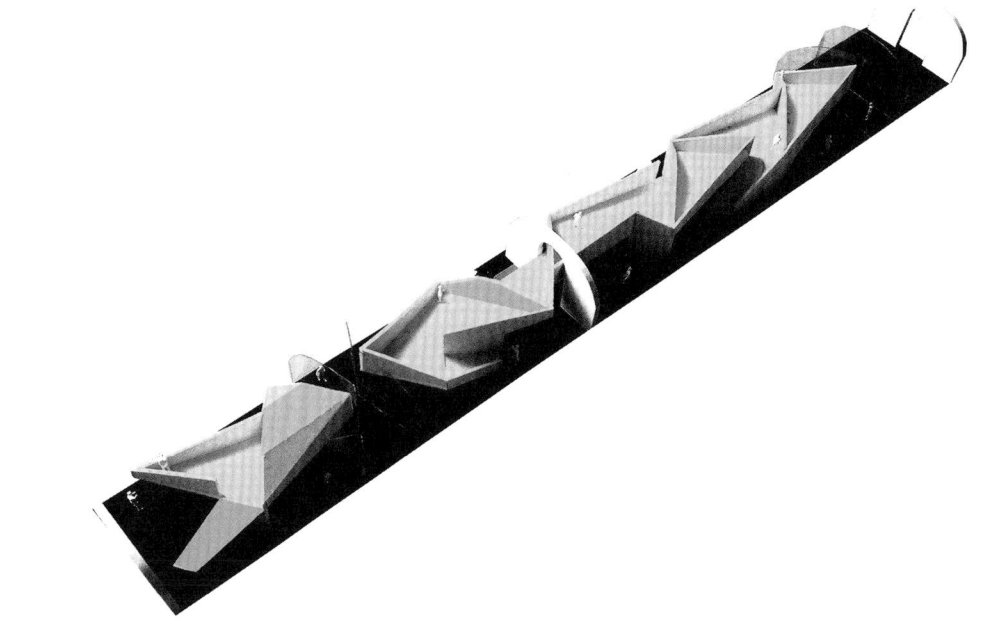

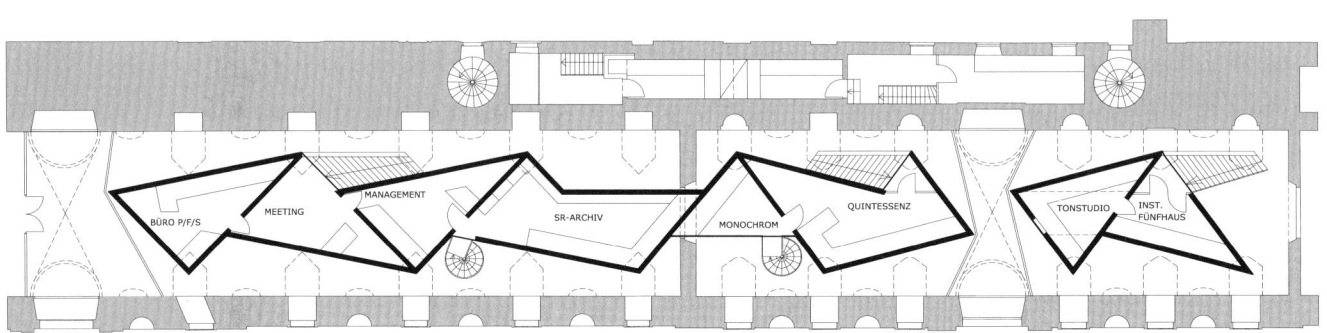

Galeriegeschoss / *Gallery*

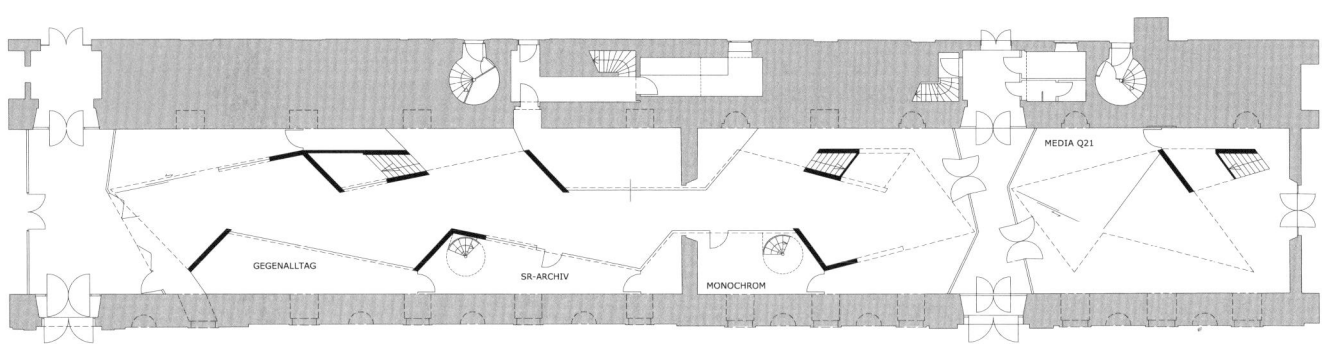

Erdgeschoss / *Ground floor*

HOFMÖBLIERUNG, MQ WIEN, ENZI

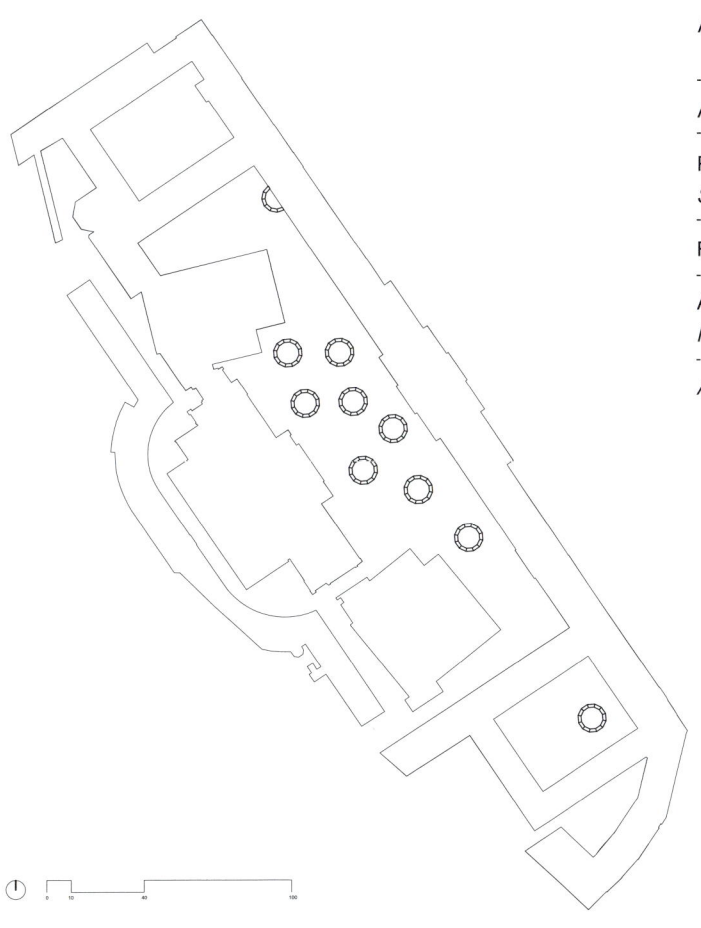

Adresse / address	Museumsquartier Wien
	Museumsplatz 1, 1070 Wien, A
Auftraggeber / client	MQ Errichtungs- u. BetriebsgesmbH
Projektgebietsgröße / Size of project area	32.500 m²
Planung / planning	2002 - laufend
Ausführung und Benutzung / Implementation and use	2002 - laufend
Awards	Adolf Loos Staatspreis für Design 2005

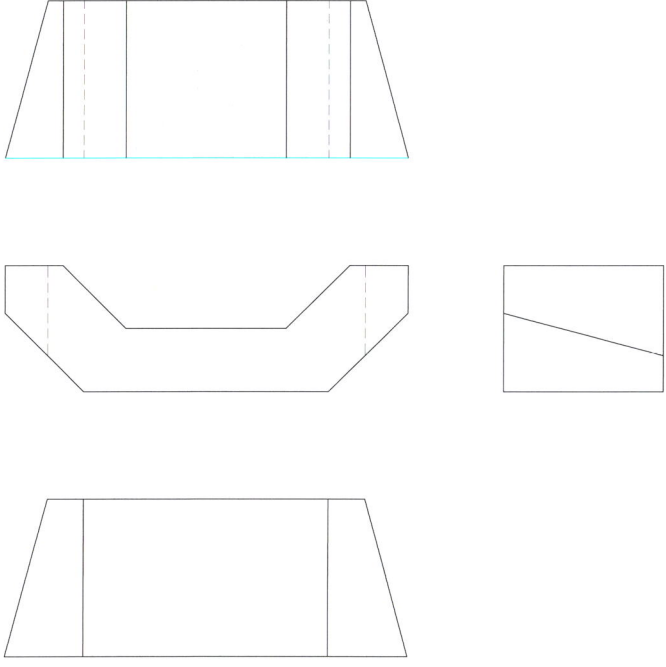

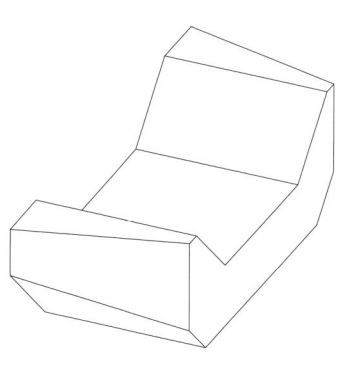

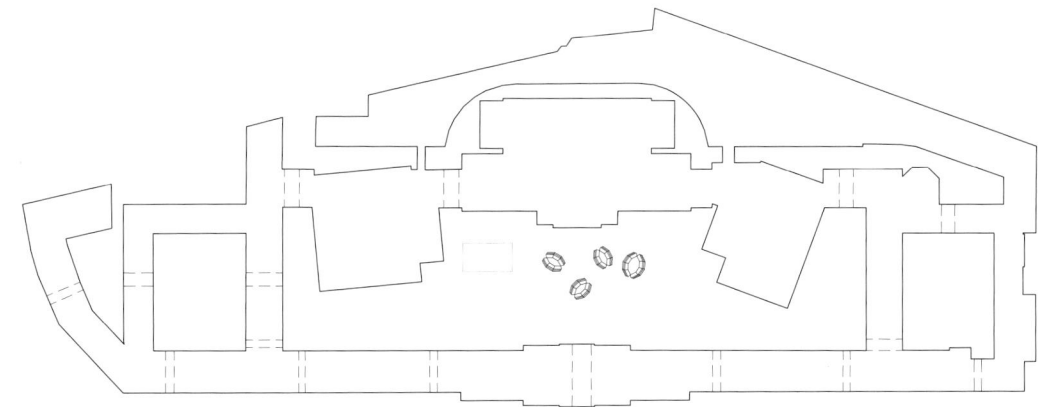

Winter 02, Iglus

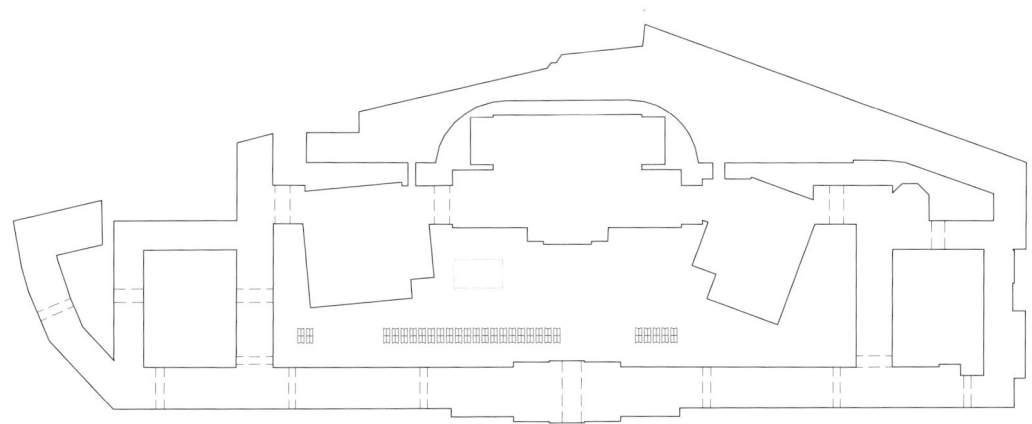

Frühjahr 04

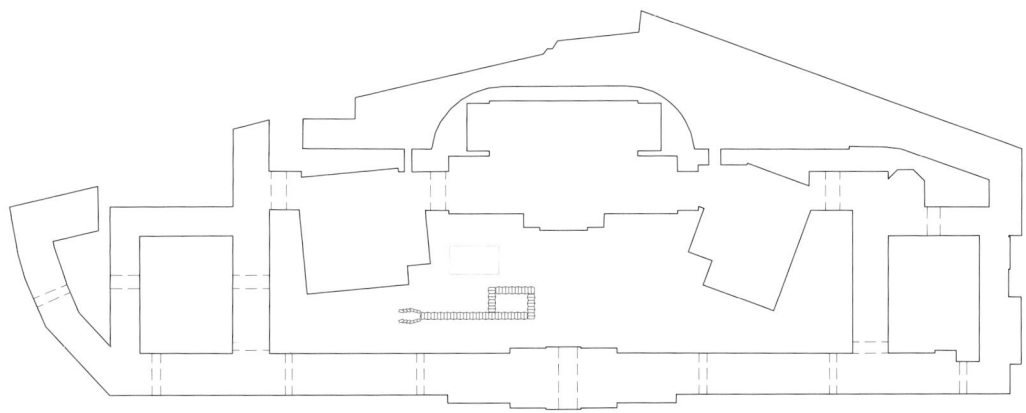

Herbst 04, Laufsteg

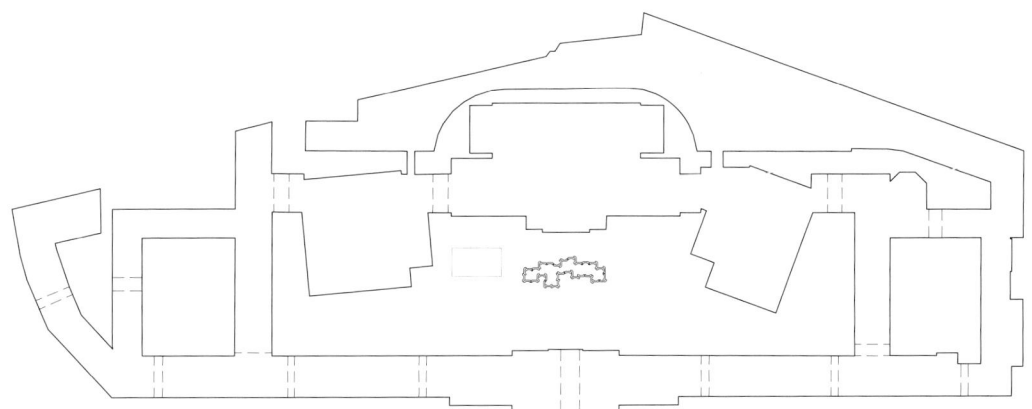

Winter 05, Eispalast

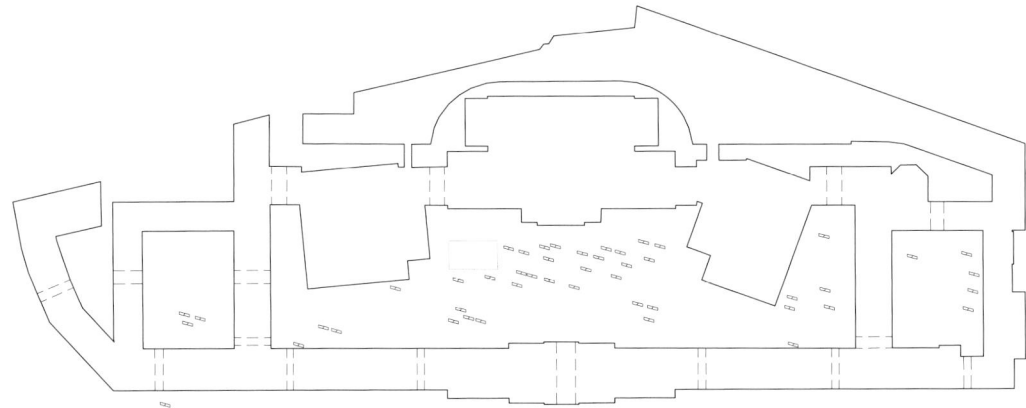

Sommer 05

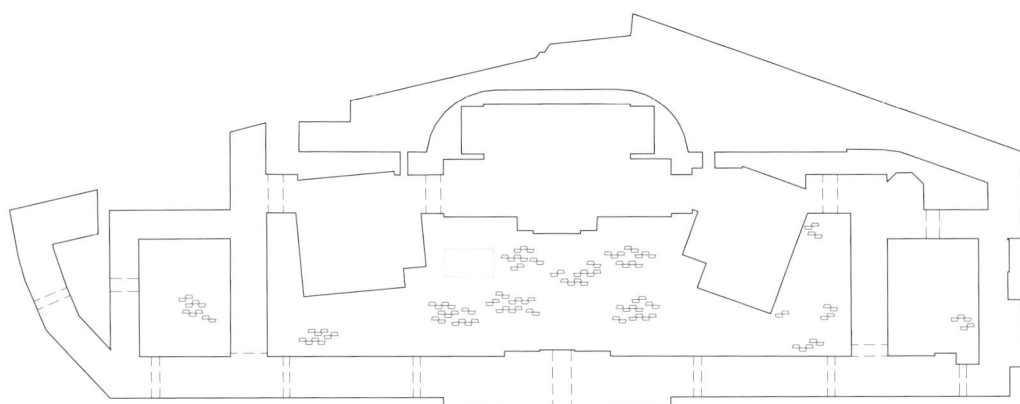

Frühjahr 07

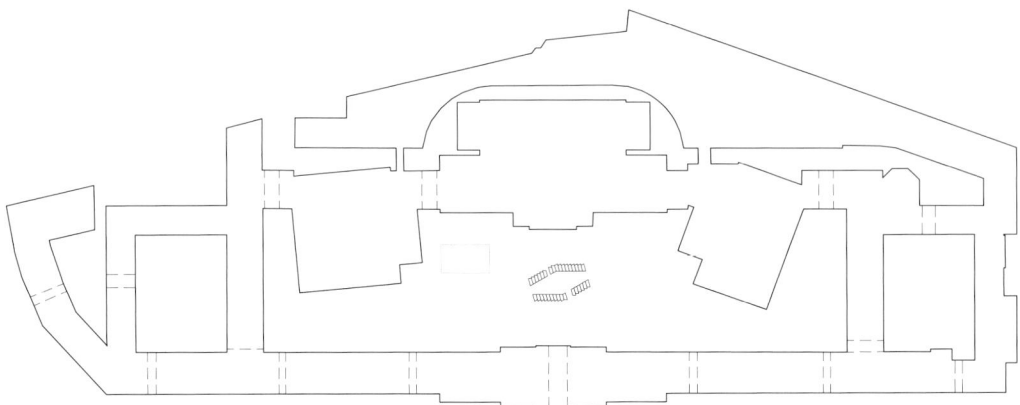

Winter 08, Eispalast

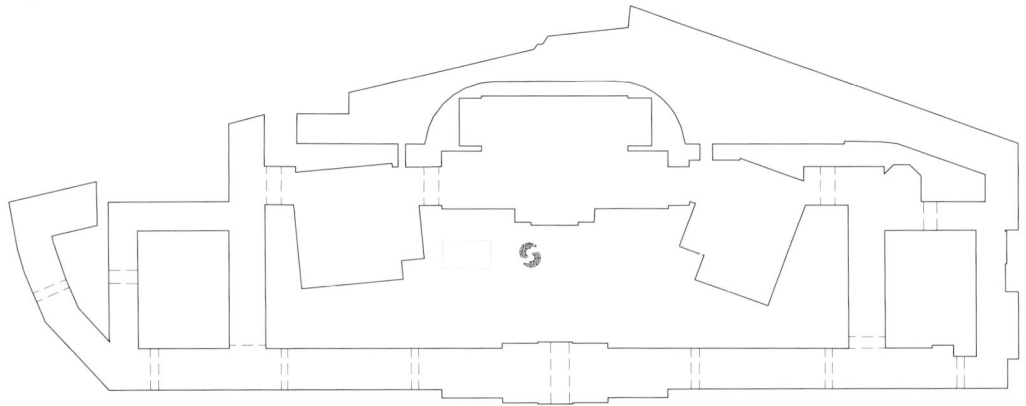

Winter 08, Leseturm

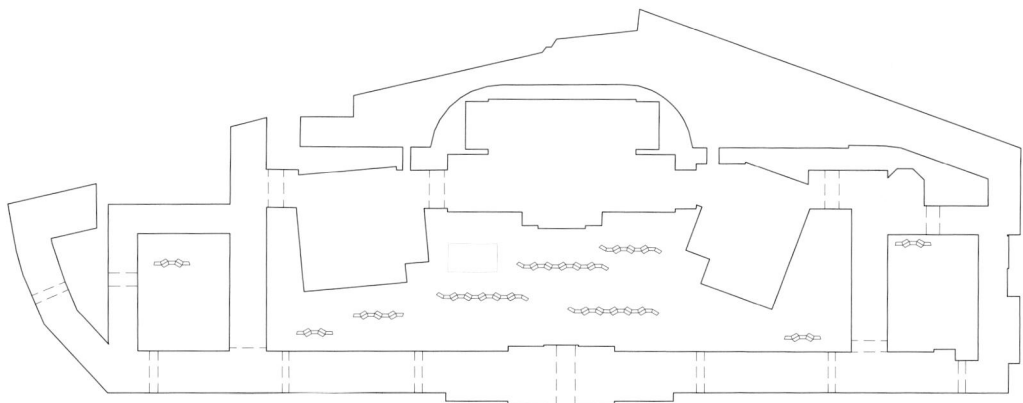

Sommer 09

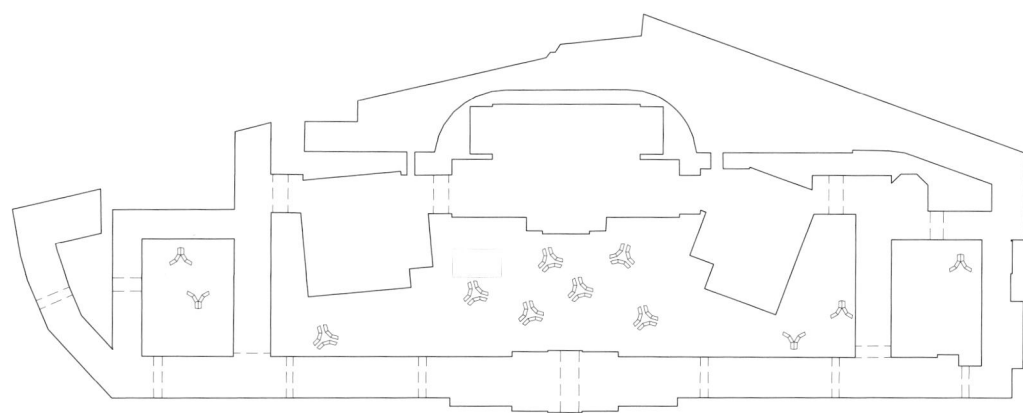

Sommer 09

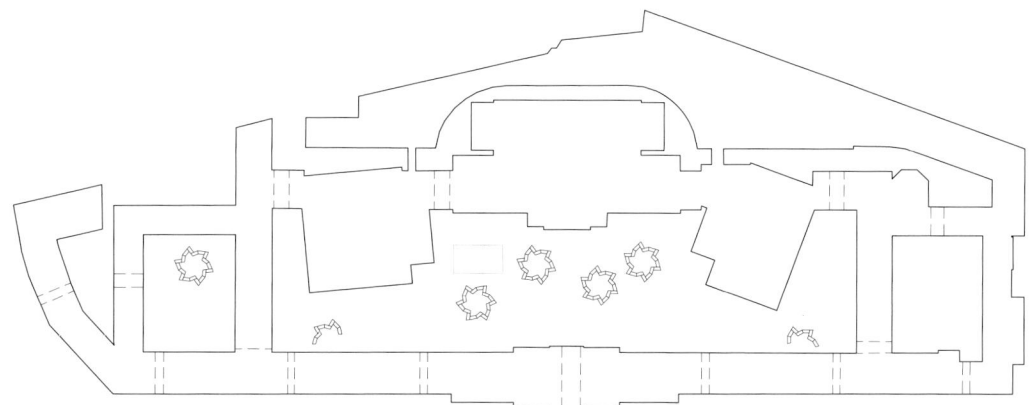

Sommer 09

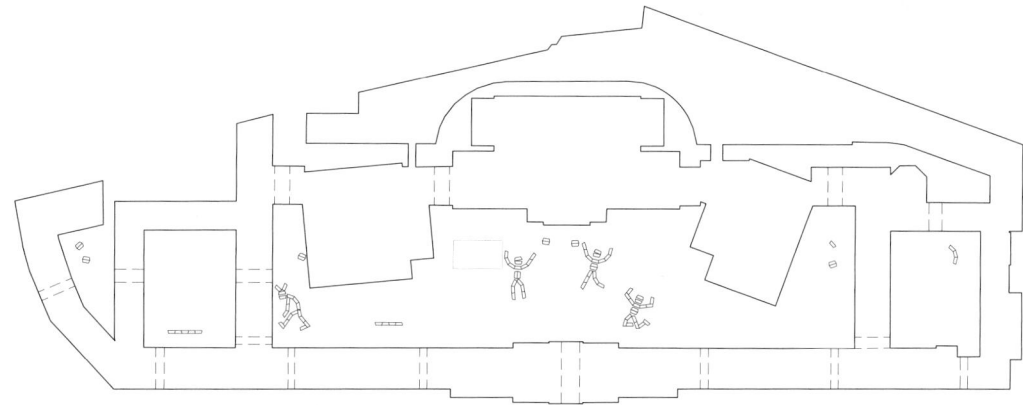

Sommer 10

3D-Muster von Stefan Nessmann, Auswahl
/ 3D-Pattern from Stefan Nessmann, selection

KAGOME, MQ WIEN

↗ 108

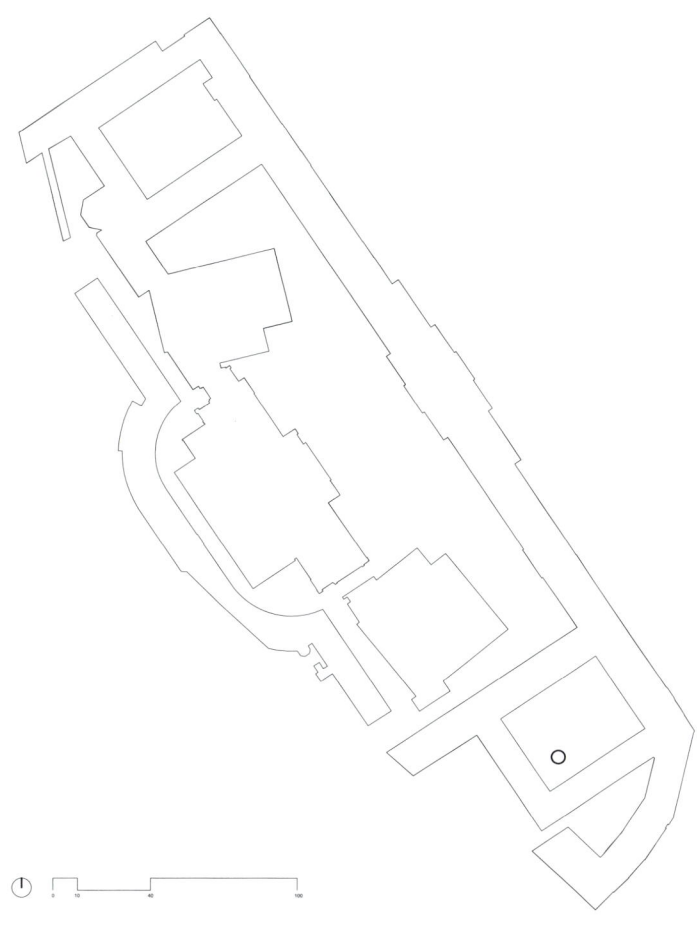

Kurzbeschreibung / *brief description*	wachsende Sandkiste *growing sandbox*
Auftraggeber / *client*	MQ Errichtungs- u. BetriebsgesmbH
Adresse / *address*	Kinderhof Museumsquartier Wien Museumsplatz 1, 1070 Wien
Größe / *dimension*	ca. 3 m²
Planung / *planning*	2011
Ausführung und Benutzung / *execution and use*	2012-2013
Kooperation / *cooperation*	Stefanie Meyer u. Simon Oberhammer
Awards	best architects 2014

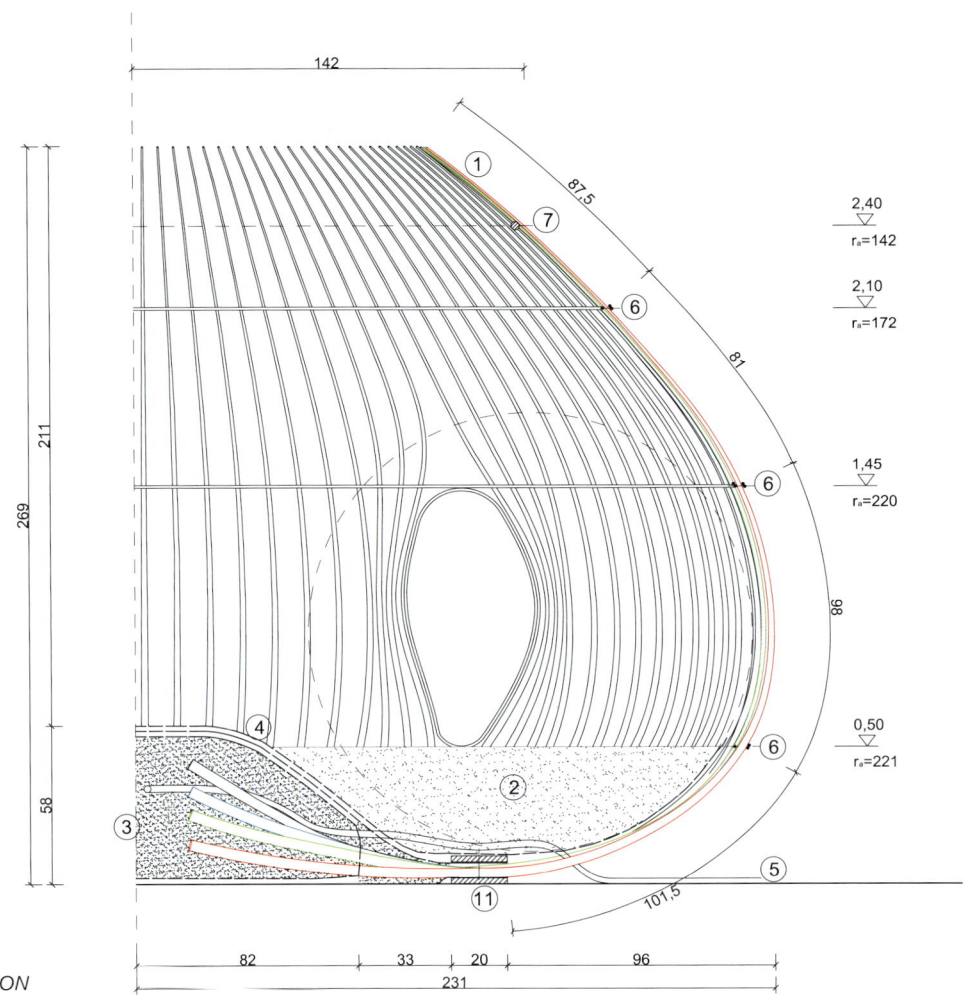

142

87.5

2,40
r_a=142

2,10
r_a=172

1,45
r_a=220

0,50
r_a=221

81

98

101,5

269

211

58

VERTIKALSCHNITT
/ VERTICAL CROSS SECTION

82   33   20   96

231

1   Weide, 5 m / *Wickerwork*
2   Sand / *Sand*
3   Erde / *Earth*
4   Geotextil / *Geotextile*
5   perforierter Schlauch / *perforated tube*
6   Verflechtung der horizontalen Weiden
    / Horizontally woven wickerwork
7   temporärer Stahlring für Konstruktion
    / Temporary steel ring for construction
11 Holzring / *Wooden ring*

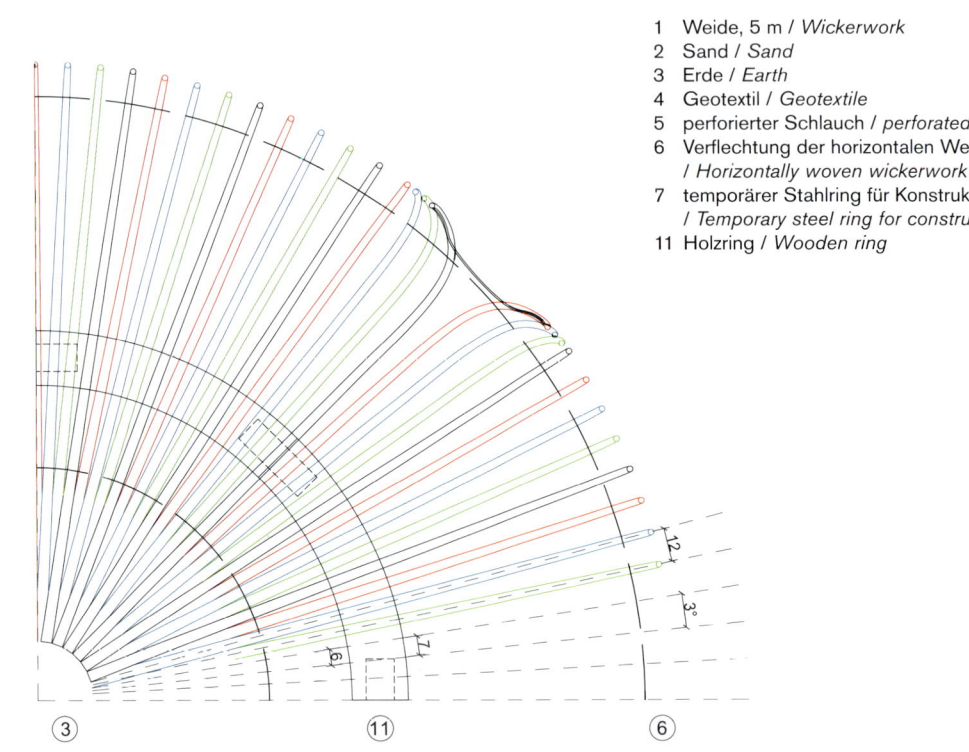

12

3°

6

7

HORIZONTALSCHNITT
/ HORIZONTAL CROSS SECTION

115   20   85

WC's ARENA21, MQ WIEN

↗114

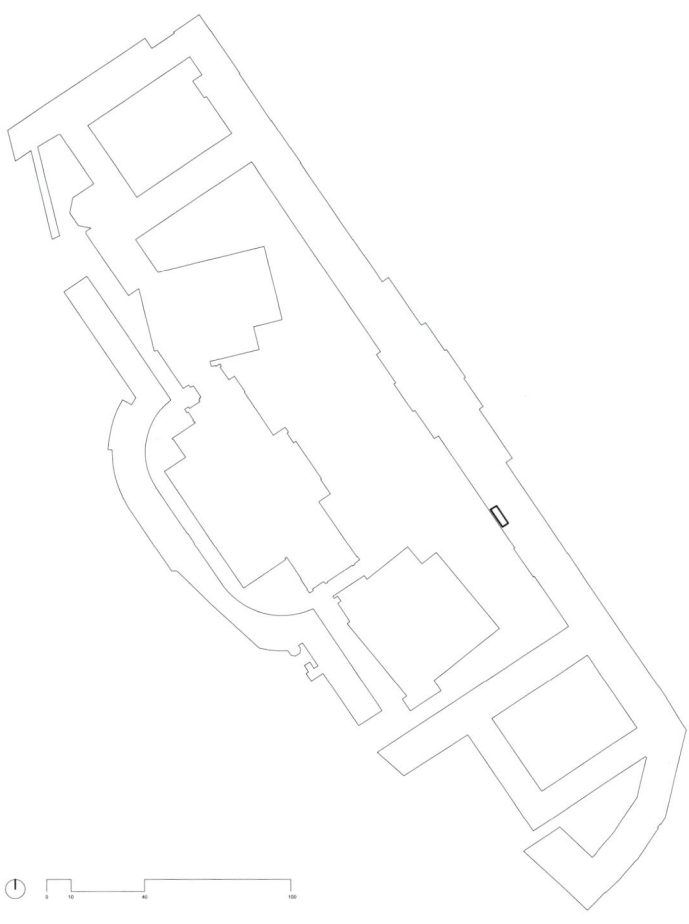

Adresse / *address*:	Museumsquartier Wien
	Museumsplatz 1, 1070 Wien, A
Bauherr / *client*:	MQ Errichtungs-u. BetriebsgmbH
Kurzbeschreibung / *brief description*:	Umbau WC-Anlage
	Conversion public toilets
Fertigstellung / *completion*:	2007

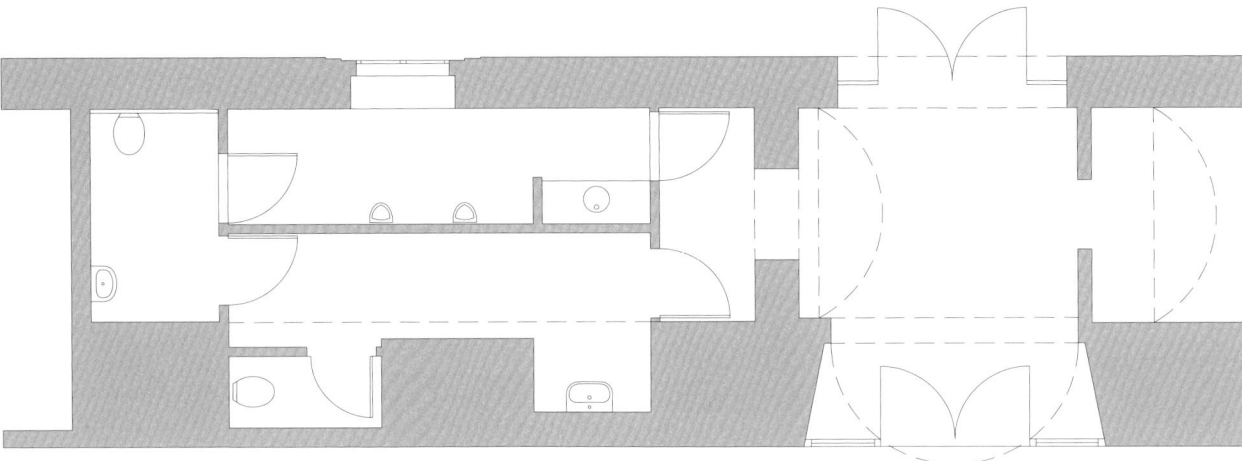

Vorher / *before*

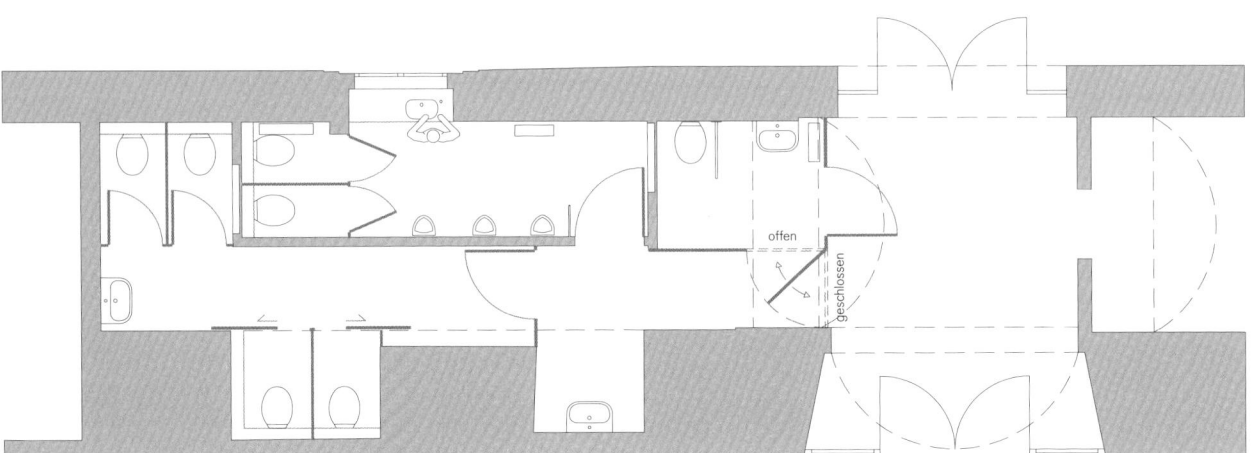

Nachher / after

0   1   5

FLOATINGTANK IM MUWA, GRAZ

0   10   40

Adresse / *address*	Friedrichgasse 41, 8010 Graz, A
Kurzbeschreibung / *brief description*	Floatingtank im Museum der Wahrnehmung, öffentlich zugänglich *Floating Tank at the Museum of Perception, public accessible*
Verfahren / *process*	Wettbewerb 1. Preis, gefördert aus Mitteln der EU *Competition 1st prize, EU-funded competition*
Nutzfläche / *floor area*	35 m²
Baubeginn - Fertigstellung / *Baubeginn - Fertigstellung*	1999
Baukosten gesamt (netto) / *building costs (net)*	EUR 250.000,-

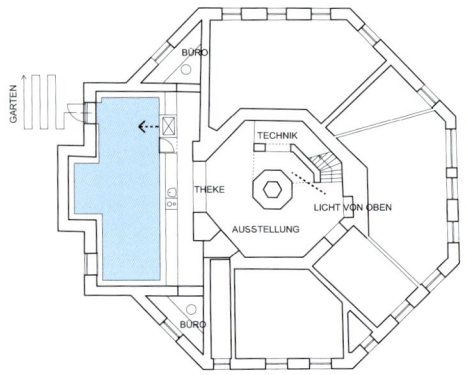

Grundriss KG / *floor plan basement*

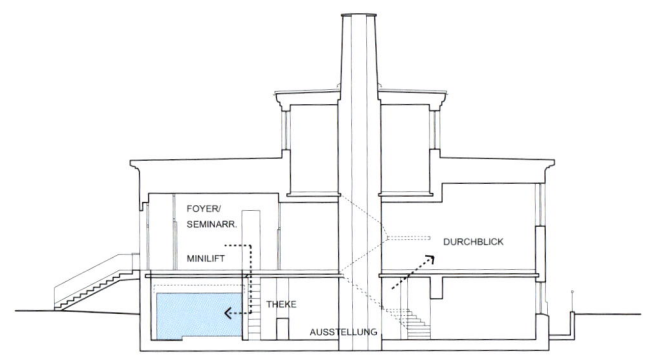

Schnitt / *Section*

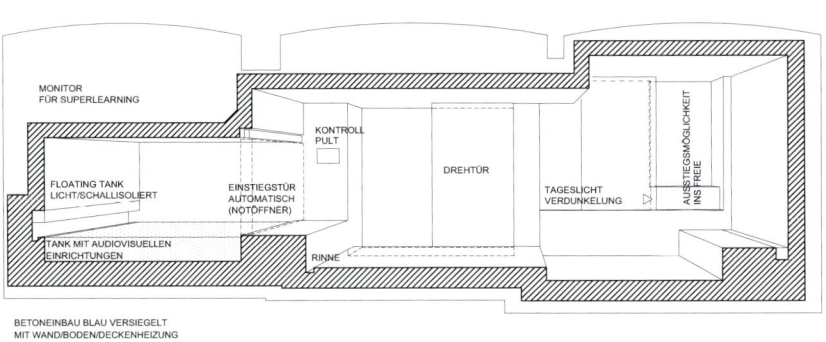

Schnitt / *Section*

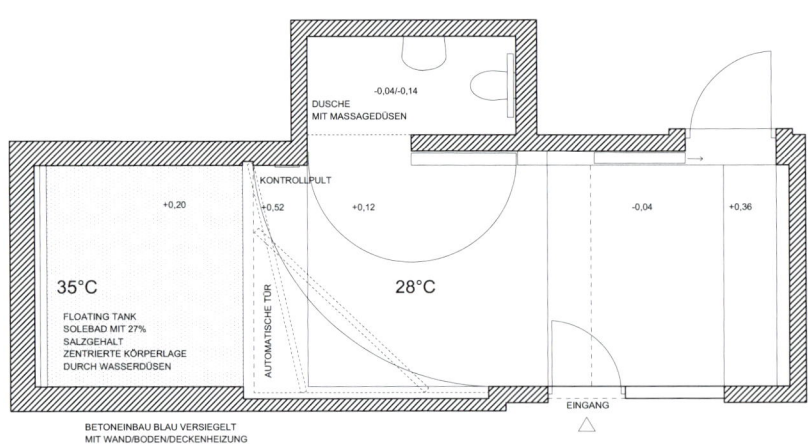

Grundriss / *ground floor plan*

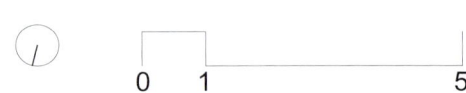

WOHNHOF ORASTEIG, WIEN

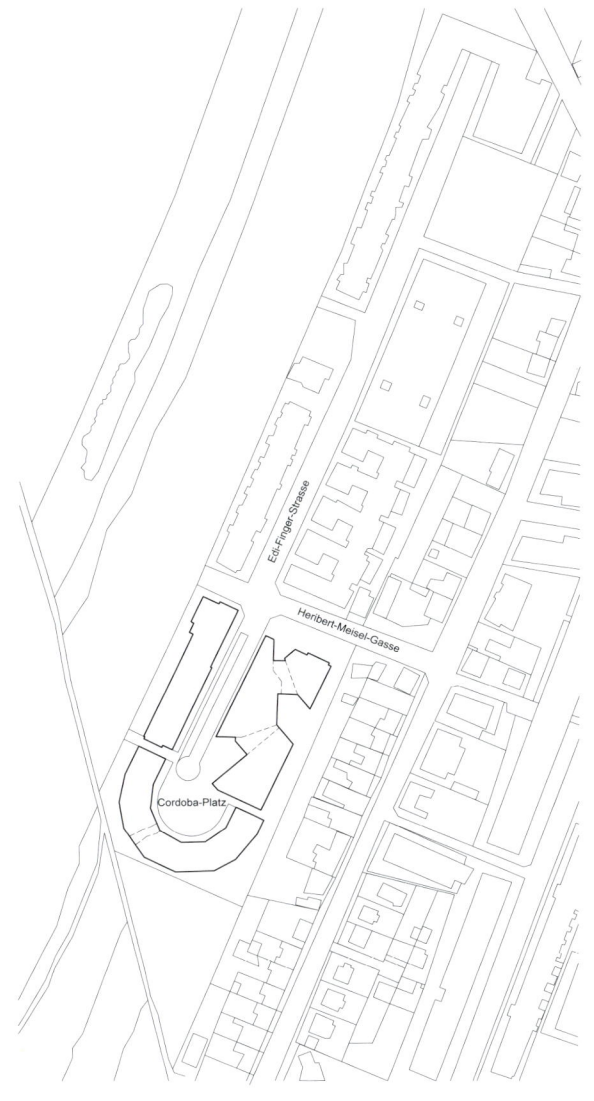

0   20   50   100

Adresse / *address*	Edi-Finger-Straße 1- 3, 1210 Wien
Bauherr / *client*	EGW Heimstätte (Bauplatz 7&9) Heimat Österreich (Bauplatz 8)
Kurzbeschreibung / *brief description*	Geförderter Wohnbau mit 169 Wohnungen und Gemeinschaftsräumen und mit Schwerpunkt auf Nachbarschaftsbildung *Subsidised housing with 169 flats and communal spaces emphasising neighbourhood-building*
Verfahren / *process*	Bauträgerwettbewerb 1. Preis Developer Competition, 1st prize
Grundfläche / *ground area*	13.383 m²
BGF/NNF gesamt / *total*	25.772 m²
Heizwärmebedarf / *heating demand*	28 KWh/m²a
Netto-Herstellungskosten / *building costs (nez)*	18.352.000 EUR
Projektbeginn / *start of project*	2005 (Competition)
Bauzeit / time for *completion*	2007-2009

Modellfoto mit Baufluchtlinien
/ *Model photo with building line*

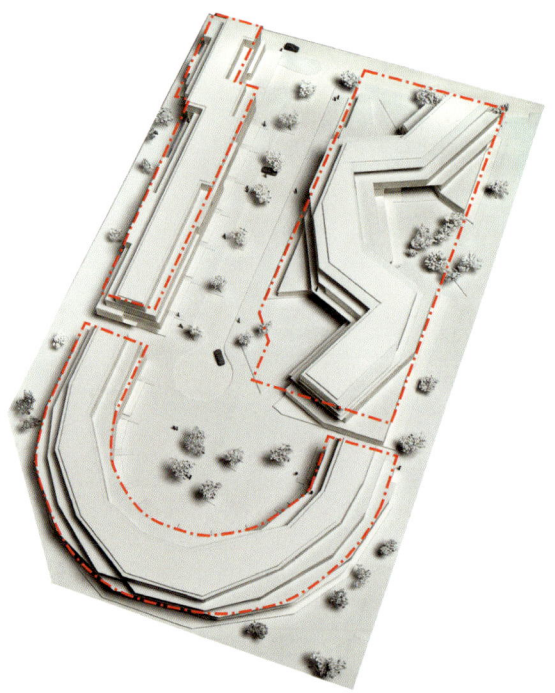

Erschließungsprinzip / *Accessibility principle*

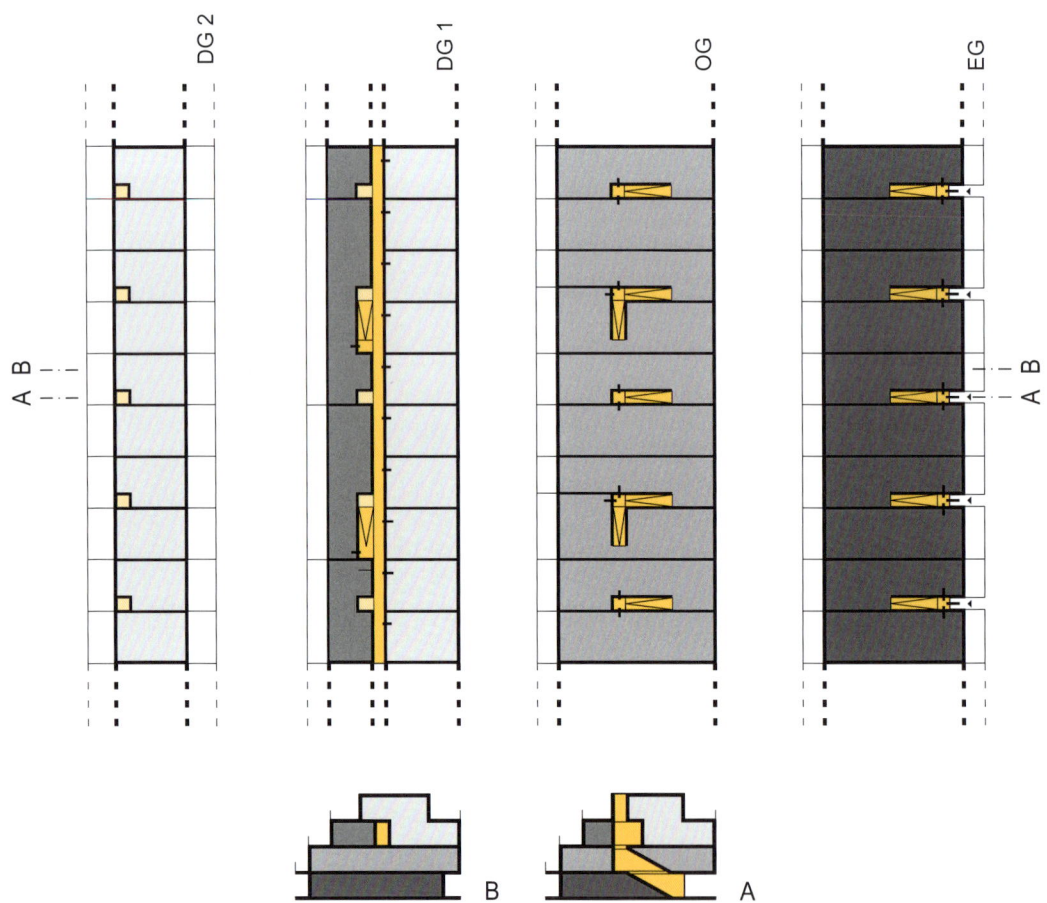

Die Erschließung verläuft in der ganzen Siedlung immer nach demselben Prinzip, das dem Benutzer Wahlmöglichkeit, Weitläufigkeit und Spektakularität bietet und trotzdem ökonomisch ist: Viele dezentrale Eingänge erschließen in den unteren Geschossen die durchorientierten Wohnungen und führen zum vereinten durchgehenden Weg im ersten Dachgeschoss.
/ *Accessibility always works on the same principle throughout the entire housing estate. It is economical despite offering the user multiple choices, spatial extent and spectacular experiences: many decentralised entrances on the ground floor provide access to dual-aspect apartments and link to the main walkway on the first roof storey.*

Grundriss Erdgeschoss / *floor plan ground floor*

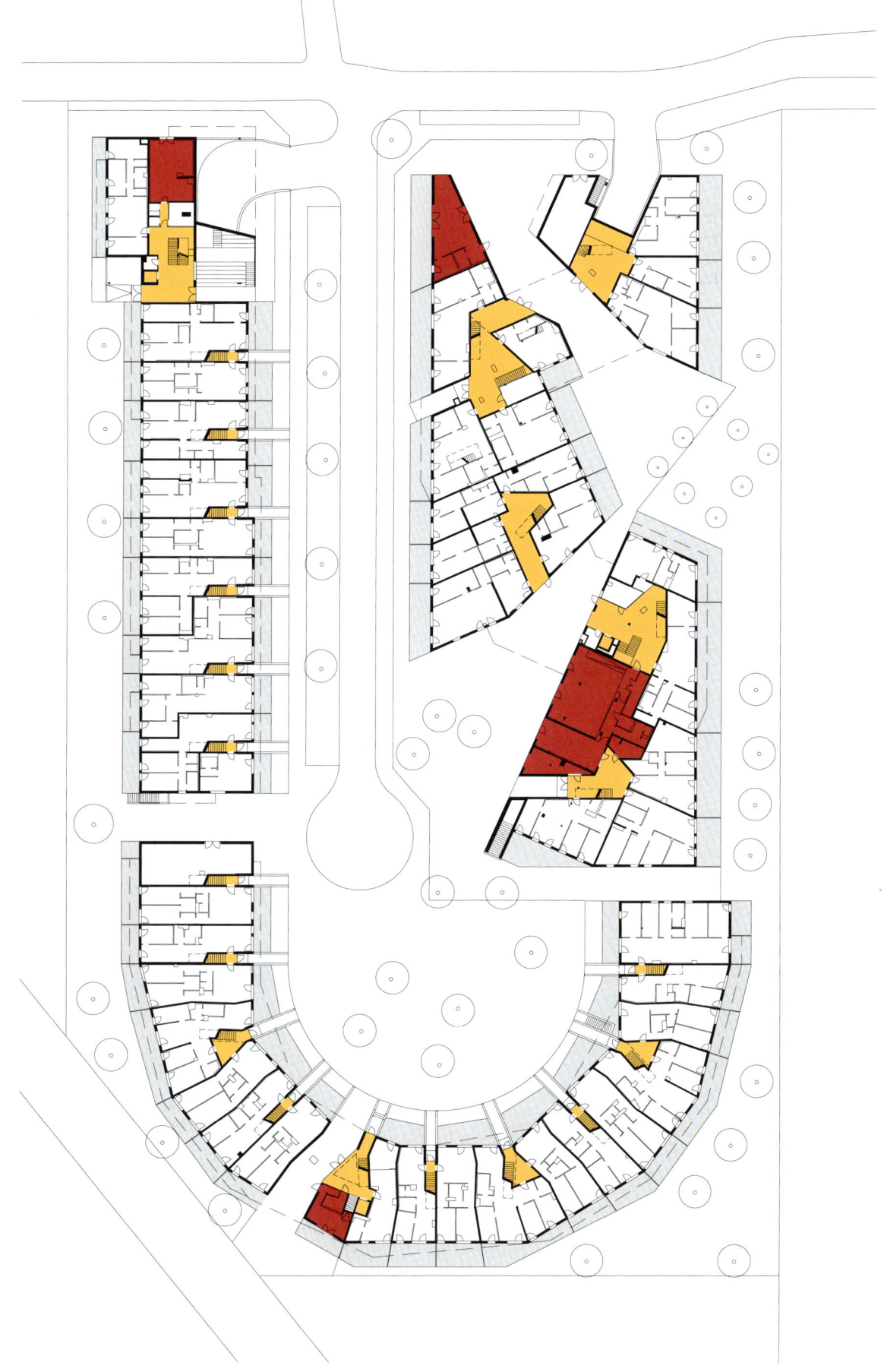

Grundriss 1. Obergeschoss / *floor plan first floor*

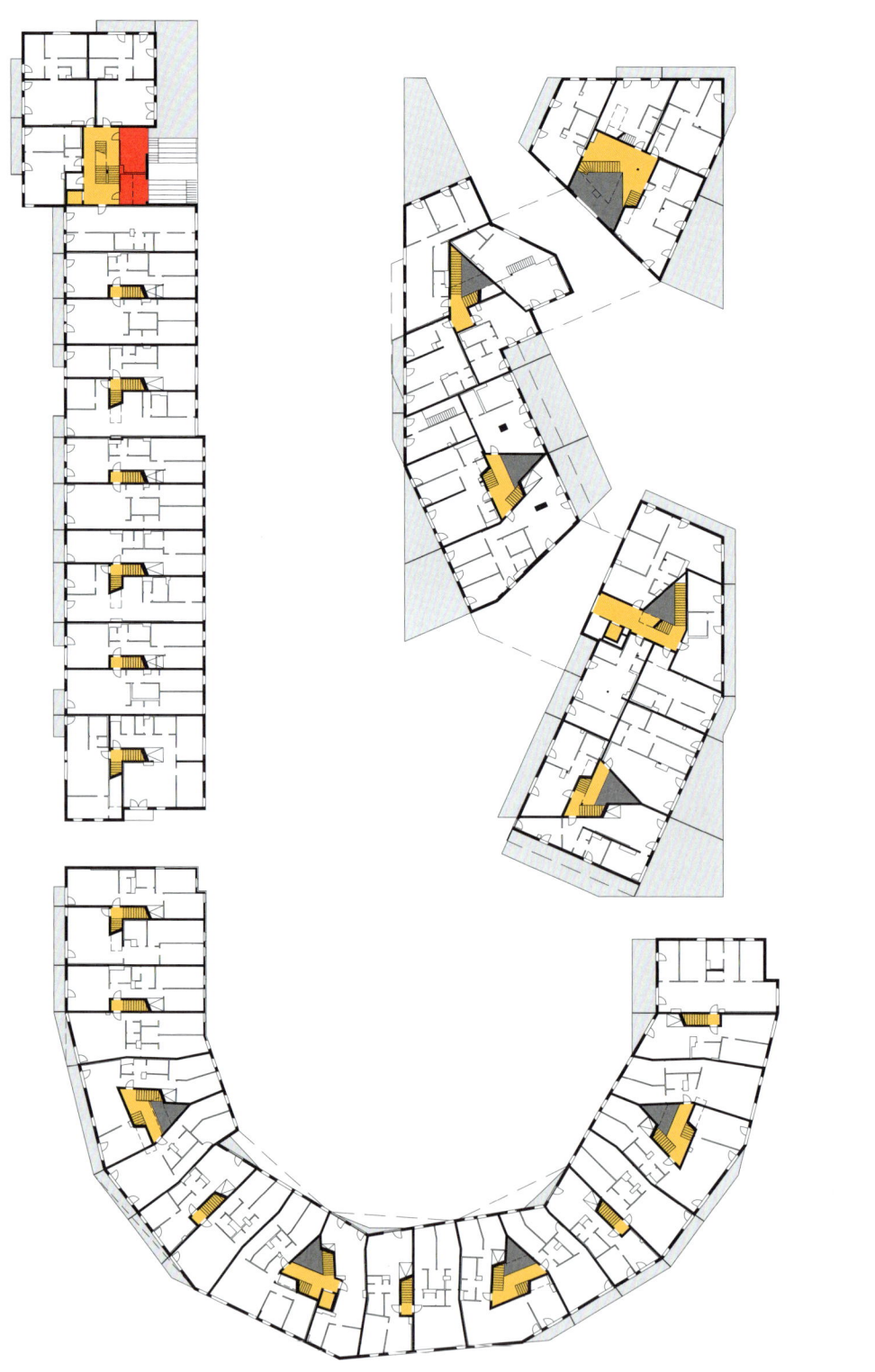

Gemeinschaftsräume / *common rooms*

Erschließungsflächen / *circulation*

Luftraum / *air space*

Terrassen, Balkone / *terraces, balconies*

0   5   15   30

Grundriss 2. Obergeschoss / *floor second floor*

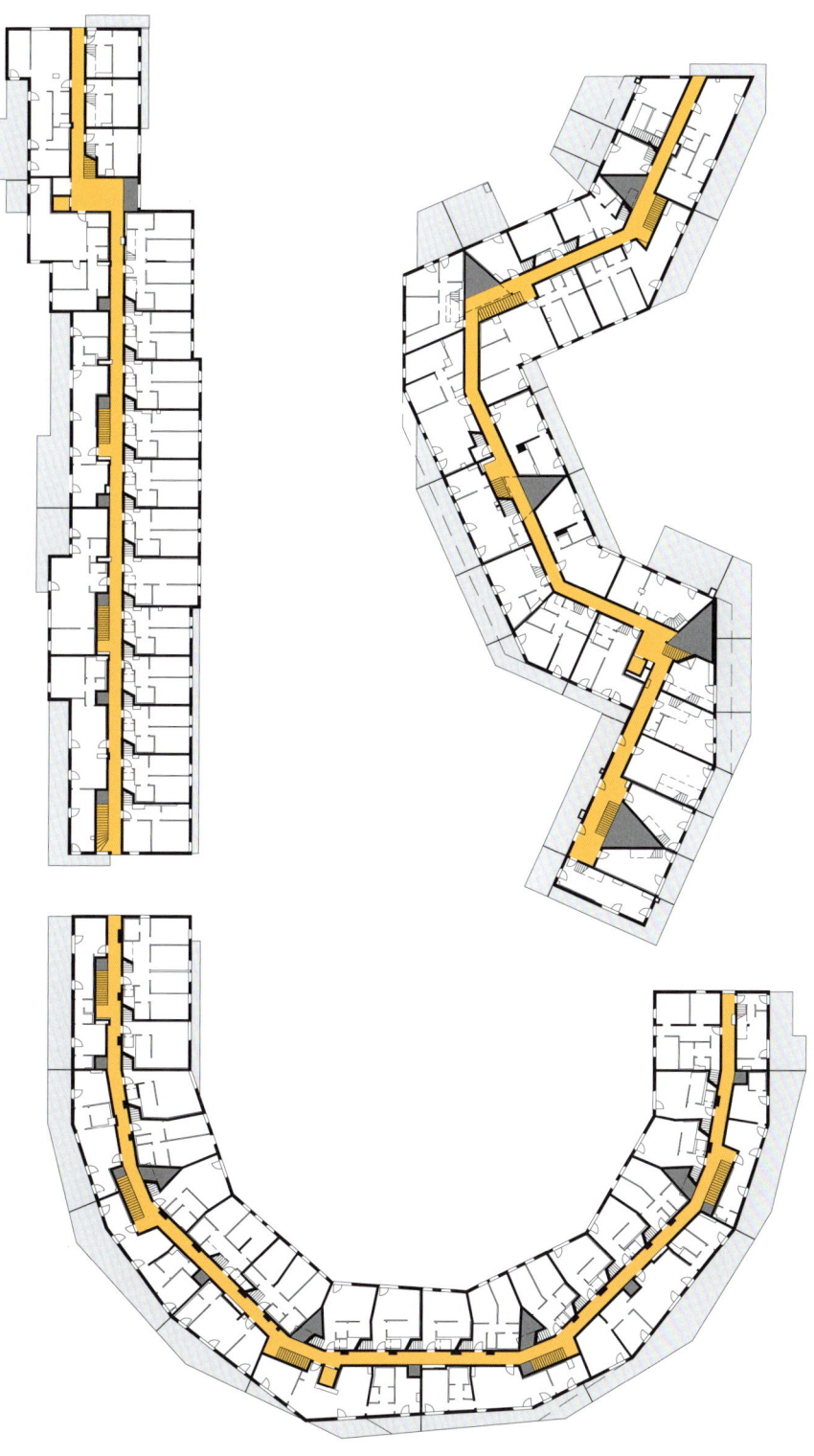

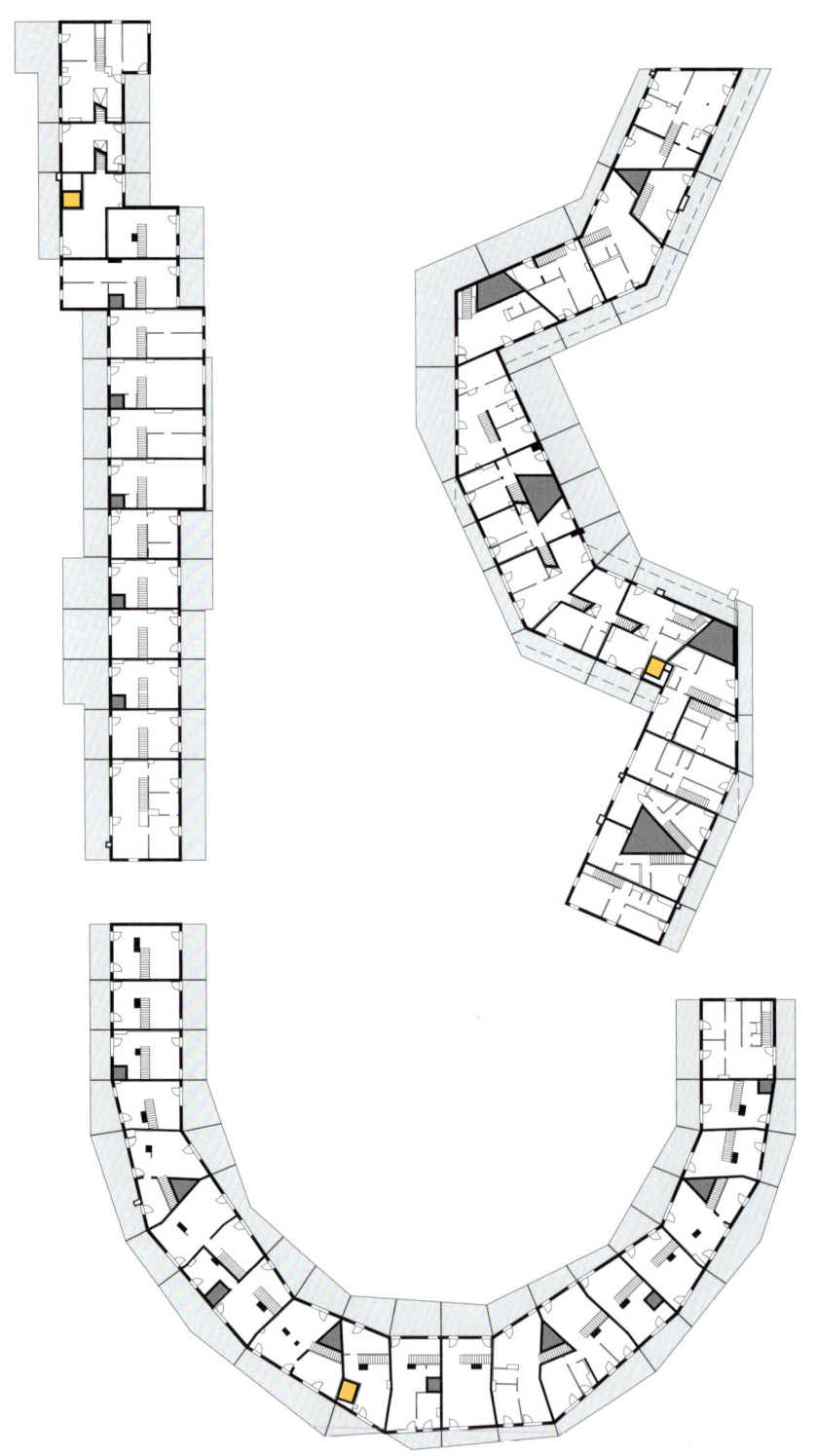

Grundriss 3. Obergeschoss / *floor plan third floor*

0   5   15   30

PACEJKA, DEUTSCH-WAGRAM

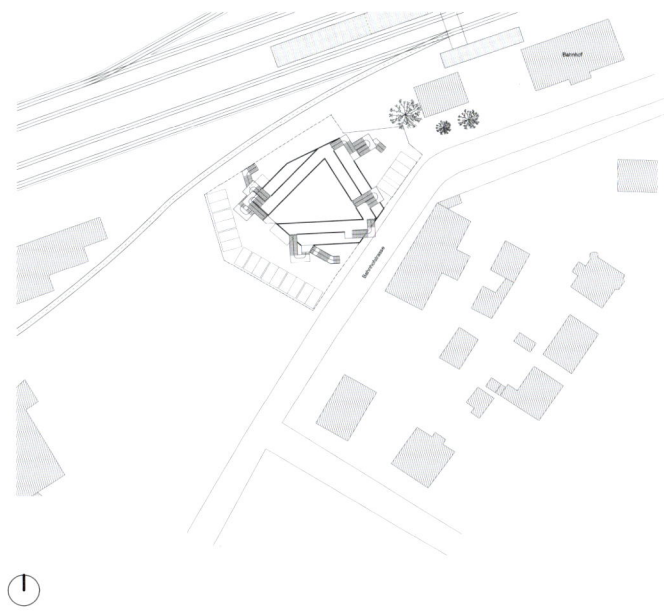

Adresse / *address*	Bahnhofstraße 41, 2232 Deutsch Wagram
Bauherr / *client*	RP Projektentwicklung GmbH
Kurzbeschreibung / *brief description*	freifinanziert / gemischte Nutzung aus Büro, Hotel, Geschäften und Gastronomie *Privately funded / mixed-use, comprising offices, a hotel, shops and restaurants*
Nutzfläche / *floor area*	1.346 m²
Planungsbeginn / *project start*	2011
Baubeginn / *start construction site*	2014
Fertigstellung / *completion*	-

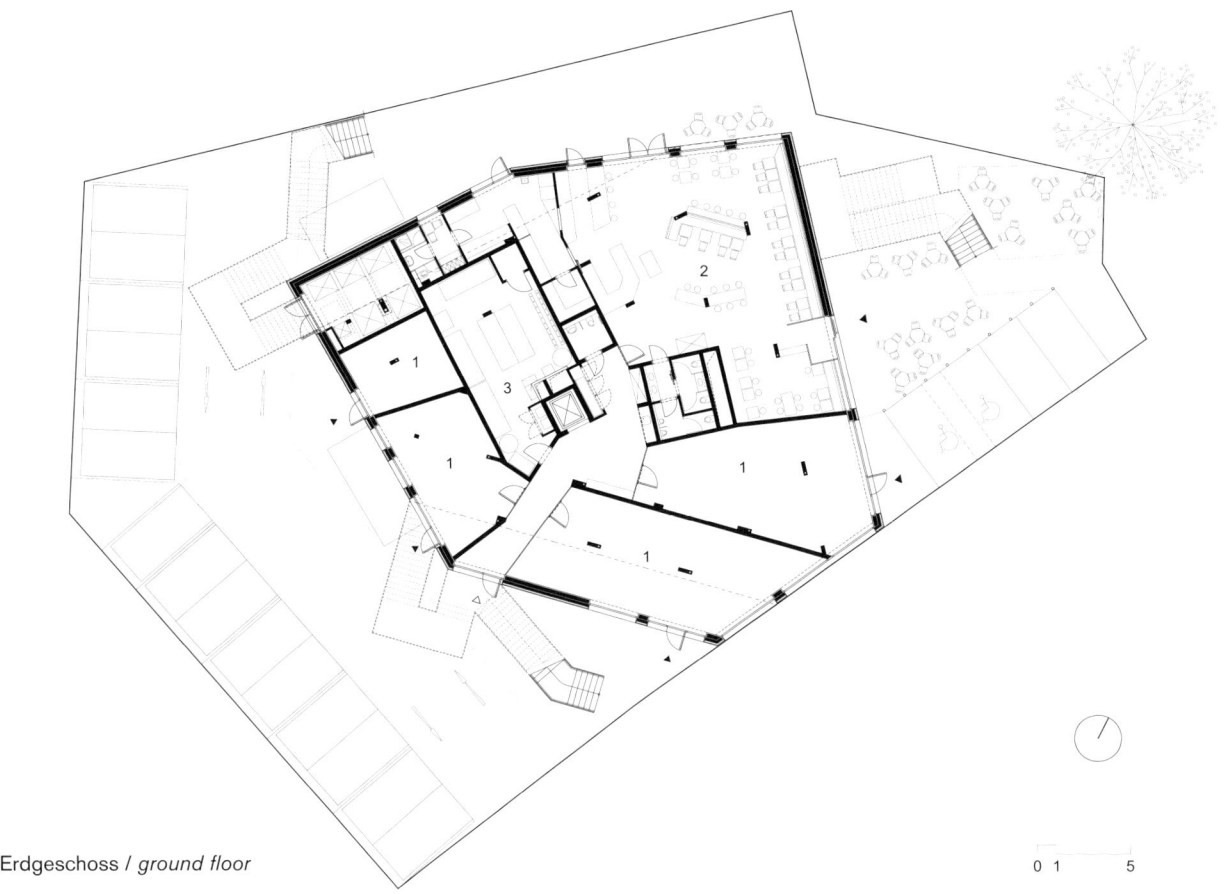

Erdgeschoss / *ground floor*

0 1   5

1.OG / *1ˢᵗ floor*

1 Geschäftslokal / *salesroom*
2 Café / *cafe*
3 Technik / *technic*
4 Büro / *office*
5 Hotelzimmer / *hotel room*
4 Restaurant / *restaurant*
4 Öffentlicher Garten / *public garden*

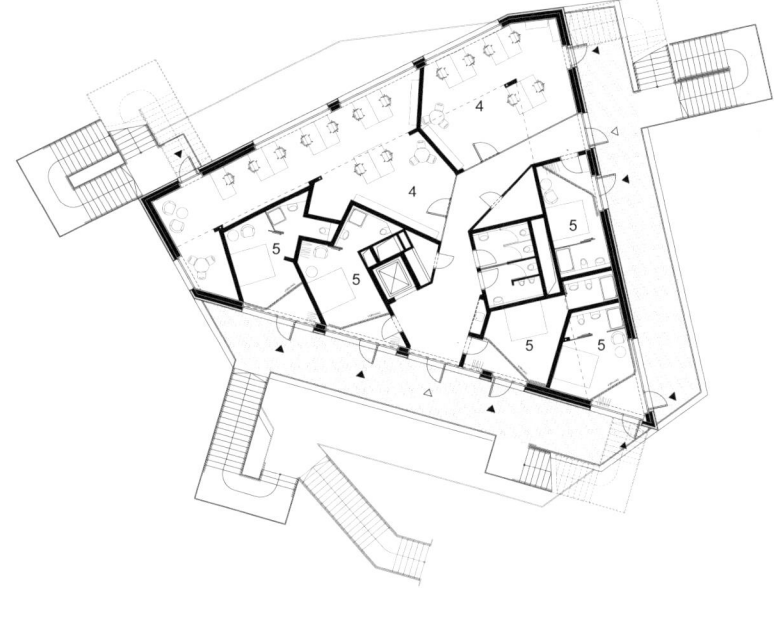

2.OG / *2nd floor*

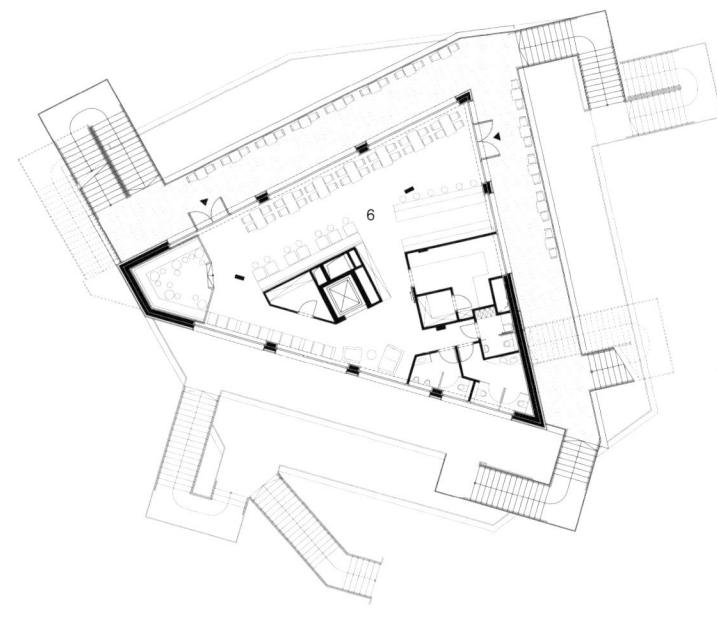

3.OG / *3rd floor*

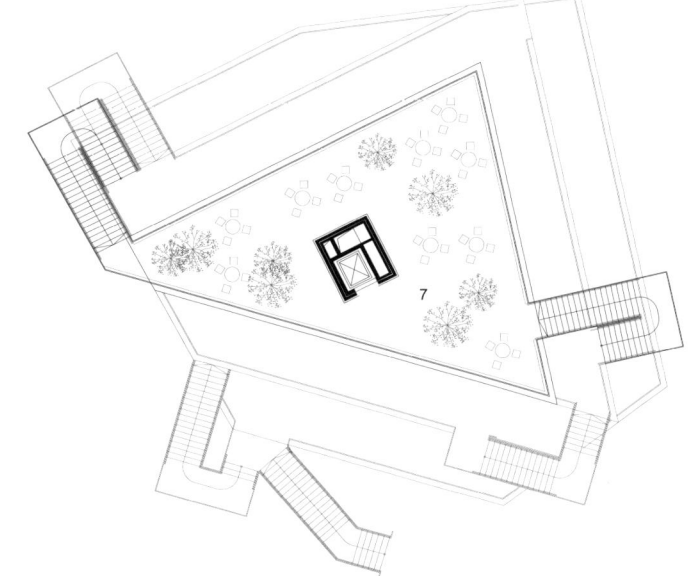

Dachdraufsicht / *top view*

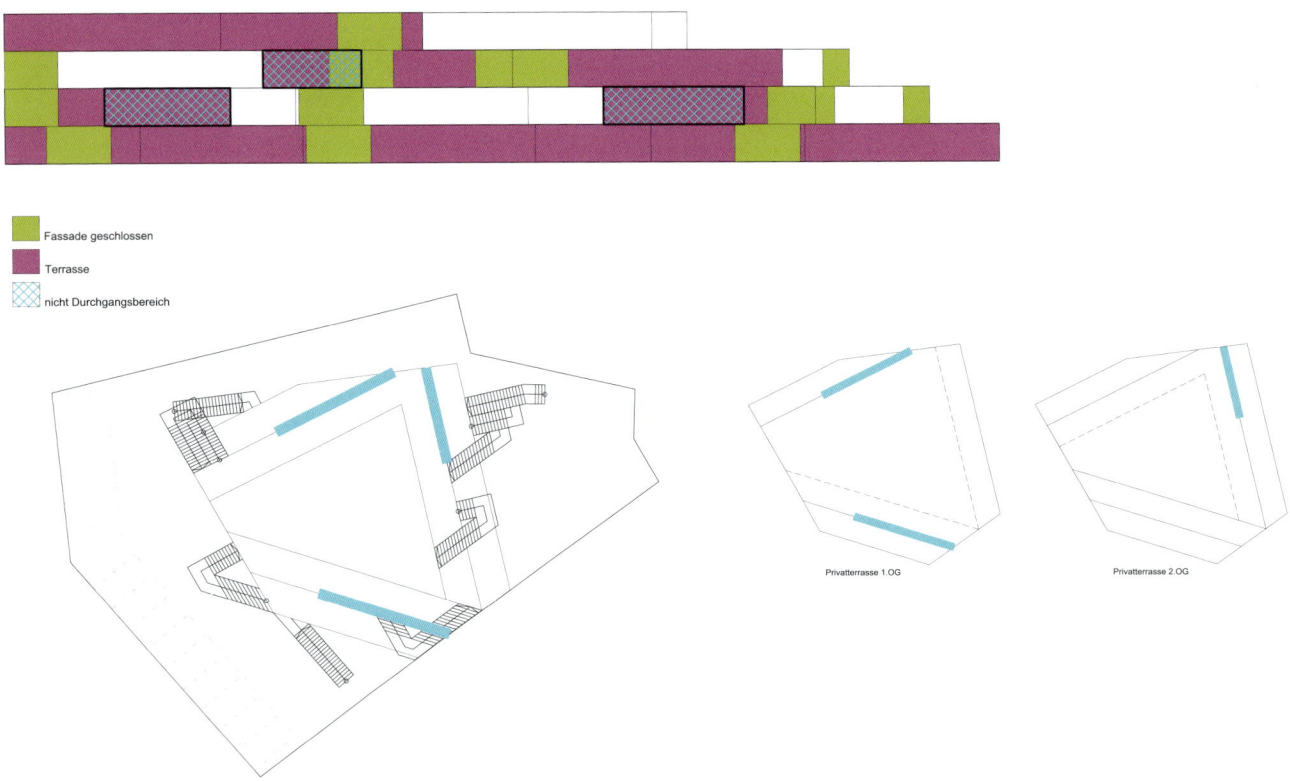

Fassade geschlossen

Terrasse

nicht Durchgangsbereich

Privatterrasse 1.OG

Privatterrasse 2.OG

Terrassen-Schema / *Scheme of terraces*

Aus brandschutzplanerischer Sicht werden durch geschlossene Fassadenbereiche bei den Treppen konsequente Fluchtwege nach unten geschaffen. Von jedem Raum aus ist es möglich in verschiedene Richtungen nach unten zu flüchten. Das erlaubt die durchgehende Möblierung der Zwischenzonen und eine brandklassenfreie Ausführung der einzelnen Bauteile.
/ *To enhance fire protection, closed façade areas in stairwell areas create clearly visible escape routes leading to the ground floor. People can escape from all rooms in different directions to the ground floor. This enables intermediate zones to be furnished throughout and individual structures to be executed off fire classification.*

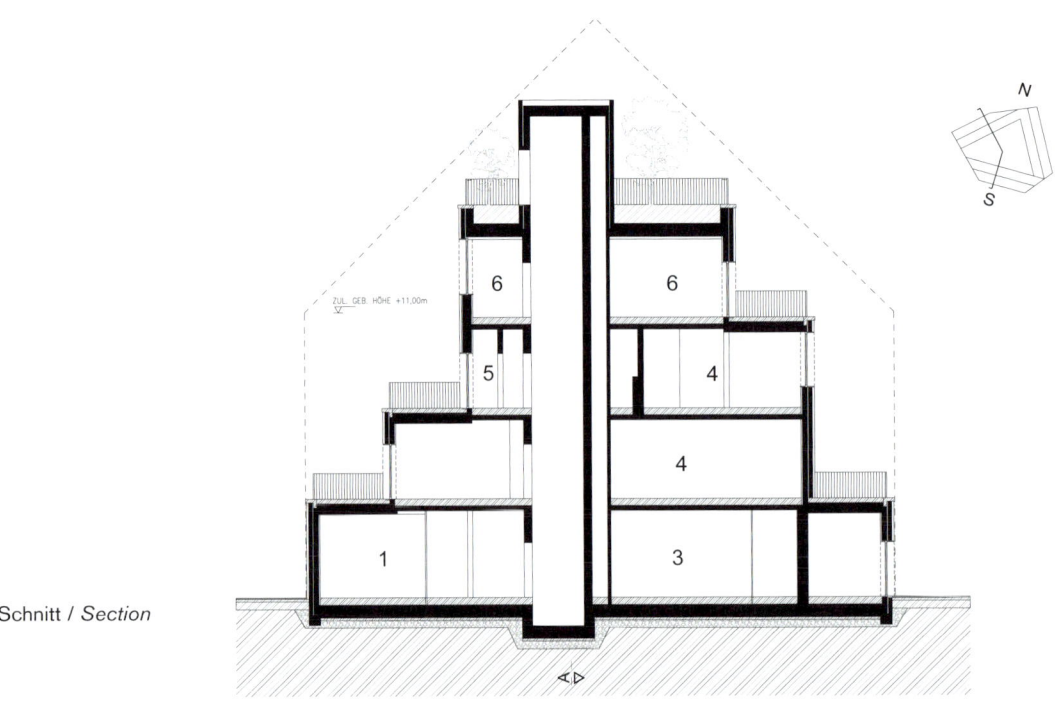

Schnitt / *Section*

NEUBAU PRATERSTRASSE, WIEN

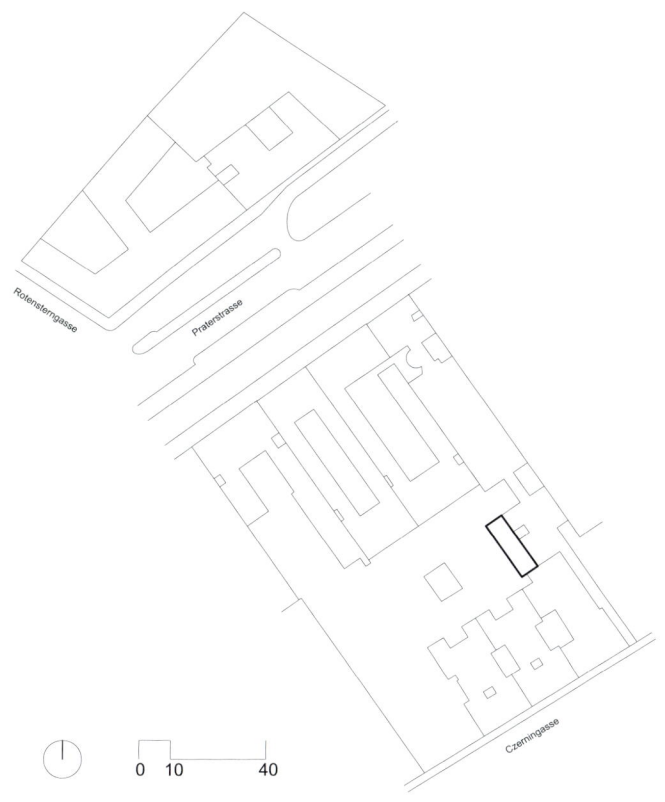

Adresse / *address*	Praterstraße 58, 1020 Wien
Bauträger / *developer*	Conwert Immobilien AG, Wien
Kurzbeschreibung / *brief description*	freifinanziert / 7 Wohnungen *freifinanziert / 7 Wohnungen*
Nutzfläche (netto) / *floor area*	603 m²
Planungsbeginn / *start of planning*	1995
Ausschreibung u. Bauaufsicht / *building supervision and tender*	Arch. Heinz Lutter
Bauzeit / *period of construction*	1997-1998
Baukosten gesamt (netto) / *building costs (net)*	EUR 1.000.000,-
Awards	ARCE-Preis der europäischen Hauptstädte 1999

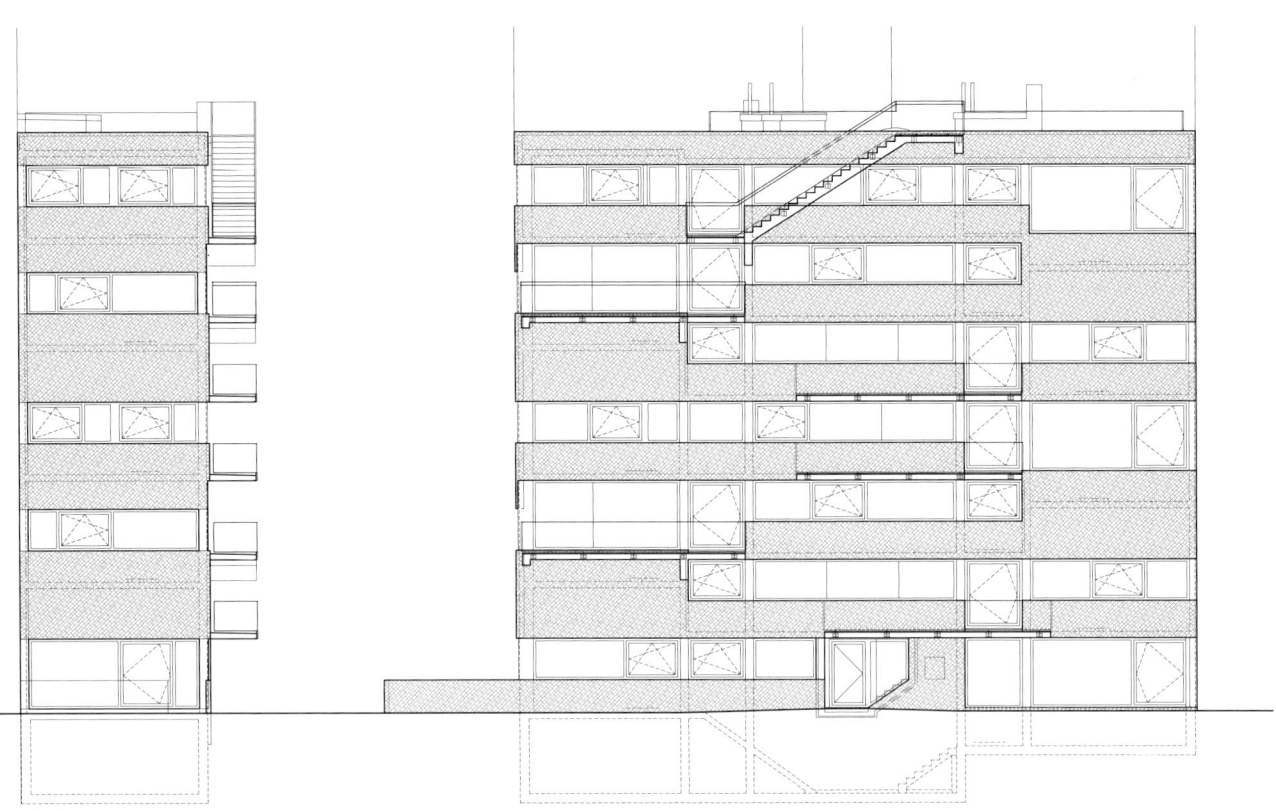

NW - Ansicht / *NW - Elevation*

SW - Ansicht / *SW - Elevation*

Fassade = aufgeklappter Grundriss, bestehend aus Unter- und Überzügen
/ *Façade = opened floor plan, consisting of girders and upstand beams*

0 1　　5

EG

OG 1/4

OG 2/5

OG 3

0 1   5

OG 6

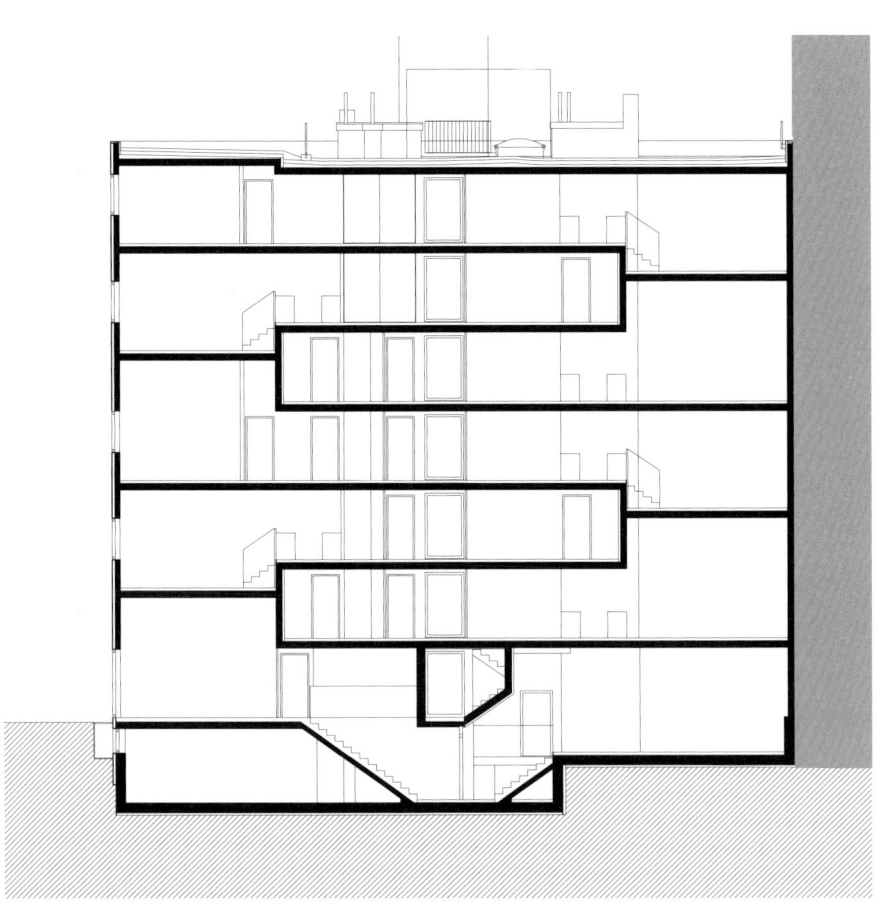

0 1   5

Schnitt / *Section*

Serielle Anordnung, das obere und das untere Ende extemporieren.
/ *Serial arrangement; extemporise upper and lower end.*

RADETZKYSTRASSE, WIEN

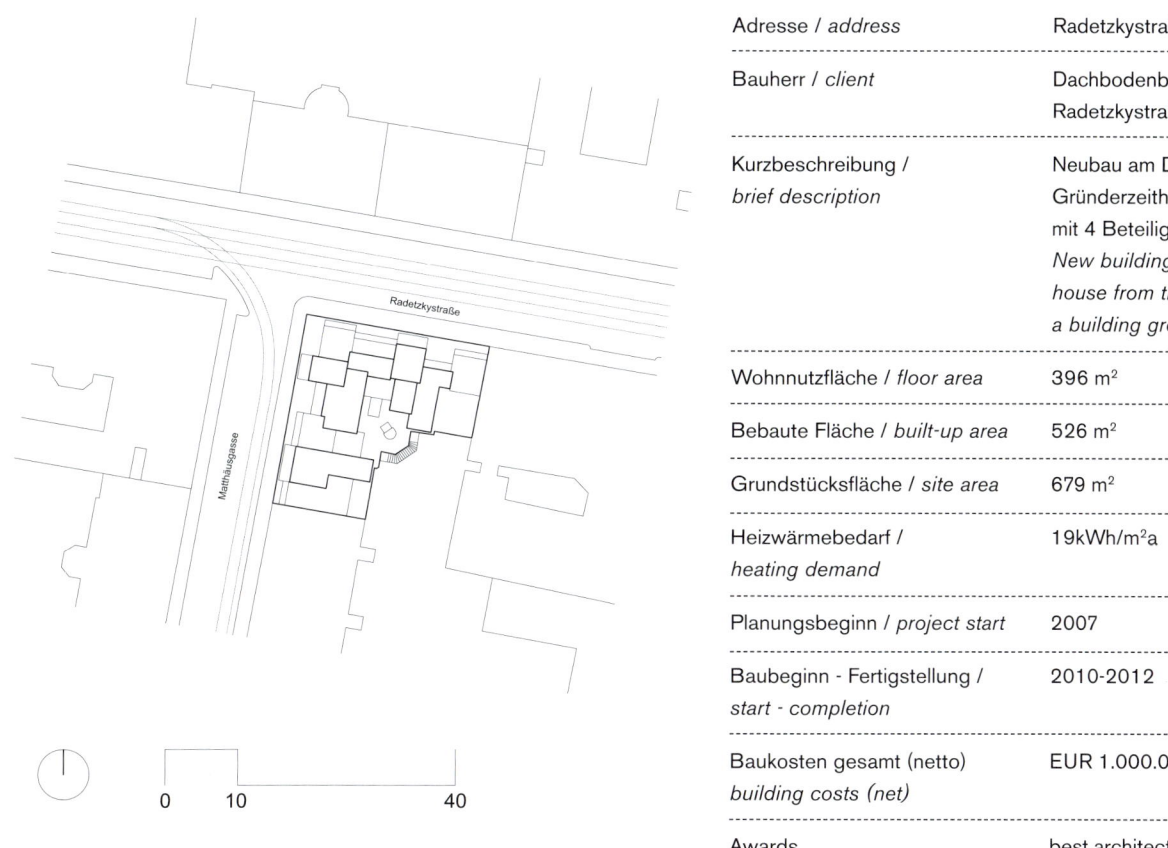

Adresse / *address*	Radetzkystraße 6, 1030 Wien, A
Bauherr / *client*	Dachbodenbaugruppe Radetzkystraße GesbR
Kurzbeschreibung / *brief description*	Neubau am Dach eines bestehenden Gründerzeithauses für eine Baugruppe mit 4 Beteiligten *New building on roof of an existing house from the Gründerzeit period for a building group of four participants*
Wohnnutzfläche / *floor area*	396 m²
Bebaute Fläche / *built-up area*	526 m²
Grundstücksfläche / *site area*	679 m²
Heizwärmebedarf / *heating demand*	19kWh/m²a
Planungsbeginn / *project start*	2007
Baubeginn - Fertigstellung / *start - completion*	2010-2012
Baukosten gesamt (netto) *building costs (net)*	EUR 1.000.000,-
Awards	best architects 2014

Pläne für Workshops mit den Nutzern / Plans for the *workshops with the users*

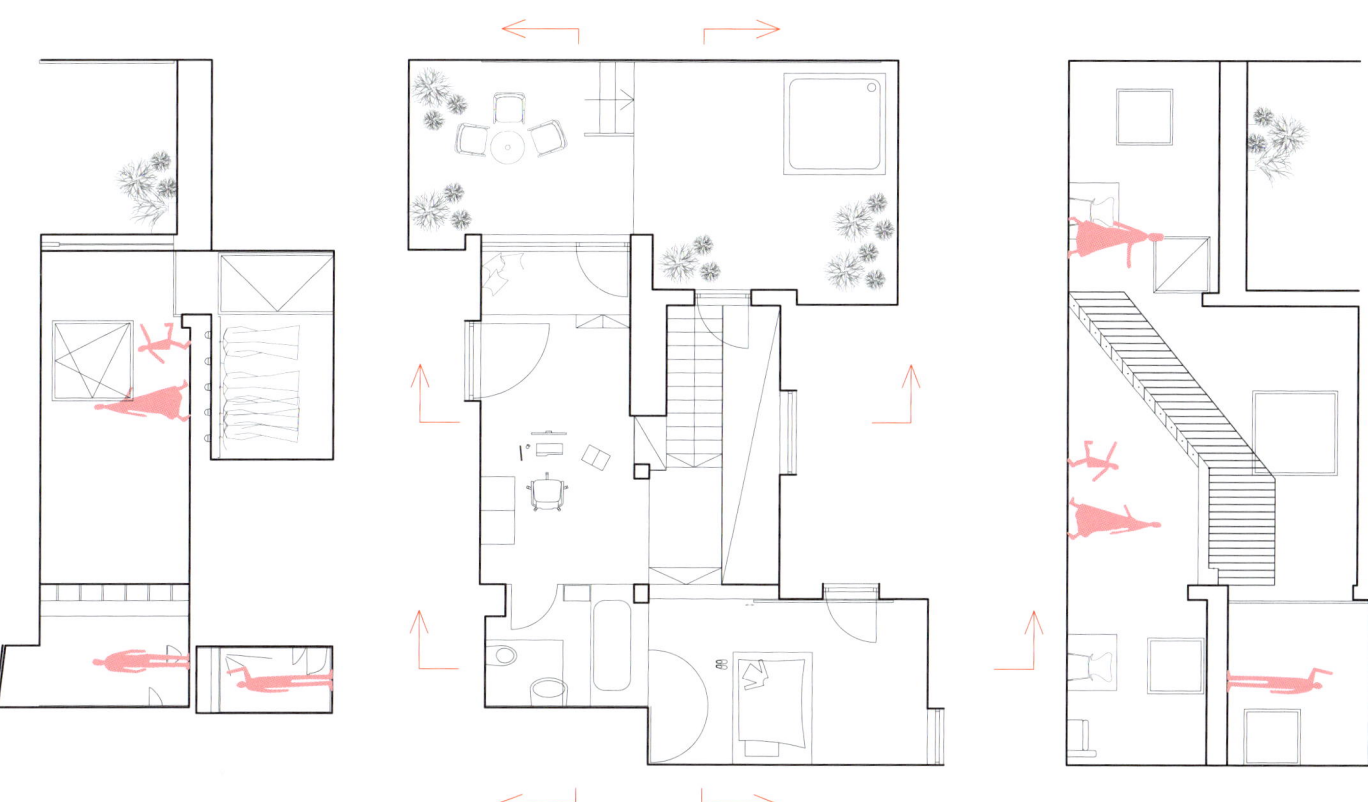

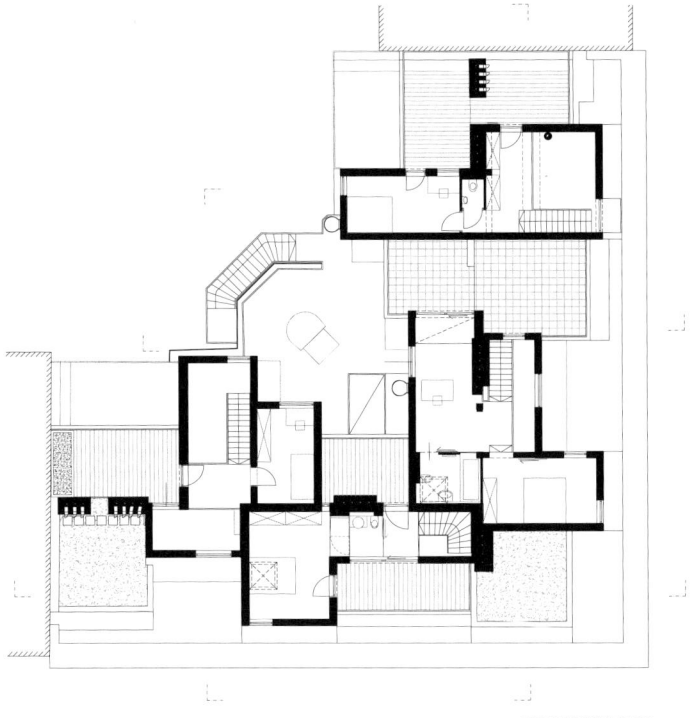

GRUNDRISS 2.DG

GRUNDRISS 1.DG

SCHNITT BB

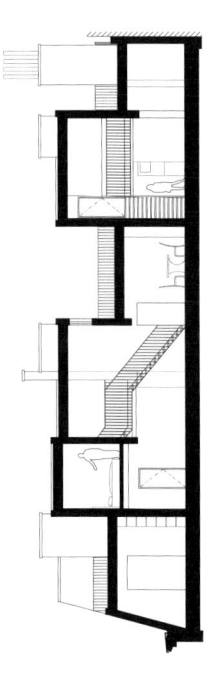

SCHNITT AA

SCHNITT CC

0 1   5

ROSENAUERSTRASSE, LINZ

↗ 176

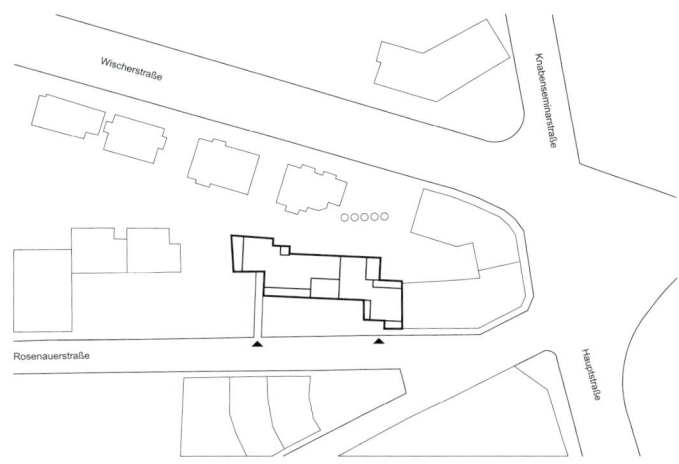

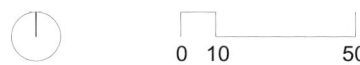

0 10   50

Adresse / *address*	Rosenauerstraße 8+10, 4040 Linz
Bauherr / *client*	Swietelsky Baug.m.b.H.
Kurzbeschreibung / *description*	freifinanzierter Wohnbau; 17 Wohnungen und 1 Mietbüro *Privately funded housing; 17 flats and one office to rent*
Wohnnutzfläche / *floor area*	1481,5 m²
Bauzeit / *time for completion*	2005-2008
Baukosten gesamt (netto) / *building costs (net)*	EUR 2,95 Mio.

Ansicht Hof

Längsschnitt B-B

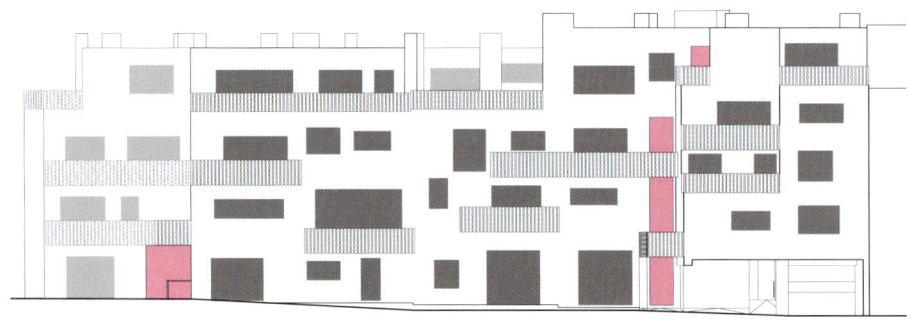

Ansicht Rosenauerstraße

Längsschnitt A-A

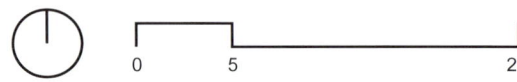

0   5   20

EG

1. OG

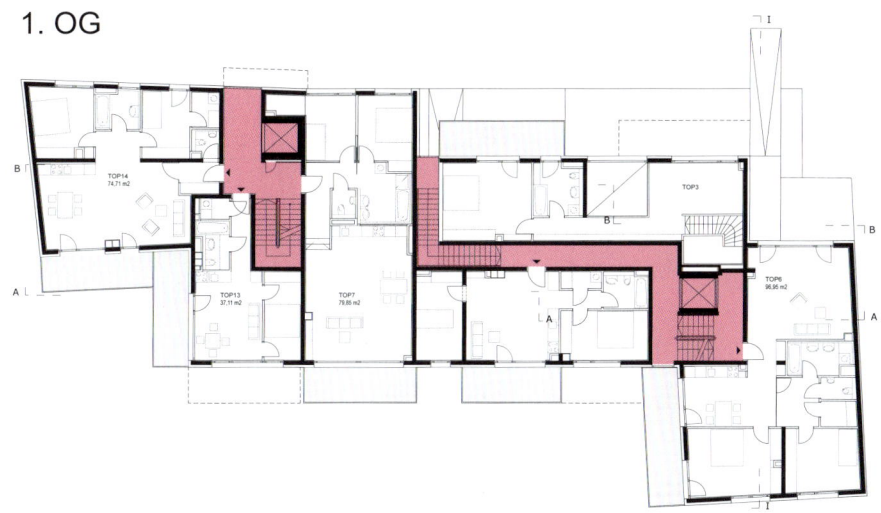

2. OG

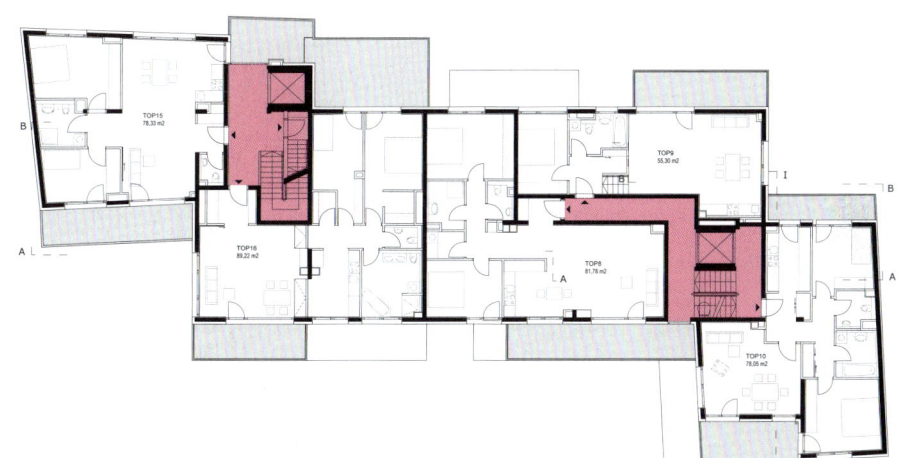

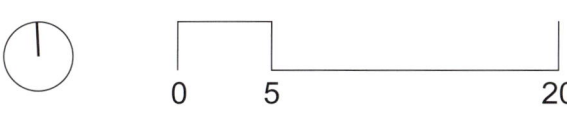

0   5   20

1. DG

2. DG

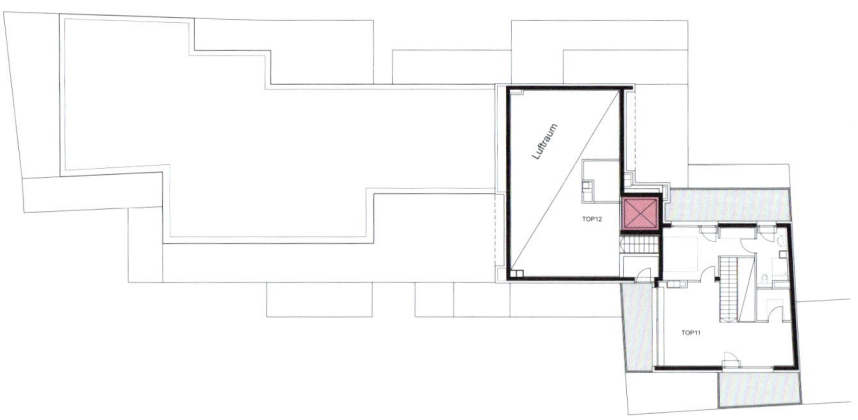

Vorentwurf Geländer / *Preliminary design railings*

SCHADEKGASSE, WIEN

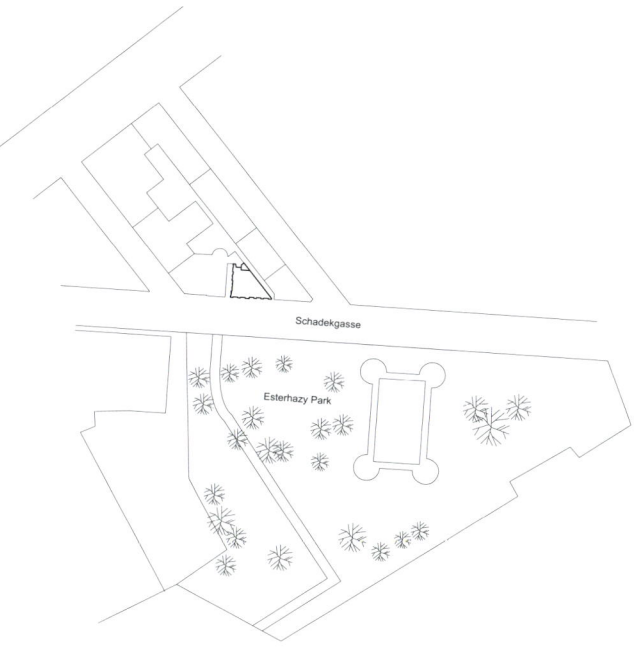

Adresse / *address*	Schadekgasse, 1060 Wien
Kurzbeschreibung / *brief description*	Umbau eines gründerzeitlichen Gassenlokals zu eigenem Büro und Wohnung *Conversion of a Gründerzeit street salesroom into separate office and flat*
Nutzfläche / *floor area*	160 m²
Umbauphasen / *period of modifications*	2000 – 2012
Baukosten gesamt (netto) / *building costs (net)*	EUR 100.000,-

Bestand / *Existing Building*
- Elektrogeschäft / *electric shop*

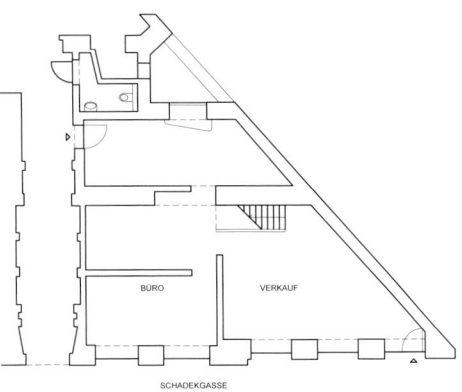

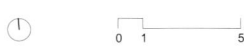

Erdgeschoss / *Ground floor*

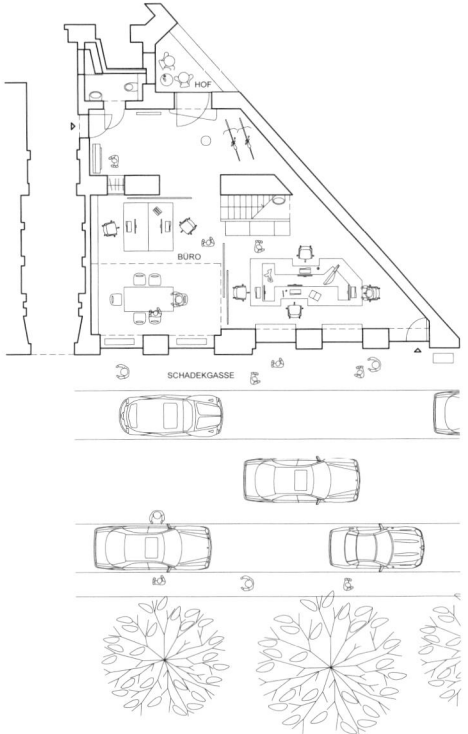

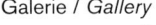

Galerie / *Gallery*

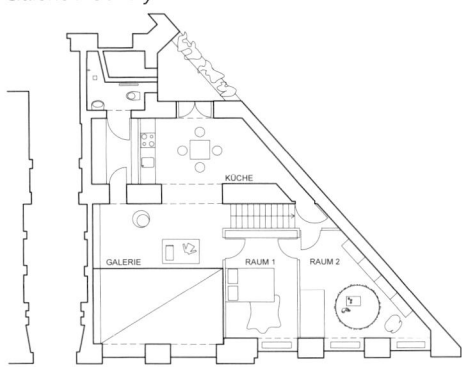

2000 - 2004 Büro/Wohnen / *Office/Living*

Nutzflächenerhöhung durch Einbau einer Galerie in den 4,70 m hohen Raum. Oben wohnen, unten Büro. Man kommt durch das Büro nach Hause. Die Stiege ist Wohnungseingang und Garderobe in einem.
Kontakt zwischen den Etagen über Lufträume.
/ *Increase of useful floor area by inserting a gallery into a room with a ceiling height of 4.70 m. It combines living on the top with working in the office below. You arrive home through the office. The stairs are used as an entrance to the dwelling and wardrobe all in one.*
Inter-storey communication works via the voids.

2004 - 2012 Wohnen / *Wohnen*

Oben und unten wohnen. Interessante Version des Durchgangszimmers, (das allerdings nur vom jeweiligen Bewohner durchquert wird) um über die gemeinsame Galerie ins Bad zu kommen.
/ *Living above and below. Interesting variation of a connecting room (which is only used by residents) providing access to the bathroom via the shared gallery.*

SKADBERGBAKKEN STAVANGER, NORWEGEN

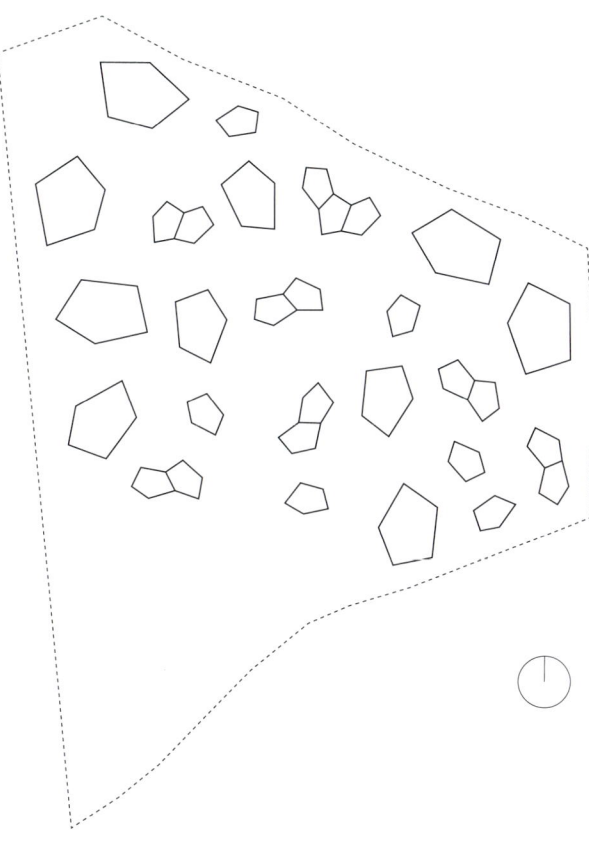

Adresse / *address*	Skadbergbakken, NO 4014 Stavanger
Bauherr / *client*	Nils Boe Skadberg Eiendomsutvikling AS
Kurzbeschreibung / *brief description*	Projektplanung für 100 Wohnungen, Masterplan für 400 Wohnungen *project planning for 100 flats, Masterplan for 400 flats*
Kooperation / *cooperation*	Helen & Hard AS, Stavanger Norwegen
Städtebau / *urban development* Sites A, B, C	84,212 m²
Architektur / *architecture* Site B	22,590 m²
Nutzfläche / *floor area*	13.000 m² (Grundstück B)
Planungsbeginn / *start of project*	2007
Baubeginn / *start of construction*	2010 *(stopped)*

Bestand
/ *Existing building*

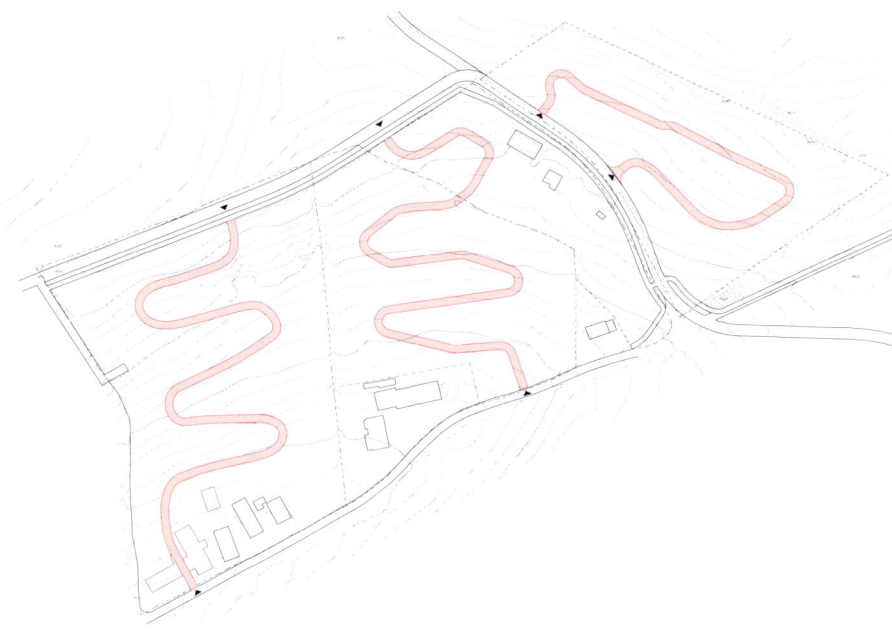

Wegesystem
/ *Walkway system*

A

B

C

Erschließung: Serpentinenartige Wohnstraßen mit
angelagerten Tuns folgen dem natürlichen Gelände
(Nordhanglage 7° Steigung)
/ *Accessibility: serpentine-like residential streets with*
attached tuns follow the natural course of the terrain
(northern slope, 7° incline)

Komplexe Vernetzung: Vielfältige Wegeführung durch das
Gebiet und Anbindung an die angrenzende Infrastruktur
/ *Complex network: variety of routes through the area with
connections to nearby infrastructure*

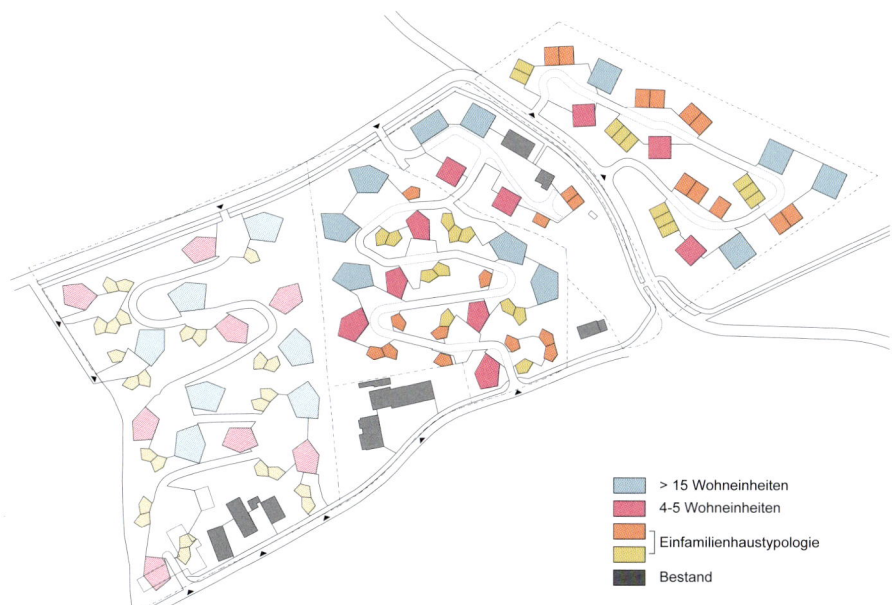

⬛ blue	> 15 Wohneinheiten
⬛ red	4-5 Wohneinheiten
⬛ orange	Einfamilienhaustypologie
⬛ yellow	
⬛ grey	Bestand

Baukörperverteilung & typologische Durchmischung
/ *Building distribution & typological blend*

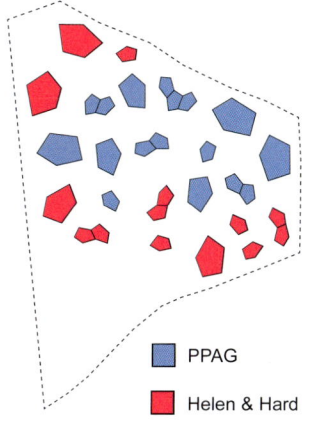

Aufteilung unter den beiden Büros
/ *Shared by both offices*

⬛ PPAG

⬛ Helen & Hard

Städtebauliches Prinzip: BLITZ & VIEW / *Urbanistic principle: BLITZ & VIEW*

Jedes Haus erhält mehrfach pro Tag direkte Sonneneinstrahlung und hat eine Vielfalt von Ausblicken.
/ Each house gets direct sunlight several times a day and boasts a wide range of different views

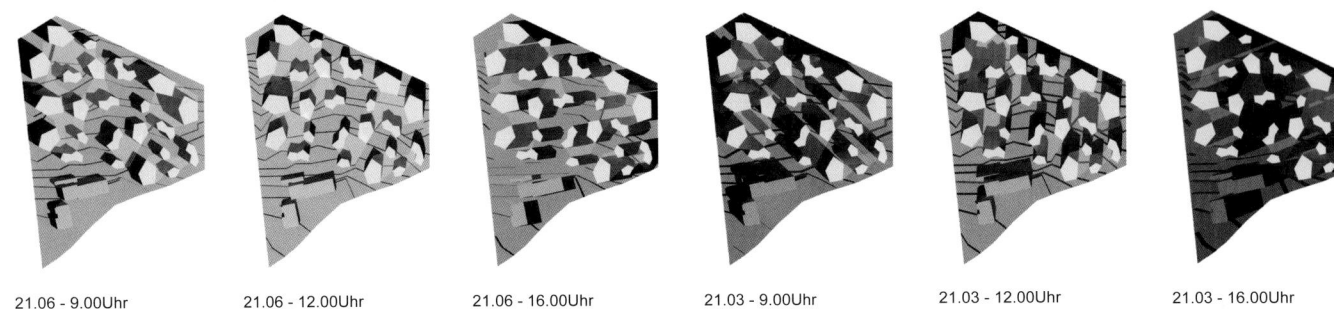

21.06 - 9.00Uhr   21.06 - 12.00Uhr   21.06 - 16.00Uhr   21.03 - 9.00Uhr   21.03 - 12.00Uhr   21.03 - 16.00Uhr

Die selbstähnlichen Konturen der Gebäude finden durch verschiedene Maßstäbe und Planungen beider Teams zu innerer Vielfalt
/ *Self-similar building contours develop interior diversity by means of different scales and designs of both teams*

Das mussten wir erst lernen:
Norweger mögen 2 Wohnzimmer in der Wohnung und akzeptieren dafür winzig kleine Zimmer
/ *First of all, we had to acknowledge the following: Norwegian people love to have 2 living rooms and in turn accept tiny bedrooms*

H-Haus:

Vier Wohnungen spiralisieren sich an 3 Stiegen durch die Geschosse. Vom beinahe Regelgeschoss schnappt sich jede Wohnung pro Geschoss einen Teil. Dieser Typ ist öffentlich durchgehbar. Er schafft einen Kurzschluss zwischen 2 (immer zueinander höhenversetzten) Tuns unter dem Haus
/ *Four dwellings spiral upwards along three staircases through the storeys. Each apartment secures a portion of the almost standard floor per storey. This is a public walk-through type. It links two activities below the house (always offset in terms of height)*

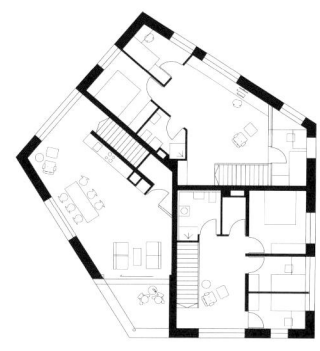

2nd floor

S-HAUS

Großzügiges vielgeschossiges Einfamilienhaus mit kleinem Fußabdruck
/ *spacious multi-storey single-family house with low footprint*

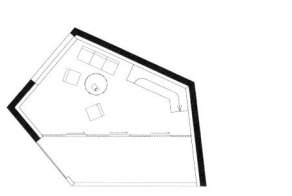

4th floor

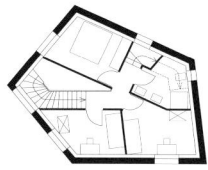

3rd floor

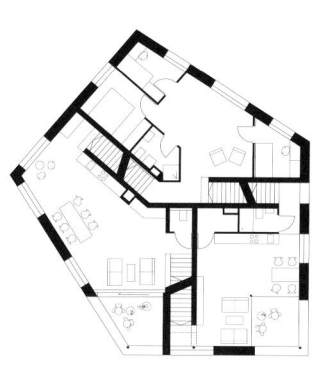

1st floor

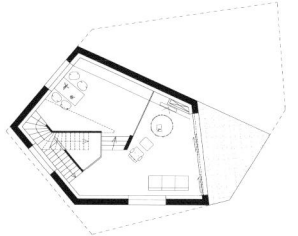

2nd floor

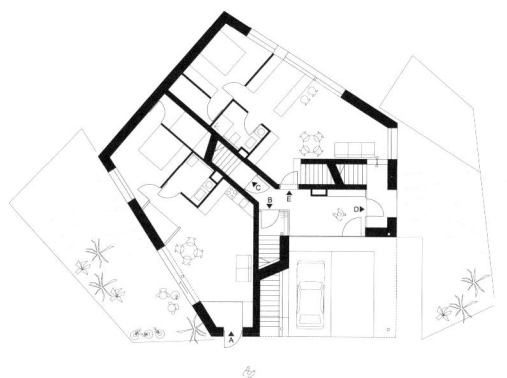

ground floor
(upper tun level)

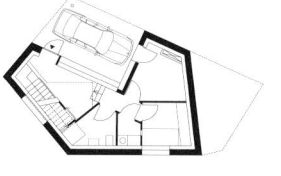

1st floor

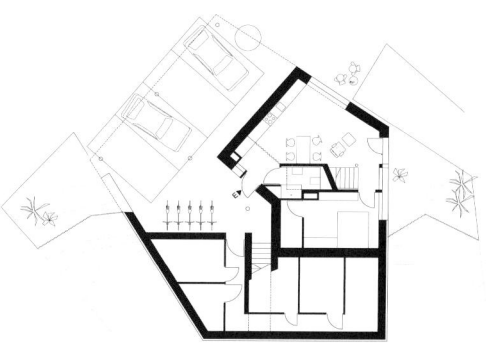

ground floor
(lower tun level)

0 1   5

A-Haus:
Appartment Haus mit 13 Wohnungen und 2 Penthäusern
/ *Appartment House with 13 flats and 2 penthouses*

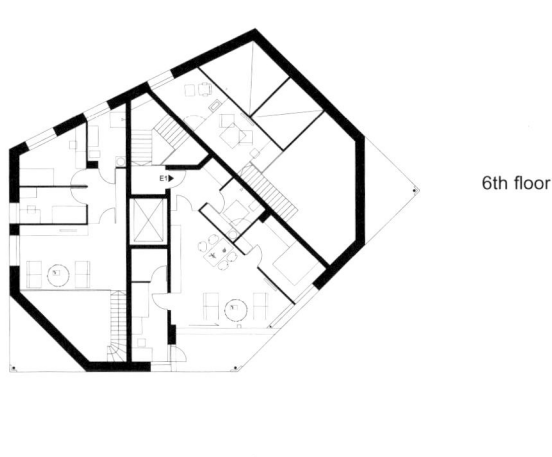

6th floor

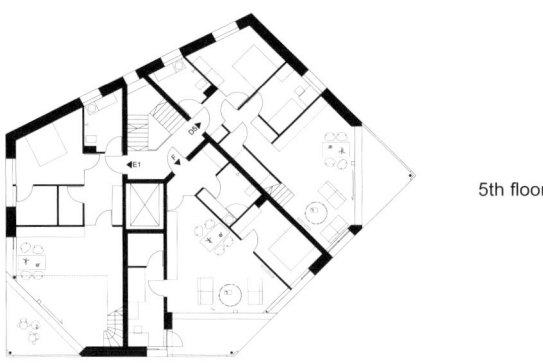

5th floor

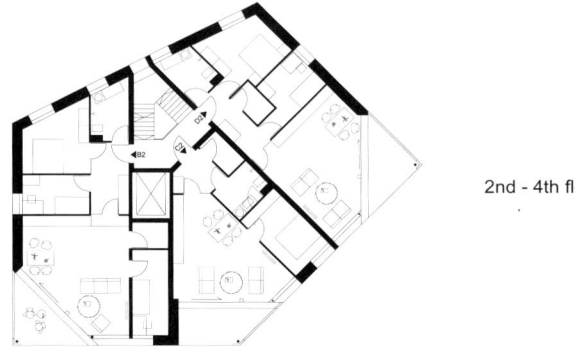

2nd - 4th floor

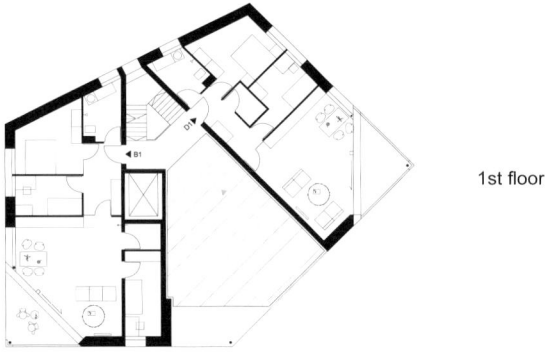

1st floor

0 1   5

PARKHAUS SKOPJE, MAZEDONIEN

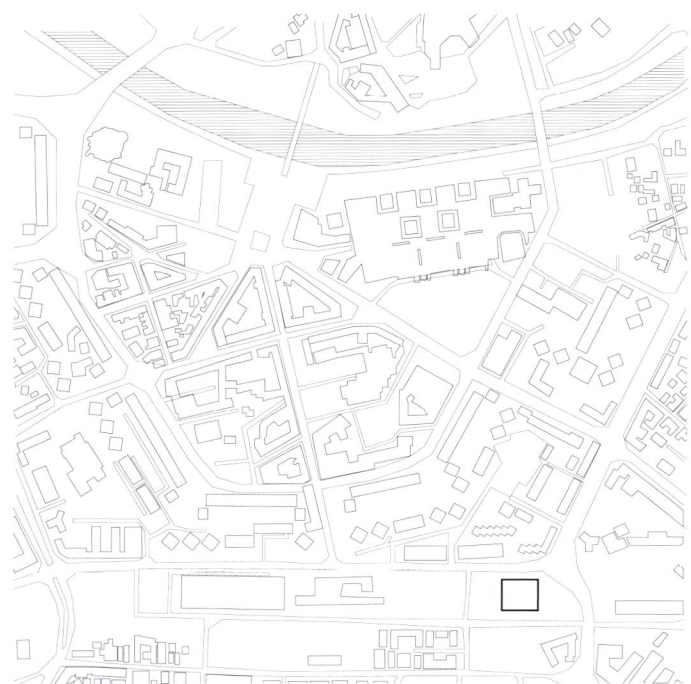

Kurzbeschreibung / *brief description*	Fassade eines Parkhauses *Façade of a car park*
Adresse / *address*	Ulica Mito Hagjivasilev Jasmin, Skopje
Bauherr / *client*	Stadt Skopje / *City of Skopje*
Planungsbeginn / *start of project*	2010
Fertigstellung / *completion*	2013
Kooperation / *cooperation*	Milan Mijalkovic Goricanka architects

collagierte Fassade der Wiener Gumpendorferstraße

.

zu einem endlosen Muster gefügt

.

in CAD übersetzt

.

3-dimensionalisiert

/

Façade with collage in the Gumpendorferstraße, Vienna

.

joined together to form an endless pattern

.

translated through CAD

.

transformed into 3 dimensions

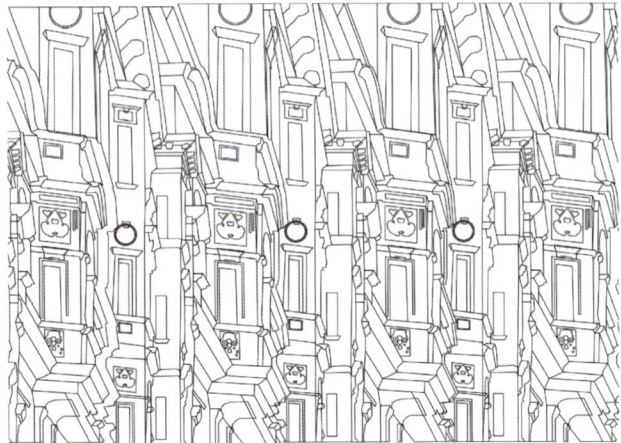

Gumpendorfer Strasse Wien, Fotos Andrea Popelka

Verschnittfreie Plattenteilung
/ *Wastefree boarddivision*

Nordfassade / *North facade*

Plattenzuschnitte / *Pre-cut slabs*

SLIM CITY, SEESTADT ASPERN WIEN

↗200

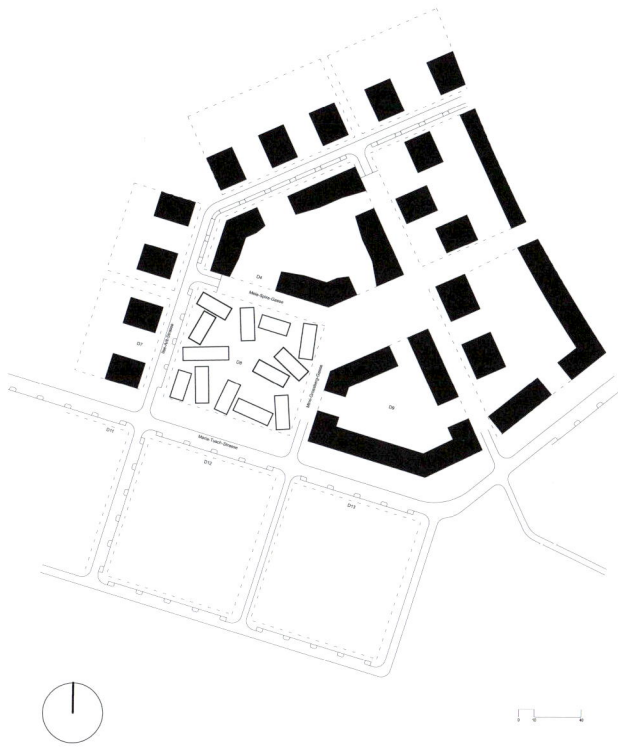

Adresse / *address*	Maria-Tusch-Straße 7 + 9, Ilse-Arlt-Straße 12, Mimi-Grossberg-Gasse 11, Mela-Spira-Gasse 3, Baufeld D8
Bauherr / *client*	EGW Heimstätte Ges.m.b.H
Verfahren / *process*	Kooperatives Verfahren Wohnbauinitiative 2011
Grundfläche / *ground area*	6.200 m² (bebaute Fläche 3.000 m²)
BGF/NNF gesamt / *total*	15.900 m²/ 13.600 m²
Kurzbeschreibung / *brief description*	Wohntürme in dichter Packung: 178 Wohnungen mit Gemeinschafts-flächen, Geschäftsflächen Büros und Gastronomie *Residential towers densely packed: 178 flats with communal spaces, commercial and office areas, and bars/restaurants*
Netto-Herstellungskosten / *production costs*	EUR 16.900.000,-
Projektbeginn / *start of project*	2011
Fertigstellung / *completion*	Dezember 2014

Ansicht Süd / *South elevation*

Ansicht Nord / *North elevation*

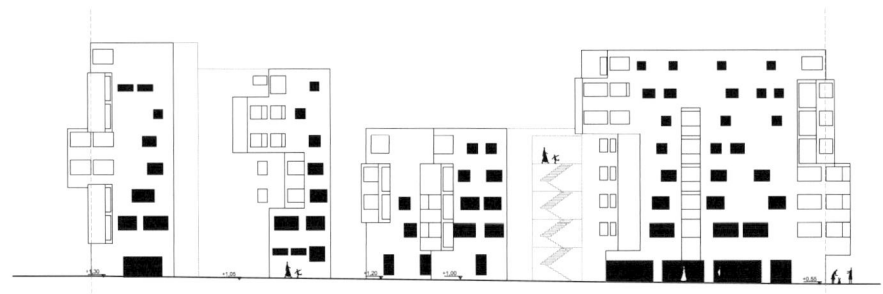

Ansicht Ost / *East elevation*

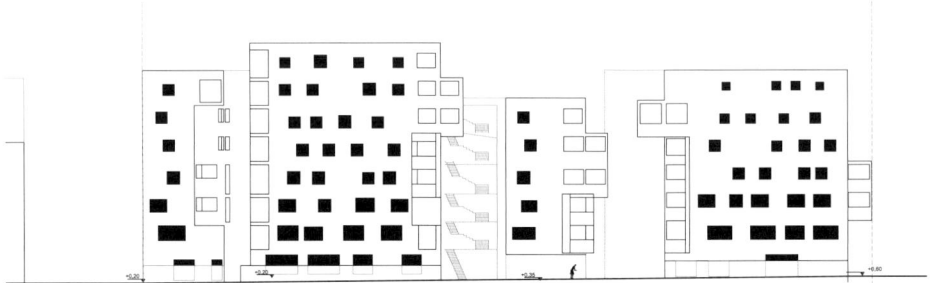

Ansicht West / *West elevation*

VERTIKALE GRAMMATIK: Um jeder Wohnung auch von der Erdgeschossebene abgehobene Flächen zu ermöglichen werden die meisten untersten beiden Geschosse als Maisonetten organisiert. Um Erschließungsflächen zu minimieren sind die beiden obersten Geschosse ebenfalls als Maisonetten organisiert. Dazwischen befinden sich – als Regelgeschosse – ebene Geschosswohnungen. Hineingestreut liegen nutzungsoffene Ebenen mit größerer Raumhöhe. Horizontal betrachtet befinden sich meist nur 2 Wohnungen in einem Haus, was den Wohnungen Orientierung nach 3 Seiten und dadurch eine große Menge Möglichkeiten der inneren Organisation und hohe Nutzungsflexibilität verleiht. Die differenzierten äußeren räumlichen, Licht- und Blickbeziehungen werden von den Wohnungen aufgenommen, in dem diese auf ihre jeweilige Lage reagieren. Fensterlagen und -größen folgen antagonistisch einem Helligkeitsalgorithmus, tendenziell von unten nach oben in der Größe abnehmend und einem Ausblicks- Algorithmus, tendenziell in der Anzahl von unten nach oben zunehmend.

/ VERTICAL GRAMMAR: in order to provide each dwelling with elevated space above ground floor level, the two bottom floors are chiefly organised as maisonettes. In order to minimise circulation areas, the two uppermost floors also have maisonettes. Between these, there are normal apartments – as standard floors – as well. Strewn in between are open-use floor levels with increased ceiling heights. Horizontally viewed, there are mostly only two apartments per house, which means that they are oriented in three directions, thus offering a whole host of interior organisation possibilities and high flexibility of use. The dwellings adopt various different relations with regard to exterior space, light and views, in that these respond to their respective position. Window positions and dimensions antagonistically follow an algorithm of lucidity that tends to decrease from bottom to top, and an algorithm of sight tending to increase in number from bottom to top.

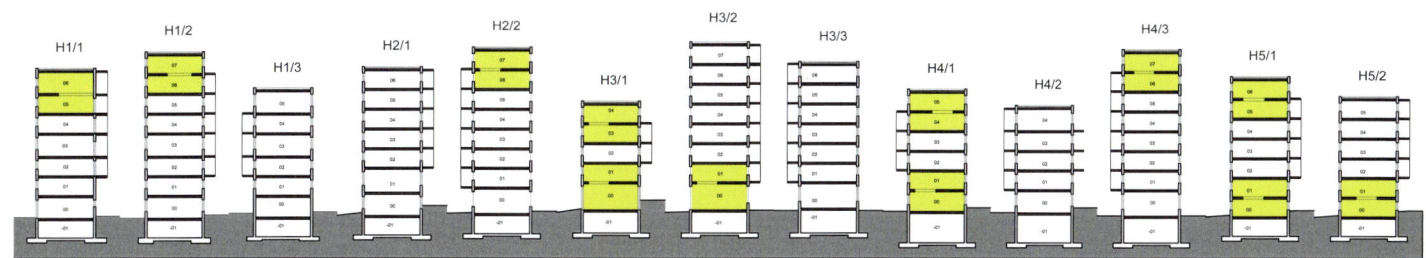

Maisonetten / *maisonettes*

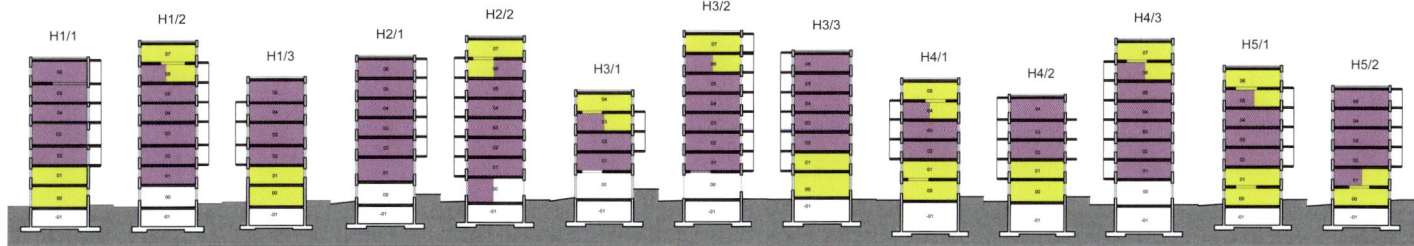

Maisonetten / Geschosswohnungen / *maisonettes / apartments*

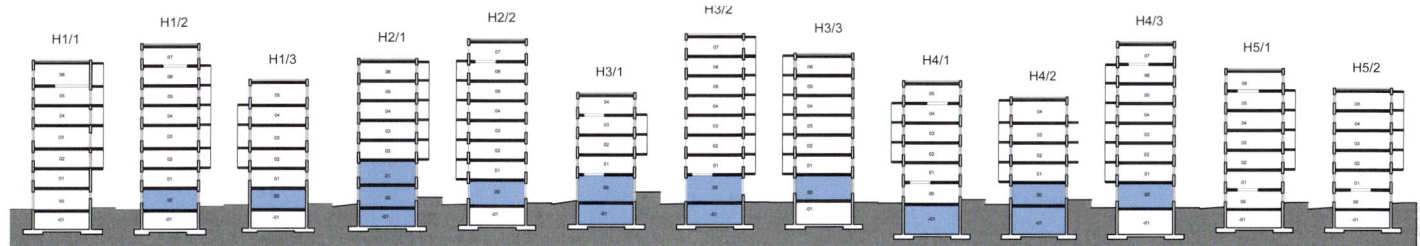

Gewerbenutzung / Gemeinschaftsnutzung / *Commercial use / collective use*

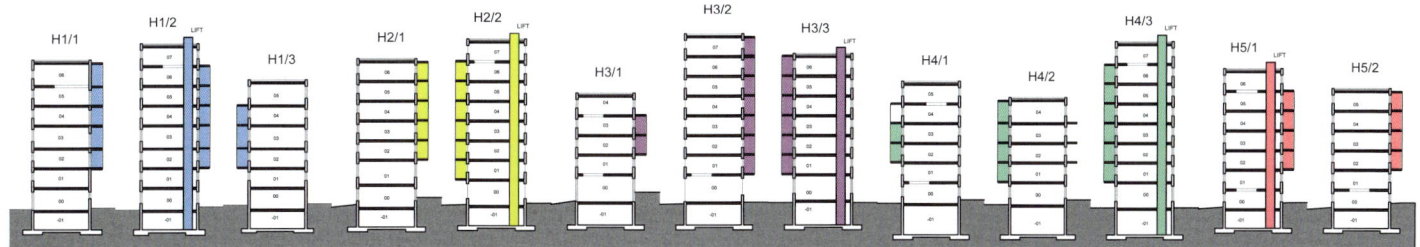

Erschliessungsgruppen AEH1 - AEH5 / *Groups of building site preparation AEH1 - AEH5*

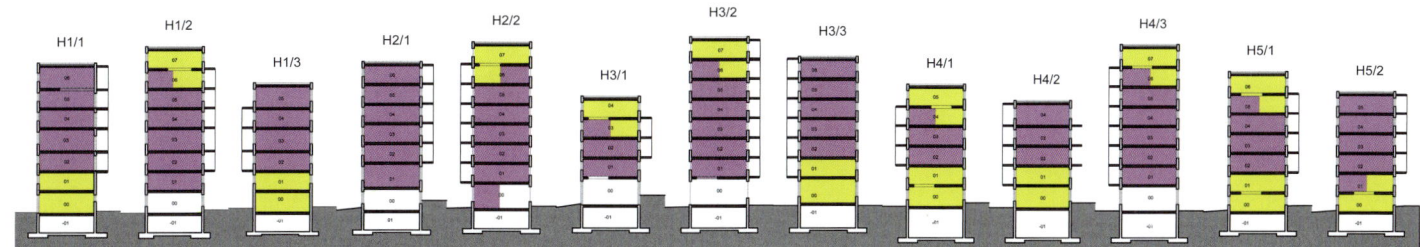

Nutzungsneutrale Räume / *rooms of neutral use*

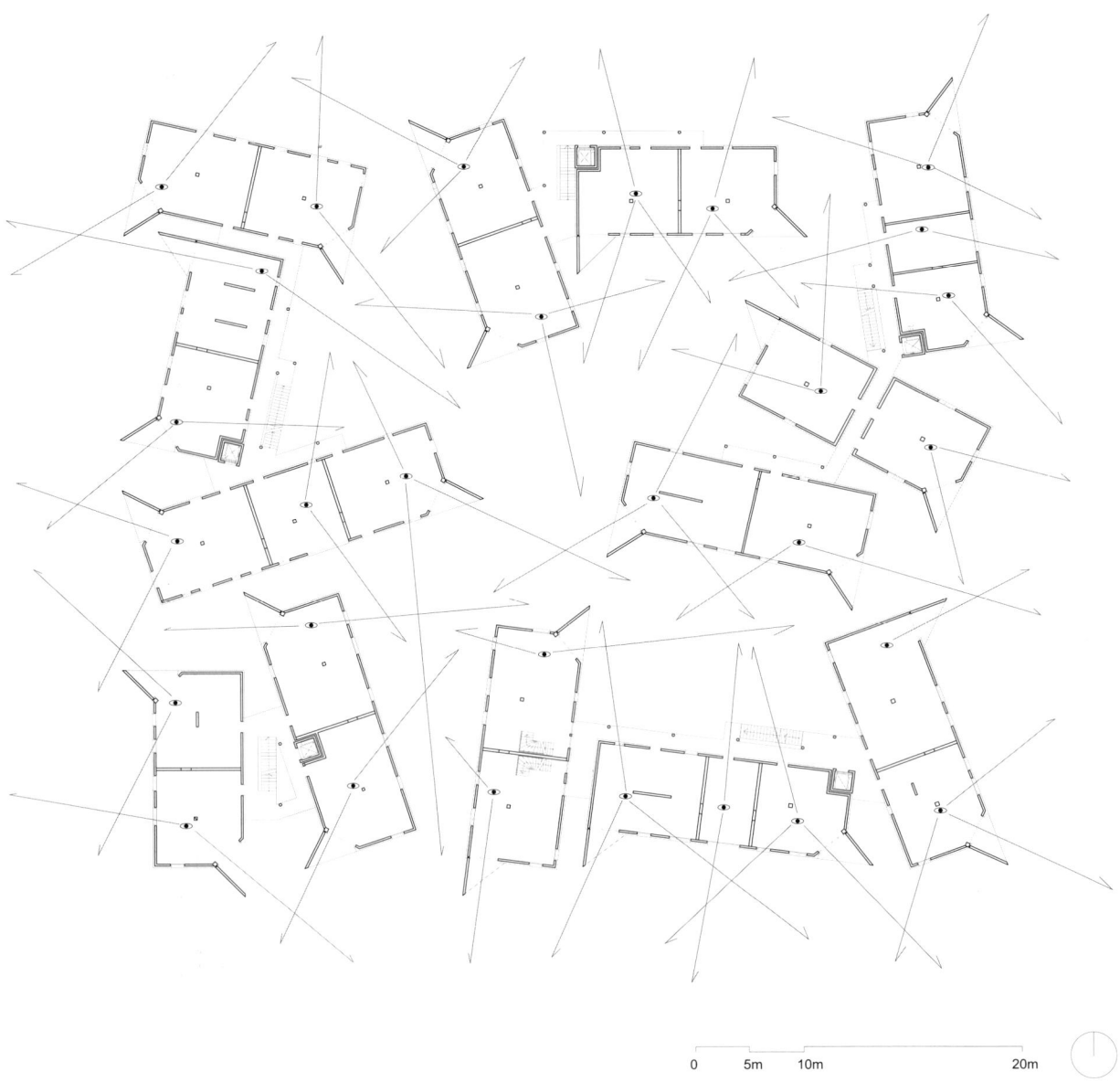

0   5m   10m   20m

Die turmartigen Häuser beinhalten in der Regel 2 Wohnungen pro Geschoss. Fast alle Wohnungen sind daher 3-seitig orientiert und bieten Ausblicke in verschiedene Richtungen und Situationen. Zumindest ein weiter Blick pro Wohnung ist gegeben, Vordergrund und Weitblick werden durch die Situierung der Häuser ebenso gezielt gesteuert wie Überblick über die Plätzchen.

/ As a rule, these tower houses comprise two flats per floor. Nearly all apartments are therefore oriented in three directions, offering different views and situations. While each dwelling has at least one wide view, the building's position specifically determines close and distant views, as well as overall views to little squares. Views to neighbouring houses that could cause undue discomfort are avoided by twisting the buildings to each other.

Sonnenstunden / *hours of sunshine*

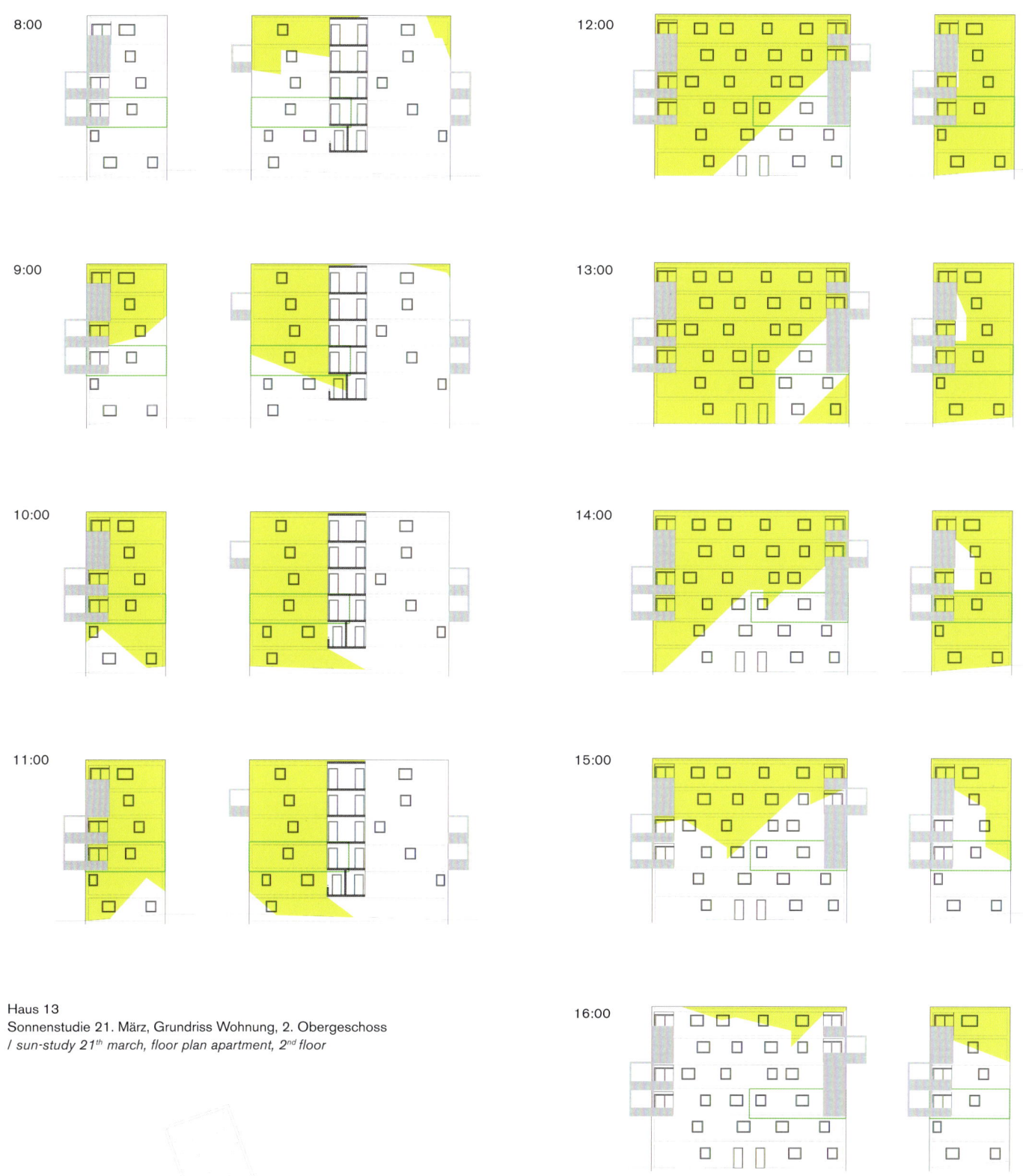

8:00

9:00

10:00

11:00

12:00

13:00

14:00

15:00

16:00

Haus 13
Sonnenstudie 21. März, Grundriss Wohnung, 2. Obergeschoss
/ *sun-study 21th march, floor plan apartment, 2nd floor*

16:00   8:00

3. Obergeschoss / *3rd floor*

```
0    5m   10m              20m
```

Es wird derzeit noch recherchiert, inwieweit und in welcher Form die im Konzept angelegte Grundrissfreiheit bis zum Bewohner finden kann. Denkbar ist die Übergabe einer loftartigen leeren Wohnung, die im Laufe der sich ändernden Bedürfnisse der Bewohner von diesen angepasst werden kann. In diesem Rahmen soll auch für Bewohner jenseits der klassischen Familienstruktur ein maßgeschneidertes Angebot geschaffen werden..
/ *How far and in which form residents could benefit from this concept's open ground plan, is the subject of current research. One solution could be to deliver an empty loft-like dwelling which occupants could adapt over time to meet their changing needs.*

RESTAURANT <u>S</u>TEIRERECK, WIEN

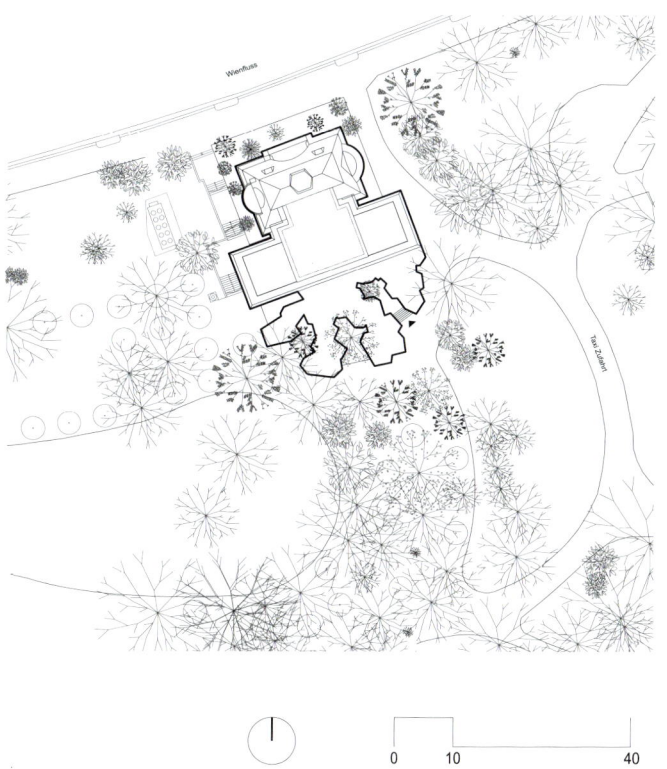

Adresse / *address*	Am Heumarkt 2A im Stadtpark, 1030 Wien
Bauherr / *client*	Steirereck Stadtpark GmbH
Kurzbeschreibung / *brief description*	Umbau und Erweiterung des bestehenden Restaurants im laufenden Betrieb *Alteration and extension of the existing restaurant during operation of the restaurant*
Verfahren / *process*	geladener Wettbewerb, 1. Preis, *invited competition, 1ˢᵗ prize*
Planungsbeginn / *start of planning*	05/2012
Fertigstellung / *completion*:	07/2014

0   10   40

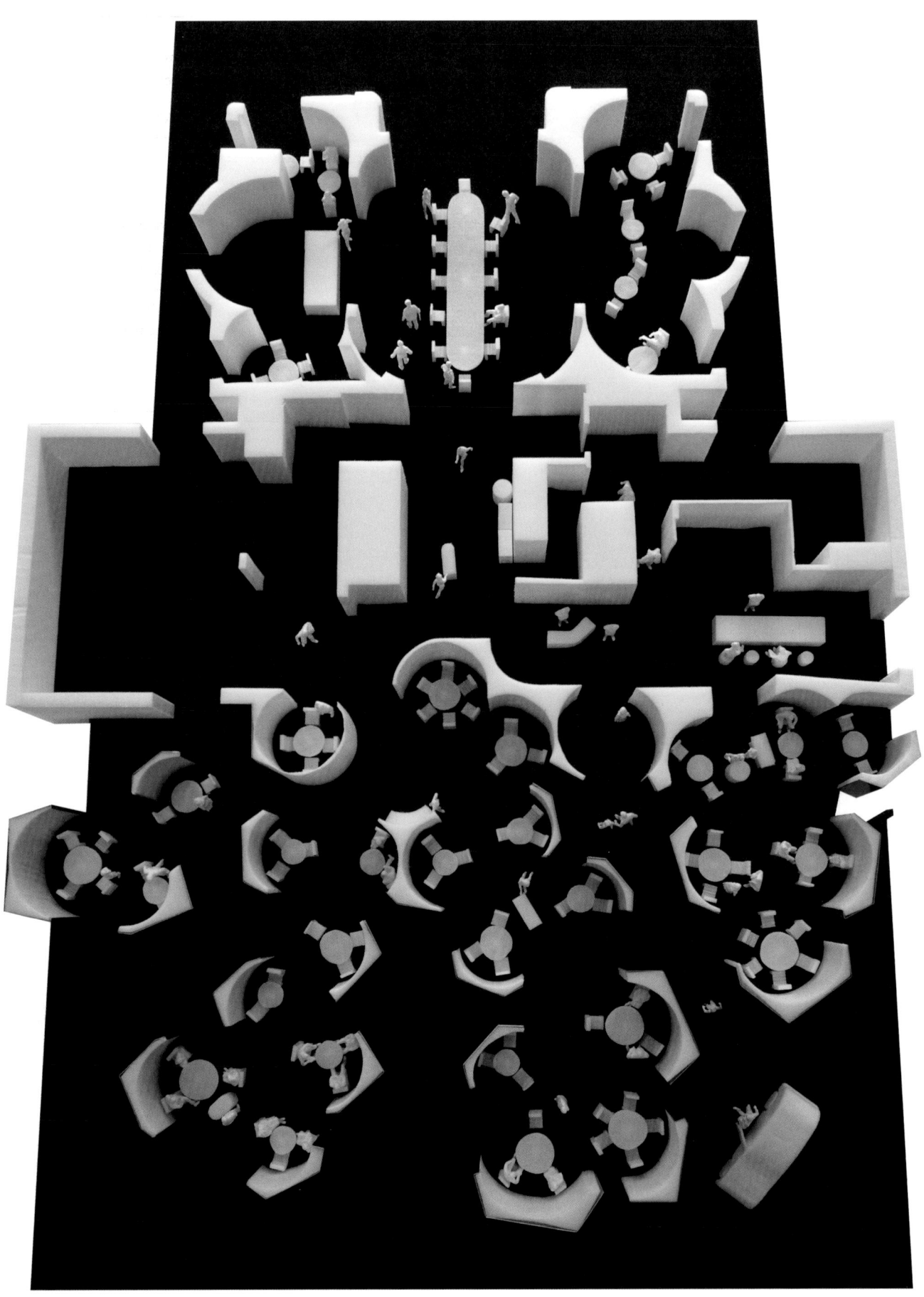

Wettbewerbsmodell / *Model of the competition*

TRAISENGASSE, WIEN

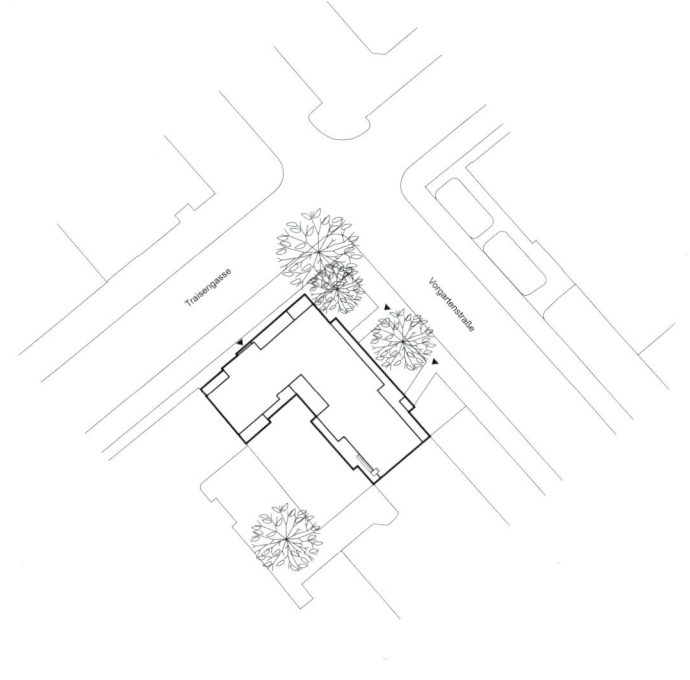

Adresse / *address*	Traisengasse 12, 1200 Wien, A
Bauherr / *client*	GESIBA, Gemeinnützige Siedlungs- und Bauaktiengesellschaft *GESIBA, Gemeinnützige Siedlungs- und Bauaktiengesellschaft*
Kurzbeschreibung / *brief description*	geförderter Wohnbau; 32 Wohnungen und Jugendwohngruppe, Gemein-schaftsraum *funded housing; 32 apartments and Jugendwohngruppe, common space*
Vefahren / *process*	Wettbewerb, 1. Preis *Competition 1st prize*
Nutzfläche / *floor area*	2655 m²
Bauzeit / *time für completion*	2004-2006
Baukosten gesamt (netto) / *building costs* (net)	EUR 3.160.000,-
Heizwärmebedarf / heating demand	32,4 kWh/m²a

0   10   40

Vorprojekt / *pre-project*

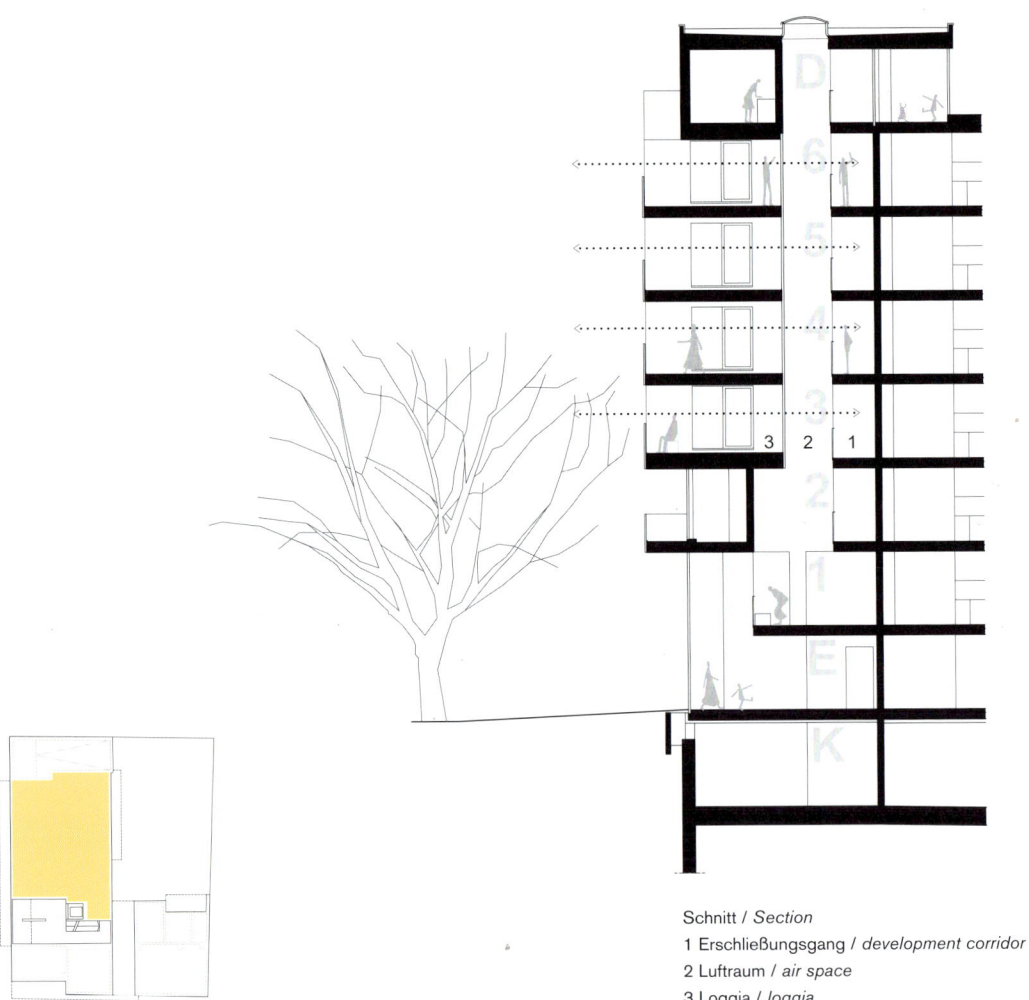

Schnitt / *Section*
1 Erschließungsgang / *development corridor*
2 Luftraum / *air space*
3 Loggia / *loggia*

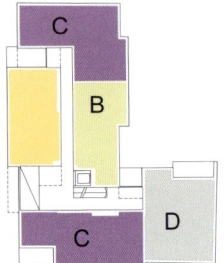

EG - Jugendwohngruppe / Waschküche

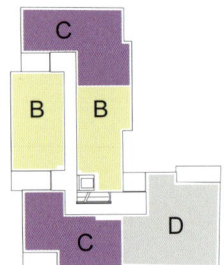

1.OG - Jugendwohngruppe

Wohnungsmix
B 2-Zimmer-Wohnungen 32%
C 3-Zimmer-Wohnungen 52%
D 4-Zimmer-Wohnungen 16%

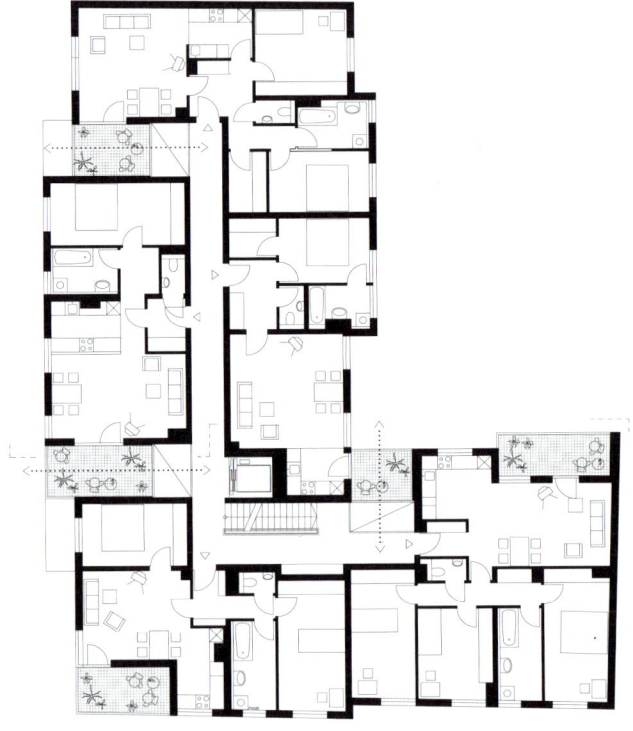

Regelgrundriss

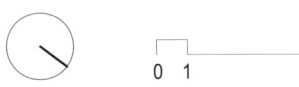

0 1   5

TWINS, KOŠICE

↗216

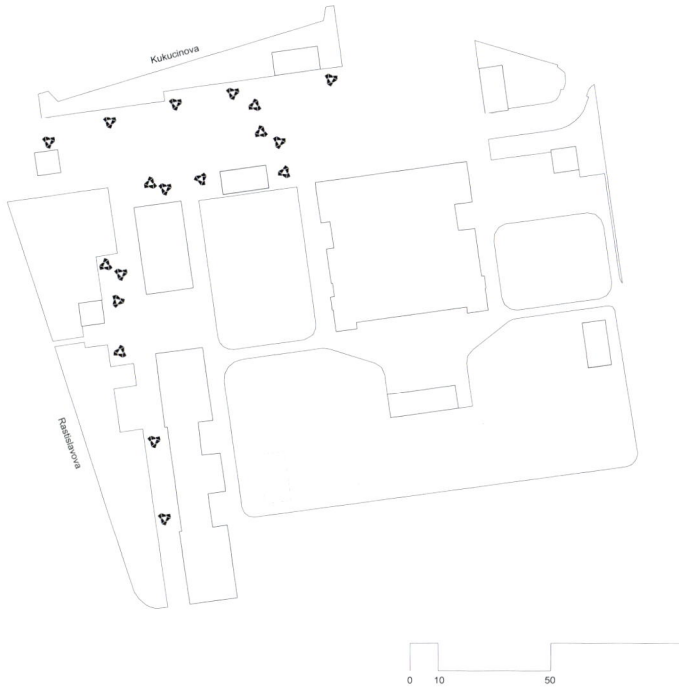

Adresse / address	Kasárne Kulturpark Kosice
Auftraggeber / client	Kosice 2013, City of Kosice via Interchair sk
Projektbeginn / start of project	2010
Fertigstellung / completion	2013

0 10   50   100

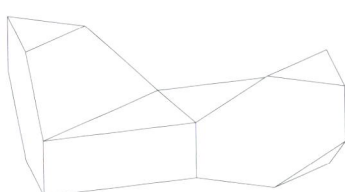

Constellation "Swan"

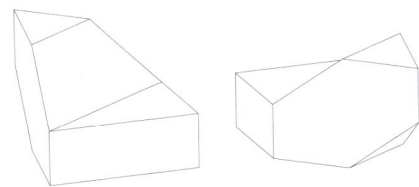

TWINS

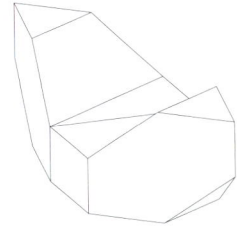

Constellation "Duck"

Herstellungsprozess / *manufacturing process*

Die Twins werden in einem großen Ofen gebacken. Eine Hohlform aus Aluminiumguss rotiert darin fast eine Stunde um zwei Achsen. So legt sich das Kunststoffgranulat gleichmäßig von innen an die Form, verflüssigt sich und wird dann langsam abgekühlt.
/ Die Twins werden in einem großen Ofen gebacken. Eine Hohlform aus Aluminiumguss rotiert darin fast eine Stunde um zwei Achsen. So legt sich das Kunststoffgranulat gleichmäßig von innen an die Form, verflüssigt sich und wird dann langsam abgekühlt.

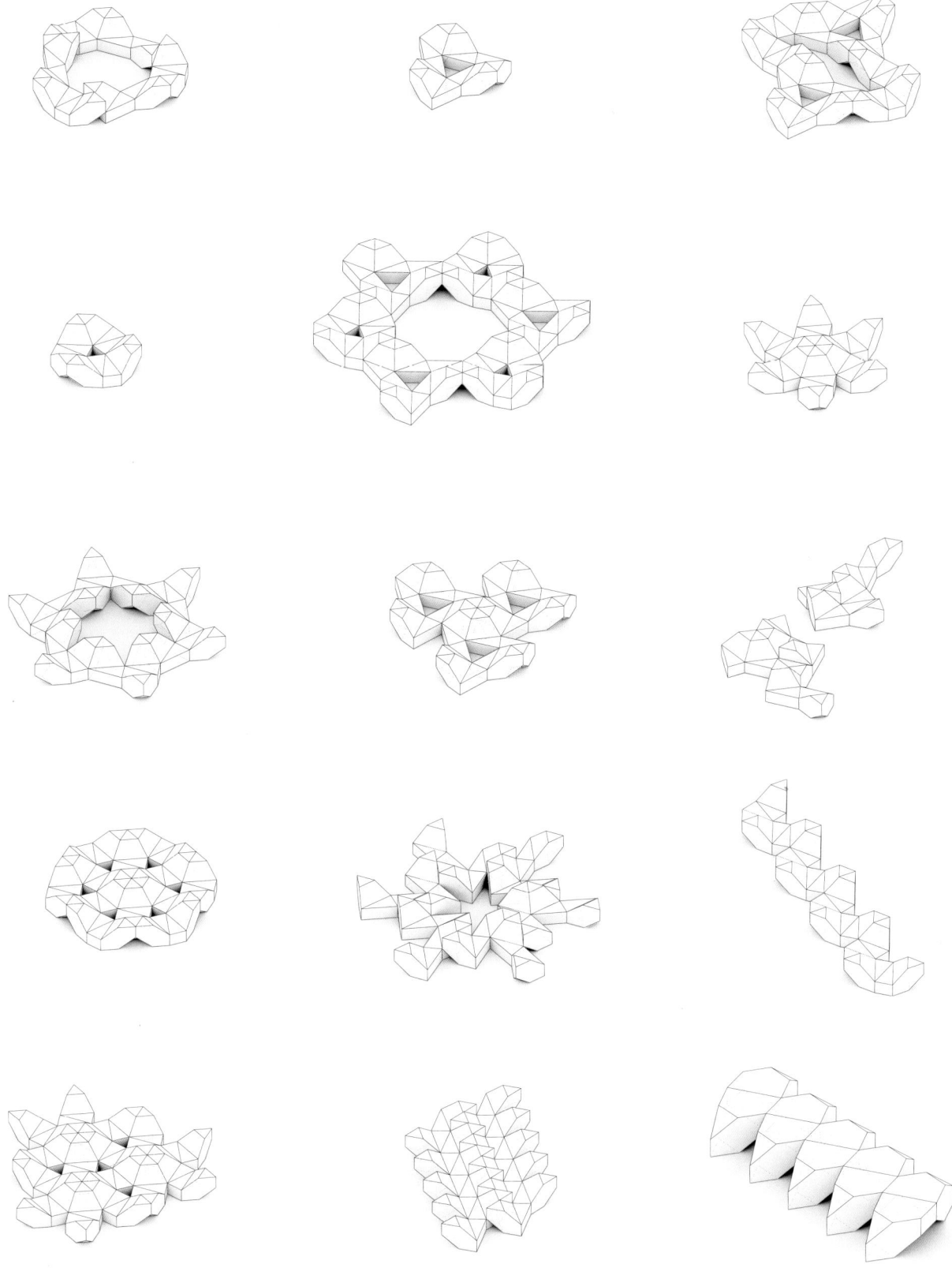

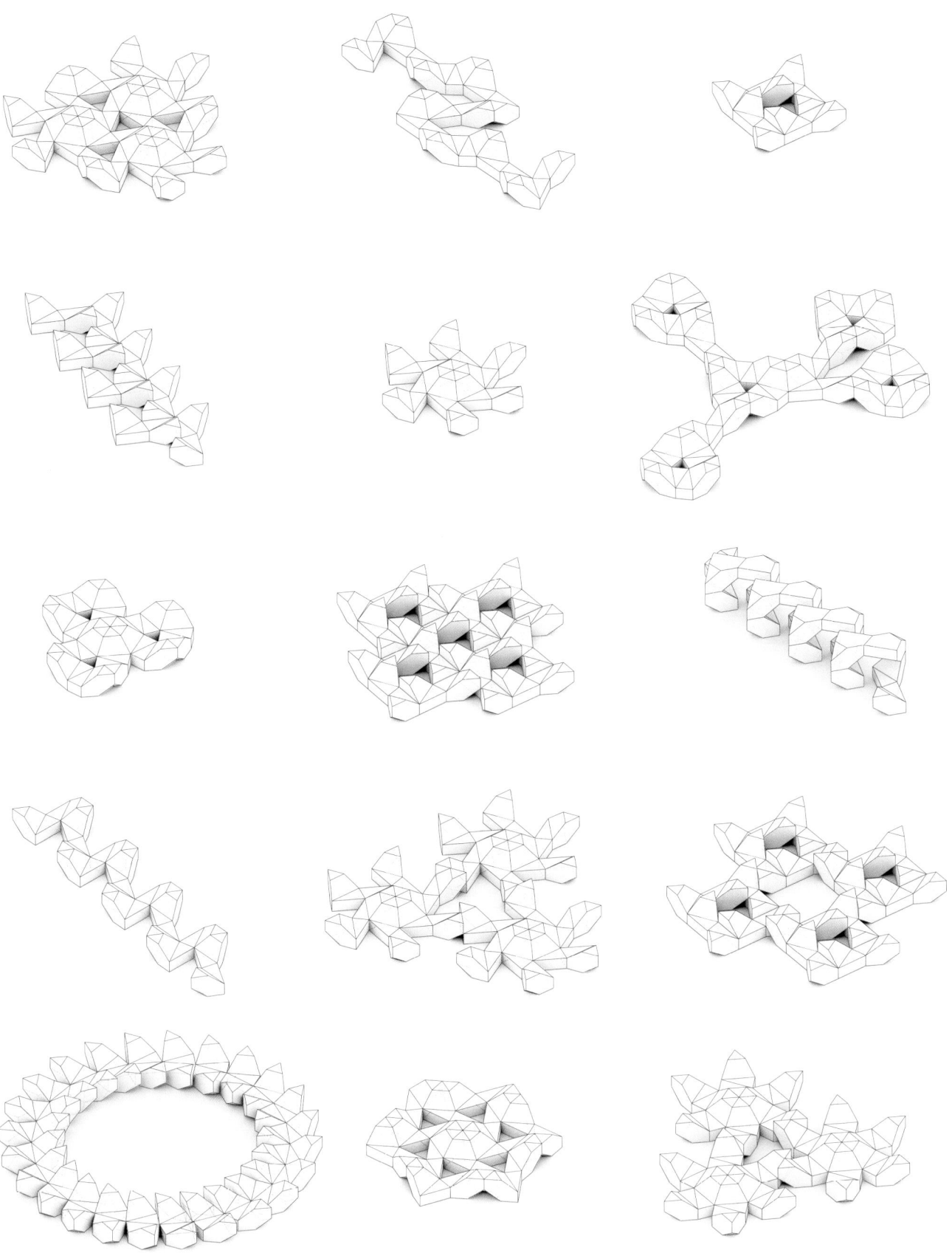

WOHNEN AM PARK, WIEN

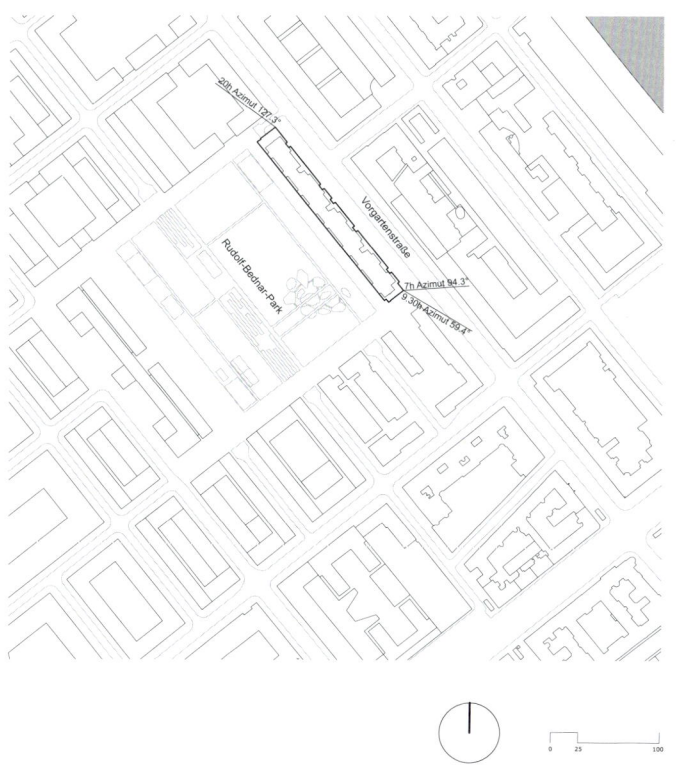

Adresse / *address*	Vorgartenstraße 122-128, 1020 Wien
Bauherr / *client*	GESIBA, Gemeinnützige Siedlungs- und Bauaktiengesellschaft
Kurzbeschreibung / *short description*	geförderter Wohnbau; 272 Wohnungen und Gemeinschaftsräume *Subsidised housing; 272 apartments and common spaces*
Verfahren/ *process*	Gutachterverfahren, 1. Preis *Peer review procedure , 1st prize*
Nutzfläche / *floor area*	22.450 m²
Planungsbeginn / *start of planning*	2005
Bauzeit / *time for completion*	2007-2009
Baukosten gesamt (netto) / *building costs (net)*	EUR 26.000.000,-
Heizwärmebedarf / *heating demand*	29 kWh/m²a
Awards	Nominierung, Mies v. d. Rohe Preis 2011 *Nomination, Mies v. d. Rohe Prize 2011* best architects 2012

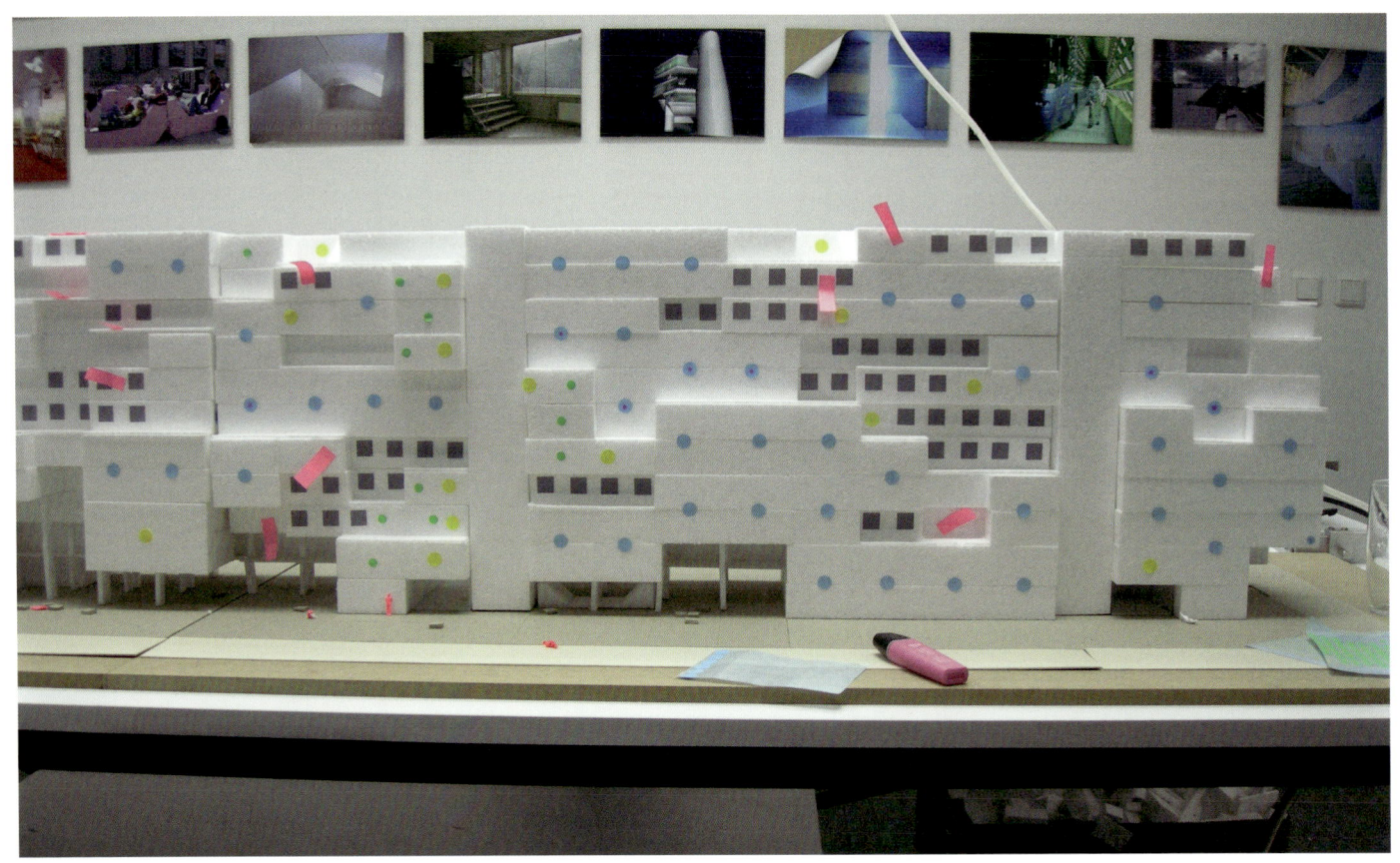

In einem monatelangen iterativen Verfahren wird der Algorithmus zu Fuß erledigt, sich an die endgültige Form angenähert.
/ In a month-long iterative procedure, the algorithm that came close to the final form was figured out on foot.

PPAG architects_WOHNEN AM PARK, WIEN

Wettbewerb, 300 m lange Baukörper!
/ *competition, 300 m structure!*

Ansicht Parkseite / *Park-view*

Ansicht Straßenseit / *Street-view*

Fassadenstudien mit Fassadenschnitten
/ *facade-studies with facade-sections*

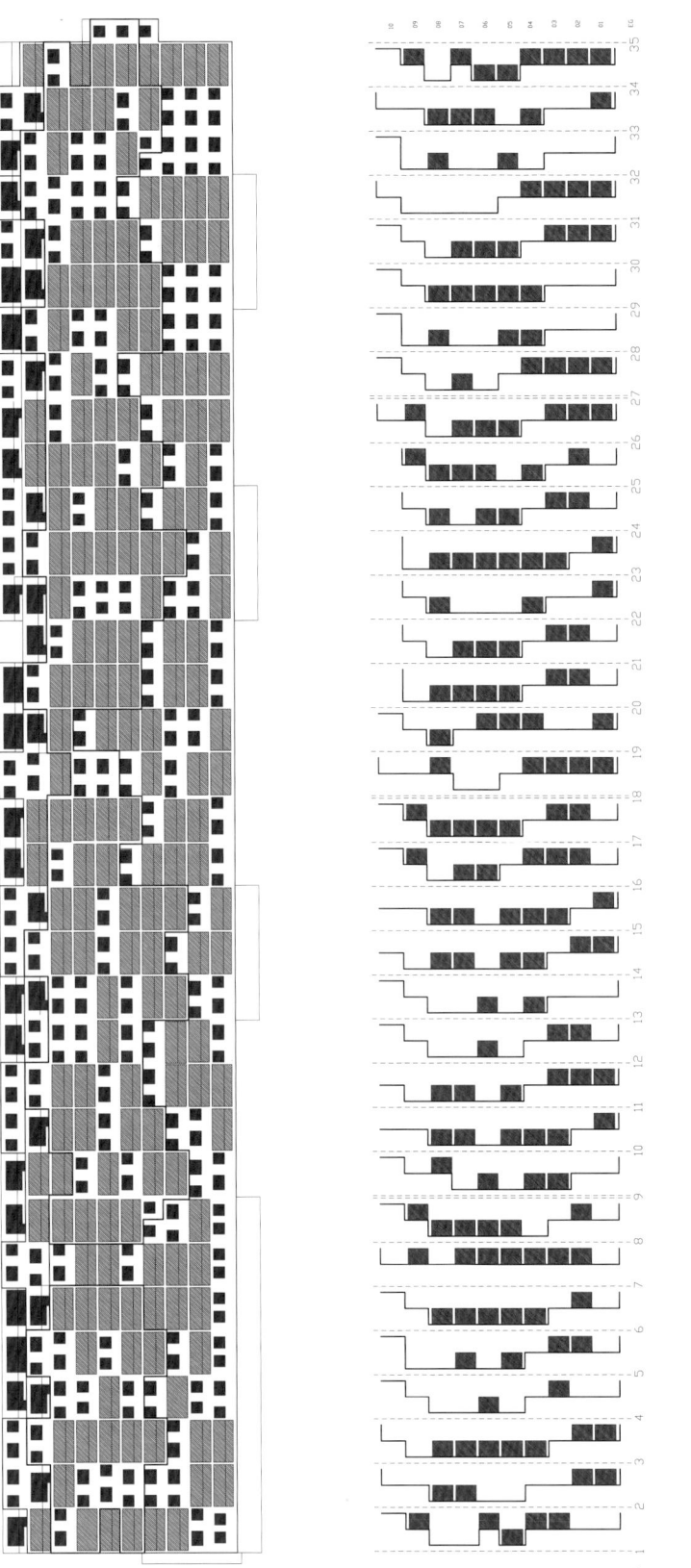

Fassadenstudien mit Fassadenschnitten
/ *facade-studies with facade-sections*

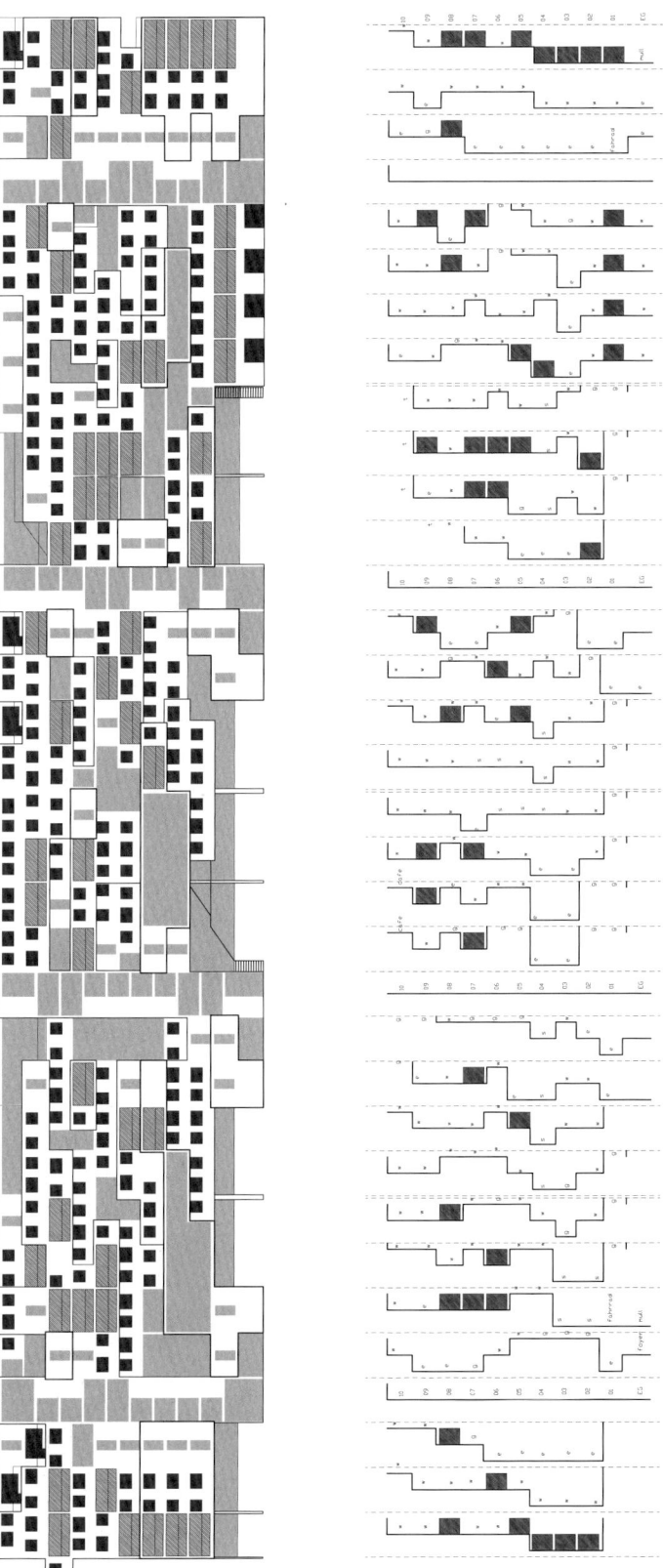

Wohntyoplogie & Ansicht Rudolf Bednar Park / Süd
/ *typology of apartments & elevation towards Rudolf Bednar Park / south*

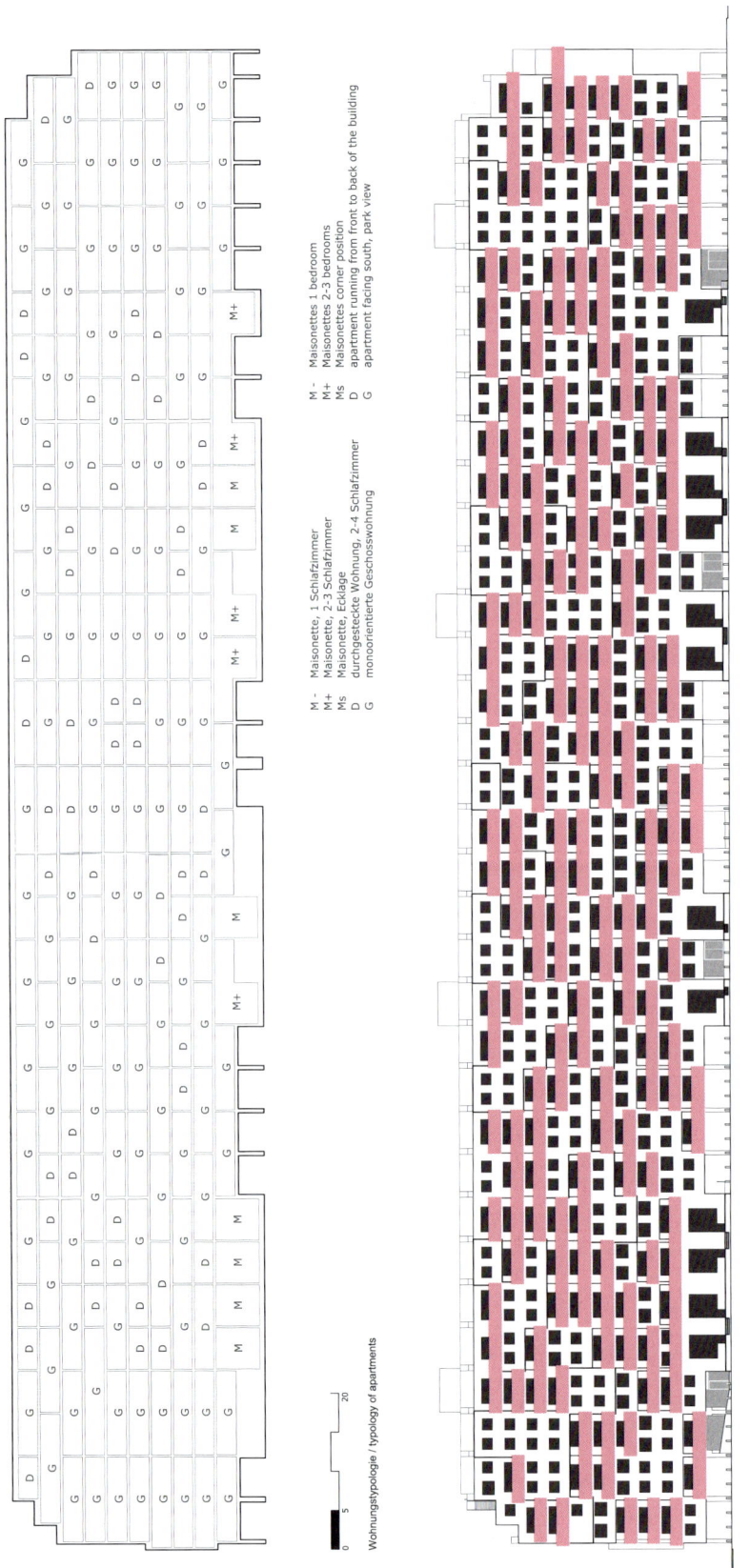

M -   Maisonettes 1 bedroom
M+   Maisonettes 2-3 bedrooms
Ms   Maisonettes corner position
D   apartment running from front to back of the building
G   apartment facing south, park view

M -   Maisonette, 1 Schlafzimmer
M+   Maisonette, 2-3 Schlafzimmer
Ms   Maisonette, Ecklage
D   durchgesteckte Wohnung, 2-4 Schlafzimmer
G   monoorientierte Geschosswohnung

Wohnungstypologie / typology of apartments

Ansicht / elevation Rudolf Bednar Park

PPAG architects_WOHNEN AM PARK, WIEN

Wohntypologie & Ansicht Vorgartenstraße / Nord
/ *typology of apartments & elevation towards Vorgartenstraße / north*

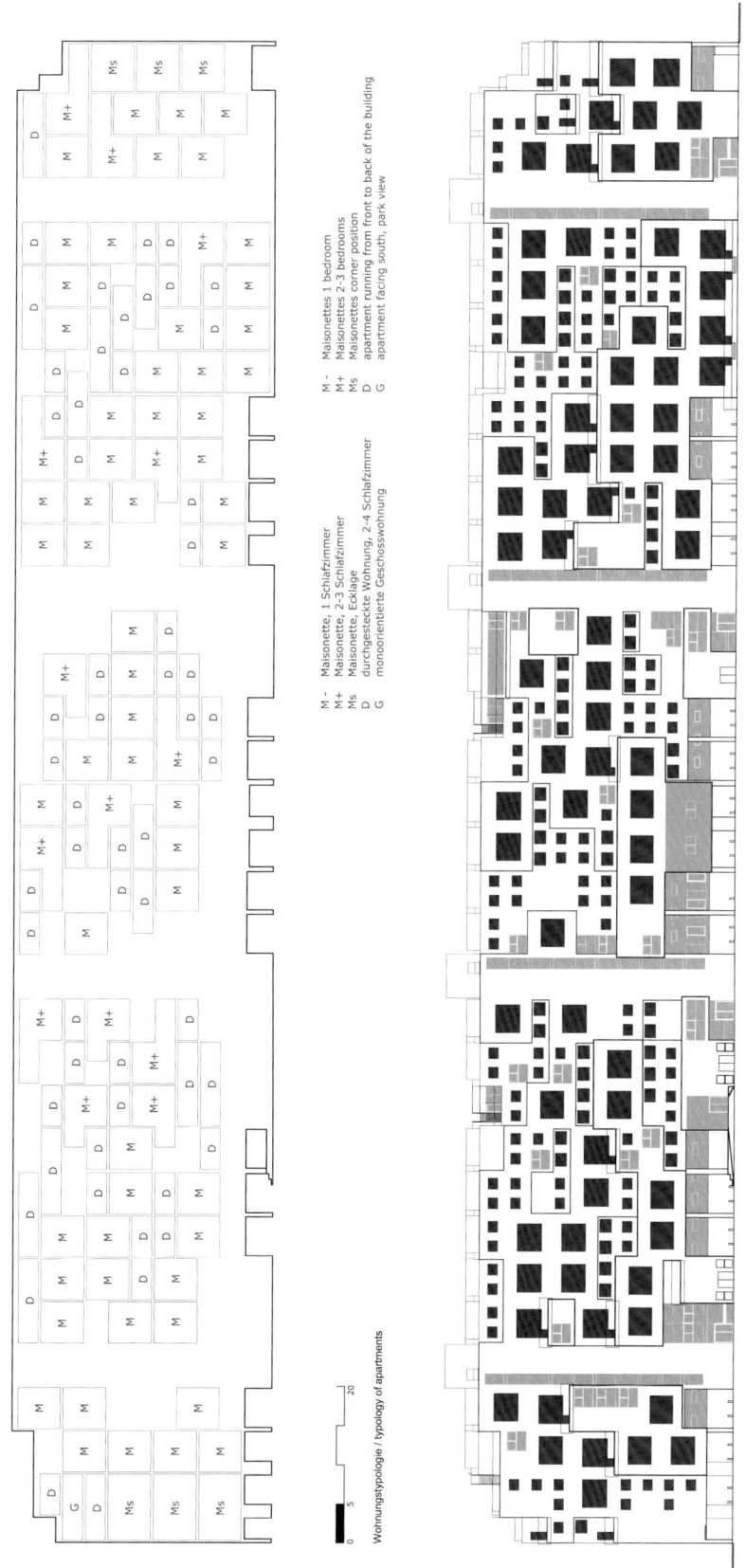

M - Maisonette, 1 Schlafzimmer
M+ Maisonette, 2-3 Schlafzimmer
Ms Maisonette, Ecklage
D durchgesteckte Wohnung, 2-4 Schlafzimmer
G monoorientierte Geschosswohnung

M - Maisonettes 1 bedroom
M+ Maisonettes 2-3 bedrooms
Ms Maisonettes corner position
D apartment running from front to back of the building
G apartment, facing south, park view

Wohnungstypologie / typology of apartments

Ansicht / elevation Vorgartenstrasse

Straße / *Street*

Park / *Park*

Querschnitt Stiegenhaus 4 / *cross-section staircase 4*

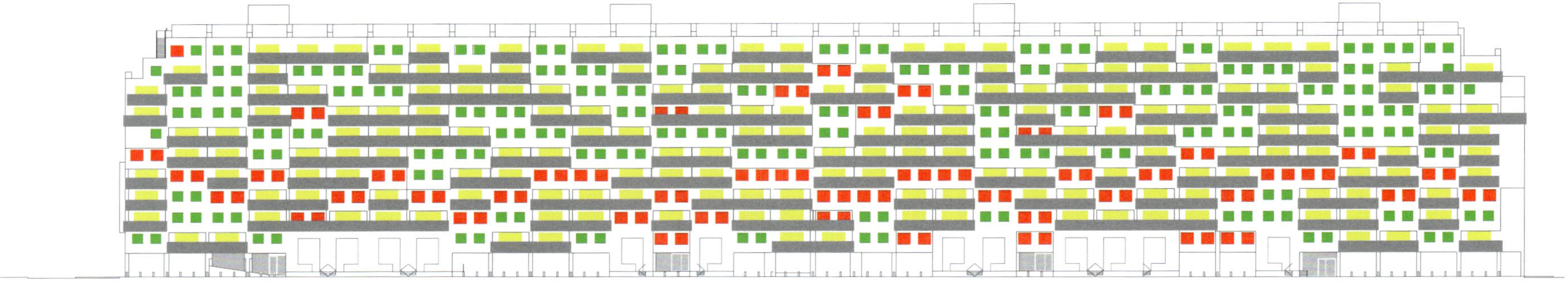

Unterschiedliche Fensterformate aufgrund unterschiedlicher Überstände/Sonnenexpositur
/ *Different window formats thanks to different projections/sun exposure*

Längsschnitt / *longitudinal section*

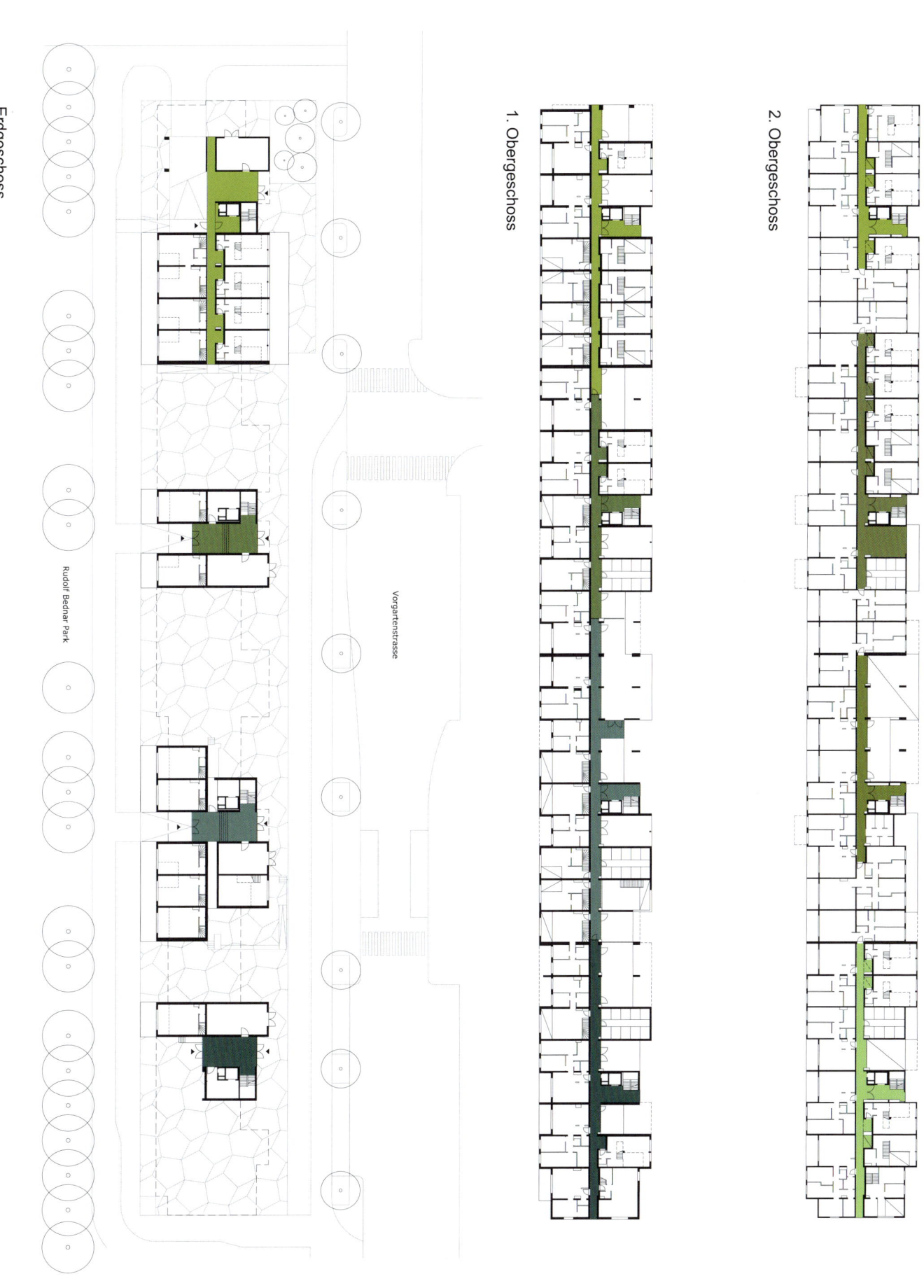

Erdgeschoss

Rudolf Bednar Park

Vorgartenstrasse

1. Obergeschoss

2. Obergeschoss

0   5   20

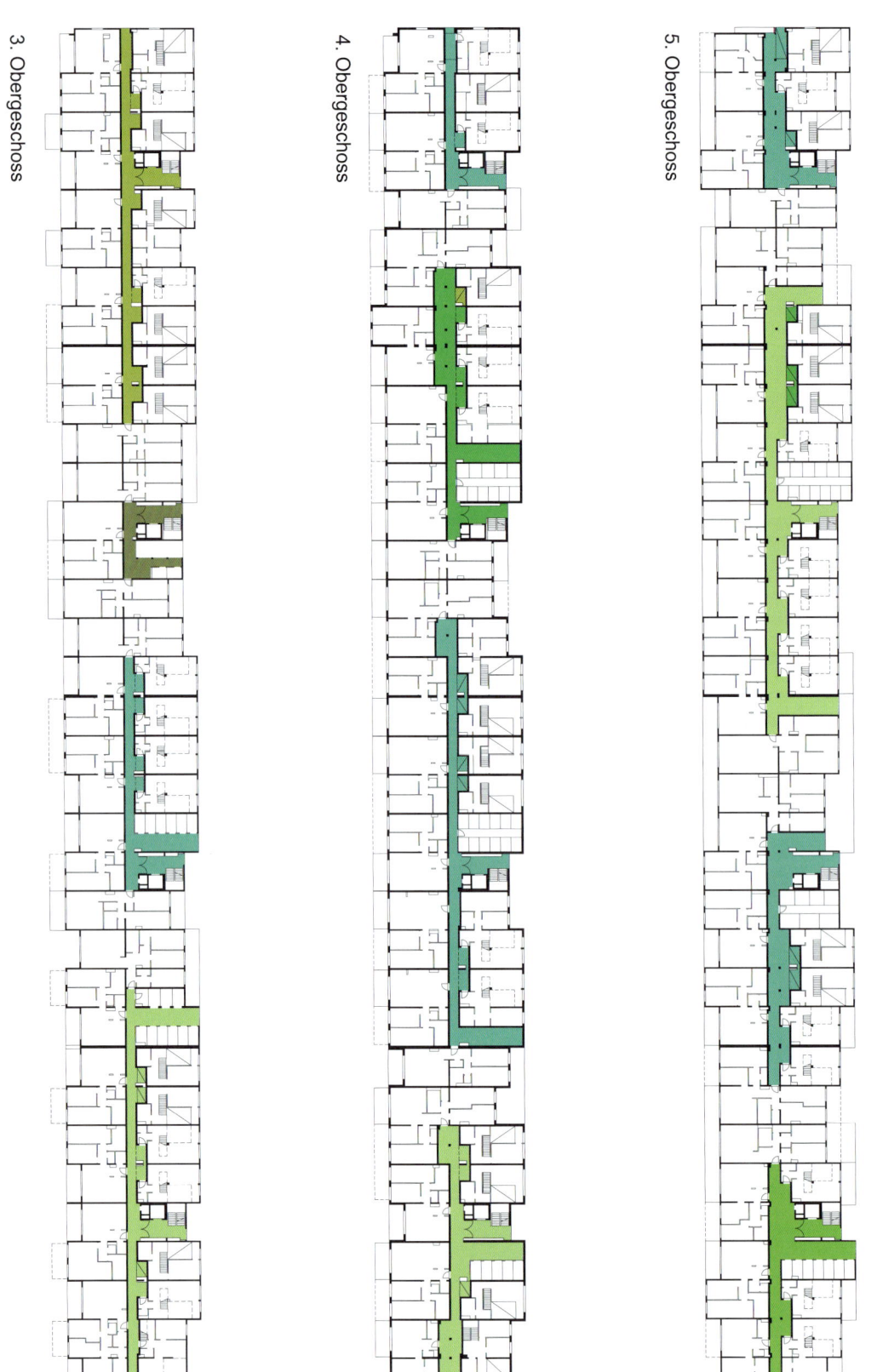

3. Obergeschoss

4. Obergeschoss

5. Obergeschoss

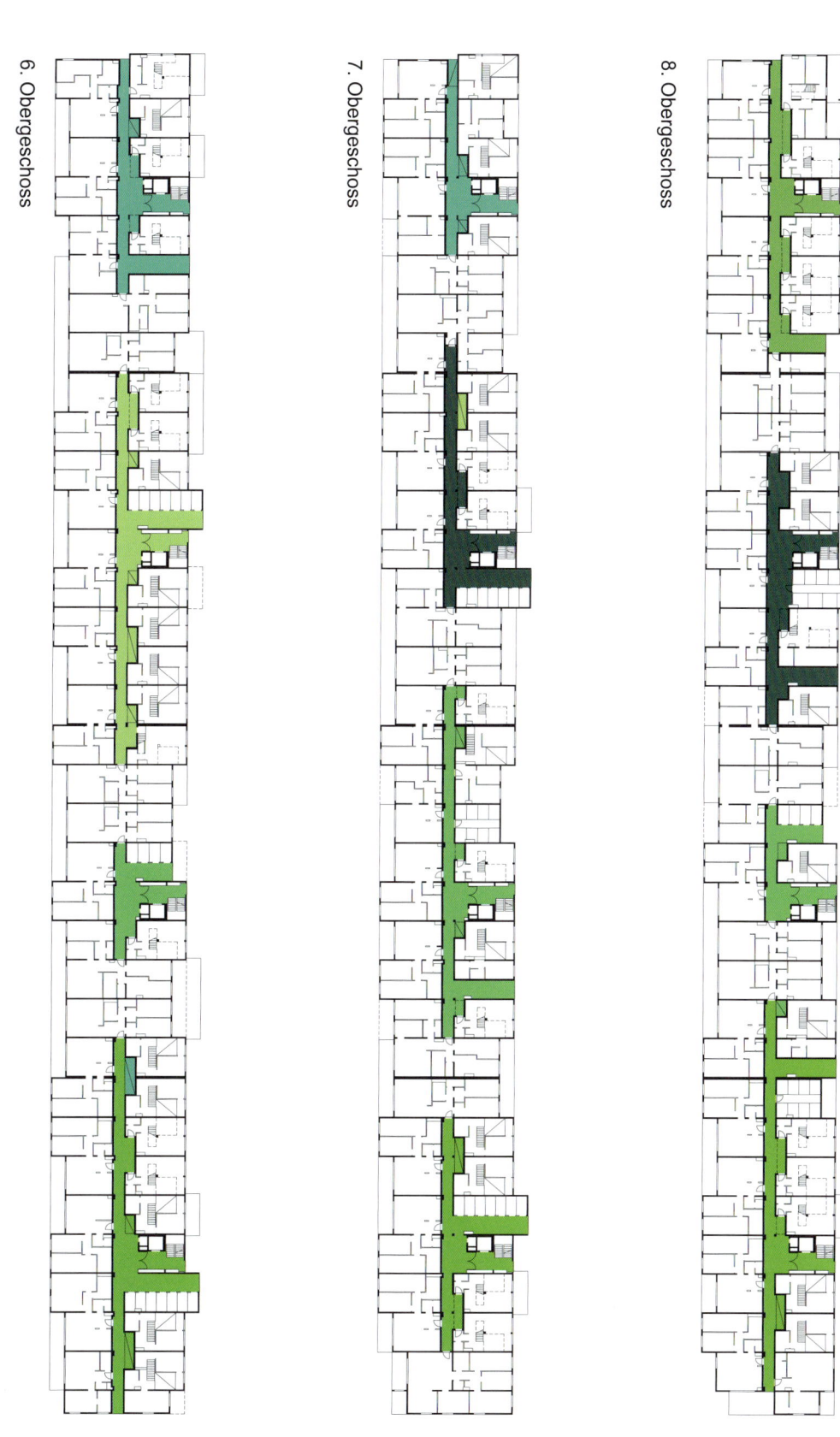

6. Obergeschoss

7. Obergeschoss

8. Obergeschoss

0　5　20

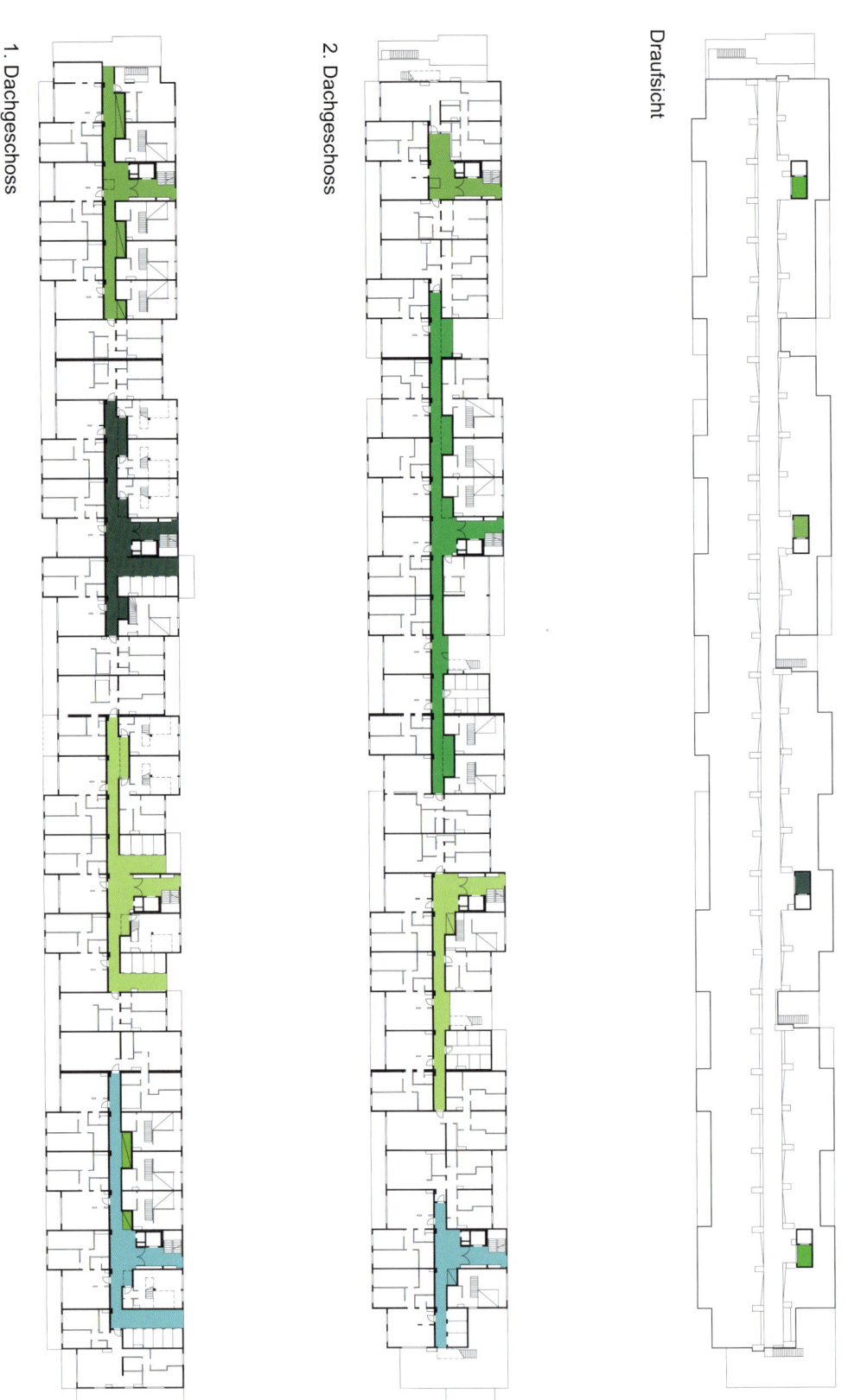

1. Dachgeschoss

2. Dachgeschoss

Draufsicht

PPAG architects

ANHANG */ ADDENDUM*

WERKVERZEICHNIS / *CATALOG*

1984

_ **HARTER LAUBFROSCH,**
Steirischer Herbst, Graz
mit Stefan Nessmann, Theo Lang, Bettina Götz,
Richard Manahl, Realisierung

1993

_ **HAUS TSCHERNER,** LOCHAU
mit Karl Schwärzler, Realisierung

_ **NACHTBAR NEUBAU,** GRAZ
Realisierung

_ **PORTIERLOGE LANDESSCHULRAT,** GRAZ
Realisierung

_ **SCHRÄGTREPPENWOHNHAUS,** LINZ
Projekt

1994

_ **WOHNMODELLE**
Ausstellung ÖGFA Wien

1995

_ **BÜHNENBILD**
Tanztheater Elio Gervasi, Realisierung

_ **HAUPTSCHULE CARLBERGERGASSE,** WIEN
Wettbewerb

_ **WOHNBAU ALTMANNSDORFERSTRASSE,** SALZBURG
Wettbewerb

_ **SCHULE PRANDAUGASSE,** WIEN
Wettbewerb

1996

_ **VILLA IM ZILLERTAL,** TIROL
Projekt

_ **RIED-KIRCHÄCKER,** EISENSTADT
städtebaulicher Wettbewerb, Ankauf, mit Heinz Lutter

_ **ORTSZENTRUM HÖCHST**
Wettbewerb

1997

_ **WERKSEINFAHRT VOEST FRANKSTRASSE,** LINZ
Projekt

_ **TYP BERLIN**
Städtebaulicher Wettbewerb

_ **GASTPROFESSUR TU WIEN,** WS 1997/98,
Wer ist Herr P?

1998

_ **DACHGESCHOSSAUSBAU NEUSTIFTGASSE,** WIEN
Projekt

_ **VOLKSSCHULE QUELLENSTRASSE,** WIEN
Wettbewerb

_ **AHS GERASDORFERSTRASSE,** WIEN
Wettbewerb

_ **RATHAUS EISENSTADT**
Wettbewerb

_ **ERWEITERUNG BUNDESSCHULZENTRUM WÖRGL**
Wettbewerb

_ **VERANSTALTUNGSZENTRUM KAISERBAHNHOF,
LAXENBURG**
Wettbewerb

_ **GARTENSIEDLUNG KIRCHFELDGASSE,** WIEN
Wettbewerb

_ **WOHNBAU HAWLICEKGASSE,** WIEN
Projekt

_ **STADT 2000, KDAG-GRÜNDE,** WIEN
Städtebaulicher Wettbewerb, Ankauf

156 ↖ _ **NEUBAU PRATERSTRASSE,** WIEN (1996 - 1998)
Realisierung, ARCE-Preis d. europäischen Hauptstädte 1999

_ **DACHAUSBAU PRATERSTRASSE,** WIEN (1996 - 1998)
Realisierung

128 ↖ _ **SAMADHIBAD IM MUWA,** GRAZ (1997 - 1998)
Wettbewerb: 1. Preis, Realisierung

1999

_ **WETTBEWERB MESSE HALLE GRAZ**
Wettbewerb, Kooperation mit Riegler/Riewe

_ **JUSTIZZENTRUM LEOBEN**
Wettbewerb

_ **GEWERBEHOF LERCHENFELDERGÜRTEL,** WIEN
Studie

_ **RETTUNGSZENTRALE RADETZKYSTRASSE,** WIEN
Wettbewerb

2000

182 ↖ _ **BÜRO UND WOHNUNG SCHADEKGASSE,** WIEN
Realisierung

_ **AUGARTEN GRAZ**
Städtebaulicher Wettbewerb

_ **WOHNBAU PFERDEBAHNPROMENADE,** LINZ
Projekt

78 ↖ _ **KLIMAWINDKANAL WIEN** (1999 - 2002)
Totalunternehmerwettbewerb, 1.Preis,
Realisierung

2001

30 ↖ _ **EUROPAN 06,** WIEN (2001 - 2013)
Wettbewerb, 1.Preis, Realisierung

_ **WOHNEN IM ZENTRUM,** WIEN
Wettbewerb

_ **DACHAUSBAU ADAMBERGERGASSE,** WIEN
Projekt

176 ↖ _ **WOHNBAU ROSENAUERSTRASSE,** LINZ (2001 - 2008)
Realisierung

_ **SONDERSCHULE SCHWECHAT**
Wettbewerb

_ **PARKHOTEL HALL IN TIROL**
Wettbewerb

2002

_ **KREISVERKEHR BAD VÖSLAU**
Gutachterverfahren

_ **SCHULE WIENERBERG**, WIEN
Wettbewerb

88 ↖ _ **ELECTRIC AVENUE IM MQ WIEN** (2001 - 2002)
Wettbewerb, 1.Preis, Realisierung

_ **WIFI ST. PÖLTEN**
Wettbewerb

_ **FACHHOCHSCHULE WIRTSCHAFTSKAMMER**, WIEN
Wettbewerb

94 ↖ _ **HOFMÖBLIERUNG MQ WIEN, ENZI** (2002 - 2012)
Wettbewerb, 1.Preis, Realisierung,
Adolf Loos Staatspreis Design 2005

2003

_ **HEIM JANDAGASSE**, WIEN
Wettbewerb

_ **HAUS H**, WIEN
Studie

_ **KÄRNTNERSTRASSE WIEN**
Projekt

_ **VOLKSBANK SALZBURG**
Gutachterverfahren

208 ↖ _ **WOHNBAU TRAISENGASSE**, WIEN (1999 - 2006)
Wettbewerb, 1.Preis, Realisierung

_ **FREE FALL FACILITY**
Studie

_ **SHOPZONE 03 IM MQ WIEN**
Realisierung

123 ↖ _ **DJ-HOUSE IM MQ WIEN**
Realisierung

_ **STADT DES KINDES**, WIEN
Gutachterverfahren

_ **SCHAUPLATZ KAGRAN**, WIEN
Städtebauliches Gutachterverfahren

_ **RESTRUKTURIERUNG WOHNHAUS MODENAPARK**,
WIEN
Studie

220 ↖ _ **WOHNEN AM PARK**, WIEN (2003 - 2009)
Realisierung, best architects 2012,
Nominierung Mies v.d. Rohe award 2011

2004

_ **POLIZEISTATION/ STREETWORKERSTÜTZPUNKT
KARLSPLATZ** , WIEN
Wettbewerb

124 ↖ _ **MQ-POINT IM MQ WIEN** (2003 - 2004)
Realisierung

_ **MASTERPLAN STADTTEIL WIEN SÜDBAHNHOF**
städtebauliches Expertenverfahren

_ **BÜROS UND WOHNUNGEN AM POSTAREAL WIEN
WESTBAHNHOF**
Kooperation mit BEHF

_ **PPAG-BÜRO WIEN**
Umbau

_ **UMBAU BILDHAUERATELIERS, AKADEMIE
DER BILDENDEN KÜNSTE WIEN**
Studie

_ **WOHNBAU GLANZINGGASSE**, WIEN (2002 - 2005)
Wettbewerb, 1.Preis, Realisierung,
Immorent Wohnbaupreis 2006

_ **EXPO 2005 AICHI**, JAPAN
Wettbewerb

_ **MESSESTAND WIEN PRODUCTS AUF DER BLICKFANG**,
WIEN
Realisierung

_ **NEW PALACE MUSEUM**, TAIPEI
Wettbewerb

_ **FRANZ LISZT KONZERTSAAL**, RAIDING
Wettbewerb

_ **RETTUNG MARIAHILF**, WIEN
Wettbewerb

_ **SCHWARZWALDBLOCK MANNHEIM**
Wettbewerb

2005

_ **TERRASSENHAUS**, WIEN
Wettbewerb

_ **KUNSTHALLE BREMEN**
Wettbewerb

14 ↖ _ **WOHNHAUS PA1**, ZURNDORF (2004 - 2005)
Realisierung

58 ↖ _ **WOHNHAUS PA2**, ZURNDORF (2004 - 2006)
Realisierung

_ **JOHANNESKIRCHE LIESING**, WIEN
Wettbewerb

_ **UMBAU KABINETTTHEATER**, WIEN (1998)
Realisierung

_ **MOZARTJAHR PAVILLON**, WIEN
Wettbewerb

_ **MQ DAILY WIEN**
Projekt

_ **PRIVATKLINIK WIEN DÖBLING, BRÜCKE**
Wettbewerb

_ **OSTERLEITENGASSE**, WIEN
Wohnungszusammenlegung, Realisierung

_ **WOHNBAU ALLIIERTENSTRASSE**, WIEN
Bauträgerwettbewerb

134 ↖ _ **WOHNHOF ORASTEIG WIEN** (2005 - 2009)
Bauträgerwettbewerb, 1.Preis, Realisierung
In Kooperation mit raum & kommunikation

_ **CAMPUS MARIAHILF WIEN**
Bürohaus, Wettbewerb

_ **WOHNHÄUSER PA3,** ZURNDORF
Projekt

2006

_ **HTBLVA SPENGERGASSE,** WIEN
Wettbewerb

_ **ONEWORLD SHOPS**
Wettbewerb

_ **AUERSTHAL**
Städtebaulicher Wettbewerb

_ **ALPENBAD SCHRUNS-TSCHAGGUNS**
Wettbewerb, Ankauf

_ **HAUS D,** NEUSIEDL A. SEE
Projekt

2007

114 ⤵ _ **WC'S ARENA 21, MQ-WIEN**
Realisierung

_ **KAZ IM KUBA,** KASSEL
Ausstellung

190 ⤵ _ **SKADBERGBAKKEN, STAVANGER,** NORWEGEN
Projekt, Kooperation mit Helen & Hard

_ **MAUTNER MARKHOF,** WIEN
städtebaulicher Wettbewerb

_ **ZUBAU KRANKENHAUS RUDOLFSTIFTUNG,** WIEN
Wettbewerb

_ **WOHNBAU HUMBOLDTSTRASSE ,** SALZBURG
Wettbewerb

_ **FIRMENZENTRALE HOLZBAU HOFER,** LIENZ
Projekt

_ **CHANTIERS PUBLIC**
Platzgestaltung Paris, Projekt

125 ⤵ _ **TENSEGRITY LEUCHTE**
Prototyp

2008

_ **99K HOUSE,** NEW ORLEANS
Wettbewerb

_ **ESTONIAN ACADEMY OF ARTS,** TALINN / ESTLAND
Wettbewerb

_ **GARTENAUSSTELLUNG BADEN 2010/2012**
Wettbewerb

_ **INFOBOX HAUPTBAHNHOF WIEN**
Wettbewerb

_ **LIGHT UP! WEIHNACHTSBELEUCHTUNG WIEN**
Projekt

166 ⤵ _ **NEUBAU AM DACH RADETZKYSTRASSE,** WIEN
Realisierung (2008 - 2012), best architects award 2014

_ **HAUS CP**
Projekt

_ **WOHNBAU KROTTENBACHSTRASSE,** WIEN
Wettbewerb

_ **ITALIAN LOUNGE BAR, MQ-WIEN**
Wettbewerb

_ **EISRING SÜD WIEN**
Städtebaulicher Wettbewerb, 3. Preis

_ **HAYDN JAHR 2009,** WIEN
Projekt, Kurator: H. Lachmayer

_ **UMBAU HAUPT WC IM MQ WIEN**
Realisierung

_ **MQ WIEN**
Diverse Projekte

2009

_ **SOZIALZENTRUM EGG**
Wettbewerb

_ **SANIERUNG ARCHITEKTUR- UND BAUFAKULTÄT INNSBRUCK**
Wettbewerb

_ **BÜROGEBÄUDE STAMPFENBACHSTRASSE,** ZÜRICH
Wettbewerb

_ **GASTPROFESSUR TU GRAZ**
WS 2009/2010 UND SS 2010

_ **TEPPICH**
Studie

_ **UPC, MESSESTAND**
Projekt (2006)

_ **HAUS FELSENAU,** BERN
Wettbewerb

_ **WOHNEN AM SCHAFFHAUSERRHEINWEG,** BASEL
Wettbewerb

_ **HAUS KG,** WIEN
Projekt

_ **TAIPEI POP MUSIC CENTRE**
Wettbewerb

_ **ECKPERGASSE,** WIEN
(2009-2011) Umbau

_ **KINDERGARTEN STADTPARK WIEN**
Wettbewerb

_ **ENTWICKLUNGSGEBIET D,** WIEN
Städtebaulicher Wettbewerb

2010

_ **PREYERSCHES KINDERSPITAL WIEN**
Städtebaulicher Wettbewerb

24 ⤵ _ **ERZHERZOG KARL STRASSE WIEN**
Projekt

194 ⤵ _ **PARKHAUS SKOPJE,** (2010 - 2013)
Wettbewerb, Realisierung in Kooperation mit
Milan Mijalkovic und Goricanka architects / Skopje

_ **HAUS WE,** TATTENDORF
Projekt

_ **HAUS WO,** STEIERMARK (2009)
Projekt

_ **SESSEL,** LJUBLJANA
Wettbewerb, in Kooperation mit MN*LS

_ **BALLSPORTHALLE GRAZ-LIEBENAU**
Wettbewerb

_ **FAHRRADSTÄNDER IM MQ WIEN**
Realisierung in Kooperation mit MN*LS

216 ↖ _ **TWINS,** KOSICE
Realisierung

_ **DACHBODEN MQ WIEN**
Projekt

126 ↖ _ **WINTER IM MQ 2010- 2012**
Eispavillons

_ **NATURHISTORISCHES MUSEUM,** WIEN
Wettbewerb

_ **WI WIEN,**
Projekt (2009)

_ **SPORTPLATZ ASVÖ WIEN**
Machbarkeitsstudie

48 ↖ _ **BILDUNGSCAMPUS HAUPTBAHNHOF WIEN**
Realisierung (2010 - 2014)

2011

_ **BAD SCHÖNAU**
Städtebaulicher Wettbewerb

_ **SPAR RECHNITZ**
Projekt

_ **HAUS N,** WEIDEN A. SEE
Projekt

_ **WOHNBAU PODHAGSKYGASSE,** WIEN
Bauträgerwettbewerb

_ **WOHNHEIM OLYMPISCHES DORF,** INNSBRUCK
Wettbewerb

152 ↖ _ **PACEJKA,** DEUTSCH-WAGRAM
Geschäfte, Büros, Hotel, Gastronomie, in Realisierung

_ **HOMEFORALL JAPAN**
Wettbewerb

_ **HAUS WA,** WIEN
Projekt

_ **KAISERIN ELISABETH SPITAL,** WIEN
Wettbewerb

200 ↖ _ **SLIM CITY, SEESTADT ASPERN WIEN**
In Realisierung

_ **WIENTAL MÖBEL,** WIEN
Wettbewerb, 1.Preis

_ **KANTINE IM MQ WIEN**
Projekt

_ **SCHATTENDORF CENTRAL PARK**
Projekt

2012

341 ↖ _ **SCHATTENDORF VOLKSSCHULE**
Realisierung

_ **HAUS BK,** GARS A. KAMP
Projekt

127 ↖ _ **CATWALK IM MQ WIEN,** WIEN
Realisierung

108 ↖ _ **SANDKISTE KAGOME IM MQ WIEN** (2012 - 2013)
Realisierung

_ **BALKON SCHADEKGASSE,** WIEN
Projekt

204 ↖ _ **STEIRERECK IM STADTPARK,** WIEN
In Realisierung

_ **BILDUNGSCAMPUS ASPERN,** WIEN
Wettbewerb

_ **AK PLÖSSLGASSE,** WIEN
Wettbewerb, 3. Preis

_ **WOHNBAU SAALACHSTRASSE,** SALZBURG
Wettbewerb

_ **NORDBAHNHOF,** WIEN
Städtebaulicher Wettbewerb

_ **SOZIALPASTORALES ZENTRUM ST. PAULUS,**
INNSBRUCK
Wettbewerb

2013

_ **CAMPUS PLUS BILDUNGSEINRICHTUNG**
Studie

_ **SENIORENZENTRUM UND MUTTER-KIND-WOHN-ANLAGE,** LINZ
Wettbewerb, Ankauf

_ **GESAMTSCHULE MÜNSTER**
Wettbewerb

_ **ZENTRUM DEUTSCH WAGRAM**
Städtebaulicher Wettbewerb

_ **MESSE SALZBURG**
Workshopverfahren

_ **BILDUNGSLANDSCHAFT KÖLN**
Wettbewerb

_ **BILDUNGSCAMPUS STUBAITAL**
Wettbewerb, Ankauf

_ **OTTO WAGNER SPITAL,** WIEN
Expertenverfahren

_ **URBAN LIVING BERLIN**
Workshopverfahren

_ **BÜROHAUS RATHAUSSTRASSE,** WIEN
Wettbewerb

_ **BILDUNGSCAMPUS ALGERSDORF,** GRAZ
Wettbewerb

_ **BILDUNGSCAMPUS ATTEMSGASSE,** WIEN
Wettbewerb

2002 Überlagerung PPAG (Foto von Roland Krauss)

BIOGRAFIE / *BIOGRAPHY*

Anna Popelka / Georg Poduschka
Architekturstudium an der TU Graz / *Architectural Studies, TU Graz*
Gründung PPAG, 1995 / *Foundation PPAG, 1995*

MITARBEITER / *STAFF*

2014 aktuelles Team / *actual team*: Florian Bartelsen / Roland Basista / Manfred Botz / Jakub Dvorak / Paul Fürst / Sabine Gundhacker / Patrick Hammer / Andreas Hradil / Anna Lafite / Katrin Lehner / Philipp Müllner / Olga Muskała / Matthias Oltay / Isabelle Ost / Martin Thurkowitsch / Felix Zankel / Anna Zottl

2010 – 2013 Kooperation mit / *cooperation with* Lilli Pschill / Ali Seghatoleslami

Frühere Mitarbeiter / *former staff*: Thorsten Bärmann / Christine Bärnthaler / Philipp Benisch / Gilbert Berthold / Veronika Bienert / Ondrej Chybik / Stefan Dobnik / Michaela Ebersdorfer / Amani Elsayed / Elisabeth Esterer / Thomas Felberbauer / Silke Fischer / Nora Fröhlich / Marek Galka / Steffi Geske / Stefanie Glocke / Jutta Gössler / Roland Graf / Ulrich Hagen / Tobias Hanig / Robert Haranza / Katja Hausleitner / Tobias Hermesmeyer / Käthe Hermstad / Annika Hillebrand / Kotaro Horiuchi / Irene Hrdina / Vesna Hrubik / Johannes Hug / Markus Hütter / Sebastian Illichmann / Daniela Jahnke / Sandra Janser / Katharina Kienow / Christina Kimmerle / Mikaela Köb / Alenka Korenjak / Bernward Krone / Andreas Kurzböck / Fabian Liszt / Augusta Meyer / Milan Mijalkovic / Klaus Moldan / Lucie Najvarova /Matthias Neuendorf / Maik Novotny / Madeleine Ozdoba / Silvia Panek / Irmgard Paul / Christian Petras / Nadja Rechsteiner / Dominik Renner / Simone Retter / Jan Revaj / Philipp Rudigier / Karl Schläffer / Cornelia Schluricke / Michael Roland Schmid / Stephan Schmidt / Leonie Schreger / Martin Schorn / Markus Stemper / Dieter Spath / Michi Stoisser / Isabella Strauss / Nik Stützle / Gudrun Styler / Lucie Sura / Titusz Tarnai / Corinna Toell / Adrian Trifu / Daniela Wagner / Simon Wakolbing / Christiane Wery / Anna Wickenhauser / Hannes Wild / Pavol Wohlfahrt / Julia Zeleny / Kristina Zodl

FOTOGRAFEN / *PHOTOGRAPHERS*

Christine Bärnthaler: 91, 101, 183, 184, 185, 245; Thomas Drexel: 19, 59, 63, 64; Darko Hristov: 195, 196, 197, 488; Hertha Hurnaus: 226, 227, 229, 230, 231, 232, 233, 238, 239; Reiner Kaltenbach: 97; Alexander Koller: 89, 90, 96, 327; Roland Krauss: 34, 35, 36, 37, 38, 39, 40, 41, 42, 43, 44, 45, 54, 55, 79, 80, 81, 82, 83, 84, 85, 94, 96, 97, 99, 100, 101, 102, 103, 115, 116, 117, 121, 122, 123, 124, 125, 135, 136, 137, 138, 140, 141, 142, 143, 144, 145, 146, 147, 148, 149, 157, 167, 168, 169, 170, 171, 172, 173, 176, 177, 178, 179, 184, 185, 205, 209, 210, 211, 213, 224, 237, 238, 239, 246, 327, 362; National Theatre London: 104; Simon Oberhammer: 109, 111; Julia Oppermann: 160, 161, 162, 163; Helmut Pierer: 31, 33; PPAG: 16, 21, 34, 60, 63, 65, 96, 97, 98, 99, 101, 103, 110, 158, 170, 186, 187, 230, 246, 252, 253, 263, 270, 313, 326, 329, 501; Ali Schafler: 101; Lisi Specht: 97, 99, 100; Margherita Spiluttini: 15, 16, 17, 18, 20, 21, 60, 61, 62, 65, 129, 130, 131, 222, 224, 225, 226, 227, 228, 349; Jan Tekel: 217;

WETTBEWERBSERFOLGE / PREISE / *COMPETITION AWARDS / AWARDS*

2013: best architects 14 Award für Dachausbau Radetzkystraße und Kagome + Wettbewerb Schulcampus mit Internat, Neustift im Stubaital, Ankauf + Architekturwettbewerb Seniorenzentrum und Mutter-Kind-Wohnen Liebigstrasse, Linz, Ankauf; **2012:** best architects 12 Award für Wohnen am Park; **2011:** Geladener Wettbewerb Wiental Möblierung, Wien, 1. Preis + EU-weiter offener Wettbewerb Bildungscampus Hauptbahnhof 1.Preis; **2010:** Nominierung für den Mies van der Rohe Award 2011 mit „Wohnen am Park" + Wettbewerb Parkhaus Skopje, Ankauf und Verhandlung; **2009:** ST/A/R-Preis + Wettbewerb Erweiterung Haus Felsenau, Bern, 3.Preis; **2008:** Geladener städtebaulicher Wettbewerb Eisring Süd Wien, 3.Preis; **2007:** Best architects 2008, Auszeichnung in Gold für PA1; **2006:** Alpenbad in Schruns Tschagguns, Ankauf; **2005:** Bauträgerwettbewerb Wohnhof Orasteig Wien mit Raum & Kommunikation 1.Preis + Adolf Loos Staatspreis Design für die Hofmöblierung MuseumsQuartier Wien; **2003:** Geladener Wettbewerb Wohnen am Park Wien 1. Preis; **2002:** wallpaper 10 best architects; **2001:** Geladener Wettbewerb Wohnbau Traisengasse Wien 1. Preis + Geladener Wettbewerb Electric avenue MuseumsQuartier Wien 1.Preis + Europan 6 Wien Simmering 1.Preis; **1999:** Geladener Wettbewerb Wohnbau Glanzinggasse Wien 1. Preis + ARCE-Preis der europäischen Hauptstädte für Neubau Praterstrasse Wien 1. Anerkennung; **1998:** Städtebaulicher Wettbewerb KDAG, Ankauf; **1997:** Geladener Wettbewerb Samadhibad Museum der Wahrnehmung Graz 1. Preis; **1996:** Städtebaulicher Wettbewerb Ried Kirchäcker, Eisenstadt, Ankauf; **1994:** Förderungspreis der Stadt Wien an Anna Popelka und Talentförderungsprämie des Landes OÖ an Georg Poduschka; **1991:** Geladener Wettbewerb Solarkindergarten Lochau/Vlbg., 1. Preis Anna Popelka mit Karl Schwärzer; **1989:** Wettbewerb Kunsthaus Bregenz, 2. Preis Georg Poduschka mit Inge Weichart; **1988:**

Geladenes Gutachterverfahren Neugestaltung Ortskern Liezen, 1. Preis Anna Popelka + International Competition Aoyama Technical College, Tokyo, Anerkennung Anna Popelka; **1985:** Shinkenshiku Residential Design Competition, 3. Preis Anna Popelka

VORTRÄGE / *LECTURES*

2013: mehr ist mehr 3 - wir informieren Häuser / NDU St.Pölten + Citopia NOW / Urbanize Festival, derive / Wien; **2012:** mehr ist mehr 3 - wir informieren Häuser / Zumtobel Lichtforum Dornbirn + Evoluce Forem Bydleni ve stredni Europe / TU Brno + Materialize / Design versus Architecture / CTU Prague; **2011:** WE GO GREEN / internationale Konferenz über Neubau und Sanierung von Kindergärten und Schulen + The Urban Age / Wiener Tourismus Konferenz + Spezialgebiete der Gebäudelehre / TU Wien + Urban Divan workshop / Brno + Urbanistische Planungsinstrumente / TU Graz + Spezifische Wohntypologien / Wohnbausymposium Orte Architektur Netzwerk / St.Pölten + Skopje Architecture Week / Skopje + Pecha Kucha Night / Bratislava + mehr = mehr (Vol 2) / AIP-Junge Architekten 2011 / Graz + Wohnen / Turn On Architektur Festival / Wien + Versteigerung von Schubladenprojekten / Messe Bauen & Wohnen Wien + Wohnmodelle / HdA Graz; **2010:** Zu Hause im Wohnbau / Tiroler Wohnbausymposium und Passivhausforum 2010 / Innsbruck + Aktuelle Methoden aus dem Architekturbüro / Meta-Methoden in der (Post-) Moderne / Wien + WAF - World Architecture Festival / Barcelona + Week of Austrian Architecture - Tyden rakokuske architektury / Brno + Elefantenhaus und Chamäleonhaus / Messe Bauen & Wohnen Wien + The first Decade - 7th international Symposium for Design in the Digital Age / with Alisa Andrasek, David Mikhail, Yoshiharu Tsukamoto, Penezic & Rogina / Groznjan + Architektur = Forschung / Ringvorlesung Doktorat Architektur: Architekturforschung / TU Graz; **2009:** Graz Master Lectures #4 / TU Graz + Meiji University / Tokyo + Ciptalks Conference / Zagreb + We built this city...yes, it´s us (all) / Akademie der bildenen Künste Wien , Nasrine Seraji + SLOITAAUT, Symposium / Trieste; **2008:** Van Abbe Museum / Eindhoven + Architektur in progress / Wien + Zilina / Slowakei + TU Innsbruck, Institut für experimentelle Architektur, Kjetil Thorsen + Pecha Kucha Night Vienna / MQ Wien; **2007:** Piran days of architecture / Piran + 3*100 Minuten Architektur / YO.V.A. / Wien, Linz + Transformation of public space / Europan09 StartUp / Ljubljana 2006: Turn on! / Wien; **2005:** What we are interested in / Bratislava; **2004:** Von der Idee zur Materialisation -Transdisziplinäres Gespräch mit Beat Furrer Ferdinand Schmatz und Aage Hansen-Löve / Literarisches Quartier in der alten Schmiede Wien + Kunst und Design im öffentlichen Raum - Impulse für die Wirtschaft? / Wien + Licht und Wirtschaft / Podiumsdiskussion mit Christian Bartenbach, Andreas Berger und Anton Zeilinger / Forum Mozartplatz + Sprechen über Architektur / Mumok Wien + Ecole d´architecture de Straßbourg / Frankreich 2002: Forum Stadtpark / Graz + Architektur ist eine Wissenschaft / MEGA - Manifeste der Anmaßung / Künstlerhaus Wien + Stavanger / Norwegen; **2001:** Schiach bauen - nein danke und: hässliche Landschaft wird zugebaut / Hochschule für Angewandte Kunst / Wien; **2000:** Institut für Raumgestaltung, TU Innsbruck + Sixpack / Roger Williams University, Rhode Island / MIT, Cambridge + ESARQ, International University of Catalunya / Barcelona; **1999:** Architektentheater mit Hermann Czech, Heidulf Gerngroß, Richard Manahl (ARTEC)-Moderation: Ferdinand Schmatz und Tini Bauer **1998:** Neutral-Egal / OÖ Kulturvermerke / Gmunden; **1997:** Wer ist Herr P.? **1992:** Architektur ist keine Kunst / TU Graz **1986:** Ausflug in die Wissenschaft, Film mit Bärbel Neubauer / Welser Filmtage

AUSSTELLUNGSBETEILIGUNGEN / *EXHIBITION PARTICIPATION*

2013: Wiener Wohnbaufestwochen / AZW Wien + Aspern die Seestadt Wiens / AZW Wien; **2012:** Europas beste Bauten / Mies van der Rohe award / AZW Wien + „Bildungscampus Hauptbahnhof - Stand der Dinge"/ Ausstellung in Zusammenarbeit mit der Gebietsbetreuung Stadterneuerung im 10. Bezirk (GB*10), Wien + architectdocuments 3 / KAZ im KuBa, Kassel + Raw & Delicate, Mailand; **2011:** Street for all / Prag + fliegende Klassenzimmer / Azw Wien + Bildungscampus Hauptbahnhof in der Gebietsbetreuung Stadterneuerung GB*10; **2010:** WAF World Architecture Festival 2010 / Barcelona + gebaut 2005-2010 / MA19, Wien; **2009:** 100% Design Tokyo / Tokyo + Deadline today! 99+stories on making architectural competitions / WONDERLAND / Azw Wien, **2008:** Wiener Wohnbau InnovativSozialÖkologisch / Biennale Venedig + Reactivate!! / EACC - Espai d´art contemporani de Castello / Spanien + Blickfang / MAK Wien; **2007:** Maßstab 1:1, Architektur im Selbstversuch / kuratiert von Sabine Dreher und Christian Muhr / Kunsthaus Muerz / Mürzzuschlag + Instant Urbanism / SAM Schweizer Architekturmuseum / Basel + architectdocuments / KAZ im KuBa / Kassel + Gebaut in Wien / Magistrat der Stadt Wien; **2006:** Sense of Architecture / Architekturlaboratorium Steiermark, Charlotte Pöchhacker, Alexander Kada / Graz - Berlin – Paris – Venedig + 360° Design Austria / Designforum MQ Wien + Y.O.V.A. - Young Viennese Architects / Wien – Graz – Salzburg – München – Berlin; **2005:** Europan 678 / Planungswerkstatt Wien; **2002:** Emerging Architecture 3 - Beyond Architainment / Azw Wien - Strassburg + MEGA - Manifeste der Anmassung / Künstlerhaus Wien; **2001:** Innere Szene Wien / MAKnite Wien – St.Petersburg – Tallin; **2000:** Panoramas Europeens / Pavillon de l'Arsenal, Paris + Sixpack / Roger Williams University , Rhode Island / MIT, Cambridge + Young European Architects / Biennale Venedig + mehr ist mehr2 - maximalistische Architektur / ofroom Wien; **1999:** Jovenes Arquitectos Europeos en el Museo Nacional de Bellas Artes / Buenos Aires + Frauen in der Technik 1900-2000 / Planungswerkstatt Wien + Stand der Dinge / Künstlerhaus Wien + mehr ist mehr - maximalistische Architektur / Forum Stadtpark Graz + KDAG-Stadt 2000 / Wien; **1998:** The Scent of Architecture / Moskau – Venedig – Buenos Aires – Budapest – Wien + GAZE 01 / Forum Stadtpark / Graz; **1997:** Milleniumsworkshop + plot - gezeichnete Architektur, Martin Janda / Wien – Berlin; **1994:** ÖGFA / Wien; **1990:** Stadt im Fluß / HdA Graz; **1987:** Architekturzeichnungen / Galerie Griss / Graz + Architektur aus Graz / Europalia / Brüssel + Woman Architects in Austria 1900-1987 / Wien

PUBLIKATIONEN AUSWAHL / *PUBLICATIONS SELECTION*

Zeitschriften / Magazine / *Journals / Magazines*
architektur Fachmagazin Dez/Jan 2013/2014 (Parkhausfassade Skopje) + DETAIL Online 03/2013 (Kagome) + DETAIL 10/2013 (Radetzkystrasse) + Architektur und Bauforum –, Manuela Hötzl - Angewandte Artenvielfalt, 06/2013 (Europan) + MARK - Eclectics by Conviction, 2011 + ORIS 65 10/2010 Thick Skin (PA1) + A10 #32 3-4/2010 - Non-stop building (WAP) + ERA 21 6/09 - Rakouska Architektura / Austrian Architecture (WAP, WAP-KIB) + Bauwelt 31/2009 - Größe und Volumen (WAP) + Wallpaper* - Mai 2008, UK (PA1, PA2) + Hise No 45 - März 2008, Slovenia (PA1) + Abstract Magazine Nr. 43 - Aug / Sep / Okt 2007 (PA1) + amc – le moniteur architecture 159/2006 (PA1), 170/2007 (PA2) + MARK - another architecture 06/2007 (FFC, STS) + architektur aktuell 11/2006 culture & housing (TR) + A10 New European Architecture Jan/Feb 2006 (MQI) + Detail 06/2006 Material und Oberfläche (PA1) + A10 Sept/Oct 2006 (PA1) + Designum 01/2006 (MQI) + Home 04/2005 + Abstract, the best of international Architecture 43 +Architektur und Bauforum 2005 + Wettbewerbe 249-250/2005 (GL) + WerkBauenWohnen 06/2005 - Beliebte Orte (MQI) + Anthos 02/2005 Gebrauchsobjekte (MQI) + Wettbewerbe 235-236/2004 (WAP) + Detail 12/2004 Mikroarchitektur (MQI) + Wettbewerbe 213-215/2002 (ELAV) + Wallpaper 07-08/2002 + Architektur & Bauforum 01-02/2002 (KWK) + Wettbewerbe 205-206/2001 (EU) + Wettbewerbe 190-192/2000 (GL) + Architektur & Bauforum 01/2000 Bad Spezial + Bauwelt 30-31/2000 Der Sport und die Stadt (MuWa) + A+t ediciones 15/2000 sensitive materials (MuWa) + Bauwelt 37/1999 Schwer und leicht (PR) + Architektur 10/1999 (MuWa) + casa bella 03/1999 vienna oggi (PR) + A+t ediciones 12/1998 (PR) + Bauwelt 02/1998, Blickwechsel in Wien + Bauforum 09-10/1996 + the japan architect 347/1986 + diverse Veröffentlichungen in Tageszeitungen wie Standard, Kurier, Presse, Neue Zürcher sowie im Falter und ST/A/R

Kompilationen / *compilations*
best architects 14, Hrsg. Best Architects Award_Zinnobergruen GmbH, 2013 (RA, Kagome) + Archipendium 2013 Interiors + Going Public - Public Architecture, Urbanism and Interventions - The creative Revival of Public Space, Klanten/ Ehmann/ Borges/ Feireiss, 2012 + Urban Landscapes Furniture, HI-design Publishing, Hong Kong, 2012 + Public Places, Die Gestalten, Berlin 2012 + best architects 12, Hrsg. Best Architects Award_Zinnobergruen GmbH, 2011 (WAP) + Total Housing, alternatives to urban sprawl, Actar, Barcelona-New York, 2010 (WSO) + P(a)enser les espaces collectifs de l'enfant- Architecture/Design/Enfance, Lucille Mousson/Pascale Baousson, Goutte de Sable Editions 2010 (MQI) + Best of Austria 2008-2009, Residenz Verlag / AZW, Wien, 2010 + Architekten Profile 2009/2010, Birkhäuser, 2009 + best architects 08, Hrsg. Best Architects Award_Zinnobergruen GmbH, 2007 (PA1) + Spacecraft, die Gestalten, Berlin, 2007 + The New Modern House / Modifying Functionalism, Hrsg Jonathan Bell and Ellie Stathaki, Laurence King Publishing Ltd. , 2010 (PA1) + Analogias Arquitectura Animal, Parramon ediciones, S.A. 2007 + Architekten Profile 2007/08, Birkhäuser, 2007 + Im Detail - Integriertes Wohnen, Hrsg. Christian Schittich, Birkhäuser Edition Detail, 2007 (TR) + 1000x European Architecture, Verlagshaus Braun, 2007 + Conversions, Emma O'Kelly & Corinna Dean, Laurence King Publishing Ltd, 2007 (SH) + Lowest Budget, Thomas Drexel, DVA, 2007 (PA1) + Architektur Neues Wien, Mark Steinmetz, Verlagshaus Braun, 2006 (MQ, PR) + Neue kleine Häuser, Stephan Isphording, DVA, 2006 (PA1) + Im Detail – Gebäudehüllen, 2. erweiterte Auflage, Hrsg. Christian Schittich, Birkhäuser Edition Detail, 2006 (PA1) + SPAS for your home, Christine Paredes, Collins DESIGN & LOFT Publications, 2005 (MuWa) + Vienna architecture & design, teNeues, 2005 (ELAV / MQ-Point) + Architekturführer Graz, 2004 (MuWa) + DETAIL-Mikroarchitekturen, 2004 + Wien 1975-2005. New Architecture, Springer, 2003 (PR) + Europan 6 - Zwischenorte. Architektur im Prozeß zu urbanen Erneuerung, Selene 2002 (EU) + Preiswerter Wohnbau in Österreich, Walter Stamm-Teske, Verlag Bau und Technik 2001 (PR) + BRIOL I, Wie modern sind wir? 2000 + GAZE 01, Forum Stadtpark, Beitrag zur Kartenbox, 1998

Ausstellungskataloge / *exhibition catalogues*
Ecola Award 2011 (WSO) + Spot on Wien, Flashing Austrian Design & Music 2009 + Das beste Haus 2007, Bausparkasse der österr. Sparkassen AG + Architectdocuments, KAZ im KUBA 2007 + SAM-instant urbanism, Basel, 2007 + Y.O.V.A. Young Viennese Architects, Magistrat der Stadt, Stadtplanung Wien 2006 + 306° Design Austria, designforum Wien 2006 Adolf Loos Staatspreis Design, Design Austria 2005 (MQI) + Emerging Architecture 3 - Beyond Architainment, Architekturzentrum Wien 2002 + Jovenes Arquitectos Europeos en el Museo Nacional de Bellas Artes, Buenos Aires 1999 + Stand der Dinge, Künstlerhaus Wien 1999 + CD zur Werkausstellung „Mehr ist Mehr – maximalistische Architektur" Graz 1999 + KDAG – Stadt 2000, Wien 1999 + Milleniumsworkshop, 1996

PPAG Eigenverlag / *PPAG self-published*
2009 PPAG 03 Enzi - multifunctional modularity, ISBN 978-3-200-01616-3
2004 PPAG 02 Hofmöblierung Museumsquartier Wien, ISBN 3-200-00260-3
2001 PPAG 01 ISBN 3-8311-2412-4